2017 年司法部国家法治与法学理论研究资助项目

（项目编号：17SFB2040）

共享经济

基本理论及法律问题研究

董成惠◎著

Research on the Legal Mechanism of
Sharing Economy

中国政法大学出版社

2020·北京

图书在版编目（CIP）数据

共享经济基本理论及法律问题研究/董成惠著. —北京:中国政法大学出版社,2020.12
ISBN 978-7-5620-5144-2

Ⅰ.①共… Ⅱ.①董… Ⅲ.①商法－研究－中国Ⅳ. ①D923.994

中国版本图书馆CIP数据核字(2020)第257500号

出 版 者	中国政法大学出版社
地　　址	北京市海淀区西土城路25号
邮寄地址	北京100088信箱8034分箱　邮编100088
网　　址	http://www.cuplpress.com（网络实名：中国政法大学出版社）
电　　话	010-58908586(编辑部) 58908334(邮购部)
编辑邮箱	zhengfadch@126.com
承　　印	固安华明印业有限公司
开　　本	720mm×960mm　1/16
印　　张	35.75
字　　数	640千字
版　　次	2020年12月第1版
印　　次	2020年12月第1次印刷
定　　价	146.00元

序

PREFACE

　　共享也被称作分享，是一个古老的社会现象。共享经济主要是通过互联网平台，利用互联网技术、大数据、算法、移动支付、系统评价等网络技术打破时空的限界，整合线下闲散物资或个人劳务，克服信息不对称和信用危机等障碍，降低交易成本，实现供需方的精准匹配，以较低的价格提供物资或服务，达到资源最优配置，实现双方收益最大化。共享经济的协作消费发生在消费领域以及服务行业，是对闲散资源的再配置。共享经济的本质特征在于：大众的参与、共享平台的聚集效应、闲置资源的配置、使用权的共享、陌生人的信任和价值与文化的多元化。共享经济的"产消者说"是对协作消费的过度解读，共享经济的协作消费本质是第二次消费和零工经济，属于第三产业。《中国共享经济发展年度报告（2018）》根据共享产品或服务的类型把共享经济分为产品共享、空间共享、知识技能共享、劳务共享、资金共享、生产能力共享六种类型。共享经济作为电子商务的一种新业态，其电子商务模式主要包括C2C和B2B模式，属于O2O和P2P模式。根据共享经济的本质特征、发展路径和价值目标，共享经济的商业模式可以被分为社区共享、商业共享和伪共享三种类型。不同类型的共享经济商业模式的运营及其法律关系、法律特征和法律责任配置机制各不相同。共享经济商业模式交易的是闲散资源的使用权而非所有权，物权分裂和使用权共享理论是其重要的法理基础，其法律行为属于实时租赁，但不同于传统线下租赁。共享经济作为新业态，不论是理论研究、价值实现，还是商业运作都面临着不少挑战，也产生了不少亟待解决的社会和法律问题。

　　目前，共享经济的理论研究存在误区，对共享经济的定义、内涵的认知存在不少歧义，以至于共享经济的价值目标被扭曲，商业模式被异化，导致了共享经济的价值悖论和政策误判。共享经济新业态的非理性、破坏性创新、技术垄断资本主义、监管套利及其新自由主义的阴霾导致了共享经济商业模式的危机和法律困境。实践中，劳务共享、网约车共享、民宿共享，以及自行车的伪共享（以下简称"共享单车"）等已发展为较成熟的商业模式，但也存在不少社会和法律问题。目前，绝大多数领域的共享经济商业模式都尚未找到其可持续的盈利模式，在资本狂欢之后只是留下了"一地鸡毛"和垄断。共享经济作为新业态，我国政府的监管政策是"包容审慎"。但学界的绝大多数学者都反对政府对共享经济的干预，甚至把共享经济的问题归结为"政府管得太多"。实际上，目前我国很多领域的共享经济都处于过度自由的状态。因此，探索共享经济科学、理性、合法、合规的商业模式运行机制和监管机制，完善共享经济相关立法和责任机制，构建共享经济的法律保障和协同治理机制具有重要的意义。

本书主要基于共享经济的基本理论、价值目标、商业模式、法理分析、法律困境、责任机制、法律保障、治理机制等进行理论研究，并结合共享经济实践，对准公共产品类共享经济、共享网约车、共享民宿以及共享单车的法律问题进行了理论以及实证研究。通过对文献的梳理和综述，本书对现在文献中存在的理论误区进行了批驳，对共享经济价值目标的扭曲及其商业模式的危机进行了批判和反思，厘清了共享经济理论研究的误区及实践中的政策误判。同时，本书创新性地提出了"共享经济协作消费的第二次消费"，"共享经济零工劳动对传统劳动关系的解构"，共享经济之"社区共享""商业共享"和"伪共享"的类型化，以及共享经济的物权分裂等理论主张。本书中的共享经济法学理论、法律结构关系、法律责任机制、法律保障机制、治理机制等都是从法学理论的角度对共享经济基本法理展开的研讨，并针对共享经济实践中存在的社会和法律问题提出了应对措施和完善建议以及治理机制的构建，以期建立可持续发展的共享经济新业态。本书主要从以下几个方面对共享经济的基本理论和法律机制进行了探讨：

第一章，共享经济的理论透视。本章主要从共享的内涵，以及从共享到共享经济发展演进的过程入手，结合国内外学者对共享经济协作消费的基本理念、内涵、特征、价值目标、商业模式的不同解读及其发展现状对共享经济基本理论进行了研究和探讨。共享经济的理念源于由马科斯·费尔逊和琼·斯潘思首次提出的"协同消费"概念，是以互联网平台为依托的"互联网+"平台经济。伴随着共享经济的不断发展，其内涵也在不断地发展、丰富。共享经济作为一种消费协同模式，共享平台公司是共享经济的核心，其理念在于通过互联网共享平台共享使用权，实现闲置资源在供需方之间的精准配置，以满足多样化的个性需求，是实现"物尽其用""按需分配"的闲置资源再配置的价值目标的协作消费模式。共享经济的基本原理是：共享平台、共享使用权的理念、闲置产能、信用评价体系和陌生人之间的信任。共享经济的意义在于，共享经济协作消费改变了经济交易方式，创造了新的商业模式和组织形式。通过共享机制实现了消费的"集体化"机制和"去物质化"的消费观，节约了交易成本，整合了闲散劳动力，倡导了绿色环保的生态文明，建立了可持续发展的生态型经济模式，促进了社区建设，发展了零工经济，并希望实现更可持续的、民主的和包容的经济模式，为国家经济去产能的供给侧结构性改革和共享发展战略目标提供了理论和实现依据。

第二章，共享经济新业态的危机。本章主要是从共享经济的理论误区、价值目标的困惑及其商业模式的危机等多角度探讨共享经济商业模式的困境。目前，全球范围内对共享经济的认识尚未达成共识，对于共享经济仍没有形成完全统一的称谓，对于共享经济的定义、内涵、边界和模式仍处于探索的过程中。纵观学界对共享经济的称谓和界定，可谓五花八门，各执己见，但多数都是以点概面，不能全面、准确地表达共享经济的本质特征，甚至步入了一些理论的误区，开启了错误的商业模式，陷入了法律困境。共享经济理论误区和实践的各种困境都是源于其对共享经济内涵及其商业模式的误读，未能从根本上认识共享经济的最本质特征：大众参与、互联网平台的群聚效应、闲置资源配置、使用权共享、陌生人之间信任以及文化和价值的多元化。任何偏离这些基本特征的关于共享经济的理论和实践都会陷入共享经济谬误的泥潭，扭曲共享经济的价值目标，并导致共享经济的价值悖论和商业模式的危机。学界关于共享经济的"产消者说"过度解读了消费者在共享经济协作消费中的作用，混淆了社会经济生产秩序，即生产、交换、分配和消费的流程，把消费者的意志凌驾于物质生产之上，导致唯心主义的共享经济的"产消者说"。共享经济的协作消费本质是商品的第二次消费和零工经济，属于第三产业。共享经济作为新的商业模式是闲置产品的第二次消费或是零工劳动，从而注定了其商业利润的局限性，从本质上来看，共享经济只不过是对传统或正统商业模式的补充，其发展应以传统经济模式为基础，无限放大共享经济商业模式的作用容易导致共享经济新业态的虚化或是泡沫化，特别是因此享受到过度的政策优惠和任由资本对共享经济的肆意操纵，其破坏性创新对传统行业造成了冲击，其监管套利扰乱了公平的竞争秩序，破坏了和谐稳定的经济生态，不利于共享经济的可持续发展。

第三章，共享经济的法理分析。本章主要是从物权法理论的角度去探讨共享使用权及其网络实时租赁的基本法理。共享经济表现出了如下的法律特征：共享经济交易的核心是使用权而非所有权，其物权的分裂使共享经济的使用权共享的平台经济商业模式成为可能。共享经济的法律行为实为"租赁"或"服务"，实质为闲置产品使用权或闲置劳务的共享，其本质是一种网络时实租赁。对共享经济法律关系的主体、客体以及内容进行法理分析，旨在明确共享经济各方主体的法律地位及其相互法律关系、法律责任配置机制。社区共享平台属于信息平台，与供需方之间属于居间合同关系。商业共享平台参与了共享经济的交易和管理，在共享经济的交易规则、交易价格、责任配置等规则制定中处于绝对主导地位，闲置资源供需双方与共享平台企业的缔约都必须接受其单方拟定的条件，涉及较复杂的内部法律关系。伪共享平台只是借共享之名进行网络租赁或是非法共享。网络共享平台具有一定的社群性，社群大众的参与使共享平台企业与闲置资源供需双方的关系社会化，具有社会公共属性。共享平台因此具有了凝聚社群共识、制定社群规则的"权力"，成为规则的制定者和执行者。共享经济新业态的法律关系结构是异构，共享经济的社区元素也影响了共享平台与社群成员之间的法律关系的界定和权、责、利、义的配置。共享经济法律关系各方主体权利义务的设置以及法律责任都发生了嬗变，以至于共享经济网络社群的外部关系内部化，内部关系外部化，形成自律监督的内部责任关系和政府监管、同行竞争以及社会责任的外部责任关系，内外交织产生了复杂的责任体系，以至于共享经济的法律责任具有综合性。对于共享经济的法律关系，可以平台为中心，通过供需方与平台的关系进行认定，明确共享经济主体权、责、利、义的分担，并根据不同的法律关系建立和完善共享经济责任机制，建立内部自律监督和政府外部监管的协调治理机制，确保共享经济健康、有序地发展。

第四章，共享经济的法律困境及应对措施。本章主要从共享经济的法律权限、法律地位、零工劳动、消费者权益以及监管套利等多方面分析、探讨共享经济新业态存在的法律问题。虽然共享经济的发展已渗透到各行业，但在共享经济商业模式的运作中，各种社会、道德、法律问题仍旧层出不穷，引发了许多备受热议的社会和法律话题。共享经济作为一种新业态，由于法律机制不完善，以至于其法律地位不明确，零工劳动的劳资纠纷，消费者权益的保护，以及实践中不可避免地存在的监管套利，给现行法律制度及监管造成了一定程度的挑战。我国目前尚没有专门的法律法规对共享经济进行专门的立法监管，导致共享经济商业模式与现有经济体系发生冲突，引发了不少社会和法律问题。比如，共享经济的市场准入和退出机制、不公平竞争、个人信息安全、劳资纠纷、支付安全、风险防范、企业生态、评价体系等都成了制约共享经济可持续发展的因素。因此，应完善相关的立法，健全共享经济运营机制，建立共享经济内外协调的监管体系，完善对零工劳动者的法律保护，加强对消费者权益的维护，完善共享经济的营商环境。

第五章，共享经济的法律保障机制。本章主要是立足于共享经济线上虚拟与线下实务相结合的O2O商业模式的信用价值及其存在的信任风险等问题，从共享经济的市场准入与退出、信用评价、大数据征信、保证金制度等方面来探讨共享经济的交易安全保障机制。因为传统经济要接受相应的工商监管，因此消费者的基本权益可以得到保障。但目前对共享经济商业模式的监管尚不到位，绝大多数行业的共享经济都处于放任自由的状态。共享经济是依据虚拟的共享平台进行交易的，市场准入门槛较低，导致共享商品和服务的品质良莠不齐，供需方的信誉、共享商品和服务的品质难以得到保证。而且供需双方存在信息不对称和信任障碍，线上虚拟交易的信息不对称和信用危机的潜在风险不可避免，容易诱发道德危机，以至于共享经济交易伴随着个人信息、资金、人身和财产的安全风险，这势必会对共享经济的交易带来负面影响，导致信用危机。另外，共享经济作为信用经济，其信用评价和大数据征信对保障共享经济的交易安全具有重要的意义。实践中，存在信用危机、信用评价被滥用和炒信等情形，且大数据征信机制市场化及相关机制不完善，激励和失信惩罚的联合机制未建立，保证金制度也不健全，惩罚机制极易被滥用。因此，应完善共享经济市场准入机制，健全信用评价、大数据征信、保证金制度等保障机制，消除共享经济交易的信息不对称和信用危机，维护共享经济消费者的合法权益，确保共享经济健康、有序地发展。

第六章，共享经济的治理机制。本章主要是基于社会公共治理理论及其运作方式，结合共享经济的商业模式探讨政府、共享平台、供需方、行业协会等多方协调共治的治理机制。共享经济的核心是通过政府和共享平台、行业协会以及供需方的多方协调合作对共享经济进行管理。这种合作管理关系的基础是各方主体之间的相互信任、相互尊重和协商合作。共享经济的治理目标是多样化的，包括解决就业、依法纳税、繁荣经济、环境保护、消费者权益、劳工权益、可持续发展、营商环境、创新创业等多方面。但是，要保障这些目标相互不冲突，使共享经济各要素之间形成有效、有序的整体，使共享经济的每个参与者（包括政府、共享平台、供需方、行业协会等多方力量）参与其中，建立多方主体协商合作共治的治理体系。让各方主体通过共享经济的治理机制在共享前、共享中、共享后都能保护好各自的权益，以弥补法律监管的不足。共享经济的发展已经引发了许多新现象和新问题，共享经济治理要充分利用现有的互联网技术和大数据，通过信息技术的发展解决制度难以解决的问题，引导共享经济的各利益相关方履行其义务和责任，实现共享经济治理利益协调、平衡的价值目标。

第七章，准公共产品类共享经济的法律新机制。本章主要是根据准公共产品较弱的非排他性和非竞争性的特征，来探讨准公共产品类共享经济新机制。共享经济参与准公共产品的配置不仅可以提高公共资源的配置效率，优化资源配置，还有利于公共产品的均衡化服务。目前，我国网约车和共享单车的伪共享模式是共享经济参与公共交通资源配置的典型案例。但由于相关法律机制的不完善，政府在共享经济参与准公共产品的供给过程中存在缺位或是越位，缺乏有效监管，以至于网约车和共享单车市场都是通过无序的恶性竞争最终形成了市场垄断，同时也产生了不少冗余成本，引发了"拥挤效应"和"公地悲剧"。共享经济参与准公共产品的供给，不仅要遵守市场规律，也要符合公共产品的基本属性。由于准公共产品的竞争弹性较小，不宜完全由市场自由竞争机制来配置资源，因此应明确共享经济模式在准公共产品的供给过程中的法律地位，建立由政府、共享平台、供需双方和行业协会的多方协商合作的多元善治的治理新机制，以确保准公共产品类共享经济机制能得到有效实施。

第八章，网约车类共享经济法律问题研究。网络预约出租汽车（以下简称"网约车"）或网约车类共享经济模式是通过网约车平台公司，把线下闲置的非出租车车辆和司机整合到出租车服务领域。其在一定程度上缓解了出租车运力紧张和打车难的问题，是市场参与公共资源配置的新经济模式，也是对"公地悲剧"的修正。但网约车的补贴大战及"单边效应"的合并行为违反了现行的《价格法》《反垄断法》以及《消费者权益保护法》的相关规定，破坏了出租车市场的公平竞争秩序，损害了消费者利益。我国于2016年出台的《网络预约出租汽车经营服务管理暂行办法》（2019年进行了修改）和《交通运输部关于修改〈出租汽车驾驶员从业资格管理规定〉的决定》等相关规定有利于合法化和规范化网约车的运营，但尚存在不足，实践中依旧存在各种由网约车引发的社会和法律问题。特别是2018年发生的两个花季少女被网约车司机残忍地杀害的事件进一步引起了社会对网约车的不公平竞争、监管套利、安全问题的讨论和思考。网约车作为公共交通的一种补充，对其管理应适用公共政策而不是竞争政策。基于此，我国应完善网约车的相关立法，明确各方参与主体的权、责、利、义，建立"政府＋共享平台"的治理模式。我国应该理性看待网约车局限性及存在的法律和社会问题，明确其法律地位、社会价值和监管目标，构建网约车类共享经济线下与线上合作协调的公共治理机制。

第九章，共享民宿的法律问题。共享民宿是利用自有住宅，通过共享平台为房客提供短期住宿和服务，是基于对闲置资源使用权的共享或者协作消费的理念而构建的商业模式。比如Airbnb、木鸟短租、蚂蚁短租、小猪短租等共享平台公司，通过在线提供民宿短租服务，把民用住房通过共享平台进行经营性出租，让消费者体验当地居民居家生活的风土人情。共享民宿不仅满足了人们多样化的住宿需求，为更多人带来了就业创业和增加收入的机会，还带动了当地旅游业的发展。《中国共享住宿发展报告（2019）》反映了我国共享住宿发展最新态势的六个方面数据，八个基本判断，对经济社会发展的五个积极影响、五大挑战和四个发展趋势。共享民宿作为新业态、新模式，会引发新问题是在所难免的，其甚至对现有制度和规则提出了挑战。目前，我国尚没有关于共享民宿的相关立法，国家层面的规定仅限于部门的行业标准和行业协会的规范。由于共享民宿法律机制不完善，共享民宿存在监管套利，规避了工商、税务、治安、消防、卫生等行政监管，其低经营成本对现行酒店、宾馆和旅馆等传统住宿行业以及房屋中长期租赁市场造成了不小的冲击，甚至影响了当地的房地产市场，破坏了市场的公平竞争秩序。另外，共享民宿行业存在不规范经营，配套设施不完善，卫生和安全保障不足，制度化、法制化和长效化的协同监管机制缺失等问题。在"鼓励创新""包容审慎"的政策导向下，在创新与规范发展之间取得平衡，是共享民宿可持续发展的必由之路。

第十章，共享单车的法律问题。共享单车是"互联网+"租赁经济的新模式，主要是利用互联网技术进行网络租赁，是一种增量投资的重资产型 B2C 商业模式，但不是利用互联网对闲置资源进行配置的共享经济 C2C 商业模式，是一种伪共享。由于共享单车不设固定停车桩，相较于"有桩"的公共自行车，"无桩"的共享单车"扫码即走""即走即停"的共享模式吸引了不少消费者。然而，伴随着共享单车的迅猛发展，共享单车在满足人们出行需求的同时，也引发了很多亟须解决的问题，如乱停乱放、用车安全、违反交通规划、破坏市场竞争秩序、押金管理风险等社会和法律问题。我国共享单车从2015 年最初的社区共享走向伪共享，经过 2016 年至 2017 年无序的恶性竞争，最终淘汰了二十多家共享平台，连有"共享单车之父"之称的 ofo 也被淘汰出局，而其最大的竞争对手摩拜也被美团收购。共享单车作为准共享产品，不宜由市场完全竞争来配置资源。通过对共享单车发展中的经验与问题进行探索与反思，因此，应明确共享单车的商业模式、社会价值及其法律地位，充分利用互联网技术和大数据，合理规划城市闲置公共空间，利用电子围栏为共享单车提供停放点，发挥共享单车"最后一公里"的公共交通便利性，以满足民众的出行需求。因此，应完善共享单车的相关立法，明确界定政府、共享单车企业平台、消费者、行业协会以及社会相关各方利益主体的关系，建立多方协调合作的治理机制。

目 录
CONTENTS

第一章

共享经济的理论透视

共享经济主要是通过互联网平台，利用 GPS〔1〕、LBS〔2〕等网络技术、移动设备、网络支付、信用评价系统，打破时空的限界，整合线下闲散物资或个人劳务，克服信息不对称的障碍和信用危机，对供需方进行精准匹配，减少交易成本，以较低价格提供物资或服务，实现"各取所需""物尽其用"的资源最优配置。共享经济作为一种协同消费模式，其理念在于通过互联网共享平台共享使用权实现对闲置资源的再配置。共享平台公司是共享经济的核心，其通过网络技术使资源在供需方之间精准配置，实现资源配置效益最大化的价值目标。共享经济的意义在于，通过共享经济模式实现消费的集体化机制和"去物质化"的消费观，节约交易成本，整合闲散劳动力，建立可持续发展的生态型经济模式，并为国家经济去产能的供给侧结构性改革和共享发展战略目标提供理论依据。根据不同的分类标准，共享经济有不同的商业模式，但结合共享经济的本质特征、发展进路及其价值目标，共享经济的商业模式可以被分为社区共享、商业共享和伪共享。目前，对共享经济的理论研究存在误区，导致了其商业模式价值目标的扭曲和实践发展中的困境。共享经济之"产消者说"是对共享经济协同消费的"消费者"作用的过度解读，共享经济在本质上属于第二次消费和零工经济。只有对共享经济商业模式作出合理定位，才能制定相应的方针政策和商业策略。

第一节　共享经济的概述

共享经济也被称为协作消费或是协同消费，其实质是使用权的共享，共

---

〔1〕　利用通信卫星在全球范围内进行实时定位和导航的系统，称为全球卫星定位系统。

〔2〕　基于位置的服务，指通过电信移动运营商的无线电通讯信息网络或外部定位方式，获取移动终端用户的位置信息。

享经济是实现共享发展的基本路径。其主要是通过互联网平台整合线下闲散物资或个人劳务，并以较低价格提供物资或服务，降低交易成本，从而达到"物尽其用""按需分配"的资源最优配置，实现双方收益的最大化。

一、从共享到共享经济的演进

（一）共享的内涵

对于共享的释义《现代汉语词典》没有专门的解释，英文单词即"sharing"。《牛津现代高级英汉双解词典》对"share"的解释是"共同拥有""共同分担"。其实，共享自古有之，原始社会的生产资料分配的公有制使得每一个体共同劳动、平均分配，这是人类最初级的共享模式：即对财物共同所有的共有形式。随着社会的不断发展，私有制的出现打破了原始社会的共有状态，对财物独占的绝对所有越来越重要，占有成为对财物"定分止争"的确权依据。随着阶级的产生，公有制瓦解，统治阶级通过私有制维系其对财产的绝对所有，社会对所有权的共享机制被消灭。私人财产所有权的绝对性迫使统治阶级不断通过占有积累财富，占用财物成了一种权力、身份和地位的象征。随着社会的分工和交易的发展，对物权的共享从原来的所有权共享转变为使用权共享。比如，借用、租赁都是以使用为目的的共享行为，但这些低级的共享因受时空的限制而只能在有限的范围内进行，传统的租赁一般因受地域的限制而很难实现规模化经营。随着现代企业制度的建立，特别是股份有限公司的设立，股东通过对公司的出资出让资产的所有权，最终实现了收益的共享，这是共享收益权的一种经济模式。随着社会经济的不断发展变化，人类的时空被现代技术所改变。伴随着跨国公司的迅猛发展，资本、生产、贸易的扩张导致经济全球化，使得全球社会经济成为命运共同体，全球化也是人类社会、经济、文化、资源、成果的一种共享模式。或多或少，或好或坏，地球上的每人、每物、每地、每时都不可避免地会受到经济全球化的影响。互联网的出现更是深化了经济社会的共享进程，整个"地球村"都主动地或是被动地参与到了经济全球化和互联网信息化的过程中。"互联网+"成了经济全球化过程中必然而重要的社会经济发展的共享电子商务模式。从广义上讲，"互联网+"经济模式，以及现代企业制度、证券债券制度、金融保险制度、经济全球化、可持续发展、"一带一路"、"城镇化"，还有各种社会组织、国际组织等都在以不同的方式演绎着共享的理念，而共产主义社会则是共享的最高形式。

共享不仅可以是一种法律行为、一种法律制度或一种组织形式以及经济、社会的发展模式，还蕴藏着哲学、法学、社会学、经济学和政治学等多学科博大精深的思想内涵。广义上的共享，就是指共同参与、共同分担的一种社会活动、组织形式、经济模式、法律制度、思想战略。比如，借用与租赁是一种使用权共享的法律行为，共有是共享所有权的产权形式，股份有限公司是一种共享收益的投资模式，以公有制为基础的原始社会是一种共享所有权的社会形态，债券、证券、金融是共享资本的一种融资模式，保险是一种风险分摊共享机制，"全球化""一带一路""城镇化"强调的共享理念是当代社会共享资源、技术、资本、生产资料和成果的决策，可持续发展是当代人与后代人共享社会资源的发展模式。共享在社会经济的发展过程中无时、无处不在，共享是一种古老又普遍的社会现象，以不同的形式贯穿于社会发展的各个历史阶段。从整个人类社会的发展进程来看，共享使用权比私人占有具有更大的优势。特别是在"互联网+"的新时代，共享是不可抵挡的潮流，从线上到线下，渗透到了我们生活的每个角落。[1]共享是清洁的、有生机的、人文的、后现代的生活方式，传统的私人占有是落后、自私的、对社会发展不利的生活方式。[2]

（二）共享经济理念的提出

共享是一种与人类一样古老的现象，而协同消费和共享经济则是互联网时代的产物。[3]共享经济的概念由美国得克萨斯大学社会学教授马科斯·费尔逊（Marcus Felson）和伊利诺伊大学社会学教授琼·斯潘思（Joe Spaeth）在 1978 年发表的论文《群落结构和协同消费》（*Community Structure and Collab-orative Consumption：A Routine Activity Approach*）中首次提出。在该文中，两位教授用"协同消费"（Collaborative Consumption）来描述这样一种生活消费方式，其主要特点是个体通过第三方市场平台，实现点对点的直接的商品和服

---

〔1〕［美］雷切尔·博茨曼、路·罗杰斯：《共享经济时代：互联网思维下的协同消费商业模式》，唐朝文译，上海交通大学出版社 2015 年版，第 113 页。

〔2〕Mark Levine, "Share My Ride", *New York Times*, March, 2009（5）.

〔3〕Russell Belk, "You are What you Can Access：Sharing and Collaborativeconsumption Online", *Journal of Business Research*,（2014）（67）：1595.

务交易，[1]但其在当时还只是未成型的经济模式。1984 年，美国社会学者保罗·瑞恩（Paul Ryan）提出了"LOHAS"（Lifestyles of Health and Sustainability）的理念，倡导爱健康、爱地球的可持续性生活方式。把"LOHAS"作为一种经济手段，能带来更环保、更便捷、更和谐的生活。[2]因受限于当时的客观条件，这种生活理念难以被付诸实践。随着互联网平台的出现，通过网络技术整合线下闲散物品或个人服务，并以较低价格提供物资或服务，从而实现"物尽其用""按需分配"的资源再配置的价值目标，为实现一个环保、便捷、和谐的生活方式提供了一种新的商业模式。2010 年，美国学者雷切尔·博茨曼（Rachel Botsman）和路·罗杰斯（Roo Rogers）合著出版的专著《共享经济时代：互联网思维下的协同消费商业模式》一书[3]提出了互联网时代协同消费的理念和发展模式，通过时下很多共享网站的实例对协作消费理念进行推介，并把其分为若干阶段：第一阶段是代码共享，如 Linux 主要通过互联网向用户提供信息。在此阶段，信息流是单向的，用户不能参与其中进行评论交流。第二阶段是生活或内容的共享，如 Facebook、微博、QQ 空间等。随着互联网 Web 2.0 时代的到来，各种网络论坛、社区（如 BBS、天涯论坛等网站）开始陆续出现，用户通过共享平台向陌生人分享信息、表达观点。其形式主要局限于内容或信息分享，不涉及实物交易，一般也不存在金钱报酬。第三阶段是离线资源的共享。线上的分享协作不再限于虚拟世界，已渗透到线下，正在改变着我们的社会、文化、经济、政治和消费世界。[4]当互联网络的共享从信息和内容的无偿分享，发展到向陌生人共享私人物品使用权或是提供个人服务以获取一定报酬的商业模式时，共享平台也就实现了从共享行为向共享经济的蜕变（见图 1-1）。博茨曼和罗杰斯的协作消费通过网络技术在同社区进行借贷、租赁、赠与和交换，使人们可以获得产品的使用权，节省金钱、空间和时间，并结交新朋友。通过社区在线服务的协调，基

---

〔1〕 倪云华、虞仲轶：《共享经济大趋势》，机械工业出版社 2016 年版，第 7 页。

〔2〕 刘国华、吴博：《共享经济 2.0 个人、商业与社会的颠覆性变革》，企业管理出版社 2015 年版，第 3 页。

〔3〕 参见［美］雷切尔·博茨曼、路·罗杰斯：《共享经济时代：互联网思维下的协同消费商业模式》，唐朝文译，上海交通大学出版社 2015 年版。

〔4〕 ［美］雷切尔·博茨曼、路·罗杰斯：《共享经济时代：互联网思维下的协同消费商业模式》，唐朝文译，上海交通大学出版社 2015 年版，第 70~74 页。

于对商品和服务点对点的获取、给予的共享活动，促进共享材料、产品、服务、空间、金钱、劳动力、知识或基于各种不同的市场结构的共享经济商业模式的发展。[1]共享协作消费背后的在线平台和数字技术促进了新的社会关系，新的互动方式以及新的社会实践建立了一种新型的消费模式。

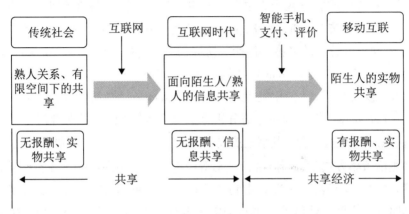

图1-1 从共享到共享经济的演变

（三）国外学者对共享经济的解读

共享在不同的领域可以有不同的解读，也意味着不同的内涵。本克勒（Benkler）对"共享"给出了一个更简洁的定义，认为"共享并非互惠的亲社会行为"。[2]共享的原因既有功能性的（比如生存），也有非功能性的（一种方便、礼貌或善良的利他行为）。然而，共享更有可能发生在家人、近亲和朋友之间，而不只是发生在陌生人之间。非基于所有权的共享仍然有别于涉及所有权转让的互惠的市场交换和礼物赠送。此外，没有债务发生的共享就像礼品，"借用"只是请求共享的委婉说法。好比"我可以借一张纸吗"？其实没有人会期望借用人会归还这张纸。但这种共享行为可以在彼此之间建立起一种联系，以便在将来可以更容易地互相帮助。除此之外，还可以共享无

---

〔1〕 Sarah Netter et al., "Sharing Economy Revisited: Towards a New Framework for Understanding Sharing Models", *Journal of Cleaner Production*, 2019（221）：227.

〔2〕 亲社会行为，又称利社会行为，是指符合社会希望并对行为者本身无明显好处，而行为者却自觉自愿给行为的受体带来利益的一类行为。一般亲社会行为可以被分为利他行为和助人行为，是为群体利益的利他主义的最高境界。参见 https://baike.baidu.com/item/%E4%BA%B2%E7%A4%BE%E4%BC%9A%E8%A1%8C%E4%B8%BA/3486334? fr=aladdin，访问日期：2020年9月5日。

形资产，比如思想、价值观和时间，以及语言、出生地或经历等内容，而这些都不是意志上的选择。[1]针对现代意义上的"共享经济"理念，目前尚无统一的定义，学者以及业界对于这一新经济模式有着不同的认识和理解。《牛津英文词典》把"共享经济"定义为"在一个经济体系中，通过免费或收费的方式，将资产或服务在个人之间进行共享"。[2]除了最常看到的"共享经济"或"分享经济"（Sharing Economy）之外，我们还可以看到一些针对共享经济从不同角度总结的名称，包括"协同消费"（Collaborative Consumption）、"点对点经济"（P2P Economy）、"网格经济"（The Mesh Economy）、"零工经济"（Gig Economy）、"使用经济"（Access Economy）以及"按需经济"（On-Demand Economy）等。这些称谓分别来自于不同时期不同学者对于共享经济的认识。[3]也有学者把共享经济或者分享经济称为"合作消费""轻资产经济""生活策略方式""合作经济""对等经济"和"访问经济"等。[4]美国硅谷所称之"共享经济"一般是指利用移动互联网将闲置或未充分使用的资源（包括时间、空间、物体等）就近向需求者提供及时服务，有所谓的3P特征（People、Planet、Profit），既为需求者（People）提供了更好的服务，又通过共享的形式节省了地球上（Planet）的资源，还可以为共享平台和供应商带来可观的利润（Profit），实现了3P的完美统一。[5]由于共享经济的应用领域一直在扩张，因此学界尚没有一个术语能够准确概括此种经济形态，但仍然需要通过一个名称来表述这个现象，而在当下，"共享经济"这个名称比其他任何可选的名称都要适合。[6]共享经济有两个关键内涵：第一，共享经济主要依靠互联网平台来实现交流；第二，共享重点是通过共享闲置资产使用权而不是通过获取资产交易来实现价值。因此，共享经济是通过共享平台出租资产

〔1〕 Russell Belk, "You are What You Can Access: Sharing and Collaborativeconsumption Online", *Journal of Business Research*, (2014)（67）: 1595.

〔2〕 [印] 阿鲁·萨丹拉彻:《分享经济的爆发》，周恂译，文汇出版社2017年版，第30页。

〔3〕 倪云华、虞仲轶:《共享经济大趋势》，机械工业出版社2016年版，第8页。

〔4〕 Bryant Cannon and Hanna Chung, "A Framework for Designing Co-Regulation Models Well-Adapted to Technology-Facilitated Sharing Economies", 31 *Santa Clara High Tech. L. J.* 23 (2015), 25.

〔5〕 王喜文:"大众创业、万众创新与共享经济"，载《中国党政干部论坛》2015年第11期。

〔6〕 [加] 汤姆·斯利:《共享经济没有告诉你的事》，涂颀译，江西人民出版社2017年版，第5页。

而不是拥有资产，但共享交易的商业化导致其不再是免费的。[1]巴迪（Bardhi）和埃克哈特（Eckhardt）、弗伦肯（Frenken）和肖尔（Schor）也认为共享没有转移所有权或共享所有权，消费者只是获得使用权。贝尔克（Belk）认为共享不一定是无私的或亲社会的，但可以通过经济交流和互惠来展现。哈马里（Hamari）等人认为"协作消费是基于点对点的获取、给予或共享对商品和服务使用权的活动"。普洛维姆纳（Plewnia）和根瑟（Guenther）认为共享经济是"促进共享材料、产品、产品服务、空间、金钱、劳动力、知识或基于各种不同的市场结构（B2C、C2C、C2B、B2B）的共享"。陶赫尔（Taucher）和基茨曼（Kitzman）认为"在共享经济中，新企业将开发和部署数字平台，以实现点对点商品、服务和信息共享"。凡士林（Vaskeleinen）和蒙泽尔（Münzel）认为"共享经济通过互联网和算法共享未充分利用的资产，包括汽车、房屋、宠物、书籍、衣服和停车位等"。[2]共享经济的概念可能会继续在学术界和实践中受到争议，不仅是因为过快的发展致使其超出了原本的概念范畴，而且也是因为其对社会、经济和环境发展的负效应日渐显现。[3]

印度学者阿鲁·萨丹拉彻（Arun Sundararajan）认为共享经济是融合了以市场交易为导向和以礼物赠与为导向的混合经济，是市场经济与礼物经济之间的过渡形态。[4]芬兰学者米昂纳·马利塔尔（Minna Maarietal）认为共享经济的发展主要得益于新的城市生活方式的出现和数字化平台的发展，以及专业技能和服务的发展，让个人间合作模式的快速复制成为可能。[5]社会学家哈罗德·海因里希（Harold Heinrich）指出了共享经济成为趋势的原因：首先是"占有"价值观的变化；其次是环保意识的增强；最后是新媒体和互联网技术的蓬勃发展。[6]奥地利因斯布鲁克大学教授库尔特·马兹勒（Kurt Mat-

---

〔1〕　Sukumar Ganapatia and Christopher G. Reddick, "Prospects and Challenges of Sharing Economy for the Public Sector", *Government Information Quarterly*, 2018 (35): 78.

〔2〕　Sarah Netter et al., "Sharing Economy Revisited: Towards a New Framework for Understanding Sharing Models", *Journal of Cleaner Production*, 2019 (221): 227.

〔3〕　Sarah Netter et al., "Sharing Economy revisited: Towards a New Framework for Understanding Sharing Models", *Journal of Cleaner Production*, 2019 (221): 232.

〔4〕　[印] 阿鲁·萨丹拉彻:《分享经济的爆发》，周恂译，上海文汇出版社 2017 年版，第 31 页。

〔5〕　Minna-Maari et al., "How Sharing Promotes Sustainability", *Journal of Finnish Universities of Applied Sciences*, 2015 (16): 49.

〔6〕　"'共享经济'悄然改变消费模式"，载《人民日报》2013 年 3 月 28 日。

zler）认为网络技术社交软件、消费者不断变化的习惯，以及环保意识的提高都是共享经济发展的驱动因素。如果需要在家中做一些手工活却没有工具，那么可以使用 Neighbor Goods（与邻居和朋友分享物品）和 1000 Tools（工具的租赁市场）；如果在澳大利亚，你可以试试 Open Shed（只租不买）；如果没有技能，可以致电 Task rabbit（任务兔子或是跑腿），让他们提供一个能手；如果需要办公空间，可以尝试 Pivot desk（转租能手）；如果你需要筹集资金，可以去 Crowdtilt（聚小成多）；如果想给家里打扫卫生，可以去 Homejoy（快乐家政）；如果需要一个停车的地方，可以试试 Park At MyHouse（家园停车场）。各种活动的共享经济组织如雨后春笋般涌现。但租车是最普遍的服务项目，比如网约车公司 Uber、拼车公司 Lyft 和 Sidecar、租车公司 Relay rides、自行车租赁公司 Spinlister 和 Divvy 以及很多代表性公司。[1]我国的共享经济发展较晚，但在租房、租车、家政、外卖等很多领域也都出现了类似的共享经济平台。比如，网约租车领域的滴滴快车、神州专车等；共享住宿领域的小猪短租、木鸟短租、蚂蚁短租、榛果民宿、游天下等；家政领域的 e 家洁、云家政、小马管家、阿姨来了、阿姨帮等。与此同时，还有一些大型零工共享平台诸如 58 到家、美团、大众点评、京东到家等。除此之外，各行各业都在不断涌现新的共享平台。总之，共享经济渗透到了我们日常生活的每一个角落，为我们提供了便捷且多种多样的消费模式。

（四）我国各界对共享经济的解读

王喜文认为，"共享经济"利用"互联网+"为大众创业提供了一种新思维，即充分利用自身资源，为普通创业者通过互联网直接交易提供渠道，而且不断降低交易成本，创新出更多新的商业模式和生活方式，有效带动万众创新。[2]郑志来认为，移动互联网、第三方支付、大数据、云计算等技术，以及过剩资源闲置导致了共享经济的产生与发展。共享经济作为互联网下的"新经济""新商业"形态，借助网络等第三方平台，暂时性地转移供给方闲置资源使用权，通过提高存量资产的使用效率为需方创造价值，促进社会经

---

〔1〕 ［加］汤姆·斯利：《共享经济没有告诉你的事》，涂顺译，江西人民出版社 2017 年版，第16 页。

〔2〕 王喜文："万众创新何以可能——互联网时代的信息物理共享经济"，载《人民论坛·学术前沿》2015 年第 12 期。

济的可持续发展。[1]杨帅认为，共享经济是通过新兴技术平台分享住房、汽车、技能、时间以及生产装备、生产能力等闲置资源和能力，在满足社会需求的同时提高社会资源利用效率的一种绿色发展模式。其认为共享经济不仅仅是一种合作消费，其更深刻的内涵是通过互联网技术媒介加快社会经济向绿色经济转型、提升资源利用率、降低环境污染。[2]马强认为，共享经济是指个人或机构把闲置的资源或服务有偿分享给需求者使用，从中获得报酬，而需求者则通过使用供给者的资源创造价值。宋逸群和王玉海指出，共享经济是在互联网技术广泛应用的条件下，人们以共享为特征的经济活动组织方式。[3]唐忠民等认为，共享与"分享"同义，一般是指将一件物品或者信息的使用权或知情权与其他所有人共同拥有，有时也包括产权。是以满足需求为核心、以共享为市场手段的需求方规模经济，产品/服务、资金/资本、信息/知识、生产能力/人力、计算机软件/硬件等资源的使用权都有可能成为共享对象。[4]郑联盛认为，共享经济是基于技术手段提升闲置资源利用效率的新范式，以平台化、高效化、开放性和分布式为特征，整合多种要素及资源配置机制，已成为一种盘活存量、提升效率和增进服务的重要举措。共享经济基于所有权和使用权分离，利用信息脱域和新的信用机制，依托多方市场平台实现需求、供给和匹配机制的融合，降低交易成本，实现长尾效应[5]和规模效应。共享经济基本上覆盖了主要的生活场景，以商品再分配、有形产品服务、非有形资源协作式分享以及开放协作共享等为主要业务模式。[6]刘

---

〔1〕郑志来："共享经济的成因、内涵与商业模式研究"，载《现代经济探讨》2016年第3期。

〔2〕杨帅："共享经济类型、要素与影响：文献研究的视角"，载《产业经济评论》2016年第2期。

〔3〕蔡朝林："共享经济的兴起与政府监管创新"，载《南方经济》2017年第3期。

〔4〕唐忠民、张明："共享经济的规制治理"，载《哈尔滨工业大学学报（社会科学版）》2018年第5期。

〔5〕长尾效应，英文名称为"Long Tail Effect"。"头"（head）和"尾"（tail）是两个统计学名词。2004年10月，美国《连线》杂志主编克里斯·安德森（Chris Anderson）在他的文章中第一次提出长尾（Long Tail）理论，认为商业和文化的未来不在于热门产品，不在于传统需求曲线的头部，而在于需求曲线中那条无穷长的尾巴。正态曲线中间的突起部分叫"头"；两边相对平缓的部分叫"尾"。从人们需求的角度来看，大多数的需求会集中在头部，而这部分我们可以称之为流行，而分布在尾部的需求是个性化的、零散的、小量的。这部分差异化的、少量的需求会在需求曲线上形成一条长长的"尾巴"。而所谓的长尾效应就在于它的数量，将所有非流行的市场累加起来就会形成一个比流行市场还大的市场，强调"个性化""客户力量"和"小利润大市场"。只有将市场细分到很细、很小的程度，才会发现这些细小市场的累计会带来明显的长尾效应。

〔6〕郑联盛："共享经济：本质、机制、模式与风险"，载《国际经济评论》2017年第6期。

根荣认为，从互联网电商角度提出共享经济应当是以互联网技术为支撑，通过共享平台和信任机制将不同消费者连接起来，并且在不影响彼此之间生活的前提下，形成的个人闲置资源使用权共享的系统。其进一步将共享经济分为两大类：一类是涉及个人闲置物品出租，即只为物品使用权付费而不购买物品所有权，如 Uber、Airbnb、滴滴快车。个人闲置物品租赁并不会破坏所有者的权益，相反却可以使其取得相应的收益。另一类是个人冗余资源使用权的转让与合作，即个人所拥有的生产要素（如资本、土地、技术以及时间等）之间的合作，收益共享，如春雨医生、P2P 网贷、众筹融资等。[1]

腾讯研究院提出了一种直观的定义：分享经济（也称共享经济）是指公众将闲置资源通过社会化平台与他人分享，进而获得收入的经济现象。这里包括四个要素：第一，所谓公众，目前主要以个人为主（将来会衍生到企业、政府等，但形式应该是以 P2P 为主）；第二，所谓闲置资源，主要包括资金、房屋、汽车等物品与个人知识、技能和经验等；第三，所谓社会化平台，主要指通过互联网技术实现了大规模分享的平台；第四，所谓获得收入，主要有三种基本模式：网络租借、网络二手交易和网络零工，这三者也是基本的分享模式。[2]简而言之，不同的国内外学者或机构从不同的角度对共享经济有不同的解读，虽然目前对共享经济的定义尚未达成权威的表述，但对共享经济的内涵也取得了基本的共识。比如，以互联网为依托的共享平台、闲置资源的配置、使用权的交易、大众参与等作为共享经济的基本特性已被多数学者和业界所接受。

（五）共享经济的内涵

从共享到共享经济，作为一种新的消费模式，当其发展为一种商业模式或是经济模式时，则必然不同于以投资、出口、消费等方式来促进增长的传统经济模式。首先，我们需要清楚共享经济的边界在哪里。即哪些东西可以共享，哪些东西不能共享。其次，共享经济商业模式盈利如何，能否实现可持续发展。有学者认为，共享经济的五要素为：第一，闲置资源。共享平台通过技术整合过剩产能将其转化为可以交易的产品或服务；第二，共享平台。

---

〔1〕 刘根荣："共享经济：传统经济模式的颠覆者"，载《经济学家》2017 年第 5 期。

〔2〕 吕青、詹乐思、李劲松："基于共享经济下的中小型城市的供给侧改革对策"，载《当代经济》2017 年第 29 期。

共享平台通过网络技术对闲置资源进行分销和推广，是共享经济的核心；第三，众多参与者。每个参与者都各取所需地对共享经济进行创新，提供定制化以及个性化的供给和需求；[1]第四，共享使用权。共享经济交易的是使用权而不是所有权，因此其交易从本质上看属于租赁而不是买卖；[2]第五，陌生人的信任。共享经济的虚拟交易发生在陌生人之间，共享经济或是协同消费行为取决于信任、社会群体以及人们所能为社会提供的资源及分享方式。因此，共享经济的基本内涵是：网络共享平台、闲置资源、群聚的社会群体、共享使用权的理念、陌生人之间的信任。[3]有学者通过对 Uber 和 Airbnb 两家公司盈利模式分析，结合共享经济的三大盈利点和一般商业模式，并与传统经济商业模式进行比较分析，得出了共享经济商业模式在提高资源利用率、降低价格、降低运营成本、个性化与定制化服务、长尾客户、可持续发展等多方面具有优势的结论。[4]共享经济从可持续发展角度使闲置资源通过独立的第三方平台进行使用权的暂时转让，实现生产要素的社会化，进而通过提升资源的使用效率为资源提供方创造更多的价值，通过提高存量资产的使用效率为需求方创造价值，促进社会经济的可持续发展。

共享经济是基于技术手段提升闲置资源利用效率的新范式，以平台化、使用权、高效、低成本、开放性和闲散式为特征，整合多种要素及资源配置机制，已成为一种盘活存量、提升效率和增进服务的重要举措。因此，共享经济既像传统消费那样满足了人们的物质需求，同时又解决了人们对环境保护和资源配置不合理的忧虑，且成了共享经济萌芽的内生动力。在协作行为兴起的时代，现代社会共享无处不在。共享与合作似乎成了与生俱来的人性，从电话聊天到线上聊天室、论坛发帖再到分享音乐、图书和视频，以及和其他人分享自己的想法和行为。[5]随着 2010 年前后 Uber 和 Airbnb 等互联网共享平台的出现，Uber 在租车市场上和 Airbnb 在民宿租赁市场上的商业运作，

---

〔1〕［英］亚历克斯·斯特凡尼：《共享经济商业模式：重新定义商业的未来》，郝娟娟、杨源、张敏译，中国人民大学出版社 2016 年版，第 70、255 页。

〔2〕Charles Leadbeater, *We Think: Mass Innovation Not Mass Production*, Profrle Books, 2008, p. 26.

〔3〕［美］雷切尔·博茨曼、路·罗杰斯：《共享经济时代：互联网思维下的协同消费商业模式》，唐朝文译，上海交通大学出版社 2015 年版，第 9 页。

〔4〕郑志来："共享经济的成因、内涵与商业模式研究"，载《现代经济探讨》2016 年第 3 期。

〔5〕［美］雷切尔·博茨曼、路·罗杰斯：《共享经济时代：互联网思维下的协同消费商业模式》，唐朝文译，上海交通大学出版社 2015 年版，第 69 页。

开启了共享经济时代。Uber 和 Airbnb 不仅领引着全球共享经济的发展，而且为共享经济的商业模式提供了理论依据。共享经济的一个颠覆性影响是互联网及移动互联网的形成导致交易领域的革命。它减少了信息不对称，降低了交易成本。基于大数据下的信用记录加强了市场主体的信用约束，而社交网络的扩展有利于实现规模效应。[1] 伴随着共享经济的迅速发展，对共享经济的商业模式的认识也越来越深刻。因此，共享经济是以平台化、高效、低成本、共享使用权、开放性和闲散式作为特征，通过网络技术的大数据和精算在供需方之间实现对闲散资源的精准配置。

"分享"与"共享"的英文同义，只是在中文上的翻译有所不同，并没有本质上的差异，它一般是指将一件物品或者信息的使用权或知情权与其他人共同拥有或是使用。因此，共享经济也被称为"分享经济"，在共享经济发展的早期，我国各界更多地使用"分享经济"。2015 年 10 月，党和政府从国家战略的层面提出要"发展分享经济"，"分享经济"一词首次进入公众视野。《中国分享经济发展报告 2016》对分享经济的定义是："利用互联网等现代技术整合、分享海量的分散化闲置资源，满足多样化需求的经济活动总和。"同年 12 月，在浙江乌镇召开的第二次世界互联网大会上，习近平主席在开幕式的致辞中特别强调了"共享经济"的重要性，并进一步明确了共享经济的战略意义。自此，"共享经济"开始渐渐取代之前的"分享经济"称谓。2017 年 3 月 7 日，国家发展和改革委员会等八部委联合发布的《关于促进分享经济发展的指导性意见》是分享经济发展的阶段性成果。该《意见》首先对分享经济的重要意义进行了阐释："分享经济作为全球新一轮科技革命和产业变革下涌现的新业态新模式，正在加快驱动资产权属、组织形态、就业模式和消费方式的革新。推动分享经济发展，将有效提高社会资源利用效率，便利人民群众生活，对推进供给侧结构性改革，落实创新驱动发展战略，进一步促进大众创业万众创新，培育经济发展新动能，具有重要意义。"我国 2016 年发布的《国民经济和社会发展第十三个五年规划纲要》、2017 年发布的《政府工作报告》，以及 2017 年 3 月 7 日国家发展和改革委员会等八部委联合发布的《关于促进分享经济发展的指导性意见》等政策性文件均使用了"分

---

〔1〕 卢现祥："共享经济：交易成本最小化、制度变革与制度供给"，载《社会科学战线》2016 年第 9 期。

享经济"的概念，但党的十九大报告却使用了"共享经济"的概念。实质上，二者实为同义，为统一表述，本书主要沿用十九大报告的表述，以"共享经济"来统称，但也会视不同的意境和需要使用"分享经济"来指称这种新业态。

二、共享经济之协作消费的解读

共享经济之协作消费是指通过互联网络技术，并以闲置资源的使用权共享为目的，在供需方之间精准配置以满足多样化的个性需求的消费模式。共享经济协作消费改变了传统的经济交易方式，创造了新的商式模式和组织形式，实现了消费的集体化机制，节约了交易成本，倡导了绿色环保的生态文明，转变了消费观念，促进了社区建设，发展了零工经济，并希望实现更可持续、民主和包容的经济模式。共享经济的协作消费发生在消费领域，是对闲散资源的再配置。

（一）共享经济之协作消费的内涵

博茨曼和罗杰斯认为，协作消费模式指通过网络技术在同社区进行借贷、租赁、赠与和交换，使人们可以获得产品的使用权，节省金钱、空间和时间并结交新朋友。通过基于社区在线服务的协调，协作消费通过对商品和服务点对点的获取、给予的共享活动，促进共享材料、产品、服务、空间、金钱、劳动力、知识或基于各种不同的市场结构的共享经济模式的发展。[1]协作消费背后的在线平台和数字技术促进了新的社会关系、新的互动方式以及新型社会实践的发展。共享平台组织具有多种动机和目标，包括各种商业模式的营利性和非营利性组织。[2]不同的消费者参与各类共享经济协作消费的动机各异，可以概括为四个层面：第一，经济动机。消费者希望通过参与共享经济的协作消费，以较少的成本获取产品的使用价值，而供方则可以获得租金收入或服务报酬。多数研究表明，经济动机对消费者参与协作消费的意图和行为有显著影响。哈马里等的研究表明，经济回报对参与者企图通过网站共享产品而获得收入有正面影响。古腾塔格（Guttentag）等的研究发现，30 岁

---

〔1〕　Sarah Netter et al., "Sharing Economy Revisited: Towards a New Framework for Understanding Sharing Models", *Journal of Cleaner Production*, 2019（221）：227.

〔2〕　Walter Fraanje and Gert Spaargaren, "What Future for Collaborative Consumption? A Practice Theoreticalaccount", *Journal of Cleaner Production*, 2019（208）：500.

以下的受访者中有 62.9% 的共享经济参与者属于省钱型消费者。第二，环保动机。协作消费代表着绿色环保和可持续发展的商业模式，协作消费共享资源使用权避免了资源的浪费，对环保型消费者有一定的吸引力，可以使消费者获得基于环保责任的道德感。第三，心理动机。协作消费的个性化选择可以满足消费者独特的新奇感或快乐感，共享商品和服务的多样性、便利性、低成本可以减轻消费者的购物心理压力，从而吸引消费者参与协作消费。第四，社会动机。消费者可以通过参与协作消费社群结交新朋友，体验更多的社区文化和地方特色。[1]在共享经济中，共享企业通过开发和部署数字平台，以实现点对点的商品、服务和信息共享，将所有者闲置的个人资产或是劳务提供给需要的人。将未充分利用的闲置资产（比如，汽车、房屋、宠物、书籍、衣服、停车位等）通过共享平台进行协同消费，[2]零工劳动者通过共享平台实现就业，雇主通过平台实现服务的协作消费。共享经济的协作消费通过互联网技术实现对闲置资源供需方的精准配置，减少了由信息不对称导致的信息障碍和信用危机的负效应，降低了交易成本，在供需方之间实现了对闲置资源的最优配置。共享经济的协同消费促进了一系列新的消费实践的出现和迅速普及。

（二）国外其他学者关于共享经济协作消费的解读

国外有不少学者均对共享经济之协作消费理念各抒己见，不论是在内涵上还是在外延上都丰富了其理论。博茨曼和罗杰斯关注到，一系列共享经济在实践中的迅速崛起将导致其发展模式更加可持续，特别是共享经济商业模式所有权向使用权的转变使消费方式发生了根本性改变，适应了人、地球和利润所谓的"三重底线"：共享经济鼓励使用未被充分利用的商品，从而减少生产需求，刺激人与人之间的互动，促进社区建设并创造新的利润。[3]巴迪（Bardhi）和埃克哈特（Eckhardt）认为，共享经济的协作消费方式不涉及所有权转让。[4]哈马里将共享经济理解为，协作消费实践的一个决定性因素是共

---

〔1〕余航等："共享经济：理论建构与研究进展"，载《南开管理评论》2018 年第 6 期。

〔2〕［美］雷切尔·博茨曼、路·罗杰斯：《共享经济时代：互联网思维下的协同消费商业模式》，唐朝文译，上海交通大学出版社 2015 年版，第 69 页。

〔3〕Walter Fraanje and Gert Spaargaren, "What Future for Collaborative Consumption? A Practice Theoreticalaccount", *Journal of Cleaner Production*, 2019（208）：499.

〔4〕Sarah Netter et al., "Sharing Economy Revisited: Towards a New Framework for Understanding Sharing Models", *Journal of Cleaner Production*, 2019（221）：227.

享平台可促进和组织彼此不认识的供需方就产品和服务进行即时交易。因此，协作消费可以被定义为"通过基于社区的在线服务对共享商品和服务的使用权进行协调、获取、给予或对等活动"。例如，My Wheels 将一种协作消费形式的对等租用与更广泛的共享经济企业的点对点租用结合起来。[1]兰伯顿（Lamberton）从交易、心理、社会及道德四方面建立消费者效用模型，进而分析协作消费消费者的共享动机。格兰拜特（Grybait）等从经济动机、社会关联、协同互助及娱乐需求四个维度来研究消费者参与共享经济协作消费的动机。托斯亚迪亚（Tussyadiah）根据自我决定理论（Self-determination Theory）和社会交换理论（Social Exchange Theory）来研究消费者参与共享经济协作消费的自我内在和外在的动机及其行为意图。哈马里等根据自我决定理论，从环保、可持续性、快乐感、声誉与经济回报等层面来分析消费者参与协作消费的内在与外在动机。[2]沃尔特·弗兰杰（Walter Fraanje）团队通过整合 Peerby 和 MyWheels 平台的案例来研究协作式消费的未来，利用西奥多·沙茨基（Theodore Schatzki）和兰德尔·柯林斯（Randall Collins）的社会学理论来分析共享协作式消费实践当前和未来发展的关键因素，并提出了两种不同的路径：一组是结合了"公民社会"和"市场"两个领域的要素坚持协作性的消费实践；另一组实践是通过对可持续性的承诺使协作式消费成了可持续消费研究中的一个有趣话题。车里（Cherry）和皮江（Pidgeon）认为，共享经济的产权交易是从个人所有权到使用权的转变，除了个人利益（例如成本低、便利），共享经济的公众接受度取决于它能否满足更广泛社会价值观的要求。其中包括：共享经济促进社会机会的平等；鼓励和支持当地社区的发展，并确保商业惯例被公平地运作，以实现商业、消费和环境的共同利益。除此之外，共享经济也可促进一系列社会问题的解决，连接个人和社区，鼓励合作，加强现有的消费主义范式的商品化。[3]世界范围内的多数学者均普遍认同共享经济之协作消费的理念，并从不同的角度对其进行解读，明确了共享经济的本质特征，且丰富了共享经济的内涵。

---

〔1〕 Walter Fraanje and Gert Spaargaren, "What Future for Collaborative Consumption? A Practice Theoreticalaccount", *Journal of Cleaner Production*, 2019（208）：500.

〔2〕 余航等："共享经济：理论建构与研究进展"，载《南开管理评论》2018 年第 6 期。

〔3〕 C. E. Cherry and N. F. Pidgeon, "Is Sharing the Solution? Exploring Public Acceptability of the Sharing Economy", *Journal of Cleaner Production*, 2018（195）：941.

（三）我国学者关于共享经济之协作消费的界定和解读

我国学者齐永智、张梦霞认为，共享经济重塑了一种商业模式，重塑了消费者与消费者，以及消费者与商家之间的关系，传统零售企业经营模式逐渐受到挑战。可以说，共享经济给零售行业变革带来了一个全新的视角和启示。[1]乔洪武、张江城从经济伦理的角度出发，认为"共享经济"所促成的是一种个体、闲置、适度、合作、互惠、互信的经济伦理新常态。首先，"共享经济"将进一步推动人们注重个性化消费、培养适度消费观念、发展绿色消费、促进消费公平，为社会消费伦理提供新的选择。[2]刘根荣从互联网电商的角度出发，认为共享经济平台通过网络技术和信任机制连接了不同消费者，且形成了不影响彼此生活的个人闲置资源使用权共享系统。[3]余航等从传统渠道的视角出发，以经济学与管理学为基础，运用共享经济下的企业运营理论，并以共享经济市场参与主体之消费者、共享平台企业为研究对象，创新性地提出了共享经济双边平台理论及企业运营理论的协作消费宏观理论框架。[4]徐芳兰、张丹平认为，共享经济的内涵在于挖掘旧资源的新价值，既节省了消费者的自身成本，也为闲置资源创造了更多的价值。[5]贺明华、刘小泉认为，共享平台可以通过对市场进行有效的细分，制定有针对性的差异化运营策略和营销策略，最大限度地满足消费者的个性化需求。[6]

总体上看，国内外社会各界对共享经济之协作消费的积极评价占主导地位，强调共享经济的协作消费有三方面的优点：减少碳排放和资源利用，使更多的人公平地获得以前无法负担的商品与服务，并加强社区的交流互动、减少社会隔离。共享经济突出了实用性，其经济性满足了社会需要。但共享经济的有效性取决于形式上的细节，而形式上的细节又取决于监管体系，以及社会和政治等许多其他层面的因素。共享经济与经济、社会和环境息息相

---

〔1〕 齐永智、张梦霞："共享经济与零售企业：演进、影响与启示"，载《中国流通经济》2016年第7期。

〔2〕 乔洪武、张江城："共享经济：经济伦理的一种新常态"，载《天津社会科学》2016年第3期。

〔3〕 刘根荣："共享经济：传统经济模式的颠覆者"，载《经济学家》2017年第5期。

〔4〕 余航等："共享经济：理论建构与研究进展"，载《南开管理评论》2018年第6期。

〔5〕 徐芳兰、张丹平："互联网时代下共享经济价值创造路径及优化研究"，载《技术经济与管理研究》2018年第10期。

〔6〕 贺明华、刘小泉："共享经济下消费者信任的形成机理及影响机制"，载《中国流通经济》2020年第2期。

关，共享经济确保了企业、消费者和环境等方面的共同利益的商业惯例，促进社会机会的平等，鼓励和支持强大而独立的社区发展。[1]因此，在实践中，活动组织方式的变化会影响参与者是否会"充满活力"地再次参与。要了解协作消费现象可能会如何发展，首先需要了解如何进行协作式消费实践，以及如何使它们对参与者具有吸引力。其次，需要了解公司实施的相关实践如何影响它的执行方式以及其对参与者的意义。[2]共享经济的协作消费是传统经济模式的升级，除了可以激活社会闲散资源的使用价值、优化资源的配置外，还有利于倡导多样化、低成本、绿色环保和可持续性发展的生活模式。

（四）共享经济之协作消费的本质

共享经济反映了各种不同的价值目标，从协作消费精神、闲置资源的利用到消费者低成本消费以及企业为了营利而采取的各种商业运作。共享经济以一种最原始的消费模式出现，它既可以像传统消费主义那样满足人们的物质需求，同时又可以解决人们对于环境保护的焦虑，降低新产品的生产量和原材料的消耗，改变人们的消费观念。虽然协同消费是以消费者和社区利益为导向的，但它带来的结果却是多方获利。在高度的社会节能效应和高度的用户忠诚度下，我们完全可能将传统的、垂直的零售模式转变为协作的消费模式。[3]随着共享经济之协作消费理念的不断发展，其内涵也在不断丰富。哈佛大学的南希·科恩（Nancy F. Koehn）教授认为，共享经济发展的根本原因在于以下三点：一是共享经济可以提供更多的消费主权、安全与透明度。在传统经济的市场环境下，由于市场价格的波动，商品与服务质量的不确定性让消费者感到缺乏消费主权以及消费安全，市场信息缺乏透明度。而在共享经济条件下，消费者掌握选择的主动权，凭借互动平台上的信息沟通将更加透明。二是共享经济可以解决交易双方的信任危机。在传统商业模式下，由于消费者处于信息不对称的状态，对商家提供的商品或服务缺乏信任感。商品的供给者与消费者之间不信任的状态会影响交易的达成。而共享经济可

---

〔1〕　C. E. Cherry and N. F. Pidgeon, "Is Sharing the Solution? Exploring Public Acceptability of the Sharing Economy", *Journal of Cleaner Production*, 2018（195）: 945, 947.

〔2〕　Walter Fraanje and Gert Spaargaren, "What Future for Collaborative Consumption? A Practice Theoreticalaccount", *Journal of Cleaner Production*, 2019（208）: 500.

〔3〕　［美］雷切尔·博茨曼、路·罗杰斯:《共享经济时代: 互联网思维下的协同消费商业模式》，唐朝文译，上海交通大学出版社 2015 年版，第 223~232 页。

以通过互动式信息交流及信用评价体系促进消费者与供给者之间的信任。三是共享经济可以促进消费者和供应者双方的福利水平。在共享经济模式下，供给者通过提供闲置产品或服务取得收益，而消费者也可以以更低的价格获取商品或服务，双方的福利水平都能得到改善。[1]总之，共享经济改变了经济交易方式，创造了新的商业模式和组织形式，转变了消费观念，并希望实现更可持续、民主和更具包容性的经济模式。

三、共享经济的特征

（一）共享经济特征的概述

共享经济商业模式的核心基础是"闲置资源使用权的共享"，即供给方将闲置资源通过在特定时间内让渡资源使用权或提供服务的形式为需求方所使用。[2]有学者认为，共享经济具有在所有权不转移的前提下利用闲置资产，在陌生人之间形成信任、互动、开放、包容和互惠的价值理念等特征。[3]蔡斯认为，共享经济区别于其他互联网商业模式的主要特征在于其有三大基础：闲置资源、共享平台与人人参与。总体而言，共享经济被认为是解决环境和社会问题的经济方案，可以带来经济机遇及社区精神，减少不平等现象，减少消耗和浪费。[4]共享经济旨在利用网络技术促进提供者与用户或消费者之间的闲置资源交易，可以很好地满足消费者的需求。纵观学界对共享经济的称谓和界定，多数都是以点概面，不能全面、准确地表达共享经济的本质特征。在共享经济特征研究方面，国家信息中心的研究报告指出，与传统经济相比，共享经济有六大典型特征：第一，技术特征——基于互联网平台；第二，主体特征——大众参与，即供求双方的共同参与是共享经济发展的前提条件；第三，客体特征——通过资源要素的快速流动与高效配置，实现资源配置效率最大化；第四，行为特征——权属关系的新变化，即以共享经济以租代买、以租代售等使用权共享方式取代所有权交易；第五，效果特征——注重用户体验提升；第六，文化特征——共享经济能较好地满足人性中固有的社

---

〔1〕 刘根荣："共享经济：传统经济模式的颠覆者"，载《经济学家》2017 年第 5 期。

〔2〕 郑志来："共享经济的成因、内涵与商业模式研究"，载《现代经济探讨》2016 年第 3 期。

〔3〕 刘奕、夏杰长："共享经济理论与政策研究动态"，载《经济学动态》2016 年第 4 期。

〔4〕 C. E. Cherry and N. F. Pidgeon，"Is Sharing the Solution? Exploring Public Acceptability of the Sharing Economy"，*Journal of Cleaner Production*，2018（195）：943.

区交往、分享和自我价值实现的需求，也顺应了当前人类环保意识的觉醒。[1]
任何事物都具有多面性，从不同的角度看问题得出的结论必然不同。总体而
言，国家信息中心的概括更全面且基本反映了共享经济的特征。只有更深入、
更全面地了解和研究共享经济，才能揭示其本质属性。

（二）共享经济的基本特征

结合各界对共享经济特征的众多研究结果，通过其与其他电商平台和传
统经济的比较，我们可以概括出共享经济最突出的六个特征：

1. 大众参与

在共享经济的背景下，社会支持的作用至关重要，因为消费者严重依赖
其他成员的评价并据此作出决定，同时也需要大众参与提供闲置资产形成资
产池才能确保共享经济平台的运行。因此，对于共享经济平台而言，需要大
众参与的社群规模效应。共享经济平台基于共享原则、理念、联系和经验参
与共享经济，而不同的参与者参与共享经济的动机不同，且参与者可以通过
共享平台分享其交易经验，影响其他参与者的思想和决策。有研究表明，社会
的各个方面对共享经济的支持，包括情感、信息、归属感、工具和评估等。[2]
在共享经济平台中，一般的共享平台社会民众都可以参与，供给方通过将自
己闲置的汽车、房屋、知识、技能、时间、资金等共享给他人而获取收益，
需求方则通过共享经济平台找到适合自己的闲置资源并获得多元化的消费体
验。这种特征使得供给方、需求方和平台三者之间的依赖程度增加，加上共
享经济平台初期所推行的优越的福利政策、良好的消费体验、低价优质的服
务、友好的社交属性，足以促使需求方和供给方的参与人数不断增加并构建
共享平台的网络社群，这种广泛参与也推动了更加多元和个性化的服务。但
大众参与的特征还在于，其突破了原有商品或服务提供者的资质限制，注重
个性化和社交体验，却缺乏标准化和专业化的规范，在激发市场供给活力的
同时也会造成对消费者最低安全保障的隐忧。

2. 网络共享平台的群聚效应

美国网络社会学家克莱·舍基（Clay Shirky）在其著作《认知盈余》（*Cog-*

---

〔1〕　参见《中国分享经济发展报告（2016）》，国家信息中心信息化研究部。

〔2〕　Waqar Nadeema et al. , "Consumers' Value Co-creation in Sharing Economy: The Role of Social Sup-port, Consumers' Ethical Perceptions and Relationship Quality", *Technological Forecasting & Social Change*, 2020（151）: 3.

nitive Surplus: Creativity and Generosity in a Conn）一书中认为，共享平台创造了集合价值（aggregate value），即用户越多，匹配的可能性就越大。可见，只有建立在一定的体量基数之上，通过信息交互、系统撮合，互联网才会使潜在的交易变成现实的交易，潜在的需求才会变成现实的需求，需求的匹配才能达成。[1]因此，共享经济需要一个共享平台来实现社会群体的群聚效应。[2]从历史的角度来看，共享是一个古老的话题。但是，随着互联网络技术的发展，共享从线下转移到在线的陌生人之间的交易，即互联网新技术使共享模型和业务得以尝试新的组织形式，增加了新的商业模式。[3]从根本上讲，是共享经济平台创造出了这种新的商业模式。因此，共享平台是这场商业革命的核心。互联网在20世纪90年代中期的出现刺激了电子商务的发展，使得对等在线市场（例如 Amazon、eBay 和 Craigslist）诞生。在21世纪初，诸如社交媒体之类的 Web 2.0 机制的腾讯 QQ、Facebook、LinkedIn、Twitter、博客和 Wiki 启用了对等网络个人和专业协作中的沟通网络。Flickr、Pinterest 和 Youtube 启用了共享多媒体。众包（例如 Wikipedia）和众筹平台（例如 Kickstarter、Kiva）推动了自愿内容和在线资金。共享经济通过互联网，利用 APP（Application）软件实现了人对人或是点对点的 P2P（peer to peer）模式以及线上与线下对接的 O2O（Online To Offline）模式。[4]共享平台 P2P 和 O2O 模式的运用对共享经济而言至关重要，其将线下的服务提供商和消费者通过线上互联网的技术聚集在一起。电子商务、社交媒体、网络社群和共享经济平台具有相似和独有的特征，都是通过互联网建立对等共享平台，只是在不同的平台下，网络被用于实现不同的功能。电子商务与共享经济都着眼于交易交流，但电子商务交易的是"买卖商品"，共享经济交易的是"出租商品"。随着过去十多年移动设备的增长和无线宽带的可用性提升，连接互联网的智能手机和传感器催生了移动应用的经济性和位置优势服务。智能手机创造了新的机会，使人们可以随时随地进行点对点联网，以至于消费者可以在该位置

---

[1] 卢现祥："共享经济：交易成本最小化、制度变革与制度供给"，载《社会科学战线》2016年第9期。

[2] 群聚效应是一个社会动力学术语。用来描述在社会系统里，某件事情的存在已达到足够的力量而使其能够自我运转，并为往后的成长提供动力。

[3] Sarah Netter et al., "Sharing Economy Revisited: Towards a New Framework for Understanding Sharing Models", *Journal of Cleaner Production*, 2019（221）: 224.

[4] O2O 指点对点地将线下商机与互联网结合，线上为线下交易服务。

实时获得服务。[1]

简而言之，共享平台的特殊之处在于能做个人不能做到的事情，将大型公司、机构、政府的资产（如资金和卫星地图）以及各种信息传递到参与者手中。[2]社会化网络的新规则打破了原来的极权统治和森严的等级制度，创造了一个开放的、高度参与度和充分自由的新社会，这种规则被称为"民众集体协作武器"。[3]共享经济商业模式能否成功的关键在于共享平台的市场运作。因此，共享平台是共享经济的核心，其已经不仅仅是一个市场主体，而且还是一种类似股票交易所的交易市场。在市场设计中，存在着三项原则，即稠密性、供需匹配便捷性和安全性。[4]就共享经济平台而言：首先，其通过互联网技术将供需主体连接在一起，买家能够获取更加多元化的服务，卖家也有更多的潜在买家，从而形成稠密市场（Thick Markets），实现双边网络效应（Two-sid-ed Network Effects）。其次，其通过数据收集和算法来实现供需的精准快速匹配，降低了交易成本。最后，其通过信誉排名、服务评价、最低服务质量保证、保险等机制实现了交易的安全性，增强了参与主体的互信。这使得共享经济平台在实质上形成了一个交易市场，具有"平台即市场"的特征。离开了互联网平台的群聚，社会闲置资源提供方和需求方将无法有效地实现供需对接。共享经济平台利用网络大数据和算法高效地对供给方和需求方的信息进行匹配，进而降低交易成本，以最大限度地实现资源的优化配置，使双方无须进行不必要的信息搜索、分析和处理或者使资源长期处于闲置状态。此外，传统的租赁企业利用互联网使其销售渠道更加便捷并非是共享经济，其只是"互联网+"的一种应用，本质上属于网络租赁经济，不会显现共享经济平台对闲散资源的群集效应。[5]

就个人而言，交易成本和便利性都是参与特定共享经济的原因，但共享

---

〔1〕 Sukumar Ganapatia and Christopher G. Reddick, "Prospects and Challenges of Sharing Economy for the Public Sector", *Government Information Quarterly*, 2018（35）：78.

〔2〕 ［英］亚历克斯·斯特凡尼：《共享经济商业模式：重新定义商业的未来》，郝娟娟、杨源、张敏译，中国人民大学出版社 2016 年版，第 40 页。

〔3〕 Don Tapscott, Anthony D. Williams and Wikinomics, *How ass Collaboratiom Changes Everything*, Portfolio, 2008.

〔4〕 Alvin E. Roth, "What Have We Learned From Market Design?", *Innovation Policy and the Economy*, 2009, p. 79.

〔5〕 齐爱民、张哲："共享经济发展中的法律问题研究"，载《求是学刊》2018 年第 2 期。

经济所有的规则、信任、资源等都必须依靠共享平台，这是共享经济所有元素流通的管道。[1]当大量在线请求同时到达并争夺稀缺的共享资源时，共享平台可以通过网络技术和精算，基于优化可用资源供需而为消费者的协调交易提供更好的匹配度服务（例如更满意的请求）。以共享停车位为例，其可以在动态、不确定的机会主义环境下精确匹配消费者对车位的需求。[2]虽然互联网使人们重拾了对社会群体的信心，但共享经济的供需双方一般都是个体而不是组织，需要通过共享平台对数量庞大的个体供需双方进行整合，形成各具特色的供货池和需求各异的消费群体。因此，共享经济的共享平台公司是共享经济不可或缺的核心，主导着整个共享经济的发展和商业模式，通过向供需双方提供交易机会获得报酬，使共享经济的商业运作成为一种可能。[3]所以，共享平台的网络群集效应是共享经济生存必备的物质基础，也是共享经济交易的条件，更是共享经济不同于传统租赁经济的重要特征。

3. 闲散资源的配置

闲置资源的利用已经成为当今社会经济发展的一个必然趋势。共享经济的目标在于通过互联网平台对闲散资源或服务进行再分配，为供需双方的大众带来了新机遇。因此，由不同个体提供的形形色色的闲置资产池既是经济共享的前提和物质基础，也是决定共享经济能否持续发展的决定因素。因为供给方提供的是个人的、闲置的物品或服务，而非标准化的批量商品或服务，有量上的限制和质上的特殊性，都是各具特色的旧货或者非专业服务。共享经济利用互联网平台对闲置商品或服务的点对点的使用权共享或是租赁，实现了对剩余资产和备用劳动力的再利用，使资源的使用效率最大化。[4]闲置资源不仅包括未被充分利用的各种动产、不动产或二手物资和旧商品，还包括碎片时间和服务能力等资源。共享经济利用移动互联网技术、大数据等进

〔1〕 刘国华、吴博:《共享经济2.0 个人、商业与社会的颠覆性变革》，企业管理出版社 2015 年版，第 83 页。

〔2〕 Nils Boysen and Dirk Briskorn, "Stefan Schwerdfeger, Matching Supply and Demand in a Sharing Economy: Classification, Computational Complexity, and Application", *European Journal of Operational Research*, 2019 (278): 578.

〔3〕 C. E. Cherry and N. F. Pidgeon, "Is Sharing the Solution? Exploring Public Acceptability of the Sharing Economy", *Journal of Cleaner Production*, 2018 (195): 946.

〔4〕 Sukumar Ganapatia and Christopher G. Reddick, "Prospects and Challenges of Sharing Economy for the Public Sector", *Government Information Quarterly*, 2018 (35): 77.

行资源匹配，整合、重构了闲置资源，大大降低了消费者的购买和使用成本，创造了一种新型商业模式。例如，共享网约车通过共享出租车辆不仅可以充分利用闲置车辆，还能为车主带来汽车租金收入。[1]

共享经济通过对剩余物资或服务的分享使闲置资源可以被再利用，激活了过剩商品的剩余价值和闲置的零工劳动，这是共享经济的本质特征，也是共享经济之协作消费的核心价值。共享经济能有效地解决部分社会就业，特别是零工劳动的就业，是经济发展转型过程中实现共同参与、共享发展的重要途径。同时，共享经济借助共享平台及移动互联网的技术，通过对闲置资源或零散资源的精准配置创新和运营创设了轻资产型商业模式，这也是共享经济平台不同于其他以买卖、租赁为主的传统重资产型电商平台的重要特征。

4. 使用权交易为核心

康德在《法的形而上学原理》一书中指出，所有权与使用权的区别是感性占有、理性占有的区别，是直接占有和间接占有的区别。[2]共享经济在理论认知上还没有达到康德当时的深度，还没有从法学、法哲学以及所有权基本变革角度认识问题。[3]共享经济的基本理念就是"协同""合作"，强调"我的就是你的""我的就是我们的"，"我帮助你""别人帮助我"的价值观。通过重复利用产品，充分利用每一个产品的价值，减少新产品的消费，达到去物质化。强调产品设计应该在个人消费需求与集体利益之间找到一个健康的平衡点，其实质是使用权的共享。共享经济价值的传递过程由需求方（消费者）、供给方（经营者）和共享经济平台三个部分组成，产品或服务的供给方在特定时间内通过共享平台向需求方让渡产品的使用权，获取金钱或精神回报。需求方虽不直接拥有资源的所有权，但通过共享租赁的方式获得资源的使用权，以实现其价值再利用。[4]在传统工业社会中，消费的主要方式是通过所有权来支配物的使用，以满足对物的长期稳定占有。共享经济的特点是点对点交流，利用互联网平台租借商品或服务，促进实际空间、资产和劳

---

〔1〕 杨珈瑛：《分享经济》，北京工业大学出版社2017年版，第10页。

〔2〕 ［德］康德：《法的形而上学原理——权利的科学》，沈叔平译，林荣远校，商务印书馆1991年版，第54~55页。

〔3〕 姜奇平："共享经济从理论到实践的发展"，载《互联网周刊》2015年第16期。

〔4〕 孙楚、曾剑秋："共享经济时代商业模式创新的动因与路径——价值共创的视角"，载《江海学刊》2019年第2期。

动力的使用权共享。因此，共享平台与电商平台的商品所有权的交易目标不同。[1]

在现代社会，无论是交通领域的滴滴快车、Uber，还是短租领域的 Airbnb，抑或是共享单车领域的 ofo，其都是以物的使用为中心，而并非像传统消费那样需要去购买产品，通过获取所有权实现对物的支配。这种"不求拥有，但求所用"的理念彰显出了人们在消费观念上的转变。[2]共享经济协同消费的核心即"我的就是你的""我的就是我们的"，"我帮助你""别人帮助我"，"与邻里共享一个电钻"等朴素的价值观念，本质是通过共享使用权实现对闲置资源的再利用。对供给方而言，其可以通过在特定时间内提供服务或让渡物品的使用权来获得一定的金钱回报或是社区的邻里感、环保的道德感等精神需求。对需求方而言，其可以通过租借等共享方式使用物品而不拥有物品的所有权，不仅可以实现"物尽其用""按需分配"的资源再配置最优效益目标，而且可以通过付出较少的成本获得以自己的财力不可能实现的产品或服务体验。

5. 陌生人之间的信任

博茨曼认为信任是共享的关键"货币"，共享之互帮互助的文化理念，需要人们相互之间的信任以及相互参与，形成一种动态的社会行为，从而不断强化个体之间的分享、合作、社交和忠诚。随着各种共享形式的不断发展，那些共享的物品会逐渐成为陌生人之间信任的运载工具。Freeccycle 的创始人德容·比尔认为："共享社群把人们的信任价值发挥出来，这样的组织呈现了人性善和人文情怀的一面。"Craigsist 的创始人克雷格·纽马克说："信任是新的时代潮流。"传统的商业交易不会产生社会关系，只是双方各取所需。但信誉资产将成为获取陌生人信任的凭证，并且帮助人们树立对社区生活的信念。[3]在联系高度密切、更加透明的商业世界中，不诚实的行为将会受到严厉而及时的惩罚，即损失信誉、社会经济价值，而诚实的共享和合作将会带来巨大的回报。最终的结果是互动越频繁便越需要信任。越诚实守信，交际

〔1〕 Jiyoung Hwang, "Managing the Innovation Legitimacy of the Sharing Economy", *International Journal of Quality Innovation*, 2019 (5): 4.

〔2〕 齐爱民、张哲："共享经济发展中的法律问题研究"，载《求是学刊》2018 年第 2 期。

〔3〕 [美] 雷切尔·博茨曼、路·罗杰斯：《共享经济时代：互联网思维下的协同消费商业模式》，唐朝文译，上海交通大学出版社 2015 年版，第 146、147、165、229 页。

越广，就会赢得越多的信赖。正因为现在每个人都能彼此了解，所以那些真正赢得声誉的人就是那些被他人信任的人。[1]共享经济是基于陌生社群成员之间彼此的信任而发展起来的商业模式，共享平台通过内部监督为参与者搭建了信用评价体系，使信誉成为共享平台运作的基础，失信者将被剥夺参与资格。共享经济企业政策制定者将信用设计进共享经济理念，并提供特定的共享业务模型。[2]

共享经济交易的关键推动力是发展强大的在线声誉和信用机制，共享社群的消费者的信用评论可以为其他消费者提供参考。线上评论使潜在的消费者可以决定一家机构是否可以被信任，降低了风险和不确定性，因此消费者经常依靠他人的经验来做采购决策。消费者更重视同行评议，而不是产品或服务的提供者或是经营者的说明。积极的信用评价有利于促进共享经济的健康发展，正面的评论会提升消费者对经营者及其产品或服务的期望值，这种信心和信任通常会促成预期的购买，并为提高销售收入作出贡献。[3]而负面评价则会导致消费者对经营者及其产品持不信任态度，从而降低其购买相关产品和服务的意愿。因此，陌生人之间的信任是共享经济交易的基础，而公平公开的信用评价体系则是构建共享社群信任的保证。

6. 共享经济价值和文化的多元化

共享经济商业模式和参与者的多样性可以满足不同层次的消费者需求而使在线共享成为可能，但每个共享经济个体的参与动机都可能不同。对个人使用共享经济动机的实证研究表明，节省资源和成本、实现社会效用等是用户的主要动机，相对于功利主义和象征主义价值观，消费者对使用共享经济的态度，社会享乐动机的影响最大，其次是道德动机和金钱动机。[4]以拉尔斯·博克（Lars Böcker）为首的研究小组通过调查分析来自阿姆斯特丹的

---

〔1〕　[美] 唐·佩珀斯、玛莎·罗杰斯：《共享经济 互联网时代如何实现股东、员工与顾客的共赢》，钱峰译，浙江大学出版社 2014 年版，第 14 页。

〔2〕　C. E. Cherry and N. F. Pidgeon, "Is Sharing the Solution? Exploring Public Acceptability of the Sharing Economy", *Journal of Cleaner Production*, 2018 (195)：946.

〔3〕　Xusen Chenga, Shixuan Fua and Jianshan Sunb, "An Investigation on Online Reviews in Sharing Economy Driven Hospitality：Platforms：A Viewpoint of Trust", *International Journal of Production Economics*, 2019 (214)：106~124.

〔4〕　Jiyoung Hwang, "Managing the Innovation Legitimacy of the Sharing Economy", *International Journal of Quality Innovation*, 2019 (5)：4.

1330 名受访者对不同类型的共享商品（包括汽车、乘车、住宿、工具和用餐）的既定偏好，以及对不同的用户和提供者的社会人口群体参与共享经济的经济、社会和环境动机进行了调研。该研究小组发现，在不同的社会群体中，参与共享经济的经济、环境和社会动机可能不同。出乎意料的是，环境动机对女性而言比男性更为重要，而受过高等教育的人非常缺乏加入共享经济的社会动力，这类人群会更多地出于环境动机而加入共享经济。然而，该研究小组在教育水平和环境动机的重要性之间没有发现明显的关系。中等收入和高收入人群参与共享经济的经济动机明显比低收入群体更少。此外，中高收入人群也较少具有社会动机。种族和家庭类型对参与共享的动机没有显著影响。相比于住房共享，在所有其他共享经济行业中，经济动机并不重要，特别是乘车、工具和用餐等共享行业。正如预期的那样。首先，膳食共享是最受欢迎的行业；其次是住宿共享和乘车共享；最后，使用不同类型的共享资产似乎比提供共享资产更具经济动机。当然，用户或消费者和提供者之间的经济动机有所不同。总体而言，消费者受到经济因素的驱动远胜于提供者。因为对于许多消费者而言，其可以通过租用而不是购买来节省相对大量的钱。但是，对于提供商来说，经济收益与物品的购买价格相比，出租物品的价格通常较低、利润较小。基于参与共享经济的动机不同，年轻群体和低收入群体具有更多的经济动机去使用和提供共享资产；年轻、高收入和受过高等教育的群体缺乏社会动机；妇女更注重环保。对于共享经济，住宿共享和汽车共享形式的外部经济动机是主导，就就餐、工具和乘车而言，内在的社会和环境动机却在共享经济中扮演重要角色。共享经济的快速增长通常归因于它是基于未充分利用的闲置资源的再利用，这解释了共享经济为什么可以如此迅速地扩展。[1]如果共享经济要成功地进行商业运作并可持续发展，还需要资金的支持。否则，共享经济就可能只是停留在理想的阶段而无法与现实接轨，最后无疾而终，共享发展可能会成为"无米之炊""空中楼阁"。

共享经济的本质特征是其不同于其他电子商务平台和传统经济模式的根本依据。首先，交易标的不同。共享经济交易的是以个体或个性的闲置物品

---

〔1〕 Lars Böcker and Toon Meelenb, "Sharing for People, Planet or Profit? Analysing Motivations for Intended Sharing Economy Participation", *Environmental Innovation and Societal Transitions*, 2017（23）：28~39.

或者零工劳务为标的的轻资产。因此，其交易标的不仅不同于以批量标准化的新商品为交易标的的零售电商平台，也不同于网络传统租赁以平台自有资产为交易标的的重资产型商业模式。其次，共享经济的网络群聚的电子商务模式不同于其他经济模式。共享平台的供需双方参与的 C2C 及其 P2P 和 O2O 的电子商业模式不同于自营零售电商平台和网络租赁平台的 B2C 商业模式，也不同于传统的线下租赁经济模式。最后，交易的法律行为、商业目标和价值不同。共享经济商业模式是以闲置物资的"使用权"为交易标的，供需双方是一种租赁法律行为，或是短期的劳务关系。而零售电商平台交易的是商品的"所有权"，供需双方是买卖合同关系。虽然共享平台和零售电商平台都是利用互联网平台为供需方提供交易机会，但两者的商业目标不同。共享经济的闲置资源的"使用权"交易有别于以销售商品"所有权"为目的的零售电商平台（比如淘宝、京东、天猫）。零售电商平台是通过买卖博弈实现利益的最大化，而共享经济平台是通过对闲置物资的使用权共享实现"各取所需""物尽其用"的价值目标。总之，共享经济具有其独特的商业模式，具有区别于其他经济模式的商业特征。

四、共享经济的发展状况

（一）共享经济的发展前景

2014 年 8 月，普华永道会计师事务所的一项研究报告指出，2025 年英国五大主要领域的共享经济的经济规模将达到 90 亿英镑，而全球共享经济的经济规模将由 2015 年的 150 亿美元增长到 2025 年的 3350 亿美元，一些共享经济平台的市值甚至已经超过了该行业中许多历史悠久的传统公司。[1] Uber 于 2009 年的估值为 680 亿美元，仅用 6 年的时间就超过了通用（GM）和福特（Ford）等拥有 100 年历史的传统公司以及传统的运输服务提供商（如赫兹和阿维斯）。2008 年问世的 Airbnb 的价值为 300 亿美元，几乎和希尔顿连锁酒店、万豪酒店一样多。Airbnb 在全球 191 个国家的超过 65 000 个城市运营。Lyft 比 Uber 和 Airbnb 都要小，其于 2012 年 6 月开始运营后，已将服务扩展到了美国的 300 个城市，其中每天有 100 万人骑车。该公司在 2017 年 4 月的估

---

〔1〕 颜婧宇："Uber（优步）启蒙和引领全球共享经济发展的思考"，载《商业研究》2015 年第 19 期。

值为 75 亿美元。共享经济成了一种全球现象，个人越来越习惯于在日常活动中使用共享经济购物和旅行，并促进了许多地方共享经济业务模式的发展。Uber 的普及成就了法国一种长途乘车共享服务——BlaBlaCar。Uber 的模仿者滴滴快车在接管了 Uber 在中国的业务后扩展到了五大洲。Airbnb 的共享空间已促成许多国家类似共享住宿公司的发展，例如，我国类似 Airbnb 的共享住宿有途家、小猪短租、木鸟短租、蚂蚁短租、榛果民宿、游天下等，还有韩国的 So-Car（类似于 Zipcar）、Kozaza（类似于 Airbnb）和 D-Camp（类似于 Citizen 空间）等。除了住宿和汽车共享，共享经济已经遍及多个领域，包括教育、金融、商品、公用事业和工作区。[1]比如，创建于 2006 年的猪八戒网是服务中小微企业的人才共享平台。其开创式地为人才与雇主搭建起了双边市场，通过线上线下资源整合与大数据服务，实现了人才与雇主的精准无缝对接。其在 2017 年的估值达到了 110 亿元，融资 26 亿元。[2]共享经济成了社会服务行业最重要的模式，在交通、旅游、住宿、教育、社区生活等服务领域全面发展（见表 1-1，只是略举了国内外的一小部分共享商业模式），从车位共享到专车共享、住房共享、动物寄养共享、社区服务共享及劳动技能共享等各种共享模式层出不穷。[3]共享经济组织最多的地区是美国的加利福尼亚州和纽约州，但欧洲国家也涌现了不少共享经济组织，比如，比利时的 Piggy Bee、法国的 Blablacar、德国的 Carpooling、西班牙的 Swapsee、英国的 Park atMyhouse，还有大洋洲的 Zooka 和 Airtanker，以色列的 Eat with 和 Casa versa 等。[4]共享经济吸引着越来越多的致力于社区文化建设、多样性、环保生态以及可持续发展的人士的关注。现在，在所有的领域几乎都能找到共享经济模型，包括交通运输、医疗保健、金融服务、食品、时装、电信、建筑等，[5]共享经济可谓无处不在。

---

[1] Jiyoung Hwang, "Managing the Innovation Legitimacy of the Sharing Economy", *International Journal of Quality Innovation*, 2019（5）: 4.

[2] 杨珈瑛：《分享经济》，北京工业大学出版社 2017 年版，第 10 页。

[3] "共享经济深度研究报告（一）：从共享到经济：人人都是产品"，载 http://www.woshipm.com/it/222516.html，访问日期：2019 年 11 月 29 日。

[4] ［加］汤姆·斯利：《共享经济没有告诉你的事》，涂颀译，江西人民出版社 2017 年版，第 16 页。

[5] Sarah Netter et al., "Sharing Economy Revisited: Towards a New Framework for Understanding Sharing Nodels", *Journal of Cleaner Production*, 2019（221）: 2246.

表 1-1　共享经济公司分类表

共享领域	共享网络公司（国内）	共享网络公司（国外）
交通共享	滴滴快车：滴滴顺风车、快车以及"专车" 易到用车：高端专车服务 天天用车：一对一、点到点的上下班顺风车体验 哈哈拼车：同区域的拼车服务 PP 租车：线上汽车共享平台 一嗨租车：将车辆出租给有需求的租客	Uber：提供私家车搭乘服务 Lyft：提供私家车拼车服务 Sidecar：更纯粹的拼车平台 FlightCar：机场闲置汽车分享 Zipcar：会员制共享闲置汽车 Wheelz：专做大学生 P2P 租车业务 Getaround：P2P 租车平台 Netjets：闲置私人飞机租赁 PROP：闲置游艇租赁
房屋共享	小猪短租：中国版的 Airbnb 蚂蚁短租：家庭公寓预订网站 途家网：国内旅游度假公寓预订网站	Airbnb：民宿短租预定 DogVacay：狗狗版的 Aribnb Easynest：分享在旅馆的空床 Divvy：寻找室友，分享房间。
饮食共享	爱大厨：中国版的 Feastly 爱宴遇：国内的"以吃会友" 好厨师：提供私厨上门服务 私家厨师：对接私家厨师	Eatwith：祖传的美食共享 Plenry：以吃会友 Feastly：家庭自制版大餐共享 SpoonRocket：最方便的订餐服务。
服饰共享	魔法衣橱：服装领域共享 美可网：奢侈品包租赁服务，但 2013 年已关闭。	RenttheRunway：精选品牌和新潮的礼服 PoshMark：二手服装交易平台 类似公司：Material World、Tradesy、Le Tote
其他共享	懒人家政：高端家政服务人才 青年菜君：售卖半成品净菜 阿姨帮：快速找到满意钟点工 美道家：上门美容服务 无忧停车网：帮找车位	TaskRabbit：劳动力雇佣平台 Skillshare：共享技能 Handybook：整合家政行业 Instacart：便利店、蔬菜店的跑腿 ClassPass：整合健身房

（二）共享经济在我国的发展现状

1. 我国关于共享经济发展的相关政策

十八届五中全会通过的《中共中央关于制定国民经济和社会发展第十三个五年规划的建议》把共享发展与创新发展、协调发展、绿色发展、开放发展一起作为指导我国经济社会发展的五大理念，并且指出"共享是中国特色社会主义的本质要求"，必须坚持发展为了人民、发展依靠人民、发展成果由人民共享，通过更有效的制度安排，使全体人民在共建共享发展中有更多获得感，增强发展动力，增进人民团结，朝着共同富裕的方向稳步前进。习近平主席曾在不同的场合对共享发展理念进行阐述：2013 年 10 月至 2015 年 9 月，习主席在东北、陕西、西藏、云南、广西等地调研，并多次在中央工作会议和国际会议上提出并阐释了共享发展的理念及实现路径：要大力推进基本公共服务，健全社会保障体系和基本公共服务体系，公平配置资源，消除贫困，改善民生，逐步实现全体人民共同富裕的共享发展。通过加快户籍制度改革，以基本公共服务均等化为重点，着力改善民生。加大对基本公共服务和扶贫济困工作的支持力度，推进城乡要素平等交换和公共资源均衡配置。突出精准扶贫、精准脱贫，防止平均数掩盖大多数。以现代公共文化服务体系建设成为一项民心工程，坚持政府主导、社会参与、共建共享，统筹城乡和区域文化均等化发展。加快科学扶贫和精准扶贫，办好教育、就业、医疗、社会保障等民生实事，实现全面建成小康社会。加快老区发展步伐，确保老区人民同全国人民一道进入全面小康社会，发展乡村教育，让每个乡村孩子都能接受公平、有质量的教育，阻止贫困现象代际传递。通过教育信息化，逐步缩小区域、城乡数字差距，大力促进教育公平，让亿万孩子同在蓝天下共享优质教育、通过知识改变命运。

2014 年 11 月，李克强总理在出席首届世界互联网大会时指出，互联网是大众创业、万众创新的新工具。其中，"大众创业、万众创新"正是 2015 年政府工作报告中的重要主题，被称作是中国经济提质增效升级的"新引擎"。李克强总理在 2015 年 3 月 5 日的政府工作报告中首次提出"互联网+"行动计划。2015 年 3 月，在全国两会上，全国人大代表马化腾提交了名为《关于以"互联网+"为驱动，推进我国经济社会创新发展的建议》的议案，对经济社会的创新提出了以"互联网+"驱动创新发展。2015 年 6 月 11 日，国务院发布了《关于大力推进大众创业万众创新若干政策措施的意见》，于 2015 年 7 月 1 日印发《关于积极推进"互联网+"行动的指导意见》，加快推进"互联网+"经济发展。2016 年 2 月 17 日，国家发展和改革委员会等十部门联合出台《关于促进绿色消费的指导意见》，提出"支持发展共享经济，鼓励个人闲置资源有效利用，有序发展网络预约拼车、自有车辆租赁、民宿出租、旧物交换利用等"。2016 年 7 月 27 日，交通运输部等七部门颁布《网络预约出租汽车经营服务管理暂行办法》（2019 年 12 月 28 日进行了修订）；2017 年 7 月 3 日，国家发展和改革委员会等八部委联合发布《关于促进分享经济发展的指导性意见》。2017 年 7 月 3 日，国家发展和改革委员会等八部委联合出台了《关于促进分享经济发展的指导性意见》，明确界定"分享经济在现阶段主要表现为利用网络信息技术，通过互联网平台将分散资源进行优化配置，提高利用效率的新型经济形态"，并对共享经济的可持续、规范发展提出了 16 条指导意见。2017 年 8 月 1 日，交通运输部等十部委联合发布了《关于鼓励和规范互联网租赁自行车发展的指导意见》。2017 年 9 月 5 日，食品药品监督管理总局局务会议审议通过《网络餐饮服务食品安全监督管理办法》。国家信息中心分享经济研究中心在经过业内权威专家、龙头平台企业、经营者等多方论证后，于 2018 年 11 月 15 日发布了我国共享住宿领域的首个标准性文件《共享住宿服务规范》。于 2017 年 10 月 18 日召开的十九大的报告在贯彻新的发展理念，建设现代化经济体系部分将共享经济与中高端消费、创新引领、绿色低碳、现代供应链、人力资本服务等并列为深化供给侧结构性改革的重要领域。其里程碑意义在于首次在党的报告中直接使用了"共享经济"这一表述，更是将共享经济摆在了重要地位，表明了对共享经济的肯定和支持。我国在十九大报告、政府工作报告中多次提及发展共享经济。共享经济在我国的膨勃发展既是我国社会经济发展的需要，更离不开国家经济政策的大力支持。

2. 关于《中国共享经济发展年度报告（2019）》简报

从我国共享经济的发展历程来看，其于 2014 年至 2015 年呈现出爆发态势，2016 年进入黄金期，2017 年进入稳定期。《中国共享经济发展年度报告（2019）》（以下简称《2019 年报告》）不仅从定量的角度反映了 2018 年我国共享经济的市场规模和结构、就业、独角兽企业、投融资等情况，还首次对 2015 年至 2018 年间网约车、共享住宿、在线外卖、共享医疗等新业态的相关服务业的影响进行了多维度的定量分析，量化反映了共享经济新业态对我国服务业转型发展的作用。该报告在系统反映 2018 年共享经济整体发展特征的基础上，还对网约车、共享单车、共享汽车、共享住宿、知识技能、生活服务、共享办公、生产能力、共享物流等 10 个共享经济主要领域的发展态势进行了系统分析。该报告的相关数据显示：2018 年，我国共享经济交易规模为 29 420 亿元，比上一年增长了 41.6%。从市场结构来看，生活服务、生产能力、交通出行三个领域的共享经济交易规模位居前三，分别为 15 894 亿元、8236 亿元和 2478 亿元。从发展速度来看，生产能力、共享办公、知识技能的增长最快，分别较上年增长了 97.5%、87.3% 和 70.3%。2018 年，我国共享经济参与人数约为 7.6 亿人，参与提供服务者人数约为 7500 万人，同比增长了 7.1%。平台员工数为 598 万人，同比增长了 7.5%。2018 年，我国共享经济领域直接融资规模约为 1490 亿元，同比下降了 23.2%。知识技能、交通出行和生产能力领域直接融资规模位居前列，分别为 464 亿元、419 亿元和 203 亿元。2018 年，我国又有 11 家共享企业首次进入独角兽行列。截至 2018 年底，全球 305 家独角兽企业中中国企业有 83 家，其中具有典型共享经济属性的中国企业有 34 家，占中国独角兽企业总数的 41%。2015 年至 2018 年，网约出租车客运量占出租车总客运量的比重从 9.5% 提高到了 36.3%；共享住宿收入占住宿业客房收入的比重从 2.3% 提高到了 6.1%；在线外卖收入占餐饮业收入的比重从 1.4% 提高到了 10.6%。2015 年至 2018 年，共享住宿收入年均增速约为 45.7%，是传统住宿业客房收入的 12.7 倍；在线外卖收入年均增速约为 117.5%，是传统餐饮业的 12.1 倍；网约车服务收入年均增速为 35.3%，是巡游出租车服务的 2.7 倍。2015 年至 2018 年，出行、住宿、餐饮等行业的共享新业态对整个行业增长的拉动作用分别为每年 1.6%、2.1%、1.6%。2015 年至 2018 年，网约车用户在网民中的普及率由 26.3% 提高到了 43.2%；在线外卖用户普及率由 16.5% 提高到了 45.4%；共享住宿用户普及率由 1.5% 提高到了 9.9%；共享医疗用户普及率由 11.1% 提高到了 19.9%。

《2019 年报告》分析认为，2018 年我国共享经济依然保持高速增长。共享经济正在向生产制造领域加速渗透，产能共享呈现加速发展态势；经过前几年的高速发展，生活服务领域共享经济的发展速度有所放缓。共享经济成了新型的、弹性就业的重要源泉，也成了反映就业形势和经济走势的风向标。共享经济不仅成了人们自主择业的重要选择，同时也为社会特定群体提供了广泛的就业机会。以网约车、共享住宿、在线外卖、共享医疗、共享物流等为代表的新业态新模式成了推动服务业结构优化、快速增长和消费方式转型的新动能。制造业产能共享成了新的发展亮点。产能共享的基础设施日益完善，众创型产能共享成了大型骨干企业创新发展的重要方向，服务型产能共享日益成为生产性服务新模式，中介型产能共享开启了"无工厂"制造模式。共享经济和人工智能技术的发展互促互动。共享经济发展为人工智能技术的创新应用提供了丰富的场景，人工智能技术则成了共享经济模式创新的重要支撑。共享单车市场在短时期内出现的剧烈变化及其带来的各种影响引发了社会各界对该行业甚至是整个共享经济的如潮般的争议和质疑。从发展前景来看，共享经济是一种技术、制度和组织的组合创新方式，能够大幅降低交易过程中供需双方的相互寻找、讨价还价、安全保障等成本，提升资源配置效率。2018年是共享经济监管历程中具有标志性意义的一年。在这一年，有关部门多管齐下，综合运用行政、法律、技术等监管手段，监管之严、范围之广前所未有，规范发展成了各方的共识。共享经济发展的制度环境进一步完善，规范化、制度化和法治化的监管框架开始建立，共享平台企业的合规化水平明显提高，备受公众关注的安全保障和应急管理体系建设取得了积极进展，平台主体责任进一步强化，平台的潜在风险得到了进一步的控制和化解，人们对共享经济新业态的信心得到了进一步提升，为共享经济长期的更快、更好发展奠定了坚实的基础。但共享经济监管面临新的挑战：长效化监管机制建设任重道远，共享经济企业注册地与经营范围全国性甚至国际化之间的矛盾突出，过于严格的服务准入许可导致大量的共享服务提供者不合法、不合规等。同时，如何提高政府与平台企业之间的数据共享水平、完善应急处置机制、加强平台算法监管，推动平台企业积极履行社会责任等都是亟须研究和解决的重要问题。

《2019年报告》指出，从发展的趋势来看，未来三年共享经济整体年均增速将在30%以上。政府监管与企业合规力度加大，市场各主体行为更趋理性，各领域发展不平衡性加大。产能共享融合了制造业大国和互联网大国两大优势，通过提升资源利用效率、重构供需结构和产业组织、为中小微企业赋能，可以形成叠加效应、聚合效应和倍增效应。随着制造业数字化、网络化、智能化水平的不断提升，产能共享在激发"双创"、培育新模式和推进供给侧结构性改革方面的作用将更加凸显。共享经济在就业方面的"蓄水池"和"稳定器"作用将更加凸显，越来越多的劳动者将根据自己的兴趣、技能、时间和资源，以弹性就业者的身份参与到各种共享经济活动之中，成为就业领域重要的新增长点。共享经济在促消费方面的潜力也将得到充分释放。共享经济既能满足传统服务模式所压抑的消费需求，也能不断激发消费者的各种新需求。随着人们消费理念的转变和对美好生活的追求，共享型服务将加速向主要生活领域渗透，并成为促消费的重要力量。共享经济将成为人工智能领域技术创新的重要场景，在出行、住宿、医疗等领域，人工智能技术将在身份核验、内容治理、辅助决策、风险防控、服务评价、网络与信息安全监管等方面发挥重要作用，应用潜力巨大。区块链技术的应用步伐也将加快，为共享经济领域社会信任体系和信用保障体系的建立提供技术支撑。随着2018年各项整治行动和监管措施的延续以及《电子商务法》的正式实施，共享经济领域仍将延续强监管态势。共享经济领域标准化体系建设将不断加快，共享办公、众创平台、共享医疗、在线外卖等领域都有望出台行业性服务标准和规范。[1]

3.《中国共享经济发展报告（2020）》简报

2020年3月4日，国家信息中心分享经济研究中心发布《中国共享经济发展报告（2020）》（以下简称《2020年报告》），这是自2016年首次发布中国共享经济发展报告以来的第五份年度报告。该报告在全面反映2019年我国共享经济发展概况的基础上，还分析了突发新冠肺炎疫情对当前以及未来一段时期我国共享经济发展的影响。

《2020年报告》认为，2019年是我国共享经济深度调整的一年。受到国际国内宏观经济下行压力加大等多种因素影响，共享经济市场交易规模增速显著放缓，直接融资规模也大幅下降。2019年共享经济市场交易额为32 828亿元，比上一年增长了11.6%；直接融资额约714亿元，比上一年下降了52.1%。共享经济在稳定就业方面发挥了积极作用。在整体就业形势压力较大的情况下，共享经济领域就业仍然保持了较快增长。平台员工数为623万人，比上年增长了4.2%；共享经济参与人数约为8亿人，其中提供服务者人数约为7800万人，同比增长了4%。共享经济在推动服务业结构优化、促进消费方式转型等方面的作用进一步显现。2019年，出租车、餐饮、住宿等领域的共享经济新业态在行业中的占比分别达到37.1%、12.4%、7.3%，比2016年分别提高了20.5%、7.8%和3.8%；网约车、外卖餐饮、共享住宿、共享医疗在网民中的普及率分别达到47.4%、51.58%、9.7%、21%，比2016年分别提高了15.1%、21.58%、4.7%和7%。

《2020年报告》认为，2020年初爆发的新冠肺炎疫情对共享经济的不同

---

[1] 信息化和产业发展部："中国共享经济发展年度报告（2019）"，载 http://www.sic.gov.cn/News/557/9904.html，访问日期：2019年12月25日。

领域在短期内既有"冲击"也有"刺激"。受冲击最大的是共享住宿、交通出行、家政服务等线上线下融合程度较高且必须通过线下活动完成整个交易闭环的领域，平台企业的订单量和营业收入大幅减少；共享医疗、教育、外卖餐饮等领域，得益于消费活动向线上的迁移，平台用户数量和交易量猛增，出现了与大势逆行的小高峰。长期来看，共享经济发展"危"中藏"机"：抗疫期间网络技术在各个领域的应用得到了进一步深化，人们的在线消费习惯得到了进一步培养，作为共享制造重要基础的产业互联网发展面临新契机，"抗疫与发展并重"的客观需要倒逼新业态领域制度创新加速。《2020 年报告》指出，共享经济当前最为迫切、最具挑战性的问题是由突发疫情带来的冲击以及如何缓解平台企业空前的经营压力；地方自由裁量权过大；《电子商务法》落地实施尚缺乏细则支撑；平台灵活就业人员的社会保障不足等问题；可共享资源的开放力度不够。

《2020 年报告》认为，2020 年共享经济增速将因疫情影响而出现一定幅度的回落，预计在 8%~10% 之间；2021 年和 2022 年增速将有较大回升，预计未来三年间年均复合增速将保持在 10%~15%。市场竞争进一步加剧，行业洗牌和格局调整的步伐也将加速。降本增效和开源节流将成为 2020 年平台企业经营策略的首要选择；能否为用户带来更好的体验和更多的价值将成为企业能否赢得竞争的关键。

疫情带来的冲击只是短期的，疫情一旦结束共享经济便将再现往日活力。与此同时，随着全面建设小康社会的加速推进、与共享经济相关的政策支持力度持续加大，共享经济在教育、医疗、养老等民生重点领域的发展潜力将加速释放，平台企业商业模式将更趋成熟，平台企业上市步伐有望加速。未来，共享制造将会成为"十四五"期间制造业转型发展的重要抓手，大型制造企业的资源开放以及共享平台对制造企业的赋能将成为共享制造未来发展的重要支撑；区块链等新技术将成为行业发展的新热点，在信息安全与监管、数据共享、产权保护等方面将发挥重要作用；"互联网+"监管和基于信用的差异化监管将进一步加强。[1]

---

〔1〕　参见国家信息中心分享经济研究中心："中国共享经济发展报告（2020）"，载 http://www.sic.gov.cn/News/568/10429.html.

4. 我国共享经济发展前景的展望

"报告"是国家信息中心与中国互联网协会分享经济工作委员会合作研究的共享经济年度报告,以期为政府决策、产业发展和公众参与提供参考借鉴。自2016年国家信息中心分享经济研究中心发布报告以来,更多的数据和内容都是"喜人"的,但对问题的分析一般只是轻描淡写,没有直击本质,几乎不谈及共享经济的负外部效应。虽然对新业态的经济模式需要更多的"包容审慎",但不能只"包容"却不"审慎",甚至放任不管。且"包容"不是"包庇",更不是"纵容"。"报告"忽视共享经济业模式的根本问题,没有对共享经济的商业模式进行反思,未能明确共享经济的商业定位,更多地侧重于一些华而不实的数据,却很少关注这些光鲜数据背后隐藏着的行业危机。特别是我国的共享经济以"烧钱"的恶性竞争方式来占领市场的发展模式,导致沉没成本增加,这与共享经济轻资产型的商业模式背道而驰,难怪共享经济在烧了数千亿资金之后仍旧没有找到盈利模式,资本狂欢之后只剩下一地鸡毛和垄断,尚没有培育出真正可持续发展的商业模式。

目前,国内的共享经济虽在迅猛发展,但仍有较大的发展空间。从总体上来看,共享经济正在按照个人、企业、政府、城市、社会五大路径进行演进。目前已经从个人闲置资源共享阶段向企业共享和政府公共服务共享阶段演变。[1]当前,我国共享经济的发展仍然面临诸多挑战。法律法规不适应、公共数据获取难、统计监测体系亟待建立等共性问题依然存在,用户权益保护难题进一步凸显,新业态发展与传统的属地管理、城市管理以及理论研究滞后间的矛盾更加突出。农业、教育、医疗、养老等领域有可能成为共享经济新的发展方向,但这些行业都属于国家应该重点扶持和需国家投资的公益行业。对于通过共享经济平台引入市场力量参与行业建设发展,政府一定要把握好这些新"风口",正确界定政府与市场的关系,把握社会公共利益的底线,科学、理性地制定共享公共产品的市场化政策,"有所为,有所不为"。不能盲目"纵容",应该"审慎"监管。共享经济作为新业态需要国家政策的鼓励和支持,但新业态也要遵守国家以及行业的规则,不能以"创新"之名监管套利,应该遵守经济规律,探索出一条可持续发展之路。在积极鼓励

---

〔1〕 张孝荣、俞点:"共享经济在我国发展的趋势研究",载《新疆师范大学学报(哲学社会科学版)》2018年第2期。

共享经济发展的同时，针对实践中出现的突出问题（尤其是直接影响群众切身利益的问题）量身定做监管制度成了大势所趋。多方参与的协同治理体系建设将被加速推进。与此同时，共享经济与信用体系的双向促进作用将更加凸显。共享经济的快速发展对社会信用体系建设提出了新的、更高的要求，也将为信用体系建设提供数据和技术支撑。

第二节　共享经济商业模式的类型化分析

类型即"种类""分类"以及"典型"，指具有同一本质特征的事物所形成的种类。[1]类型与概念不同，类型在直接适用于具体事件时能被充分"具体化"。类型化是一种被广泛运用于各种领域的思维方法，有多种不同的模型，可以是归纳式的，也可以是演绎式的。共享经济作为一种新的经济模式，目前对其认识尚未达成共识，共享经济的内涵、边界和商业模式的类型也仍处于探索之中。实践中，共享经济"我的即是你的"的"闲置资源"使用权的协作消费之社区共享，被共享平台市场化为以租赁、分配、就业、消费为导向的服务型商业共享模式，还有借"共享"之名行网络租赁之实或是违法共享的伪共享，甚至有人把"互联网+"的商业模式完全等同于共享经济。共享经济作为一种新的经济模式，在全球范围内对其进行的界定仍未形成完全统一的共识，对于共享经济的内涵、边界和模式仍处于探索之中。结合共享经济的特征、发展模式和价值目标对其商业模式的类型化不仅有利于进行更深入的理论研究，也有助于对不同共享经济商业模式采取不同的监管措施和经济决策。

一、共享经济商业模式的概述

（一）商业模式的内涵

奥地利裔美国经济学家约瑟夫·熊彼特早在 1939 年提及商业模式理论时便认为，价格和产出对市场竞争并不重要，而来自新技术、新商业、新公司的商业模式和新供应源的竞争才是最重要的。国际著名咨询公司埃森哲把商业模式分为运营性和策略性两种，而商业运作模式包括公司对经营环境和自

---

〔1〕 中国社会科学语言研究所词典编辑室编：《现代汉语词典》，商务印书馆 1996 年版，第 766 页。

身宗旨的假设，以及对公司产品和服务的核心能力的确认。策略性商业模式指在运营性商业模式的基础上，企业在动态的环境中如何改变自身以达到持续盈利的目的。运营性商业模式旨在创造企业的竞争能力、核心优势、市场关系和知识，而策略性商业模式则旨在对运营性商业模式加以扩展和利用。罗珉教授认为，公司的商业运作模式不是由单一的因素构成，而是一个由多种要素组成的整体结构，公司商业运作模式的内在联系把各组成部分有机组合起来，形成相互支持、共同作用的良性循环。[1]有学者认为，商业模式的一系列要素及其关系的概念性工具是实现企业价值创造的商业逻辑。[2]商业模式作为一种概念性工具，是产品、流程与利益相关者的互动，能对市场及其交易进行评估。因此，商业模式是通过企业的基本组织结构及其一系列活动为不同的利益相关者创造并交付更高价值，并表现出优于竞争对手且产生影响社会和环境的营运和决策模式。商业模式创新对于应对新问题的挑战和保持竞争力至关重要。它需要改变当前模式的基础价值结构，考虑长期目标。[3]共享经济作为一种新经济商业模式的创新，当共享经济参与者之间的动机存在很大差异时，商业模式之间的竞争会更加明显。为促进各类共享平台商业模式的合作与竞争，应该明确不同商业模式的"商业边界"以调和不同的商业动机。[4]

（二）共享经济商业模式的理论纷争

国外关于共享经济分类的标准形形色色，早期主要是将共享经济组织系统根据共享创业公司的类型以实物、空间和服务等为标准进行分类，有学者甚至将其扩充到 16 个类别，例如"汽车共享""社区园艺"和反映共享模型应用领域的"共同工作"等。德国学者多米尼加·克鲁克（Dominika Wruk）及其研究团队综合相关的文献，根据共享经济组织的特征进行分类，并将其概括为五种类型：第一，参照共享产品的特点和活动，根据主体和主体定义

---

〔1〕 李永强："商业模式辨析及其理论基础"，载《经济体制改革》2004 年第 3 期。

〔2〕 吴莉娟："互联网不正当竞争案件中商业模式的保护"，载《竞争政策研究》2015 年第 2 期。

〔3〕 Hans Verboven and Lise Vanherck，"The Sustainability Paradox of the Sharing Economy"，*uwf Umwelt Wirtschafts Forum*，2016（24）：304.

〔4〕 Lars Böcker and Toon Meelenb，"Sharing for People, Planet or Profit? Analysing Motivations for Intended Sharing Economy Participation"，*Environmental Innovation and Societal Transitions*，2017（23）：28~39.

或商品属性分为服务或是工作类共享经济；第二，强调共享平台运营模式的分类，但此分类排除了诸如社区花园之类的离线模型和共同工作空间；第三，根据交易特征对共享组织进行分类，主要区分为货币和非货币交易以及交易是否属于网络上的所有权转让；第四，以共享组织区域分类，强调共享范围的地方性，因此批评和排斥在全球范围内以营利性为目的的那些活跃的共享平台的分类；第五，根据共享组织参与类型的分类，特别是围绕共享经济平台参与互动与否的问题，专注于对等模型或涉及企业的客户模型。总体而言，学界针对共享经济及其类别并没有达成共识。[1]

我国学者汤天波、吴晓隽根据共享商品类型把共享经济分为四类：二手市场交易或社区租借共享模式；非有形资源的共享协作模式；固定资产高价值的产品共享模式；基于网络社交平台形成的共享商业模式。[2]郑志来根据产品和服务供给方的组织形式将共享经济分为适应规模化供给的 B2C 模式，以及产品和服务需求个性化和场景化的 C2C 模式。[3]杨帅根据市场结构、产品类型、所有权是否转移、参与主体等将共享经济分为四类：企业与企业模式；企业与个人模式；个人与企业模式；个人与个人模式。[4]赵琪将共享经济分为三类：共享固定资产的产品服务系统模式、基于共享平台的商品再分配模式、共享无形资源的协作模式。周礼艳从创新要素、总体架构、盈利模式、运营策略和推广对策五个方面尝试构建 O2O 共享经济商业模式。董诗瑶基于交易成本理论对共享经济商业模式展开研究，并认为：首先，共享经济商业模式的价值创造具有正外部性，共享产品不再是单纯的消耗品，而是通过网络技术、平台服务、数据信息等，使闲置资源的使用价值被再次开发，产生了增值服务。其次，共享经济商业模式创建了细分、多元的人际关系，并形成了品牌认同效应。最后，共享经济商业模式为产品与服务的组合提供了各种可能，实现了企业间互补与竞争的合作共赢，为社会提供了更多的就业机会与岗位。[5]

---

〔1〕 Dominika Wruk et al., "The Presentation of Self as Good and Right: How Value Propositions and Business Model Features are Linked in the Sharing Economy", *Journal of Business Ethics*, 2019, 159: 1001.

〔2〕 汤天波、吴晓隽："共享经济：'互联网+'下的颠覆性经济模式"，载《科学发展》2015年第12期。

〔3〕 郑志来："共享经济的成因、内涵与商业模式研究"，载《现代经济探讨》2016年第3期。

〔4〕 杨帅："共享经济类型、要素与影响：文献研究的视角"，载《产业经济评论》2016年第2期。

〔5〕 耿洁："共享经济商业模式研究综述"，载《环球市场》2018年第5期。

共享经济具有不同功能、社会实践和动机，原则上，共享平台公司可以从各式各样的共享目的的价值创建来解释他们的商业模型。多种选择有利于创业活动，甚至可以促进重大创新。因共享经济组织与既定领域中的该类别组织的特征不同，故不能声称是已经存在的某一组织类别的一部分。相反，共享经济组织必须解释和公布自己在新兴共享领域的价值和组织特征。[1]当然，要把不同的共享经济商业模式和传统经济模型区分开来是根本不可能的。贝尔克（Belk）和普莱斯（Price）认为，应该对共享经济的社会实践、功能及其动机进行更细微的界定。一些大型商业共享平台的惊人增长使越来越多的经济部门受到了影响，而且利益相关者之间的利益冲突使得共享经济成了一个充满争议性的公共话题，导致法律纠纷甚至暴力抗议。共享经济概念本身也引起了争论，因为学术界针对它的定义和核心尚未完全达成共识，因此出现了基于不同标准的共享经济分类。[2]共享经济经过近些年各种商业模式的发展和不同学者的解读，已经衍生出了许多种内涵及商业模式，甚至背离了共享经济协同消费的基本价值和理念。纵观国内外学界对共享经济商业模式的分类，多数都是以点概面，不能全面、准确地表达共享经济的本质特征。根据共享经济商业模式的特征，可以依据共享产品或服务类型、运行模式、发展价值目标等标准进行分类。总之，目前当务之急是如何根据共享经济商业模式的特征提炼出其典型商业模式，以满足共享经济理论研究、行政监管和企业经济决策之需。

二、共享经济商业模式的类型

共享经济的商业模式基于不同的标准有不同的类型，但每一种商业模式的标准都只是基于共享经济的某一个特征，没有从根本上反映共享经济的本质特征。目前比较典型的商业模式的分类主要有共享产品或是服务模式、电子商务模式以及发展模式。

（一）共享产品或服务

共享经济的核心是通过海量人群之间产品和服务的分享，实现消费者集

---

〔1〕 Dominika Wruk et al., "The Presentation of Self as Good and Right: How Value Propositions and Business Model Features are Linked in the Sharing Economy", *Journal of Business Ethics*, 2019（159）: 1002.

〔2〕 Sarah Netter et al., "Sharing Economy Revisited: Towards a New framework for Understanding Sharing Models", *Journal of Cleaner Production*, 2019（221）: 225, 229.

体协作消费的利益最大化。因此，可以根据共享经济所提供的产品和服务（即按共享对象）划分共享经济的类型。美国学者博茨曼（Botsman）与罗杰斯（Rogers）曾根据共享方式把共享经济分三种类型：第一类，产品服务系统（Product Service Systems），目的是暂时获得某物的使用权，如借用、租赁；第二类，再分配市场（Redistribution Markets），主要是旧货、废弃物的再次利用，如二手货市场；第三，协同式生活方式（Collaborative Lifestyles），指共同分享或是互换使用权，如拼车、物物互换。[1]广义上，第二类的再配市场虽然共享的是闲置资源，也可以算是共享经济的一种交易模式。但因为其是所有权交易，本质上不属于共享经济之使用权共享交易的范畴，因此不应作为共享经济的商业模式。这种分类是针对共享经济发展的初期进行的，主要是基于社区共享的角度。时至今日，仍不能概括共享经济商业模式的基本类型。有学者结合共享经济商业模式及其行业特征将共享经济商业模式分为六个类别：一是闲置产品共享。如汽车、首饰、服装、工具、设备、玩具等。比如网约车滴滴快车、Uber，服装租赁网站 Rent the runway，科研仪器共享和实验交易平台易科学等。二是空间类共享。主要指住宿、实验室、办公室、停车位等。比如住宿类共享 Airbnb、小猪短租、Landshare 等。三是知识技能服务的共享。主要是通过知识和技能提供服务等。比如猪八戒网、网约护士、名医主刀等。四是劳务共享。主要是提供家政、快递等业务。比如阿姨来了、兔子任务、美团外卖、京东到家等。五是资金共享。如 P2P 借贷、众筹等。代表性平台企业有京东众筹、陆金所、Lending Club、Kickstarter。六是产能共享。主要是闲置产能协作生产，包括能源、工厂、农机设备、信息基础设施等。代表性平台企业有沈阳机床厂的 I5 智能化数控系统、Applestor Maschinenring、阿里巴巴"淘工厂"等。[2]共享经济根据不同的共享产品或服务的分类标准固然会得出不同的商业模式，但如果仅以行业或是产业为标准进行分类便会显得庸俗化，不能从根本上区别共享经济与传统经济，难以概括出共享经济商业模式的共性，不利于共享经济的理论研究和实践操作。

（二）共享经济的电子商务模式

电子商务模式是指在互联网环境中基于网络技术的商务运作的商业模式。

---

〔1〕　［美］雷切尔·博茨曼、路·罗杰斯：《共享经济时代：互联网思维下的协同消费商业模式》，唐朝文译，上海交通大学出版社 2015 年版，第 87~91 页。

〔2〕　张新红：《分享经济：重构中国经济新生态》，北京联合出版公司 2016 年版，第 52 页。

根据电商平台运营模式交易主体的不同，可将电子商务模式分为四种类型："商对商"的 B2B 模式、"商对客"的 B2C 模式、"客对客"的 C2C 模式、"客对商"的 C2B 模式。另外，还可以根据其电子商务运行的场景分为线上线下的 O2O 模式和"点对点"或是"人对人"的 P2P 模式。共享经济平台因其运营模式不同，所采用的电子商务模式也不同。

1. "客对客"的 C2C 模式

C2C（Customer to Customer），简称为"客对客"，意思就是个人对个人或是顾客对顾客的个人间的电子商务行为。因为网络平台上的电商或供给者在本质上都是平台的顾客，因此，诸如天猫、淘宝、拼多多等电商平台的电子商务就是 C2C 模式。对于共享经济的 C2C 商业模式目前有两种解读：第一种就是消费者或者资源的所有者把自己的闲置资产或是服务通过共享平台进行共享或是出租获得其报酬，是共享经济协作消费的商业模式基础，也是共享经济最主要的电子商务模式。比如住宿共享的 Airbnb、小猪短租，以及网约车中的滴滴顺风车、拼车模式就是典型的 C2C 共享经济商业模式。第二种 C2C 共享商业模式就是消费者通过共享平台把二手货物出售给另外一个消费者，此种交易类型属于个人与个人之间的二手货物交易模式。如闲转、闲鱼、58 同城、赶集网、京东拍拍等。在共享经济发展初期，从共享经济对闲置资源配置的角度讲，广义上，这种旧货交易模式也被认为是共享经济商业模式之一。但其在本质上属于所有权的交易，而不是使用权的共享，不应该属于共享经济的商业模式。

2. "商对商"的 B2B 模式

B2B（Business to Business），简称为"商对商"，指商家之间进行的电子商务交易，供需双方都是商家（或企业、公司）。B2B 模式主要是基于业务链的集成组织，包括通过 EDI[1]网络连接行业组织的会员在网上及时采购和供应，具有降低采购成本、降低库存、节省时间、扩大市场机会等优势，是历史最长、发展最完善的电子商务模式，能迅速地带来利润和回报。其主要包括上游和下游的垂直 B2B 供销模式、同行业的 B2B 生产协作共享

---

〔1〕 EDI 是"Electronic Data Interchange"的缩写，即电子数据交换。EDI 不是用户之间简单的数据交换，EDI 用户需要按照国际通用的消息格式发送信息，接收方也需要按国际统一规定的语法规则对消息进行处理，并引起其他相关系统的 EDI 综合处理。是计算机之间信息的电子传递，而且使用某种商定的标准来处理信息结构。整个过程都是自动完成，无需人工干预，减少了差错，提高了效率。

模式等。它的利润来源于由相对低廉的信息成本带来的各种费用的下降，以及供应链和价值链整合的好处。对于共享经济而言，这种电子商务模式主要是针对企业之间的闲置产能共享，但不是共享经济的通用模式，属于生产领域的生产消费协作共享，不同于一般共享经济的生活消费协作共享。

3.“商对客”B2C 模式

B2C（Business to Consumer），简称为“商对客”。是指商家直接通过共享平台向消费者销售产品或是提供服务的商业模式。这种电子商务模式主要借助于互联网开展在线销售活动或是提供线上线下 O2O 服务，消费者通过网络购物或是接受服务，并通过移动支付等方式进行消费。根据我国《电子商务法》第 9 条的规定，这种商业模式主要指共享平台经营者通过自建网站进行销售商品或提供服务。比如天猫超市、京东超市、苏宁电商、唯品汇、当当网、滴滴专车、神州专车、共享单车等。B2C 的电子商务模式实质是自有资产的重资产型的租赁或是买卖，其经营模式背离了共享经济对闲置资源配置的轻资产型的商业模式，故所谓的 B2C 电子商务模式是否属于共享经济商业模式有待商榷。比如，滴滴专车、神州专车、途家民宿、共享单车、共享充电宝、共享雨伞等均是借共享之名行租赁之实。

4.“客对商”的 C2B 模式

C2B（Customer to Business），简称为“客对商”。是由客户向商家发出要约，再由商家来决定是否接受。目前，学界普遍认为这种模式改变了原来商家生产者（企业和机构）和客户消费者的供需模式（Demand Supply Model，DSM）关系，即消费者成为消费商，消费者创造价值，企业和机构或生产者与消费者共同创造价值。C2B 模式是消费者根据个性化需求主动参与产品设计、生产和定价，生产企业根据消费者的个性化需求进行定制生产。C2B 通过聚合分散的用户形成一个强大的采购集团，从而享受到批发商的价格优惠。如 U-deals、当家物业联盟。C2B 模式的运行机制是依消费需求自发聚集、消费者群体内部审议、制定需求计划、选择商家或是企业群体、集体议价谈判、联合购买、消费者群体评价。这种消费者集体定制模式应该属于特别制定的商业模式，虽然其商品比起商家制造的商品更能彰显个体化，但却增加了消费者的交易协作成本，在实践中很难被普遍适用。但这种 C2B 电子商务模式被不少学者视为共享经济对传统商业模式的颠覆，认为消费者通过集体定制的共同消费行为决定了生产和供求关系，改变了以往由生产者决定生产的商业模式。这种 C2B 集体定制的共同消费行为的商业模式不同于共享经济对闲置资源共享使用权的集体协作消费模式。因此，C2B 电子商务模式是否属于共享经济商业模式也有待商榷。

5. O2O 模式

O2O（Online To Offline），简称为"在线离线"或是"线上到线下"。这种模式是将线下的商机与互联网相结合，让互联网成为线下交易的平台。线下服务通过线上揽客，消费者可以通过线上筛选服务并在线结算。该电子商务模式的分类标准与前面四种根据"互联网+"经济模式的参与者进行的分类不同，其主要是根据电子商务运营的线上与线下对接方式来分类的。本质上，多数 B2B、B2C、C2B 和 C2C 模式都属于 O2O 模式。O2O 模式的特征在于：其通过互联网络技术、大数据和精算，把线上交易与线下需求相结合，充分挖掘线下资源，降低交易成本，实现资源的精准、优化配置。不论是电商平台还是共享经济平台，都是通过网络技术在交易中直接实现了供方与需方的对接，建立起了"供方—共享平台—需方"的 O2O 电子商务模式。

6. P2P 模式

P2P（peer to peer 或 person-to-person），简称为"点对点"或"人对人"，即伙伴对伙伴或个人对个人的电子商务模式。其一般常用来指称点对点网络借款，是一种将小额闲散资金聚集起来借贷给有资金需求者的一种民间网络小额借贷模式。但是，也有学者认为共享经济也属于点对点经济，是由共享平台提供的点对点或人对人的闲置商品的出租或是劳务服务。本质上，C2C 共享经济模式一般都属于点对点或是人对人的商业模式，但 B2B、B2C 和 C2B 是否属于 P2P 模式就值得商榷了。

纵观各路学者对共享经济商业模式的解读，其创新的逻辑是：一是大众参与创建了共享经济的共享平台社群；二是网络技术实现了共享经济 P2P 和 O2O 电子商业模式；三是共享交易的目标是使用权而不是所有权，实现以租代买；四是交易标的是闲散资源；五是交易是以共享平台和技术为核心；六是交易减少流通环节、降低交易成本；七是共享经济实现了多重价值目标。[1]结

---

[1] 张孝荣、俞点"共享经济在我国发展的趋势研究"，载《新疆师范大学学报（哲学社会科学版）》2018 年第 2 期。

合共享经济的特征，我们可以就各类电子商业模式在共享经济商务模式中的地位作如下解读：第一，C2C 模式应是共享经济经典的电子商务模式，这种模式较好地诠释了共享经济的理念和商业运行特征。第二，B2C 模式是最普遍、量最多、规模最大的电子商务模式，也是最为成熟的电子商业模式，主要属于电商或者网络租赁，不应该是共享经济模式。第三，B2B 模式可以是企业与企业之间共享闲置资源的产能生产协作消费模式，可以被视为是广义的共享经济商务模式中的一种。但其是否构成共享经济的商业模式应视其交易的标的是否属于闲置产能使用权，如果不是就不属于共享经济商业模式。第四，C2B 模式虽然被很多学者视为共享经济对传统经济商业模式的颠覆的典型，但这种消费者集体制定的消费协作模式因其不是对闲置资源的有效配置，本质上不能作为共享经济的商业模式。当然，不同的共享经济商业模式意味着不同的经营和监管策略，只有明确定位共享经济的商业模式才能采取相应的政策。

（三）共享经济的发展模式

共享经济作为一种新经济模式，目前对其商业目标和定义的争论尚未形成定论。有学者选择经济视角和可持续性转型的观点，强调从社交和生态价值、平台类别，以及外部关系对共享经济进行分类。德国学者多米尼加·克鲁克（Dominika Wruk）及其研究团队借鉴了新制度理论，对德国 62 种典型共享经济在线的自我表征的价值主张和商业模式特征进行分组研讨，把共享经济价值主张和商业模式联系起来，并根据其合法性提出了共享经济发展模式的分类标准。该研究团队基于共享平台创业动机和不同组织形式的合法化策略，将共享经济发展模式分为"新型的可持续发展模式""过渡型的可持续性模式""商业创新模式"三种。考查的标准包括：①共享经济商业模式可否提升社会、生态和经济价值；②共享经济商业模式应如何支持这些价值观，以及共享组织的持续生存能力、合法性及其与利益相关者的关系。

第一，新型可持续发展模式。这种观点认为，共享经济的商业模式应更有效地利用自然资源，使更多的人参与其中和从共享经济活动中获利。这种可持续发展模式要求共享企业应符合三个条件：①为社会、生态和经济目标做出贡献；②为实现目标而采用实践、流程和工具，并建立一个协调生产系统、资源治理以及协作管理的综合体系；③通过创造更多的机会把现有的经济体系改变为所谓的民主、公正和包容的社会秩序的"协作公地"。人类基本福祉的理念是专注于社会价值，例如合作、团结、社会凝聚力、平等和参与。共享经济的目标应该是建立强调社会价值和生态价值的替代性经济体系。共享经济实践从利基市场（niche）[1]扩散到大众市场，可持续发展行为可能被认为是理所当然的，共享经济通过鼓励社会成员根据生态和社会价值为提高可持续性采取行动，帮助解决经济、生态和社会价值问题，从拥有产品到共享产品，减少消耗、生产，从而降低对环境的污染。

第二，可持续性过渡模式。这种模式普遍认为共享经济组织将在未来的经济发展中发挥重要作用，但也有不少学者指出了共享模型的负面影响，极端且强硬的措辞就是称共享经济是一种"错误"模型。这些学者认为共享经济会使社会互动商品化，工作条件恶化，导致自然资源的消费增加，是"超级资本主义"和"新自由主义的噩梦"，并描述了大型的营利性和全球活跃的共享经济企业的"阴暗面"和共享经济是"死亡之星"的例证。这些学者认为共享经济破坏了现有的社会技术制度和社会实践的生产和消费。因此，学界称这种观点为"可持续性过渡模式"。

第三，商业创新模式。这种观点侧重于展现共享经济数字化的优点和创新的业务模式。从这个角度来看，社会创新可以实现商业原则和组织创建方式的经济变革并获取价值。共享企业通过创新业务释放了先前尚未被开发的私有资源并创造了经济价值。更有效地匹配供需关系降低了交易成本，反过来又为消费者带来了新的收入和福利来源。肯尼（Kenny）和齐斯曼（Zisman）对共享经济乌托邦的描写表明了其替代性的商业模式的创新观点。此外，创新业务模式通过竞争和公众关注获得了认可。根据此观点，共享经济商业模式的目的主要是通过创新开拓经济机会来释放经济价值。[2]

总之，此观点强调了共享经济的经济价值，认为共享经济强调社交和生态价值，创造了生产、政治、经济和社会秩序"合作共同体"的改革模式，

---

〔1〕"niche"在国内有多种翻译，如缝隙市场、壁龛市场、针尖市场，目前较为流行音译加意译：利基市场。哈佛大学商学院案例分析的中文版也是采用这种译法，指向那些被市场中的统治者或是有绝对优势的企业忽略的某些细分市场。利基市场是指企业选定一个很小的产品或服务领域，集中力量进入并成为领先者，从当地市场到全国再到全球，同时建立各种壁垒，逐渐形成持久的竞争优势。

〔2〕 Dominika Wruk et al. , "The Presentation of Self as Good and Right: How Value Propositions and Business Model Features are Linked in the Sharing Economy", *Journal of Business Ethics*, 2019（159）: 997 ~ 9010.

合作的社会实践控制了生产和资源管理，社会和生态的可持续发展改变了消费行为，引导了更多可持续性的社会技术和制度创新。社会实践和文化转变传播了可持续的生态和社会、经济价值。共享经济商业模式的创新开放了经济机会并释放了旧商业模式未开发的经济价值，通过配套供应降低了交易成本。共享经济的三种发展模式虽有重叠但也蕴藏着不同的共享经济目的，包括合法的社会价值、生态价值和经济价值。共享经济的三种发展模式的争议从未停止过，但没有任何一种模式能独领风骚，不过其社会、经济和生态的价值目标却有趋同之势。但在我国，不论是学界还是商界都很少有人从共享经济发展模式的角度去评估其商业模式，特别是较少关注商业模式的社会和生态价值，主要的评估标准是其市场前景和商业利益的经济价值。

三、共享经济商业模式的演变

共享经济在一定程度上是一个概念尚不清晰且尚有争议的商业模式，却又被广泛作为商业现象来描述。以上三种共享经济的商业模式的分类，只是概括了其组织要素的某些特征，表达了其内在的特定逻辑。共享经济阐明了如何利用共享平台的网络技术对闲置资源进行再配置并创造新的经济、社会和生态价值的商业模型。共享经济的创新业务模式意味着要素模型的重新配置，包括内容的变化、结构的调整和治理秩序的创新。共享经济商业模式创新可能会改变公司与利益相关者的关系，导致参与共享经济交易的各方动机各异。共享经济的本质特征是共享经济商业模式的分类基础，以至于不同的共享产品或服务以及运行发展模式形成了不同的共享经济商业模式。因此，根据共享经济不同共享产品商业模式的特征、共享平台的电子商务模式以及共享平台的创业动机，从共享经济的发展沿革出发，结合目前各类共享经济的价值目标，我们可以把共享经济的商业模式分为社区共享、商业共享和伪共享三种类型。

（一）社区共享的理想

共享经济的独特之处在于其商业模式通过共享经济平台高效地连接了闲置资源的供给方和需求方，以更低的成本整合了社会的闲置资源。共享经济并非以增加资源投入为目的，而是以激活存量资源为根本，从而实现了资源的最优、最大化配置。共享的原因既有功能性的，也有作为一种方便、礼貌或善良的利他主义的。社区共享主要指基于共享经济的协作消费理念而建立的社群共享模式，其目的在于实现共享经济的社会承诺并积极参与社区建设。其一般由志愿者劳动创造，电子商业的共享模式是 C2C，供需双方彼此之间的共享不以营利为目的，不是为了实现经济价值，而主要是为了分享社会和生态价值，供需双方没有金钱往来。社区共享如 SnapGoods（成立于 2010 年）一样，还有揣着"与邻居共享一个电钻"理念去经营网站的 Ecomodo（成立于 2007 年），Crowd Rent、Share Some Sugar、Neighborgoods（成立于 2009 年），Thingloop、OhSoWe（成立于 2010 年）等社区共享网络公司都承载着美好的利他主义的理念。任何人都可以免费使用网上的共享商品，比如家庭花园、工具库或儿童玩具的使用可以通过预订共享。一家共享经济网站（www.thesharehood.org）分享了一个例子：在澳大利亚墨尔本附近，迈克尔·格林需要使用洗衣机，为了知道距离其最近的几十个家庭谁家里有洗衣机闲置，他开始了一项网上共享服务。邻居们会列出他们所有的东西（如电钻、自行车、缝纫机）让其他人可以免费使用。社区共享避免了许多冗余浪费，更重要的是培养了一种强烈的"邻里"社区归属感。[1]社区共享的参与者寻求一种协作消费模式，可以通过与他人共享财产从而产生一种"邻里感"，尽管存在一些信用隐忧，但参与者还是彼此信任，并促进了情感的交流。这种协作消费模式是共享经济最初成立的基础，是理想化的共享经济模式，但这种理念正在渐渐地被淡化并商业化。共享经济从一开始就是带着商业的嗅觉踏进我国的大门，以至于我国的共享经济模式自始就没有社区共享的基础和理想信念。

（二）从社区共享到商业共享的蜕变

在市场交易过程中，所有的交易都伴随着风险。与住在同一条街上的"真实邻居"的借用不同，特别是在借贷双方彼此陌生时，共享物主的慷慨很容易被滥用。在缺乏规则以及存在潜在的滥用风险的背景下，物主可能会询问对方的地址等基本信息，这可以被视为警惕和不信任的标志。传统经济中的信任是基于市场的互动，有一系列条款和条件以及赔偿程序可以确保在租借商品损坏或失窃的情况下物主可得到赔付。随着社区共享的不断发展，其主题和实践看起来似乎在逐渐偏离真正的共享理念。尤其是 Web 2.0 带来了许多新的共享方式，并促进了更大规模的共享。随着共享参与者之间互动的

---

〔1〕 Russell Belk, "You are What you can Access: Sharing and Collaborativeconsumption Online", *Journal of Business Research*, 2014（67）：1596.

强度和类型的变化，特别是有了送货和退货服务后，所有者和租户甚至不再亲自见面，社区共享不再只是营造传统的"邻里感"。参与者的相对匿名基于市场的互动取代了社区共享中的"邻里感"。社区共享从免费到有偿的转变伴随着共享平台目标的变化已悄然改变。比如，新的保险条款和共享条件清晰界定了共享消费者的适当要求和不当要求，并明确区别了以社交为目的的社区共享与以营利为目的的商业共享的差别。

　　Peerby 成立于 2013 年，是一家来自荷兰的创业公司，通过网站和 APP 为同一社区的用户提供闲置物品租借、交易服务，因此 Peerby 首先是鼓励"获取使用权"，而不是鼓励人与人之间的社交互动。Peerby 的首席执行官兼创始人达安·威德波尔在于 2011 年制定吸引硅谷资助者的计划时就清楚地表明："我的公司 Peerby 开发了一款应用程序和一个网站，可帮助 20 岁至 35 岁的城市居民安全地租借东西，并迅速地从周围那些积极地寻找要约并敲响邻居的门的精明人中逃出来。"Peerby Go 平台的推出对 Peerby 公司而言是尽可能快捷和安全地从"解决未充分利用"的闲置资源的共享中获利，也就是实现从社区共享到商业共享的转型。因此，Peerby 借鉴了社区共享中的典型元素，其最初是通过在线平台免费提供借贷和生活用品工具的有益而友好的共享平台，后来通过更改共享平台的规则，推出了收费的 Peerby Go 平台，从最初的社区共享发展为 Peerby Go 商业共享。非营利性公司 MyWheels 成立于 2011 年，但其历史却悠久得多，可追溯到 20 世纪 90 年代早期的汽车共享俱乐部。该平台每天从每个交易所收取 2.5 欧元的费用。与传统的 Peerby 做法相反，通过 MyWheels 进行汽车共享必须遵循一系列广泛的规则，其中许多规则是由 MyWheels 公司强制执行的。例如，公司会检查承租人的驾驶执照和车主的身份、车辆设施以及相关的保险协议，租车者和车主必须就汽车的任何损坏达成协议，并制定有损害事故的处理程序等。MyWheels 是调解方，专业中介机构的正式规则和保险并没有被破坏而是充当租车者和车主之间建立信任关系的桥梁。其规则、保险和可追溯性使车主和租车者之间更容易相互信任，免除了彼此的后顾之忧，这种信任感至关重要。在这里，租车者并不会把车主的汽车共享视为一种慷慨的行为，而是将其视为付费的公平交易。MyWheels 公司曾通过组织社区活动和聚会来刺激点对点的共享"社区建设"，但大多数受访者都认为这是在浪费精力，因为他们没有看到所使用的共享服务有何社区的意义。围绕着灵活的汽车使用，人们认识到汽车共享必须迅速、便捷而不是社交。[1]

社区共享平台的基础是协作消费的"社会承诺",促进了人们之间的社交互动。但社区共享规则的相对缺失产生的"麻烦"以及"感激"和"慷慨"之情感的信任模式的风险缺陷导致了"缺乏社区性"的新"邻里"模式的产生。这也是免费的社区共享向收费的商业共享蜕变的原因。因此,共享经济协作消费的类型不是基于个人态度,而是基于协作消费实践的共享平台的商业模式,以及参与者如何能够将共享经济实践融入他们的日常生活。这种消费实践似乎是"公民社会"和"市场"要素的结合。因为参与者支持在共享中减少社交互动的想法,导致平台致力于实现另一种类型的协作消费——闲置物资的共享使用不是社交而是获利。参与者越来越关注以协作消费为基础的社区共享将发展为商业模式,并可能破坏其最初的"社区建设"和"公民社会"维度。因为不同类型的共享市场规则以及保险协议可能会破坏人们向陌生人借用时所期待的"邻里感"。因此,这种协作消费在实践中可能会存在分歧,一些共享参与者旨在通过共享来促进社交,但另一些参与者只是希望获得方便且井井有条的邻居共享服务,使共享高效且有利可图。这种仅由利润驱动的协作消费形式最终可能导致参与者之间缺乏任何形式的社交互动。因为共享参与者可能更希望找到一种更有效的共享形式,这种形式不需要供需双方亲自参加,并且突显了新技术的优越性,从根本上增加了共享使用的商业前景,并确保了共享经济的可持续发展。因此,商业共享摆脱了社区共享的"邻里"感觉,并通过付费获取了共享交易的安全保障以及标准化的共享商品与服务,这也是商业共享的基础。[2]因此,诸如 SnapGoods、Ecomodo、Crowd Ren、Share Some Sugar、Neighborgoods、Thingloop、OhSoWe 等七家揣着"邻里感"情怀的社区共享平台最终被商业共享的潮流所淘汰。如今只有 Neighborgoods 因被一位对社区共享理念有着个人兴趣的投资者拯救而得以幸存,其他共享网络公司都已关门大吉。

(三)伪共享对共享经济的异化

伪共享主要指借共享之名侵犯他人权益,获取非法利益,或是借共享之

---

[1] Walter Fraanje and Gert Spaargaren, "What Future For Collaborative Consumption? A Practice Theoreticalaccount", *Journal of Cleaner Production*, 2019 (208): 502~505.

[2] 孙颖:"共享经济下的消费者权益保护问题探究",载甘培忠主编:《共享经济的法律规制》,中国法制出版社 2018 年版,第 4 页。

名进行网络租赁的商业行为。伪共享在本质上因其共享商品或是服务存在瑕疵而不是真正意义上的闲置资源的共享。伪共享的概念最初由美国学者拉塞尔·贝尔克（Russell Belk）提出，主要指那些借共享之名通过互联网获取非法利益的共享行为。例如 Napster[1] 免费共享的数字音乐和电影主要是通过网站上传和下载陌生人的文件资料进行 P2P 的共享，导致音乐和电影行业损失惨重，并引发了一系列有关知识产权的诉讼，并被迫通过在产品中植入软件对数字版权进行保护，以防止通过非法下载和复制等方式进行共享。尽管其曾被迫关闭且重新建立合法形式的数字音乐商店，但许多 Napster 的替代网站如雨后春笋般涌现，比如 BitTorrent、Grokster、Freenet 等。虽然 iTunes、Rhapsody、Pandora 和 Spotify 在某些情况下对所提供的电影和电视节目都取得了合法下载媒体作品的权利，但有相当多的电影、音乐、软件、电子书和游戏的上传和下载仍旧是非法的，尤其是在年轻人当中这种非法下载颇受欢迎。大多数共享网站最初提供的是免费共享服务或是免费获得相关作品。这些网站的绝大多数用户都会把在网上找到的信息、照片、视频放在网上免费共享并评级。比如 Linux 的志愿者会把他们开发的开源软件成果免费提供给任何需要的人，而维基百科又是共享信息库的另一个例子。大量的媒体开始关注并反对这种非法下载音乐和电影并共享作品的行为，有很多其他类型的共享也都是由互联网发起或推动的。YouTube 就鼓励用户免费上传视频以便他们可以从这些视频中进行内容重组式的制作。虽然有些热门视频的上传人可以收到一定的补偿，但绝大多数的上传内容都得不到补偿。这种既未经作者或是权利人同意也没有任何补偿的共享行为无疑会侵害权利人的利益，但像 Flick、Facebook 和 Twitter 之类的社交媒体网站、Pinterest 之类的兴趣分享网站、Facebook 的评级服务、Tripadvisor 和 Angie 的博客列表等，共享的电影和音乐等

---

〔1〕 Napster 最初由西恩·帕克创建的文件共享服务是一种在线音乐服务，是一款可以在网络中下载自己想要的 MP3 文件的软件，它同时能够让自己的机器也成为一台服务器，为其他用户提供下载。Napster 是第一个被广泛应用的点对点（Peer-to-Peer，P2P）音乐共享服务，它极大地影响了人们，特别是大学生使用互联网的方式。它的出现使音乐爱好者间共享 MP3 音乐变得容易，却也因此招致音像界对其大规模侵权行为的谴责。尽管在法庭的责令下该服务已经终止，它却给点对点文件共享程序（如 Kazaa、Limewire 和 BearShare）的拓展铺好了路，对这种方式的文件共享的控制，亦变得愈加困难。如今 Napster 靠付费服务生存，免费 Napster 的流行和回响使之在电脑界和娱乐业里成了一个传奇的符号。

作品并非其营利的目标，网站的收入来源于在线销售和广告。[1]我国的百度文库、视觉中国图片库就涉嫌通过侵犯他人著作权和其他权益进行有偿共享服务而获利。这类共享行为可能涉嫌侵权，因而其共享的结果也违背了共享经济的价值目标，具有不正当性和违法性，故被称为伪共享。贝尔克是从共享行为合法与否的角度来界定伪共享的。

全球免费 wifi 联机创始人马丁·法萨维斯基（Martin Varsavsky）强调："租赁并不全是共享，租赁就是租赁。"[2]其实，除了非法共享的伪共享之外，另一类伪共享的商业模式就是借共享之名通过共享平台进行租赁。其商业模式不同于共享经济对闲置资源的配置，其电子商业模式不是共享经济的C2C 模式而是 B2C 模式。比较典型的例子就是共享单车、共享充电宝和共享雨伞等重资产型的共享平台。这类伪共享在本质上属于租赁，以至于共享平台常滥用其线上租赁权进行群租，并通过向会员收取押金的方式变相进行非法集资，扰乱金融秩序。比如，由于共享单车不是对闲置资源的共享，在实质上也就不属于共享经济，只是专业公司投资的传统租赁模式的智能化升级。[3]由于伪共享并非是对闲置资源进行共享，而是通过购置相关商品对外租赁，以至于其商业模式产生了大量的沉没成本，加上过度竞争导致经营不善、效率低下，以至于多数伪共享平台都纷纷倒闭。不仅消费者的押金难以退回，还产生了大量被废弃的共享物品，给生态环境和公共管理带来了负面影响。此类伪共享与共享经济通过充分利用闲置资源的低成本交易获利的商业模式迥然不同，其违背了共享经济的经济、社会和生态的价值目标。其危害性在于扭曲了共享经济的商业模式，也破坏了相关传统行业的竞争秩序。比如，随着 Airbnb 朝标准化方向发展，很多房东并没有共享自己闲置的房间，而是把整个房屋全部通过 Airbnb 平台进行短租，有些房东甚至在同一个城市有多套房屋同时在线通过 Airbnb 平台向住客进行短租。这种借共享之名行租赁之实的商业模式规避了相关法律和行政对相关行业的工商、税收、劳工、治安、消防、环境、卫生等的监管，进行监管套利获取不正当利益。但 Airbnb 对外一直声称他

---

〔1〕 Russell Belk, "You are What You can Access: Sharing and Collaborativeconsumption Online", *Journal of Business Research*, 2014（67）: 1596.

〔2〕 ［英］亚历克斯·斯特凡尼：《共享经济商业模式：重新定义商业的未来》，郝娟娟、杨源、张敏译，中国人民大学出版社 2016 年版，第 11 页。

〔3〕 李伟："分享经济发展研究综述"，载《经济研究参考》2017 年第 71 期。

们经营的是民宿共享而不是旅馆酒店住宿，是为了让住客体验当地的居家生活，更深入地了解当地的乡土风情和文化。很显然，Airbnb 是在打着民宿社区共享的幌子进行住宿短租，对传统酒店住宿服务行业和房屋租赁业造成了很大的冲击，酒店旅馆的生意必然会受到影响。在一些旅游城市，在利益的驱使下，很多房东都收回了原来对外长租的房屋进行民宿共享，导致当地出租屋资源紧张租房成本上升、租房既难且贵，严重影响了当地租房客的生活。特别是有人专门购置住房到 Airbnb 上共享，推高了房价，破坏了当地的房地产秩序。

从客观环境因素来看，伪共享的租赁经济热潮出现的主要原因包括：第一，共享经济规模化发展的需要。我国人口众多的社会现实决定了单纯地采用共享经济模式很难满足人们的实际需求，因为 C2C 模式的共享经济的私人供给缺乏效率和规模效益，极易造成供给相对不足，这就会导致共享平台企业从事伪共享租赁活动，平台企业拥有自己的车辆、酒店等资产以确保供给。第二，闲置资源存量不足。我国现阶段经济发展水平和国外发达国家不同，可供盘活的个人资源仍是有限的，共享经济依赖拥有巨大闲置资源的存量市场，纯粹的共享模式不可避免地会遭受可供盘活的个人资源的上限限制，而企业势必会从 C2C 的纯粹共享转向伪共享。第三，社会信用缺失。实践中，我国社会缺乏契约精神，陌生人与陌生人之间缺乏信用，信用体制建设不完善给共享经济的发展造成了阻力。国民对陌生人的陌生物品的共享具有一定的防备与警惕心态，在社会生活的各领域，富余的资源与持有共享理念的人都并不多，租赁经济反而在一定程度上解决了这个问题。[1] 伪共享在国内的兴起，最根本的原因在于资本对利润的角逐，风险资本对共享经济的大量入侵异化了商业模式，被称为"共享单车之父"的 ofo 就是在资本入侵后从社区共享转变为伪共享并最终溃败的典型案例。

四、共享经济商业模式类型化的实践价值

伪共享就是借共享之名获取非法利益或者不正当利益的一种网络租赁行为。我国交通运输部 2016 年 7 月 14 日通过的《网络预约出租汽车经营服务管理暂行办法》没有用"共享网约车"而是用了"网络预约出租汽车"，这也算是对共享经济的正名。实际上，在网络预约出租汽车租赁市场，目前称

---

〔1〕 黄电："共享经济与租赁经济的特征及差异性剖析"，载《财会月刊》2019 年第 21 期。

得上共享经济类的 C2C 网约车主要就是网约顺风车和拼车，以及 P2P 网约租车。如滴滴专车、滴滴快车实际上都属于网络出租汽车而不是共享网约车。因为其出租的车辆和司机都是"专职"而非"闲置"。除了通过网络招揽业务，不受行政垄断监管之外，其与传统出租车司机的营运没有本质不同。从其"专职"而非"闲置"的角度，也可以称其为伪共享。但如果不是从共享"闲置车辆"的角度而是从共享"闲置劳务"的角度，网约专车和网约快车也算得上是"共享经济"，因为法律地位界定的不清晰也为共享网约专车和快车司机带来了不少的法律困扰。曾经遍布我国大街小巷的"共享单车"并非来自社会的闲置资源，几乎都是平台的自有车辆，属于伪共享。2017 年 4 月26 日，杭州官方将"共享单车"定义为"互联网租赁自行车"，共享单车概念在杭州官方的管理词汇中将不再出现。国内的官方文件也都一律用"互联网租赁自行车"来取代"共享单车"。比如，2017 年 8 月 1 日，经国务院同意，交通运输部等十部门联合出台的《关于鼓励和规范互联网租赁自行车发展的指导意见》也使用了"互联网租赁自行车"而不是"共享单车"，也算是为我国的共享经济发展去"伪共享"的一次行业清理，进一步明确了我国共享经济对"闲散资源"再利用的商业模式的认定，也有利于明确我国对共享经济的监管目标和制定一系列的监管措施，确保了我国共享经济的健康发展。某种程度上也是对"共享单车"之伪共享的一种纠错，但出于研究上的便利性，书中仍旧称这种"互联网租赁自行车"的伪共享为"共享单车"。

总之，共享经济商业模式类型化的核心基础在于对成员、等级、规则、监控和制裁的了解和组织分类。值得一提的是，共享经济商业模式的类型应被视为对传统商业式的补充，而不是替代现有商业模式，且任何商业模型都不可能囊括共享经济的所有内容。共享经济应结合其组织特征以及用户目标的社区性、公共性、商业性来构建共享平台模型，并确保其类型的合法性和正当性。共享经济的概念以及商业模式的类型可能会继续受到学术界的争议，不仅快速发展的共享经济及其商业模式类型一定会激发新的辩论，且在确定共享经济对经济、社会和环境影响的正负效应上也会褒贬不一。[1] 由于目前

---

〔1〕 Sarah Netter et al., "Sharing Economy Revisited: Towards a New framework for Understanding sharing Models", *Journal of Cleaner Production*, 2019（221）: 232.

共享经济商业模式缺乏稳定类型化，不利于经营者确定其共享平台社群组织形式及运营模式，也难界定其商业模式的合理性与正当性，不利于监管。因此，对共享经济商业模式的类型化有利于监管部门针对不同的共享经济商业模式采取不同的监管措施，也有利于企业选择合法、合规、合理的共享经济商业模式进行创业。

第三节 共享经济的价值分析

共享经济作为一种新业态，其商业模式有利也有弊。共享经济的积极外部性和特征包括：增加消费者的购买力，降低交易成本，加强社交互动和社区建设，促进绿色环保的可持续发展，[1]丰富消费者的体验和选择，促进创业和就业。

一、共享经济价值的内涵

共享经济的公众接受度取决于它能否满足更广泛的社会价值观要求。其中包括共享经济有利于促进社会机会平等、鼓励和支持强大、独立的社区发展，并确保商业惯例公平地运作，以实现商业利润、消费者权益和环境保护的平衡。[2]共享经济使社会许多部门受益，共享经济商业模式的实质是其差异性和竞争力可以提高经济效益，可以通过差异化服务和创新吸引客户，增强竞争力。这涉及社会的多个方面，例如健康的生活方式、环境保护问题，减少温室气体排放和经济节能等，都可以积极地影响生产者和消费者。当涉及可持续发展实践时，归根结底，文化的商业活动和倡议更具有价值。这种变化对当地社会有益，并可以影响其他社区。[3]欧洲 JustPark 的企业创始人亚历克斯·斯特凡尼（Alexs Tephany）认为，共享经济的价值在于其能使社会团体通过互联网利用未被充分利用的资本，进而减少对这类资本所有权的

---

〔1〕 Hans Verboven and Lise Vanherck, *The Sustainability Paradox of the Sharing Economy Uwf*, 2016 (24): 307.

〔2〕 C. E. Cherry et al., "Is Sharing the Solution? Exploring Public Acceptability of the Sharing Economy", *Journal of Cleaner Production*, 2018 (195): 939.

〔3〕 Annibal Scavarda, Gláucya Daúend and Luiz Felipe Scavarda, "Social and Ecological Approaches in Urban Interfaces: A Sharing Economy Management Framework", *Science of the Total Environment*, https://doi.org/10.1016/j.scitotenv.2019.134407.

需求。[1]杰里米·里夫金（Jeremy Rifkin）说："共享经济带来了一场改变人类生活方式的资源革命，带来了经济生活的全新组织方式，将会超越传统的市场模式。"有学者认为，共享经济通过增加价值的相关性建立替代性经济体系，特别是社会价值。[2]共享经济商业模式创新的价值获取可通过改善盈利模式和成本控制两个层面实现。在盈利模式改善层面，消费者需求已从产品消费转变为精神和体验消费，为消费者提供与其需求相匹配的服务以获取价值是共享经济平台创新的重中之重。共享经济平台通过减少信息不对称，将平台打造成应用功能和信息功能完备的工具，为顾客提供多元化的价值内容，提高顾客知识付费的积极性。共享经济平台也可扩大与其他电商的合作，实现平台内业务推送、用户偏好服务推荐，并为合作伙伴提供数据提取、用户画像、粉丝传递等多项增值业务。共享经济行业更加重视资源利用和价值网络开发，以帮助企业提高客户忠诚度和竞争力。[3]

在经济驱动力方面，共享经济通常被推荐为金融危机的解药。随着对共享初创公司投资的增加，共享经济越来越受到政府的支持，被视为各经济部门变革的机会，可以向消费者提供新的、更有竞争力的产品和服务。从社会角度看，博茨曼和罗杰斯提倡将共享经济作为一种结交新朋友的方式。除此之外，共享经济也可促进一系列社会问题的解决，连接个人和社区，鼓励合作。[4]共享经济作为一种新的商业模式，其不仅满足消费者的需求，而且可以创造新的社会、生态和经济价值目标，使许多消费者和行业受益。其价值包括互惠的商业模式、闲置资源的利用、低交易成本、共享社群的集体协作消费、零工劳动、反物质主义的消费观、可持续生态文明等多个层面。基于共享平台的共享经济模式使供求双方都能够通过互联网发布自己能够分享的供给物品或需求物品，不仅增加了特定供给者或需求者可选择的交易对象，还可能掌握交易对象更多的信息，避免欺诈性不公平交易，降低交易成本。

---

〔1〕 ［英］亚历克斯·斯特凡尼：《共享经济商业模式：重新定义商业的未来》，郝娟娟、杨源、张敏译，中国人民大学出版社 2016 年版，第 17 页。

〔2〕 Dominika Wruk et al. , "The Presentation of Self as Good and Right: How Value Propositions and Business Model Features are Linked in the Sharing Economy", *Journal of Business Ethics*, 2019（159）: 1014.

〔3〕 孙楚、曾剑秋："共享经济时代商业模式创新的动因与路径——价值共创的视角"，载《江海学刊》2019 年第 2 期。

〔4〕 C. E. Cherry and N. F. Pidgeon, "Is Sharing the Solution? Exploring Public Acceptability of the Sharing Economy", *Journal of Cleaner Production*, 2018（195）: 941.

对于闲置物资的再利用使得前期投入的成本要么已经得到回收，要么被当作沉没或折旧成本而收取较低廉的费用，使得共享闲置物资的边际成本更低，具有更大的成本及资源利用效率优势。因此，共享经济是建立在人与物质资料分享基础上的社会经济生态模式，不同的个体或组织之间分享生产资料和产品，从而构建可持续发展的共享经济生态系统。[1]共享经济或协作消费不是逼迫人们放弃什么，相反，它是一个开放式的、自由共享的生态系统。[2]共享经济的价值是一个多元化且可以相互融合的，能促进社会、经济、文化、环境、社区协调发展的价值体系。

二、共享经济之个人自由与社群主义的结合：消费的集体化机制

（一）社群主义和个人自由主义的局限性

社群（Community）通常被译为共同体或社区，是政治思想史上的概念。亚里士多德在《政治学》一书中认为合群是人的自然本性，本质上是追求共同利益的群体，是拥有某种共同价值、目标和规范的实体，任何个人都归属于特定的社群。[3]社群主义是于 20 世纪 80 年代形成的政治哲学思潮，是对古典政治思想中的社群观念的继承和发展，是在多元文化主义背景下向自由主义主流的挑战。社群主义认为，权利的存在离不开特定的社会环境和特定的历史时期，个人权利是以某种具体的社会规则和社会条件为前提的。[4]从传统到现代的各种自由主义始终把个人权利置于优先地位，重视个体权利和自由胜于社群。自由主义强调个人权利优先于公共利益，孤立地强调原子式个人主义脱离了现实条件，只热衷于自己的事情，忽略了人类生活中的共享价值，对他人、社会和国家采取冷漠态度，最终造成了公共责任意识的丧失。社群主义目的就是批判自由主义。其对自由主义的批判具有合理性，但过分强调社群的价值而缺乏对社群本身的反思，看不到社群结构在性质和作用上的局限，忽略了社群中的个人作用，必然导致社群主义至上的形而上学的错

---

〔1〕 刘国华、吴博：《共享经济 2.0 个人、商业与社会的颠覆性变革》，企业管理出版社 2015 年版，第 112~113 页。

〔2〕 ［美］雷切尔·博茨曼、路·罗杰斯：《共享经济时代：互联网思维下的协同消费商业模式》，唐朝文译，上海交通大学出版社 2015 年版，第 14 页。

〔3〕 参见颜一编：《亚里士多德选集·政治学卷》，中国人民大学出版社 1999 年版，第 80 页。

〔4〕 王恒亮："论社群主义及其现代启示"，载《兰州学刊》2008 年第 11 期。

误，从而以社群的理想代替现实存在，压抑个人的发展。个人自由主义和社群主义都存在局限性，个人自由主义不利于公共利益的维护，而社群主义也不利于个人发展。因此，个人与社群要找到更好的结合点，在个人为社群做贡献的同时，社群也要服务于个人，尊重个人的发展，建立一种个人与社群共生的机制，即集体主义。个人和集体是一对历史范畴，在不同的社会历史条件下，个人和集体的内涵和性质各异。马克思在《德意志意识形态》中曾经指出，个人与集体、个人利益与集体利益是彼此交融、有机统一的共存关系。[1]

（二）集体主义对社群主义和个人自由主义的修正

19 世纪法国思想家保尔·拉法格在《集体主义—共产主义》一书中首次把集体主义理解为一个政治概念，作为共产主义的同义语使用。集体主义强调整体利益高于个人利益，个人对集体、社会和国家的义务感和责任心要求其要顾全大局、先公后私。反对自我中心、个人至上的自由主义，在价值取向上和社群主义目标保持一致。但集体主义重视个人权利、维护个人尊严、保护个体的正当利益、确保个人价值的实现、促进个人发展和进步。其强调集体自身及集体中的每个成员都要不断地为完善集体而努力，使集体公正、全面、真实地代表所有成员的利益。[2]新时期的集体主义承认差别原则，但强调尊重人的个性特点与能力差异，把满足人的多方面需要与尊重人的多样化选择结合起来，为每个人实现全面发展和充分施展才能创造了条件。其坚持科学发展观，力争实现个人、社会和环境的可持续发展，不断调整生产格局和经济增长方式，优化经济结构。通过制度设计避免资本对自然资源和工人剩余劳动的"双重掠夺"，防止劳动者被边缘化和价值失落，排斥"极端享乐主义"和"过度消费主义"的"单纯物欲主义"的价值取向。[3]因此，集体主义是对社群主义和个人自由主义的修正，在遵守个人权利的同时，实现了社群的公共利益。

（三）共享经济之消费集体化机制

共享经济的本质特征就是共享平台公司通过建立网络社群，通过互联网

---

〔1〕《马克思恩格斯选集》（第 1 卷），人民出版社 1995 年版，第 120~121 页。

〔2〕《罗国杰文集》（上卷），河北大学出版社 2000 年版，第 1105~1106 页。

〔3〕崔永和、黄晓燕："集体主义的现代演进与马克思的原典回归"，载《河南师范大学学报（哲学社会科学版）》2007 年第 6 期。

络把社会上的闲散资源和富余劳动力在社群内部进行整合再按需精准配置。将工业革命时期形成的专业化分工进行解构再重构，使社会分配从专业化向社会化转变，使不同社会阶层和结构的资源通过共享机制物尽其用。专业化要求就是标准化，社会化则意味着个性化。因此，共享机制可以让个体更自由地处分自己的财产和劳动力。在物资的层面上，在形形色色的闲置资产池里，需方可以"海淘"到自己心仪的、价廉物美的物资。然后，也可以随时进行置换，把它转让给其他更需要的人。消费者只需付出较少的投入就可以让生活丰富多彩。澳大利亚最大的汽车共享平台 GoGet 的创始人布鲁斯·杰费里斯认为："汽车共享带来产品选择的多样化和消费行为的娱乐化。"《石板》的编辑保罗·布廷认为"汽车共享让用户们可以在不同的车辆之间随意流动，从以前的各自独占变成社群分享使用"，[1]网约车的共享服务可以满足各种出行的需求。外出商旅不用住酒店，通过共享民宿就可以住进当地人家里，体验当地的风土人情，不去餐馆也可以在家里通过选择私厨举行宴会。个人闲置物品因具有个性化而更能满足不同层次和多样性的社会需求，这也是闲置资源可以实现再利用的基本条件。总之，共享经济让个体可以更充分地享受更自由、更个性化的生活。

在共享经济中，网络社群是共享经济的基础。社团关系在重建，社区价值正被发掘。未来的经济趋势是建立一种能在个体需求、集体社团以及地球环境间找到平衡点的集体协同消费新机制。共享经济协同消费的最大魅力在于跨越不同的社会意识形态，找到共同的社会资源分配方式：集体化的消费机制。共享经济的社会化网络消费方式把传统单一、固化的消费模式变成开放、自由的共享式合作消费，重建了消费者对社会群体的信心。共享经济的协作消费是建立在尊重个人消费自由以及个性化生活方式基础之上，开放、自由的共享生态系统。[2]互联网重树了集体社会的价值：抽离物质生活参与公益，与他人共享物品，尝试从已经拥有的物质里解脱出来，保护可持续发展的地球。高消费的状态不可能永远持续下去，对物质的无尽追求会导致个人与朋友、家人、邻居及周边的世界越来越远。共享经济可以重建集体社会，

---

〔1〕〔美〕雷切尔·博茨曼、路·罗杰斯：《共享经济时代：互联网思维下的协同消费商业模式》，唐朝文译，上海交通大学出版社 2015 年版，第 129 页。

〔2〕〔美〕雷切尔·博茨曼、路·罗杰斯：《共享经济时代：互联网思维下的协同消费商业模式》，唐朝文译，上海交通大学出版社 2015 年版，第 12~15、79 页。

把个人利益和集体利益联系起来，一起共享物质。[1]共享经济使社群的价值不再局限于对个人自由的批判和限制，而是通过共享达到个体与社会、国家全面协调发展的集体主义理想目标，实现消费的集体化机制。

三、共享经济之零工经济用工模式的创新：零工劳动的兴起

（一）零工经济的概述

国际劳工组织于 20 世纪 70 年代针对"灵活就业"提出了"非正规就业部门"这一概念，并将这种"非正规就业"划分为三种类型：一是微型企业的就业，这类就业可被视为正规就业部门的一种延续，主要是通过承包或者分包协议参与正规就业部门的工作；二是家庭企业的就业，主要是指由家庭成员来负责经营活动的非正规就业；三是个体劳动，主要是指清洁工、街头小贩以及擦鞋工个体劳动等。以上的"非正规就业"方式都具有一些共同的特征，如就业较灵活但不稳定，绝大多数均被排除在官方统计之外，较少有机会接受正规、系统的劳动技能教育和培训，几乎享受不到社会保障和公共服务等。但"非正规就业"的称谓被学界认为涉嫌歧视，并逐渐用"灵活就业"代替之，而且"灵活就业"的表述能够更加准确地概括这种新型的就业模式。[2]2009 年初，美国新闻网站 The Daily Beast 首次提出了"零工经济"（gig economy）概念，也就是指以共享经济零工劳动为主的新经济模式。[3]根据 2015 年《纽约时报》的分析：零工经济指人们根据兴趣爱好，利用自己的技能、资产或时间，选择接受不同的工作。这类工作具有自我管理和具有多样性等优点，通常没有固定的工作场所和时间，从业者通常是临时工、合同工、个体户或兼职人员。麦肯锡全球研究院于 2016 年发布的零工经济报告指出，这种非传统经济的模式有四个显著特征：一是高度自主性；二是凭任务获得报酬；三是短期雇佣关系；四是通过第三方平台实现用工和就业。该报告还认为，零工经济一方面可以促进生产效率提升，提高劳动者的竞争力；另一方面也可为雇主节省雇佣成本，提高企业的竞争力。零工经济的劳动者通过共享平台或第三方机构获取更加具有弹性和灵活性的工作机会，且不再固定、

---

〔1〕 刘国华、吴博：《共享经济 2.0 个人、商业与社会的颠覆性变革》，企业管理出版社 2015 年版，第 17 页。

〔2〕 张新红：《分享经济：重构中国经济新生态》，北京联合出版公司 2016 年版，第 69 页。

〔3〕 "探共享经济真相"，载 https://www.sohu.com/a/163223608_ 742314.

长期受雇于某一组织或者机构,只在某一时间段内提供特定的服务。[1]

国际劳工组织非标准形式就业技术官员瓦莱里奥·德·斯特凡和高级经济学家吉宁·伯格与诺认为,"零工经济"就业主要有两种形式:一是群体性工作。主要是由一群可能来自世界各地且能够接入互联网的个体在共享平台上完成,工作内容可能是技术性较强的任务,也可能是一些常规性任务。二是应用程序接洽的按需工作。主要指劳动者通过网络应用程序搜索,由互联网平台提供的当地运输、家政、维修等个体服务,劳动者通常就是本地居民。上述两类工作的共同点是工作时间和地点的灵活性较高,都是利用网络平台和移动技术实现劳动需求方和供应方的对接。这种用工模式被认为是一种"零工经济"。[2]这种自由、灵活的零工经济模式为解决新经济的就业问题提供了新的路径。国外研究显示:新经济的技术创新使主要发达国家劳动力市场的职业结构呈现明显的"U"形的极化特征,高端职业和低端职业的就业量开始上升,而中间职业的就业份额却开始下降。[3]美国学者黛安娜·马尔卡希在《零工经济:推动社会变革的引擎》一书中把零工经济时代的工作方式描述为:取代了传统"朝九晚五"的工作模式,工作形式灵活且用工时间短,包括临时工作、个体经营、承接协定、自由职业、兼职工作、副业,以及通过自由职业平台找到的短工等。[4]因此,零工经济的用工形态应该是非典型的用工模式。

零工劳动是指劳动者利用互联网平台或中介机构,与用工单位或是雇主建立的一种新型用工形式,而零工经济则是指以零工劳动为用工形式的新经济[5]形

---

〔1〕 参见 2016 年麦肯锡的咨询报告——《独立工作:选择、必要性与零工经济》。

〔2〕 于莹:"共享经济用工关系的认定及其法律规制——以认识当前'共享经济'的语域为起点",载《华东政法大学学报》2018 年第 3 期。

〔3〕 刘春荣:"技术变革视域下的国外劳动关系研究述评",载《河南师范大学学报(哲学社会科学版)》2016 年第 4 期。

〔4〕 [美] 黛安娜·马尔卡希:《零工经济:推动社会变革的引擎》,陈桂芳译,中信出版社2017 年版,第 1 页。

〔5〕 新经济是一个相对于旧经济、传统经济而言的动态概念,属于历史的范畴。在不同的历史阶段,新经济有不同的具体内涵。很多人认为,当前的新经济就是创新经济、科技经济、互联网经济、知识经济、智能经济、共享经济、服务经济的综合体。新经济的特征表现为以新科技为根本动力,数据成为生产要素,互联网、物互网和智能产品无处不在。在"新经济"条件下,新科技通过自身的发展壮大并和金融以及其他产业深度融合,并借互联网开启新的商业模式推动产业的更新与新旧动能的转换变革。因此,新经济是新技术、新产品、新模式、新业态、新产业的集合。

态，两者属于不同的业态范畴。目前，学界普遍把零工劳动等同于零工经济，这种称谓值得商榷。2018 年 12 月 12 日，Edison Research 发布的一份名为《2018 美国的零工经济》的报告显示，零工劳动占美国劳动力的 34%，几乎有 1/4 的美国成年人的就业模式是零工劳动，且这一数据到 2020 年将增长至 43%。[1]美国的零工经济如果没有疫情影响，预计将在 2021 年达到 380 万至 920 万。Uber 在 2014 年拥有 160 000 名驾驶员，比 2009 年成立时翻了一番。此外，调查结果表明，美国目前有 1060 万的零工劳动者（占总就业人数的 6.9%），260 万在岗员工（占总就业人数的 1.7%），140 万的临时机构工人（占总就业人数的 0.9%），以及 93.3 万名与公司订有合同的工人（占 0.6%总就业人数）。共享经济创造了零工经济新的就业形式，嵌入了新劳工实践，劳动者在零工经济中拥有自由和灵活性。[2]《中国共享经济发展年度报告（2019）》首次对 2015 年至 2018 年间新经济的共享网约车、在线外卖、网约家政、共享住宿、共享医疗等新业态的发展现状，以及其给相关行业带来的影响进行了多维度的定量分析，量化反映了我国这种新经济新业态对服务业转型发展的作用。该报告显示：2018 年，我国共享经济的参与者约为 7.6 亿人，其中从业者约为 7500 万人，同比增长 7.1%。平台从业者为 598 万人，同比增长 7.5%。相关的数据仅是针对共享经济领域零工经济而言的，事实上，新经济的其他领域的零工劳动模式也是越来越普遍。[3]

美国胡佛研究所（Hoover Institution）的高级研究员迈克尔·斯彭斯（Michacl Spence）认为："经济学最终要解决的是社会资源分配和配置问题，而不是市场问题。"[4]简而言之，经济本质上是一个资源配置问题。因此，零工经济也指"零工"这种劳动资源的配置模式，据此把"零工劳动"称为"零工经济"似乎也无可厚非。但所有经济模式都包括生产资料、资金、土地

---

〔1〕向坤："零工经济，一种完美的经济形态？"，载 https://mp.weixin.qq.com/s? _ biz = MjM5OTE0ODA2MQ= =&mid =2650886370&，访问日期：2019 年 12 月 30 日。

〔2〕Mujtaba Ahsan, "Entrepreneurship and Ethics in the Sharing Economy：A Critical Perspective", *Journal of Business Ethics*, 2020（161）：19.

〔3〕信息化和产业发展部："中国共享经济发展年度报告（2019）"，载 http://www.sic.gov.cn/News/557/9904.html，访问日期：2019 年 12 月 25 日。

〔4〕Michacl Spence, *MarKets Aren't Everything*, Forbes.com（October12, 2009），转引自［美］雷切尔·博茨曼、路·罗杰斯：《共享经济时代：互联网思维下的协同消费商业模式》，唐朝文译，上海交通大学出版社 2015 年版，第 15 页。

资源、人力资源等生产要素的配置，零工用工模式只是新经济活动过程中的人力资源配置，不能从根本上代表一种经济模式。学界普遍把零工劳动称为零工经济，这种"经济性"的称谓淡化了零工劳动的"劳动性"，把劳动力仅视为一种纯粹的市场资源，可以作为商品在劳动力市场自由出售，用人单位或雇主与劳动者之间不存在人身依附关系，但用人单位或雇主享有对劳动力的使用权和支配权，并可以对其进行监管和控制，却无须对其"人身"承担任何义务和责任，劳动者完全沦为了拥有劳动力的"独立承包商"。劳动者获得了可以处分劳动力的自由，而用工单位更是节约了劳动成本。这种看似平等、自由的"零工经济"的称谓忽视了零工劳动中劳动者的主体性或者人身性，以及其依法应该享有的基本的获得法律保障的权利。"零工经济"的称谓抹去了零工模式的"劳动性"，用"经济性"的市场民主和自由交易原则来掩饰"技术资本主义"[1]对劳动者的剥削。为了突出这种新型用工模式的"劳动性"而非其"经济性"，并通过其与传统劳动用工模式的比较进一步分析这类新用工模式的优缺点，本书将用"零工劳动"（gig Labor）来取代目前学界普遍所称之"零工经济"（gig economy）。

（二）"灵活就业"与零工劳动在我国的发展

21世纪以来，"灵活就业"多次进入中国政府的官方文件。我国政府在2001年"十五计划"的人口、就业与社会保障重点专项规划中首次提出了"灵活就业"的概念。该规划指出："要实行灵活的就业形式，引导劳动者转变就业观念，重点采取非全日制、临时性、阶段性和弹性工作时间等多种灵活的就业方式。"从这些文件的具体内容来看，中国官方所称的"灵活就业"主要是指：在劳动时间、收入报酬、工作场地以及劳动关系和社会保险等方面，与建立在工业化社会和雇佣制度基础之上的传统主流就业方式存在较大差异的其他各种就业形式的总称。这当中既包括非全日制的灵活就业，也包括有全职工作、业余时间兼职的灵活就业；既包括稳定、有保障的灵活就业，

---

〔1〕 美国学者道格拉斯·凯尔纳（Douglas Kellner）于1989年就在其著作《批判理论、马克思主义与现代性》中提出了"技术资本主义"概念。其指出，在各种资本要素的配置当中，核心科技成了绝对核心。随着机器和技术在生产过程中逐渐取代工人的劳动力，马克思所说的资本有机构成将呈现出固定资本投入比例明显高于可变资本投入比例的趋势。这将使得资金、土地、劳动力都围绕着核心技术进行配置，资本通过技术对工人的剥削也会加剧。参见颜岩："技术资本主义：凯尔纳对资本主义社会的新图绘"，载《自然辩证法研究》2005年第8期。

也包括各种不稳定的、无保障的灵活就业；既包括在非正规就业部门的灵活就业，也包括在正规部门的灵活就业；既包括直接灵活就业，也包括间接灵活就业（如劳务派遣）。2016 年，《中华人民共和国国民经济和社会发展第十三个五年规划纲要》再次对灵活就业加以强调，并明确提出要加强对灵活就业的扶持力度。可以说，培育灵活就业形式、构建一个"二元化"的劳动力市场已然成为解决我国目前结构性就业矛盾、促进我国经济健康持续发展的重要举措。在工业经济时代，多数人只能依附于企业组织才能参与经济活动并获得报酬。而在人人参与的共享经济时代，人们可以不再受雇于某个组织，而是通过平台以个体身份参与到经济活动之中。随着产业结构的升级，服务业在第三产业结构中的占比加大，灵活就业不仅在传统领域得以发展，而且在"互联网+"新经济时代又滋生出了一些新的灵活就业形式，如滴滴司机、快递员等。灵活就业适应了经济多层次、多形式的发展需求，促进了劳动者转移就业、再就业的实现，继而起到了平抑失业率、保持就业市场稳定的作用。[1]我国"灵活就业"的方针政策为我国的零工劳动开了绿灯，随着"互联网+"新经济在我国的迅猛发展，零工劳动的灵活就业模式也就越来越普及。

（三）共享经济与零工劳动的切合

共享经济中劳动者固定化的"打零工"的用工形态，催生了一种灵活而又能够更专职化的"零工"工作。基于此，笔者将这种用工关系认定为是一种"零工关系"或"零工劳动"。在共享经济中，劳务关系和零工关系的划分逻辑是劳动提供者利用的是否为"自身闲置"或"自由的"劳动资源，这是构成零工关系的条件。零工关系既包含类雇员也包含一部分未达到类雇员标准的自雇者，比如网约车司机属于类雇员，而如 58 同城中的各类网约零工则属于自雇者。[2]共享经济对就业方式具有颠覆性影响，其促进了零工劳动的灵活就业。在共享经济模式下，由平台公司主导的"供给者—共享平台—需求者"关系中，供给者与共享平台公司之间只是一种松散的协作关系，并非传统企业那种由劳动合同固定下来的雇佣关系。本质上，共享经济是一种

〔1〕白永亮："共享经济下灵活就业法律制度重构"，载《江西社会科学》2017 年第 10 期。

〔2〕于莹："共享经济用工关系的认定及其法律规制——以认识当前'共享经济'的语域为起点"，载《华东政法大学学报》2018 年第 3 期。

开放性的系统，劳动供给者可以自由进入这个共享经济行业，因此其就业方式是极为灵活的。[1]虽然劳动者可以自由择业，能够自由选择何时何地工作，享有一定程度的"劳动自由"，与共享平台不存在人身附庸的劳动关系，但共享平台可以通过互联网络技术控制其劳动过程。[2]共享经济的积极意义在于：

第一，共享经济为自由个体劳动者提供了零工劳动这一新的就业机会和用工模式。共享经济最大的吸引力在于其具有灵活性，可以通过网络技术聚集大量闲置的劳动力和消费者，让供求双方得以更自由地进行选择。[3]传统的"朝九晚五"的工作制度束缚了人性，常常造成时间和资源的浪费。在共享经济环境下，工作的方式、内容将变得更加多样化。人们可以根据时间安排及专长来自由支配工作时间、场合、任务，使工作成为一种可以自由分配时间、置换资源的方式。共享经济平台和传统就业组织在控制劳动过程方面差异很大。共享经济供给者可以自由支配劳动，以按劳分配为原则，多劳多得，共享平台可以通过市场准入和信用评价体系对劳动过程进行控制。因此，在共享经济的就业模式下，平台对劳动过程的控制与工人的任务自由并存。

第二，共享经济提高劳动效率。共享经济解放出了很多"自由人"，大量"自由人"和"消费者"聚集，让供求双方得以更自由地进行选择。这种自上而下推动的制度变革提升了经济运行的效率。比如，共享经济为家政服务业市场提供了更透明、更高效的供需匹配精算技术和数据平台支持，通过共享机制更充分地利用了家政从业人员的闲暇、待工时间，并提高了他们的收入。以"阿姨来了"平台为例，在社会经济整体上涨较缓的2015年，在全社会的薪酬增幅仅为7%的背景下，该平台上的"阿姨平均薪资比去年提升了12%，月嫂收入更是提升了185%"。共享平台可以促成家政行业的"分时经济"，多个家庭共同雇用一个"阿姨"，或在需要的时间聘用小时工上门服务，不仅可以最大化地利用家政服务资源，更是减轻了每个家庭的负担。据估算，2015年我国家政服务市场总规模已经突破1万亿元。在此背景下，家政服务领域的创业公司不断涌现。在过去几年出现了"e家洁""云家政""小马管

---

〔1〕　刘根荣："共享经济：传统经济模式的颠覆者"，载《经济学家》2017年第5期。

〔2〕　Qingjun Wu and Zhen Li,"Labor Control and Task Autonomy under the Sharing Economy: a Mixed-method Study of Drivers' Work", *The Journal of Chinese Sociology*, 2019（6）：4.

〔3〕　李怀勇、张贵鹏："基于共享经济的商业模式创新"，载《商业经济研究》2017年第1期。

家""阿姨来了""阿姨帮"等二十多家家政公司。与此同时，一些大型平台企业诸如"58 到家""美团""大众点评""京东到家"也开始通过自营或者与第三方合作的方式进军家政市场。作为一家在线预定家政服务员的平台，"阿姨来了"是中国家政服务领域的佼佼者，专注于月嫂、育儿嫂、家务员、小时工等家庭固定用工的服务、培训及相关衍生服务。该公司成立于 2007年，总部位于北京，2013 年获得了清科创投数百万美元的 A 轮投资。目前，该公司已在全国 20 个城市设立了超过 60 个分支机构和线下网点，拥有 300 多名经纪人、共享近 5 万名家政人员和 8 万多名客户，建立了遍布全国的"阿姨大学"培训体系。作为民生服务的重要内容，家政服务类分享平台也解决了许多社会问题。[1]

共享经济在某种程度上可以缓解由社会分配不公引起的社会矛盾。共享经济机制可以使劳动者从对公司企业等社会组织的依附关系中解脱出来，自由地支配自己的劳动力，更自由地实现其人身价值。共享经济按需分配的原理使劳动者可以根据社会需求和自己的专长、喜好来培训劳动技能，把自己的劳动潜力、技能发挥到最大，使整个社会的分工更合理。对于大部分工薪家庭来说，不是所有时段都需要家政服务，雇用一个全职家政服务人员不仅负担较重而且也会造成人力资源的浪费。零工劳动通过共享平台可以实现多个家庭共同雇用一个家政服务人员，在需要的时候要求上门服务的目标。这不仅可以优化利用服务资源，也可以减轻雇主家庭的负担。因此，零工劳动不仅使劳动者实现了灵活就业，缓解了社会就业压力，而且也使雇者节约了用工成本，实现了经济民主与效率。

四、消费主义的革命："去物质化"的消费观

（一）消费主义的危机

"投资""消费""出口"被认为是推动经济发展的三驾马车。消费主义[2]认为：消费能刺激经济发展，因为消费使我们不断购买产品、使用产品、淘

---

〔1〕 张新红：《分享经济：重构中国经济新生态》，北京联合出版公司 2016 年版，第 69 页。

〔2〕 消费主义 是西方发达国家普遍流行的一种社会道德现象，是指导和调节人们在消费方面的行动和关系的原则、思想、愿望、情绪及相应的实践的总称。其主要原则是追求体面的消费，渴求无节制的物质享受和消遣，并把这些当作生活的目的和人生的价值。

汰产品。[1]消费主义甚至鼓吹：不要节俭，鼓励消费。[2]在工业社会的发展过程中，社会经济发展的基本路径就是："生产—消费—生产"的循环。为了经济发展，各方都挖空心思提高生产能力并促进消费，进而导致产能过剩并引发经济危机。2008年发端于美国的次贷危机便源于过度消费透支了信用，经济下滑影响偿还能力，最终引爆了金融危机。在2008年经济大衰退来临前，政府各种政策的激励、商家形形色色的广告诱惑、信用卡商家的各种促销手段，诱使消费者除了贷款购买各种大宗商品之外毫无节制地刷卡购物。过度消费不仅透支了大多数消费者的财力，而且可能导致不必要的消费，浪费有限的社会资源。挪威经济学家索尔斯坦·维布伦（Thorstein Veblen）在1899年提出了"炫耀性消费"的概念，指消费者通过购买价格超出实用性的商品来标榜自己。[3]生活必需品消费是以人的生存和发展的基本需要为限，其注重的是消费品的使用价值，是节俭型的消费。消费主义的本质就是挥霍性消费，其关注的是消费品的时尚价值，不关注消费品的功能，带有"炫耀性消费"的目的。因时尚的流变性缩短了消费品的寿命，具有使用价值的消费品被扔掉或是淘汰，造成了社会财富的浪费。[4]过度消费和时尚消费导致资源的浪费，是一种非理性的物质消费观。比如，手机的有效使用周期在10年以上，但在日本手机的购买周期为1年，在美英两国，每年被扔掉的能正常使用的手机数量分别是1.3亿台和1500万台。非理性的物质消费有两个弊端：第一，物质主义误导人们，认为物质等于幸福，拥有越多的物质就越幸福；第二，认为高消费能带来安全感，所以用物质来塞满生活。如果能改变过度消费的习惯，一个产品可以被大量人群共同使用，那么产品的需求数量和生产行为便都会降低，[5]社会的生产和消费模式都会发生改变。

---

〔1〕 Victor Lebow, "Price Comerrition in 1955", *Journal of Retailing*, Spring 1955.

〔2〕 Giles Slade, "Made to Break: Technology and Obsolescence in Amerrica", *Harvard University Press*, 2006（25）.

〔3〕 Thorstein Veblen, *The Theory of the Leisure Class*, The Macmillan Company, 1899.

〔4〕 程秀波："消费主义及其伦理困境"，载《河南师范大学学报（哲学社会科学版）》2004年第5期。

〔5〕 ［美］雷切尔·博茨曼、路·罗杰斯：《共享经济时代：互联网思维下的协同消费商业模式》，唐朝文译，上海交通大学出版社2015年版，第30、48、129~130页。

(二) 共享经济"去物质化"的反消费主义

共享经济的发展趋势或许能使人类回归本原,把人类从拥有更多物品的追求中解放出来。协同消费能给人们提供跨越所有权的限制去享用不属于自己的产品和服务的机会,从而节约资金、空间和时间,增加物品的使用效率,减少浪费,促进产品的不断完善,消化由过度产能和过度消费带来的剩余物品。[1]共享经济对闲置资源的利用在理论上符合人类社会的发展趋势,最突出的特点就是交易从以所有权为主转变为以使用权为主,使传统物权变动的观念发生了变化,所有权被淡化,使用权的重要性更突出,使用权被从所有权中分离出来。在法理上,共享经济理论对物权变动的意义还需要基于所有权原理,从法学、法哲学、经济学、社会学等多学科、多角度予以深入认识。总之,共享经济使消费主义改变的意义在于:第一,价值观念发生改变。即地球的资源是有限的,不应该浪费资源,要充分利用资源。第二,个人利益与集体利益相结合,建立集体社会。对物质的占有不再那么重要,倡导"我的就是你的""我的就是我们的"的消费理念。把传统的以销量为衡量标准的产品导向型消费系统转变为一种价值衡量标准的多元化消费系统。重新思考衡量社会进步的标准,只关注经济增长,忽视社会贫富差距、权利平等的简单粗暴的 GDP 理念正在走向衰落。[2]因此,共享产品服务系统必将改变基于个人占有的传统工业模式,将一种产品数量最大化的经济模式转向产品使用价值最大化的经济模式,社会合作效率和商业效率会实现完美的结合,商业盈利模式将转向会员费或是租金。如果整个社会以不拥有私家车为社会风尚和终极享受,人们就会摆脱私人占有的束缚。[3]英特飞(Interface)的创始人雷·德森(Ray Anderson)认为:人类在社会发展过程中创造了一个巨大、富裕、普适、占统治地位的社会运转机制——商业机制和工业化,但这对地球而言却是一个灾难。要彻底改变"开发、制造、废弃"的生产模式,转变为"只要租赁,无须购买"的消费模式。[4]

---

〔1〕 [美] 雷切尔·博茨曼、路·罗杰斯:《共享经济时代:互联网思维下的协同消费商业模式》,唐朝文译,上海交通大学出版社 2015 年版,第 8、9、232 页。

〔2〕 [美] 雷切尔·博茨曼、路·罗杰斯:《共享经济时代:互联网思维下的协同消费商业模式》,唐朝文译,上海交通大学出版社 2015 年版,第 8、9、232 页。

〔3〕 [美] 雷切尔·博茨曼、路·罗杰斯:《共享经济时代:互联网思维下的协同消费商业模式》,唐朝文译,上海交通大学出版社 2015 年版,第 30、48、129~130 页。

〔4〕 Ray Anderson, *Visionary Leader*, World Business Academy, 2005.

共享经济之协同消费通过对闲置资源的再利用减少浪费，避免"不必要的消费"或"过度消费"，达到"去物质化"的一种健康生活态度。这种观念的转变对我国社会经济的发展具有重要的意义。首先，在国家层面经济发展的制度设计中，要摒弃盲目追求 GDP 增长的发展模式，从以"投资""出口"为主的耗能型发展模式转变为"协作消费"的节能型发展模式，消化过剩产能。其次，在个人层面达到"去物质化"的消费观，实现从追求"有住房"到"有房住"，从"有车开"到"有车坐"，从"占有"到"使用"，实现放弃所有权、共享使用权的消费观念的转变，使人们从"房奴""车奴""拜物"的"物质主义"的枷锁中解脱出来，去追求享受更高品质的生活。最后，在社会层面上共享经济节约了社会资源，倡导了节能环保生态社会发展模式，其消费协作机制发挥了集体主义的优越性。

五、资源配置的颠覆性理念：物尽其用，按需分配

（一）共享经济对闲置资源的配置

经济的发展离不开生产与市场，但经济绝不仅是关乎市场盈利与否、产品产出多少等问题。从长远来看，更重要的问题在于如何配置资源和进行社会分配。共享经济作为一种新型的消费模式，其初衷是免费为消费者共享使用权提供便利的社区平台，比如 Couchsurfing、Freecycle 是为消费者通过在线方式与陌生人共享闲置空间和物品使用权提供服务的非营利性的共享平台。后来出现的 Uber 和 Airbnb 等商业共享平台基于协同消费的理念探索出了一套盈利模式，使共享经济成了一种商业模式，即基于共享闲置物资使用权的"互联网+闲置资源"的共享经济模型，其实质是"互联网+服务"经济模式的一种。从社会生产的角度看，共享经济限制了社会的生产，使劳动价值从对新产品的生产转移到对旧产品的使用上，节省了社会资源，转变了经济增长的模式。国内有些学者认为："共享经济是颠覆性的商业革命。"[1]共享经济是服务性经济，或者功能性经济。[2]服务业作为第三产业，其虽不生产产品但可以创造价值，促进 GDP 的增长。共享商品和服务的使用权更有利于充

---

〔1〕　蔡余杰、黄禄金：《共享经济——引爆新一轮颠覆性商业革命》，企业管理出版社 2015 年版，第 3 页。

〔2〕　Rifkin, *The Age of Access* 93，转引自［美］雷切尔·博茨曼、路·罗杰斯：《共享经济时代：互联网思维下的协同消费商业模式》，唐朝文译，上海交通大学出版社 2015 年版，第 34 页。

分、有效地利用资源，降低社会对新产品的需求，从而降低经济活动的规模。共享经济模式开启了人类社会经济发展的新纪元，其价值目标在于通过共享平台实现对闲置资源的再配置，既改变人们的消费模式和分配模式，也转变经济的发展模式。旧的社会经济的发展路径是："生产—消费—再生产"的资源损耗型的资源配置方式，共享经济的发展路径是："生产—消费—再消费"的资源配置方式。共享经济使社会以较少的成本满足社会的需求，使社会资源得到充分有效的配置，通过对产品的占有来满足生活需要的消费方式被分享使用权的消费观念所改变。

（二）共享经济"物尽其用""按需分配"的价值目标

共享经济的本质特征在于对"使用权"的共享，实质上是对"闲置资源"的再配置。共享经济通过产品服务系统（PSS）进行的产品共享使消费者有机会使用他们没有能力购买的产品。里米·里夫金在《零边际成本社会》中指出，每一种伟大的经济范式都具备三个要素——通信媒介、能源和运输系统。这三个要素构成了经济学家所说的通用技术平台。这标志着一种新的经济范式正在演变，"长尾"的魅力开始显现。在过去，大量的资源因为技术或交易成本的限制而无法流通变现。而现在，互联网平台的分享经济让生产、流通、交易的渠道变得足够宽广、通畅，很多之前看似需求极低的产品都在释放巨大的市场潜力。这让过去那些被束之高阁的产品或服务开始进入分享的视野。共享经济的零边际成本模式为消费者带来的是实实在在的优惠，社会大众迎来了消费福利的狂欢。原本"闲置无用、弃之可惜"的物品可以被拿来交换，进而获取利润。原本因购买力有限而只能放弃的消费品已经可以进入寻常百姓家。共享经济真正实现了参与者的皆大欢喜，印证了共享经济带来的帕累托改进效应（Pareto Improvement）。[1]

当消费者认为 PSS 使用权可以替代 PSS 所有权时，实际上，他们将准备选择 PSS 共享。郑志来认为，移动互联网、第三方支付、大数据、云计算等技术，以及资源闲置过剩、经济进入新常态导致了共享经济的产生与发展。共享经济作为互联网下的"新经济""新商业"形态，借助网络等第三方平台将供给方闲置资源使用权暂时性转移，通过提高存量资产的使用效率为需

---

〔1〕 张新红：《分享经济：重构中国经济新生态》，北京联合出版公司 2016 年版，第 66 页。

求方创造价值，促进社会经济的可持续发展。[1][2]在传统的共享时代，因受时空限制，闲置物资的再配置只能被局限在很小的范围内。互联网使资源的配置时空放大，使资源可以在供需双方之间进行精准配置，变废为宝。共享经济的作用和意义在于：通过再分配市场促进产品的循环，充分发挥其使用价值，实现"物尽其用""各取所需"的价值目标，建立一种全新的消费理念。对于供方，共享经济激活了闲置的资产，通过共享充分发挥了其使用价值，也使供方从中获取收入。同时，使闲置资源的效用最大化，实现资源的优化配置。对于需方，通过共享以较少的钱获得了以自己的经济实力不可能实现的消费体验，提高了自己的生活品质，以有限的财力满足了自己的需要。因此，基本的共享经济的商业模式是一种理想的资源配置方式，不仅能实现"物尽其用"的资源效能最大化的配置，也能满足"按需分配"的社会分配需求。

　　超越消费领域，共享经济的理念对我国的经济改革具有重要的意义。首先，在国家层面上，对经济体制以及国有企业的改革为发展混合所有制经济提供了理论依据。全民所有或国有不应该以实际占有为依据，关键在于控制力。因此，应该在国有企业中适当引入民营资本，为闲置的民间资金参与国企垄断行业建设开路，实现民间资本对国有垄断企业的经营管理及收益上的共享机制，让民营企业也能分享经济发展带来的成果。其次，在宏观调控层面上，不能继续盲目追求 GDP 的增长，改变以投资促增长的发展模式。因为，过度的投资会带来产能过剩。共享经济最重要的理念就是对闲置资源的再利用。2015 年 11 月 10 日，国家主席习近平在中央财经领导小组第十一次会议上表示：在适度扩大总需求的同时，要着力加强供给侧结构性改革，着力提高供给体系质量和效率，增强经济持续增长动力。此项改革设计被媒体称为"供给侧改革"。目前，我国经济存在生产率要素低下、产能严重过剩，但有效供给不足与有效消费得不到满足的矛盾。"供给侧改革"的思路切合了共享经济中对"闲置资源"再分配的理念。通过对经济结构的调整，"释放新需求，创造新供给"，促进过剩产能的有效利用，降低成本，促进产业优化

---

　　[1]　郑志来："共享经济的成因、内涵与商业模式研究"，载《现代经济探讨》2016 年第 3 期。

　　[2]　Payam Akbar and Stefan Hoffmann，"Under which Circumstances do Consumers Choose a Product Service System（PSS）？Consumer Benefits and Costs of Sharing in PSS"，*Journal of Cleaner Production*，2018（201）：416~417.

重组，化解房地产库存，促进房地产业持续发展，消化过剩产能，满足新的消费需求。再者，在经济发展战略上，我国目前正在着力实施的"一带一路"倡议，也符合共享经济的"协同"理念。在经济全球化的今天，市场已不仅仅限于国内。不同的国家和地区在产品和资源的供需上存在着互补，需要错位竞争和合作。比如，我国目前的工业产品过剩，但资源需求短缺，而"一带一路"沿线部分能源国家则需要进口工业产品。因此，"一带一路"可以把我国的产品和技术与相关国家的能源进行互换。按共享经济理论"物尽其用""按需分配"的理论，可以进行"以工业产品换能源"的合作模式。最后，在城镇一体化建设中，通过共享机制把农村富余劳动力纳入城镇，解决目前城镇企业用工劳动力不足的问题，同时消化目前城市中的过剩房源。另一方面，针对目前农村因城镇化而闲置的资源，可以通过开发养老业和旅游度假产业，使城镇退休职工到农村养老，把城市的资源让给在城市里创业的年轻人，使农村富余人口、闲置土地和城镇过剩房产通过城镇化共享机制协调发展。

六、与循环经济的切合：可持续的绿色生态型消费模式

（一）共享经济之循环经济的模型

循环经济的概念是于 20 世纪 60 年代，由美国经济学家肯尼斯·E. 博尔丁（Kenneth E. Boulding）在其专著《宇宙飞船经济观》一书中提出的。循环经济是在经济发展中以资源的高效和循环利用为核心，以减量化、资源化、再利用为原则，以低消耗、低排放、高效率为基本特征，实现资源化、废物减量化和无害化，使自然生态系统和经济系统的物质和谐循环，维护自然生态平衡，实现可持续发展的经济增长模式，是对大量消费、生产、废弃的传统增长模式的根本变革。[1] 循环经济主要发生在生产领域，共享经济主要发生在分配或消费领域，是循环经济理念在消费领域的延伸。循环经济遵循的是"生产—消费—再生产"的生产模式，共享经济遵循的是"生产—消费—再消费"的消费模式。循环经济强调资源的再生产利用，对资源的再利用需要生产损耗，在生产过程中会造成环境污染，增加生产成本，因此再利用资源的效率还不是最优。共享经济只发生在消费领域，对闲置资源的再利用不

---

〔1〕 高慧荣："发展循环经济的创新作用机制探析"，载《商业时代》2009 年第 19 期。

需要生产成本，只需要交易成本，没有生产损耗和环境污染，是最节省、最环保的一种循环模式，是循环经济发展的高级阶段，是最理想的生态经济。但两者是关联的而不是孤立的，共享经济可以被看作是经济大循环"生产—消费—再生产"中增加的"消费—再消费"小循环。共享经济的支持者认为，共享商品和服务的使用权为充分、有效地利用资源创造了更多的机会，反过来将会缩小经济活动的规模，进而产生环境效益。[1]

共享平台让为数众多的人把开放的现有资源快速转变为可交易的产品和服务，但它并不需要去建造实体资产，而是通过利用现有的资源将其转型为新的公用设施，产生新的价值，这是共享经济的"天赋"。[2]共享经济与循环经济有共同的目标，但发生在不同的环节，循环经济的本质是尽可能少用和循环利用资源，核心是提高资源利用效率。其是追求可持续发展目标的生态经济。共享经济是通过共享使用权消费过剩或闲置资源的协同消费方式，以减少生产投入、节省资源、提高产品利用率、实现可持续发展。由于共享经济可以在整个大循环经济链中实现环保节能，因此我们应充分利用共享经济的消费循环模式，尽可能减少生产循环模式。分享是共享经济的核心价值，通过社群分享，使每一个体各取所需，实现供需双方各自利益的最大化。同时，共享的是闲置物资，因此可以节约资源、减少浪费、保护环境、维护可持续发展，使整个社会甚至于全人类受益。

（二）共享经济是绿色环保的生态型经济模式

共享经济被视为是一项支持联合国《2030年可持续发展议程》的最有效举措，并有助于最终实现可持续发展目标。[3]调查研究表明，消费者的环境意识可以促进共享消费的发展，比如"愿意与其他人一起收费使用出租车"与"自己单独驾驶汽车"的环保效果肯定不同。产品服务系统（PSS）的传播和采用有可能降低消费量对环境产生的负面外部影响，使社会经济向资源节约型方向发展。特别是具有强烈环境意识的消费者愿意承担情感上的代价

---

〔1〕 Chris J. Martina, Paul Uphamb and Leslie Budd, "Commercial Orientation in Grassroots Social Innovation: Insights from the Sharing Economy", *Ecological Economics*, 2015 (118): 240~241.

〔2〕 ［英］亚历克斯·斯特凡尼:《共享经济商业模式:重新定义商业的未来》，郝娟娟、杨源、张敏译，中国人民大学出版社2016年版，第81页。

〔3〕 Annibal Scavarda, Gláucya Daú and Luiz Felipe Scavarda, "Social and Ecological Approaches in Urban Interfaces: A Sharing Economy Management Framework", *Science of the Total Environment*, https://doi.org/10.1016/j.scitotenv.2019.134407.

并选择 PSS。这种共享减少了资源投入却可以达到同样的使用目的。PSS 环境中的成本可能会影响消费者的成本效益分析，有环保意识的消费者确实重视 PSS 对环境保护的影响。总之，环境意识会影响消费者选择 PSS 共享优惠的意图。[1][2]共享经济聚集了不同的环境、社会和经济的动机，分别对应不同的价值诉求。共享经济对环境生态的保护在于通过对闲置资源的利用降低生产能耗，节约资源，减少污染。[3]共享经济通过更好地利用闲置资源，减少资源使用和碳排放的消费。在减少新产品和车辆购买需求的同时仍能满足消费者需求并保持生活质量。[4]

我国目前的产业结构同质化、低附加值现象严重。共享经济通过为高附加值增值服务提供支撑推动经济结构从低端向高端发展，并使我国由传统的制造业大国向创造型大国升级。这样既可以节约大量的人力和物力，又可以有效地激活过剩产能。共享经济能够促进大众创业、万众创新，因为人人都可以参与共享经济，并且可以通过分享、协作的方式使创业创新的门槛更低、成本更低、速度更快。这样既激活了过剩产能，又提高了创业和创新的效率。不但有利于经济发展，而且还能让更多的人参与进来，促进机会公平、人员流动。[5]因此，作为一种更可持续的消费模式和经济机会，共享经济被作为通往分散、公平和可持续发展的经济模式。共享机制的效益从社群渗透到社会经济发展中，在实现个体自由和确保个体发展的同时，维护了社会整体利益，创造了生态型文明社会。金融危机之后，共享经济承载着更高的使命，这种低交易成本、高效率、减少资源浪费的消费模式是对过度消费的反思，是一种可持续发展的生态文明的绿色经济模式。

---

〔1〕 Payam Akbar and Stefan Hoffmann, "Under which Circumstances do Consumers Choose a Product Service System (PSS)? Consumer Benefits and Costs of Sharing in PSS", *Journal of Cleaner Production*, 2018 (201): 416~417.

〔2〕 Payam Akbar and Stefan Hoffmann, "Under Which Circumstances do Consumers Choose a Product Service System (PSS)? Consumer Benefits and Costs of Sharing in PSS", *Journal of Cleaner Production*, 2018 (201): 419.

〔3〕 M. Ritter and Schanz, "The Sharing Economy: A Comprehensive Business Model Framework", *Journal of Cleaner Production*, 2019 (213): 320.

〔4〕 C. E. Cherry and N. F. Pidgeon, "Is Sharing the Solution? Exploring Public Acceptability of the Sharing Economy", *Journal of Cleaner Production*, 2018 (195): 941.

〔5〕 杨珈瑛：《分享经济》，北京工业大学出版社 2017 年版，第 14 页。

七、减少流通环节：节约了交易成本

(一) 共享经济交易成本的基本理论

1937 年，著名经济学家罗纳德·科斯 (Ronald Coase) 在《企业的性质》(*The Nature of the Firm*) 中提出了交易成本理论，指出交易成本是买卖双方为达成交易所要付出的成本，不仅包括信息传播、广告、运输等货币成本，还涉及谈判、协商、签约、合约执行的监督等活动所花费的时间成本。人们参与每一项经济活动都会或多或少地付出交易成本。在传统经济活动中，交易双方无法了解全部的市场供求信息，消费者所掌握的产品或服务信息也不完全属实，从而导致供需错位、逆向选择、道德风险等市场失灵问题频发。交易成本理论将成本分为搜寻成本、信息成本、议价成本、决策成本、监督成本。在生产消费过程中，不论是生产者还是消费者，为了避免吃亏上当，在交易之前都会花费大量时间和精力去寻找最合适的市场、产品或服务。而在这些过程中，生产者和消费者往往需要付出额外的搜索成本。在传统交易中，买卖双方从信息对接到达成交易往往要经过漫长的议价过程，还要受到时间、空间和环境等因素的限制，运气不佳的话，甚至可能在最终"敲定"时便已经错过了最佳交易的时间点。[1]杰里米·里夫金的《零边际成本社会》认为，与通过互联网近乎免费地获取生产和消费信息一样，在市场经济的各领域中，一种新的经济范式正在演变，这种新的经济范式可能进一步降低边际成本，这也导致了许多商品和服务近乎免费，而且更加多样化，并能够协同共享，且相比于购买的交易成本，共享租赁的交易成本往往低廉很多，甚至接近于零。[2]

维基百科记载，"长尾" (The Long Tail) 理论这一概念是由《连线》杂志主编克里斯·安德森 (Chris Anderson) 在 2004 年 10 月的《长尾》一文中提出的。其被用来描述诸如亚马逊和 Netflix 这类网站的商业和经济模式。"长尾"实际上是统计学中的幂律 (Power Laws) 和帕累托分布 (Pareto) 特征的一个口语化表达。长尾市场也被称为"利基市场"。"利基"一词是英文"Niche"的音译，意译为"壁龛"，有拾遗补阙或见缝插针的意思。即通过对

---

〔1〕　张新红：《分享经济：重构中国经济新生态》，北京联合出版公司 2016 年版，第 61~62 页。

〔2〕　李怀勇、张贵鹏："基于共享经济的商业模式创新"，载《商业经济研究》2017 年第 1 期。

市场的细分，企业集中力量于某个特定的目标市场，或严格针对一个细分市场，或重点经营一个产品和服务，创造出产品和服务优势。长尾理论阐述的实际上是丰饶经济学或富足经济学（The Economics of Abundance），即企业采取差异化战略，由"小块需求"通过"小块渠道"对"小块供应"的小额交易，建立全新的低成本渠道的销售模式，以满足人们更加个性化和具体化的需求，当无数用户的个性化需求都能得到满足时，必然导致长尾的产生，形成独特的需求方规模经济，完美展示帕累托分布的需求曲线尾部。长尾理论的发展得益于互联网时代下三大力量：生产工具的普及、传播成本降低、连接供给和需求。值得注意的是，要准确理解长尾理论，需要避开以下几个误区：首先，成本是最关键的因素。在传统工业经济中，销售一件商品必然会带来一定的成本，这使得每增加一件货物及品种，所带来的成本便需要进行分摊。所以，每个品种的利润均与销量成正比，当销量低到一个限度时企业就会亏损。互联网企业一方面可以进一步降低单品销售成本，甚至做到零库存（如按需定产）；另一方面，网站的流量和维护费用远比传统店面低，所以能够极大地扩大销售品种。如果互联网企业销售的是虚拟产品，则支付和配送的成本几乎为零，可以把长尾理论发挥到极致。Google adwords 广告系统、苹果公司的 itune 音乐下载便都属于这种情况。因此，互联网产品销售最适合长尾理论。其次，低门槛可以提高市场容量。要使长尾理论更有效，应该尽量增大"尾部市场"，也就是降低门槛，创造大量的供方与需方。不同于传统商业的"拿大单"，互联网营销应该把注意力放在把"蛋糕做大"上。最重要的是，使用长尾理论必须小心翼翼，保证任何一项成本都不随销量的增加而激增，最差的情况也是同比增长。否则就会走入死路。最理想的长尾商业模式是，成本是定值，而销量可以无限增长，这就需要建立可以低成本扩展的基础设施和技术储备。[1]比如，伪共享的共享单车通过"烧钱"等恶性竞争方式来占领市场，不仅增加了交易成本，也增加了管理成本，导致共享单车的经营陷入了困境，其在本质上违背了长尾理论。

从经济学角度来看，共享经济通过互联网技术，把大量的闲置资源连接和整合起来，降低信息搜索、决策和执行成本，提升了资源要素配置的市场效率，使产品和服务的边际成本快速下降，实现了"零边际成本"，降低了交

---

〔1〕 阳光编著：《长尾理论》，经济日报出版社 2012 年版，第 3~7 页。

易成本。共享经济利用互联网平台，充分挖掘闲置资源的长尾需求，释放巨大的市场潜力。共享经济通过互联网技术和精算实现对供需双方的配置，大幅降低了交易过程中的信息搜索成本、议价决策成本、监督执行成本等。以前想要找到合适的交易对象，需要有充分的时间和耐心，在琳琅满目的商品和名目繁多的服务中进行挑选，挑到满意的对象后还要不厌其烦地讨价还价。一些较真的人甚至还会多次奔走于各大超市卖场，货比三家，或是频繁打电话询价。而在共享经济模式下，需求方只需在共享平台上发出要约，即可在短时间内得到响应，平台提升了信息搜索、传递和甄别的效率，最大限度地降低了信息不对称的问题。正如美国乔治梅森大学研究员克里斯托弗·库普曼（Christopher Koopman）等人所指出的，借助互联网技术平台，共享经济真正打破了消费者和经营者之间信息不对称的局面，降低了交易成本。[1]共享经济平台设立了一套成熟的定价机制，供需双方无须讨价还价，甚至在有些平台上，在需求要约发出的瞬间就能够形成定价。[2]共享经济基于共享平台的共享经济模式使供求双方都能够通过互联网发布自己能够分享的供给物品或需求物品，不仅增加了特定供给者或需求者可选择的交易对象，还可能掌握更多的交易对象信息，避免了欺诈性不公平交易，降低了交易成本。对于闲置物资的再利用使得前期投入的成本要么已经得到回收，要么被当作沉没成本或折旧成本而收费较低廉，使得共享闲置物资的边际成本更低，具有更大的成本及资源利用效率优势。[3]共享经济商业模式正是基于长尾理论，通过网络技术降低其交易成本来吸引供方和需方产生群聚效应的长尾而产生商业利益。通俗地讲，其核心价值可以被理解为"积少成多""以小博大""规模出效益"，但这些成就都是源于互联网强大的聚集效应及其信息搜集功能降低了交易成本，使相关的互联交易在商业上成为可能。因此，轻资产、低成本商业模式也就成了共享经济成功的秘诀。

（二）共享经济的低交易成本的价值

根据长尾理论，共享经济模式下低交易成本的实现路径为：首先，共享

---

〔1〕 Christopher Koopman, Matthew Mitchell and Adam Thierer, "The Sharing Economy: Issues Facing Platforms, Participants, Regulators", *Sharing Economy Workshop*, Project No. P15-1200, 2015, 5, 26.

〔2〕 张新红：《分享经济：重构中国经济新生态》，北京联合出版公司 2016 年版，第 63 页。

〔3〕 刘国华、吴博：《共享经济 2.0　个人、商业与社会的颠覆性变革》，企业管理出版社 2015 年版，第 112~113 页。

经济通过共享平台的群聚效应，集聚了众多具有差异性的闲置资源，实现了长尾的规模经济。共享平台企业相对于传统企业减少了消费者与生产者之间的信息沟通成本。其次，共享平台企业对于个体劳务提供者无须付出传统意义上的管理成本，降低了内部交易成本。最后，共享平台企业对供需的精准匹配扩大了交易的范围与成功率，降低了外部交易成本。互联网的普及使市场商品要素属性已经实现全面信息化，商品的各种信息可以通过互联网进行储存、处理和传递，使得商品交易的发生不再需要在固定地点进行。数据成本的节省是企业产生、存在以及替代市场机制的重要动力，平台化的交易模式就是最好的证明。[1]节约资源、减少交易成本是提升共享经济交易效率的众多重要条件之一。在市场需求多样化、个性化的条件下，共享经济到底能够在何种程度和范围上满足这种需求取决于其商业模式和经营策略。[2]

共享经济作为一种新的资源配置模式，根据长尾理论可以降低交易成本。对于社区共享模式而言，这种低交易成本可以确保社区共享得以运行。总之，共享经济具有交易成本低、进入门槛低、市场规模扩展快等长尾优势，这也是共享经济得以迅速在全球各行业快速发展的重要原因。但受内部管理和外部交易成本的影响，违反长尾理论的基本条件，或是反其道而行之，情况可能就会不同。特别是随着风险资金介入共享经领域以及不当的管理，通过低价倾销的商业补贴来获取市场份额将导致沉没成本增加，共享经济的低交易成本的商业模式会被扭曲以至于亏损，或是形成垄断，损害其他经营者、提供者和消费者的利益。这也正是网约车发展至今难以形成可持续发展的盈利模式的重要原因。伪共享本来就是以共享之名行融资租赁之实，其巨额的沉没成本已经背离了长尾理论的互联网低成本盈利模式，因此很难通过共享经济模式实现盈利。

八、共享经济的社区建设：促进了人与人的交往

（一）社区共享的内涵

"社区"的概念是由德国社会学家斐迪南·腾尼斯（Ferdinand Tönnies）

〔1〕李梦琴等："共享经济模式下的共享型用工关系研究进展与启示"，载《中国人力资源开发》2018 年第 8 期。
〔2〕杨为乔："共享经济法律基础的初步解读"，载甘培忠主编：《共享经济的法律规制》，中国法制出版社 2018 年版，第 24 页。

于 1887 年出版的《社区与社会》一书中提出的，是指由同地区的人口组成的关系亲密、守望相助、疾病相抚、富有人情味的社会团体。"以人为本""自我管理""自我教育""自我服务"是社区的基本功能。[1]有学者认为，共享经济的交换方式应该被分为两个部分："经济"是指服务提供者和消费者之间的市场交换，但"共享"让人有一种更加个性化和感同身受的互助感觉，就像邻里互助一样。这中间可能会涉及金钱，但交换不仅仅是为了钱，而是为了社区的某种联系，这是社区共享的核心价值。社区文化建设需要大家的共同参与：邻里信息共享、相互帮助、互通有无等。随着商业共享越来越普遍，很多被称为"社区文化"的工作早就将自愿共享和金钱工作结合起来了。从体育艺术到日常的社会实践，从简单的经济角度来看，金钱与其他动机是可以互换的，因此增加金钱刺激可以鼓励和扩大社会交往的想法听起来似乎也就顺理成章了。商业共享经济的核心是赋权，让人们有权利建立有意义的联系或连接，重新发现在前进道路上丢掉的人性，通过参与共享平台建立在人际关系基础上而不仅仅是为了虚拟的市场交换的联系。Lyft 公司是一家基于社区和共享这些美好理想而被创设的一家具有良好意愿的公司。其在营销活动中宣传司机是普通人（"一个自己有车的朋友"）而不是职业司机，并强调这种体验的社区特性。[2]满足消费者的社交需求是一种无形的利益，而无形的利益则满足了消费者更高的心理需求，使参与群体拥有了群体归属感，可以获得并保持友谊。这些需求包括内在的社交需要动机，因此，其可以通过产品共享为消费者提供满足自身社交需求的机会。例如，租车时，车主会亲自交出车钥匙点对点地提供汽车共享。无涉所有权共享的灵活性带来的无形收益不仅促进了消费者对独特产品的消费动机，也满足了消费者的社交需求。[3]

（二）共享经济促进社区建设

社区共享被描述为通过道德的和可持续发展的消费模式促进社会合作，

---

〔1〕 代明、袁沙沙："国内外城市社区服务研究综述城市问题"，载《城市问题》2010 年第 11 期。

〔2〕 [加]汤姆·斯利：《共享经济没有告诉你的事》，涂颀译，江西人民出版社 2017 年版，第 17、61、166、169 页。

〔3〕 Payam Akbar and Stefan Hoffmann, "Under which Circumstances do Consumers Choose a Product Service System（PSS）？Consumer Benefits and Costs of Sharing in PSS", *Journal of Cleaner Production*, 2018（201）：418.

是以非市场交换代替资本主义市场营利性的生活方式。其在本质上是无私的,强调公平和民主化,并有能力解决各种社会和环境问题。这种观点倾向于表明,通过限制以利润为导向的商业行为,共享经济可以成为有利于人民利益而远胜于特定公司利益的经济模式。[1]许多共享平台以及参与者对社会利益都普遍存在着"共同利益"的主张。对于一般的 Airbnb 房东来说,社交互动是他们参与共享的动力。这些房东与客人进行社交,与他们一起吃饭,带他们外出,并在某些情况下与他们成为朋友。乘车共享和用餐共享确实具有更加强烈的社交动机,工具的提供主要也是出于环境和社交动机。[2]总体而言,社会各界对共享经济的积极看法占主导地位,强调共享经济可以加强社区交流互动、减少社会隔离。共享经济突出的实用性和经济性满足了社会需要。[3]社区共享可以促进非对等交换,从而促进社区建设、团结和社区成员的联系,增强社会凝聚力,特别有益于社会上的贫困人群。[4]人们可以通过共享平台借用家居用品和 DIY 工具等,借用人在借出贵重物品后只需回赠一份小礼物(比如一些巧克力或一瓶葡萄酒),物主对此也会很高兴,从而促进"邻居"拉近彼此之间的距离,建立起邻里之间的互助关系。另一方面,共享平台还在努力使共享更加"社交"。这种友好、慷慨和助人为乐的社区共享有助于实践中的慷慨和信任,表现出值得信赖的态度和表达感激之情是其核心价值。荷兰的非营利性公司 My Wheels 最初并非以利润为导向,也不旨在吸引风险投资,并且主要依赖成员自愿开展工作。该公司非常重视"社区建设"活动,这些成员建立了求助热线并组织当地聚会,从而推动有意识地减少汽车使用量的运动。[5]

总之,共享经济作为一种新业态,其消费集体化机制、社区建设、反消

---

〔1〕 Michael Etter, Christian Fieseler and Glen Whelan, "Sharing Economy, Sharing Responsibility? Corporate Social Responsibility in the Digital Age", *Journal of Business Ethics*, 2019 (159): 935~937.

〔2〕 Koen Frenkena and Juliet Schor, "Putting the Sharing Economy into Perspective Environmental", *Innovation and Societal Transitions*, 2017 (23): 3~10.

〔3〕 C. E. Cherry and N. F. Pidgeon, "Is Sharing the Solution? Exploring Public Acceptability of the Sharing Economy", *Journal of Cleaner Production*, 2018 (195): 945, 947.

〔4〕 M. Ritter and Schanz, "The Sharing Economy: A Comprehensive Business Model Framework", *Journal of Cleaner Production*, 2019 (213): 321.

〔5〕 Walter Fraanje and Gert Spaargaren, "What Future for Collaborative Consumption? A Practice Theoreticalaccount", *Journal of Cleaner Production*, 2019 (208): 502~503.

费主义、优化资源配置、零工劳动就业、绿色环保生态文明以及节约交易成本等价值目标是其可持续发展的保证。从我国目前有限的立法规定和政策来看，我国对共享经济的基本态度是"审慎、包容"，这是对共享经济价值目标的肯定。持这一基本态度主要是基于以下几点理由：第一，共享经济可以激活社会闲置资源。共享经济可以更大限度地利用闲置资源，激活社会的闲散资源，减少社会资源的浪费，充分发挥社会资源的能效，使社会资源得以被再次利用，实质上是增加了社会财富。第二，共享经济可以缓解社会就业压力。共享经济可以扩大社会零工劳动的就业，增加就业渠道，同时降低雇主的用工成本。第三，共享经济可以促进创新，提振社会经济。由于共享经济是对传统经济模式的创新，在价格上、资源提供上都有别于传统经济，因此可以提升社会总体经济活力。第四，共享经济有利于社会经济的可持续发展。共享经济通过利用闲置资源，发展现有资源的效用，降低消费者再次购买资源的必要性，客观上可以节约社会资源，进而保护自然环境。第五，共享经济可以促进社区建设。对于当前社会而言，由于互联网的发展，人们原来在互联网中都是一个个孤僻的岛屿，个体从互联网上可以获得基本的社会物质需求，社会个体间的沟通交流在减少。共享经济的出现与推广在客观上要求社会个体间加强联系，促进社会个体间的交流，改善社会关系的风气。[1]共享经济最初是怀着社区建设的慷慨和友好互助、绿色环保的生态文明、反消费主义的可持续发展的理想和信念而构建的协同消费模式，但这种理想的光芒正随着共享经济商业化的迅速发展而渐渐消退。共享经济商业模式具有优越性，但必须遵守法律法规、长尾理论和经济规律。共享经济的商业模式有利有弊，需要通过立法加以规范和引导，进而确保其能够健康、有序地发展。

---

〔1〕于谨源："共享民居法律规制问题及思考"，载甘培忠主编：《共享经济的法律规制》，中国法制出版社 2018 年版，第 239 页。

第二章
共享经济新业态的危机

目前全球范围对共享经济的认识众说纷纭，对共享经济的称谓和界定五花八门、各抒己见，但多数都是以点概面，不能全面、准确地表达共享经济的本质特征，甚至步入一些理论的误区，开启错误的商业模式，陷入法律的困境。目前针对共享经济理论研究和实践的各种困境，都源于对共享经济内涵及其商业模式的误读，未能从根本上认识共享经济的最本质特征在于互联网平台、闲置资源、大众参与、使用权交易以及陌生人之间的信任。任何偏离这些基本特征的关于共享经济的理论和商业模式都会陷入共享经济谬论的泥潭。共享经济作为新业态，其目标在于通过互联网络及技术实现对闲置资源的精准配置，其产业模式属于第三产业，其本质是闲置产品的第二次消费或是零工劳动，并非是对传统经济模式的颠覆，只不过是对传统或正统商业模式的补充。无限放大共享经济商业模式的作用容易导致共享经济的虚化或是泡沫化，特别是因此享受过度的政策优惠，反而扭曲了其商业模式。因此，应该明确共享经济的商业定位及其商业模式，厘清共享经济的理论误区，修正实践中共享经济商业模式存在的不足，确保共享经济健康、有序地发展。

第一节　共享经济的理论误区

一、共享经济内涵的厘清

（一）"共享经济"语词上的歧义

"共享经济"作为一种新业态，其称谓也有十多种，比如协作消费、网状经济、P2P 平台、点对点经济、按需经济等。这些称谓分别来自于不同时期和不同学者对于共享经济的认识。但对共享经济的这些称谓多数只是从一个侧面或是表象来解读共享经济，并不能全面概括共享经济的本质特征。而"共享经济"一词仍能够被用来区分传统的基于平台的互联网企业（比如电商

零销）与当前以 Uber、Airbnb、WeWork 为代表的共享经济企业。[1]虽然
"共享经济"的称谓被广泛认可，但由于对"共享经济"这一表述仍有歧义，
学界就用"共享经济"来指称这种新商业模式是否正确展开了辩论。有学者
认为"共享经济"是一种误用。其认为"共享"是一种美德，是人与人之间
非商业化的社会交往活动，是一种不涉及金钱或至少是受慷慨、奉献或助人
之心所驱使的交换。"经济"则意味着以货币换取商品或服务的市场交易。英
国学者黛比·沃斯科夫（Debbie Wosskow）领导的团队发布的报告认为："共
享经济是指一种可以帮助人们共享资产、资源、时间和技能的在线平台。"美
国联邦贸易委员会（U. S. Federal Trade Commission，简称"美国 FTC"）认为：
"共享经济本质上主要是通过个人对个人（peer-to-peer）平台实施的商业活
动。"[2]共享经济的这种矛盾组合使其处于法律规制的灰色地带，政府则在是
选择扼杀还是鼓励创新的十字路口徘徊。

　　当然，共享的内涵与外延都很丰富，并非只限于慷慨的道德层面，可以
是社会制度、社会行为、组织形式、法律行为、法律制度和战略方针等各种
表现形式。溯本及源，共享经济模式正是基于协同消费的"慷慨""互助"
的社区共享发展起来的。这也正是其被冠以"共享"之名的正当理由。溯及
"经济"的内涵，不论是从欧美国家关于"家政"的"经济"原义到近现代
的"政治经济学"，还是中国古代"经世济民"与现代汉语中的"经济"，都
很少有学者把"经济"强解为"货币换取商品或服务的市场"。美国胡佛研
究所（Hoover Institution）的高级研究员迈克尔·斯彭斯（Michacl Spence）
在美国经济学家埃莉诺·奥斯特罗姆获得诺贝尔经济学奖后评价她："经济
学最终要解决的不是市场问题，而是社会资源分配和配置问题。"[3]2007 年
瑞典皇家科学院将诺贝尔经济学奖授予了美国经济学家莱昂尼德·赫维茨
（Lenonid Hurwicz）和罗杰·迈尔森（Roger B. Myerson）及埃里克·马斯金
（Erics Maskin），以表彰他们对创立和发展"资源配置的机制设计理论"作出

---

〔1〕 齐爱民、张哲："共享经济发展中的法律问题研究"，载《求是学刊》2018 年第 2 期。

〔2〕 齐爱民、张哲："共享经济发展中的法律问题研究"，载《求是学刊》2018 年第 2 期。

〔3〕 Michacl Spence, *MarKets Aren't Everything*, Forbes.com（October12, 2009），转引自［美］雷
切尔·博茨曼、路·罗杰斯：《共享经济时代：互联网思维下的协同消费商业模式》，唐朝文译，上海
交通大学出版社 2015 年版，第 15 页。

的贡献。[1]纵观西方国家经济学的发展，都是围绕着"资源配置"展开的辩论史，而人类社会经济发展的轨迹也是关于"资源配置"的活动史。从根本上来说，"经济"就是指资源配置的方式，和金钱没有直接联系。"关于贸易往来"的"经济"解读只是"经济"的表象而不是其内涵。毫无疑问，"共享"这个词已经随着"共享经济"的成长和变化超出了合理的限度，但我们仍然需要一个名称来谈论这个现象。当下，"共享经济"这个名称比其他任何可选的名称都更适合。[2]由于共享经济的应用领域一直在扩张，学界却没有一个术语能够准确概括此种经济形态。用"共享经济"来称谓这种通过共享平台对闲置资源进行再利用的新型资源配置模式是最贴切不过的。"共享"坚持了原始社区共享的"慷慨""互助"之协作消费的理念，而"经济"却为其商业化开拓了发展路径。

（二）共享经济内涵界定不清晰

共享经济究竟应包括哪些组织形式或是商业模式？特别是与"互联网+"等其他经济模式相比，学界对共享经济商业模式的内涵可谓各执一词。社会学教授朱丽叶·肖尔（Juliet Schor）对这种情况作出了总结：目前各种共享经济活动的差异性很大，但参与者所划定的界限却莫名其妙。"跑腿"网站 Task-rabbit 往往被纳入其中，但 Mechanical Turk（亚马逊公司的网上劳动力市场）却不在其列。Airbnb 实际上成了共享经济的代名词，而传统的提供食宿早餐的公司却被排除在外。公共图书馆和公园算是共享经济吗？搭车服务公司 Lyft 声称自己是共享经济，而另一个搭车服务公司 Uber 最初却不愿被认定为共享经济，但自从开始了优选计划后，Uber 开始越来越多地采用共享经济的用语。而一些观察家也的确反对把 Uber 列入共享经济企业，因为 Uber 的商业模式下的专职网约车实质上是一种伪共享。社区为民众提供游泳池、足球场、公共交通、图书馆等共享物品。这些公共产品一般是通过政府实现共享，但共享经济名单中却并没有政府团体。为什么共享经济组织中没有食品合作社、工人合作社、借阅图书馆、农场租地团体或其他非数字化的社区共享计划组织？Zipcar 公司被包括在共享车辆使用权内，但青年旅舍协会却不被包括在共享组

---

〔1〕 郭其友、李宝良："机制设计理论：资源最优配置机制性质的解释与应用——2007 年度诺贝尔经济学奖得主的主要经济学理论贡献述评"，载《外国经济与管理》2007 年第 11 期。

〔2〕 ［加］汤姆·斯利：《共享经济没有告诉你的事》，涂颀译，江西人民出版社 2017 年版，第5 页。

织内。从字面上来看，有许多组织似乎符合共享经济的使命，但却与共享经济毫无联系。无论它们是设备租赁店、二手店、船只出租，还是大型汽车租赁公司都被排除在外。[1]这些似是而非的伪共享经济之所以被排除在共享经济之外，主要是因为其商业模式不符合共享经济的基本特征。朱丽叶·肖尔对共享经济模式的质疑在于其把共享经济等同于"互联网+"经济模式，但却没有强调共享经济"闲置资源"配置这一根本特征。传统的合作社、图书馆等也有"共享资源"之意，但其不属于共享经济的原因是其不是通过互联网络实现对"闲置资源"的再配置。

有学者认为，现有文献资料中存在"共享经济"和"分享经济"两个概念，虽然两者的英文都是"sharing economy"，但在语义上却是有区别的。该学者认为分享经济更多地指闲置资源的重新配置和联结（如滴滴顺风车），是对存量资源的进一步利用，可以提高资源利用效率，但共享经济更多地强调共享的概念，即使用权不具有排他性。共享经济整合利用的资源不一定是已有的闲置资源，或者说，它是一种广义的闲置资源，是国家和社会所整合的资源，仍然是通过新投入来促进经济的思路。[2]笔者认为以上观点值得商榷。共享经济一词本来就是舶来品，国人对于"sharing"是翻译成"共享"还是"分享"只是基于个人的喜好，并不意味着"sharing"包括两个意思，更不能因此强行解读出"共享经济"和"分享经济"两种不同的商业模式。

有学者认为，在共享经济中，拥有关系资本[3]的企业充分开发利用了关系资本，为企业价值创造方式的转变提供了微观基础。在共享经济中，企业可以只消费部分资源，而将闲置或冗余的资源与其他企业共享，提升资源的使用效率。而其他企业通过共享经济获取了稀缺资源，也实现了价值创造的

---

〔1〕 ［加］汤姆·斯利：《共享经济没有告诉你的事》，涂颀译，江西人民出版社2017年版，第19页。

〔2〕 孙颖："共享经济下的消费者权益保护问题探究"，载甘培忠主编：《共享经济的法律规制》，中国法制出版社2018年版，第4页。

〔3〕 资本，简而言之，就是能够带来增值的价值。关系价值（Relationship capital）指企业与利益相关者为实现其目标而建立、维持和发展关系并对此进行投资而形成的资本。资本无论采取哪种方式，其特点都是通过现时的投入在未来获得比现时的投入更多的产出。企业与利益相关者建立长期、稳定的关系，目的就是给这种关系的拥有者带来最大的效益。詹姆斯·科尔曼（James Coleman）最早提出了该理论，后来其他学者对该理论进行了发展。该理论认为，社会网络即社会资本，社会网络越大，社会资本也越大。社会资本不但可以为个人占有，也可以嵌入社会网络；通过网络被摄取。

提升。通过优化资源配置、实现资源开发两种途径提升了价值创造。共享经济的出现不仅提升了价值创造的总量，也提升了各类型企业自身的利润水平，符合企业利润最大化的经营逻辑，对社会而言也实现了帕累托改进，提升了市场进入的固定成本，从而鼓励更多的企业在共享经济中进行资源分享。[1]如果以上共享经济价值创造论根植于产能共享的角度展开探讨，那么其便是对共享经济理论的一大贡献。但如果这种共享经济企业价值创造论完全脱离了共享经济基于协作消费商业模式的理论共识，生搬硬套地对共享经济进行传统经济理论的包装和植入就显得有些不通达了。

共享经济的界限并不是随意划定的，所有的共享经济组织都是基于互联网科技而建立的，互联网是共享经济公司的核心部分。朱丽叶·肖尔教授对共享经济组织形式及其界定的质疑，正是由于她对共享经济基本特征不了解。首先，其忽略了共享经济之互联网平台的重要特征，以至于把共享经济与传统的实物共享和租赁相混淆。其次，其未能把握共享经济对闲置资源进行精准配置的商业模式，进而把共享经济与其他"互联网+"经济模式混同。房屋交换平台 Home Exchange 的创始人艾迪·高适（Ed Kushins）就曾隐晦地挖苦旅游租房网站 Airbnb。其认为："共享就是共享，不是买卖。"不管怎样，"共享并无通常意义上的联合，往往指可平等使用或所有"。正如《新调查》（The New Inquiry）期刊所讲："共享经济在市场鲜有关注的社会生活的各个方面的兴起，是资本主义需要寻求新获利机会的体现。"但英国诺丁汉大学数字经济研究者约翰·哈维（John Harver）称，应使"共享"的意义脱离利用它牟取暴利的险恶境地。[2]因此，共享经济与传统经济商业模式的不同之处在于：其本质上是协作消费，还常常参与社区建设，并承载着环境保护、生态文明和可持续发展等价值追求。因此，共享经济至少包含以下三个内涵：其一，共享经济是基于互联网络信息技术的新经济业态；其二，共享经济是连接供需方闲置资源的最优配置方式；其三，共享经济是基于使用权共享的协作消费的新消费模式。共享经济的典型特征是基于互联网平台，实现商品、服务、

---

〔1〕 邵洪波、王诗桡："共享经济与价值创造——共享经济的经济学分析"，载《中国流通经》2017 年第 10 期。

〔2〕 ［英］亚历克斯·斯特凡尼：《共享经济商业模式：重新定义商业的未来》，郝娟娟、杨源、张敏译，中国人民大学出版社 2016 年版，第 11 页。

资源及人力等闲置资源的高效配置。[1]随着共享经济的发展,其不断向各个领域扩展。从根本上而言,只有符合"互联网+闲置资源"的 C2C 或是 B2B 协作消费的商业模式才是共享经济,这里的消费可以是生活消费也可以是生产消费。不符合这两个基本特征的"互联网+"商业模式便不能算是共享经济,充其量只是伪共享。

(三)共享经济概念的主要学说

1. 协同消费说(Collaborative Consumption)

"共享经济"这一理念最早是由美国德克萨斯大学社会学教授马科斯·费尔逊(Marcus Felson)和伊利诺伊大学社会学教授琼·斯潘思(Joe L. Spaeth)在 1978 年发表的论文《群落结构和协同消费》(*Community Structure and Collaborative Consumption: Aroutine Activity Approach*)中首次提出的。在这一论文中,两位教授用"协同消费"(Collaborative Consumption)来描述这样一种生活消费方式,也是早期对共享经济模式的称谓。并且,这种称谓主要是侧重于消费领域,强调对于某一商品或服务的群体共同使用,而不只是个体使用。当然,也有特殊情况,那就是当人们完全不愿意和别人分享自己东西的时候,或者完全靠自己的方式来满足需求的时候,这种刻板、僵硬的情况也会变化。[2]这种使用权的共享整体上体现了一定集体协同的社群性,就使用权的共享来说,可能因不同的共享物表现为群体共同分享和个别排他性使用,是社群主义与个人自由主义相结合的消费集体化协作机制。另外,从消费的角度来解读使用权,可分为生活消费和生产消费,因此共享经济不应该局限于生活消费,而是应该包括生产消费。这种生产消费是国家通过共享经济模式进行供给侧结构性改革去产能化的重要依据,也是实现闲置产能再配置的重要途径。协同消费说从根本上反映了共享经济的本质特征,也普遍被学界接受。若本书没有特指,则主要是论述关于生活消费的共享经济。

2. 点对点经济说(P2P Economy)

P2P 电子商务(Peer-to-Peer,P2P)之点对点经济,又称对等电子商务,是通过对等网络技术,使互联网用户不需要通过中央 web 服务器就可以

---

〔1〕 孙颖:"共享经济下的消费者权益保护问题探究",载甘培忠主编:《共享经济的法律规制》,中国法制出版社 2018 年版,第 3 页。

〔2〕 〔美〕雷切尔·博茨曼、路·罗杰斯:《共享经济时代:互联网思维下的协同消费商业模式》,唐朝文译,上海交通大学出版社 2015 年版,第 15 页。

直接共享文件和计算机资源，或是直接交易。有学者认为，共享经济究其本质而言应该是：借助互联网，依靠共享平台匹配信息和所提供信息的内容对供需方进行点对点的精准配置模式。只要是点对点的交易模式便都符合共享经济的主体要求。也就是说，只要是借助互联网这一媒介连接两端的交易便都是共享经济。这种观点认为，共享经济特指那些建立在个体与个体之间的商业行为，个体之间通过第三方平台以租、售、借或者分享的方式与他人进行物品或服务的商业交换，而不是与某个生产销售商品或服务的机构组织发生交易，实现端到端的信息直接沟通、交易，打破了中间环节和中介服务。[1]共享经济相比于传统经济突破了闲置资源的利用范围，但是并没有偏离点对点的特点。这种观点主要强调了交易的场景而忽略了交易主体和内容的差异性，模糊了"互联网+"经济模式之间的不同，没有明确共享经济之协同消费的特征，更是全然无视共享经济之闲置资源使用权共享的本质，把共享经济与电商零售等"互联网+"混为一谈，只是看到了共享经济的表象，而没有揭示其本质特征。

3. 网络经济说（the Mesh）

有学者把共享经济称为网络经济，类似于泛"互联网+"经济类型。"Mesh"原本是一种网络形式，"Mesh"网络是指"无线网络"。丽萨·甘斯基（Lisa Gansky）是最早用"Mesh"来定义共享经济的学者。2010 年她在《网格经济，为什么未来的商业是共享》（*The Mesh, Why the Future of Business is Sharing*）一书中提出了"网络经济"，强调人们通过网络数字技术去接触、使用他们需要的商品或者服务，同时强调了互联网社交媒体对于连接人与人的价值（如微信、QQ、Facebook 和推特等公司），因此无线网络是这种经济模式不可或缺的技术要求。[2]网络是共享经济不可或缺的技术基础，无线网络更是其重要的技术手段。但网络技术只是共享经济的载体而不是其本体，任何"互联网+"经济模式都离不开网络技术，都属于网络经济。因此，共享经济只是作为网络经济的一种商业模式，不能代表也不能完全等同于网络经济。我们应该根据网络经济的交易内容、主体、客体和商业模式区分"互联

---

〔1〕 张赵晋：《共享经济互联网思维下商业模式的创新性研究》，东北师范大学出版社 2017 年版，第 3 页。

〔2〕 倪云华、虞仲轶：《共享经济大趋势》，机械工业出版社 2016 年版，第 8 页。

网+"经济模式的类型。同时，应明确共享经济是网络经济之"互联网+闲置资源+使用权"经济模式的内涵和定位，这也是其区别于其他"互联网+"网络经济的重要特征。

4. 零工经济说（Gig Economy）

"Gig"原指任何一种工作、职业、任务，在这里被赋予了新意。美国的每日野兽新闻网站（The Daily Beast）在 2000 年 1 月 12 日刊登的文章《零工经济》（*The Gig Economy*）中首次提出了这个用语。在 2015 年，希拉里·克林顿（Hillary Clinton）也以"零工经济"来泛指共享经济模式。[1]零工经济是一种劳动雇用模式，指共享平台为个体劳动者提供了更为弹性和灵活的工作模式，也为雇主提供了便捷和个性化的服务。这些劳动者不像传统经济模式中的雇员那样长期受雇于某一特定的组织或机构，他们只在某一时间段为特定雇主工作。不同于传统劳动关系中的用工模式，其主要是基于服务型共享经济模式中的个体劳动者劳动力的共享，即劳动者与雇主的关系主要是劳务关系。但就劳动者与共享平台的关系而言，应根据双方的协议来确定，或是劳动关系，或是劳务派遣关系。其用工灵活多样，但却不能简单地把共享经济统称为零工经济。零工劳动是新经济最典型的用工模式，共享经济的用工模式主要以零工劳动为主，但不是所有的零工劳动都属于共享经济，因此用零工经济来称谓共享经济是不妥当的。

5. 使用经济说（Access Economy）

使用经济的提法来自于杰里米·里夫金（Jeremy Rifkin）的《使用时代》（*The Age of Access*）一书。该理论强调共享经济最重要的一个特点：使用权优于所有权，共享经济的核心在于使用权的共享。共享区别于"专享"的核心便是通过互联网平台的接入（access）实现了对资源使用权的最大化利用，弱化了所有权。这就是共享经济的本质特征所在。所以，与传统经济相比，共享经济更加强调共享平台的接入与闲置资源使用权的共享。[2]物权包括占有、使用、收益和处分等四项权能。从物权实现的角度来说，权利人都在追求利益的最大化。物的所有权只是表明其权属而已，权利人可以通过转让物的占有和使用来实现其物权的收益，发挥其最大的经济效益。虽然共享经济通过

---

〔1〕　倪云华、虞仲轶：《共享经济大趋势》，机械工业出版社 2016 年版，第 7 页。
〔2〕　于莹："共享经济法律规制的进路与策略"，载《法律适用》2018 年第 7 期。

网络技术实现了使用权的共享，从而达到"物尽其用"和"按需分配"的价值目标，是物权的一次伟大革命，但使用权只不过是所有权中的一项权能，在法律上并不存在使用权优先于所有权的法理依据。传统的商业模式以交换价值为目的，共享经济的商业模式以使用价值为目的。使用是所有物品实现其价值的途径，只是其实现方式不同而已，但共享经济就是使用经济这一结论值得商榷。使用权能满足人们对物质的需求，但不是所有物品的使用权都可以共享或是交易，能实现共享的物资在现实生活中毕竟是少数。终究，对财富的拥有是人心所向，如果有能力拥有，又有多少人愿意共享呢？

6. 按需经济说（On-Demand Economy）

按需经济说是从满足人们的需求出发，认为共享经济通过网络技术消除了信息上的障碍，在供需方之间精准配置资源，实现按需配置。从某种程度上讲，共享经济就是按需经济，关键是将产品变成服务。[1]但应该明确的是，共享经济的按需分配只是资源配置方式的按需，而非结果上的按需获取。因此，共享经济关注的主要是程序上的按需，而非实体上的按需，不是共产主义所倡导的结果上的按需分配。其核心在于人们所需要的产品和服务能够通过互联网和移动互联网技术快速获取，并实现精准、高效的资源配置，而结果上的按需是指可以无偿使自己的需求得到满足。从资源配置的程序上来说，几乎所有的网络经济都可以通过网络技术和算法实现供需方的精准配置，达到"按需分配"。因此，所有的"互联网+"网络经济在本质上都属于"按需经济"，但共享经济不同于其他网络经济的一点在于，其商业模式是对闲置资源使用权的配置。按需经济说仅从资源配置的程序来界定网络经济，但却忽略了不同的网络经济之间商业模式的差异性。

以上关于共享经济概念的几种学说只是从某一点或是某一表象对共享经济进行界定，或是望文生义，但不能体现共享经济的本质特征，更不能阐明共享经济的内涵。综上所述，"共享经济"理念虽源于马科斯·费尔逊和琼·斯潘思首次提出的"协同消费"概念，但以互联网平台为依托，已然成为当今经济的新潮流。共享经济经过近些年各种商业模式的发展和各路学者的不同解读，已经衍生出了多种内涵和商业模式，甚至背离了协同消费的基本价

---

〔1〕 方珺逸："凯文凯利：共享经济就是按需经济"，载 http://www.360doc.com/content/15/0711/20/19476362_ 484287625. shtml.

值和理念。共享经济从最初的"协同消费""共享型消费""轻资产生活方式"演变为"协作经济""点对点经济""休闲经济""使用权经济""零工经济""信用经济""网格经济""个体消费""伪共享""伪消费""商业共享系统"等多种模式，但都不能从根本上概括出共享经济的本质特征。共享经济属于"互联网+"网络经济的一种，但不是所有的"互联网+"网络经济都属于共享经济。因此，基于共享经济内涵及其外延理论研究的共识及实践的商业模式，把共享经济界定为"互联网+闲置资源+使用权"最能反映共享经济本质特征。

二、共享经济"产消者说"的质疑

（一）共享经济"产消者"或是"消费商"的概述

"产消者"或是"消费商"的概念是由美国未来学家阿尔文·托夫勒（Alvin Toffler）在 1980 年出版的《第三次浪潮》（*The Third Wave*）一书中提出的。后来，社会学家瑞尔（Rier）完善了其理论体系。"产消者"理念源自于生活中不断涌现的各种 DIY 自助运动，比如自己组装和修理家具、裁缝、手工制作等，使顾客或消费者承担和参与了生产的部分工作。托夫勒认为，自助中的消费者兼顾生产者的新角色，既不是传统的消费者（Consumer），也不是生产者（Producer），而是"生产型消费者"或"产消者"（Prosumers）。产消者主动参与产品的生产或服务活动，积极承担部分生产者职能并从中获益。共享经济的消费者转向产消者，充分利用了闲置资源，不仅增加了消费者收益，也可促进社会与经济的高质量发展。[1]产消者说认为，在共享经济模式下，消费者扮演着多种角色，不再是被动的消费者：既是生产者又是消费者，在获取所需的物品的同时，创造出"产消"双重价值；一边省钱一边赚钱，既花钱也挣钱，实现了高效、社交以及参与的特点。[2]共享经济颠覆了企业所有与个人消费的产业模式，使每个人都可以同时成为消费者和生产者，即生产消费者，消费者从被动消费阶段进入主动产消阶段。特别是随着商业进入移动电商 3.0 时代，共享经济得以快速发展，之前消费者被动接受

---

〔1〕　钱平凡："产消者：正在迅猛崛起且影响日增的新种群"，载《重庆理工大学学报》2020 年第 2 期。

〔2〕　［英］亚历克斯·斯特凡尼：《共享经济商业模式：重新定义商业的未来》，郝娟娟、杨源、张敏译，中国人民大学出版社 2016 年版，第 46 页。

和选择商家所提供商品及信息的模式被完全打破。消费者既是信息的接受者，也是信息的生产者和发布者。产消者通过互联网或移动互联网以接近于零的边际成本分享知识、信息、新闻、美食、音乐、视频、汽车、房屋、工具等，能够随时随地、更加容易地与其他消费者进行沟通，更加全面地了解企业信用和产品评价。从某种意义上讲，消费者甚至比商家还要了解商家的产品或服务。市场由此进入消费主权时代，由消费者来决定与哪个商家在何时、何地以及如何进行连接与交易。因此，消费者在共享经济中拥有更大的主动权和控制权，市场交易更加透明，传统交易活动的被动性、不确定性、模糊性被消除，消费者更加能动地主导交易。[1]产消者说认为，在共享经济模型中，消费者和生产者之间的界限变得模糊，消费者、提供者和中介通过共享平台技术连接实现共享目标。首先，消费者可以通过在线比较选择自己喜欢的商家和商品；其次，支付并接受共享产品或服务；最后，根据特定的标准对产品或是服务的质量进行评价。[2]

产消者说认为，消费者的决策过程开始于传统的消费设置，消费者决策步骤是："搜索—购买—体验—反映"。消费者首先通过探索步骤获取产品信息，研究产品，再购买和消费产品，最后对产品进行反思消费经验的评价。消费者联合生产网络经济模型代表消费者作为联合制作人积极参与，使其他消费者受益。而数字技术是此价值创造模型的重要推动者，因为它支持将复杂的价值创造系统分解为较小的活动和快速、准确的供需匹配活动，在传统生产模式和新生产模式之间架起桥梁，建立了消费联合生产的网络模型。[3]因此，消费被标记为"价值共同创造"或"以服务为主导的营销逻辑"。这两个标签都是基于以下思想：消费者从被动的信息和商品接收者转变为积极的联合制作人，增强了消费者权益，使消费者与生产者之间的关系更平等。邦苏（Bonsu）和达莫迪（Darmody）借鉴了福柯主义和新马克思主义理论，认为消费者共同创造的真正含义是利用消费者具有创造力的劳动价值，使消费者的

---

〔1〕 ［加］汤姆·斯利：《共享经济没有告诉你的事》，涂颀译，江西人民出版社 2017 年版，第 35 页。

〔2〕 Thomas Puschmann and Rainer Alt, "Sharing Economy Business & Information", *Systems Engineering February*, 2016（58）：93~99.

〔3〕 Benedict G. C. Dellaert, "The Consumer Production Journey: Marketing to Consumers as Co-producers in the Sharing Economy", *Journal of the Academy of Marketing Science*, 2019（47）：243.

创造力和专有技术的创造想法被释放，同时还侵占来自无偿消费劳动的剩余价值。[1]其导致公司为消费者提供更多定制商品和服务，以鼓励他们更多地参与其中。这种价值主要是在网络中创造的，该视角与共享经济本质的理解保持一致。[2]在共享经济平台中，价值创造不再是遵循先后顺序形成相互分离的价值链，而是在交互迭代过程中形成价值网络，由顾客、平台、企业共同投入异质性资源，实现价值的流通和共创。共享经济价值传递过程由需求方、供给方和共享经济平台三个部分组成，产品或服务的供给方通过在特定时间内让渡产品的使用权来获取金钱或精神回报。需求方虽不直接拥有资源的所有权，但通过租借的方式获得资源的使用权，以实现其价值再利用。[3]作为联合制作人向消费者进行营销：网络级的观点营销还可以在网络级别支持消费者，多个消费者可以在共同生产中进行协作。这些营销活动可以增加消费者的共同回报，并共同协助他们转向基于共同生产的价值创造。[4]产消者说在特定产品或是行业中可能具有一定的理论和商业价值，但并不适用于未来所有的产业，认为共享经济商业模式中的供需双方的关系就是产消关系是值得商榷的。

（二）对"产消者说"的评析

1. 产消者说是脱离物质生产的臆想

社会生产方式是马克思所说的生产、交换、分配、消费等生产关系和社会关系的总和。[5]物质生活资料的生产方式是人类社会存在和发展的基础。马克思指出："物质生活的生产方式制约着整个社会生活、政治生活和精神生活的过程。"[6]在《经济学手稿（1857—1858）》（后半部分）中，马克思曾

〔1〕　T. Jina et al., "Ridesourcing, the Sharing Economy, and the Future of Cities Scarlett", *Cities Volume*, June 2018 （76）: 100.

〔2〕　Waqar Nadeema et al., "Consumers' Value Co-creation in Sharing Economy: The Role of Social Support, Consumers' Ethical Perceptions and Relationship Quality", *Technological Forecasting & Social Change*, 2020 （151）: 1~2.

〔3〕　孙楚、曾剑秋："共享经济时代商业模式创新的动因与路径——价值共创的视角"，载《江海学刊》2019 年第 2 期。

〔4〕　Benedict G. C. Dellaert, "The Consumer Production Journey: Marketing to Consumers as Co-producers in the Sharing Economy", *Journal of the Academy of Marketing Science*, 2019 （47）: 247.

〔5〕　吴宣恭："论作为政治经济学研究对象的生产方式范畴"，载《当代经济研究》2013 年第 3 期。

〔6〕　《马克思恩格斯选集》（第 2 卷），人民出版社 1995 年版，第 32 页。

专门讨论过消费力问题。他指出，消费能力是消费的条件，是消费的首要手段，而这种能力是一种个人才能的发展，是生产力的发展。[1]消费力是人们获取并利用消费资料以满足自己的生存、享受和需要的能力。消费力表征着消费者的个人能力：消费力水平高则说明消费者的个人能力强，反之亦然。消费力是一个综合概念，既包括消费者获取消费资料的能力，也包括消费者利用该资料有效地满足其需要的能力，具体体现为消费者所掌握的消费知识和技能，以及从分配中获得的支付能力（即购买力），进一步细化为消费需要能力、消费选择能力、消费支付能力和消费满足能力等。马克思根据上述"消费力"的论述提出了"这种能力是一种生产力的发展"的论断，意味着更多的消费对象和更为新型、便捷、高效的消费工具得以被生产和创造出来，也就意味着消费能力获得了前所未有的发展。因此，"生产力的发展"就是消费资料的发展。[2]马克思明确地表达了消费力不仅取决于个人能力，更取决于社会生产力，而且社会生产力决定了消费者的消费力。共享经济就是通过互联网络技术实现了对闲置资源的配置，提升了消费力。根据共享经济三要素：闲置资源、共享平台和大众参与，共享闲置资源和共享平台是共享经济模式的物质基础，大众消费者只是参与者和使用者，既不参与闲置资源的价值创造，也没有参与共享网络技术的价值创造，从根本上来看其不创造价值。消费者对网络技术的使用消除了交易信息障碍，降低了交易成本，提高了资源配置的效率，从而提升了消费力。"产消者说"是脱离了共享经济物质基础的一种臆想，本质上就是一种唯心主义。

消费作为社会生产过程中的最后环节，消费者作为市场经济活动中的"上帝"，不论是在传统经济中还是在共享经济中，都是商业链或是经济活动的终端，某种程度上会影响商品生产经营决策，但却决定不了生产经营者的生产。因为生产经营受多种因素的影响，不能因此便认为经济活动和商业模式进入了消费主权时代。共享经济是以协作消费为基础的商业模式，其本质特征是消费商品而不是生产商品，属于第三产业，是第二次消费。毕竟，任何商品均首先来自于第一产业或是第二产业的生产加工，如果脱离传统的经济模式夸夸其谈共享经济的"颠覆性"就言过其实了，甚至犯了唯心主义的

---

[1]《马克思恩格斯全集》（第31卷），人民出版社1995年版，第107页。
[2] 罗建平："马克思消费力理论的内涵及其当代价值"，载《学术研究》2019年第6期。

错误。这种"产消者说"把共享经济中的供需方作为了主导者或是启动者，过度强调共享经济中的主体意识，但却忽略了闲置资源和共享平台是整个商业模式中的物质基础。不论是供方还是需方，其共享行为都依附于共享平台。在目前共享经济商业模式鱼龙混珠、共享产品和服务良莠不齐的市场条件下，由消费者主导市场是不可能的，也是不现实的。

2. 产消者说误读了共享经济模式

共享经济的商业模式是协作消费，发生在消费领域，消费者只是产品的使用者，其并没有生产产品更不可能创造新价值。消费者在共享经济过程中的付出只不过是其共享交易成本的一部分，其信息分享行为也只是共享经济集体协作消费的体现，通过集体协作来降低交易成本是共享经济商业模式可持续发展的原因之一。对于某些具有个性化和高附加值的商品，由于网络技术促进了生产者和消费者的交流，因此企业可以按客户的要求进行特别定制。比如，耐克、宝马、西门子等大多数传统公司均通过引入消费者的力量对产品进行改良，是目前最被接受的一种产消合一形式，主要由消费者为其个性化买单。激进的开放支持者认为它不应属于产消者（Prosumers）的范畴，因为这种形式的核心问题在于其不能化解由定制导致的非规模化和由复杂性增加带来的高成本。当成本不经济时，这类做法更适合用作品牌营销手段在小范围内试用，例如耐克公司和阿迪达斯公司提供的个性化定制运动鞋业务。目前，有一种方式是采用电脑营销（PC）行业通行的组件制的集体定制，通过不同的搭配组合方式为客户提供足够多的选择，但每个组件的选择都要求保持一定规模性，以确保经济效益。这种发生在生产领域的产消合一的模式不能被套用于消费领域的共享经济，两者发生在社会生产过程的不同阶段。经典的 Prosumers 模式目前存在于互联网领域，由于它的产品完全是由用户创造并上传，所以只适用于无运输和原料成本的纯信息交易（例如交易信息、新闻、虚拟物品等），对于大多数传统行业并不适用。[1]因此，共享经济之"产消者说"值得商榷。

3. 共享经济之产消者说扭曲了劳动价值的创造

马克思劳动价值论揭示了商品经济的一般规律，是对商品生产、商品交换

---

〔1〕 "消费者即生产者"，载 https://wiki.mbalib.com/wiki/Prosumer.

和市场经济发展最一般规律的揭示。[1]马克思在《资本论》中重点考察的是物质生产部门，认为物质生产领域的劳动才是生产性劳动并创造价值，而绝大部分非物质生产领域的劳动均属于非生产性劳动，不创造价值。但马克思在《资本论》关于"总体工人"的论述中对脑力劳动给予了肯定，认为这些劳动也是创造价值的劳动。当今社会要充分肯定科技、知识、信息等新的生产要素在提高生产效率、促进生产力发展、增加使用价值和价值形成中的重要作用。科学技术本身并不能创造价值，但科学技术在生产中的应用可以使劳动对象的范围更广、性能更好，从而有利于劳动生产率的提高。科学技术可为人所掌握，而掌握了科学技术的人可以提高劳动效率，创造出更多的使用价值和价值。在实际的经济生活中，价值分配首先是由生产资料所有制关系决定的，体现一定的生产关系。有什么样的生产资料所有制关系就有什么样的分配关系。[2]共享经济的网络技术制作者的脑力劳动创造了价值，但消费者并没有参与其价值创造。在共享经济协作消费过程中，消费者只是网络科技和信息、知识的使用者，其消费评价和知识、信息只是一种协作消费的交流模式，并非价值创造。共享经济通过互联网络技术实现了对闲置资源的协同消费，消费者只是运用网络技术实现其共享目标。共享经济的协同消费发生在消费领域，消费者只是使用者并不是价值创造者。真正的价值创造来自于共享闲置资源的生产者和共享服务的提供者，以及共享经济平台技术的制作者。消费者只是通过各种交易模式消费这些共享资源的剩余价值，不是在创造价值。共享经济的交易价值主要是源于闲置产品的剩余价值、共享平台技术工作人员的劳动以及服务提供者的零工劳动，消费者并没有参与价值创造。

（三）共享经济协作消费之第二次消费及零工经济的价值分析

在竞争充分的市场条件下，消费者在整个经济活动过程中处于主导地位并决定着生产经营的走向，任何经营者的生产经营决策都是围绕着"消费者需要什么"进行部署的。商品只有满足了消费者的需求才会有市场，因此消费者的需求直接影响甚至决定了经营者的生产经营以及产品类型。从社会经

---

〔1〕《马克思主义基本原理概论》编写组编：《马克思主义基本原理概论》，高等教育出版社2013年版，第151~153页。

〔2〕何炼成："深化对劳动和劳动价值论的认识"，载《经济学家》2001年第6期。

济活动的商业链或是经济活动的过程来看，传统经济和共享经济属于同一商业活动的不同阶段。传统经济是产品生产制造的起点和终点，也就是产品价值创造和价值实现的过程。而共享经济属于消费的最终端。共享经济最大的贡献在于其实现了闲置产品的第二次消费和闲散劳动资源的配置，激活了闲置资产的剩余价值并创造了闲散劳动的新价值，减少了资源的浪费。产品从生产加工的传统经济，经过流通到达消费者进而实现了第一次消费，而闲置的消费品通过共享经济平台实现了第二次消费。此外，共享经济还整合了闲散的劳动力，实现了服务需求的协同消费。共享经济为闲置资产的剩余价值实现了第二次消费，也为闲散的劳动力实现了就业。此外，消费者作为闲散产品或是劳务的消费终端，目的只是使用产品或是接受服务以实现其使用价值，实现了闲散产品剩余价值的再利用和闲散劳动的价值创造，消费者并没有创造新的价值。不论是共享平台对互联网技术的创新，还是消费者基于共享经济的营销和服务所做的努力，其付出都只是为了降低交易成本，增加共享闲置产品的附加价值。但消费者并没有参加劳动价值的创造，其价值都需要参与闲散产品剩余价值的分配，或是作为闲置劳动价值创造的服务接受者才能实现。因为共享经济本质上只是一种协作消费而不是生产，并没有创造新产品和新价值，其附加价值的实现取决于闲置产品使用价值和零工劳动价值的实现。

客观上，共享经济的交易价值受闲散产品剩余价值的影响，也受限于零工劳动者的价值创造，其利润空间是有限的。虽然共享经济平台受风险资本的青睐和追捧而出现了虚假繁荣，但本质上受限于闲散资源剩余价值冗余量和零工劳动者的低价值创造，不可能获取更大的利润。因此，共享经济的商业模式的盈利空间有限。如果不通过监管套利或是低成本经营，共享经济要实现真正盈利是比较困难的。这也就解释了为什么社区共享难以支撑，商业共享也举步维艰，而伪共享却大行其道。产消者说过度强调了消费者在共享经济商业模式中的作用，违背了马克思主义的价值论和唯物论，脱离了物质生产的过程而大谈特谈产消者的价值创造。从根本上而言，所谓的产消者的新价值创造只不过是唯心主义者的杜撰。把共享经济视为"颠覆性创新的卓越商业模式"有些夸大其词。对共享经济商业模式的认知必须回归到协同消费的根本，明确共享经济商业模式是发生在消费领域的第三产业，是对闲置资产或是服务的消费。共享经济协作消费是共享平台主导下的第二次消费以及零工经济，只有明确共享平台、提供者（第一次消费者或是服务提供者）和需求者（第二次消费者或服务的接受者）的地位和相互关系，探讨最有效的资源配置共享模式，防止共享经济的泡沫化，才能确保共享经济的健康及可持续发展。

三、共享经济"去中介化"的伪命题

（一）"去中介化"的内涵

有学者认为，从传统经济模式到共享经济模式，其本质是一个"去中介化"和"再中介化"的过程。一方面，在传统供给模式下，商业组织通过高度组织化整合服务提供者，并向用户提供标准化的商品或服务。共享经济的出现打破了劳动者和消费者对商业组织的依附，二者可以直接建立连接。另一方面，在传统经济模式中，个体服务者虽然可以脱离商业组织与消费者建立连接，但这种连接的建立受到多方资源的限制，比较困难。而共享经济平台则成了劳动方和需求方的中介，更好地实现了供需匹配，使单个的商户可以更专注于提供优质的产品或服务，可以根据自己的需求调整服务提供时间，不再受商业组织的制度束缚，充分激发其创新能力。[1] 有学者认为，互联网的存在使得大家的交流限制性越来越小，信息的交换也越来越方便。越来越多的人不再通过中介进行一些物品的交易，而是与卖家或买家直接联系，中介的作用越来越不明显，当事人双方可能通过网络进行直接联系。以"小猪短租"平台为例，当房客看中自己心仪的房源之后，就可以与房东在线上进行沟通。[2] 因此，共享经济凸显"去中心化""去中介化"的特色。传统市场中介机构以及中介平台面临着转型。这也意味着市场中介机构的蜕化，或者"去组织化""去中介化""去中心化"。[3]

（二）对"去中介化"的评析

以上关于共享经济的"去中介化"之说值得商榷。因为从根本上来看，共享经济并没有（也不可能）真正地去中介，只是中介的角色和地位、环节

---

〔1〕刘蕾、鄢章华："共享经济———从'去中介化'到'再中介化'的被动创新"，载《科技进步与对策》2017 年第 7 期。

〔2〕杨珈瑛：《分享经济》，北京工业大学出版社 2017 年版，第 25 页。

〔3〕刘国华、吴博：《共享经济 2.0 个人、商业与社会的颠覆性变革》，企业管理出版社 2015年版，第 2249～2262 页。

发生了根本性转变。不是"去中介化",而是其中介的角色和作用变得更强大。共享经济需要共享平台的参与,正是共享平台建立了共享社群,并通过互联网络技术把闲散的资源集聚形成资产池,从而建立了共享经济模式。共享平台起到了中心和中介的作用,如果没有共享平台就没有共享经济。传统经济模式通过流通实现了第一次配置或者第一次消费,流通过程中的中介发挥了重要的作用。共享经济发生在消费领域,是第二次消费或是零工劳动的协同消费。在协同消费的过程中,共享经济并不需要流通过程的中介,但是共享平台的中介或中心作用启动了共享经济的第二次消费或零工劳动的就业。不论是社区共享平台的中介作用还是商业共享的中心作用,整个共享经济均依赖于共享平台。传统的中介机构主要起到提供信息沟通服务的桥梁作用,一般不参与交易。但在共享经济中,传统的多层级的中介机构被共享平台所取代,共享平台成了共享交易的中心并承担着多种重要的角色。其不仅利用互联网技术为共享交易双方提供信息沟通服务,甚至还参与交易过程和制定交易规则,并有权对交易进行监督管理,强化甚至改变了其中介角色,从信息传递者升级为信息提供者和交易的参与者、管理者。从这个意义上来说,共享经济不是"去中介化",而是提升共享平台的中介地位,强化了其功能。

因为基于互联网的共享经济的中介成本要远远低于现有市场组织的交易成本,因此现有市场中介机构的调整与发展是不可逆转的,一种可能的发展方向是现有中介机构将不断演变为社区信息交易平台,更多地从事公告栏式的服务。[1]同时,中介服务行为也将演变为基础性在线及时信息服务,从盈利的角度而言,提供信息服务本身很难继续成为中介机构的盈利来源,更多的获益将来自于信息中介平台所提供的具有延伸性、针对性的增值类服务。[2]因此,共享平台不仅发挥了传统中介的作用,成了信息服务者,甚至主导了共享交易的活动,成了管理者。"去中介化"之说的误区在于其忽视了共享经济主要是发生在消费领域,本质上是第三产业,不需要生产和流通环节,因此也就不存在传统经济流通过程中相关的代理、批发等中介,也就更谈不上"去中介化"。共享经济的商业模式并非是要真正地去中介,而是由共享平台

---

〔1〕 ［印］阿鲁·萨丹拉彻:《分享经济的爆发》,周恂译,文汇出版社 2017 年版,第 410 页。

〔2〕 杨为乔:"共享经济法律基础的初步解读",载甘培忠主编:《共享经济的法律规制》,中国法制出版社 2018 年版,第 24 页。

承担中介或是中心角色，然后通过互联网技术直接实现供需双方的对接。虽然共享经济通过共享平台技术解决了信息不对称和信息失灵的一些障碍，缩减了一些流通和交易的中间环节，但共享平台作为共享经济的核心不仅是供需双方的交易中介，更是共享经济的发起者和管理者，在共享经济中发挥着举足轻重的作用，甚至操纵着整个共享经济商业模式的运作。因此，应该明确共享平台的定位。根据不同共享平台参与的程度及供需双方的关系来界定共享经济商业模式更有理论研究价值和实践指导意义。

第二节 共享经济价值目标的悖论

伴随着社区共享的衰落，商业共享的迅猛发展，以及伪共享的推陈出新，共享经济协作消费的价值目标被过度商业化，甚至被扭曲和异化，共享经济的商业模式也备受质疑。共享经济的自由、民主、平等、低碳环保、生态文明和社会公平的价值主张有时看起来更像是一种悖论。[1]

一、共享经济价值目标的扭曲

（一）共享经济的价值目标的异位

伴随着商业共享在各行业的兴起，事实上，共享经济已经被利己主义和功利主义浸透。激励人群互动和减少浪费的社区共享平台在萎缩，取而代之的是以各种奇怪的方式塞进"邻里共享"协同消费理念的商业共享公司。有的公司甚至完全扭曲了共享的含义，共享经济开始逐渐囊括几乎没有什么共同理念的伪共享公司。Neighborrow 的创始人伯克（Berk）在 2009 年就放弃了为 Neighborrow 寻求资金。他认为，共享的理念面临的核心问题是冷漠的人心，而不是资金、信任、保险或者用户界面的问题。他仍然在尝试着使共享经济运转起来。如果有人在 Neighborrow 上寻找某件目录表上没有的东西，而该物件价格又不超过 250 美元，伯克就会从亚马逊上买给这些用户，并要求他们把工具传递给下一个需要的人。[2]共享经济中的按需上门服务行业已经

---

〔1〕 Tingting Zhanga，Diego Bufquina and Can Lu，"A Qualitative Investigation of Microentrepreneurship in the Sharing Economy"，*International Journal of Hospitality Management*，2019（79）：155.

〔2〕 Rachel Botsman："'分享经济'已死，而杀死它的正是我们自己"，李孟林译，载 http://www.jiemian.com/article/388564.html，访问日期：2015 年 11 月 28 日。

蜕变成一个服侍人的经济："就像农奴把东西交给富人一样。"旧金山和纽约地区的各种按需服务行业相互模仿。Magic 要你"拨打这个电话号码，就能得到所有想要的服务，一点也不麻烦"。Alfred 提供按需管家，都是"简化商业旅行的私人仆人、运送、清洗和储存你的商务服装"。更多的类似现象被乌迈尔·哈克（Umair Haque）称为"服侍行业的泡沫"。特别是当风投资本竞相创造越来越讲究特权的消费者群体，并以共享的名义为他们提供一个完美的、不排他的体验时，一切关于社区和人际联系的承诺都被抛在脑后，一同消失的还有可持续性和反消费主义的理念。[1]

总体而言，从货架空间有限的线下零售商向花色品种多得多的网上渠道转移销售并没有让尾部越来越肥。相反，随着时间的推移，消费者在网上购买更多的商品，尾巴会越来越长，但肯定越来越瘦。承诺颠覆大规模生产并带来个性化的"小众文化"的技术，到头来又回归到重磅产品。共享经济的使用权共享的"去物质化"的协作消费降低了消费成本，某种程度上可以促进更多的消费，甚至可能导致新的消费热潮，消耗更多的资源。比如，共享经济类网约车政策可能鼓励更多的私家车主全职或是兼职做网约车司机，进而导致道路变得越来越拥堵，越来越多的车辆进入共享经济网约车行业实际上导致了碳排放量增加，排放的汽车废气对环境的污染是毋庸置疑的。共享经济的负效应与外部性紧密相关，最小化消耗消费者有时会感觉到可以在共享经济中负担得起非正常消费的商品消费，因此某些形式的共享业务模型甚至会促进消费。这可能导致消费主义的反弹，甚至可能导致过度消费。尽管共享经济大谈反消费主义，但这些规模扩大后的共享经济公司和它想颠覆的公司一样，最终都走上了消费主义的道路。[2]共享经济可能主要是为了加强现有的消费主义范式，进而促进商品化。[3]简而言之，共享经济可能会助长新的消费主义。共享经济的零工劳动增加了工作不规范和就业不稳定，模糊了私人生活与职业生活之间的障碍。共享经济支持者所承诺的更高的工作灵

---

〔1〕 ［加］汤姆·斯利:《共享经济没有告诉你的事》，涂颀译，江西人民出版社 2017 年版，第 129 页。

〔2〕 ［加］汤姆·斯利:《共享经济没有告诉你的事》，涂颀译，江西人民出版社 2017 年版，第 17、61 页。

〔3〕 Hans Verboven and Lise Vanherck，*The Sustainability Paradox of the Sharing Economy Uwf*，2016（24）: 307.

活性可能不仅具有积极意义上的效果,因为在许多情况下,理想的情况不是最大化的工作时间和专业的参与,而是实现工作与休闲的适当平衡。当然,还有共享经济中出现的价格、价值和工资的扭曲。虽然通过共享出租房屋更有利可图,但也存在收入的不平衡。因为春季和夏季虽然旅游旺季收入高,但时期较短,秋季和冬季时期较长,但旅游业淡季收入少。[1]例如,Uber 因司机的劳工待遇和工作场所而声名狼藉,其首席执行官性骚扰和相关的歧视也引发了文化和道德危机,Airbnb 涉嫌破坏房屋租赁市场商业生态,导致大城市住房成本飙升。[2]

(二) 共享经济导致不公平和不平等的社会负效应

共享经济的个体参与者具有各种复杂的社会阶层,有食利族、零工劳动者和消费者,其可以为共享经济参与者创造更多的机会,但也会给公共机构带来新的挑战。共享经济以某种方式解决社会不平等,以及为困难的消费者提供了新的经济机会的说法也受到了质疑。比如,共享经济供方需要以现有所有权的共享资产参与共享经济活动,这就导致最终从共享系统中受益的是那些已经拥有财富和资源的人。[3]共享经济从表面上看起来对于共享经济参与者而言是各取所需的公平自由交易,但实际上,共享经济普遍存在不公平、不平等的现象。不公平竞争破坏了社会现行的经济秩序。比如,在网约车出现以前,出租车公司的业务一般局限在某个城市,但网约车不仅发起了反对出租车公司的运动,而且还发起了反对现行出租车规定的运动。[4]当然,共享经济还导致了若干不平等的问题。在许多情况下,共享经济的产品供方和服务需求方一般都是中产阶级或是经济条件较好的人,他们在共享经济交易中总是具有优势,既可以作为供方通过闲置资源的共享获得收入,也可以作为需方通过共享平台获得廉价、优质的零工劳动者的共享服务。但对于共享产品需方而言,其虽然通过共享暂时满足了使用的需求,但这仅仅是一种权

---

〔1〕 C. E. Cherry and N. F. Pidgeon, "Is Sharing the Solution? Exploring Public Acceptability of the Sharing Economy", *Journal of Cleaner Production*, 2018 (195): 941.

〔2〕 Jiyoung Hwang, "Managing the Innovation Legitimacy of the Sharing Economy", *International Journal of Quality Innovation*, 2019 (5): 1.

〔3〕 C. E. Cherry and N. F. Pidgeon, "Is Sharing the Solution? Exploring Public Acceptability of the Sharing Economy", *Journal of Cleaner Production*, 2018 (195): 942.

〔4〕 [加] 汤姆·斯利:《共享经济没有告诉你的事》,涂颀译,江西人民出版社 2017 年版,第67 页。

宜之计，或者说，共享并不能从根本上满足需方的需求。对于共享经济的服务提供者而言，其只是获得了低薪酬、不稳定的自由劳动。因此，共享经济商业模式可能无助于创造平等机会，也难实现包容性繁荣。相反，它似乎加剧了"财富不平等"。[1]有学者通过对 2012 年至 2015 年之间共享平台的调查发现，共享经济的参与者比其他顾客要年轻得多。总体而言，有 78% 的人参与了 Airbnb 等资本平台，有 21% 的人参与了 Uber、TaskRabbit 等劳工平台，还有 2% 参加了其他共享平台。参与资源共享平台的供应商的收益为补充性的，劳工平台参与者的收入往往低于资本平台的参与者。随着共享经济的迅猛发展，公共机构不得不应对随之而来的不平等的负效应，因为政府的责任和负面外部成本由纳税人整体负担。[2]

在宽松的法规背景下，共享经济在很大程度上已迅速发展，共享经济的快速增长不仅带来了新的机遇，也对社会和社区造成了不利影响。首先，共享经济可能会造成新的阶级分裂和更多的不平等。共享经济盘活了闲置资源，增加了共享资产者供方的财富，而共享经济需方虽然能花较少的钱收获以自己的财力不可能实现的消费体验，但这可能导致其因超前消费而致贫。共享服务使零工劳动者获得了微薄的工资，但雇主却节约了大笔劳务开支。总之，看似公平、自由的共享经济可能只是资本获利的工具，资产者才是真正从共享经济交易中获利最多的参与者。由于劳动资本与资产资本收入不平等，以至于有资本的人（即相对富裕的人）会获得更多利益，而那些只有劳动力可以出售/分享的人却收入甚微。[3]最终，共享经济将使富者愈富、穷者愈穷。其次，共享经济商业模式下潜藏着根本性的不平等。由于共享平台一般都参与共享经济的交易，因此共享平台通过控制交易获利来剥削共享经济的供方和需方也就不可避免了。共享经济作为新业态，其互联网络新技术和新的商业模式导致机会主义和歧视比较普遍，从而引发了新的消费歧视。很大一部分 Airbnb 顾客均表示，至少有一次，他们感到受到歧视，

---

〔1〕 Francesca Ciulli and Ans Kolk, "Incumbents and Business Model Innovation for the Sharing Economy: Implications for Sustainability", *Journal of Cleaner Production*, 2019（214）: 996.

〔2〕 Sukumar Ganapati and Christopher G. Reddick, "Prospects and Challenges of Sharing Economy for the Public Sector", *Government Information Quarterly*, 2018（35）: 83.

〔3〕 Jiyoung Hwang, "Managing the Innovation Legitimacy of the Sharing Economy", *International Journal of Quality Innovation*, 2019（5）: 9.

受到其他共享经济参与者的不公平对待。同时，由于共享经济需要共享平台和移动支付，但它似乎无法为所有社区成员、没有智能手机的人员、没有移动数据的人员提供平等访问权限，网络支付作为共享经济的支付手段，也会成为那些没有网络账户和不懂使用数字信息人员的一道坎，数字鸿沟的问题可能会导致共享经济潜在的消费歧视、社会分化和排斥。[1]最后，共享经济导致了新的社会不公。共享经济实践中的税收、劳工和消费者权益等监管套利问题也是层出不穷，Airbnb 和 Uber 更是成了众矢之的。它们滥用监管漏洞，侵蚀工人的权益，并通过低价竞争引发行业的底线风险，降低整个行业的收益。[2]

当然，共享经济还导致了若干个不平等的问题。另一个问题是通过共享经济获得的种族收入不平等。针对 Airbnb，一些研究证据表明，非洲裔美国人的收入比美国黑人低 12%，一些房客对非洲裔美国人存有偏见，导致美国房东显然愿意支付"溢价"而将房子租给非非洲裔美国人。另一项研究发现，Airbnb 房东接受非洲裔美国人预订的可能性要比白人低 16.6%。批评者认为，共享经济服务忽视了客户的风险和缺乏保障措施。[3]共享经济是食利的资本主义，食利者从财产和其他资产中获得收入。共享经济是一种更为苛刻的资本主义形式，以放松管制为特征，其实质为"自由主义"下的不稳定、不平等、不公平的新秩序。[4]将"共享经济"作为一种新业态的商业模式，本身就意味着其与传统社会经济秩序之间具有难以调和的矛盾，以至于共享经济非但不能促进原本社会经济秩序的巩固或改良，还会以一种破坏的姿态侵入其中，造成一系列难以祛除的乱象，扰乱正常的社会经济秩序。共享经济对传统社会经济的侵蚀主要源于共享经济的设计者们对现行秩序缺乏理解和尊重，违背共享经济的社会价值目标，仅把共享经济视为谋利的工具。共享经济在脱

---

[1] Scarlett T. Jina et al., "Ridesourcing, the Sharing Economy, and the Future of Cities", *Cities*, *Cities Volume*, June 2018（76）：102.

[2] C. E. Cherry and N. F. Pidgeon, "Is Sharing the Solution? Exploring Public Acceptability of the Sharing Economy", *Journal of Cleaner Production*, 2018（195）：940~941.

[3] Jiyoung Hwang, "Managing the Innovation Legitimacy of the Sharing Economy", *International Journal of Quality Innovation*, 2019（5）：9.

[4] Sukumar Ganapatia and Christopher G. Reddick, "Prospects and Challenges of Sharing Economy for the Public Sector", *Government Information Quarterly*, 2018（35）：82~83.

离现行秩序的规则与制约时必然会破坏其所依存的秩序。[1]共享经济培育子经济和各种各样的新经济企业家，但微型企业家可能会影响人们的生活和工作方式，导致不公平竞争甚至垄断。虽然共享经济曾因承载着公平、民主、自由的美好愿景而深受普通民众的喜爱，也曾满足了参与者的不同需求，但被资本热捧而被扭曲了价值目标的共享经济正在创造新的不公平、不平等的商业模式。

二、社区共享价值的悖论

（一）社区共享价值的衰落

共享公司最初是围绕社区以一种不以营利为主要目的的互动关系而建立的。共享经济关于更公平、低碳、透明、参与性和社会性的愿景是一回事，但这些理想目标是否与受风险资本家掌控的大型平台公司的行动相一致则又是另一回事。随着商业共享的迅猛发展，社区共享的集体主义信念的协同消费模式最后竟演化成了纯粹的资本主义形态。新的共享经济对于碳排放和其他生态具有一系列复杂的影响。关于社会利益，许多共享平台以及参与者都普遍持"共同社区利益"的主张，但随商业共享的不断发展，社区共享的共同利益渐渐被不同参与者的各种动机所取代。比如，工具的提供主要是出于环境和社交动机，但是共享工具的使用在经济上的动机更加明显，使用者与提供者相比可能会带来更大、更直接的财务收益。[2]社区共享随着共享经济的商业化发展而渐渐衰落，商业利益和经济动机成了共享经济参与者的主要目标。共享经济平台公司都渴望增长和快速扩张，共享经济的目标也就演变为通过现有资产和服务创造机会并从中获利，以至于最初的模式遭到了破坏，最终成了在经济上取得成功的大公司，但却未能实现其社区理想，社区共享渐渐被削弱。在某种程度上，社区共享已经不复存在，而且共享公司只有在方便的时候才会去谈环境上的好处。

正如社会学家朱丽叶·肖尔（Juliet Schor）所说的，剩下的是一个"曾经披着共享经济的外衣，现在却是安飞士旗下子品牌的"公司。与此同时，那些没那么有野心的共享汽车方案（如本地的汽车共享合作社）仍在以十年前

---

〔1〕　袁长庚："空间的蚀锈：对共享单车乱象的人类学批评"，载《学习与探索》2018 年第 10 期。

〔2〕　Koen Frenkena and Juliet Schor, *Putting the Sharing Economy into Perspective Environmental Innovation and Societal Transitions*, 2017（23）：3~10.

的方式继续运营。2012 年，研究人员弗勒拉·巴尔迪（Fleur bardhi）和吉安娜·埃克哈特（Giana eckhardt）采访了波士顿的一批 Zipcar 用户，还与被调查者同乘一辆车，看他们是如何使用 Zipcart 的。结果发现，Zipcar 用户更多的是受利已主义和功利主义的驱使，而不是受任何利他的社会动机的驱使。研究人员以为会出现一个以 Zipcar 为中心的社区，但结果却发现，用户反对该公司创建一个超越市场交易的社区。作为一个非营利的组织，Couchsurfing 的聚会包括了"艺术交流会、篝火晚会、每周一次的酒吧聚会、咖啡厅聚会和聚餐"，陌生人之间的聚会非常安全，这一点被克莱·舍基的《认知盈余》（*Cognitive Surplus*）所特别提及。Couchsurfing 的发展不是其科技的结果，而是地方成员社区的结果。但随着其市场估值的不断提升，Couchsurfing 的社区特色已经每况愈下。正如一个网友在 Quora 上的评论："老 Couchsurfing 虽然管理结构非常松散，资金也不足，但仍能蓬勃发展。这恰恰是因为世界各地的志愿者认为他们是一个伟大事业的一部分，而不是为了利润。当地的集体意识高度依赖于当地社区新系统的技术架构的确好多了，但自相矛盾的是专业的产品开发过程修好了那些我们有意破坏的东西。换句话说，Couchsurfing 变革了某些虽然怪异且低效但实际上对平台至关重要的进程。"Couchsurfing 社区成员的异化很明显，组织的公地特征已遭到破坏。正如公地倡导者大卫·包利埃（David bollier）所写的，这些变化反映了随着商业代替了社区共享，一种伦理也正在排挤另一种伦理：自从公司化以后，网站的文化伦理和氛围就发生了变化。只要风险投资者开始涉足，这就是不可避免的，因为风险投资大都希望能够获得一些实打实的回报。而这就需要广告、跨品牌的促销活动，以及与各旅游公司达成折扣交易等。换言之，就是已形成新的伦理、含蓄的新人际关系及市场认同的意识。然而，Couchsurfing 成员所珍视的恰恰就是它没有那些熟悉的营销手段和市场关系。2014 年悉尼中央商务区的人质危机造成 3 人死亡。在危机早期的混乱中，人们纷纷逃离城市的中心，而 Uber 则把价格上调了 4 倍，最低车费一度被定在 100 美元。暴风雪是另一个社区危机的例子。2014 年至 2015 年冬季，Uber 的车费有时会激增到正常价格的七八倍。[1]

---

〔1〕［加］汤姆·斯利：《共享经济没有告诉你的事》，涂颀译，江西人民出版社 2017 年版，第 17、59、60、61、169、176 页。

　　共享经济曾承载着美好的社区建设理念，但共享经济的理想与现实不对接是客观存在的事实。任何商业模式都离不开资本的支持，也许这正是许多共享网络公司虽然揣着理想但却不得不因为资金的缺乏而倒闭的原因。资本介入的 Airbnb 和 Uber 正在成长为巨型公司，而与邻居分享电钻的那些平台却一个个倒闭。[1]作为新业态，许多共享平台以及参与者都普遍存在"共同社区利益"主张，但随着商业共享的不断发展，社区共享的共同利益渐渐被不同参与者的各种动机所取代。社区共享向商业共享的转型是共享经济可持续发展的必然选择，但资本对商业共享的入侵却异化和扭曲了共享经济的价值目标。除了借社区的噱头来获取商业利益之外，共享经济昔日的社区理想信念早已束之高阁了。

（二）我国共享经济社区理念的缺失

　　我国的共享经济协作消费除了本土原创的共享单车 ofo 是以社区共享起家之外，绝大多数的共享平台都没有经历社区共享发展的初创期，而是直接从网络信息共享迈入商业共享时代。虽然我国共享经济的发展在一定程度上也促进了社区建设，但从根本上讲，我国的共享经济模式从建立之初就是为了实现其商业目标，甚至不惜监管套利，从而引发了不少社会和法律问题，比如滴滴快车的司机权益、环保、公共安全、公平竞争、消费者权益保护、税收等，特别是共享单车，给社会、消费者和政府制造了一堆亟待解决的问题。任何企业谋取商业利润都是天经地义的，但企业的价值目标是否仅仅是获取市场利润？或是说，企业不应该只关注经济效益而罔顾社会效益。特别是风投资金总是趋之若鹜地对每个领域的共享经济平台疯狂地追捧，扭曲了其社会价值目标，使共享平台沦为了谋利的工具。如果 ofo 能一直坚守其社区共享的模式，哪怕发展为 C2C 的有偿商业共享平台，而不是被资本异化为 B2C 的伪共享平台，那么 ofo 不仅不会走投无路，而且还会为我国共享经济的发展树立标杆，引领我国的共享经济走向可持续发展之路。然而，在我国风险资本强势的营商环境中，每一个新经济领域都难免会被资本所侵蚀。社区共享是共享经济的基本模式，如果背离了其基本的社区价值目标，共享经济便难以走远。特别是当共享经济被商业化之后，其应该接受行政监管，遵守相关的

---

　　〔1〕　Rachel Botsman："'分享经济'已死，而杀死它的正是我们自己"，李孟林译，载 http://www.jiemian.com/article/388564.html，访问日期：2019 年 11 月 28 日。

法律法规和行业规定，不应以共享新业态为由监管套利，同时也应怀着社区共享的理想积极履行相应的社会责任。

三、共享经济可持续发展价值的悖论

（一）共享经济可持续性悖论的内涵

共享经济理论的中心研究问题是："与共享经济业务相关的外部性模型以及不同的利益相关者如何减少负面影响？"为了实现可持续发展，商业模式需要创造卓越的客户价值并考虑所有需求利益相关者的意见。共享经济新业态的"可持续"模式可能也产生了外部矛盾的风险，这个矛盾就成了"可持续性悖论"或"可持续发展悖论"。共享经济可持续性的负面影响可以被归纳为四个方面：第一，共享经济模式并不一定会减少消费。在许多情况下，得出的结论甚至是共享经济刺激了过度使用和消费商品。第二，共享经济模式不一定是"绿色"或"公平"的。有时，共享经济对环境的负面影响甚至比传统商业模式更大。第三，共享经济模式有损害劳动者权利的风险。共享经济的零工劳动不稳定、报酬低，有时甚至剥削非法工作关系。第四，共享经济模式可能导致过度竞争。共享经济会不可避免地与同行业的传统经济进行激烈的竞争，特别是大量风险资金助长了恶性竞争，甚至最终发展为寡头垄断。尽管对共享经济普遍的看法正在向有利于可持续发展的方向转变，但不可持续的外部性的确会妨碍其发展。因此，应对整个共享产品和服务市场体系进行评估，重新思考共享经济的价值体系，旨在调查可持续性悖论商业模式，但真正创造价值的共享活动和模型经常会被忽略，因为它们创建的价值可能对国家的 GDP 没有贡献。[1]共享经济的可持续发展悖论客观存在，也不容忽视。

（二）共享经济可持续发展悖论的反思

共享经济可持续发展悖论在于，资本操纵下唯利是图的绝大多数共享经济平台在资本耗尽之后就关门大吉，就算依旧在运营的共享平台至今也尚未找到合理的盈利模式，共享经济的可持续发展似乎遥不可及。社区共享已衰落，而商业共享正在蓬勃发展。应该承认，共享经济商业模式从创设初期就

---

〔1〕 Hans Verboven and Lise Vanherck, "The Sustainability Paradox of the Sharing Economy", *Uwf Umwelt Wirtschafts Forum*, 2016（24）：310, 312.

是为了商业利润，其很少甚至根本不去考虑社会价值。共享经济通过监管套利，在破坏现有秩序的同时并没有建立新的秩序。共享经济发展过程中出现的价值扭曲现象不利于实现可持续发展目标。共享经济的核心社会价值在于支持公共消费形式，促进个人之间的信任，促进社区建设。但随着共享公司的数量和商业规模的增长，共享经济的商业模式面临着不确定的灰色地带。比如，共享车辆低廉的价格可能会使客户放弃绿色出行方式。住宿共享的客人实际上是租了整个房子，而没有与房东共享房屋，商业共享的金钱关系破坏了共享体验，而伪共享业务的扩散更是破坏了共享经济的商业模式。[1]在资本的热捧下，共享经济平台公司的市值常被高估，但实际上，绝大多数共享企业并没有实现真正的盈利。

　　共享经济的兴起与发展是技术、经济、文化等多种因素综合作用的结果。综合分析，近几年共享经济的崛起大体上源于以下几种力量：需求、收入、技术、消费理念、环保意识、就业和资本。[2]共享经济正在利用这些理念来创造巨额的个人财富，削弱真正的社区，鼓励更有特权的消费形式，创造了一个比以往任何时候都更加动荡、更加不平等的未来。共享平台组织的形式包括非营利组织的社区共享，以及专注以利润为导向的各类商业共享，还有借共享平台进行租赁和非法获利的伪共享。不同形式的共享经济商业模式有不同的价值目标和运作方式，不可避免地会引发社会、道德和法律问题。比如共享经济对隐私权的保护、破坏性创新、环境保护、侵犯劳工权益和监管套利等问题备受关注。针对共享经济暴露的各种问题和潜在的危机，很多人都盲目乐观或视而不见，或是推崇放松管制的愿景。共享经济的公平、社区建设、环境保护、劳动者权益、消费者权益、社会公共秩序等基本价值目标几乎完全被其参与各方的商业利益所侵蚀和扭曲。新的技术在建设一个更加美好未来的过程中发挥着重要作用，但它并不能为复杂的社会问题或长期社会冲突的根源提供一个有效解决的捷径。[3]共享经济可持续性的议程符合许多人所认同的平等和社区理想，共享经济仍然得到了许多有识之士的支持，

---

　　〔1〕　Francesca Ciulli and Ans Kolk，"Incumbents and Business Model Innovation for the Sharing Economy：Implications for Sustainability"，*Journal of Cleaner Production*，2019（214）：996.

　　〔2〕　张新红：《分享经济：重构中国经济新生态》，北京联合出版公司2016年版，第76页。

　　〔3〕　［加］汤姆·斯利：《共享经济没有告诉你的事》，涂颀译，江西人民出版社2017年版，第11页。

特别是那些非常认同其技术的年轻人，但他们的善良本能却会被人操纵甚至背叛。共享经济可持续发展的悖论正成为其发展的阻碍，只有摆脱共享经济的可持续发展的悖论，共享经济才可能实现真正的可持续发展。

（三）共享经济可持续绿色生态的悖论

共享被认为是环保的，因为它是消费领域的循环，可以减少对新商品的需求或新设施的建设，因此共享经济的协作消费将给自然资源和环境保护造成积极影响。不过，早期研究表明，共享经济的环境效益和反弹效应在很大程度上是未知的。[1]共享经济对环境的影响其实很复杂，尚无经验证据证实共享经济可以使二氧化碳排放量减少。例如，如果出售一个家庭的二手物品产生了可用于购买新商品资金，就会导致消费冲动的"反弹效应"。如果共享经济将收入转移到其他领域，则可能会对环境产生新的影响。共享经济的倡导者认为，共享经济的碳排放和其他生态影响是一个复杂的问题，需要通过科研论证。[2]有一些受访者认为："自从我使用 Airbnb 以来，经常旅行，因为它便宜得多。我喜欢发现新国家和文化，但有时我想知道这对地球而言是更好或更糟"；"我经常买在 eBay 上出售的产品，但这从环境因素的角度来看具有相当负面的影响。每笔交易还暗示着交付，因此更多的销售意味着更多的交付，甚至可能产生更多交通污染"。[3]Zipcar 公司能否给环境带来好处取决于将它与什么进行比较。Zipcar 公司的一辆汽车貌似比 15 辆自有汽车对环境的影响更小。但同样，Zipcar 公司的一辆汽车貌似比广泛使用公共交通对环境的影响更大。因此，至少可以说，Zipcar 公司用"15 辆汽车"的数字来鼓励大学生参与共享汽车的做法是厚颜无耻的。这种做法有可能会增加汽车的数量而不是减少。[4]实际上，共享经济对环境的影响尚待经验证明。[5]

---

〔1〕 Sukumar Ganapati and Christopher G. Reddick，"Prospects and Challenges of Sharing Economy for the Public Sector"，*Government Information Quarterly*，2018（35）：85.

〔2〕 Koen Frenkena aud Juliet Schorb，*Putting the Sharing Economy into Perspective Environmental Innovation and Societal Transitions*，2017（23）：3~10.

〔3〕 Calin Gurau aud Ashok Ranchhod，"The Sharing Economy as a Complex Dynamic System：Exploring Coexisting Constituencies，Interests and Practices"，*Journal of Cleaner Production*，2020（245）：9.

〔4〕 ［加］汤姆·斯利：《共享经济没有告诉你的事》，涂颀译，江西人民出版社 2017 年版，第60 页。

〔5〕 C. E. Cherry and N. F. Pidgeon，"Is Sharing the Solution? Exploring Public Acceptability of the Sharing Economy"，*Journal of Cleaner Production*，2018（195）：941.

　　尽管网约车类共享经济一直在宣传其绿色形象，但尚未有关于其对环境产生影响的可靠性量化评估。共享网约车的能源消耗和温室气体排放是不确定的，共享经济的许多问题仍未得到解决。非常有限的文献资料证据表明，乘车出行不可能减少私家车的拥有量，反而会鼓励更多的私家车加入到网约车的行列之中。从理论上讲，未来的研究应该批判性地分析共享经济所带来的问题及其潜在的风险，并探讨共享经济的经济效率、社会公平和环境可持续性问题。[1]共享经济协作消费的第二次消费从理论上有利于节约资源，降低环境污染。但实际上，由于共享经济协作消费受多重因素的影响，而且不同的共享经济商业模式对环境影响的程度不同。因此，对共享经济的环境评价应该是一个综合性指标，不能简单地从某一个案轻易得出结论，而是应建立共享经济发展模式的综合评价体系，根据不同共享经济商业模式对环境的影响的评估创设相应的监管措施，鼓劲环境友好型共享经济模式，对于不利于环境保护和可持续发展的共享经济模式应该予以禁止。

第三节　共享经济商业模式的困境

一、共享经济商业模式的误区

　　共享经济作为一种新经济模式，目前对其商业目标和定义的争议未有定论。狭义上，共享经济是指生活协作消费模式，即第二次消费、第三次甚至更多次的循环消费。广义上，也可以包括生产消费。但也仅限于对闲置产能的消费。共享经济在某种意义上受到压倒性批判的根本原因在于其在业务运营上或是商业模式上已经出现了危机。社区共享已经穷途末路，商业共享已被资本蛊惑而误入歧途，而伪共享终究要揭去其非法和不正当的面纱，但一直以来，学界对共享经济商业模式的认知却存在以下几种误判：

　　（一）未能明确定位共享经济的商业模式

　　共享经济改变了经济交易方式，创造了新的商业模式和组织形式，转变了消费观念，并希望实现更可持续、民主和包容的经济模式。但共享经济的重要性和问题日益凸显，关于共享经济相关的社会问题以及其责任的辩论越

---

〔1〕　Scarlett T. Jina et al. , "Ridesourcing, the Sharing Economy, and the Future of Cities", *Cities*, *Cities Volume*, June 2018 （76）：102.

来越激烈。这些辩论的焦点在于共享经济的概念被以不同的方式定义，而且其商业模式常与不同的目标相关联。企业家对技术和组织形式的创新追求主要来源于社会变革的规范和实践，数字化发展已影响到了几乎所有人。过去十年来，共享经济的商业形式的发展要求更好、更具包容性和人文技术的商业生态系统，因此商业伦理学家需要越来越多地思考数字技术规范性。[1]总体而言，大多数学者都称赞和放大了共享经济的积极方面。[2]自共享经济的典型代表 Airbnb 和 Uber 问世以来，各界普遍认为共享经济是一种"颠覆性创新的卓越商业模式"，认为其彻底改变了企业的运作方式，建立起挑战传统企业的新标准。还有学者认为这种新的操作模式基于数字技术导致边际成本减少，并在陌生人之间建立起了联系，这种新的商业模式优于传统企业，不少国外学者通过使用案例研究说明了共享经济的优势。

有人认为，社会运动和私人营利公司之间没有矛盾，相信"福利企业"和其他形式的开明资本主义，也有人寄厚望于共享经济的源发地——旧金山湾区，但实际上，共享经济并没有或根本不可能兑现他们的承诺。[3]共享经济的商业模式在于其通过网络技术在消费领域对闲置资源剩余价值的再配置，其不生产新的商品也就不能创造新价值，也就不会从根本上增加财富，只是充分实现了闲置商品剩余价值中的使用价值，达到了物尽其用的资源配置的最大化，其利润空间有限性决定了其发展的局限性。就其数字技术和精算对资源配置的效率而言，这种电子商务模式在电商零售行业早就有了相关的实践。相反，共享经济是后起之秀。共享经济的商业模式最大的成就在于通过网络技术的精准配置激活了闲置资源，仅此而已。如果不能正视共享经济的本质特征，盲目夸大其商业模式的功能和效率，就会忽视其内在的不足从而误入歧途，伪共享经济模式的产生就是对共享经济商业模式误判催生出的一种错误选择。

（二）共享经济商业模式的异化

2014 年春季，旧金山举行了一场不寻常的聚会，会议不仅包括共享经济

---

〔1〕 Michael Etter, Christian Fieseler and Glen Whelan, "Sharing Economy, Sharing Responsibility? Corporate Social Responsibility in the Digital Age", *Journal of Business Ethics*, 2019（159）：935.

〔2〕 Calin Gurau aud Ashok Ranchhod, "The Sharing Economy as a Complex Dynamic System：Exploring Coexisting Constituencies, Interests and Practices", *Journal of Cleaner Production*, 2020（245）：10.

〔3〕 [加] 汤姆·斯利：《共享经济没有告诉你的事》，涂颀译，江西人民出版社 2017 年版，第 17 页。

的创始人、资助者和共享经济迷，而且还有严厉的批评者。部分与会者提出了有关共享经济行业的准入、禁止和价值分配等问题，并讨论了更公平、更低碳、更透明、更具参与性和社会关联性，以及更符合大型平台和风险投资者目标的共享经济的愿景。在巴黎的年会上，有学者表示"共享经济的结束"是因为它没有履行其最初的承诺。[1]不可否认，近些年来，共享经济在社区、环保、个性自由、便利、快捷以及就业等方面取得了一定的成就，特别是伴随着风险资金大量涌入各种共享经济领域，共享网约车、共享食宿、共享家政服务等行业都发展得欣欣向荣，特别是零工劳动的兴起解决了部分失业人员的低端就业问题，但这些繁荣光鲜的产业背后实际上都隐藏着深层次的危机，即其商业模式的异化。理查森将共享经济描述为一个自相矛盾的资本主义现象，是资本主义的替代品。共享经济的概念似乎充满了理想主义的非市场逻辑与平台公司形式之间由营利性驱动的资本主义的紧张气氛。尽管尚没有得出彼此之间变量关系的结论，但随着一些共享模式规模的发展壮大，正规化和专业化使共享用户之间的信任和社区感越来越低，其中有些人可能会喜欢开放的社交关系，而有些人则可能更喜欢保持匿名关系以维护其隐私。而隐私问题可能导致高度正规化和严格监控，不同用户群的价值和期望的冲击将导致共享经济内部关系的紧张。[2]Zipcar 用户希望"以牺牲物品（即汽车）以及其他用户的利益为代价，追求自身利益"。因此，为了防止其他用户恶意利用共享汽车，公司表示"欢迎采取监管和控制措施"。Zipcar 公司以严谨的治理作风来确保参与者遵守共享汽车的规则，确保汽车可以被按时交回、油箱加满油等。消费者赞成甚至希望有更多类似的监管，因为他们觉得这是系统有效运行的唯一方式，而如果 Zipcar 不出重拳执法，他们不相信消费者能遵守规则。Zipcar 的用户受政治消费主义的驱使，常常谈论反对汽车共享、环保等问题，不过他们也没有找到这些问题存在的证据，也没有迹象表明用户之间存在某种联系，而 Zipcar 继续宣传着环保理念。[3]我国的共享单车 ofo 从

---

〔1〕 Koen Frenken aud Juliet Schor, "Putting the Sharing Economy into Perspective", http://creative-commons. org/licenses/by/4. 0, 2020-2-20.

〔2〕 Sarah Netter et al. , "Sharing Economy Revisited: Towards a New Framework for Understanding Sharing Models", *Journal of Cleaner Production*, 2019（221）：231.

〔3〕 ［加］汤姆·斯利：《共享经济没有告诉你的事》，涂颀译，江西人民出版社 2017 年版，第59 页。

2015 年最初的高校内便民无偿的社区共享发展到了后来资本操纵下的伪共享，再到 2020 年 8 月押金退款系统完全瘫痪，ofo 背负着货款、押金等 20 多亿各种巨额债务，似乎已经从市场上完全销声匿迹。[1] ofo 共享单车印证了共享经济从低成本的闲置资源的社区共享走向专业化和标准化的商业共享的资源配置，再通过监管套利走向伪共享的兴衰。纵观共享经济商业模式十多年发展的风雨历程，共享经济从业余到专业，从社区邻里走向商业市场化，最终走向伪共享。如果共享经济不能摆脱伪共享的阴霾，不能合法化和正当化，共享经济的可持续发展便难以为继。

（三）对共享经济商业模式认知上的庸俗化

有学者缺乏对共享经济商业模式的基本认知，脱离共享经济协作消费的基础，用传统企业理论和经济模式对共享经济商业模式进行解读，认为共享经济的平台企业不仅在发挥供需匹配的作用，也在整合推动产业链上下游，形成一个开放、共享的生态系统，从而让参与者获得更大的价值。并认为从新制度经济学的角度看新组织形态的劳动关系的重构，市场和企业是两种可以相互替代的资源配置手段，企业最显著的特征就是对价格机制的替代。当在企业内组织交易的成本等于市场组织交易的成本时，企业与市场的界限就会被划定。在市场交易成本降低、企业成本不变的情况下，按照科斯的理论，传统的企业边界存在被市场挤压的倾向。随着传统企业边界收缩，"劳动者—企业—消费者"的传统模式逐渐被"劳动者—共享平台—消费者"的共享模式所取代。同时，在各自收益最大化的目标激励下，劳动者、企业家、消费者等微观主体自发地参与博弈互动，打破原有的组织模式，重构劳动关系，最终形成新的组织形态。[2] 这种"劳动者—共享平台—消费者"的模式可以被看作是服务型共享经济的商业模式，但并不是共享经济的基本模型，不能以点代面。

有学者忽视共享经济的商业模式的基本特征，把所有的"互联网+"经济模式都视为共享经济。认为共享经济浪潮席卷商业经济的各个角落，与广大消费者日常生活相关的各个方面似乎都在被共享经济的理念和共享经济的行

---

[1] "消失的 ofo：法院都找不到 20 亿欠款追债无门退押金要等 500 年"，载 http://baijiahao. baidu. com/s？id=1673559730906919061&wfr=spider&for=pc.

[2] 张新红：《分享经济：重构中国经济新生态》，北京联合出版公司 2016 年版，第 68 页。

为改造着，消费者的消费心理和消费行为已经发生了很大改变。以商品所有权转移为特征的零售业也正在被共享经济改写，无论是完全基于共享经济模式的新创公司（如 Insta-cart、Operator 等）还是传统零售企业（如苏宁电商、步步高等），都在借助共享经济模式改变自己，改变消费者，改变上游供应商，甚至改变其所在的行业。在整个零售业面临巨大冲击的情况下，只有"共享主义"才能拯救零售业。要把共享经济看成是一项全新的战略，且这种战略也将是未来零售业的希望。共享经济可以把每个企业碎片化的客流、物流、商品流、资金流汇集起来，可以把消费者和员工碎片化的时间、空间、劳动力和资本汇集起来。碎片化资源汇集得越多，产生的能量和价值就越大。零售企业只有充分理解并运用共享经济的思维和方法调整现有的商业模式，才能在这一领域找到新的收入来源。对零售企业而言，不仅仅要在资产上去重新量化、整合、调动社会资源，在组织设计、营销、服务等各个价值链环节也都可以实现社会化，通过众包、众创等方式整合、调动丰富的社会资源，使其参与到零售企业整体经营的创新活动中来。这种轻资产整合社会化资源方式的成本更低、效率更高。总之，对传统实体零售企业而言，与共享经济模式的合作会成为其实现"互联网+实体零售业"的捷径，比零售企业自营电商成本更低、效率更高。同时，这也是对自身过去所积累的供应链系统和商品的充分利用，是实体零售企业借助新技术与纯电商竞争的一种比较好的手段。[1]以上关于零售之共享经济模式的解读值得商榷。

共享经济是"互联网+"经济模式中的一种，但不是所有的"互联网+"经济模式都是共享经济。共享经济商业模式与零售业的电商的根本不同就在于共享经济交易的是使用权而不是所有权，两者是不同的商业模式。共享经济不是救世主，不可能拯救零售业。恰恰相反，共享经济是对零售业鼓吹的消费主义的一种挑战。共享经济中的第二次消费在某种程度上会减少购买。零售类共享经济模型是对共享经济商业模式的误读，共享经济必然回到"共享平台+闲置资源+使用权"的模式上，不能把所有的"互联网+"经济模式都视为共享经济。

---

〔1〕 齐永智、张梦霞："共享经济与零售企业：演进、影响与启示"，载《中国流通经济》2016 年第 7 期。

二、共享经济"草根"情结的非理性缺陷

(一) 共享经济的"草根"利基市场

共享经济模式形成于美国 2008 年金融危机的经济衰落期,当时失业率上升,出现了大量闲置的劳动力,收入的锐减使基层民众的生活变得拮据。人们通过互联网向陌生人出租空置的房屋、车辆、旧货,这种协作消费模式在经济萧条期帮助不少家庭通过共享闲置物资或劳动力获利。因此,共享经济在本质上是一种相对贫困者应对生活窘境的权宜之计。对于有钱人,如果不是为了所谓的社区共享理想,没人愿意与他人共享产品。不论是供方还是需方,抛开社区共享邻里关系和环保生态的理想主义,二者更多的是迫于生计而选择共享。从经济效率的角度来评析共享经济,离不开实用主义和功利主义的影响。共享经济在某种程度上解放了个性,获得了消费和劳动的自由,开启了新自由主义的模式。虽然作为需方的消费者仍受《消费者权益保护法》的保护,但消费者的第二次消费在客观上已经很难适用《消费者权益保护法》进行维权。不是法律上不能,而是维权成本过高。劳动者在通过零工劳动获得自由的同时也没有了相应的劳动保护和社会保障。因此,共享经济是为基层民众摆脱生活困境或是解决生活难题而创造出的一种消费模式,具有很深的"草根"情结。加之,互联网与生俱来的民主性和"草根"性,[1] 其对共享经济领域利基市场有三个主要贡献:①"草根"组织显著的非强制性和间接压力成了其商业化的原动力,其模棱两可的定位使"草根"组织呈现动态创新。②阐述了全球利基参与者有意或是无意地对"草根"组织的参与者施加了限制性规定、传播实践和价值的强制压力。③强调"草根"组织的动力学和他们居住的利基市场内部之间的相互作用。[2] 对共享经济"草根"性创新的研究也可被视为集体主义和社群活动对生态经济原则的贡献。[3] 共享经济与生俱来的"草莽性格"和"痞气",在资本的蛊惑下易被民众喜好并放

---

〔1〕 [美] 雷切尔·博茨曼、路·罗杰斯:《共享经济时代:互联网思维下的协同消费商业模式》,唐朝文译,上海交通大学出版社 2015 年版,第 71 页。

〔2〕 Chris J. Martina, Paul Uphamb aud Leslie Budd, "Commercial Orientation in Grassroots Social Innovation: Insights from the Sharing Economy", *Ecological Economics*, 2015 (118): 249.

〔3〕 Chris J. Martina, Paul Uphamb aud Leslie Budd, "Commercial Orientation in Grassroots Social Innovation: Insights from the Sharing Economy", *Ecological Economics*, 2015 (118): 241.

大，冠以民众力量或是演化为民众意志并走向民粹（Populism）[1]。其极端强调"草根"阶层的价值和理想，在民众中孕育并打出崇尚自由、民主的协同消费的口号来挑战主流或正统意识形态所认可的秩序和价值观。协同消费的精髓与闪光点往往会被资本运作偷换概念，异化的商业模式披着"草根"协同消费的外衣，借住共享平台虚化为一个全新的伪共享商业模式。

（二）共享经济民粹主义的非理性

共享经济的快速增长不仅带来了新的机遇，也给公共机构带来了新的挑战。在宽松的法规背景下，共享经济在很大程度上已迅速发展。随着共享经济给社区带来不利影响和劳动力市场的瓦解，政府机构则面临着由共享经济带来的负面影响。首先，租金可能会带来严重的不利影响，造成新的阶级分裂和更多的不平等。其次，互联网平台不一定是平等主义者，他们本身就是削弱工人福利的公司。再次，共享经济的长期可持续性利益尚不清楚。最后，共享经济存在安全和信任问题。共享经济是食利资本主义，食利者从财产和其他资产中获得收入。共享经济是一种更为苛刻的资本主义形式，是以放松管制为特征的新自由主义。虽然共享经济声称要取消所有权，但租金从属于资产所有者。因此，财富仍然会流到拥有财产的人手中。[2] 共享经济似乎并没有向最初预设的轨道发展，且越来越背离其价值目标。随着共享经济的不断深入发展，各界开始对共享经济进行全新思考和定位：重新探索共享经济从产品所有权交易转向使用权的服务系统的意义、社区的各种元素共享模式、废物再利用回收方案、新的协作生活方式、新的消费观等。共享平台被指控利用监管灰色地带及利用同行基础资产来获取利润。[3]

共享经济的启蒙者 Uber 和 Airbnb 因资本的介入而缔造了全球性的共享平台公司。Uber 以及中国的后起之秀"滴滴快车"通过把私家车接入共享平台

---

[1]　民粹主义（Populism，可译为平民主义）是在 19 世纪的俄国兴起的一股社会思潮。民粹主义的基本理论包括：极端强调平民群众的价值和理想，把平民化和大众化作为所有政治运动和政治制度合法性的最终来源；依靠平民大众对社会进行激进改革，并把普通群众当作政治改革的唯一决定性力量；通过强调诸如平民的统一、全民公决、人民的创制权等民粹主义价值，对平民大众从整体上实施有效的控制和操纵。

[2]　Sukumar Ganapatia aud Christopher G. Reddick，"Prospects and Challenges of Sharing Economy for the Public Sector"，*Government Information Quarterly*，2018（35）：82.

[3]　C. E. Cherry aud N. F. Pidgeon，"Is sharing the Solution? Exploring Public Acceptability of the Sharing Economy"，*Journal of Cleaner Production*，2018（195）：942.

从事受市场准入管制的出租车市场，通过补贴以低价、优质的服务赢得了基层消费者的青睐。因为 Uber 把私家车接入受管理的出租车行业涉嫌违法运营，Uber 初期在美国本土之外的世界各地的运营除了受到出租车行业的抵制外，还要面临监管部门的查处。特别是像"滴滴快车"和 Uber 等公司为了占领市场而对司机和乘客进行的大量补贴的行为涉嫌不正当竞争或是掠夺性定价。尽管 Uber 的业务遍布 55 个国家和地区的 300 多个城市，但除我国和美国部分州和市之外的世界其他国家或地区都面临着有市场而没有法律定位的窘境。[1]世界上的多个地方都曾发生过由 Uber 发动的民众游行示威以及邮件请愿要求政府合法化 Uber 经营的群众运动。Uber 的商业模式彰显了共享经济"草根"革命非理性的创新：缺乏合法性考量的监管套利。比如"滴滴快车"和 Uber 与司机的劳工纠纷、税收、环保、消费者权益保护等法律问题。Airbnb 也因为规避税收和监管面临着同样的问题。共享经济的"草根"基础奠定了其潜在的市场前景，但资本的狼性入侵及对市场的蛊惑都会导致非理性的商业策略。当民众的情结被这种非理性所迷惑时就容易导致民粹，甚至于误导政府采取一些非理性的决策。网约车类共享经济自 2012 年在我国诞生以来，直到 2016 年 8 月 1 日前都处于非法运营状态。监管部门对其监管套利的放任以及我国后来对网约车类共享经济的合法化和市场化在一定程度上正是切合了共享经济"草根"性的非理性市场需求。

三、共享经济商业模式的危机

(一) 共享平台商业模式的异化

企业想做什么？怎么做？是一个企业发展定位的问题。共享经济从无偿服务于社区建设走向有偿的商业化共享道路，这是由市场决定的。共享经济唯一能做的是顺应潮流，商业化是共享经济可持续发展的必然选择。关键是共享经济平台应该如何通过提供优质的产品和服务、降低交易成本的方式吸引消费者，而不是为了谋取商业利润而利用共享平台监管套利，以逃避工商和税收监管，或是采取不正当手段进行不公平竞争，甚至利用共享平台通过收取押金和预付款的方式变相集资。我国绝大多数的共享经济在初创期走的都是商业化道路，只是多数共享经济企业仅把平台作为获利的工具。比如，

---

〔1〕 曹磊等：《Uber：开启"共享经济"时代》，机械工业出版社 2015 年版，第 159~160 页。

共享单车平台不是为了向消费者提供骑行服务赚取租金或服务费，而是通过低价竞争吸引消费者注册吸收押金；共享网约车通过低价补贴的不公平竞争来掠夺市场份额，获取垄断地位，进而操纵市场，剥削司机和获取垄断利润侵害消费者的福利。总之，当共享经济背离了基本的商业模式和商业行为准则时，其发展危机已经被埋下，任何监管套利的商业模式都是不可持续的。

商业共享作为新的商业模式，无论是在理论层面还是在现实层面似乎都言之有理。几乎每个商业共享企业都能讲出几个典型而又美丽动人的社区共享的创业故事，风险资本善于利用社区共享的非商业化特性作为幌子，掩盖自己商业化的议程。许多最初参与共享经济的初创公司都已经退出运营或改变了方向，许多留下来的公司都已经不再将社区的叙述作为一种营销技巧，并开始采用价格上的竞争手段。因此，共享经济已经发展为看起来不那么具有独特性和革命性的模式。[1]"滴滴快车"、Uber 企图通过低价来维护其在全球的垄断地位，这种竞争模式本来就涉嫌违法，加之全球绝大多数国家的网约车都并未合法化，本质上就是一种伪共享。共享经济的消费者或许正在醉心于风险资本掠夺性定价带来的短暂的价格福利，其实垄断的阴霾正在形成。在共享经济之下，供应商不得不面临由无序竞争导致的经济不平等。[2]原来为商家提供第三方配送服务的 Postmates 一开始也采用 C2C 共享经济模式，向客户收费并支付给送货员，其间收取 20% 的分成。后来和 Instacart 一样采用 B2C 的伪共享模式，加入了优选商家计划，即由商家向平台付费并由其提供送货服务。[3]共享经济创设了许多新奇的共享模式以满足各种消费需求，也诱发了形形色色的共享动机，但共享经济的"创新"异化了其商业模式，不仅违背了社区、环保、反消费主义的价值目标，也可能违背了人权、人性、伦理道德，甚至违法违规。

（二）共享经济穷途末路或是前途未卜

尽管共享经济承载着对每一个参与者利益与需求的承诺，但共享平台并

〔1〕 Jiyoung Hwang, "Managing the Innovation Legitimacy of the Sharing Economy", *International Journal of Quality Innovation*, 2019（5）：12.

〔2〕 Koen Frenkena aud Juliet Schorb, *Putting the Sharing Economy into Perspective Environmental Innovation and Societal Transitions*, 2017（23）：3~10.

〔3〕 ［加］汤姆·斯利：《共享经济没有告诉你的事》，涂颀译，江西人民出版社 2017 年版，第 102 页。

不真正关心供应商与用户之间的共享财富，或是兑现为劳动者提供体面生计的承诺，他们只在乎共享平台利润的增长。特别是当共享平台形成垄断后，这种赤裸的掠夺本性也就毫无掩饰了。共享平台利用垄断地位使越来越多的劳动者和服务者依赖其生存，加剧了市场的竞争，以至于受过良好教育的劳动者也加入到了诸如共享网约车、快递、清洁和家务服务等无须技术含量的低端就业行业。为了生计，资产者想尽办法把有限的资源进行共享以获取租金，零工劳动者为了来之不易的工作不惜低价揽活、卑躬屈膝。对于普通的共享商品和低端的劳务，随着竞争的加剧，贬值也越来越快。但稀缺或是高价值的产品的所有者却可以轻松地赚取租金。在共享经济的浪潮中，社区共享已经死了（或许正在苟延残喘），而商业共享经济却忙于创造财富，伪共享无处不在，想方设法敛财。这样的结局是遗憾、是悲剧，或许也是宿命，因为资本只关心利润。社区共享就如同被抛弃的孩子，商业共享就像迷途羔羊，伪共享借共享的噱头处处巧取豪夺。共享经济已经背弃了其最初的承诺，成了参与者各取所需的牟利工具。每一个共享经济的参与者都希望从这场经济盛宴中分到一杯羹，但"只有当潮水退去才知道谁在裸泳"。

四、共享经济破坏性创新的困境

（一）破坏性创新的概述

破坏性创新（Nondestructive Creation）是 20 世纪 90 年代后期兴起的一项技术创新理论，但"破坏性创造"理论最早却是由著名的美籍奥地利经济学大师、哈佛商学院教授约瑟夫·熊彼特（Joseph Alois Schumpeter）于 1912 年提出的。他把创新视为不断地从内部革新经济结构，即不断破坏旧的、不断创造新的结构。他还认为，创新就是企业家对生产要素的新组合，即"建立一种新的生产函数"，其目的是获取潜在的利润。1997 年，美国哈佛大学商学院创新理论大师克莱顿·克里斯坦森（Clayton Christensen）教授经过数十年的潜心研究，在其名著《创新者的两难》一书中提出了"破坏性创新"的概念及一套完整的理论框架，并逐渐成为技术创新研究领域的重要新范式。肯纳基（J. W. Kenagy）也曾提出破坏性创新必须具备五个特点：①技术简单，较差的初始功能；②从根本上讲，它是简单的、低成本的商业模式，发端于被忽略或对市场领导者没有太大金融吸引力的市场层面；③在其所扎根的市场，制度和规则的障碍很小；④当逐步的改进将破坏性创新推向老顾客时，顾客无须改变他们的工作方式；⑤这一创新最终允许更多易受影响的、适当的、具有熟练技能的人们去从事以前必须集中由代价昂贵的专家来完成的工作，而无须进行或多或少的交易。克里斯坦森等从目标产品或服务的性能、目标顾客或市场应用、对要求的商业模式的影响这三个维度研究了维持性创新、低端市场的破坏性创新和新市场的破坏性创新三者之间的区别。还分析了新市场的破坏性创新和来自低端市场对现行商业模式进行破坏的创新所必须具备的特征。其中，新市场的破坏性创新必须具备以下三点：①创新所针对的目标顾客是否过去由于缺乏金钱和技术而无法自己完成相应的工作。许多最成功的破坏性增长业务都是为人们提供直接的产品和服务，而这些产品和服务在主流市场上既昂贵又复杂。②创新所针对的是否是那些喜欢简单产品的顾客。破坏性产品必须是技术上简单易懂的，以那些乐于使用简单产品的顾客为目标。公司的资源分配程序往往要求对创新机会的大小和可能性进行量化，这样潜在的破坏性创新就被强行纳入到了显而易见的、可测度的、现存市场应用之中，这实际上是将破坏性创新放置到现存市场上与维持性创新相抗衡。③创新能否帮助顾客更简单、更有效地完成他们正努力试图完成的工作。来自低端市场的商业模式破坏性创新必须具备两个特点：①现有的产品是否被超越到足够好的程度。②能否创造出不同的商业模式。破坏性创新的商业模式由利润很低而净资产很高的成本结构、运作过程和分销系统构成。[1]

　　总结上述观点，可归纳出破坏性创新的几个特征：①非主流性。所谓非主流性是指破坏性创新（无论是新市场的破坏还是低端市场的破坏）并不是与现有主流市场竞争者争夺用户，而是通过满足新的现有主流产品的"非消费者"来求得生存与发展。当破坏性技术发展到一定程度时，新产品的性能提高就会吸引现有主流市场的顾客。这种破坏性创新不会侵犯现有主流市场，而是使顾客脱离这个主流市场，进入新的市场。②初始阶段的低端性。破坏性创新与维持性创新立足的市场基础大不相同。一般而言，破坏性创新据以立足的是低端市场，而维持性创新占据的往往是高端市场。这是由破坏性创新的本质所决定的，如果破坏性创新一开始就立足于现有的主流市场，那么这种创新就变成了维持性的了，即维持现有市场在位者的创新。也正因为具有低端性，其才会被现有主流市场的竞争者所忽略，采用破坏性创新的新进

---

〔1〕　薛捷："破坏性创新理论述评及推进策略"，载《管理学报》2013年第5期。

入者才能够避开现有高端市场的激烈竞争，从而成长壮大。③简便性。简便使得使用者更为广泛，并使产品的价格更加低廉，从而让更多的人能够用得起。这为破坏性创新的发展提供了良好的市场条件，使其不至于过早地夭折。同时，简便也使得现有主流市场的竞争者对破坏性创新不屑一顾。另外，简便性也为创新的市场扩散提供了良好的条件，操作如果过于复杂将不利于创新在产业中的扩散。这一特点实际上指出了破坏性创新生存和发展的市场基础。④顾客价值导向性。破坏性创新要能够帮助顾客更好地完成工作。这表明了破坏性创新的价值所在，即帮助顾客创造价值，以顾客价值为导向。缺少了这一点，破坏性创新就失去了存在的价值。⑤产业竞争规则的颠覆性。破坏性创新的商业模式不遵守现有的竞争规则和秩序，采取与传统商业模式不同的经济模式，并与传统商业经济模式发生冲突。[1]破坏性创新是对现行经济秩序和传统经济商业模式的一种挑战，其利基市场的非主流性、低端性、简便性很容易受到底层消费者的青睐，而其对产业竞争规则的颠覆性破坏得以使其通过监管套利而开创利基市场。共享经济在创业的初期也正是利用破坏性创新在 2008 年金融危机之际在"草根"民众中开创了利基市场，并伴随着互联网络技术的发展在不同的领域不断壮大。

(二) 共享经济的破坏性创新

尽管对共享经济的定义各不相同，但基本共识是共享经济的核心是使用而不是拥有资源，是使用权的租借而不是所有权的交易，并通过数字化共享平台进行资源精准配置。虽然共享经济平台有创造新的社交关系的潜力并建立了社区，但这并不一定意味着他们促进的交流实践将被所有人所接受。共享经济的初衷是非正式的、人与人之间交换的社区共享，而这类交换在很大程度上不在商业监管的范围之内。共享经济被认为是改变消费的社会动态和对可持续发展有积极影响的资源配置方式。然而，共享经济越来越受到质疑，主要是源于 Airbnb、Uber 或 Deliveroo 等商业风险资本资助的共享经济平台的各种转型问题：以掠夺方式来争取用户，以及无法为用户提供足够的保护，把工人作为独立承包商和企业家等。[2]大部分有关 Airbnb 的报道将此说成是

---

〔1〕 Tingting Zhanga and Diego Bufquina, "Can Lub: A Qualitative Investigation of Microentrepreneur Ship in the Sharing Economy", *International Journal of Hospitality Management*, 2019（79）: 151.

〔2〕 Mikko Laamanen, Stefan Wahlen and Sylvia Lorek, "A Moral Householding Perspective on the Sharing Economy", *Journal of Cleaner Production*, 2018（202）: 1221.

创新科技公司与旧的、老牌酒店业的冲突。例如，Airbnb 全球酒店部门的领导人奇普·康利（Chip Conley）说："随着共享经济服务在市场中呈指数扩散并且消费者越来越多地采用这些服务，这也是对当前酒店市场的破坏，冲击了传统经济的商业模式，导致一些传统企业不得不修改现有服务或启动包含共享概念的新服务经济。例如，出租车公司受到严格的监管，必须购买昂贵经营许可证，许可证价值从 25%（纽约）到 33.3%（芝加哥）。但网约车Uber 的不公平竞争导致出租车经营许可证的迅速贬值，出租车公司无法按预期出售其许可证。更重要的是，近两年的时间，Uber 导致出租车的市场需求仅 8%（纽约）到 65%（旧金山）。"〔1〕Airbnb 已成为巴塞罗那当地居民对过度旅游的关注点，包括 2017 年 8 月的街头抗议。一个月后，伦敦运输管理部门以"许多与有关公司的有潜在的公共安全隐患的企业责任是缺失的"为由，拒绝续签 Uber 拼车平台的监管许可。同月，澳大利亚参议院委员会表达了对"零工经济"平台的薪资水平和条件的担忧，还因"允许最低行业标准"而受到了工会的批评。一个十分寻常的共享经济例子就是："没有固定停车位的共享自行车令人担忧，在不适当的位置乱停乱放。"〔2〕

　　Uber 和"滴滴快车"被认为是共享经济行业最大的破坏性"独角兽"。因为 Uber 和"滴滴快车"类网约车共享平台经营的网约车涉及公共交通安全和消费者的人身安全问题，但网约私家车的司机、车辆的专业性和安全性却没有统一标准。在我国，目前也只是实行最低标准，且不用遵守出租车行业许可要求的商业服务保险、背景调查、车辆检查等。在我国授权网约车平台自查，其安全性堪忧。网约车平台不遵循最低工资或加班规定，也不需要向司机提供福利和社会保险（例如休息、休假和医疗保险等），且因经营成本低从而使其比传统出租车具有更明显的竞争优势，从而破坏了现行的竞争秩序。〔3〕另一共享经济的"独角兽"Airbnb 对房地产市场、酒店和房屋租赁行业的破坏性同样是毋庸置疑的。很多人买房的目的主要是在共享民宿平台上出租获

---

〔1〕　Jiyoung Hwang, "Managing the Innovation Legitimacy of the Sharing Economy", *International Journal of Quality Innovation*, 2019（5）：5.

〔2〕　Alex Baumbera and Moira Scerrib, "Stephen Schweinsbergb：A Social Licence for the Sharing Economy", *Technological Forecasting & Social Change*, 2019（146）：12.

〔3〕　Mujtaba Ahsan, "Entrepreneurship and Ethics in the Sharing Economy：A Critical Perspective", *Journal of Business Ethics*, 2020（161）：19.

利，此举不仅推高了房价，导致房地产市场过度商业化，异化了住宿功能，也使得房屋成了投资的工具，导致泡沫化，使刚需购房者更买不起住房。另外，很多房东也乐意把原来长租的房屋在共享民宿平台上进行短租以获取更大的利润，进而导致房屋租赁市场的房源大幅减少而租金大涨，从而严重影响租房客的生活。同样，共享民宿出租的房屋没有工商、税收的监管，导致房价比酒店便宜很多，加之其行销的当地风土人情的社区共享文化可以吸引不少租客，其监管套利分流了部分中低端客源，加剧了酒店业的不公平竞争。而且，过多的游客会破坏当地人的正常生活，抬高物价，增加当地人的生活成本。[1]另外，共享经济的零工劳动者不能享受《劳动法》的保护，也没有社会保险的保障，零工经济对传统劳动关系的破坏也是显而易见的。网络众筹和 P2P 网贷本质上属于非法的集资和信贷行为，扰乱了金融秩序。同时，共享经济交易只"租"不"买"的商业模式对零售业也是一种挑战。因此，共享经济被设想为一种破坏性市场力量也就无可厚非了。

（三）对共享经济破坏性创新的评析

共享经济是一种新业态，也是对自由、民主、平等、公平、环保、生态等社会经济秩序的破坏性创新，共享经济引发了许多破坏现行经济价值体系或是社会经济生态的后果。例如，Airbnb（住宿）、Uber（驾驶）、The PirateBay（文件）、Kiva（小额贷款）和 Kickstarter（众筹），[2]以及我国的网贷、网约车、共享单车、共享民宿等不同商业模式的共享经济，其在蓬勃发展的过程中既冲撞了传统商业模式，也可能违背了现行的市场竞争规则和社会经济秩序。因为共享经济在创业发展的初期不仅没有足够的资金，更没有市场。因此，破坏性创新对多数共享经济平台而言是不可避免的，而且很多共享经济的创新业态均具有克里斯坦森所分类的新市场破坏和低端破坏两种基本模式的特征，破坏性创新由此成了共享经济走向商业化、社会化的必由之路，但不同的共享经济产业和业态的破坏性创新的表现形式各异。总体上，共享经济的破坏性主要体现在以下几个方面：第一，对现行社会经济秩序的破坏；第二，对传统劳动关系的解构；第三，对金融秩序的冲击；第四，对消费

---

〔1〕 C. E. Cherry aud N. F. Pidgeon, "Is Sharing the Solution? Exploring Public Acceptability of the Sharing Economy", *Journal of Cleaner Production*, 2018（195）：942.

〔2〕 Tingting Zhanga and Diego Bufquina, "Can Lub, A Qualitative Investigation of Microentrepreneurship in the Sharing Economy", *International Journal of Hospitality Management*, 2019（79）：155.

者权益的侵害；第五，监管套利；第六，对环境生态的破坏等。共享经济以"共享使用权"为目的，其法律属性实质上是租赁。但由于新的网络技术改变了传统租赁的商业模式，使原来不可能的租赁通过共享平台得以实现。

　　由于共享经济本质上属于穷人经济，主要发端于低端市场。开始供方只是希望通过自己的闲置资产对外出租赚些外快或是利用闲暇时光多打一份工以补贴家用。从根本上而言，共享经济虽然受基层民众喜好，但不会正面冲击主流市场，属于非主流消费模式。这些非主流消费者虽对某类产品或服务有需求，但市场上的这类产品或是服务的价格往往会超出他们的购买承受能力。而通过共享平台可以降低交易成本，使这些非主流的基层消费者通过共享获得其没有能力购买的产品或是服务的暂时使用权。因此，共享经济的互联网技术激活了闲置资源的市场潜力，以便捷、低价的共享产品和服务的共享交易满足了低端市场急需钱的供方和那些没钱购买产品与服务的非主流消费者。共享经济以低成本的商业模式，通过吸引非主流企业的低端顾客的消费而发展壮大。对于共享经济的低端破坏而言，主要是随着风险资本入侵共享经济，通过大量的商业补贴侵占市场，在异化共享经济的商业模式的同时破坏了其对闲置资源共享的价值目标，为了获取利润而通过低价竞争占领市场，破坏传统行业的竞争秩序，损害了同行业竞争对手的竞争利益，破坏了市场秩序，甚至侵犯了劳工权益和消费者利益，偷逃税收，监管套利。共享经济的破坏性创新是显而易见的，这种破坏性创新仿佛成了各领域共享经济的发展模式，特别是共享经济在发展初期常常采用低价竞争的破坏性创新的商业模式占领市场。破坏性创新于共享经济就是一把"双刃剑"，"成也萧何，败也萧何"。不少共享经济商业模式都是以低价及差异化的产品或是服务吸引消费者，但低价竞争损人不利己，这也就导致了不少昙花一现的共享经济企业，甚至曾经的独角兽企业最终也死于自己低价竞争的破坏性创新。对共享经济的破坏性创新应有充分的认知，通过科学、合理的规划引导共享经济的健康发展，并通过完善相关的法律机制避免共享经济的破坏性创新对社会经济秩序的负面影响。

五、技术资本主义对共享经济商业模式的扭曲

　　技术资本主义对共享经济商业模式的影响在于，共享经济利用互联网技术改变传统经济的资源配置模式，通过对闲置资源的精准配置实现了产品的

第二次消费和零工劳动的再就业，实现了"物尽其用""按需分配"的资源最优配置。但资本对共享经济的入侵异化了其商业模式导致了冗余，扭曲了其的价值目标，伪共享通过技术与资本的结合，借共享之名扭曲了共享经济的商业模式。

（一）资本对共享经济模式的异化

伴随着社区共享的衰落和商业共享的迅猛崛起，共享经济实体几乎都是一些得到了大量风险投资支持的科技公司。随着许多共享公司得到了风险资本家的大规模投资的支持，人们越来越担心共享经济的协作消费实践可能会发展为以利润为导向的"大商业模式"公司，从而破坏这种协作关系。[1]因为有了风险资金的支持，共享经济平台为了在规模竞争中取得优势，往往不惜亏本，通过不断"烧钱"的方式吸引客户加入，比如，网约车类共享经济滴滴快车为了占领市场对客户补贴近 200 亿美元。这种价格战的恶性竞争导致 40 多家网约车平台运营商都由于资金的无以为继而倒闭，并最终促成了"滴滴快车"的垄断。共享单车企业因为低价的恶性竞争倒闭了 20 多家，共享民宿"爱日租"在烧掉千万美元融资后就关门大吉了。[2]价格战的恶性竞争不仅造成了社会资源的极大浪费，而且形成的巨大沉没成本成了压垮企业的最后一根稻草。据投资者网的不完全统计，"滴滴快车"于 2012 年至 2020 年 8 年间历经 19 轮融资，总额合计超 200 亿美元（约超人民币 1398.96 亿元），估值约为 600 亿美元。[3]2019 年 2 月，滴滴创始人及董事长程维在内部信中表示，2012 年至 2018 年，公司从未盈利，6 年累计亏损 390 亿元。相关统计也显示，截止到 2019 年底，"滴滴快车"累计亏损超过了 500 亿元，其中 2018 年一年就亏损 110 亿元。而 2019 年乘客和司机端 APP 使用量却分别下降了 5%和 23%。[4]

Peers 成立于 2013 年，将自己形容为一个"草根的、由成员推动的、支

---

〔1〕 Walter Fraanje and Gert Spaargaren, "What Future for Collaborative Consumption? A Practice TheoretiCalaccount", *Journal of Cleaner Production*, 2019（208）：500.

〔2〕 朱富强："共享经济的现代发展及其潜在问题：以共享单车为例的分析"，载《南方经济》2017 年第 7 期。

〔3〕 "滴滴出行上市风声背后 8 年 19 轮融资超千亿"，载 http://www.investorchina.cn/article/52976，访问日期：2020 年 8 月 5 日。

〔4〕 "7 年亏了 500 亿，滴滴怎么就突然盈利了？"，载 https://mp.weixin.qq.com/s? _ biz = MjM5NDk1NDE2MA = =&mid = 2676301402&idx = 4&sn = 4c.

持共享经济运动的组织"。Peers 自身的历史也反映出了这样的现实：合作伙伴名单上的这些组织迥然不同，分布于各地，相互之间关系紧张，而且有些硅谷公司得到了大量的投资。[1]Peers 几乎所有的宣传活动都关注那些在共享经济中得到大量资金的行业，以 Airbnb 和 Lyft 为代表。无论 Peer 关心社区活动的意图是什么，其都在一定程度上起到了游说硅谷的"马前卒"作用。大型共享经济公司背后的资金凸显了推动其发展的两股逆流。亿万富翁、亚马逊 CEO 杰夫·贝佐斯（Jeff Bezos）曾向 Airbnb 和 Uber 投资，主要的风险投资公司安德森–霍洛维茨公司（Andreessen horowitz）已经对 Airbnb 和快递公司 Instacart 进行了投资。亿万富翁、贝宝创始人彼得·泰尔创立并领导的创始人基金公司已对 Airbnb、Lyft 和 Task Rabbit 进行了投资。高盛是 Uber 和 WeWork 的另一个投资者，后者也得到了摩根大通的资助。这种财富背景以及自由主义政治背景与道格拉斯·阿特金（Douglas Atkin）所描绘的"草根"运动的画面大相径庭。共享经济成了一种为了逃避管制而发起的新自由主义运动。大的金融机构以及有影响力的风险投资基金正抓住机会，挑战由世界各地的政府制定的规则，并按照他们自己的盘算来重塑城市。它不是要建立一个取代市场经济的经济模式，而是要把放松管制的自由市场扩大到我们生活的新领域。参与 Peer 的大部分成员都来自于"认同这一使命的独立捐助者"和基金会，但这些独立捐助者包括了共享经济初创公司的投资者和高管。在 Peers 的 75 个合作伙伴中，60 个是营利性公司，超过 85% 的资金流向了地处加利福尼亚州的公司。尽管合作伙伴来自世界各地，但资金表明共享经济主要发生在硅谷。三种共享服务占主导地位：酒店业（43%）、交通运输业（28%）、教育业（17%）。尽管大家都在谈论"邻居间互相交换电钻"的事情，但这些资本家才是共享经济的领导者。[2]

　　所有商业共享经济背后都暗含着一个共性的问题，其所涉及的闲置资源对物主而言是一种沉没成本，如何通过共享机制盘活这些资源进行盈利可以降低沉没成本的损耗？共享经济机制对闲置资源的沉没成本具有补救功能，可以为物主带来一定的收益。但共享经济商业运作的沉没成本是共享平台为

---

〔1〕［加］汤姆·斯利：《共享经济没有告诉你的事》，涂颀译，江西人民出版社 2017 年版，第21 页。

〔2〕［加］汤姆·斯利：《共享经济没有告诉你的事》，涂颀译，江西人民出版社 2017 年版，第20~24 页。

了发展市场的投入，与闲置资源的沉没成本不同，这是一个必须要考虑的问题，否则标榜共享经济模式的公司可能最终会步 SnapGoods 的后尘，走向倒闭或者灭亡。[1]共享经济的尴尬处境在于——钱不是万能的但没钱却是万万不能的。随着风险资本对共享经济模式的入侵，怀揣社区建设和环保理想主义的社区共享最终都以失败告终，而被资本控制的商业共享却在各行业中兴起。共享经济平台为了维持激烈的市场经济份额，只能不断地通过"烧钱"的方式来获取和维持其市场份额或是垄断地位。如果没有了低价补贴，不论是"滴滴快车"还是 Uber，能留住多少司机和乘客就不得而知了。其后期利润增长可否弥补前期大量的投入？盈利点何在？盈利能力如何以及能否可持续发展是关键问题。更重要的是，在世界范围内，Uber 在美国以外的国家和地区正在为经营的合法化而努力，可谓前途未卜。

（二）伪共享经济冗余的悖论

奈瑟（Neisser）早在 1934 年就提出了经济冗余的问题，也就是当商品生产和服务超出需求（即供过于求）时就会出现冗余。共享发展过程中也存在大量的冗余，基于 C2C 模型的社区共享经济 1.0 通过共享平台的网络技术对闲置资源进行精准、有效的匹配，降低交易成本，提高效率，减少冗余或库存。但在共享经济 2.0 的商业共享时代，为了满足更多消费者的需要，B2C 模式的共享公司不再满足于对闲置资源的配置而是设法提供更多的新资源，希望通过更多的共享资源获取利润。因此，这种 B2C 2.0 版的共享经济在本质上就是伪共享，其对共享资源的大量投资不可避免地会导致冗余。冗余不仅增加了社会的投资成本，而且还会导致过度占用公共空间，例如，过多的共享单车会占用太多公共空间但却无须支付停车费。多个因素可以影响共享经济的冗余：市场结构、竞争程度、多归属性、竞争策略和外部性（包括公共费用等）。[2]随着各类资本的疯狂涌入，无序和恶性竞争开始出现，原本的商业创新模式正逐渐演变为一场"圈钱游戏"，盲目的规模化投入导致技术、服务和管理严重脱节和滞后，最终的"一地鸡毛"也就在情理之中了。从共享经济与伪共享租赁经济之间的对比可以看出，目前国内大致符合共享经济

---

〔1〕 屈丽丽："信用和边界：共享经济绕不过的两道坎"，载《商学院》2015 年第 10 期。

〔2〕 Ke Rong, Fei Xiao aud Yong Wang, "Redundancy in the Sharing Economy", *Resources*, *Conservation & Recycling*, 2019（151）：1~14.

特质的只有饱受争议的"顺风车"服务，以及依然在困境中摸索前行的"小猪短租"和发展态势相对不错的"猪八戒"软件服务外包平台。但是，猪八戒外包服务已经向一个正式的软件外包公司平台靠拢，一些所谓的软件开发服务兼职也开始走向家庭式专职"码农"，闲散资源也逐渐成为专职社会增量资源。我国的共享单车行业已经烧了 2000 亿元的社会资本，并于 2018 年迎来了寒冬。实际上，共享汽车也存在类似风险，以"途哥汽车"为代表的中型共享汽车平台在 2018 年也遭遇了资金链困难，如果不加以防范和监管，最终可能也会演变为"一地鸡毛"的境况。[1]共享单车、共享充电宝等共享产品的海量投放意味着较大的投入成本。2018 年，我国共享经济领域直接融资规模为 1490 亿元，同比下降了 23.2%。值得注意的是，2019 年我国共享经济领域直接融资规模继续出现大幅下降，仅为 714 亿元，同比下降了 52.1%。很多共享经济企业为了生存，抑或是为了给客户提供更有质量的共享服务都开始涨价。[2]

对于共享经济的冗余，B2C 模式的伪共享对共享资产的大量投入在本质上就是对共享经济的闲置资产配置模式的异化和错配，已经背离了共享经济的商业模式，其冗余是不可避免的，共享单车就是一个很好的例子。由于共享经济的商业模式是建立在低交易成本的基础上的，因此这就限制了其利润空间。对于市场结构和竞争程序而言，如果为了占有更多的市场份额和获取更多的竞争利益而加大对共享经济商业运作的投资，由于共享经济的盈利能力有限，因此会导致投入越多冗余越大。最大的讽刺就在于，共享经济的核心价值是对闲置资源的再利用，激活存量资产的剩余价值，减少社会浪费。但伪共享却创造了更多的社会资产冗余，造成了更多社会财富的浪费。虽然市场份额带来的垄断可能会为共享平台带来短暂的垄断利润，但因其竞争模式的正当性和合法性问题将导致其垄断行为不可能长久，以至于冗余有可能成为压死共享经济的"最后一根稻草"。共享经济通过共享使用权实现对闲置资源再配置的理念是美好的，但理想与现实总是隔着一道沟壑。共享经济作为一种商业模式离不开资本的支持，然而资本则意味着对利润的追逐。资本

---

〔1〕 李牧南、黄槿："我国当前共享经济发展障碍与相关政策启示"，载《科技管理研究》2020年第 8 期。

〔2〕 刘一涛："涨价不应成为共享经济的'救命稻草'"，载《人民论坛》2020 年第 5 期。

逐利的本性可能会异化共享经济的理念，甚至事与愿违，冲撞现行的体制和秩序。理性看待共享经济所蕴藏的商机，探寻符合市场规律和现行制度的发展模式是共享经济可持续发展的必由之路。

在共享经济浪潮中，我国共享单车、共享充电宝、共享雨伞等伪共享企业中的相当一部分都走向了失败。最深层次的原因就在于他们不是真正的共享，而是网络租赁经济的伪共享，他们经营的不是闲置资源而是增量资产，或是说是重资产，企业沉淀了大量的冗余成本，而共享经济平台经营的闲置资源是轻资产，如果是社区共享，其边际成本甚至趋于零。因为共享经济一般是以低成本、低价格、差异化服务为特色进行运作以获取市场份额的长尾，不是通过资金优势巧取豪夺来控制市场份额。网络租赁经济的重资质产型伪共享却企图沿用共享经济低成本交易模式进行运营，必然会亏损。因此，伪共享的冗余对于以配置闲置资源为目标的共享经济来说就是一种悖论。共享经济基于协同消费理念对闲置资源进行的再配置，从现实层面看，如果没有资本的介入便只是停留在理想的层面，其可能根本无法运作，但依靠资本构建的共享经济的大厦根基不可能牢固，曾被估值 35 亿美元的 ofo 在烧完近 100 亿元融资后只剩一堆堆陈尸遍野的单车，当时意气风发的投资人已经人间蒸发。不论是 Uber 还是"滴滴快车"，为开拓市场的巨大投资，其沉没成本均是庞大的，冗余是否只是成就了共享经济的泡沫或许尚难定论，但却使整个行业步履蹒跚，以至于绝大多数共享经济平台的盈利前景依旧不明朗，对它们的愿景也只是停留在估值上。

六、共享经济商业模式的道德危机

（一）共享经济的商业伦理道德问题

共享经济通过网络数字技术改变了资源配置的传统模式，作为新业态，其引发的社会、经济、法律、道德问题也备受关注。由于共享经济呈现出了社区建设、平等、公平、自由、环保、生态以及可持续发展等价值悖论，以及被异化的商业模式，故其被质疑为是当代错误的后资本主义。因此，一些关于共享经济转型的道德问题的批判性反思的文章在共享经济伦理和道德论坛上兴起。这些文章饱含对商业道德的担忧和完善，例如，关于企业道德规范与社会责任、商业规则、劳工权利、可持续发展等的相互关系，以及城市如何协调共享经济以实现公共利益，共享平台如何尝试定位致力于增加公共秩序和加强政府的监管责任，还有如何平衡和配置平台和供需方的权利、义务及责任。这些关系的厘清有利于超越过于简化的道德事务，确定与共享经济相关的核心道德或伦理问题，并且有利于制定未来的商业道德标准和行业规范。[1]

时至今日，共享经济在降低消费者价格、实现灵活就业和获取额外收入、更好地利用闲置资产和新业务形式、实现更好的消费者体验，以及建立社会信任机制等方面有积极的一面。但关于共享经济的税收、劳工、政治、社会地位不平等的社会和经济问题的负面评价所强调的共享经济的阴暗面却正在削弱其合法性、正当性和道德性，也对人们如何认知和关注共享经济道德性和合法性提出了挑战。这使得人们意识到了共享经济存在的很多问题，包括收入不稳定和低于传统工作的福利、缺乏公司监督以及未经培训的工人、缺乏对消费者权益的保护、因收集大量个人信息而引起的隐私危险，以及无法为缺乏智能手机或智能手机的贫困消费者提供互联网访问服务等弊端。[2]近年来，针对共享经济商业模式的工作条件和安排的批评越来越多，最具代表性的就是商品提供者（尤其是服务提供者）通常会为了难得的工作机会而接受平台公司安排的灵活且低薪的工作。此外，也意味着这种新的工作机制经常将责任对外转移，从而引发了针对工作环境和条件的劳工道德问题。共享经济中的零工劳动通过工作量化和增加竞争工作条件加剧了竞争稳定。此外，低工资、歧视、操纵、垄断、隐私权、所有权、监控权和透明度等所涉及的道德问题也变得不可避免。在某种程度上，数据分析和数据本身是大多数平台公司可以拥有和控制的宝贵资产，这些平台公司可能滥用其优势引发道德危机。共享经济常借"共享""创新""自由"之名突破道德的底线，进行破坏性创新，不论是对行业发展、共享参与者权益保护以及社区贡献，共享经济似乎都没有留下什么好的口碑，那么针对其进行的道德指责也就无可厚非了。

（二）共享经济商业道德的反思

在共享经济中研究道德对满意度的积极影响有着非常重要的现实意义。消费者对共享经济平台道德观念的关注提升了消费者对共享经济平台的满意度，因为必要标准程序的道德认识提升了消费者的信任度。如果消费者对共

---

〔1〕 Michael Etter, Christian Fieseler and Glen Whelan, "Sharing Economy, Sharing Responsibility? Corporate Social Responsibility in the Digital Age", *Journal of Business Ethics*, 2019（159）：936~937.

〔2〕 Jiyoung Hwang, "Managing the Innovation Legitimacy of the Sharing Economy", *International Journal of Quality Innovation*, 2019（5）：5, 17.

享经济服务提供商秉持正面的道德观念，就会减少交易的不确定性以及与在线平台相关的风险。共享平台之所以受欢迎，是因为消费者认为参与其中更方便、经济和愉快。相反，消费者也有相关的风险，这些风险可能与隐私保护、安全性、可靠性和欺骗性相关，这会在某种程度上阻止消费者自由地参与共享经济。[1]对于共享经济而言，比建立社区共享要困难得多的是不受管制的竞争。因此，对共享经济的道德考量也就迫在眉睫了。共享经济创造了新的经济组织形式，改变了经济交易模式，并改变了消费文化。共享经济始于希望实现更可持续、民主和包容的经济运动，但其关于隐私、歧视、劳工权利和合法性等问题的影响现已成为激烈的辩论主题。其中许多问题都源于由数字技术带来的变化以及由此产生但尚未解决的道德问题。我国现有文献在很大程度上避免明确地专注于由技术发展中的商业道德，更多地关注于由技术革新带来的经济效率，却很少思考其社会效益。过去几年共享经济的商业发展要求更具包容性的人文技术和商业生态系统，然而，随着已影响到几乎所有人的数字化转型，商业伦理学家需要越来越多地、变革性地思考数字技术的各种道德规范性。

七、共享经济商业模式之新自由主义的危机

(一) 共享经济之新自由主义的内涵

新自由主义 (Neo liberalism) 兴起于 20 世纪 20 年代至 30 年代，但其运动始于 20 世纪 60 年代至 70 年代，是关于全球秩序、贸易自由化、价格市场化、福利国家私有化的思想体系，其基于反对和抵制凯恩斯国家干预主义而兴起该理论体系或思潮，也被称为"华盛顿共识"[2]。狭义的新自由主义主

---

〔1〕 Waqar Nadeema et al., "Consumers' Value Co-creation in Sharing Economy: The Role of Social Support, Consumers' Ethical Perceptions and Relationship Quality", *Technological Forecasting & Social Change*, 2020 (151): 5.

〔2〕 "华盛顿共识"指位于华盛顿的美国经济权力机构/组织机关 (如美国财政部、美国联邦储备委员会等) 和国际性的机构/组织 (如国际货币基金组织和世界银行等若干机构) 于 1989 年提出的"位于华盛顿的若干机构向拉丁美洲国家提供政策建议的最低共识"。该共识被认为是新自由主义和当今全球化的理论学说和纲领，可被概括为以下十点：①开放市场，贸易自由化；②利率市场化；③国有企业私有化；④保护私人财产权；⑤放松政府的管制；⑥压缩财政赤字，降低通货膨胀率，稳定宏观经济形势；⑦改善收入分配的领域和提高经济效益；⑧采用竞争的汇率制度；⑨开展税制改革，扩大税基，降低边际税率；⑩放松对外资的限制。其基本原则简单地说就是贸易经济全球化、自由化、市场化、消除通货膨胀和私有化，是有关全球秩序方面的国际经济秩序内容。

要是指以哈耶克为代表的新自由主义。广义的新自由主义，除了以哈耶克为代表的伦敦学派外，还包括以卢卡斯为代表的理性预期学派、以布坎南为代表的公共选择学派、以弗里德曼为代表的货币学派和以拉弗、以费尔德斯坦为代表的供给学派等众多学派的经济理论和思想体系。其中影响最大的是伦敦学派、理性预期学派和现代货币学派。无论从经济学角度还是从政治学角度来看，自由主义都起源于17世纪至18世纪，代表新兴城市市民阶层愿望的古典自由主义的代表人物是约翰·洛克、亚当·斯密、大卫·休谟等。[1]古典自由主义在经济上主张自由放任，并在19世纪促使欧美国家实现了工业化，但并没有实现公平分配和减少社会不平等。新自由主义的基础是古典学派自由放任的市场理论。主张由"看不见的手"调节一切经济现象，实行市场化；放手让经济主体和行为主体自己做主，实行自由化；一切经济产权都要明晰到私人，实行私有化。新自由主义的基本理论主要包括：①否定国家干预，全面自由化；②反对公有制，完全私有化；③推崇市场原教旨主义，绝对市场化。宣扬市场万能论，主张让市场经济自发地、不受调控地发挥作用。其认为人为干预会破坏经济的稳定性，私有制是竞争的先决条件和市场机制的基础，市场机制能够调节。新自由主义包含了对自由市场原则的承诺，以及经济与国家的严格分离。一切经济活动的首要任务都是通过解除政府对市场的管制使国家市场化，并促进经济发展的全球化。其次，新自由主义还推进了福利事业的改组和政府与公民之间关系的新意识形态观念的重构，并在诸多发达的福利国家获得了旨在纠正"依赖文化"改革的成功。[2]

（二）共享经济之新自由主义的豪横

有学者认为，从某种意义上来看，共享经济实际上更贴近于亚当·斯密等人对于理想的自由竞争市场经济的最初设想。[3]共享经济的兴起立足于快速发展的信息和通信技术（ICT），例如，移动网络、地理位置定位、匹配算法、大数据等网络技术。在资本的推动下，共享经济商业模式以前所未有且无法想象的方式和规模迅速发展。伪共享模糊了传统经济与共享经济的界限，

---

〔1〕 参见董伟：《后危机时代：制度与结构的反思》，社会科学文献出版社2011年版，第90页。

〔2〕 参见［英］弗兰·通金斯："市场对抗国家：新自由主义"，载凯特·纳什、阿兰·斯科特主编：《布莱克维尔政治社会学指南》，浙江人民出版社2007年版，第263~264页。

〔3〕 杨为乔："共享经济法律基础的初步解读"，载甘培忠主编：《共享经济的法律规制》，中国法制出版社2018年版，第22页。

借"共享"之名从事着传统经济租赁活动。伪共享平台被越来越多地认为对本行业的生存造成了威胁，例如，出租车行业、住宿餐饮行业的伪共享等都对传统行业造成了不小的冲击。共享经济最初是以原始的社区共享为中心，被描述为提供更道德和更可持续发展的消费模式以促进社会合作，是以非市场交换代替资本主义市场的营利性生活方式。其本质是无私的，强调公平和民主化，并有能力解决各种社会和环境问题。如果共享经济能够限制以利润为导向的商业行为，其便可以成为有利于人民利益的经济模式。但随着以获取利润为目标的共享平台组织的出现，共享经济被认为加剧了资本主义，以至于共享经济已被越来越多地描绘为新自由主义的噩梦：一种新型的企业数字封建主义加剧了诸如侵犯隐私、垄断和工人剥削等道德和法律问题。对于共享经济的发展将何去何从，现在的任何定论都显得有些为时尚早。[1]因缺乏必要的监管，共享产品的质量和状况也是良莠不齐。更重要的问题是，共享经济对现有零售业和相关的传统产业构成了潜在威胁。[2]

著名学者里夫金（Jeremy Rifkin）甚至认为，在新一波技术转型的浪潮中，协同共享型经济会在技术的支撑下成为改变资本主义的决定性力量。今日中外语境中的"共享经济"，已经超越了某种特定的经济类型，俨然以对立于公共服务和政府管制的社会"自治"领域自居。它代表着一种"自发的""有机的"，更符合"市场规律"的创造性趋势。更进一步说，在与诸如小区物业方的对峙当中，共享单车的支持者甚至将其视作反对一切不当管制的激进"自由"的象征。然而，对共享的历史回溯表明，共享理念和行为的产生极度仰赖于具体社会互动、社会关系的展开。或许会让共享经济拥趸们略感失望的是：共享行为从来都不是对社会秩序、关系的任意重组。相反，它的存在与否必须以社会生活的具体条件为前提。[3]因此，共享经济已沦为技术主义与资产主义相结合的自命不凡的新自由主义。

（三）对共享经济新自由主义的警惕

共享经济新自由资本主义的特征表现在：价值越来越依赖于利用非正式

〔1〕 Michael Etter, Christian Fieseler aud Glen Whelan, "Sharing Economy, Sharing Responsibility? Corporate Social Responsibility in the Digital Age", *Journal of Business Ethics*, 2019（159）：935~937.

〔2〕 C. E. Cherry aud N. F. Pidgeon, "Is Sharing the Solution? Exploring Public Acceptability of the Sharing Economy", *Journal of Cleaner Production*, 2018（195）：943.

〔3〕 袁长庚："空间的蚀锈：对共享单车乱象的人类学批评"，载《学习与探索》2018 年第 10 期。

劳动形式和私人、家庭资源获得租金，其思维系统地忽略了这些非市场交易，非正式劳动力和社区活动已超出了"市场"可持续的经济形式的可行范围。历史上，经济自由主义的政治经济学不是不道德，但被认为是"对侵扰性道德要求无害"。同样，由于各种行为者没有道德感和没有集体利益观，当代新自由资本主义可以被视为是无道德的。在新自由主义中，自由市场竞争被认为是人类社会满足需求的最佳民主方式。新自由资本主义使自我主义、放松管制和无序竞争正常化，导致环境恶化和政治疏离。[1]抵制新自由主义就是反对共享经济被资本渗入，使日常生活中的个人、集体和环境免受损害，以维护社会正义和可持续性的社会经济秩序。芭拉·范舍维克（Barbara Van Schewick）致力于研究如何使互联网成为一个鼓励创新和言论自由，且用户可以在特定的经济、社会、文化和政治板块进行交流的平台。范舍维克认为，互联网的成功归结于以下四个原因："首先，用户能够在不受网络提供商的影响下自主选择；其次，在网络中进行创新无须经过网络提供商的许可；再次，网络本身是无限制的，它不知道也不关心用户的使用方式；最后，在网络上进行创新的成本很低。"[2]不可否认，现在的共享经济正是切合了范舍维克的互联网平台新自由主义的思想，从而导致共享经济这种新的商业模式呈现野蛮地疯狂生长。正是因为受这种新自由主义思潮的影响，很少有学者对共享经济商业模式中伪共享的资本自由放任进行反思与批判，更多的批评声音主要是针对"政府管得过多"。任何自由都应该遵守法律法规、道德约束、行业规范和社会规则，确保竞争的底线，共享经济也不例外。

〔1〕 Mikko Laamanen, Stefan Wahlen aud Sylvia Lorek, "A Moral Householding Perspective on the Sharing Economy", *Journal of Cleaner Production*, 2018（202）：1220, 1221, 1224.

〔2〕 ［英］亚历克斯·斯特凡尼：《共享经济商业模式：重新定义商业的未来》，郝娟娟、杨源、张敏译，中国人民大学出版社 2016 年版，第 145 页。

第三章

共享经济的法理分析

随着共享经济不断向每个领域及每个行业渗透，形形色色的各类共享经济商业模式不断推陈出新，相应的法律规范基础也各有不同。[1]共享经济表现出了如下的法律特征：共享经济交易的是使用权而不是所有权，其本质是一种网络时实租赁。共享经济通过技术手段实现闲置资源在不特定供需主体之间的匹配，商业共享平台企业与闲置资源供需双方在签订合同的过程中，在交易标的、交易价格、保险责任等交易规则制定中居于绝对主导地位，闲置资源供需双方要与共享平台企业缔约都必须接受其单方提出的各项条件。共享平台具有社群性，社群大众的参与使共享平台企业与闲置资源供需双方的关系社会化，具有准公共属性。共享平台因此具有了凝聚社群共识、制定社群规则的权力，成了规则的制定者和执行者。共享经济的社区元素也影响了共享平台与社群成员之间法律关系的界定和权、责、利、义的配置。对于共享经济法律关系的认定，可以以平台为中心，通过其与平台的关系进行。对共享经济法理分析的意义在于，明确共享经济法律关系各方主体的权、责、利、义有利于制定共享经济的行业标准和行为规范，确保共享经济的规范运行。

第一节　共享经济的法律基础

一、共享使用权的法理分析

（一）共享使用权的物权理论

传统大陆法系中的所有权是绝对物权，可以分裂为占有权（occupation）、

---

〔1〕 Michael Etter, Christian Fieseler and Glen Whelan, "Sharing Economy, Sharing Responsibility? Corporate Social Responsibility in the Digital Age", *Journal of Business Ethics*, (2019) 159: 937.

使用权（access）、收益权（usufruct）、处分权（disposition）。所有权的四项权能可以从所有权中分离出来独立发挥权能作用，甚至只保留其中一项权能。我国《物权法》第39条规定，所有权人对自己的不动产或者动产，依法享有占有、使用、收益和处分的权利。我国《物权法》对所有权的界定沿用了传统大陆法系所有权的概念。所有权发挥作用依赖于两个前提条件：物的分裂和个人主义。罗马法起先并不存在一个完整的"绝对所有权"概念，罗马法中与近代所有权概念最接近的词语是"proprieras"，即相对完整的个人所有权。只有在个人完全占有和支配某一实体物的情形下，才有可能产生他人利用的问题。罗马法所有权的形成机制本身就说明其自身是个人主义的，因为"自己"与"他人"这一分析格局本身就是从个人角度进行的描述，这仍然是由物的分裂决定的。[1]康德在《法的形而上学原理》一书中指出，所有权与使用权的区别在于感性占有、理性占有的区别，是直接占有和间接占有的区别。感性占有指可以由感官领悟的占有；理性占有指由理智来领悟的占有，指间接占有。同一个事物，对于前者，可以理解为实物的占有；对于后者，则可以理解为对同一对象的纯粹法律的占有。[2]然而，事实上，支配权本身是不确定的。传统大陆法系理论认为，所有权在多种形态中存在，只是基于物本身的归属而言，而不是从权利角度进行分析，其理念是"物是否仍属于我"，而不是"我此时享有多大利益"。如果所有权是具体的，那么其必然是建立在对有形物的静态的绝对占有的基础之上，其权利束是占有、使用、收益和处分等。[3]实际上，其不可避免地限制了所有人权利的充分行使，罗马法学者也充分意识到了这一点。如就用益权而言，所有人将使用收益权转让给他人，仅保留处分权，盖尤斯在《法学阶梯》里称此时的所有权为赤裸所有权（nuda propritas）。[4]物权在被界定为主体对有形物支配关系的同时，亦使其在理论上不得不面临一个问题，即所有权和他物权的关系。[5]

康德视物权为可分裂的权利，使用权可以从所有权中分离。其认为物权

〔1〕 梅夏英：《物权法·所有权》，中国法制出版社2005年版，第14页。

〔2〕 ［德］康德：《法的形而上学原理——权利的科学》，沈叔平译，商务印书馆1991年版，第54~55页。

〔3〕 梅夏英：《物权法·所有权》，中国法制出版社2005年版，第11页。

〔4〕 ［古罗马］盖尤斯：《法学阶梯》，黄风译，中国政法大学出版社1996年版，第86页。

〔5〕 梅夏英：《物权法·所有权》，中国法制出版社2005年版，第4页。

的定义应该是："在一物中的权利就是私人使用一物的权利，该物为我和所有其他的人共同占有——原始的或派生的。"此外，物权一词不仅指"在一物中的权利"，它还是所有与真正"我的和你的"[1]有关的法律基本原则。康德的物权包括了所有权与他物权。所有权的分裂使占有从感性占有发展到理性占有。其理念是"物仍属于我的"确保了"相对所有权"的理性占有，同时，其更关注的是"我此时享有多大利益"的收益权。人对物的权利可以与实物的"感性占有"分离，但不失去对物的"理性占有"，所有权的分裂让使用权能独立也可以回归所有权，能更好地发挥其效用。康德的占有论，为共享使用权与所有权的关系提供了理论依据。供方通过理性占有出让了其使用权而实现了其收益权，而需方则通过感性占有满足了对物的使用权，真正实现了"各取所需""物尽其用"的价值目标，也是资源配置的最优模式。

　　大陆法系所有权源于有形物的分裂，是对所有人在有形物空间上的归属的描述。显然，这种划分是以有形物的物理状态为标准的，但有价证券、知识成果等无形物不能当然地适用大陆法系民法上所有权的概念。正是因为大陆法系的物权体系是建立在有形物基础之上的，所以"绝对所有权"理论并不能很好地解释英美法系财产关系。在英美财产法中，财产并不是以个人占有实体物来衡量，而是以实际享有的权利来衡量，所有权并没有成为英美法系度量财产的唯一标准。[2]美国法学家托马斯·格雷在其《论财产权的解体》一文中对财产权和实物之间的必然联系进行了系统性批判。其认为现代社会所阐述的财产权理论越来越趋向于财产权分解的概念，并消除了财产和实物之间的联系。财产权属于一种与法律权利直接联系的范畴。格雷通过权利束观念分析了所有权。就所有权本身而言，他认为一件物品可以为多个人拥有，这必然涉及每个主体对同一物品具有何种特定权利这一问题。完整的所有权只是意味着权利人可以享有对物的处分，并从中获益这一权利，但物的使用人和收益人同样也可以对权利进行支配，只是与所有人相比，权利的

---

　　[1]　这里所说的外在的"我的和你的"的法律概念只能表示为："某种与我不同和有别于我的物"，它只涉及把某些东西置身于我的强力或权力之下的含义，它说明一个对象和我自己的联系，作为我利用此对象的可能性的主观条件，这就构成一个属于理解上的纯粹智力思辨性的概念。参见[德]康德：《法的形而上学原理——权利的科学》，沈叔平译，商务印书馆1991年版，第84页。

　　[2]　梅夏英：《物权法·所有权》，中国法制出版社2005年版，第19，20，22，23页。

形式和内容不同而已。实际上，所有权就是一种"权利束"。[1]至于物的利用，则很少会发生所有权的问题。基于物的所有权而派生出来的使用权和收益权由多人分享，因而将所有权归属于其中的任何人都是不合适的。[2]可见，两大法系中财产法的主要区别在于是否存在"绝对所有权"。大陆法系以对有体物的绝对所有为基础，使各项权能处于依附地位。而英美法系则以务实的具体权利的界定为特征，不受物的归属的限制。[3]

大陆法系的所有权分裂理论和英美法系财产法的权利论都为共享使用权提供了理论依据。所有权的分裂使占有从感性占有发展到理性占有，其理念是"物仍属于我的"确保了"相对所有权"。同时，其更关注的是"我此时享有多大利益"的收益权。对物的权利可以与实物的"感性占有"分离，但不失去对物的"理性占有"。所有权的分裂让使用权能得以独立但也可以回归所有权，能更好地发挥其效用。英美法系的财产法包括有形物的权利和无形物财产的权利，使用权可以作为一项权利被独立出来。因此，知识产权等无形财产权利离开实物后也可以独立存在并产生相应的法律关系。英美法系的财产法对使用权进行了更好的诠释，使用权作为一项权利具有了更多的法律内涵。通过动态的财产权利，人们可以把使用权转让出去，最终实现康德所说的"我的和你的"的法律关系的物权价值，即共享经济"我的就是你的"的协同消费理念。共享经济的核心是使用权的共享，是资源配置的新模式，这是物权的一次革命。在共享经济的物权体系中，所有权已无关紧要，使用权和收益权才是共享经济的权利核心。共享经济的供方希望通过共享使其物权收益最大化，而共享经济的需方则希望通过共享满足其需求让物权的使用权最大化，最终实现供需方各取所需、物尽其用的资源最优配置。

（二）共享物权的裂变

传统的大陆法系的物权理论，不论是所有权还是他物权，一般都具有排他性，遵守"一物一权"原则，或是所有权的绝对性。传统的物权分裂主要是物理分裂，即一个所有权也只能分裂出一个占有权、使用权、收益权和处分权。传统上，对于占有权主要是转让感性占有，所有人享有理性占有，物

---

[1] [美] 托马斯·格雷："论财产权的解体"，高新军译，载《经济社会体制比较》1994年第5期。

[2] [英] F. H. 劳森、B. 拉登：《财产法》，林燕译，中国大百科全书出版社1998年版，第79页。

[3] 梅夏英：《物权法·所有权》，中国法制出版社2005年版，第53页。

权的转让主要是"一物一权"或是"一权一主"。但在共享经济模式里，共享经济利用网络技术聚集了闲置物资，整合成"资产池"，物权的主体和客体被淡化，通过注册会员制，在某种程度上，所有闲置资产的供方或是出租方只要把其闲置物在平台上登记待租，就意味着其不仅要转让其感性占有权，而且部分处决占有权也将一起转让。因为闲置物资一旦被登记共享，共享平台对它就享有了特定的管理权，比如建立相应的价格机制和评价机制。且占有权和使用权与所有权不仅发生了物理分裂还发生了几何分裂，占有权和使用权被淡化或是虚化，即供方和需方一般都不是明确的关系主体，交易不是按"一物一权"或是"一权一主"的模式进行。在特定的时空下，不论是供方还是需方，由于共享平台对闲置物的聚集效应，大数据都会使得其潜在的交易机会增加，传统的"一物一权"的商业模式被打破，一物上可能潜藏着多个使用权人。任何需方会员均只需缴纳租金就可以享有占有和使用出租物的权利，这种使用权可以是特约专享的，也可以是随机任意的，由共享平台和需方自行选择决定。共享平台通过聚集效应使出租闲置物的他物权产生几何分裂，形成"一物多主"的效应。比如，资产池中可能只聚集了500辆闲置车辆，但登记用车的会员却有5000个，这意味着每1辆车至少平均有10位需求者。虽然会员一般不可能同时用车，但也应确保每一个会员在任何时候都有车可用，因此可以通过大数据和精算来确保共享使用的效率。共享经济模式启动的条件之一就是闲置物的聚集和大众参与，通过规模降低成本产生效益。通过共享平台，每一辆车的使用机会都会随着会员的增加而增加，租金或收益也会随之而增加。比如，在共享网约车领域，平台会根据大数据来派车，而乘客则可以根据系统评价选车。共享经济通过网络技术激活了闲置资源的使用价值，使个体效益与集体效益得以有机结合

（三）共享经济之共享使用权的价值分析

在传统的工业社会，消费的主要方式是通过所有权来支配物，以实现对物长期稳定的占有。在现代社会，无论是交通领域的"滴滴快车"、Uber，还是短租领域的 Airbnb，抑或是短时家政服务，都是以使用为中心，并非像传统消费那样主要通过购买产品获取所有权并由自己支配。这种"不求拥有，但求所用"的理念彰显出了人们在消费观念上的转变，所有权不再是消费者欲望的最终表达形式。在美国，有43%的消费者认为"在今天，所有像是一种负担"。有学者就此认为人类社会进入了"后所有权"时代。在这种理念

下，产品或服务的价格自然会下降，相应的产品或服务的多样性则可以得到提升，个性化而非标准化的消费体验将成为可能。[1]共享经济对闲置资源的利用在理论上符合人类社会的发展趋势。最突出的特点就是交易从所有权为主转变为使用权为重。使传统物权变动观念发生了变化，所有权被淡化，使用权的重要性更突出，使用权被从所有权中分离出来。协同消费能给人们提供机会跨越所有权的限制去享用不属于自己的产品和服务，节约了资金、空间和时间，增加了物品的使用效率，减少了浪费，促进了产品的不断完善，减少了由社会过剩产能和过度消费带来的剩余物品。[2]

共享经济价值传递过程由需求方、供给方和共享经济平台三个部分组成，产品或服务的供给方通过在特定时间内让渡产品的使用权，获取金钱或精神回报。需求方虽不直接拥有资源的所有权，但通过租借的方式获得资源的使用权，以实现其价值再利用。[3]郑志来认为，移动互联网、第三方支付、大数据、云计算等技术，以及资源闲置过剩、经济进入新常态等原因导致了共享经济的产生与发展。共享经济作为互联网下的"新经济""新商业"形态，借助网络等第三方平台，将供给方闲置资源使用权暂时性转移，通过提高存量资产的使用效率为需求方创造价值，促进社会经济的可持续发展。[4]在共享经济条件下，人们取得所有权的目的或许不再是满足自己的实际消费或者直接使用，而是谋取某种获益的可能。取得所有权以作为生活资料的目的似乎被削弱了。这种产权观念的更新，更多的是强调在共享经济条件下，"共享"行为在经济上是高效率的，能够实现共享者与社会整体资源利用之间的"双赢"乃至"多赢"。[5]

共享经济是使用权的让渡，而非所有权的实现。因此，如京东、淘宝等以买卖为主的电商平台经济不属于共享经济。[6]"互联网+"平台经济模式有

〔1〕齐爱民、张哲："共享经济发展中的法律问题研究"，载《求是学刊》2018年第2期。

〔2〕［美］雷切尔·博茨曼、路·罗杰斯：《共享经济时代：互联网思维下的协同消费商业模式》，唐朝文译，上海交通大学出版社2015年版，第8~9页。

〔3〕孙楚、曾剑秋："共享经济时代商业模式创新的动因与路径——价值共创的视角"，载《江海学刊》2019年第2期。

〔4〕郑志来："共享经济的成因、内涵与商业模式研究"，载《现代经济探讨》2016年第3期。

〔5〕杨为乔："共享经济法律基础的初步解读"，载甘培忠主编：《共享经济的法律规制》，中国法制出版社2018年版，第26页。

〔6〕于莹："共享经济法律规制的进路与策略"，载《法律适用》2018年第7期。

很多种，共享经济只是"互联网+"平台经济的一种商业模式。不同的"互联网+"经济模式有不同的经济平台，不同的经济平台决定了不同的"互联网+"经济模式。所有的平台都具有信息共享的功能，这是"互联网+"平台经济模式的特点。但共享信息不是共享经济的特征，共享经济的特征在于其除了共享信息之外，还共享闲置资源的使用权。"互联网+"经济平台还可以共享视频、信息发布、社交、商品和服务的买卖等，诸如抖音、百度、腾讯、淘宝、京东、当当、亚马逊、携程、美团等企业均属于"互联网+"平台经济的范畴。但这些互联网络经济平台不全是共享经济平台，这些平台经济也不是共享经济。共享经济较其他经济平台不同的是，共享经济强调对资源使用权或者服务的有偿或者无偿地利用，而不仅仅是发布信息，也不是为了处分所有权，主要是为了满足需方的使用权。因此，共享经济平台与其他"互联网+"平台经济模式的不同之处在于对使用权的共享，而不仅仅是信息共享。共享经济平台的商业模式可以被概括为"互联网+闲置资源+使用权"，"闲置资源+使用权"是共享经济不同于其他平台经济的重要特征。

目前，在共享经济理论的相关研究上，对共享使用权的理解仅仅是停留在表象，还没有达到类似于康德对物权认识的那种深度，也没有作者从法学、法哲学角度，从所有权基本变革角度探讨共享使用权的问题。[1]在法理上，共享经济理论对物权变动的意义还需要基于所有权原理，从法学、法哲学、经济学、社会学等多学科的角度进行深入认识。[2]杰里米·里夫金在其著作《使用权时代》（*The Age of Access*）中倡导："摒弃市场和产权交易，从观念上推动人际关系以实现结构性转变。这就是从产权观念向共享观念的转变。"[3]共享经济使杰里米·里夫金的理念正在变成现实，使用权的共享受到越来越多的推崇，这也成了共享经济最主要的特征。[4]共享经济交易的是使用权，在其权利的结构中，所有权的重要性已经被使用权所替代。这是法律人格与对应财产关系的脱离，反映出了人与物的基本关系的某种革命性变化：脱离

---

〔1〕 姜奇平："共享经济从理论到实践的发展"，载《互联网周刊》2015年第16期。

〔2〕 ［美］雷切尔·博茨曼、路·罗杰斯：《共享经济时代：互联网思维下的协同消费商业模式》，唐朝文译，上海交通大学出版社2015年版，第232页。

〔3〕 刘国华、吴博：《共享经济2.0 个人、商业与社会的颠覆性变革》，企业管理出版社2015年版，第1497~1499页。

〔4〕 张新红：《分享经济：重构中国经济新生态》，北京联合出版公司2016年版，第49页。

物的限制，人格自由与自我实现不再依赖于其对物质财富的拥有与控制。共享经济之"不求所有，但求所用"的价值追求彰显了实用主义和功利主义的社会现实，这既是产权交易的一场革命，也是消费领域的一个重大变革。然而，尽管共享使用权确实存在着潜在的巨大效率优势，但现实社会的所有权制度作为财富的象征，仍旧是一个国家和社会不可动摇的重要物质基础。

二、共享经济租赁关系的法理分析

（一）共享经济租赁关系的价值分析

从某种意义上讲，共享经济的核心不过是在物之所有权与使用权分离的基础上，因实时交易而存在的租赁关系或是租用关系。这种租用关系在本质上尚未脱离租赁关系的基本权利交换结构。其中核心不过是"一破一立"："破：所有权的局限性、专属性"，"立：租赁权的扩张"。而这恰恰在某种程度上印证了所有权的不可替代性。比较我妻荣先生于20世纪就提出的"债权在现代法中的优越地位"的命题，现在关于共享经济条件下租赁权对所有权的冲击，仍未能超越我妻荣先生的视野。[1]但本质上，新的共享经济实际上是传统租赁经济的一种线上商业模式。因为共享经济平台拥有信息收集的巨大能力，是传统的租赁行业根本难以实现的，其对于传统行业的冲击也是不可避免的。[2]共享经济可以分享个人所拥有的一切闲置资源，从车、房和机器等固定资产到金钱等金融资产再到时间、知识等无形资产，闲置产能是共享经济租赁最明显的重要特征。虽然共享经济仍然延续着传统租赁经济的基本模式，参与者的权利义务结构相同，但其与传统租赁经济模式的重大差异在于共享经济是对闲置资源的配置，属于C2C轻资产商业模式，且具有更强的信息收集能力和供需方的精准配置能力，同时负外部性增大。传统的租赁经济一般属于B2C重资产型，不具备信息的收集处理能力。闲置产能是具有未充分使用的时间、空间、物件等，具有潜在的社会和经济价值。对市场来说，如果共享经济市场中的参与主体拥有的闲置资产可以吸引其他参与者，那就能以较低的边际成本将闲置资产或商品的使用权转出去，并且获得可观

---

〔1〕 杨为乔："共享经济法律基础的初步解读"，载甘培忠主编：《共享经济的法律规制》，中国法制出版社2018年版，第28页。

〔2〕 于莹："共享经济法律规制的进路与策略"，载《法律适用》2018年第7期。

的边际收益。而很多商品的使用次数是有限的，或者不会经常使用，对于个体用户而言，这些商品在其他时间对别的用户来说可能是很有用的。所以，共享经济充分体现了这一点，有利于为闲置的空间、时间、技能、物品在恰当的时刻找到恰当的需求用户，不仅降低了使用的成本，更延长了物品的使用年限，提高了使用率。[1]因此，共享经济的租赁关系与传统租赁不同的是，其通过互联网络实现了闲散资源的群集，并使承租人与出租人精准对接，不仅节约了交易成本，提高了经济效率，而且不同于传统租赁物的标准化，共享经济的租赁物可以满足多样化和差异化需求。

（二）共享经济租赁关系的法律特征

从经济学的角度来看，共享经济是互联网时代的一种租赁经济模式，即通过互联网第三方平台实现海量个体对闲置资源使用权的直接交易，让资源的所有者获得收益，同时让租赁者以低成本获得消费体验，实现"以租代买"的交易模式。从表面上看，共享经济是在分享房间、车辆、服务等实体产品或虚拟服务，但实质上却建立起了交易使用权的租赁法律关系。姜奇平指出："从古罗马到法国大革命，支配权和使用权一直是分离的。古罗马的财产取向与共享经济有类似的地方，重视财产的使用权。伴随着以租代买的兴起，支配权和使用权再次分离。"[2]如果财产闲置不用就是一种浪费，共享经济是以实现效益的最大化为目的的，共享经济法律关系本质就是租赁。虽然共享经济供需方与传统租赁经济出租人、承租人的基本权利、义务和责任结构相同，但其与传统租赁的商业模式不同。首先，共享经济是依托共享平台进行的；其次，共享经济的租赁对象是闲置资源，是在协同消费的供需方之间的租赁，与传统租赁以特定资产专门从事相关业务有本质的不同；最后，共享经济从线上到线下，其交易和监管模式与传统的租赁不同。简而言之，共享经济是在利用闲暇时光和闲置资产"赚点小钱"。共享经济的法律特征仍然延续着传统租赁经济的基本范式。虽然共享经济与传统租赁行业竞争同一客源，但因其交易成本低而不受行业监管，普遍存在监管套利，对于传统租赁行业造成了较大冲击。伪共享是传统租赁经济的"互联网+"网络经济模式，不同于共享经济基于闲置资源的实时租赁。目前，我国对共享经济缺乏专门的法律定

---

〔1〕 李伟："分享经济发展研究综述"，载《经济研究参考》2017 年第 71 期。

〔2〕 杨璐："共享经济，一个时代来临"，载《三联生活周刊》2015 年第 26 期。

位和规范，相关的法律关系的认定主要还是根据现行的《合同法》《劳动合同法》《侵权行为法》《电子商务法》等基本法律和部门规章。因此，应该明确共享经济的租赁与传统租赁的不同之处在于其互联网性以及闲散资源使用权的租赁，明确真正的共享经济与借共享之名进行网络租赁的伪共享的不同，从而建立相应的监管机制。

第二节 共享经济法律关系的剖析

一、共享经济法律关系主体

根据《电子商务法》第 2 条的规定，本法所称电子商务，是指通过互联网等信息网络销售商品或者提供服务的经营活动。共享经济是通过互联网平台的信息网络为闲置资源供需方提供服务的商业模式，因此共享经济的商业模式应该属于电子商务的一种。根据《电子商务法》第 9 条[1] 的相关规定，电子商务的经营者包括电子商务平台经营者、平台内经营者以及通过自建网站、其他网络服务销售商品或者提供服务的电子商务经营者。《电子商务法》对电商消费者没有明确规定，但可以根据《消费者权益保护法》第 2 条的规定来界定消费者，其在共享经济商业模式中一般指需方。根据《电子商务法》第 9 条和《消费者权益保护法》第 2 条的相关规定，共享经济的经营者包括共享经济平台经营者（本书统称"共享平台"），通过自建网站、其他网络服务销售商品或者提供服务的共享平台（本书指"伪共享平台"），平台内经营者（本书统称"供方"或是"提供者"），而消费者在共享经济法律关系中被称为"需求方"或是"需方"。因此，共享经济的法律关系主体包括：共享平台、提供方、需求方。在共享经济领域，各主体相互之间的外部法律关系内部化，形成内外互相关联的法律关系，以至于政府、社区、合作伙伴或竞争对手等也常参与共享经济的法律关系，进而成为其外部关系的一方法

---

[1]《电子商务法》第 9 条规定："本法所称电子商务经营者，是指通过互联网等信息网络从事销售商品或者提供服务的经营活动的自然人、法人和非法人组织，包括电子商务平台经营者、平台内经营者以及通过自建网站、其他网络服务销售商品或者提供服务的电子商务经营者。本法所称电子商务平台经营者，是指在电子商务中为交易双方或者多方提供网络经营场所、交易撮合、信息发布等服务，供交易双方或者多方独立开展交易活动的法人或者非法人组织。本法所称平台内经营者，是指通过电子商务平台销售商品或者提供服务的电子商务经营者。"

律关系主体。

(一) 共享经济平台或共享平台

1. 共享经济法律类型化内涵

在法学和法律实践中，常利用"类型"而非概念来描绘案件事实的特征。法学的类型化思维，可以是法律的扩充解释、法律漏洞的补充，也可以是事实与法律的涵摄，比如适用类推。法律行为类型化有利于针对同类型行为的不同特征进行研究，避免理论认知上的错误和法律实践中的冲突，构建内在协调统一的同类法律行为的法律法规体系。考夫曼认为，法的规范是在刻画一种类型，描绘、说明这种类型，使其可以应用，并指出若干确定以及充分的要素。对于立法者而言，类型是既存的，尽可能精确地以法学方法论概念来容纳典型的生活事实，在法秩序的实现过程中，所做的是一再地闭阖、开放及再次闭阖的法律概念。拉伦茨认为，概念定义事实上是一种类型描述，正当类型归属的论证事实上不能维持概念的涵摄，而是要把隐含在标准中的法律思想与特定案件事实联结起来，借此针对同类案件事实充实此思想以外的内容，将此种思想"具体化"为同一类型，通过类型化思考塑造事件的类型并找出其典型的要素。[1]拉伦茨对法学类型进行了四个方面的概括：其一，是作为法学价值导向性思考的类型；其二，是辅助事实认定中价值判断的类型；其三，是填补"开放的"法律漏洞的类型；其四，是构成法学体系的类型。[2]根据考夫曼和拉伦茨对法规范与类型关系的解读，法律规范就是一种类型化，是通过法的规范来描述某一类法律事实，并以法律条文明确其要素或特征。

共享经济作为一种新商业模式，其在遵守共享经济平台内部交易规则的同时，也应该服从相关的行业监管和法律规定。随着共享经济不断向每个领域每个行业渗透，形形色色的各类共享经济的商业形态不断推陈出新，不同的共享经济类型的法律规范基础也就不同，[3]其所产生的法律关系，权、责、

---

〔1〕 [德] 卡尔·拉伦茨：《法学方法论》，陈爱娥译，商务印书馆2003年版，第15、97、102页。

〔2〕 古丽加娜尔·热夏提："卡尔·拉伦茨关于'类型'的论述——读卡尔·拉伦茨的《法学方法论》"，载《延安职业技术学院学报》2013年第4期。

〔3〕 Michael Etter, Christian Fieseler and Glen Whelan, "Sharing Economy, Sharing Responsibility? Corporate Social Responsibility in the Digital Age", *Journal of Business Ethics*, 2019 (159) 937.

利、义也不同。共享经济的社区元素会影响共享平台与社群成员之间的法律关系的界定和权、责、利、义的配置。不同类型的共享经济的法律关系的认定，可以以平台为中心，各方主体根据不同的共享资源的类型，对其与平台的关系进行认定。因此，共享经济的法律类型主要是以平台为中心，结合不同的共享资源和服务类型来界定。每一类型的共享经济都应遵守其传统的行业标准和行为规范。因此，共享经济的法律类型化就是要结合共享经济涉及的每个行业类型的法律法规、标准和行为规范，制定每一类型共享经济的行业标准和行为规范，以确保共享经济的规范运行。

2. 共享平台的类型

根据《电子商务法》第9条的相关规定，共享平台是指"在电子商务中为交易双方或者多方提供网络经营场所、交易撮合、信息发布等服务，供交易双方或者多方独立开展交易活动的法人或者非法人组织"，或是"通过自建网站、其他网络服务销售商品或者提供服务的电子商务经营者"。结合我国共享经济商业模式的实践，我们可以把我国的共享经济平台的经营模式分为三种：即居间共享平台、商业共享平台和伪共享平台。第一类，居间共享平台。居间共享平台指社区共享平台，或者不参与共享交易但收取适当服务费的商业共享平台，两者都属于"电子商务平台经营者"，为C2C电子商务模式。根据《电子商务法》第9条第2款的规定，这类共享平台为居间人，主要提供信息服务，为交易双方或者多方提供网络经营场所、交易撮合、信息发布等服务。比如，我国的"猪八戒"网络平台、美国的Airbnb等共享经济平台。第二，商业共享平台。这类共享平台参与共享经济经营，属于"通过自建网站、其他网络服务销售商品或者提供服务的电子商务经营者"，但其电子商务模式仍为C2C。商业共享平台是最常见的典型的共享平台，其不仅为供需双方提供网络经营场所、交易撮合、信息发布等服务，还参与并主导共享交易的过程并从中获取商业利益，比如制定交易规则、确定交易价格和评价体系，并建立相应的内部监督管理体系，比如网约车共享平台、送餐平台等。第三，伪共享平台。伪共享平台是借共享之名把自有商品或是服务（而不是闲置产品或是闲置劳动力）通过互联共享平台的O2O模式进行租赁，其电子商务模式为B2C模式，比如共享单车平台。不同类型的共享平台在共享经济中的法律地位不同，与供需方之间的法律关系也不同。

（二）共享经济的供方或经营者

根据《电子商务法》第9条的规定，电子商务经营者（也称电商）除了电商平台之外，还包括平台内经营者以及通过自建网站、其他网络服务销售商品或者提供服务的电子商务经营者，即供方或提供者。平台内经营者，是指通过电子商务平台销售商品或者提供服务的电子商务经营者；自建网站的电子商务经营者，是指平台只是为自己的商品销售和服务提供服务，不接入其他电子商务经营者；其他网络服务销售商品或者提供服务的电子商务经营者，是指在非电商平台的网络上出售商品或提供服务的电子商务经营者。共享经济的电商是指通过互联网的网络技术和信息利用闲置资源或劳务提供服务的自然人、法人和非法人组织，在共享经济商业模式中一般指闲置资源的供方和零工劳动者，也称供方或是提供者，主要是通过共享平台对外出租其闲置资产或提供个体劳务。根据共享经济商业类型的不同，共享经济的闲置资源的供方可以是闲置资源的所有者和劳务提供者。对于闲置资源的供方，较为典型的是民宿共享经济中的房东、网约车共享经济中的司机和劳务共享中的保姆、送餐员。在共享经济商业模式中，如果供方为劳动者，其法律地位应根据其与共享平台的协议而定。对于闲置资源的供方，应确保其提供的闲置资产的合法性和正当性，不存在侵权和产品质量问题。如果共享平台只是为供需双方提供信息服务，不参与交易过程，则劳动者和共享平台企业不存在劳务或者劳动关系，只存在居间合同关系，而劳动者与需方之间则存在劳务关系，比如国内的"58同城"与劳动者之间的关系。如果共享平台对劳动者进行统一管理和分派任务，则不论共享平台是否与劳动者签订劳动合同，都构成事实上的劳动关系（比如美团）。因此，共享经济平台应当按照劳动法的要求，为劳动者提供最低工资保障、法定休息休假和社会保险等劳动者权益，并根据《电子商务法》《劳动合同法》《侵权行为法》等法律法规对劳动者的服务承担相应的责任。这种共享经济的商业模式有利于保障供方和需方的权益，但共享经济平台的责任重大。因此，在实践中，共享经济平台往往通过与劳动者签订劳动派遣合同和挂靠劳动协议等方式来否定双方的劳动关系，以此来逃避其法律责任。我国的《电子商务法》和《网络预约出租汽车经营服务管理暂行办法》为防止共享经济平台规避其法律责任有针对性地作出了一系列相关规定，美国和英国也有关于劳动者与共享经济平台劳动关系的司法判例。美国地方政府针对Uber的法规中最具争议的问题之一是如何对

Uber 驾驶员的身份进行分类，以及在何种程度上适用现有的劳动保护规定。

（三）共享经济的需方或是消费者

共享经济的需方或是消费者是共享经济协作消费的终端，具有主导作用，可以影响共享经济的商业模式甚至发展方向。在不同的共享经济的商业模式中，消费者的价值取向不同。对于社区共享中的需方或消费者而言，共享是实现社区建设最好的途径。其希望通过社区共享建立良好的社交关系，并通过共享实现环保和节省资源的可持续发展的价值目标。由于人类生活的环境越来越危机重重，这种担忧增加了需方公共消费的需求，使社区共享经济成了一种有吸引力且成本更低的替代性消费模式。社区共享的消费者不是为了商业目的而共享，而是为了理想目标。因此，鉴于社区共享对生态和社区、社会发展的影响，共享经济消费者渴望有更强大的社区来创建和维护社会连接。但商业共享和伪共享的消费者为了克服经济和体制问题，希望通过共享经济的协作型生活方式来摆脱传统所有权的限制，通过共享获取更廉价、更便捷的共享商品使用权或服务。[1]消费者通过消费选择和访问权主导了共享经济的商业模式。在战略层面，共享经济通过 C2C 模型直接连接消费者，消费者为共享商品服务付费。消费者根据便利性等标准对整体服务质量进行评分，形成一种信任机制，并通过其信用评价机制参与共享经济的内部监管。[2]需方或是消费者作为共享经济商业模式中的重要主体，其除了应该享有《消费者权益保护法》赋予的基本权益之外，还应该享有《电子商务法》及其他相关法律赋予的其他权益。

二、共享经济法律关系的客体

（一）共享经济法律关系客体的特征

共享经济客体就是指共享经济平台利用网络技术进行配置的闲置资源或劳动力，包括个人所拥有的可以共享的一切闲置资源，从生活日用品、车、房、土地和机器设备等有形资产，到技术、教育资源、网络资源、信息资源、知识产权等无形资产，以及劳动力等生产要素都可以成为共享的客体。共享

---

〔1〕　Tingting Zhanga, Diego Bufquina and Can Lub, "A Qualitative Investigation of Microentrepreneurship in the Sharing Economy", *International Journal of Hospitality Management*, 2019 (79)：150.

〔2〕　Thomas Puschmann and Rainer Alt, *Sharing Economy Business & Information Systems Engineering*, February 2016 (58) (1)：93~99.

经济对闲置资源的配置是共享经济与传统租赁经济最根本的区别。闲置资源往往是未被充分利用的物资、空间、技能、知识、信息、劳动力等资源，具有潜在的社会和经济价值。很多商品的使用次数是有限的，或者不会被经常使用，因此对于物主或权利人而言，这些闲置资源对自己可能没有多少价值，但对别的用户来说却可能是很有用的。对市场来说，如果共享经济市场中的参与主体拥有的闲置资产具有使用价值，那就能以较低的边际成本将其使用权转让出去，并且获得一定的边际收益。共享经济平台利用网络技术可以使闲置的物资、空间、技能、知识产品在适当的时间找到需求的用户，不仅可以降低使用成本，更可以延长物品的使用年限、提高使用率。[1]

（二）共享经济法律关系客体的价值分析

共享经济法律关系客体之"闲置资源"是共享经济商业模式的重要特征之一。也是区别共享经济与传统租赁经济、伪共享的重要根据。因为共享经济是对闲置资源或是未充分使用资源的配置，"闲置资源"属于轻资产，经营成本较低，而传统租赁经济和伪共享的网络租赁经济的法律关系客体属于"投资型"的增量资产或重资产"非闲置资源"，一般为标准化产品或是专业化服务，其经营不仅受到行业标准的约束，而且还应受到劳工、环保、工商、税务等监管，因此其经营成本较高，与共享经济"闲置资源"零生产成本和交易成本很低的商业模式不同。共享经济不仅因其属于新经济、新业态而可以享受国家的政策优惠，也常因相关法律规范不完善而游离于监管之外。传统租赁行业抵制共享经济的原因之一就在于，共享经济实际上与传统租赁行业竞争同一客源，但共享经济对"闲置资源"的低经营成本与传统同行业"非闲置资源"的高经营成本存在不公平竞争，以至于世界上的很多城市都曾爆发过传统出租车行业抵制共享网约车 Uber 的活动。因为共享网约"专车"的车辆和司机的服务都不是闲置资源而是"专职"的伪共享，已经脱离了共享经济对闲置资源或是业余劳动力进行配置的基本属性，本质上是在提供"专业"的租车服务，但又未像传统出租车行业那样遵守行业规定，接受行政监管，交纳社会基本保险，维护劳动者合法权益和依法纳税。监管套利行为使其经营成本降低，以至于其定价甚至低于行业的边际成本，进而导致行业的不公平竞争。另外，因伪共享经济的高成本运营很难遵循共享经济低成本、

---

〔1〕 刘根荣："共享经济：传统经济模式的颠覆者"，载《经济学家》2017 年第 5 期。

高效率的商业模式，以至于为了盈利，伪共享经济经常采取一些不正当竞争或是监管套利的手段破坏市场秩序，如共享单车的押金、共享网约专车低价补贴的掠夺性定价、整套公寓住宅短租等违法或是不正当的经营模式。伪共享借共享之名行网络租赁之实，扭曲了共享经济的商业模式，破坏了共享经济的市场秩序和营商环境，也影响了共享经济的可持续发展。

对共享经济法律关系客体的界定是区别共享经济与其他"互联网+"网络经济的重要特征。如果不明确共享经济交易客体的"闲置资源+使用权"这一本质属性，就容易把其他"互联网+"网络经济模式都错误认定为共享经济，从而模糊了对共享经济的认知，无法针对不同的"互联网+"平台经济精准地制定相关政策。

三、共享经济法律关系的内容

（一）共享平台的法律地位

1. 共享平台的法律类型

共享经济平台是共享经济的核心，其不仅是信息提供者，而且还是共享经济的交易场所。在市场设计中，存在着三项原则，即稠密性、供需匹配便捷性和安全性。[1]就共享经济平台而言，其基本原则如下：首先，共享经济平台通过聚集效应形成稠密性。共享经济平台通过互联网技术将供需方聚集，从而形成稠密市场（Thick Markets），实现双边网络效应（Two-sid-ed Network Effects）。其次，共享经济平台通过数据收集和算法对供需方进行精准匹配。共享经济平台利用互联网技术、大数据和算法来实现供需方的精准、快速匹配，降低了交易成本。最后，共享经济利用信用评价体系维护其交易的安全性。共享经济平台通过信誉排名、服务评价、最低服务质量保证、保险等机制实现了交易的安全性，增进了参与主体的互信。可见，共享经济平台在实质上是一个交易市场，具有"平台即市场"的特征。与传统经济形态相比，共享经济的商业模式就是共享经济平台利用网络技术和算法，实现社会闲置资源供方和需方信息的匹配对接，降低交易成本，达到物尽其用，最大限度

---

〔1〕 Alvin E. Roth, "What Have We Learned From Market Design？", in *Innovation Policy and the E-conomy*, 2009（9）：79.

地实现资源的优化配置。[1]共享经济是以平台为核心的"互联网+"平台经济，不同共享平台的法律地位决定了不同共享经济的法律类型。根据《电子商务法》以及共享平台与供需方之间的法律关系，不同的共享平台的内外法律关系、权责利义各不相同。

第一，居间共享平台。包括社区共享平台和不参与共享交易的商业共享平台，比如"58同城""猪八戒网"等都属于这些居间共享平台。居间共享平台属于C2C电子商务模式，也就是《电子商务法》第9条第2款所称的"电子商务经营平台"。平台不参与共享经济交易，只是为供需双方的交易提供信息服务，属于居间者地位的中介机构，与供需方的法律关系属于居间合同关系。这种共享平台为共享经济的电商平台经营者，不是交易主体，不参与交易，只是为供需方提供交易信息和场所，对交易主要承担居间合同责任，如果对供需方的资格审核尽了勤勉义务，就可以免责，但对共享平台准入、退出和评价体系负有监管义务。居间共享平台的权、责、义的认定可以适用《合同法》第424条至第427条有关居间合同的规定，享有居间人的权利，承担居间人的义务。只要依法尽到其对共享平台的监管义务，就可以适用"避风港规则"[2]免除其在交易中的法律责任，但根据《电子商务法》第38条的规定，共享经济平台对其平台内的经营者或是提供者的资质没有尽勤勉的审核义务，应依法承担连带责任。

第二，商业共享平台。其属于《电子商务法》第9条第2款所称的"电子商务经营平台"，比如，"滴滴快车""美团外卖"等。其电子商务模式一般属于C2C，这类共享平台参与共享交易的运营，共享平台既提供电商平台服务，也参与共享经济的交易，对交易进行管理并提取商业利润，与供方一起属于运营方，制定市场准入和退出规则、交易规则、定价机制、责任机制以及评价自律监管体系的建设，二者共同向需方或消费者承担经营者责任，

---

[1] 齐爱民、张哲："共享经济发展中的法律问题研究"，载《求是学刊》2018年第2期。

[2] "避风港"规则最早出现在美国司法实践中，是网络服务商著作权侵权的免责事由。美国《数字千年版权法》第512条规定，网络服务商在知道侵权后及时采取移除等必要措施即可免于承担侵权责任。即在判断网络服务商已构成侵权的基础上，要通过查看"避风港"条款来判断其是否需要承担侵权责任，如果具备"避风港"规则规定的免责事由则不需要承担侵权责任，反之则需按照法律规定承担责任。（芦世玲："被误读的'避风港'——网络服务商著作权侵权纠纷适用法律分析"，载《现代出版》2014年第4期。）在共享经济中，对于共享平台的法律责任，可以参考"避风港"规则，如果共享经济平台依法履行了其义务，就不应该再对共享交易承担连带责任。

具体责任的认定视共享平台与供方之间的法律关系依法定或约定承担相应的责任。如果共享平台与供方存在劳动关系，共享平台对供方在共享交易过程中产生的外部责任应承担责任。实践中，共享经济平台为了最大化地减轻自身责任，会尽量将自身定位为信息服务平台。比如 Uber 在它的"服务协议"中强调称："为了避免疑问，特澄清如下信息：Uber 出行平台本身不提供汽车服务，并且 Uber 也不是一家承运商。汽车服务是由汽车服务提供商提供的，您可以通过使用应用程序或服务发出请求。Uber 只是充当您和汽车服务提供商之间的中间人。因此，汽车服务提供商向您提供的汽车服务受到您与汽车服务提供商之间（将要）签订的协议的约束。Uber 绝不是此类协议中的一方。"[1]我国的"滴滴快车"与网约车司机之间也存在类似的协议。

第三，伪共享平台。属于《电子商务法》第 9 条第 1 款所称的"通过自建网站销售商品或者提供服务的电子商务经营者"。其电子商务模式一般属于B2C 模式。这类共享平台借共享之名把自有资产通过自建共享平台对外出租，本质上属于网络租赁经济，不属于共享经济的商业模式，但平台对需方或消费者依法定或是依约定承担经营者的义务和责任，比如共享单车、神州专车。伪共享经济平台就是交易主体，对交易承担相应的法律责任。原则上，共享经济中的共享平台是为闲置资源的供需方提供精准配置的信息服务平台，一般应是具有中介地位的居间合同主体。但在伪共享经济中，共享经济平台通过购入大量的资产借共享名义出租，进行监管套利，本质上就是网络租赁，不属于共享经济的商业模式，应根据租赁行业的相关法律对其进行监管。电商服务平台很容易被伪共享经济利用，进而非法获利，既扰乱租赁市场，又破坏共享经济秩序。

共享平台与供方之间对外责任的认定应依据双方之间的法律关系而定。共享平台不同则运营模式不相同，共享平台法律地位和法律责任也就不同。共享平台能否成为法律责任主体取决于其在交易过程中对交易本身的控制力或者参与程度，若平台参与共享交易的运营和管理，就应该承担相应的责任。反之，若仅为共享交易提供信息服务，只要对供需方资质尽了勤勉的审核义务，就不对共享交易承担法律责任，只是依相关的法律承担网站监管责任和

---

〔1〕　侯登华："共享经济下网络平台的法律地位——以网约车为研究对象"，载《政法论坛》2017 年第 1 期。参见优步专车《服务协议》第 1 条。

居间合同责任。对任何电子商务的经营者，如果其作为共享经济的电子商务的经营者参与共享经济交易和运营，就应该根据《电子商务法》第74条至第86条承担相应的法律责任。

2. 共享平台的"准权力"

在传统的法律关系中，居间人只是依双方当事人的意愿为当事人双方提供交易机会并收取佣金，只是被动地履行三方的约定，不参与交易过程。因此，只是起到了中介作用，三方的法律关系属于私法的范畴，受《合同法》调整。共享经济是依托共享平台公司组建网络社群而运行的网络经济商业模式，其法律结构较传统法律关系发生了异构。

第一，共享经济平台的公共性和社会性。共享经济平台依法提供订立合同的机会，以及提供信息分享和交易场所。共享经济的商业模式需要共享平台拥有的闲置资源和供需双方形成聚集效应才能被启动，共享平台公司的法律地位也因组建了网络社群而具有社会性。因此，共享平台居间法律关系发生了异构，社群的大众参与使共享平台公司与供需方的关系社会化，进而具有了公共性和社会性。

第二，共享平台享有"准公权力"。共享经济网络社群活动必须遵守一些基本的共同行为规则，因此共享经济社群通过共享机制赋予了共享平台相应的"权力"，共享经济平台因此有权制定有关平台准入、退出规则以及建立交易信用评价体系，甚至于制定交易规则、价格机制和责任机制等促进共享经济运行的相关规章制度。共享经济平台从为供需双方提供交易机会的合同履行者成了规则的缔造者和执行者，享有在居间合同权利义务之外的一些"准公权力"。共享平台社群内部依平台的规章制度或章程确立了各方主体之间的法律关系和责任机制，建立了内部的自律监督管理体系，共享平台社群供方与需方之间也形成了依附于共享平台的平权型权利义务关系。

第三，共享平台对交易过程的控制权。在共享经济模式下，共享平台占据核心主导地位，负责平台交易的运行。共享经济商业模式运行对共享经济平台的依赖使后者具有了"基础设施"属性，因此享有对共享经济交易的控制权，但如果这种权力被滥用则势必会影响经济社会的稳定。在大数据、云计算等互联网技术持续发展的条件下，这种权力会持续扩张，直至超越经济领域，影响国家安全。因此，共享平台的法律定位应当兼顾私法和公法两方面。[1]为确保公平、效益、稳定的市场经济秩序和维护国家安全，应加强对共享经济平台的监管，建立共享经济平台的准入、退出和交易安全监管机制。

3. 共享平台的内部监督管理义务

实践中，大多数共享平台均是商业服务平台，共享平台作为平台的创建者和经营者，不仅提供信息服务，同时还需监管供需双方的市场准入和退出，以及构建评价体系，甚至制定交易规则和价格机制，并对交易进行监督管理。根据《电子商务法》，共享平台对共享经济的交易活动具有监管的义务。首先，市场准入的审查义务。作为连接提供方和需方的中介，共享经济平台需要对供方的资质、闲置资产的基本信息进行审核，确保信息披露形式上的真实性，从而最大限度地减小信息不对称对交易的影响，降低交易成本，避免道德风险。与此同时，共享经济平台也会收集大量用户的个人信息，这种商业模式必然会带来个人信息的收集、处理、存储和利用问题。美国网约车公司 Uber 和 Lyft 在奥斯汀和得克萨斯州被消费者要求对司机进行基本的背景审查，而平台却拒绝实施指纹识别。Uber 和 Lyft 在听证会失败后拒绝在得克萨斯州开展服务。共享平台作为连接资源提供方和消费者的中介，需要在资源提供方面履行基本的审查义务，如司机的身份信息、犯罪记录，房屋提供方的身份信息，房屋内安装摄像头的位置等。只有披露大量的信息才能最大限度地降低产品或服务的不确定性，降低交易成本和安全风险。[2]

共享平台企业决定着供需双方的市场准入和退出条件、交易方式、交易规则、交易价格以及交易评价等交易过程，可以通过降低交易成本和建立信任来实现共享，进而成为共享经济平台社群秩序的制定者和维护者。社群具有很强的准公共属性，共享平台企业应当对共享经济社群具有监管的义务。因此，共享经济平台通过供需方市场准入的资格审查，以及对交易保险制度、定价原则、评价体系的设计达到对共享经济社群的监督管理。这种监管机制既是共享经济平台的权利和权力，也是其义务和职责。居间共享平台的行为准则可以仅作为建议，但商业共享和伪共享平台的行为准则可能会对不当共享行为进行处罚。对于共享平台的行为准则及其监管，各国各领域仍在探索。

---

〔1〕 伏睿："共享经济的法律关系与规制路径"，载《经济论坛》2017 年第 5 期。
〔2〕 齐爱民、张哲："共享经济发展中的法律问题研究"，载《求是学刊》2018 年第 2 期。

在共享经济的三大领域，我国的共享网约车有政府层面的行政规章，共享单车在政府层面仅有行政指导，部分地区有地方法规，而共享民宿仅有行业标准。共享经济必须接受法律监管是毋庸置疑的，共享经济的法治之路任重而道远。

（二）供需方的共享权

平权型法律关系又称横向法律关系，是存在于法律地位平等的当事人之间的法律关系。[1]平权型法律关系是按主体相互的法律地位针对法律关系进行的分类，反映的是法律关系主体在商品经济中平等的经济关系，即法律关系主体的地位平等。在共享经济的法律关系中，供需方之间是一种依附于共享经济平台的平等关系。这种平权型关系的特点在于：首先，共享供需关系的平权是一种具有依附关系的权限。和一般平等、自由的民事权利不同，共享供需关系的平等只是共享社群内的平等和自由，是一种社群平等，具有相对性和局限性，只是相对其他社群成员的平等，不是与共享平台的平等。只是享有社群内部的自由，这种自由除了受现行法律法规的约束，还要受共享经济网络社群内部的各种规章制度的约束，从市场准入与退出、交易规则、支付方式、定价机制、评价体系、责任分配等方面都完全依附于共享平台，由其决定和控制。因此，共享经济供需方的权利是一种依附于共享平台的平权型权限。其次，共享供需方的共享权限于闲置资源的使用权。共享经济模式与其他"互联网+"网络经济模式的不同之处在于其产权交易仅限于闲置的物品、劳动力，且共享交易应该遵守相关的法律法规，维护公平的竞争秩序，是对传统行业的补充而不是颠覆。如果供需方产权交易模式发生改变，就会破坏共享经济商业模式和交易秩序，导致监管套利的不公平竞争，阻碍行业的可持续发展。虽然目前共享经济的法律定位比较模糊，但这并不能成为其破坏现行制度的理由，在公共秩序的维护、劳工权益的保护、环境生态和商业生态的构建等问题上，共享经济仍面临着巨大的挑战，这些均是其可持续发展的障碍。因此，供需方应该明确其共享的权限范围，要遵守共享经济平台的管理规定，更要遵纪守法。

---

〔1〕 张光杰：《中国法律概论》，复旦大学出版社 2005 年版，第 45 页。

四、共享经济法律关系的梳理

（一）共享平台与供需方平权型依附法律关系

在共享经济商业模式中，共享平台企业决定供需双方的准入条件、交易方式、交易规则和交易价格等，供需双方对共享平台都具有非常强的依赖性，没有共享平台就没有交易行为。[1]供需方的平权型依附交易法律关系，是建立在以共享平台为依托的当事人平等主体地位基础上的法律关系。供需双方在自愿的基础上依共享平台的相关规定进行交易，在一般情况下，供需方可以自主地就交易进行谈判，并承担相应的法律后果，但共享经济内部的供需双方的关系都要依附于共享平台公司，甚至于完全由共享平台来制定交易规则、控制交易过程、处理交易纠纷。这种依附关系体现在：首先，交易完全由共享平台来操控。在共享经济的交易过程中，供需双方都必须严格遵守共享平台的交易规则，接受共享平台的监督管理，供需双方有时甚至连议价权都没有。其次，通过共享平台进行支付。共享经济供需双方是借助共享平台公司提供的虚拟空间完成的支付，双方的支付安全取决于共享平台公司的安全性，双方的支付权利义务也由共享平台公司操控，共享平台通过对网络支付的管控实现对交易的管理。最后，供需双方发生违约或侵权的法律责任与风险的分担由共享平台公司决定。由于共享经济交易是依据共享平台公司规定的标准合同来执行的，因此双方除了可以在价格或附加交易条件方面存在协商的空间之外，双方违约责任和风险分担都是由共享平台内部的纠纷处理机制来解决的。可见，共享平台在共享交易过程中具有举足轻重的作用，而供需双方的共享交易则完全依附于共享平台。

（二）共享平台的内部监管法律关系

共享平台公司应视不同的情况来厘定各方当事人的权利义务。共享平台不再是纯粹意义上的合同居间人，享有一般居间人不享有的权利和"权力"。共享平台与交易双方建立了一种新型的法律关系，在这种新型的法律关系中，各方主体的权利义务主要基于共享平台内部和《电子商务法》的相关规定被确定下来。可以根据《电子商务法》和平台内部的相关规定来明确不同共享经济商业模式内部的法律关系。一般包括共享平台对供方的市场准入的信息

---

[1]　李伟："分享经济发展研究综述"，载《经济研究参考》2017 年第 71 期。

登记管理、交易的监管、信用评价和惩罚处理等机制。具体应注意以下几点：

首先，共享平台公司的内部监督机制。根据《电子商务法》的相关规定，供需双方与共享平台公司建立了监管与被监管的法律关系，通过建立共享平台内部信用评级和惩罚机制对供需双方的市场准入、交易行为、责任分担、风险管理以及纠纷处理机制等进行管控。共享平台的移动端体验、智能算法及后台数据分析等对于引导社区氛围、保障产品或服务的品质、提高用户群的忠诚度等都是有利的。信用的良性发展受多种因素和内部自律监督机制的影响，比如共享平台内部监督评价机制、投诉举报机制、奖惩机制、公开公平的推荐或告示机制等对建立共享平台社群的信任氛围具有重要的意义。[1]如 Lyft 建立了"推荐机制+评分系统+背景验证"保证信任体制，而 PP 租车平台则建立了评价机制、会员机制、保险机制、安全机制、法律保障机制等保障信任机制。共享经济平台在形成信誉、量化信用、建立信任等方面尚有不少工作要做：比如对于供需双方信息的可信度、物品和服务的质量保证，二手物品的公平定价等信用机制都是共享经济可持续发展的保证。[2]共享平台公司可以依法制定各种监督规则，供需双方依共享平台的规则进行交易并接受其监督管理和纠纷处理决定。因此，共享平台建立内部监督机制可以确保交易信息的真实性。共享平台公司是管理者，不仅制定网络社群的活动规则、准入条件、监管规定，还要进行纠纷处理。每一个参与者，不论是供方还是需方，都应该按共享平台的相关规定进行交易，否则将受到处罚，甚至于被逐出社群。不过，共享平台公司也应依法进行内部的监督管理，否则便应该承担相应的法律责任。共享平台公司通过内部监督机制实现对交易的监督和管理，但其内部监督机制不应该与现行法律法规相冲突。

其次，共享平台与个体劳动者形成劳动或是劳务关系。在零工劳动者提供技能和劳动服务的共享经济类型下，社群成员依法可与共享平台公司建立劳动关系或是劳务关系。《网络预约出租汽车经营管理暂行办法》（以下简称《暂行办法》）第 18 条规定："网约车平台公司应当保证提供服务的驾驶员具有合法从业资格，按照有关法律法规规定，根据工作时长、服务频次等特点，与驾驶员签订多种形式的劳动合同或者协议，明确双方的权利和义务。"《暂

---

[1] 唐清利："专车类共享经济的规制路径"，载《中国法学》2015 年第 4 期。

[2] 倪云华、虞仲轶：《共享经济大趋势》，机械工业出版社 2016 年版，第 83 页。

行办法》未强制双方签订劳动合同。实践中，不应该完全根据双方约定来确认共享平台公司与个体劳动者的劳动关系，不排除共享平台通过双方协议掩盖事实劳动关系对劳动者保护不利的情形，损害劳动者权益。在此种情形下，劳动者可以通过法律途径来确认劳动关系。共享平台公司与个体劳动者的法律关系应根据双方的法律基础而定，如果双方不存在劳动管理和工薪关系，共享平台只是为供需双方提供信息服务，则可以认定为居间关系，否则可视为劳动关系或是劳务关系。劳务关系与劳动关系的界定，因为都涉及用工和报酬，两者的认定比较复杂。一般可以根据双方的约定来确定，如果双方约定不明或是不公，应根据《劳动和社会保障部关于确立劳动关系有关事项的通知》中关于"事实劳动关系"的标准来认定。而"事实关系"中的"劳动报酬"则可作为双方劳动法律关系认定的依据，如果是固定薪金可认定为劳动关系，如果仅是计件薪金则可视为劳务关系。

最后，共享社群内部的居间关系。对于居间共享平台而言，共享平台处于居间人的地位，由于共享平台不参与交易，只是为双方提供信息服务，因此三方的法律关系比较简单。虽然《电子商务法》没有明确规定三方之间的法律关系，但除根据《电子商务法》的相关规定来明确三方的法律关系之外，也可以根据《合同法》第424条、第426条、第427条的相关规定确定三方的法律关系。根据《合同法》的规定，居间人与委托人应约定支付报酬，未约定的依照《合同法》第61条的规定仍不能确定的，根据居间人的劳务合理确定，已促成合同成立的，由该合同的当事人平均负担居间人的报酬。实践中，居间共享平台虽有居间人之名，但其实已超越了居间人之权责。共享经济交易的佣金或者居间人的报酬由共享平台自行规定，交易双方即所谓的委托人没有制定参与权。在法理上，居间人只要为委托人提供订立合同的机会并促成合同成立就可以得到佣金，不涉及合同的效力及履行的法律后果。理论上，任何注册成为平台的会员都拥有订立合同的机会，但共享平台如果要得到佣金却必须确保交易完成，而不只是订立合同或者提供订立合同的机会，而且对交易的风险承担相应的监管责任。根据《合同法》第425条的规定，居间人应当就有关订立合同的事项如实向委托人报告。居间人故意隐瞒与订立合同有关的重要事实或者提供虚假情况，损害委托人利益的，不得要求支付报酬并应当承担损害赔偿责任。虽然共享平台公司可以要求会员进行实名登记，但客观上，共享平台不可能掌握每个交易的真实情况。因此，交易的后果只能由交易人承担，但共享平台对失信的一方可以采取处罚措施。

(三) 外部监管法律关系

从经济学的角度来看，外部性的概念是由马歇尔和庇古在 20 世纪初提出的，是指一个经济主体（生产者或消费者）在自己的活动中对旁观者的福利产生了一种有利影响或不利影响，这种有利影响带来的利益（正外部性）或不利影响带来的损失（负外部性）都不是生产者或消费者本人所获得或承担的，是一种经济力量对另一种经济力量"非市场性"的附带影响。外部性的存在会造成社会脱离最有效的生产状态，使市场经济体制不能很好地实现其优化资源配置的基本功能。共享经济的负外部性指共享平台企业可能会破坏自己的部门或替代行业，以及所处的周边生态和营商环境。共享经济的目标应该是最大化经济、社会和环境利益，但共享经济业务模型并不总是实现其效益最大化目标的正外部性。由于共享经济发展和监管机制的不成熟，其负外部性是不可避免的。例如，损害营商环境、破坏环境生态、规避工商监管、偷逃税收、损害劳工和消费者权益等违法违规行为时有发生。为防范或减少共享经济的负外部性，政府必须依法对共享经济进行监管。另外，因为共享经济的商业模式是异构，为了确保同行业间、传统和非传统企业间的公平竞争，规范共享平台的运作，确保各方主体利益，政府对共享经济进行监管是必要的。[1]

共享经济的供需方依赖共享平台公司完成交易和支付，因此存在潜在的风险。虽然共享平台公司对于供需双方的监管在某种程度上可确保共享经济保持公平的市场秩序，但政府必须建立相应的监管制度，以防止共享平台公司滥用监管权，防范其负面效应。[2]如何监管共享经济是政府面临的一项具有挑战性的工作，共享经济经过几年的发展，政府机构仍在探寻对其进行有效监管的方法。处理方式有多种选择：不作为、制定、协商和诉讼。[3]对于负面清单之外的市场，如果共享经济的市场行为产生的结果符合预期，没有破坏市场秩序，不侵犯消费者权益，不损害社会公共利益，不存在违法违规

〔1〕 Chris J. Martin, Paul Upham and Leslie Budd, "Commercial Orientation in Grassroots Social Innovation: Insights from the Sharing Economy", *Ecological Economics*, Oct 2015, Vol. 118: 240.

〔2〕 唐清利："专车类共享经济的规制路径"，载《中国法学》2015 年第 4 期。

〔3〕 Bryant Cannon and Hanna Chung, "A Framework for Designing Co‐Regulation Models Well‐Adapted to Technology‐Facilitated Sharing Economies", *31 Santa Clara High Tech*, L. J. 23 (2015): 54.

的情形，就应该由市场自律，政府应当采取不作为的方式。如果共享经济市场发展失衡，政府就需要通过立法或执法进行积极干预，制定相关的规范性文件。对于负面清单上的领域，共享经济作为一种新的市场资源配置方式，可以探索建设政府与市场对公共资源共治的共享机制。政府与市场的谈判是规则制定过程或诉讼前的协调机制，可以为市场和政府建立沟通机制，并借此达成合作监管。诉讼则是解决所有纠纷的最后手段。对新的商业模式，需要通过制度的变革来加以确认。在新规则产生之前，可以运用相关的法理，借鉴现行法律法规以及潜在的商业道德，通过市场自律维护市场秩序。共享平台作为一个社群，涉及群体多数人的利益，具有公共性。为了确保公众利益，政府必须对其进行监督管理。

（四）同行业的竞争关系

共享经济作为一种新商业模式，在实践中不仅存在与其他同行业共享平台的竞争关系，还存在与传统同行业的竞争关系。由于绝大多数共享经济商业都没有形成行业规则，也缺乏相应的法律监管，以至于共享经济商业模式实际上就是自由经济，其交易规则由共享平台制定。当交易规则和监管缺失，特别是风险资金介入时，行业竞争便会加剧。共享经济平台公司可能会滥用技术和资金优势进行垄断和不正当竞争，并通过监管套利对传统行业构成不公平竞争。共享资本为了追逐利润，可能会滥用自由竞争机制，破坏平公的竞争秩序，损害消费者的利益。据称，迈阿密的 Uber 曾到其主要竞争对手那里下 5000 个订单然后取消，为的是干扰对方的业务。Uber 还用假的公关人员来欺骗报纸，竟然大言不惭地在公关宣传中"武装事实"。[1]共享经济的同行竞争存在两种情形：首先，共享经济与传统同行业的竞争关系。共享经济作为新业态，虽与传统同行业的商业模式不同，但与传统行业存在竞争关系，却不受行业监管。而且，由于共享经济相关的法律关系不健全，共享平台公司可能只是为了寻求经济增长，而不是优先考虑社会公共利益，共享平台公司可能为了获取竞争利益而进行不正当竞争，或是采取无序竞争，导致垄断。共享经济因监管的缺失创造了"不受监管的市场"，其不公平竞争、避税和黑

---

〔1〕［加］汤姆·斯利：《共享经济没有告诉你的事》，涂颀译，江西人民出版社 2017 年版，第89 页。

色或灰色市场等违法行为的负外部性，可能导致市场垄断的形成。[1]共享经济的监管套利不仅会破坏营商环境，对依法依规经营的传统同行业也构成了不公平竞争，同时也损害了共享经济新业态企业之间的竞争关系。特别是随着风险资金涌入共享经济领域，由于缺乏有效监管，共享经济行业内的恶性竞争损害了共享经济的可持续发展。

第三节　共享经济法律机制的嬗变

共享经济作为一种新型法律关系，并不买卖或转移商品所有权，其交易的核心是使用权的共享，其法律行为实为"租赁"或"服务"，本质上是产品使用权或劳务共享。共享经济作为一种协作消费模式，形成了新的法律结构。共享经济因不同的商业模式而存在不同的价值目标或者动机，基于共享经济法律关系主体的资格或者市场准入条件不同，共享交易行为产生的商业模式也不同。共享经济的法律机制较传统的法律行为发生了嬗变，共享平台从居间人变成监管者，交易目标也从所有权变为使用权，市场借共享机制参与公共善治，以契约为基础的交易变成了以信用为重的商业模式。共享经济作为一种新的消费模式，其法律机制发生了嬗变，需要构建新的法律机制。共享经济的法律机制就是要确保共享经济的商业模式遵循市场规律，商业行为符合法治要求，建立内部自律监督、政府外部监管和社会监督的监督体系，确保共享经济健康、有序地发展。

一、共享经济法律关系的异构：内部关系外部化，外部关系内部化

共享经济是通过共享平台为供需方提供交易机会的商业模式。依法理和我国《合同法》的相关规定，共享平台公司是为供需方进行交易提供居间代理的居间人，共享平台与供需方形成居间合同关系。因共享平台公司与供需方通过共享平台社群建立了新的法律关系，传统的居间合同关系发生了异构。共享平台公司与供需方的法律关系变得更复杂，其权利和义务法律关系也发生了嬗变，不再只是居间关系。法律关系主体的资格条件、法律地位、法律

---

〔1〕　Hans Verboven and Lise Vanherck，"The Sustainability Paradox of the Sharing Economy"，*Uwf Umwelt Wirtschafts Forum*，2016（24）：308.

关系、法律行为、法律责任等法律机制都发生了变化，形成了以共享平台为核心的社群内部法律关系和外部法律关系、内部自律监督和外部监管关系，以及相应的内部责任和外部责任的新法律机制。出现了内部关系外部化，外部关系内部化的嬗变。共享经济的内部法律关系包括供需方之间的平权型依附关系，以及共享平台与供需方之间的内部监管关系，外部关系主要是政府对共享经济的监管关系、同行业之间的竞争关系，以及社会监督关系。首先，共享经济供需双方与共享平台权利依附关系。共享经济的供需方的交易关系是以共享平台为核心的平权型法律关系。供需双方的法律地位平等，但共享经济的交易都要依附于共享平台公司，交易完全由共享平台来操控，供需双方甚至都没有议价权。或是由共享平台定价，比如网约车和共享单车；或是由提供方单方定价，如 Airbnb 等。因此，共享平台的法律地位发生了嬗变，既是中介者，又是管理者，也可能是交易者。其次，共享经济共享平台建立了内部监督机制。共享平台公司通过市场准入机制、支付管控、评价体系和内部责任机制等手段建立内部监督机制，对共享经济的交易进行监督和管理，交易双方的权利、义务、责任和风险分担都是由共享平台内部的纠纷处理机制来解决的。最后，共享经济的外部监管关系。共享经济共享平台作为一个社群，涉及群体多数人的利益，具有公共性，为了确保公众利益，政府必须对其进行监督管理。[1]

共享经济是通过共享平台为供需方提供交易机会的商业模式，不同共享经济商业模式的法律关系不同。从法学的视角看，一种新的经济形态或者社会现象的出现，必然会引起新型法律关系的产生或传统法律关系的变动。共享经济网络社群内部关系会产生外部性，外部关系也会内部化，内外交织将产生更为复杂的法律关系结构和法律后果。[2]根据《电子商务法》的相关规定，共享经济法律关系主要有以下两种类型：第一，供需方与共享平台与之间的居间合同依附关系。对于居间共享平台而言，共享平台是纯信息中介，平台与供需方间只是居间法律关系，仅仅提供算法实现信息的匹配，起到撮合交易机会的作用，真正发生交易的是车辆、房屋、技能等闲置资源供方与需方，共享平台对交易无须承担责任，但根据《电子商务法》第 2 章的相关

---

[1]　董成惠："共享经济法律机制的嬗变"，载《学习与实践》2016 年第 12 期。
[2]　唐清利："专车类共享经济的规制路径"，载《中国法学》2015 年第 4 期。

规定，共享平台必须对供需方的市场准入资质和信息进行审核登记，对共享供需方信息和网络安全具有监管的义务。对于居间共享平台而言，共享平台与供需方之间的法律关系就是一种居间合同关系和信息网络监管关系，供需方的共享交易只有依附于共享平台才能完成。第二，共享平台自律监管关系。对于商业共享平台和伪共享平台而言，因为共享平台参与共享交易，对供需方的市场准入、交易规则、交易价格、信用评价体制及交易过程进行监管。第三，共享平台、供方、需方和政府的四方关系。共享平台与供方之间是一种内部监管，与需方之间是一种租赁合同或是服务合同关系。同时，共享平台也应该根据《电子商务法》履行其网络监管义务，并建立共享经济交易的内部自律监管体系。根据《电子商务法》的相关规定，共享经济的法律关系主体在狭义上应该包括"供方、需方和共享平台"，其实主要是内部法律关系，但广义上的共享经济的法律关系应该包括供方、需方、共享平台和政府。因此，在共享经济中，因为共享平台的法律地位发生了嬗变，共享平台建立了内部监督机制，同时，由于共享经济涉及社会公共利益，政府对其的监管和干预也是必需的。因此，共享经济法律关系内部关系外部化和外部关系内部化，共享经济建立了共享平台、供方、需方和政府的四方关系：即共享平台与供需方内部监管关系、供需方之间的平等交易关系、共享经济平台之间的竞争关系、政府对共享平台以及交易的监管关系。

二、共享平台法律地位的突变：从权利到"权力"的蜕变

启蒙思想家孟德斯鸠提出："民法是以私人的利益为目的，政治法是以国家的利益与安全为目的。"[1]此分权学说划分了公法和私法的范围，产生了大陆法系中私法和公法的二元法律结构，即作为权利义务模式任意性规范的私法和作为权力职责模式强制性规范的公法。随着社会经济的不断发展，"所有权关系社会化"和"契约关系社会化"等社会现象增多，社会化的"意思自治"也就具有了"社会性"成为"公共合意"，即共识。共识由原来的任意性规范演变为社群的准强制性规范。如共享平台社群内的相关规定因对所有的成员都具有束缚力而成为"准权力"。在此层面上，"共识"具有了"权力"的性质，其"准公法"的强制性规范也就成了行为的基本准则，使成员

---

〔1〕 〔法〕孟德斯鸠：《论法的精神》（下册），张雁深译，商务印书馆1982年版，第191页。

无条件地共同遵守，并与任意性规范的契约相结合，形成三个层次的调整模式。[1]即成员之间以契约为主的私法规范，全体成员以"共识"为蓝本的"准公法规范"。然后就是建立在这种私法与准公法共同调整基础上的整个社群规则体系，如共享平台的规章制度以及共享平台内部监督机制。这些规则的法律效力取决于其合法性和合意性。如果与现行法律冲突则必然无效，如果违背社群民意则因没有人愿意受罚而失去拘束力。

在传统的法律关系中，共享平台公司作为居间人只是依双方当事人的意愿为其提供交易的机会并收取佣金，只是被动地履行三方的约定，三方的法律关系属于私法的范畴，受合同法调整，只是享有居间合同的权利。但当共享平台形成了一个社群，这种简单的居间法律关系就发生了嬗变。因为社群的大众参与使共享平台公司与供需方的关系社会化，进而具有了公共性。网络社群的规则必须基于社群内部的共识或理念才能被遵守，从而产生拘束力。为了共识能落到实处，社群通过共享机制赋予了共享平台相应的"权力"，共享平台从为供需双方提供交易机会的合同履行者成为规则的缔造者和执行者。共享平台公司与供需方的法律关系也变得更复杂，不再仅仅是居间关系。共享平台公司与供需方之间可能形成了居间关系或会员关系、劳动关系或是劳务关系。共享平台的权利和"权力"范围如何？是否应受到政府的管制？是共享经济发展过程中必须解决的法治问题。理论上，只要不涉嫌违法，对于非政府管制的领域，共享平台公司的权利和"权力"以及市场的准入应该不受政府的管制，但在公共资源领域以及受政府管制的领域，为了避免"公地悲剧"的发生，维护社会经济的安全和稳定，政府有必要对共享平台公司进行监管，共享平台公司的权利和"权力"都应该受到限制。

三、共享经济从所有权到使用权的产权革命：经济改革的方向标

在传统的大陆法系国家和地区，所有权法律制度是民法上非常重要的一项物权制度，是民法的核心制度，宪法和其他法律甚至于国家的经济制度和政治制度都受到所有权制度的影响和制约。[2]历史上，占有权和使用权在所

---

　　〔1〕　董保华："论事实上的契约关系——对第三法域的探索"，载《南京大学法律评论》2000年第2期。

　　〔2〕　孙宪忠："所有权制度的历史分析"，载《河南财经政法大学学报》2013年第3期。

有权制度中一直都处于非常重要的位置。据春秋战国时期的《商君书》记载，商鞅曾对"占有"的"定分止争"的理论进行过描述。[1]所有权不论是对个人财富的评估还是对一个国家经济水平的衡量都是一项重要的指标，对物的占有是拥有财富的象征。比如，用国内生产总值（GDP）来衡量一个国家的经济实力，以所有权为代表的国家经济制度的所有制是一个国家社会形态的标志：公有制与私有制成了区分资本主义国家和社会主义国家的标准。所有权制度在社会发展过程中具有重要的意义，纵观古今中外的无数战争，都是为了追逐对土地资源的占有和控制。所有权的四项权能可以从所有权中分离出来独立发挥其权能作用，甚至只保留其中一些权能。比如，现代企业制度使收益权从所有权中分离，投资者只保留收益权而把其他三项权能转移给投资的企业，使所有权的各项权能效益最大化。在我国改革开放的历史进程中，我国对所有权与使用权进行了划时代的重大改革，使用权得以从所有权中分离出来，更好地发挥其效用。我国建立了具有中国特色的法人财产权制度。所有权与经营权分离，使企业可以更好地经营管理资产。另外，土地使用权从经营权中分离出来。土地承包经营权从农村土地集体所有权中分离到户，使农民可以全面经营管理承包的土地。使用权从所有权中分离是共享经济重要的法律机制，也是更好地发挥物尽其用效能的重要商业模式。

四、社会组织参与公共治善：国家治理模式的转变

社会资源指用于公共服务，为公众所共有，为人类的生存和发展创造必要的条件，关系人民群众生活质量、社会公共利益和国民社会经济可持续发展的非自然资源，也被称为公共产品。在某种程度上，公共资源的利用就是一种共享机制。如图书馆、学校、路灯、医院、城市公园、城市道路、桥梁等。亚里士多德（Aristotle）认为："凡是属于最多数人的公共事物常常是最少受人照顾的事物，人们关心着自己的东西，而忽视公共的事物。"[2]实践中，理性的市场个体对自己利益的追逐总是存在。公共资源的稀缺性可能会导致个人或利益集团因竞相追逐其支配权而引发"公地悲剧"。因此，为确保

---

〔1〕《商君书·韩非子》，岳麓书社1990年版，第53页。

〔2〕 Politics, Book Ⅱ, Ch. 3；1261b. 30，转引自［美］埃莉诺·奥斯特罗姆：《公共事物的治理之道——集体行动制度的演进》，余逊达、陈旭东译，上海三联书店2000年版，第11页。

公共资源的公平、合理配置，政府必须进行监管，但政府的不当管制可能会导致效率低下。政府和市场两者对公共资源的配置都存在缺陷，为确保公共资源的公平、合理分配，对公共资源的效益评价应该从社会、经济和生态三个方面综合进行，并采取相应的监管措施。既要确保公共资源实现一定程度的盈利以维护公共事业的可持续发展，也要符合其环境生态价值目标，特别是其社会价值目标，增进公共福利、维护公共利益，让所有社会成员均可平等享受公共资源。市场和政府对公共资源共治的共享机制是在追求经济价值的同时，兼顾生态环境价值及社会价值的理想治理模式。

像共享平台公司那样具有公共性的社会中间层组织可以通过共享机制参与公共资源的配置，其在政府和市场的互动中的补缺作用和地位越来越明显。社会组织一方面能充分发挥市场在资源配置中的能动性，一方面又能行使政府的部分监管职能，形成了"政府—社会中间层—市场"的经济法律关系。[1]比如，具有社会组织角色的共享平台相较于政府在对共享服务提供者的发现、跟踪及运行背景调查方面可能会作出更适当的反应，以便迅速平息成员之间的冲突。此外，共享还有助于政府机构的监管。例如，卫生检查员可以根据 Yelp[2]评级来确定餐厅的卫生条件。[3]在公共资源的配置过程中，共享平台以社会中间层的身份参与政府和市场对公共资源的配置，打破政府在公共领域里的行政垄断，建立政府与市场共治的管理模式，典型的例子就是网约车服务。网约车进入出租车市场，补充了运力资源储备，保证了市场的供给。通过互联网技术精准地在司机和乘客中配置资源，在一定程度上可以防止对公共资源的掠夺，避免"公地悲剧"的发生。

《中共中央关于制定国民经济和社会发展第十三个五年规划的建议》指出，共享是中国特色社会主义的本质要求，要通过更有效的制度安排，使全体人民在共建共享发展中有更多获得感。2013 年 10 月 7 日至 2015 年 9 月，习总书记在东北、陕西、西藏、云南、广西等地区的调研以及中央工作会议和国际会议上多次提出并阐释了共享发展的理念及实现路径：人人参与、人

---

〔1〕　王全兴：《经济法基础理论专题研究》，中国检察出版社 2002 年版，第 51 页。

〔2〕　Yelp 是美国著名商户点评网站，创立于 2004 年，囊括各地餐馆、购物中心、酒店、旅游等领域的商户，用户可以在 Yelp 网站中给商户打分、提交评论、交流购物体验等。

〔3〕　Malhotra and Arvind, "The Dark Side of the Sharing Economy…and How to Lighten It", *Communications of the ACM*, Nov 2014, Vol. 57, Issue 11：27.

人尽力、人人享有。大力推进基本公共服务，健全社会保障体系和基本公共服务体系保障，公平配置资源，消除贫困，改善民生，逐步实现全体人民共同富裕的共享发展。[1]通过加快户籍制度改革，以基本公共服务均等化为重点，着力改善民生。加大对基本公共服务和扶贫济困工作的支持力度，推进城乡要素平等交换和公共资源均衡配置。突出精准扶贫、精准脱贫，防止平均数掩盖大多数。把现代公共文化服务体系建设作为一项民心工程，坚持政府主导、社会参与、共建共享，统筹城乡和区域文化均等化发展。加快科学扶贫和精准扶贫，办好教育、就业、医疗、社会保障等民生实事，实现全面建成小康社会。加快老区发展步伐，确保老区人民同全国人民一道进入全面小康社会，发展乡村教育，让每个乡村孩子都能接受公平、有质量的教育，阻止贫困现象代际传递。通过教育信息化，逐步缩小区域、城乡数字差距，大力促进教育公平，让亿万孩子同在蓝天下共享优质教育、通过知识改变命运。[2]

根据习总书记关于共享发展的理念，通过共享经济模式，我国可以解决闲置人员的就业问题，实现共同参与、共同致富的共享发展。共享经济通过对城市闲置的教育和医疗等公共资源在农村的再配置消除城乡差别，提高资源利用率，实现资源配置的均等化，达到共享发展的目标。并通过不同发展地区的共享经济模式进行精准扶贫，实现共享发展。目前，我国的公共资源的配置存在缺位和错位现象。优势资源都集中在大中城市，甚至存在严重过剩的情况，而偏远落后的地方急需资源却得不到配置，通过网络共享平台可以把发达地区先进的教育资源和公共管理资源通过共享平台向全国（特别是落后边远的地区）分享，建立地区差异共享机制。另外，同一地区也会出现公共资源配置不合理的情况。如果有一个公共资源共享的共享平台，对于线下的闲置资源进行整合并对外开放，就可以提高公共资源的利用率。比如，学校的师资、操场、图书馆以及医院的医护等公共资源，可以利用节假日在不影响正常教学和医疗服务的情况下通过共享平台预约对外开放，实现闲置资源的再配置，将单位富余的公共资源与社会共享。但应建立相应的监督管理机制，以防止利用公共资源共享平台谋取不正当的私人利益，或者滥用公

---

〔1〕"坚持共享发展——'五大发展理念'解读之五"，载 http://theory. people. com. cn/n1/2015/1224/c40531-27969090. html，访问日期：2016 年 7 月 30 日。

〔2〕"习总谈'五大发展理念'之五：共享发展"，载 http://www. whb. cn/zhuzhan/kandian/20151114/43025. html，访问日期：2016 年 7 月 29 日。

共资源共享平台谋取集团利益而侵蚀公共服务职能。共享经济既可以使整个社会的公共资源通过共享平台实现合理的配置、减少资源的浪费，又可以满足社会的需要。但在公共领域的市场准入上，应该建立新的机制，排除法律上的障碍，确保行业的公平竞争和健康发展。

五、从契约到信用：道德风险的约束

传统上，契约是商业交易中最重要的法律制度。传统的交易模式一般以契约作为交易履行的依据或者纠纷解决的证据，契约对维护交易秩序具有重要的意义。契约在传统交易中举足轻重，会直接影响到履行效果以及纠纷的解决处理结果，但契约仅有证据作用，并不具有直接惩罚功能和执行力。因此，契约对交易的保障功能有局限性。随着"互联网+"经济模式时代的到来，传统的契约交易受到了挑战。虽然合法的电子证据具有证明力，但因网络交易不受时空限制，交易双方可能路途遥远。加之电子证据取证比较困难，诉讼成本高，通过诉讼解决电子商务纠纷在客观上困难重重，契约维持电子商务交易的功能在渐渐被淡化，对交易双方的约束力在消减。普华永道会计师事务所对共享经济的调研报告显示：对业务和其他消费者的信任是发展共享经济的核心，没有信任就没有共享经济。该报告认为："信任、便利性和参与感是推动共享经济发展的主要原因。"[1]科利·多克托罗（Cory Doctorow）的科幻小说《魔法王国的潦倒》（*Down and Out in the Magic Kingdom*）描绘了一种未来生活。每个人见到其他人时必做的第一件事就是确认他们的"声望值"。"声望值"是衡量一个人是否值得花时间交往的最佳标准。社交媒体评论员塔拉·亨特（Tara Hunt）采用了多克托罗的科幻概念，认为一个人的"声望值"代表着一个人的名誉和影响力，代表着与他人保持联系和纽带关系的资本，代表着他现在以及将来可能接触到的思想、人才和资源，代表着他将来能够得到的帮助和可能实现的成就。[2]共享经济交易不是现货交易，双方当事人可能互不相识，而且未见到交易标的实物，对交易双方而言都存在风险。对于买方，面临着货品假冒伪劣的风险或卖方不发货的风险，而对于

---

〔1〕 刘国华、吴博：《共享经济2.0　个人、商业与社会的颠覆性变革》，企业管理出版社2015年版，第80页。

〔2〕 ［美］唐·佩珀斯、玛莎·罗杰斯：《共享经济 互联网时代如何实现股东、员工与顾客的共赢》，钱峰译，浙江大学出版社2014年版，第18页。

卖方，也同样存在被退货或收不到货款的风险。因此共享平台必须通过建立内部监督的信用评价机制来约束供需双方。

首先，通过保险金或保证金构建信用机制。共享平台可以通过向供方提供最优保障机制消除需方的道德风险问题，以及通过对需方采取最好的激励措施来平衡道德风险，使供方和需方通过自律建立信用基础。共享平台公司可以要求需方提供保证金，以确保共享物品因需方受损害时供方能得到赔偿。共享平台公司也可以通过继续接纳供方为会员作为激励方式，如果供方违规，则可能被逐出共享平台网络社群。[1]其次，建立信用评级机制。共享平台为了确保交易更透明、更安全，为交易双方建立了信用评级的公共监督系统，个体之间的纠纷基本上都能在共享平台社群内得到解决。比如 Uber 要求乘客要先付款到其账户，交易完成 1 个星期后才转移支付给司机。如大家悉知的电商共享平台，买方要先将货款支付到淘宝账户，交易确认后才转移支付给卖方，而且买方可以通过退款退货来保障自己的权益，卖方也可以提出异议，交易安全得到了充分的保障。共享平台可以为每个账户建立"信誉银行"，每个用户在互联网上的足迹或是行为都被储存在网络社群的"信誉银行"中，而这些信用完全来自客户端的评价，较高的信誉度更容易被平台推荐从而获得更高的排位和曝光率，让交易方更容易发现。互联网共享经济模式也遵循马太效应的原理——强者恒强，弱者被淘汰。良好的信誉可以给人带来心理上和经济上的回报。[2]共享经济的市场价值在于其能够通过共享平台解决供需双方的信息不对称问题和信任交易障碍问题。

在共享经济中，产品和服务的提供者更加注重这种以大数据为支撑的"脱域"信息透明过程。更重要的是，这是一个自我强化的信用征集机制。对于提供者而言，其面对的是与多个不确定性需求者的重复博弈过程，每次不同的博弈结果最后都会合成对供应者的信用评价和甄别结果。为此，供给者最好的选择就是提升服务的水平，避免出现被需求者重复"差评"，以保证自身信用水平。在一个多边平台体系中，这种信用机制还与供求双方的其他需求服务供给紧密相关，比如，一个电商平台供应商在需要向平台或合作金融

---

〔1〕 Thomas A. Weber, "Intermediation in a Sharing Economy: Insurance, Moral Hazard, and Rent Extraction", *Journal of Management Information Systems*, Winter 2014（3）: 35, 37.

〔2〕 倪云华、虞仲轶:《共享经济大趋势》，机械工业出版社 2016 年版，第 29 页。

机构申请产业链金融服务时，信用评价结果就可以作为供应商信用利差定价的基础，从而让产业链金融服务商甄别风险较小、信用较高的客户，或者通过提高利率水平来降低潜在的违约损失。基于大数据的互联网信用征集机制可以为共享经济的相关服务设置差别定价。鉴于此，将形成一个信用的硬约束。这是共享经济顺畅运行的"软件"基础，也是新兴技术支撑下的保障。共享生产或消费的重大信任是一切交易的前提条件，更是共享经济运行的基础。信息技术革命之前，社会无法建立对共享者和使用者的有效评价体系，交易行为难免会出现欺诈、以次充好、跳单等种种不诚信行为。这种行为会大大提高交易成本，降低经济运行效率。而在以互联网技术为代表的现代信息技术出现以后，由于交易具有电子化以及可记录、可追踪的特点，交易双方的信用信息接近透明化。此外，大量的互动式平台又为交易双方提供了事前与事后信用评估的机会，这些都将大大提升陌生人之间的信任感，使得共享行为有了坚强的社会信任基础。[1]

共享平台内部监管机制必须确保公众获取公共信息，而且不能通过分享使公共资源为私人服务或私有化公共资源，共享经济需要为参与各方提供完整的信息和值得信赖的声誉。[2]在联系高度密切和更加透明的互联网世界中，失信行为将会受到严厉而及时的惩罚，失信将使自己丧失社群成员资格，诚实地共享和合作则可以带来巨大的回报。因此，互动越频繁就越需要信任；越诚实守信，交际就越广，就会赢得越多的信誉。那些真正赢得声誉的人，就是那些被他人信任的人。[3]传统的商业交易不会产生社会关系，只是双方各取所需。共享的互帮互助文化理念，需要人们相互之间的信任以及相互参与，形成一种动态的社会行为，从而不断强化个体之间的分享、合作、社交和忠诚度。当人际关系和社会资源回归到交易的核心时，人们之间点对点的信任就会越来越牢固，不会被轻易破坏。[4]信用成了"互联网+"经济模式很重要的无形资产，甚至是市场准入的条件。对于信用不佳者，可以对其实

〔1〕 刘根荣："共享经济：传统经济模式的颠覆者"，载《经济学家》2017年第5期。

〔2〕 Malhotra and Arvind, "The Dark Side of the Sharing Economy…and How to Lighten It", *Communications of the ACM*, Nov 2014, Vol. 57, Issue 11: 27.

〔3〕 ［美］唐·佩珀斯、玛莎·罗杰斯：《共享经济互联网时代如何实现股东、员工与顾客的共赢》，钱峰译，浙江大学出版社2014年版，第14页。

〔4〕 ［美］雷切尔·博茨曼、路·罗杰斯：《共享经济时代：互联网思维下的协同消费商业模式》，唐朝文译，上海交通大学出版社2015年版，第109页。

行市场禁入。特别是实现平台的信用评级与国家的个人信用大数库对接，纳入国家个人信用评级数据库，对建立个人信用体制更有意义。"互联网+"经济模式改变了传统以契约为依托的交易模式，信用成了"互联网+"经济模式的灵魂。失信一方容易被市场驱逐，而守信一方则容易赢得市场。从这个层面讲，"互联网+"的信用评级机制不仅有利于共享经济的发展，也有利于社会道德文明的建设。

第四节　共享经济的责任机制

共享经济新业态的法律结构发生了异构，其各方主体权利义务的设置以及法律责任也发生了嬗变，从而影响了共享经济网络社群内部各方主体权利义务的配置，以至于共享经济网络社群内部关系外部化，外部关系内部化，形成自律监督的内部责任关系和政府监管、同行竞争以及社会责任的外部责任关系，内外交织产生更为复杂的法律关系结构和法律后果的责任体系。以至于共享经济的法律责任具有综合性，应根据不同的法律关系建立和完善共享经济责任机制，建立内部自律监督机制和政府外部监管机制，明确共享经济主体权、责、利、义，以及风险和责任的分担，确保共享经济的健康、有序发展。

一、共享经济责任机制的法理分析

（一）共享经济责任的内涵

责任（常见的英文 Burden/Duty/Liability/Obligation/Responsibility），指对人或事的一种承担。责任的内涵丰富，无处不在，可以从不同层次、不同形式来区分，可以从不同领域、不同角度去认识。一般认为，责任与义务是同一概念，都是权力所保障的必须且应该付出的利益。责任和义务一般都具有强制性，都强调必须和应该为之。对于民事法律关系的私行为，义务和责任之间存在着因果关系。义务指的是依法定或是约定必须为或是不为的先行为，而责任是没有履行义务应该承担的法律后果。对于行政法律关系的公行为，责任或是职责常被混用。一般说来，凡是与职务有关的、职务要求必须且应该付出的，便都因其更强调必须性、强制性、法规性而叫作职责。如果没有履行职责就应该承担责任。广义上的责任包括积极责任和消极责任，狭义上的责任仅指消极责任。积极责任就是不问后果都要去履行，指每一个人对家庭、对集体、对社会、对祖国自始至终都要履行一定的义务或担当，比如，家庭责任、职业责任、社会责任、国家责任、民族责任等。而消极责任是指对不履行义务或履行义务不当应承担的不利的后果，比如，法律责任、道德责任、领导责任等。不履行道德责任会受到道德的谴责和良心的拷问，不履行义务会受到法律的追究和制度的惩处，不履行领导责任应该被问责。狭义上，责任就是义务的后果，如果不履行义务就意味着可能会承担消极责任，也就是要承担法律责任、道德责任、社会责任、领导责任等不利后果。在多数情况下，责任指的是广义上的积极责任，即义务或职责。除非是单边行为，否则责任和权利便是对立统一的。享受权利就意味着要承担责任，而履行责任也是建立在一定权利基础之上的。责任和自由是对应的概念，责任事实上虽然不是以自由为前提，但自由只能是存在于责任之中的自由。社会在发展，责任内涵也在不断发展，比如，负责任的大国、负责任的政府、负责任的企业、负责任的公民等都在强调任何主体都应该有一种角色担当。简而言之，责任的两种基本含义：一是指分内应该做好的事，如履行职责、尽到责任、完成任务等，即广义上的积极责任；二是指如果没有履行义务或职责，也就是消积责任，指应承担的不利后果或强制性义务，如法律责任、道德责任等，因此责任也是一种职责和任务。[1]每一个社会主体、市场主体都应承担起相应的责任。

共享经济商业模式建立了新的组织形式和新的市场结构，其法律关系各方主体权利义务的配置以及法律责任都发生了嬗变，以至于共享经济网络社群内部关系会产生外部性，外部关系会内部化，内部关系也会外部化，形成了共享平台内供需双方的平权型合同责任关系、供需方与共享平台间的内部自律监督的内部责任关系和接受政府监管、同行业公平竞争以及承担社会责任的外部责任关系。共享经济内外关系交织产生具有更为复杂的法律关系结构和法律后果的责任体系，以至于共享经济的法律责任具有综合性。因此，应根据不同共享经济的法律关系建立和完善共享经济责任机制，建立共享经济的法律监管新机制，包括内部自律监督机制和政府外部监管机制，以及行

---

〔1〕 参见 MBA 智库：https：//wiki. mbalib. com/wiki/% E8% B4% A3% E4% BB% BB，访问日期：2019 年 11 月 30 日。

业公平竞争机制，结合不同共享经济商业模式界定共享经济参与各方的法律责任形式，明确共享经济主体权、责、利、义的配置机制，确保共享经济的健康、有序发展。

（二）共享经济责任的归责原则

不同类型、不同领域的共享经济特点各异，其对消费者、社会、传统行业产生的影响也不同，相应的规则可能也不同，可以根据各行业和类型的特点确定相应的责任形式。因为不同共享经济形式都涉及市场准入、公平竞争、消费者权益、劳工权益、安全、税收监管和环境保护等共性问题，只是不同的共享经济形式的法律关系不同，责任形式也不同，但共享经济的归责应该遵守共同的基本原则，具体包括：合法原则、公平原则和公共利益原则。

首先，合法原则。共享经济作为一种新的商业模式，已经渗透到了很多行业。但有关共享经济相应的法律制度尚不完善，除了《电子商务法》有关于电子商务经营者和平台以及基本的电子商务交易的规定外，目前除了极少数如网约车、共享单车和众筹等行业有行政规章予以规制外，尚没有一部专门关于共享经济的基本规定，绝大多数行业的共享经济商业模式都没有相关的行业规定。因此，共享经济平台常以其为非专业商业行为由逃避监管，游离于法律的监管之外进行商业活动，规避工商登记、侵害劳工权益、偷逃税收，甚至连破坏现行公平的竞争秩序也是司空见惯的事。共享经济作为新的商业模式，其自由创新并不意味着可以置责任于不顾。共享经济不能只想从社会收获利益而无须承担任何责任。虽然目前没有专门的关于共享经济的基本法，但共享经济经营者作为市场主体，其在从事经营活动时也应该遵守现行的相关法律法规，不能监管套利。如果共享经济的经营者违反现行的法律法规和行业规定，便应该承担相应的责任。

其次，公平原则。共享经济的法律地位的不确定性意味着对共享经济的监管客观上存在困难，但共享经济作为一种商业模式，不仅应妥善处理共享经济社群内部的关系以确保公平交易，还应积极应对外部关系，降低负外部效应，确保行业的公平竞争和良好的社会效益。因此，共享平台不能滥用其基础性地位损害供需方的利益，要确保共享经济交易在供需方之间公平地进行。比如，不能操纵供方的业务限制供方的公平竞争，不能剥削供方的利润损害供方的利益，不能滥用基础性地位操纵市场价格损害消费者利益等。共享经济不能通过监管套利与传统行业进行不公平的竞争。比如，传统的出租车行业、餐饮、旅馆都在衰落，这些服务业不仅贡献了固定的工作岗位，而且贡献了税收，维护着社会保障体系，受工商部门的监管，严格依法经营，但因其高昂的经营成本没法与打着共享之名游离于法律监管之外的低经营成本的共享经济型商业模式相竞争。这种不公平的竞争模式因为逃避税收、劳工保护、社会保险和工商监管，不仅破坏国家的经济基础，也摧毁了传统经济，破坏了商业生态。实践中，涉及共享经济法律关系中共享平台与供需方之间的管理关系、供需方间的合同关系，以及与传统行业的竞争关系的，都应该确保遵守公平原则。

最后，公共利益原则。共享经济作为社群活动因涉及不特定多数人的利益而具有公共性。由于共享经济具有外部性，因此共享经济交易应维护社会公共利益，服务于公众利益，承担相应的社会公共服务职能。比如，共享网约车可以减少用车降低污染；社区共享可以促进社区建设，优化资源配置，实现绿色消费和去消费主义的价值目标。但目前的商业共享经济为了商业利益最大化不惜损害社会公共利益。比如，网约车的共享在一定程度上鼓励了更多私家车的出行，使公共交通秩序更拥堵；送餐服务员的服务不仅会拥堵交通，还会扰乱办公楼和社区的正常秩序；陌生的住客对社区生活空间的打扰更是让人不胜其烦。共享经济在获取利润并方便部分消费者的同时，把成本转嫁给了社会，不断地侵蚀着社会公共利益却不用承担任何责任。基于此，应该科学合理地评估共享经济的经济效益和社会效益，明确界定共享经济对公共利益的社会责任。

（三）共享经济责任的类型

共享经济作为一种新业态，每一类共享经济都可能因为其共享平台的经营模式不同、法律基础不同、产生的法律关系不同、参与主体的责任机制不同而导致权、责、利、义不同。共享经济的参与者在遵守共享经济平台的内部交易规则的同时，也应该服从相关行业的监管和法律规定。因此，应建立和完善共享经济责任机制，以应对共享经济存在的各种法律和社会问题。共享经济的社区元素也会影响共享平台与社群成员之间的法律关系的界定和权责利义的配置。不同类型共享经济法律关系的认定应以平台为中心，应根据不同的共享资源的类型，结合每个行业类型的法律法规、标准和行为规范来确定各方主体的责任范围。

对于共享经济的责任体系，可以从不同的角度进行分类。依主体的不同可以分为平台责任、供方责任和需方责任；依责任对象的不同可以分为内部责任和外部责任；依责任形式的不同可以分为民事责任、行政责任、刑事责任和社会责任。不同的责任类型根据不同的分类标准对责任进行的认定本质上是同一个责任具体认定的结果，也是每一个责任认定都应该明确的内容。共享经济作为一种新的商业模式，形成了新的法律结构，其各方主体权利义务的设置，以及法律责任与风险机制都发生了嬗变。内部法律关系因网络社群法律结构的异构从而影响了各方权利义务的配置，形成了供需方之间违约责任以及共享平台与供需方之间自律监管的内部责任。外部关系主要是共享平台社群与政府的监管关系、同行业经营者的竞争关系、共享经济社群与社区的关系和社会监督关系，由此产生了监管责任、违法责任、道德责任和社会责任。另外，内部关系也会产生外部效应。比如，因房间共享给邻里而给室内带来的不便；因共享网约车的增多而导致道路拥堵扰乱社会公共秩序，同时也增加了环保压力。共享经济内外关系的相互交织会催生出更为复杂的法律关系结构和法律后果，以至于共享经济的法律责任具有综合性。

（四）共享经济法律责任的认定

共享经济法律责任的认定应该遵守以下逻辑：首先，明确责任主体。应该落实是谁的责任，即责任主体的认定。这是责任认定过程中最首要的问题，是责任承担的基础。其次，明确责任的范围。即应该明确对谁承担责任，是外部责任还是内部责任。最后，明确责任形式。在厘清责任主体和责任受体、责任范围之后，进一步落实责任的形式。对于共享经济责任形式，应依据《电子商务法》《消费者权益保护法》《合同法》《民法总则》《劳动合同法》《侵权行为法》《行政处罚法》《刑法》及相关的法律法规进一步明确其责任形式是民事责任、行政责任、刑事责任还是其他社会责任。根据《电子商务法》的相关规定，电子商务法律关系主体包括电子商务平台经营者、平台内经营者或供方以及通过自建网站、其他网络服务销售商品或者提供服务的电子商务经营者和消费者或需方。《电子商务法》对电子商务经营者、电子商务平台经营者、平台内经营者的权利、义务和责任都有明确界定，但对电商消费者却没有具体规定。可以根据《消费者权益保护法》第2条规定来界定消费者，其在共享经济商业模式中一般指需方。由于共享经济商业模式涉及社群公共利益，对于任何一类共享平台违法经营的，不论是共享平台的经营者，还是共享产品或服务的提供者，根据《电子商务法》及其他法律法规的规定，共享经济参与主体的市场准入和退出，以及市场运行都应依法接受市场监管，依法办理市场监管的相关登记、许可和税务申报等，依法履行相应的义务，违规违法者应承担相应的民事责任和行政责任，严重者甚至应承担刑事责任。

根据不同的电子商务模式的发展及其法律属性，结合《电子商务法》的相关规定，不同的共享平台的责任形式不同。类型一，居间共享平台的责任形式。居间共享平台一般属于"客对客"的 C2C 电子商务模式，也就是《电子商务法》第 9 条第 2 款所称的"电子商务经营平台"。平台不参与交易，只是为双方交易提供信息服务，属于居间地位的中介机构，与供需方属于居间合同关系。在适用法律时，可以适用《合同法》第 424~427 条有关居间合同之规定，享有居间人的权利，承担居间人的义务。只要依法尽到其对共享平台的监管义务，就可以适用"避风港"规则免除交易中的法律责任，但根据《电子商务法》第 38 条的规定，共享经济平台对其平台内的经营者或是提供者的资质没有尽勤勉的审核义务，应承担连带责任。比如"58 同城""猪八戒网"等。类型二，商业共享平台的责任形式。属于《电子商务法》第 9 条第 2 款所称的"电子商务经营平台"，但其电子商务模式一般也属于"商对客"的 B2C。因为共享平台参与共享交易的运营，主导甚至控制整个交易的过程，对交易进行管理并提取商业利润，与供方一起属于运营方。二者共同向需方或消费者承担经营者责任，具体责任的认定视共享平台与供方之间的法律关系来确定，比如"滴滴快车""美团外卖"等。类型三，伪共享平台的责任形式。属于《电子商务法》第 9 条第 1 款所称的"通过自建网站销售商品或者提供服务的电子商务经营者"，其电子商务模式属于"商对客"的 B2C。这类共享平台借共享之名把自有资产通过自建共享平台对外出租，本质上属于网络租赁经济，不属于共享经济的商业模式，但平台对需方或消费者依法定或是约定承担经营者的义务和责任，比如共享单车。不同共享经济类型的运营模式不尽相同，平台法律地位各有差异，法律责任也不相同。共享平台能否成为法律责任主体，取决于其在交易过程中对交易本身的控制力或者参与程度，若平台参与共享交易的运营和管理，就应该承担相应的责任。反之，若仅为共享交易提供信息服务，则一般不对共享交易承担法律责任，只是依相关的法律规定承担网站监管责任和居间合同的违约责任。对任何电子商务的经营者，不论是供方，还是共享平台，如果其作为共享经济的电子商务的经营者参与共享经济交易和运营，就应该根据《电子商务法》第 74~

86 条的规定承担相应的责任。

二、共享经济的内部责任

(一) 共享经济内部责任的内涵

共享经济是依托共享平台公司组建的网络社群而运行的经济模式,其法律结构较传统法律关系发生了异构。有学者认为,闲置资源供需双方违约后,信赖利益的维护问题比较突出。从表面上看,应由违约方承担全部责任。但由于共享平台是交易规则主导者和交易主导者,任何一方选择交易的前提都是基于对共享平台的信任,故共享平台具有对信赖利益损失提供担保的义务。[1]根据《合同法》第 424 条的规定,共享平台公司实质上是为供需方进行交易提供居间代理的居间人,共享平台与供需方形成居间合同关系。在传统的法律关系中,共享平台公司作为居间人只是依双方当事人的意愿为其提供交易的机会并收取佣金,只是被动地去履行三方的约定,三方的法律关系属于私法的范畴,受合同法调整。但因共享平台公司与供需方通过共享平台建立了新的社群法律关系,传统的居间合同关系发生了异构,形成了新的法律关系,共享经济网络社群内部形成了供需方权利的依附关系和共享平台内部与供需方间的监管关系。因此,共享平台经营者与供需方除了履行由共享平台社群内部规定确定的约定义务,还应根据《电子商务法》及其他法律法规履行相应的法定义务,每一个共享经济主体的法律地位不同,享有的权利和承担的义务不同。共享经济内部的供需双方的交易关系都要依附于共享平台,甚至于完全由共享平台来规定整个交易的规则和纠纷处理决定。供需双方都应严格遵守共享平台的管理规定,且共享经济的交易规则、交易保障、交易支付、交易纠纷的解决和责任配置的相关规定都是由共享平台管控,供需方只是被动地执行。比如,在网约车类共享经济中,司机和乘客的交易完全受控于网约车平台公司。共享平台从居间人变成了监管者,共享平台公司通过内部监督机制实现对交易的监督和管理,供需双方发生违约或侵权的法律责任与风险的分担,也应由共享平台依法和内部规章进行分配处理,由共享经济的各方主体承担相应的法律责任。[2]共享经济的内部责任可以根据共享平台社群

---

〔1〕 李伟:"分享经济发展研究综述",载《经济研究参考》2017 年第 71 期。
〔2〕 董成惠:"共享经济法律机制的嬗变",载《学习与实践》2016 年第 12 期。

章程来约定，可视为约定责任。共享平台公司因约定或是法定与供需双方之间形成监管关系，供需方应该严格遵守共享平台的规章制度，共享平台有权依规章对违规者进行处罚。

（二）共享经济的内部责任形式

商业共享平台公司不仅是为供需双方提供订立合同机会的居间人，且对共享经济的商业运作负有监督管理的责任，应该建立内部自律监督责任机制。共享经济的内部责任主要是指共享平台与供需方之间以及供需双方之间的相互责任，可以是法定责任，也可以是约定责任。其责任形式包括民事责任、行政责任，甚至刑事责任，具体包括三类法律关系责任：

首先，共享经济内部的一般民事责任。共享经济的主要法律行为模式是产品租赁和劳务提供。原则上，对于社区共享而言，供需双方以及平台之间主要根据《合同法》的相关规定对双方、三方的约定履行合同义务，并承担相应的合同责任。对于商业共享，供需双方的责任形式可以由共享平台依法设定，供需双方只是被动地依共享平台的规章履行义务并承担法律后果。但如果共享平台没有相关责任承担的规定或是责任界定不明，双方当事人也没有相关的约定，当发生因共享租赁物或在劳务提供过程中发生违约或是侵权情形时，可以依照《电子商务法》《民法总则》《侵权行为法》《合同法》《产品质量法》《消费者权益保护法》等相关规定来认定其民事责任，可以是违约责任或是侵权责任。共享经济的供方、商业共享平台、伪共享平台都应依《电子商务法》第 37 条对消费者或需方承担民事责任。对消费者造成侵权的，还可以依据《消费者权益保护法》第 44 条关于"网络交易平台"和《侵权责任法》第 36 条关于"网络服务提供者"的规定追究其民事责任。

其次，共享平台公司与个人劳动者的责任机制。对于共享经济的劳务提供者，其与共享平台公司之间的权、责、利、义关系的认定应视双方的法律关系或是法律地位而定，具体可以根据《劳动合同法》来认定双方的法律关系。如果双方法律关系不明确，个体劳动者在提供劳务的过程中产生了法律责任，相关责任的分配可能因为双方法律关系不明确而存在认定困难。如果共享平台公司与供方之间存在劳动关系，可把劳动者的劳务行为视为职务行为，由共享平台承担相应的法律责任，并可根据《电子商务法》《民法总则》《侵权行为法》《合同法》《产品质量法》《消费者权益保护法》等法律来认定其责任。如果个体劳动者与共享平台仅是劳务关系，因个人劳动者提供的劳务导致的责任，可以根据《侵权责任法》第 35 条的规定。个人之间形成劳务关系，提供劳务一方因劳务造成他人损害的，由接受劳务一方承担侵权责任。因此，在共享经济法律关系中，对于与共享平台不存在雇佣关系的劳动者，共享平台对其的损害行为原则上不承担责任，而由雇主或需方承担责任。但没有对劳动者或供方设立追责机制，相关规定规避了劳动者的个人责任不利于劳动者责任意识的培养。根据《电子商务法》第 38 条，如平台对劳务提供者在市场准入的资质审核上存在过错，也应该承担连带责任。2016 年 11 月 1 日我国交通运输部等通过的《暂行办法》第 16 条规定，网约车平台公司承担承运人责任，应当保证运营安全，保障乘客的合法权益。因此，网约车平台应承担网约车运营安全的承运人责任，也可被理解为连带责任。由于乘客与司机之间是服务合同关系，原则上可以根据《合同法》和《侵权行为法》来确定其责任范围，因此有过错的司机要承担责任是毋庸置疑的。

最后，共享经济内部监督机制的信誉责任。信任和信息是共享平台交易的基础，共享经济需要为参与各方提供完整的信息和值得信赖的声誉。[1]信誉资产的商业价值在于其能够通过共享平台消除交易供需双方的信息不对称和信任障碍。由于供需双方存在信息不对称容易诱导道德风险，因此诚实信用的商业道德对维护共享经济秩序具有重要的意义。但共享经济作为一种新的商业模式，相关的法律规定相对于其发展是滞后的，以至于多数共享经济的商业模式都尚未建立相应的法律调整机制，对其进行经营管理主要依据社会评价和商业道德。传统的民事诚信原则作为道德约束，在实践中只能通过法官自由裁量的司法审判获得救济。但当人际关系和社会资源回归到交易的核心时，人们之间点对点的信任就会越来越牢固，平台上的内部监督系统使个体之间的纠纷最后都能在社群内得到解决。[2]因此，共享平台通过建立市场准入机制、保险金制度、保证金交易保障机制、信用评级机制和信息共享机制等内部自律监督机制，解决由信息不对称带来的交易信任障碍，对供需双方的市场准入、交易行为和纠纷处理进行内部的自律监督管理，为每个用户建立"信誉档案"，通过市场准入、评价机制、投诉举报、奖惩机制、公开

---

〔1〕 Arvind Malhotra and Marshall Van Alstyne, "The Dark Side of the Sharing Economy…and How to Lighten It", *Communications of the ACM*, Nov, Vol. 57, Issue, 2014（57）：27.

〔2〕 ［美］雷切尔·博茨曼、路·罗杰斯：《共享经济时代：互联网思维下的协同消费商业模式》，唐朝文译，上海交通大学出版社 2015 年版，第 15、109 页。

公平的推荐或告示等，对交易信誉差的用户进行惩罚，甚至逐出共享平台社群。对信誉度较高的用户，通过推荐使其获得更高的排位和曝光率，从而获得更多的商业机会。因为在一个开放、相互信任、相互鼓励、相互付出的平台上，基于马太效应原理，信誉良好者可以得到更多的经济上的回报，那些不守规则的破坏者和资源滥用者则会因信誉差而被淘汰。[1]共享平台公司与供需双方通过内部监督机制确保共享经济信誉责任的落实。在很大程度上，可行性共享经济的信誉责任的履行主要源于其内部的自律监督的评价体系，因为消费者总是依赖信誉评价决定他们购买什么，验证评论有效性的关键是预防评价被滥用。实践中，存在着滥用信用评级权的虚假评价行为，从而可能导致内部评价失信。我国目前尚没有相应的专业化的外部监督机构。不过，社会媒体在一定程度上发挥了外部监督的作用。社会评价体系、社会组织和机构对共享平台的监督，使其内部责任外部化。共享经济通过内外评价体系确保了共享经济的信誉责任的履行。

三、共享经济的外部责任

（一）共享经济外部责任的界定

共享经济的商业模式是异构，共享经济通过互联网平台在更广泛范围内实时匹配需求与供应。其潜在的宏观经济收益是巨大的，但也存在不少问题。如共享经济之间、共享经济与传统经济之间的不公平竞争。为确保同行业间、传统和非传统公司之间市场的公平竞争，规范共享平台的运作，确保各方主体利益，政府对共享经济进行监管是必要的。[2]如果任何人都可以没有节制地通过共享平台利用自家的车去挣钱，那势必会发生"公地悲剧"。如果任何房东都可以把自己的住房通过共享平台对外出租，则会造成对传统酒店经营的冲击，同时也会给所在小区的其他住户带来不便和滋扰。如果允许新的商业模式取代旧的商业模式，那么就应该设计相应的法律制度，以促进公平竞争，防止监管套利和过度的政策优惠。比如，其市场准入机制、市场监管、价格机制、工商税收等都应该公平合理，不能为扶持新的商业模式而对其放

---

〔1〕 董成惠："共享经济法律机制的嬗变"，载《学习与实践》2016 年第 12 期。

〔2〕 Chris J. Martin, Paul Upham and Leslie Budd, "Commercial Orientation in Grassroots Social Innovation: Insights from the Sharing Economy", *Ecological Economics*, Oct 2015 (118): 240.

任不管，或给予过度的政策优惠，进而对相关行业构成不公平竞争。不同的经营者的利益平衡至关重要，可以上网分享并不意味着无须承担任何法律和社会责任。[1]共享经济不仅应遵守公平的竞争规则，还应对社会和消费者承担相应的社会和法律责任。政府与共享经济网络社群监管关系、共享经济与同行业之间的竞争关系以及共享经济社群与其他社会利益相关者的关系，都会形成特定的外部责任关系。因此，共享经济的外部责任指共享经济法律关系主体各方与网络社群之外的第三方形成的责任，主要有共享平台同业者间的竞争责任、与政府间的监管责任以及社会利益相关者之间的责任关系。

共享经济的外部责任包括法定的民事责任、行政责任，甚至刑事责任，以及社会道德责任。共享经济的各方主体应该对所在的社区以及相关的利害关系人承担相应的社会责任，并接受政府的监管。侵权责任主要是共享经济经营者违法经营，侵害其竞争对手或者第三方的利益而应该承担的法律责任，一般是消极责任。比如，基于不正当竞争和垄断行为产生的损害赔偿责任。法定责任是共享经济的法律关系主体依法应该履行的法定义务，比如，环保责任、税收责任、工商监管责任、产品质量责任等。社会责任是共享经济主体依据商业道德、公序良俗、民间习俗、行业惯例来履行其相应的社会道德。比如，在法制不完善的共享经济商业环境下，诚信经营，不监管套利，不唯利是图，履行其社会道德责任。共享经济的外部责任一般是基于对社会秩序的维护而非合同的履行，主要是依法律规定、行业规定或商业道德来确定相应的责任。如果相应的立法和行业规定、商业道德水平滞后，就会导致外部责任的缺失，进而影响共享经济的市场秩序。因此，共享经济应构建新的法律机制，以维护其公平、自由的竞争秩序，并根据不同的法律关系来确定其责任的性质、范围以及履行的标准。

（二）共享经济外部责任的类型

1. 政府监管责任

共享经济作为一种新的消费模式，其商业关系发生了异构，除了共享平台社群内部自律监督关系以外，因其运作存在着不确定性，所以存在潜在的

---

〔1〕 Arvind Malhotra and Marshall Van Alstyne, "The Dark Side of the Sharing Economy…and How to Lighten It", *Communications of the ACM*, Nov 2014（57-11）：24, 27.

风险。为确保同行业间、传统和非传统经营者之间市场的公平竞争，规范共享平台的运作，确保各方主体利益，政府对共享经济进行监管是必要的。[1] 共享平台作为一个社群，其商业运行的交易模式、规则和支付完全受控于共享平台公司，且涉及群体（多数人）的利益，具有公共性。虽然网络社群的内部自律监督有利于维护共享经济的市场秩序，但为了确保公众利益和公平的竞争秩序，防止共享平台公司滥用监管权，规范共享平台的商业运作，政府必须对共享经济进行监管。我国的网约车自 2012 年问世以来，直到 2016 年才实现经营合法化。以至于在 2012 年至 2016 年期间，我国网约车的经营行为没有法制保障，相关的违法违规行为也没有受到应有的处罚。但在《暂行办法》生效之前，除上海的"滴滴快车"拥有执照之外（虽然其执照的正当性值得商榷，但至少符合法律的形式要件），其他网约车都是涉嫌无证经营的"黑车"，属于非法经营却没有受到法律的追究与制裁。《暂行办法》第五章第 30 条明确规定，通信主管部门和公安、网信部门应当按照各自职责，对网约车平台公司非法收集、存储、处理和利用有关个人信息、违反互联网信息服务有关规定、危害网络和信息安全、应用网约车服务平台发布有害信息或者为企业、个人及其他团体组织发布有害信息提供便利的行为，依法进行查处，按照各自职责监督检查网络安全管理制度和安全保护技术措施的落实情况，防范、查处有关违法犯罪活动。第 31 条规定，发展改革、价格、通信、公安、人力资源社会保障、商务、人民银行、税务、市场监管、网信等部门按照各自职责，对网约车经营行为实施相关监督检查，并对违法行为依法处理。《暂行办法》第五章第 30 条和第 31 条对违规非法经营网约车的规定明确了相关部门的监管职责。第六章明确了网约车违法经营的行政责任和刑事责任，但相关规定除了对非法经营网约车的处罚比较明确之外，多数只是概括性授权，执法主体、执法依据和执法范围不清晰，责任机制不明确，难以有效实施。

　　政府对共享经济的监管面临着两个难题：第一，如何在共享经济对经济的贡献与监管套利之间取得平衡。这意味着监管机构必须找到既能防止共享经济违规又不会阻碍其创新或破坏性创新的市场机会；第二，如何将现行法

---

〔1〕　Chris J. Martin, Paul Upham and Leslie Budd, "Commercial Orientation in Grassroots Social Innovation: Insights from the Sharing Economy", *Ecological Economics*, Oct 2015 (118) 240, 12.

律应用到共享经济上。由于不受监管的共享经济会破坏现行的经济秩序，因此加强监管是必需的。[1]我国目前除网约车类共享、网络众筹之外，其他行业的共享经济都缺乏专门的监管。因此我国应对其他类型共享经济进行立法和监管。如今我国的共享经济除了2017年经国务院同意，国家发展和改革委员会联合中央网信办、工业和信息化部、人力资源和社会保障部、税务总局、原工商总局、原质检总局、国家统计局印发了《关于促进分享经济发展的指导性意见》（发改高技〔2017〕1245号，以下简称《意见》）之外，我国在国家层面虽然尚没有专门关于共享经济的规范性文件，但共享经济的商业模式已经在各行各业遍地开花，这种野蛮的增长总是游离在监管之外，其破坏性创新对现行秩序的负效应不可忽视。2018年8月31日，第十三届全国人大常委会第五次会议通过的《电子商务法》在一定程度上弥补了共享经济立法缺失的空白。但根据该法第6条的规定，"国务院有关部门按照职责分工负责电子商务发展促进、监督管理等工作"。该法并没有明确具体的执法部门，这可能导致在实践中具体监管执法部门缺失。

2. 共享经济同行之间竞争关系的责任界定

共享经济在发展过程中要遵守现行法律制度和商业道德，维护公平的竞争秩序，确保行业的健康发展。共享经济作为一种新的商业模式，既要面对新的同类公司的竞争，也要面临与传统同行业的竞争。[2]因此，共享经济行业之间存在两种竞争关系。首先，共享经济与传统行业之间的竞争关系。任何新的商业模式的出现对传统行业的冲击都是不可避免的，且会不断地发展壮大，但不可能在短期内完全取代传统的商业模式。传统商业模式能续存的理由在于其仍然有市场，不能适用新商业模式的消费者仍然依赖传统商业模式。因此，在新旧商业模式共存发展的过程中，应确保公平的竞争秩序，维护传统商业经营者和消费者的利益。目前，共享经济作为新经济受到政府的"包容审慎"监管，以至于共享经济借共享之名以低经营成本形成对传统行业的不公平竞争。因此，政策制定者在扶持新兴产业时，也应该适当考虑对传统行业的保护，确保公平的竞争秩序。其次，共享经济平台企业之间的竞争

---

〔1〕 Sara Hofmanna et al.，"The Public Sector's Roles in the Sharing Economy and the Implications for Public Values"，*Government Information Quarterly*，2019（36）：7.

〔2〕 Chris J. Martin，Paul Upham and Leslie Budd，"Commercial Orientation in Grassroots Social Innovation：Insights from the Sharing Economy"，*Ecological Economics*，Oct 2015，Vol. 118，240，12.

关系。不同的共享平台由于各方实力参差不齐，竞争手段也各异。特别是随着风险资金大量涌入共享经济领域，获得资金青睐的共享平台为了抢占市场，会滥用资金优势进行商业补贴的价格战，并以此获取市场垄断地位，最终损害消费者的利益。比如我国的网约车类共享经济，随着 2013 年腾讯对"滴滴打车"和阿里巴巴对"快的打车"的注资，2014 年百度与 Uber 签署战略合作及投资协议。资本对网约车市场的强势介入，使网约车公司通过对出租车司机和乘客的补贴大战进行低价倾销，清洗了网约车市场，使原来的 40 多家网约车公司被迫退出。2015 年 2 月 14 日滴滴与快车合并，在 2016 年 8 月 1日"滴滴快车"与中国 Uber 的相互持股并购并形成了网约车市场的绝对垄断之后，在取消对司机和乘客的商业补贴的同时，其提高了车费收入的提成并降低了司机的基本工资，利用我国网约车类共享经济的市场化机制，通过派单管控司机的业务，滥用其市场支配地位进行坐地涨价、动态加价、拍卖加价、高峰加价等各种价格操纵行为。

《暂行办法》第 21 条规定，网约车平台公司不得妨碍市场公平竞争，不得侵害乘客的合法权益和社会公共利益。网约车平台公司不得为排挤竞争对手或者独占市场，以低于成本的价格运营扰乱正常的市场秩序，不得从事损害国家利益或者其他经营者合法权益的不正当价格行为，不得有价格违法行为。"滴滴快车"或 Uber 都涉嫌不正当竞争和垄断违法行为，不仅违反《暂行办法》，也违反《价格法》和《关于制止低价倾销行为的规定》的相关规定。违规的并购和市场价格操纵行为违反了《反垄断法》的相关规定，其对出租车市场竞争秩序的损害是显而易见的，但却没有受到相应的处罚，没有承担相应的法律责任。网约车行业存在的破坏市场竞争秩序以及违法违规等行为却逍遥法外，这既有制度缺失的原因，也有法不依、执法不严的原因，以至于其法律责任没有落到实处。

3. 共享经济的社会责任

《现代汉语词典》对社会责任（Social Responsibility）的定义是，一定的社会历史条件下社会成员对社会发展及其他成员的生存与发展应负的责任。现代意义的企业社会责任随着社会化大生产的发展产生于 20 世纪初。1924年，美国学者谢尔顿虽然首先提出了企业社会责任的概念，但在当时却未受到重视。直到 1953 年 R. 鲍恩出版《企业家的社会责任》一书，企业社会责任才引起了关注。其认为企业不是在真空中运作，而是与社会各方面有着密切联系。企业除了要在市场中对投资者负责之外，还要对消费者、员工、国家、环境生态、社会等其他利益相关者负责。企业社会责任的逻辑起点是企业与社会之间的关系，但不同的关系认知将会带来不同的企业社会责任观。传统上，企业社会责任被认为是企业个体承担的社会责任，即隐含地假设企业是个体企业角色。相应地，企业与社会之间的关系是企业个体直接嵌入社会，企业社会责任产生于企业个体对社会的"影响""综合社会契约"和"最大化社会福利贡献"或者社会对企业个体的"期望"。[1]

传统上，企业社会责任内容边界的界定主要有三类方法：一是定义衍生法，即由对企业社会责任概念的理解推导出企业社会责任应当包含的内容。典型的包括卡罗尔（Carroll）从"期望符合"角度将企业社会责任内容界定为经济责任、法律责任、伦理责任和慈善责任。埃尔金顿（Elkington）从"三重底线"角度将企业社会责任内容界定为经济底线、社会底线和环境底线。利益相关方理论从"对利益相关方负责任"角度将企业社会责任内容界定为股东责任、员工责任、客户责任、政府责任、伙伴责任等；ISO 从"影响管理"角度将企业社会责任内容界定为组织治理、人权、劳工实践、环境、公平运营实践、消费者问题、社区参与和发展七大主题。二是本质推导法，即从对企业本质的认知推导出企业社会责任应当包含的内容。典型的是李伟阳基于对企业本质的重新理解，推导出企业社会责任的内容包括商品和服务提供过程中的科学发展责任、卓越管理责任、科技创新责任、沟通合作责任，以及对利益相关方的底线责任和共赢责任。三是标准设定法，即选择某个元素作为企业社会责任的合意性标准，据此推导出企业社会责任的内容范畴，典型的是波特（Porter）和克莱默（Kramer）根据战略契合度将企业社会责任内容区分为战略性企业社会责任和回应性企业社会责任。现有企业社会责任内容边界的界定方法都存在两个方面的局限性：一是隐含一个前置性假设，即企业是个体企业角色，企业与社会之间存在单层的直接嵌入关系，因此对于具有多重角色、多层嵌入的平台型企业并不完全适用。二是止步于和局限于界定企业承担社会责任的内容范畴或领域，普遍缺乏对各项内容领域承担责任的程度界限进行识别。然而，企业社会责任的基础性问题包括由谁负责、对谁负责、负责什么和负责到什么程度。显然，现有企业社会责任内容边界的

---

〔1〕 肖红军、李平："平台型企业社会责任的生态化治理"，载《管理世界》2019 年第 4 期。

界定基本上都只回答了"对谁负责"和"负责什么"，对于更进一步的"负责到什么程度"却甚少考虑，因此并不完整和充分。[1]

关于共享经济的企业社会责任的辩论主要集中在道德、环境层面探讨这些企业在社会中的角色。但关于共享经济的合法性的深入讨论至关重要，因为合法性在企业社会责任领域中是"标准"，是企业挑战企业社会责任的基本假设，即与社会责任规则相符是其合法性的基础。企业社会责任可以用作实现合法性的战略手段。换句话说，创新共享经济冲击了传统业务，并可能面临着其合法性的挑战。总而言之，企业社会责任如何促进共享经济的合法性是一个扩展企业社会责任价值的话语，是对如何改善共享经济的合法性挑战。[2]企业社会责任就是应该"超越自己以利益为导向的活动，并促进社区的福祉，使世界变得更美好"。共享经济生态系统共有七个利益集团，包括：平台、提供者、消费者、政府、社区、合作伙伴和竞争对手。共享平台应该以负责任的态度倡导积极的成果。例如，有效利用资源和创造就业机会，并将其负面影响降至最低。共享平台还应建立长期机构，把共享经济生态系统建设成为富有弹性可持续发展的系统，不仅可以发展自身，但也有助于创建更有效和可持续的世界。共享经济平台的企业社会责任就是维护公平竞争秩序，与提供者、政府协调合作，努力使世界协调平衡发展变得更美好。[3]共享经济作为一种新的商业模式，除了谋求合法的商业利润对投资者承担经济责任，也应对其他利益相关者承担社会道德责任。共享经济不仅应追求经济效益，更应该注重社会效益，创造新的商业价值。同时，接受社会机构、社会媒体和大众的监督也是共享平台社群的一种社会责任。共享经济最具争议的是其会破坏先前稳定且在制度上完善地受到良好保护的道德规范和习惯。[4]共享经济不只是个体企业，而且是一个社群生态圈，共享经济生态圈中的各利益主体都应该以负责任的态度倡导积极的成果。例如，有效地利用资源、创造就业机会、绿色环保、社区建设等，并将其负面影响降至最低。共享经济

---

〔1〕 肖红军、李平："平台型企业社会责任的生态化治理"，载《管理世界》2019 年第 4 期。

〔2〕 Jiyoung Hwang, "Managing the Innovation Legitimacy of the Sharing Economy", *International Journal of Quality Innovation*, 2019（5）: 2, 17.

〔3〕 Xi Y. Leunga, Lan Xueb and Han Wen, "Framing the Sharing Economy: Toward a Sustainable Ecosystem", *Tourism Management*, 2019（71）: 51.

〔4〕 Michael Etter, Christian Fieseler and Glen Whelan, "Sharing Economy, Sharing Responsibility? Corporate Social Responsibility in the Digital Age", *Journal of Business Ethics*, 2019（159）: 938.

生态系统应建立长期协作机制,把共享社群建成富有弹性、可持续发展的系统,不仅自己可以蓬勃发展,也有助于推动世界的可持续发展。因此,共享平台应积极解决信用、环保、隐私、安全、就业、收入、社区建设和消费者福利等各种社会和法律问题。

第四章

共享经济的法律困境及应对措施

　　共享经济作为新业态，其交易过程主要是借助虚拟网络空间完成，可能存在信息不对称和信息披露不真实的情形，容易诱发道德危机，并产生网络信息、资金、人身和财产的安全风险，导致法律、社会、道德等各种问题。虽然共享经济的发展已渗透到各行各业，但时至今日，从共享经济的概念、商业模式到其法律定位依旧是备受热议的话题。由于共享经济的法律机制不完善，法律地位不明确，共享平台利用法律和监管漏洞的灰色地带经营谋利，引发公平竞争、税务征收、劳工标准、财产权维护、消费者权益保护、隐私等各类法律问题。[1]实践中不可避免地存在监管套利的情形，对现行法律法规及监管造成了一定的挑战。比如，共享经济的市场准入和退出机制、消费者权益保护、人身财产和个人信息安全、劳资纠纷、风险防范、偷逃税收、公平竞争、企业生态、评价体系、监管套利等法律问题成了制约共享经济可持续发展的"瓶颈"，同时也引发了不少的法律问题。共享经济的发展存在不确定性，作为市场对资源的配置方式，需要共享平台社群内部的监督机制，但同时也离不开外部的监管。共享经济作为一种商业模式离不开资本的支持，然而，资本却意味着对利润的追逐。资本逐利的本性可能异化了共享经济的理念，甚至事与愿违，冲撞了现行体制和秩序。理性看待共享经济所蕴藏的商机，探寻符合市场规律和现行制度的发展模式和监管机制是共享经济可持续发展的必由之路。

---

　　[1] Michael Etter, Christian Fieseler and Glen Whelan, "Sharing Economy, Sharing Responsibility? Corporate Social Responsibility in the Digital Age", *Journal of Business Ethics*, 2019（159）：937.

第一节 共享经济的法律权限

一、共享经济权限的法理分析

大陆法系传统的所有权概念不能完全适应现代社会发展的需要。美国现代分析法学大师韦斯利·纽科姆·霍菲尔德（Wesley Newcomb Hohfeld）建立了财产权利形式分析理论。霍菲尔德认为，将所有的法律关系仅简化为权利和义务关系成了阻碍清晰的法律思维和有效地解决法律问题的最大障碍之一。他提出了区分各种不同形式的财产法律关系的具体权利形式的表格。该表格是由"相反关系"和"相关关系"构成的共八种独具特质的权利范畴体系。即权利、特权、能力、豁免；义务、无权利、责任、无能力。在上述八个概念中，义务、无权利、无能力和责任可被统称为"法律负担"（legal burden），权利、特权、权力和豁免可被统称为"法律利益"（legal interest），如果一个人拥有财产，实际上即此人拥有一系列的权利、权力、特权以及豁免；一个人不拥有财产，即意味着此人无权力、无权利，只承担义务和责任。在笼统的"权利"观念上建立起来的财产权理论是不完整的，其局限性也是十分明显的。因此，在分析财产权关系时，应当具体分析权利人可为行为的诸种形式，通过对具体行为进行分类达到正确认识的目的。[1]基于霍菲尔德的财产权利理论，使用权人虽占有财产，实际上却并没有拥有财产，故不能享有财产权利人相应的权利，但要承担对财产的义务和责任。例如，承租人对租赁物的维护义务等。在共享经济的商业模式中，需方仅依双方的约定共享物资使用权，故不能享有对共享物资的处分权和收益权，且应履行相应的责任和义务。因此，依法理或法律未经同意的转租或是出售行为当然无效。为了应对共享经济的外部性，防止道德风险、恶性竞争和垄断，正确的内部化制度可以避免外部性，以便采取更正确的定价模型，[2]防止外部性的发生。

《电子商务法》从第9~57条对电子商务经营者的市场准入及经营者的行为准则都明确作出了规定。简单来说，目前的共享经济商业模式和其他所有

---

〔1〕 梅夏英：《物权法·所有权》，中国法制出版社 2005 年版，第 27 页。

〔2〕 Hans Verboven and Lise Vanherck, "The Sustainability Paradox of the Sharing Economy", *Uwf*, 2016 (24)：312.

的"互联网+"平台经济模式一样，不管是共享平台还是提供者都应该依《电子商务法》的相关规定进行经营。实践中，共享经济主要是通过共享平台进行交易，交易规则和纠纷处理机制均由共享平台在不违法的情况下自行规定。共享平台在交易过程中起到了主导地位，在某种程度上，传统的交易规则可能被忽略。基于闲置物资配置的共享经济商业模式的法律基础是租赁关系和居间合同关系，在我国相关的法律依据是《合同法》第十三章专设的"租赁合同"，第二十三章的"居间合同"。但共享平台公司可能不依《合同法》的规定来制定交易规则，而是根据共享经济电子商务模式共享平台短期租赁的特点来设计交易规则和纠纷解决机制。特别是当这种商业模式涉及其他法律关系时，共享经济的法律关系就会变得更加复杂从而必须重构，而不再是一般意义的供需双方的租赁关系以及共享平台与供需双方间的居间关系。因此，共享使用权的权能可能会突破现行的规定和商业道德，甚至违法或侵犯他人的权益。为确保共享经济行为的合法性和正当性，明确界定共享经济的权限是必要的。

二、共享经济的正当性和合法性解读

（一）正当性和合法性的内涵

中文的"正当"或"正当性"（Legitimacy）概念没有特别的含义和用法，大体上就是正确、恰当之意。[1]正当性概念的重要性是在中西思想交流中凸显出来的，多个外文概念（本书以英语为限）都可对译为中文的"正当""正当性"。正当性在不同的语境中可以解读为：①正统性（legitimacy）、正确性（correctness）、恰当性（rightness）、合理性（reasonability）、理性（reason, rationality）、正义（justice）、证成性（justification）、权利（right）、合法

---

〔1〕《辞海》对正当性的解释是：在伦理学上，指符合道德原则和规范的行为，也指社会对这一行为的肯定评价。参见《辞海》（缩印本），上海辞书出版社 2002 年版，第 2174 页。国内法学著作对正当性概念有为数不多的简单解释，诸如"正当性是指人的行为方式、人的利益、愿望等符合社会生活中现行规范和政策的要求，或者符合社会发展的客观需要和人民的利益。它有两种方式：一是道德正当性，是正当化的产物，即合理性；一是合法性"。参见吕世伦、文正邦：《法哲学论》，中国人民大学出版社 1999 年版，第 295 页。这些解释与本书对正当性概念的理解有根本区别：它把符合某种现成的规范或客观需要、价值理念当作正当性。本书则赋予了正当性概念以反思性、批判性的含义、特质和功能。转引自刘杨："正当性与合法性概念辨析"，载《法制与社会发展（双月刊）》2008 年第 3期。

性或合法律性（legality）、有效性或效力（validity）、权威（authority），②正当性的关联词：可接受性（acceptability）、守法义务（obligation of law‐abiding）、服从法律的义务（obligation to obey the law）、政治义务（political obligation），以及稳定性（stability）、强制性（coercion）、强力（force）等。一般意义上的正当性对应的英文是"legitimacy"，它来源于拉丁文"legitimare"，其形容词和动词皆为"legitimate"（可分别译为"正当的"和"正当性"），反义词是"illegitimacy"。"legitimacy"有两个基本含义：①正当性，在政治学上指人们是否承认法律或司法裁判的有效性，或政府统治的有效性。对于社会学而言，正当性指符合正统的道德标准。②在普通法传统中，"legitimacy"一词是指婚生的、嫡传的、正统的、正宗的。从词源上说，第一个含义派生于第二个含义，是广义的"正当性"。在政治哲学、法哲学中，"legitimacy"（正当性）是在广义上使用的。《布莱克法律词典》对"legitimacy"的解释是"合法性"（lawfulness）；另一部具有公认权威性的《牛津英语词典》（*Oxford English Dictionary*）强调"legitimacy"的含义是政府或统治者资格符合法律或原则，并由此赢得的尊重。"合法性"一词在中外语境中含义不同。外国语境里的"法"具有理性、权利、公平、正义的"自然法"之义，而中国语境中的"法"基本上就是法律（立法意义上之实定法）。因此"legitimacy"一词如果不拘泥于直译，"正当性"不失为一个好的译法。并且，在英文中有另外一个词专指更为狭义的"合法律性"——"legality"。由此，正当性（legitimacy）可以专门用于法哲学、政治哲学领域。[1]

正当性概念是法哲学和政治哲学的总概念。在这一总概念之下，证成性与合法性概念使正当性具有了重要的学理意义和实践价值。在西方思想史上，"证成性"强调法律和道德价值判断的正当性是其应有之义，并应理解为正当化的一种进路，与社会学意义上公众对法律或国家的认可、遵从共同构成了完整的正当性概念。从正当性到合法性是法哲学史上最具深刻意义的转变，"合法性"概念应在狭义上使用，可被视为正当性的一种变体，正当性与合法性的对立统一是现代法律制度的重要特征。尽管在现代社会正当性通常表现为合法性，但合法性与正当性概念不可混淆，更不可互相代替。正当性概念完整的结构、独特的性质、不可替代的功能，使它有理由成为法哲学的核心

---

[1] 刘杨："正当性与合法性概念辨析"，载《法制与社会发展（双月刊）》2008年第3期。

概念。其通过寻求权利正当性的制度替代，在一定情形下赋予他人获取正当利益的道德合法性，以弥补法定权利的缺陷与不足，使他人正当利益的保护范围能够作更为合理的扩张，使他人的正当利益从一种应然转化为一种实然。有学者指出，道德上的权利和义务关系从本质上说体现的是在一定的道德共同体中处于某种道德关系的不同道德主体之间利益上的应得和应予关系。不同的权利人均具有法定形式上的正当性，权利的冲突如不深入追问权利来源与授予本身的"正当"性，这种权利的协调有可能会出现利益的重大失衡。因而，不正当竞争法不仅仅满足权利初始状态、起点意义上的正当性，更应关注权利运营过程中利益变化的实际处境，追求"矫正正义"和"分配正义"的价值目标。[1]正当性既是道德标准，也是法律依据，是合法性的基础。不正当行为是不道德行为或是非正义行为，在法律规则缺失的情况下，不正当行为也可能受到道德审判，甚至被认定为不法行为。

（二）共享经济商业模式的正当性和合法性分析

共享经济是基于对资源使用权的共享或者协作消费的理念而构建的商业模式，共享经济可能是有效率的，但必须确保共享资源的合法性。被称为开启共享经济时代的 Uber 和 Airbnb，其共享行为的合法性和正当性就备受质疑。规模的扩大使事情发生了改变：非正式的纠纷解决方法变得不再可能，过去曾被认为是无伤大雅的行为现在却成了问题。对于生活在有行车道的街道上的人来说，偶尔举行旧货售卖无关紧要。但如果邻居每个周末都举行旧货售卖活动，我们可能会因为有车停在马路上而感到生气。如果有几个人经常举行旧货售卖，社区就会被干扰，因此就会强制执行城市区划法。如果邻居偶尔邀请客人来住，大多数人不会介意，但如果所有的邻居一直不停地邀请不同的新人入住到他们的公寓或房子，那就成了一个问题。Airbnb 强调对城市和社区的承诺，但它似乎并不了解社区真正的运转方式以及不同利益群体间必须达到的平衡。显而易见，Airbnb 是想用变通和信任取代硬性规定，但情况远非如此。[2]Airbnb 对市场规则毫无兴趣。相反，尽管其大谈特谈社区，但似乎只遵循一个自由市场的逻辑：即业主对于他们的房产想做什么就做什

---

〔1〕　谢晓尧：《竞争秩序的道德解读：反不正当竞争法研究》，法律出版社 2005 年版，第 38 页，第 103 页。

〔2〕　［加］汤姆·斯利：《共享经济没有告诉你的事》，涂颀译，江西人民出版社 2017 年版，第 42 页。

么。住在共享建筑物里的房客不喜欢邻居们都开始对外出租，不喜欢每个周末都看到建筑物里有新的陌生人出现，但 Airbnb 认为这不是它的责任。有些住户声称已被赶出公寓，这样他们的房东就可以通过短租赚更多的钱，但 Airbnb 对此并没有做出什么反应，只是声称这种事情并不常见。一个社会系统的社会规范、价值观和期望都应具有合法性。合法性对于组织的生存至关重要，因为如果没有合法性，组织可能不稳定，无法成长。[1] Airbnb 在 2015 年通过签约穷游网在中国落户，我国也有类似的房屋短租公司，比如"木鸟短租""蚂蚁短租""小猪短租"等租房共享平台公司，通过在线提供民宿短租服务，把民用住房通过共享平台进行经营性出租。但根据我国的《物权法》第 77 条及司法解释的相关规定[2]，民用住宅改为经营性用房的，应当经有利害关系的业主同意，未经同意擅自把民用住房改为经营性用房的视为侵权，不具有合法性。目前，这种违规在国内并没有引起相关执法部门的关注，但已引起相关社区居民的不满并导致了邻里纠纷。因为业主把民居住房进行经营性出租，使陌生人入住小区，占用小区的公共资源，给小区的生活和安全带来了影响，甚至破坏了邻里关系，损害了区分所有权人的共有权，其共享行为的合法性有待于商榷。在国外，Airbnb 也一样面临国际挑战，Airbnb 拒绝发布其出租房源所在的位置，从而限制了地方政府对其进行监管的权力。巴黎市组建了由 20 名特工组成的小组，严厉打击房间共享的非法活动。这项调查导致 20 个拥有 56 套公寓非法分享房间的业主遭受重罚。在欧美发达国家，房东常打着共享的名义把住房通过 Airbnb 共享平台进行短租，逃避工商税收监管，以低价冲击正规经营的小旅馆和酒店经营，除了给所在社区带来滋扰外，还带来了环保压力和安全隐患。因此，Airbnb 常因为其经营违反短

---

〔1〕 Jiyoung Hwang, "Managing the Innovation Legitimacy of the Sharing Economy", *International Journal of Quality Innovation*, 2019 (5): 5.

〔2〕《物权法》第 77 条规定："业主不得违反法律、法规以及管理规约，将住宅改变为经营性用房。业主将住宅改变为经营性用房的，除遵守法律、法规以及管理规约外，应当经有利害关系的业主同意。"2009 年《最高人民法院关于审理建筑物区分所有权纠纷案件具体应用法律若干问题的解释》第 10 条规定："业主将住宅改变为经营性用房，未按照物权法第七十七条的规定经有利害关系的业主同意，有利害关系的业主请求排除妨害、消除危险、恢复原状或者赔偿损失的，人民法院应予支持。将住宅改变为经营性用房的业主以多数有利害关系的业主同意其行为进行抗辩的，人民法院不予支持。"第 11 条规定："业主将住宅改变为经营性用房，本栋建筑物内的其他业主，应当认定为物权法第七十七条所称'有利害关系的业主'。建筑区划内，本栋建筑物之外的业主，主张与自己有利害关系的，应证明其房屋价值、生活质量受到或者可能受到不利影响。"

租规定而被监管部门约谈和处罚。

共享经济监管者面临的问题是,虽然数据对于制定良好的政策决策必不可少,但是关于共享经济的数据是有限的,很难得到。共享经济的特定商业惯例也引起了人们对共享经济违反反托拉斯法的反思,比如 Uber 的模式引起了人们对是否已违反反托拉斯法行为的担忧。由于监管差异而具有固定和成本优势,其定价可以被解释为操纵定价,公司试图通过这样的价格达到垄断的目的。2013 年,纽约出租车司机要求 Uber 赔偿 1 亿美元,以弥补由其成本优势导致的工资损失。最初,这场诉讼未被立案。后来由另一位法官审判,Uber 的行为被认为是"不公平的",因为其通常会忽视监管,甚至给律师和说客提供了大量资金为其辩护。在美国,尚无关于共享经济的统一法规。相反,各地区的地方法规和法院的裁决千差万别。在开展全球业务的背景下,监管问题变得更加严峻,但我国通过立法使共享经济成了一种竞争性的商业模式。许多欧洲国家或地区的法院均规定由非专业司机驾驶网约车是非法的。例如,韩国禁止使用 Uber,希望借此鼓励本地的竞争对手。在比利时,Uber 被禁止或严格限制。在法国、德国、意大利和西班牙出租车司机向法院请愿禁止 Uber。在加利福尼亚州和佛罗里达州的法院裁定中,Uber 必须将其司机视为雇员并补偿他们的工作成本或提供失业保险。英国 Uber 司机也在祈求同样的利益。目前,除我国和美国部分州、市之外,世界上绝大多数的国家都在限制或是禁止 Uber 的运营。[1]

欧洲总体上对 Uber 是持否定的态度。2015 年,多个国家为抵制 Uber 举行了大规模示威游行,法国、德国、印度、巴西、西班牙等 14 个国家或地区的法庭都曾对 Uber 作出禁令。继 2016 年 7 月 24 日匈牙利通过立法禁止 Uber 运行之后,[2]2017 年 4 月 6 日,意大利法庭也对 Uber 作出了禁令。[3]我国在 2016 年 11 月 1 日网约车合法化前,全国除"滴滴快车"上海分公司外,其他网约车平台公司都不具有出租车经营资格证。共享网约车把不具备客运资质的私家车通过共享平台接入租车市场提供客运服务显然涉嫌非法营运。

---

〔1〕 曹磊:《Uber:开启"共享经济"》,机械工业出版社 2015 年版,第 159~160 页。

〔2〕 "Uber 被迫在匈牙利停止运营",载 http://cn.engadget.com/2016/07/14/uber-will-stop-operating-in-hungary-on-july-24th,访问日期:2019 年 12 月 6 日。

〔3〕 "优步:挑战者在路口",载 http://finance.sina.com.cn/leadership/mroll/20150807/184722908196.shtml,访问日期:2019 年 4 月 9 日。

从出租车行业特许经营的监管角度出发，不论是网约车平台公司还是网约车司机，因不具有合法的出租车经营资格，所以都构成非法运行，常常受到相关执法部门的查处。全国"专车第一案"于 2014 年 4 月 15 日在山东济南市中区人民法院开庭审理。被罚"专车"司机原告陈某因为"非法经营客运出租汽车"，经过听证会后被责令"停止违法行为，并处以 2 万元罚款"。[1] 2015 年 6 月，Uber 因为允许私家车接入其平台进行出租车的运行而使其在广州、成都的办事处被相继查处。2015 年上半年，滴滴快的"专车"就被当成黑车抓了 1500 辆，在北京一个城市就被罚了 2000 多万元，在很多城市被宣布为非法或被约谈。[2]

共享经济的合法性一直饱受争议，新业态并不意味着可以突破法律的底线，共享经济不能仅以"共享"之名规避其"经济"之实。我们应该理性看待共享经济对现行社会、经济、法律、生活秩序的影响，不能只着眼于共享经济带来的虚假繁荣而忽视其对现行秩序的破坏和监管套利。目前，国内很多共享经济方面的著作和论文都一边倒地为共享经济喝彩助兴，以及对政府监管进行各种指责，很少有学者去质疑共享经济商业模式的合法性和正当性。共享经济在我国成了一种民主、自由和公平，并突破政府行政垄断的新经济标杆，以至于我国很少有学者去关注共享经济的合法性，不少文献把共享经济目前存在的问题归咎于政府的过度监管。但实际上，除非出现严重问题，否则我国共享经济的营商环境比起全世界其他发达国家都要宽松很多。以至于本应该由政府进行市场监管的问题，在立法上却作出了让步。比如，被我国新经济业态视为制胜法宝的价格补贴实际上已涉嫌低价倾销，但我国 2017 年的《反不正当竞争法》却取消了相关规定。虽然《价格法》第 14 条仍有相关规定，但低价倾销行为却没有受到相关执法部门的查处。以至于这种价格补贴在我国共享经济发展过程中仍旧层出不穷，甚至成了共享经济创业、创新的必由之路。

共享经济创业初期，为了吸引消费者，共享平台公司常通过补贴等方式来获取市场份额。比如，"滴滴快车"就是通过补贴实现了市场垄断。本质

---

〔1〕 "中国'专车第一案'被罚两万司机：我不代表专车，要罚就罚滴滴"，载 http://www.guancha.cn/society/2015_04_16_316159.shtml，访问日期：2019 年 6 月 23 日。

〔2〕 "滴滴快的获巨额融资"，载 http://money.163.com/15/0910/05/B34L02E600253B0H.html，访问日期：2019 年 12 月 7 日。

上，如果补贴导致车费低于行业的成本价，就是一种不正当的低价行为，涉嫌低价倾销或是掠夺性定价，势必会破坏公平的竞争秩序。适当的补贴是正当的价格竞争，也是给予消费者的价格福利。但不正当的价格补贴不仅会降低自身的经济效益，也会引起价格战，导致行业整体效益下降。此外，共享经济的卫生和安全问题也经常受到关注。共享经济不能只是追求经济效益最大化，也应考虑其社会效益的负面影响。因为共享经济正在转移到不受监管的灰色法律领域，导致其工作安全性和稳定性降低，且共享经济提供者的失业、工作时间和责任都没有法律保障。比如，网约车不需要完全遵守出租车行业的法规。[1]共享经济平台为供需方提供了自由、便捷的闲置资源使用权交易模式，但产权界定是必需的。因此，供需双方都应该在合法合理的范围内行使闲置物的共享使用权。使用权的共享必须要遵守租赁和短租的相关法律规定，共享并非是突出法律底线的自由。共享经济本着"个性"与"协和"的理念擅自利用公共资源谋取私利，如果对其他人的利益造成伤害，可能是不道德行为甚至构成违法。因此，共享经济发展的前提是被共享的使用权具有合法性和正当性。合法化和规范化是共享经济面临的最迫切的法治问题，而厘清共享经济的法律界限是解决相关法律问题的根本。

（三）作品使用权共享中的正当性和合法性分析

共享经济可能在初级生产者和二次分配者之间创造了角力。二级共享可以转租给三级使用者。比如 Netflix[2]的用户每月需支付 20 美元，三级用户每月花 1 美元就可从他处租到 Netflix 产品，然后还可以再租给其他人。订阅者只需在每个月支付少得多的租金就可以使用未曾拥有的物品。共享让人们或长或短地拥有实物资产使用权。共享经济或许是高效的，但共享实际上可能伤害到了 Netflix 和影片制作人的利益，因为他们的收益因为共享而减少。广播电视公司向美国最高法院起诉网络电视服务公司 Aereo 利用微型天线收集广播电视信号，并将节目通过网络传播给付费用户的行为违反了基本版权法。最终，最高法院判决 Aereo 败诉。旧金山市关闭了类似的转租威测（sub-ver-

---

〔1〕 Hans Verboven and Lise Vanherck, "The Sustainability Paradox of the Sharing Economy", *Umwelt Wirtschafts Forum*, 2016（24）：309.

〔2〕 Netflix 是一家在线影片租赁提供商。公司能够提供 Netflix 超大数量的 DVD，而且能够让顾客快速方便地挑选影片，同时免费递送。Netflix 已经连续五次被评为顾客最满意的网站。顾客可以通过 PC、TV 及 iPad、iPhone 收看电影、电视节目，也可以通过 Wifi、Xbox360、PS3 等设备连接 TV。

sive）的共享服务。[1]如果被共享的使用权本身涉嫌侵犯他人的合法权益就应该被禁止。实践中，对著作权产品的合理使用仅限于依法进行的教学、学习、科研或是图书馆阅览等公益事业，不能进行商业活动。网络技术为共享作品提供了更大的便利，但也存在潜在的侵权。在我国，最典型的案例当数百度文库的侵权。百度文库通过互联网平台，由供方用户将资料或是作品上传到百度文库进而获得积分，然后由需方用户通过积分或是付费的方式下载相关资料。至 2014 年 3 月 7 日，"北京中青文化传媒有限公司诉百度文库侵权案"在北京市第一中级人民法院一审宣判，百度文库再次败诉，是自 2010 年 7 月以来同类侵权诉讼的 47 连败。[2]百度文库通过为用户提供作品上传、储存以及下载服务，并从中通过广告、有偿下载等服务获利，涉嫌侵犯了作者的著作权。尽管百度辩称其仅是提供网络储存空间，对上传作品不构成侵权。但根据我国《信息网络传播权保护条例》第 23 条和《侵权责任法》第 36 条的相关规定，[3]百度文库不能适用"避风港"规则。因为百度文库供方上传的文档大多都存在侵权问题，而百度文库却并没有采取任何措施防止这种侵权行为的发生，而且还以此谋利，主观上存在故意放任的恶意。我国的《信息网络传播权保护条例》和《侵权行为法》的相关规定对合理使用的限制体现了对著作权人的保护，也是对共享著作权的合理使用的限制。在网络环境条件下，著作权合理使用制度仍然有其存在的合理性，但应该在法律规定的范围内合理使用。当共享平台通过互联网技术共享作品时，不能滥用合理使用权。任何擅自利用互联网共享作品获取商业利益的行为均构成侵权是毋庸置疑的。我国的《信息网络传播权保护条例》和《侵权行为法》的相关规定对合理使用的限制体现了对著作权人的保护，也是对共享著作权的合理

---

〔1〕 Malhotra and Arvind, "The Dark Side of the Sharing Economy…and How to Lighten It", *Communications of the ACM*, 2014（11）：26.

〔2〕 芦世玲："被误读的'避风港'——网络服务商著作权侵权纠纷适用法律分析"，载《现代出版》2014 年第 4 期。

〔3〕《网络信息传播权保护条例》第 23 条规定："网络服务商为服务对象提供搜索或者链接服务，在接到权利人的通知书后，根据本条例规定断开与侵权的作品、表演、录音录像制品的链接的，不承担赔偿责任；但是，明知或者应知所链接的作品、表演、录音录像制品侵权的，应当承担共同侵权责任。"此外，《侵权责任法》第 36 条规定："网络服务商接到通知后未及时采取必要措施的，对损害的扩大部分承担连带责任；网络服务商知道网络用户利用其网络服务侵害他人民事权益，未采取必要措施的，也要承担连带责任。"

使用权的限制。

在 2008 年的《混音》（*Remix*）一书中，法学教授、开放文化的重要倡导者劳伦斯·莱斯格（Lawrence Lessig）支持在文化作品中推行更加自由的共享。他的书采用的是黄金时代的历史观，认为曾经有一段时间，业余爱好者和专业人士都在消费和创造文化（用二元构成的话说，他称这些是"读"和"写"的活动）。可是后来，出现了 20 世纪的大规模生产："在人类文化的历史上，从来没有文化生产被专业化的情况，从来没有文化生产像这样集中的情况。"在数字技术的驱动下，21 世纪有望实现参与文化的复兴，该状态之所以健康是因为互联网"让更大范围的人开口发言"，并使业余爱好者掌握了新的文化，"创造了一个原来只有专业人士才懂的环境"。莱斯格主张所谓的"混合经济"，即互联网平台使得共享和销售并存。这和开源与专利软件并存的方式很相似，与人人"挣一点点外快"而不是做全职工作的共享经济相似。而且，正如劳伦斯·莱斯格所认为的，现在是时候抛弃"为一个完全过时的技术时代所构建的版权体系"了。与此类似，共享经济的倡导者认为，为出租车和短期租赁而制定的法律已经过时，被新技术废弃。[1]劳伦斯·莱斯格以"共享"之名规避著作权法的观点值得商榷。从狭义的角度，这种知识的共享是否属于共享经济的范畴值得商榷。但从广义的角度讲，这种无形财产的网络共享同样也是共享经济的商业模式，其共享的是作品的合理使用权、邻接权，或是著作权中的其他财产权，这些著作权同样应该受到保护。简而言之，不能以"共享"的名义侵犯其他人的正当权益。

共享经济作为新的商业模式，其核心是使用权的共享，其法律结构关系发生了异构，形成了新的法律机制。共享经济的商业行为与其他商业模式没什么不同，都应该遵纪守法。共享经济应该确保其所共享的使用权的合法性和正当性，不应存在违法和侵权的情形，不应损害其他利益相关者的利益，合法化和规范化是共享经济可持续发展的必由之路，只有明确共享经济的法律边界，依法共享才能促进共享经济的健康发展，但相关的理论研究和实践探索任重道远。

---

〔1〕［加］汤姆·斯利:《共享经济没有告诉你的事》，涂颀译，江西人民出版社 2017 年版，第 144 页。

第二节 共享经济法律机制的缺陷

我国目前国家层面的立法除了网约车、交通运输新业态押金、网络餐饮有行政规章立法之外，尚没有专门、正式的规范性法律文件对共享经济进行统一、专门的立法监管，导致了共享经济新业态与现有经济体系产生冲突的法律困境，引发了不少社会、经济和法律问题。比如，共享经济中的劳工与其他公司的零工面临着同样的问题：即当劳务提供者或是劳动者被列为独立承包商后，企业就不必为职工缴纳社会保险，劳动者没有法定的休息休假日，甚至于连病假都没有，但也不必遵守就业规定。共享平台除了赚钱无须承担任何责任，风险被彻底推给了承包者或劳动者和社会。由于共享经济法律机制不健全，以至于其在市场准入和退出机制、知识产权保护、个人信息安全、劳动纠纷、互联网支付安全、法律责任、风险防范、企业生态、消费者权益保障、信用评价体系等方面的法律问题层出不穷，成了制约共享经济可持续发展的"瓶颈"。

一、共享经济的立法机制不健全

（一）相关的立法比较滞后

共享经济作为新商业模式，是依托互联网平台进行运行的新经济模式，主要受现行的《电子商务法》《民法》《消费者权益保护法》《反不正当竞争法》《反垄断法》等法律的保护，但相关的立法相较于技术创新的日新月异总是滞后的。虽然共享经济的商业模式已经在各行各业遍地开花，但我国至今在国家层面尚没有专门关于共享经济的规范性法律文件，以至于共享经济总是游离在监管之外。其破坏性创新对现行秩序的负效应常被忽视，相应的责任机制没有完全建立，无法可依导致共享经济的法治建设难以落到实处。目前，共享经济正快速发展，而法律的滞后性却导致实践中相关的立法不能同步，以至于实践中的很多共享经济均缺乏相应的法律规范，法律地位不明确，法律关系不清晰，责任难以落到实处，相关的权益得不到法律保障，甚至对现行社会、经济和法律秩序形成了一定挑战。

（二）共享经济的立法层级比较低

由于共享经济是一种新业态，且具有不同的商业模式。目前，调整共享经济的规范主要是由政府和行政机关相关部门或机构通过的"办法""决定"

"意见""解释"和"备案"等行政规章和规定。以至于共享经济的立法主要以行政立法（特别是地方立法）为主，其法律渊源具有多层级和低层级等特点，导致共享经济的规则体系政策化、行政化和低层级化倾向较严重。如果政府仅根据其行政目标制定共享经济政策，那么共享经济的经济规律性以及规则的统一性、普遍性、确定性及其内在的法律逻辑的自洽性、程序正义就可能得不到体现。

我国目前与共享经济相关的规定主要是"软法"规定，比如 2017 年经国务院同意，国家发展改革委联合中央网信办、工业和信息化部、人力资源和社会保障部、税务总局、原工商总局、原质检总局、国家统计局印发了《关于促进分享经济发展的指导性意见》（以下简称《意见》），交通运输部于 2017 年 8 月 1 日联合十部门发布了《关于鼓励和规范互联网租赁自行车发展的指导意见》（以下简称《指导意见》）。文化和旅游部于 2017 年 9 月 14 日发布了《旅游民宿基本要求与评价》（2019 年 7 月 3 日进行了修订）。这些都只是行政指导，没有明确、具体的监管措施。交通运输部等于 2016 年 7 月 14 日通过了《网络预约出租汽车经营服务管理暂行办法》。2017 年 9 月 5 日，食品药品监管总局局务会议审议通过了《网络餐饮服务食品安全监督管理办法》。2019 年，交通运输部、人民银行、国家发展和改革委员会、公安部、市场监管总局、银保监会印发了《交通运输新业态用户资金管理办法（试行）》。其实，除了《暂行办法》属于行政规章具有规范性之外，《意见》和《指导意见》只是行政指导的"软法"，不具有强制执行力。2018 年 8 月 31 日，第十三届全国人大常委会第五次会议通过的《电子商务法》在一定程度上弥补共享经济专门立法缺失的空白。该法第 6 条规定："国务院有关部门按照职责分工负责电子商务发展促进、监督管理等工作。"但该法并没有明确、具体的执法部门，因立法授权不明晰，这可能导致在实践中因职权不明导致实践中相关执法部门相互推诿，以至于执法监管缺失，相应的法律责任也就难以落到实处。

二、共享经济法律地位界定的困境

目前，我国除了针对网约车和交通运输新业态押金出台了相关的监管措施之外，其他共享经济交易商业模式在法律保护上依旧具有不确定性。如果仅为了共享公司的利益而把相关的法规抛在一边，那么许多重要的决策就都可能被操控。科技行业不应是通吃市场的赢家，因此如何认定科技公司的法律地位很重要。[1]

（一）共享经济的法律地位不明确

共享经济是一种基于使用权租赁的商业模式，但因为共享经济建立了共享平台社群，以至于平台具有了公共性。共享平台依照《电子商务法》对平台具有管理的义务。对于参与共享经济交易的平台而言，其不仅是网络技术服务的提供者，还是共享经济的经营者。共享经济利用互联网络技术从事传统服务业的经营，但却不接受相关的工商、税务、环境、卫生等行政部门的监管，通过监管套利构成对传统行业的不公平竞争。对共享经济的尖锐批评来自出租车等老牌的集团工会和酒店，其业务因共享经济而受到很大影响。[2]数据是共享经济各种业务模型的基础，也是创新的驱动力。但是，截至今日，有关数据技术的访问权在法律上仍然具有不确定性，第三方使用数据时的信任问题、个人信息保护问题也没有得到很好的解决。共享平台作为受信任的中介可以通过数据信息交换促进市场参与者之间的竞争，因此可以通过竞争降低数据产品进入市场的门槛。即使有数据共享平台作为中介，人们仍然担心平台的数据透明度不足，这可能会阻碍共享文化的有效发展。因此，由于法律机制不完善，在共享经济市场发展的初期，共享平台主要是基于灵活的监管准则实现自我监管，而不是具有约束力的法定条款。[3]

共享经济的快速增长不仅带来了新的机遇，也给公共监管机构带来了新的挑战。宽松的监管在很大程度上促进了共享经济的迅速发展，但也带来了不少社会、经济和法律问题。政府机构正面临如何应对共享经济给社区造成的不利后果以及由劳动力市场的瓦解所带来的负面影响。在这种情况下，IT行业的电子政务研究人员不仅需要扩大内部调查的范围或平台的外部使用权，更需要警惕由广泛的数字化平台带来的经济后果。[4]共享经济包含许多不同

---

〔1〕［加］汤姆·斯利：《共享经济没有告诉你的事》，涂颀译，江西人民出版社 2017 年版，第 89 页。

〔2〕Sukumar Ganapatia and Christopher G. Reddick，"Prospects and Challenges of Sharing Economy for the Public Sector"，*Government Information Quarterly*，2018（35）：86.

〔3〕Heiko Richter and Peter R. Slowinski，*The Data Sharing Economy：On the Emergence of New Intermediaries*，2019（50）：26.

〔4〕Sukumar Ganapatia and Christopher G. Reddick，"Prospects and Challenges of Sharing Economy for the Public Sector"，*Government Information Quarterly*，2018（35）：82.

的商业模式，但其共同特征是：商业的重点不是所有权而是使用权。因此共享经济的商业模式是异构，意味着市场监管部门应该监督市场，确保传统和非传统公司之间市场的公平竞争。[1]共享经济通过互联网平台实时在全球范围内匹配需求与供应，其潜在的宏观经济收益是巨大的，但问题也比比皆是。比如，由于共享经济的技术创新潜在地规避了政府、环境、劳工和社会监管，因此共享经济平台常被批评为避税和侵蚀劳工权利的工具。[2]

目前，共享经济的发展因缺乏制度保障而具有不确定性，包括因共享经济自身发展缺乏法律保障的不确定性，以及与传统经济模式的冲突引起的不确定性。[3]共享经济公司经常违反现行法律和共享政策，以至于政府担心消费者安全性和税收减少。[4]作为一种新型的消费模式，共享平台具有一定的盈利空间，作为闲置资源的配置方式，共享平台公司主要是通过网络信息服务获取报酬，共享资源的使用权通过公众互相分享构建了社会资本，低交易成本可以使得商品和服务的分配更加公平。但因资本的注入，一些不正当的促销手段使共享经济呈现出了虚假的繁荣，扭曲了竞争机制，破坏了行业的健康发展。新的社会经济发展模式应该具有合法性和正当性，否则就会阻碍其发展。[5]

（二）共享平台与供需方法律关系不明确

对于共享经济法律关系而言，共享平台似乎只想通过平台获取利润，但却不想承担任何责任。当然，最根本的原因还在于共享平台与供需方之间的法律关系不明确。比如，经营着租车服务的 Uber 没有自己的汽车，靠出租房屋谋利的 Airbnb 没有自己的房屋，共享平台成了典型的资本主义食利族，仅利用"共享"关系来获利，但却不想承担任何义务。共享经济作为新的商业模式正在冲击着自工业社会以来建立起来的市场管理体系，目前的规范滞后

〔1〕　Chris J. Martin, Paul Upham and Leslie Budd, "Commercial Orientation in Grassroots Social Innovation: Insights from the Sharing Economy", *Ecological Economics*, Oct 2015 (118): 240, 12.

〔2〕　Chris J. Martin, Paul Upham and Leslie Budd, "Commercial Orientation in Grassroots Social Innovation: Insights from the Sharing Economy", *Ecological Economics*, Oct 2015 (118): 240~241.

〔3〕　王利冬："谈共享经济发展中的隐忧"，载《品牌》2015 年第 8 期。

〔4〕　Bryant Cannon and Hanna Chung, "A Framework for Designing Co-Regulation Models Well-Adapted to Technology-Facilitated Sharing Economies", *31 Santa Clara High Tech. L. J.* 23 (2015), 53.

〔5〕　Chris J. Martina, Paul Uphamb and Leslie Budd, "Commercial Orientation in Grassroots Social Innovation: Insights from the Sharing Economy", *Ecological Economics*, 2015 (118): 240~241.

于现有发展已经是不争的事实。美国有许多州开始通过立法来规制 Uber 和 Airbnb 等伪共享经济。[1]在国际社会，欧洲法院已经裁决 Uber 为运输公司，需要获取牌照才能运营。[2]

由于相关的规定不明确，导致实践中共享经济参与各方的法律地位不明确，法律关系难认定，法律关系主体的权、责、利、义难以落到实处。比如，网约车 Uber 和滴滴快车这类共享平台与司机之间存在实事劳动关系，因为平台给司机派单并进行监管。但在实践中，共享平台往往会通过双方协议排除劳动关系，以至于劳动者不能享受劳动法赋予其的劳动者基本权益。

三、共享经济的监管机制不健全

(一) 对共享经济的监管目标不明确

共享经济热衷于非正式的、人与人之间的交换，而这类交换在很大程度上不在商业监管的范围之内。如果把一碗白糖送给邻居，食品安全检查是不会介入的。在国外，针对在 Airbnb 共享平台上出租的民宿的相关规定基本上都是市政规定，在很多城市，执法者往往是少数，基本上是有人投诉才会行动。我国对这种短租行为只是进行了民法上的界定，属于私法范畴，一般也是不告不理，且尚没有授权公权力进行干预。相关的规定本身就存在宽容的灰色地带，许多城市均认为执法是最后的手段，他们希望邻居之间的小纠纷不需要当局的介入就可以得到解决。依据投诉开展的执法会使非商业活动和商业活动之间的界限不清，也为非正规商业的"灰色地带"提供了一定的空间，而 Airbnb 的这些非正规商业目标在许多城市恰恰是日常生活的一部分。与许多共享经济公司一样，Airbnb 利用这个灰色地带扩大了它的规模，把闲置空间的共享变成了专业的网上出租。规模问题也是 Airbnb 引发冲突的核心，因为随着规模的扩大，事情的本质发生了改变：非正式的纠纷解决方法变得不再可行，过去曾被认为是无伤大雅的共享行为现在却成了问题。

有学者认为，共享经济是协作消费，必须把业余的和专业的商品和服务提供者组合在一起，所以对其监管的范围和方式的批评是没有意义的（如

---

[1] Talia G. Loucks, "Travelers Beware: Tort Liability in the Sharing Economy", *in Washington Journal of Law, Technology & Arts*, 2015 (10): 339~341.

[2] BBC, "European Court Aide Rules Uber is a Transport Company", www.bbc.com/news/technology-39882766, 2019-11-18.

"专车"司机、旅店或其他所有者是否有资格等）。从这个角度讲，完全根据公众利益和安全设计监管制度是不现实的。[1]共享经济作为闲置资源的再配置模式，当然并不意味着其可以被随意植入任何领域。对于适用于负面清单管理的领域，清单之外的不需要审批核准，市场主体可以依法自由进入相关的共享经济领域。然而，维护公众利益和社会经济安全秩序是政府的职责所在，如果市场秩序和消费者的利益受到伤害，那么政府的不作为肯定是不合适的。[2]党的十八届三中全会通过的《中共中央关于全面深化改革若干重大问题的决定》界定了政府审批企业投资项目的范围，包括国家安全、生态安全、全国重大生产力布局、战略性资源开发、重大公共利益等五类。共享经济的市场准入应依清单进行管理，政府对清单上的领域行使审批权，只有符合法定条件的主体资格才能从事相应的共享经济交易。否则便会破坏现有市场秩序，甚至构成违法。另一方面，由于政府监管部门对共享经济商业模式负外部性的认知不够清晰，对共享经济的商业模式没有采取妥当的监管措施，导致监管错位或是越位、缺位。共享网约车和共享单车都属于准公共产品，不应该完全由市场来配置资源，政府应该对其市场准入进行控制。

（二）对共享经济的监管机制不完善

网络外部性的消费者锁定效应容易导致共享平台的事实垄断，致使消费者和提供者倾向于接受大品牌的服务。[3]反对共享经济平台运营的主要是老牌公司和消费者权益保护组织，他们担心共享公司通过提供功能较少的等效服务与老牌公司进行"不公平"的竞争。[4]简而言之，Uber对其业务领域的贡献很小。从税务角度说，Uber是地方经济的寄生虫。在2013年的一篇延伸报道中，记者凯文·卡哈特（Kevin carhart）揭出了Task rabbit的许多问题。卡哈特引述Task rabbit的博客文章说，"无比兴奋地把网络化手机设备看作是一种令人兴奋的自然秩序的隐喻"，可追溯到亚当·斯密关于自由市场"看不

---

〔1〕　唐清利："专车类共享经济的规制路径"，载《中国法学》2015年第4期。

〔2〕　Bryant Cannon and Hanna Chung, "A Framework for Designing Co-Regulation Models Well-Adapted to Technology-Facilitated Sharing Economies", *31 Santa Clara High Tech. L. J.* 23 (2015), 54.

〔3〕　Hans Verboven and Lise Vanherck, "The Sustainability Paradox of the Sharing Economy", *Umwelt Wirtschafts Forum*, 2016 (24): 310.

〔4〕　Chenguo Zhang, "China's New Regulatory Regime Tailored for the Sharing Economy: The Case of Uber Under Chinese Local Government Regulation in Comparison to the EU, US, and the UK", *Computer Law & Security Review*, 2019 (35): 463.

见的手"的观点。亚当·斯密说，政府应该提供一个没有限制的市场体系，让人们能轻松地交换商品和服务，然后不要有任何干涉。Task rabbit 的员工说，公司是在"填补空白"，但他们是机会主义者。如果他们可以避开劳动法，他们就会想法避开；如果他们能争取到年轻人，用花言巧语来激励，他们就能招到人。这些人做事的报酬甚至低于最低工资标准。[1]共享经济就是新自由主义的践行者，由于政府监管机制的缺失，监管套利成了共享经济商业模式赢利的重要手段。政府应该根据不同的共享经济的商业模式采取应对监管措施，防患于未然。

虽然共享经济在我国各行业遍地开花，但真正立法建制的却很少。目前，虽然我国相关部门和地方政府针对共享网约车进行了立法监管，但相关的执法并不到位。《暂行办法》第 21 条规定，网约车平台公司不得妨碍市场公平竞争，不得侵害乘客合法权益和社会公共利益。网约车平台公司不得有为排挤竞争对手或者独占市场而以低于成本的价格运营，进而扰乱正常市场秩序，实施损害国家利益或者其他经营者合法权益的不正当的价格行为。但在实践中，"滴滴快车"或 Uber 都涉嫌实施不正当竞争和垄断违法行为。

第三节　共享经济零工劳动关系的困境

一、传统劳动与共享经济零工劳动的比较分析

（一）传统劳动的价值分析

1. 传统劳动关系的界定

传统劳动关系或标准雇佣关系指用人单位与劳动者依劳动法建立用人单位或雇主与劳动者的劳动关系，并依法确立了用人单位与劳动者的劳动基准权利义务关系，且劳动合同的签订、履行和解除都严格依劳动法的相关规定进行。19 世纪起源于英国的标准雇佣关系是劳资关系相协调的产物，并在 20 世纪的工业化民主国家达到顶峰。它代表了劳资双方的基本共识：资本将提供安全的就业机会并以工资形式支持一个只有一个男性劳动者的节俭工人阶级家庭；工会化确保了纪律严明、可信赖的劳动力；国家将提供失业保险和

---

〔1〕［加］汤姆·斯利：《共享经济没有告诉你的事》，涂颀译，江西人民出版社 2017 年版，第 89 页。

各种社会福利计划。[1]美国传统劳动关系是"旧经济企业模式"（Old Economymybusiness model，OEBM）的用工形式，起源于第二次世界大战之后，并一直延伸到 20 世纪 80 年代，因就业稳定和收入均等对劳动者基本权利的维护具有重要的意义。美国传统劳动关系的社会基础是所谓的"组织人"，其在 20 世纪 50 年代的美国备受青睐。"组织人"的起源可以追溯到 20 世纪最初，在第二次世界大战后的几十年间发展为遍布美国公司办公室的主要人群。20 世纪 80 年代，强大的日本企业对美国公司构成了强有力的威胁，美国许多研究日本"终身雇佣"制的学者均认为这种组织模式与美国的"组织人"制度大相径庭。美国的"组织人"具有如下典型特征：白人、盎格鲁-撒克逊血统、新教徒、男性，高中毕业后即接受大学教育，在职业生涯早期即进入一家大公司工作，收入不菲，一做就是三四十年，沿着公司的等级阶梯逐步晋升、在退休时则可获得约定给付的养老金（defined-benefit pension）和补贴很高的医疗福利。早在 20 世纪上半叶，美国公司就已经把担任各种管理工作并支取薪水的职能、技术和行政管理职员都变成了"组织人"。到了 20 世纪 50 年代和 60 年代，那些领取小时工资而不是薪金的工会工人也开始运用集体谈判的方式来保护其年资等级地位。因此，他们实际上也能够享受终身雇佣的待遇，并且随着经济的稳步增长而期望在将来退休后能够拿到约定给付的养老金以及全套医疗福利，就像其所在公司的那些支薪管理者一样。在传统劳动关系的模式下，不可转移、后期增值（back-loaded）的约定给付养老金计划鼓励员工一辈子就职于一家公司。[2]我国自 1994 年《劳动法》实施以来，用人单位和劳动者之间就是通过劳动关系的认定来确立劳资双方的法律关系，建立起类似于发达国家传统劳动关系或标准雇佣关系的用工模式，维护了劳动者的基本权益。

2. 劳动法对传统劳动关系的保护

劳动法是保护劳动者权益、维护稳定和谐的劳动关系的重要法律制度。劳动法既要体现公平正义的法律价值，也要确保劳动经济效率的原则。劳动法为了稳定和谐劳动关系，有效发挥保障劳动者合法权益的目的和功能，建

---

〔1〕　Judy Fudge, "The Future of the Standard Employment Relationship: Labour Law, New Institutional Economies and Old Power Resource Theory", *Journal of Industrial Relations*, 2017.

〔2〕　[美]威廉·拉让尼克：《创新魔咒新经济能否带来持续繁荣》，黄一义、冀书鹏译，上海远东出版社 2016 年版，第 4~5 页。

立了规范有序、公正合理、互利共赢、和谐稳定的劳动关系。[1]劳动保护（labour protection）是国家和用人单位为保护劳动者在劳动生产过程中的安全和健康、工资报酬所采取的各种法律制度、组织形式和保障措施的总称。它是指为了防止劳动事故和职业病，保护劳动者在劳动过程中的安全与健康，消除危及人身安全健康的不良条件和行为，确保劳动者的基本权益，根据国家的宪法、法律法规及规章制度，采取组织和技术措施，结合技术进步、科学管理和人文关怀而建立的劳动者权益保障机制，其包括：最低工资保障、劳动安全、工作时间及加班补偿、休息休假、未成年工保护、劳动卫生、女工保护等。罗尔斯的正义论包括两个基本原则：平等自由和差别待遇。平等自由原则体现了形式公平，即自由制度规范前面人人平等，而差别待遇原则上追求实质公平，即不平等的社会和经济的制度安排应确保每一个人的利益都得到合理的对待。[2]罗尔斯的平等自由原则强调不平等的自由只有在那些享有较少自由的人可以接受的情形下才是正当的，除此之外以效率或福利等理由限制平等的自由是不正当的。[3]但平等自由的法理念在劳动法上的实现却颇为曲折。恩格斯认为："劳动契约仿佛是由双方自愿缔结的。但是这种契约的缔结之所以被认为出于自愿，只是因为法律在纸面上规定双方处于平等地位而已。"[4]恩格斯通过透彻地剖析自由资本主义时期劳动契约的本质，深刻揭露了劳资双方自由平等形式下蕴藏着的实质上的不平等，劳资双方劳动合同自由的实质是以"法律上契约的形式平等"掩盖了"企业与劳动者的实质上的不平等关系"。[5]起源于西方的劳动法贯穿着这样的理性：由于实践中劳动者与资产阶级的实力根本不对等，因此自由、平等、正义不能仅依靠双方的个别谈判来实现，需要政府干预和劳资团体力量的参与形成相互制衡。[6]因此，应通过建立劳动基准制度的特别法律机制以确保劳动者的基本权利。具体而言，就是要在法律上强制地规定劳动基准制度，制定合理的最

---

[1]《中共中央国务院关于构建和谐劳动关系的意见》，载 http://news. xinhuanet. com/2015-04/08/c_ 1114906835_ 2. htm，访问日期：2016 年 10 月 20 日。

[2] [美] 罗尔斯：《正义论》，何怀宏等译，中国社会科学出版社 1988 年版，第 1、199 页。

[3] 林道海："正义的原则与证明——罗尔斯正义论评析"，载《山东社会科学》2006 年第 5 期。

[4]《马克思恩格斯选集》（第 4 卷），人民出版社 1977 年版，第 69 页。

[5] [日] 菊池勇夫：《劳动法的主要问题》，有斐阁 1943 年版，第 115 页。

[6] 曹燕："从'自由'到自由：劳动法的理念缘起与制度变迁"，载《河北法学》2007 年第 10 期。

低工资标准和工作时间，从而保证劳动法对工作时间的限制和对工资的保障，以此来节制资本对劳动者的无限度的剥削，使资本的贪婪受到法律的约束。[1]

劳动基准制度是体现了先进的超越国家所有制性质和意识形态的人权保障制度，反映了人类社会劳动权优先保护的先进人权保障理念，不仅是全世界劳动法律制度的基础和发展趋势，更是人类社会文明发展进步的重要标志。因此，必须运用法律的强制手段建立最低工资保障制度、标准工时和加班补偿制度、休息休假制度、安全卫生保护制度等与劳动者的基本生存权密切相关的劳动基准制度，以弥补劳动合同自由形式正义上的不足，对处于弱势地位的劳动者进行特别保护，确保劳资双方实质上的公平正义，但劳动基准制度的确立受地方经济条件、法治环境、生活文化和社会发展水平等诸多因素的影响与制约，因此应因地制宜地制定符合当地社会经济发展水平的劳动基准标准，兼顾公平与效率。[2]劳动关系的核心是劳动者与用人单位之间的契约关系，和谐的劳动关系是劳动法追求的价值目标。劳动法、社会保障法等社会法以保障基本人权和发展权为宗旨，其制度设计在于在尊重双方劳动合同平等自由的基础上，通过向弱者的倾斜保护，弥补合同形式上平等而实际不平等的缺陷，实现实质上的平等。这种权益衡量的制度设计着眼于劳动基准制度的规定以确保基本人权和发展权。[3]劳动合同法基于劳动保护的立法宗旨，以谈判为核心的集体合同为基础，通过以劳动基准法为核心的个别劳动合同制度的雇佣契约来调整劳动关系。[4]劳动合同通过劳动关系内部的自治性充分发挥市场调节作用，兼顾劳动关系的公平与效率，以及稳定与灵活的动态平衡。劳动法价值的实现在于，在遵守劳资双方合同平等自由的基础上，建立劳动基准制度，确保劳动者基本权利能落到实处，并在实践中形成有效的法律保护和运行机制，既体现了劳资双方之间平等自由的形式正义，

---

〔1〕　［德］卡尔·马克思：《资本论》（第1卷），中共中央马克思恩格斯列宁斯大林著作编译局译，人民出版社1975年版，第297、301~302页。

〔2〕　秦国荣："法律衡平与劳权保障：现代劳动法的价值理念及其实现"，载《南京师大学报（社会科学版）》2007年第2期。

〔3〕　董保华、李干："构建和谐劳动关系的新定位"，载《南京师大学报（社会科学版）》2016年第2期。

〔4〕　曹燕："从'自由'到自由：劳动法的理念缘起与制度变迁"，载《河北法学》2007年第10期。

也确保了劳动者的基本权利的实质正义。

（二）共享经济零工劳动的价值分析

共享经济零工劳动的发展引起了劳动关系模式中人力资本特征的改变，这种改变导致劳动关系形态的变迁，应从人力资源的开发与维护、人力资本与物力资本的合作、人力资本和物力资本的利润分享三个维度来重构新的劳动关系。在传统的劳动关系模式下，劳动者只能受雇于单个企业，并以法律契约形式进行认定，因此劳动者的人格从属性、组织从属性以及经济从属性伴随着企业的存在而存在，双方之间表现为一种控制与被控制的状态。共享经济是一场数字革命，在摆脱雇主束缚的同时也意味着带薪休假、最低工资、稳定就业的结束。共享经济用工关系作为一种新型的关系模式，属于零工劳动关系，是指在共享经济模式下形成的共享平台企业与劳务提供者之间的责任、权利和义务与利益分担关系，其倾向于劳务关系但又映射出劳动关系的影子。因此，共享经济下的零工劳动关系兼具劳动关系与劳务关系的某些特征。共享经济下的零工劳动关系相对于传统劳动关系在空间上、时间上、内容上表现出了差异性，导致共享平台企业与劳务提供者的组织从属性被弱化，即劳务提供者可以同时与多个共享平台企业实现就业。共享型用工关系的界定需要突破传统劳动关系与劳务关系的判定框架，提出新的判定标准。[1] 在我国的司法实践中，也有法院基于司机与滴滴平台的挂靠关系而判定滴滴公司就损害赔偿承担连带责任。[2] 随着新经济的迅猛发展，"互联网+"平台经济模式的兴起使产业结构升级，服务业在产业结构中的占比加大，共享平台推动了灵活多样的零工劳动模式的蓬勃发展，如网约车司机、网约医护、网络个体电商、网约家政、外卖送餐员等共享经济零工劳动越来越普遍。共享经济提供了一个高效率、低成本的就业环境，通过第三方平台直接实现了就业，客观上可以不必依赖企业组织而存在。零工劳动者通过共享平台或是第三方机构就可以获得工作机会，进而成为自由职业者，不需要直接与雇主联系。在过去的几年中我国陆续出现了 e 家洁、云家政、小马管家、阿姨来了、阿姨帮等二十多个共享平台家政公司，以零工形式提供了多种民生服务，解

---

〔1〕 李梦琴等："共享经济模式下的共享型用工关系研究进展与启示"，载《中国人力资源开发》2018 年第 8 期。

〔2〕 参见江苏省常熟市人民法院 ［2016］ 苏 0581 民初 10221 号民事判决书。

决了许多社会问题。[1]对于大部分工薪家庭来说，不是所有时段都需要家政服务，雇佣一个全职家政服务人员不仅负担较重而且也会造成人力资源的浪费。零工劳动通过共享平台可以实现多个家庭共同雇佣一个家政服务人员，在需要的时候上门服务，不仅可以优化服务资源的利用，也可以减轻雇主家庭的负担。由此可见，零工劳动不仅使劳动者实现了灵活就业，缓解了社会就业压力，而且也使雇者节约了用工成本，实现了经济民主与效率。

三、共享经济零工劳动对传统劳动关系的解构

（一）共享经济零工劳动解构传统劳动关系的内涵

"解构"源于德国哲学家海德格尔在《存在与时间》一书中提出的"destruction"一词，其原意为"分解""消解""揭示"等。法国当代哲学家雅克·德里达继承了这一概念并扩展了其内涵。德里达在其出版的《论书写学》《书写与差异》和《语言与现象》三部著作中系统地提出了他的解构主义哲学（Deconstructionism）思想，补充了海德格尔关于"解构"之"消除""抹去""反积淀""分裂""问题化"等含义。德里达的"解构"之意是"deconstruction"，已不再是海德格尔的"destruction"。因此，德里达的"解构"不再是"毁灭"而是重构。德里达的"解构"是通过揭露形而上学表面上单纯、和谐的观念，但却内在矛盾和内在紧张的态势，使所有形而上学的本质性观念问题化，破解对立的双方，对传统哲学"逻各斯中心主义"的"在场的形而上学"进行颠覆，对一切建立在二元对立逻辑之上的固定等级结构实施破坏性重构，进而对以等级结构和结构中心论为特征的"在场形而上学"实施彻底的解体和重构。解构主义的积极价值在于它寻求的是"公平"，反对"逻各斯中心主义"和等级制的二元对立，认为"解构就是公正"。[2]共享经济零工劳动对传统劳动关系的解构在于其通过共享平台解除劳动者与用工单位或雇主的劳动关系，仅建立纯粹的用工关系，使雇主与劳动者的劳动合同关系转化为自由的劳务提供或是劳动力买卖的民事合同关系。用工单位或雇主与劳动者之间不存在法定的劳动保护义务，而劳动者不能享受到劳动法规定的

---

〔1〕　参见张新红：《分享经济：重构中国经济新生态》，北京联合出版公司2016年版，第69、70页。

〔2〕　严翅君等：《后现代理论家关键词》，江苏人民出版社2011年版，第92~126页。

带薪休假的权利和最低工资保障权利，以及用工单位依法应为其购买的社会保险等基准权利。共享经济零工劳动在使劳动者获得自由择业权益的同时也削减了劳动者的基准权利，对劳动关系的稳定、和谐的冲击显而易见。共享经济零工劳动对传统劳动的解构，其利弊权衡有待进一步的商榷。

（二）共享经济零工劳动解构传统劳动关系的评析

1. 新自由主义对共享经济零工劳动的影响

旧经济的标准雇佣关系不论是劳动关系的认定，还是劳动合同的订立、履行、解除以及赔偿，都有相应的基准劳动法保护，这种基准劳动法不仅保护了劳动者的合法权益，缓和了劳资双方的紧张对立，而且有利于创建和谐、稳定的劳动关系，而新自由主义被认为是"标准雇佣关系"的破坏者。新自由主义植根于反对任何政府对资本主义市场的"干预"，其核心主张是市场不需要外部法规，公司应该是自由的，因为市场能自我校正。凯恩斯时代那些支配着西方国家每个商业领域的规则应该被废除。政府应削减财政支出的"浪费"并最大限度地提高效率，比如，削减或消除福利、失业保险和其他公共福利，出售国有企业，废除法规，降低企业税率并使所有产品私有化，逐步取消关税和其他国家对贸易的限制。新自由主义者所设想的极简主义要求国家必须专注于加强维护市场自由的价值，保护私有财产和投资机构。从1980年开始，新自由主义开始攻击政府支持工会，而其通过操弄民主与自由的话题占据了思想领域和思想的方式，改变了民众的期望。正常雇佣关系发生了变化，雇主提出的扩大对劳动者剥削的要求被合理化。[1]新自由主义正是打着民主和自由的旗帜反对政府干预。其倡导市场化、私有化和自由化的思潮向各个领域渗透。2008年发源于美国的次贷危机就是新自由主义在金融领域的杰作，其致使美国政府金融监管部门放松金融监管，导致各种金融创新和金融自由冲击了传统金融体系，引爆了席卷欧美等发达国家的金融危机。共享经济零工劳动对传统劳动的解构既有新自由主义思想的根源，也有其法律制度的缺陷。

共享经济零工劳动被赞誉为扩大更多的选择范围，更有灵活性，破坏了等级制度，使人们的工作生活更民主化，并扩大了个人自主权和人文自由。

---

〔1〕 Laureen Snider, "Enabling Exploitation: Law in the Gig Economy", *Critical Criminology*, 2018 (26): 565.

但共享经济零工劳动者没有得到法律保护，工资更低，雇主不支付劳动者的加班费，没有劳动保护、社会保险、医疗保健和节假日、休息日，雇主规避了工人阶级通过近一百多年的奋斗才得到的劳工权益。在过去的二十年中，传统标准雇佣关系的工作继续消失。在英国，2000 年到 2015 年间，制造业损失了 750 000 个工作岗位，批发和零售业失去了 338 000 个工作岗位。到 2036 年，预计会有更多的工作（占如今劳动力的 60%）消失。[1]在美国，2008 年 10 月至 2016 年 10 月之间，有 89 000 个零售工作岗位消失了。[2]零工雇佣关系延续和强化新自由主义。共享经济零工劳动者虽然摆脱了劳动监管，同时也失去了法律赋予的劳动保护，加剧了经济不平等。共享经济零工劳动者作为自由个体，享受弹性的灵活工作时间，却牺牲了只有员工身份才享有的最低工资、健康保险、加班费、带薪病事假、反歧视、失业保险和工伤赔偿等公共产品以及相应的社会保障。随着劳动力市场竞争的加剧，共享经济零工劳动者倾向于利用灵活性，通过延长工作时间来增加收入。共享经济零工劳动者在新自由主义鼓吹的民主与自由的外衣下，被迫放弃劳动保护和社会保障的法律权益，心甘情愿地接受资本的剥削。同时，雇主会通过不同的手段对劳动者进行控制，比如，系统的评价体系、市场的准入，以及各种惩罚机制。共享经济零工劳动者面临着劳动保护和社会保障缺乏以及双向制约机制缺失的问题，且劳动风险和成本被转移给了劳动者。[3]从根本上而言，由于失去了劳动法的保护，劳动者并没获得真正的自由，反而受到了诸多制约，且这种制约不是双向的而是单方面的。低技能劳动者通过牺牲法定的劳动保障获得了表面上灵活的劳动自由，迫于生活和竞争的压力却不得不放弃这种自由，主动选择放弃法定的休息休假，甚至无偿自愿加班，激烈的竞争使工作和收入都不稳定。作为共享经济零工劳动核心价值的劳动自由与用工自由正是新自由主义思潮对传统劳动关系的又一次破坏。

2. 共享经济零工劳动对传统劳动关系的冲击

从历史的角度来看，新经济企业的零工劳动模式使传统劳动关系"组织

---

〔1〕　P. Murphy, *Auto-Industrialism*：*"Do it Yourself" Capitalism and the Rise of the Auto-industrial Society*, Sage. 2017.

〔2〕　V. Mosco, *Becoming Digital*：*Toward a Post-internet Society*, Emerald Publishing Ltd., 2017.

〔3〕　谢富胜、吴越："零工经济是一种劳资双赢的新型用工关系吗"，载《经济学家》2019 年第 6 期。

人"终结。当然，这并不意味着新经济的公司已无须建设复杂的存续性人事组织。为了获得和保持竞争优势，诸如英特尔、微软和思科这样的新经济蓝筹公司必须将其复杂的层级和职能劳动分工体系中的成千上万名员工的劳动付出整合为一体。对于创新型企业而言，整合劳动分工的作用在于开发和利用新技术。从根本上来看，这种用工模式的新变化在于承诺的缺失，或明说或暗示高技术公司已不再承诺为雇员提供就业保障、技能养成和职务升迁的前景了。当一名雇员投入一家新经济公司，也没有打算为这家公司干一辈子，拥有高技术能力的个人也不一定愿意为一家公司工作多年甚至几十年。跨企业的流动可以为雇员带来诸多好处，包括为心仪的企业工作、选择工作地区、增加薪水、获得雇员股票期权和新的学习体验等。零工劳动兴起之后，高技术劳动力正面临全球高素质、低工资劳动供给的竞争压力，同时缺乏任何有效的工会制度来保障其工作条件和薪酬条件。与旧经济传统劳动相比，新经济企业组织承诺的显著消失是双向的——无论是雇主还是雇员。与这种组织承诺降低相辅相成的是，新经济企业所雇佣的员工变得更为全球化了。[1]因为共享经济平台可以使技术型和知识型服务外包工作在全球范围进行招募和竞争。

共享经济零工劳动打破了劳动力市场上的时间和空间限制，使更多低技能者与失业者获得了劳动机会，使劳动力市场的范围更广，劳动用工更零活多样，但同时也使工作任务碎片化、个体化和自由化，削弱了劳动关系的集体性、协作性和稳定性。共享经济零工劳动使劳动者脱离传统劳动的劳动保护和社会保障雇佣形式，充分自由的劳动力市场也意味着劳动竞争加剧，共享经济零工劳动的劳动者与个体户打零工的根本区别是，共享经济零工劳动是利用互联网技术或中介机构与用工单位建立劳动关系，零工经济是一种新型雇佣关系，平台将替代企业与劳动者建立劳动关系。使劳动者地位、议价能力降低，劳动者只能被动接受低福利保障以及不稳定的用工方式。[2]因此，虽然共享经济零工劳动的劳动者获得了劳动自由，使用工单位降低了经营成本，由第三方平台或机构承担起对劳动者的劳动组织管理的权利和义务，但

---

〔1〕［美］威廉·拉让尼克：《创新魔咒新经济能否带来持续繁荣》，黄一义、冀书鹏译，上海远东出版社 2016 年版，第 4~5 页。

〔2〕杨滨伊、孟泉："多样选择与灵活的两面性：零工经济研究中的争论与悖论"，载《中国人力资源开发》2020 年第 3 期。

共享经济零工劳动冲击了劳动法的劳动基准保护制度和社会保障体系。从长期来看，共享经济零工劳动不利于稳定就业和维持和谐的劳资关系，也不利于社会保障体系的建构。

传统的劳动关系以劳动合同形式进行认定，劳动者一般只能受雇于一个用工单位，劳动者对用工单位存在人格从属、组织从属以及经济从属等隶属关系。劳动者应服从于用工单位的监管和派遣，同时享有相应的基准劳动保护和社会保障。新经济的共享经济零工劳动，只借用互联网平台就能实现劳动者与雇者的对接，或是实现其劳动的经济目的。这种没有固定劳动关系或是自我雇佣的个体劳动者，已经不是劳动法上的劳动者，而劳动关系也不是单纯的劳资关系。这种灵活就业的共享经济零工劳动的主要特征就是在雇主与劳动者之间介入第三人，使传统劳动关系的劳资二元结构转化成非典型劳动关系的三角结构，比如，互联网平台、人事代理机构、劳动职业中介机构、劳务派遣机构以及劳务外包机构等充当了第三人角色，且渐渐分担了雇主的职能，特别是互联网平台在共享经济劳动关系中的"第三人"角色，更进一步推动了共享经济向非典型劳动关系不断深化和发展。共享经济零工劳动解构了旧经济建立的基准劳动关系，使雇主和劳动者双方都获得了自由：一方面，劳动者成了完全独立自由的自主择业者，形式上不再附属于就业的用工单位；另一方面，共享平台企业承担了雇主的角色，实现了劳动关系的转移，降低了雇主的用工成本，减轻了其负担。共享经济零工劳动通过互联网平台企业的灵活用工，不仅规模快速扩张，而且新形式不断出现，冲击甚至破坏了现行的基准劳动保护体系，给现行劳动法律制度带来了诸多挑战。共享经济零工劳动弱化了对劳动者的保护，转移甚至排除了雇主用工的法律责任，通过灵活用工的双方自愿协商规避了劳动法的强制监管。

3. 共享经济零工劳动自由背后的隐忧

在共享经济的零工劳动就业市场，一个劳动者认为不理想的任务另一个人也许会觉得很理想。记者凯文·卡哈特（Kevin Carhart）把共享经济平台所谓的"违反就业标准'不是我们的问题'以及'不归我们处理'"的说法拿来求教于劳动法律师凯瑟琳·拉克尔肖斯（Catherine Ruckelshaus），得到了以下答复：这是错把工人当作独立承包商的雇主所使用的说法。他们甚至对打零工的工人（比如一个摘草莓的工人）说："主意你自己拿。你可以来也可以不来。"他们不规定价格，他们不规定时间。他们试图把它掩饰成一种独立的自由交换，而事实上它并不是。Task Rabbit 经历过很多个商业模式，似乎还在苦苦挣扎。他们有段时间在推广"Task Rabbit 商务计划"，基本上算是一个全能的临时工中介公司。随后，在 2014 年 6 月，他们改变了模式：不再进行拍卖，完成工作都有一个固定的价格，计算机算法将匹配客户和"任务接受者"，他们被要求穿着公司的绿色 T 恤衫。这些变化反映了共享平台已经从模仿人际互动转变为基于消费者体验的模式：就像 eBay 从拍卖改为固定价格，Lyft 放弃了捐款而收取车费。[1]一个重要的劳动力问题是共享经济公司工人的分类。将这些工人分类为承包商而不是雇员会带来很多问题：这些工人没有最低工资，没有讨价还价的能力，没有劳动保护和失业保险，没有加班费。不幸的是，劳工问题在声称解放工人的共享经济公司中很普遍，特别是 Uber。由于 Uber 将其司机称为独立承包商，因此 Uber 并不负责补偿他们的保险和福利。司机没有雇主医疗保险或社会保障供款，也没有失业保险，而且自负费用。Uber 司机的总费用（包括保险、汽油、折旧和维修）平均为每英里 0.56 美元，这个价格几乎没有利润空间。[2]共享经济的工作报酬取决于完成的工作以及平台的性质。对于提供个体劳务类的共享经济，因共享经济的法律关系的异构，共享平台可能与个体劳动者建立劳动关系或劳务关系。

共享经济的雇员身份争议源于美国网约车平台 Uber 和 Lyft 之间的价格战。竞争导致了更低的车费，这迫使司机需要工作更长的时间来维护一个稳定的收入。2014 年 10 月，在美国旧金山、洛杉矶及其他几个美国城市都有针对 Uber 的抗议活动。对于共享经济的提供者来说，满意者和不满者的最大分歧在于，前者只是通过共享经济赚点闲钱，而后者却是依靠共享经济来谋生。[3]哈尔（Hall）和克鲁格（Krueger）通过比较 Uber 司机与传统出租车司机每小时的收入发现，Uber 司机赚的至少与传统出租车司机一样多，并且在许多情况下超过了传统出租车司机。然而，研究并未考虑传统出租车司机的医疗保险和带薪休假等社会福利，以及汽车保险和汽油费用报销。此外，因 Uber 控制着网约车的车费，Uber 司机工资的波动大、收入不稳定。当 Uber 为

---

〔1〕 ［加］汤姆·斯利：《共享经济没有告诉你的事》，涂颀译，江西人民出版社 2017 年版，第 92 页。

〔2〕 Jiyoung Hwang, "Managing the Innovation Legitimacy of the Sharing Economy", *International Journal of Quality Innovation*, 2019 (5): 7.

〔3〕 Alex Press, *The Sharing Economy*, satu rdayevening post.com, September/October, 2015: 90~91.

扩大市场份额发起降价活动并刺激需求时，多个城市的驾驶员收入大幅下降甚至多次低于最低工资。问题在于，Uber 可以轻松地更改其定价机制而不征求司机的意见，而出租车公司却不能轻松地更改驾驶员的工资。除此之外，还涉及灵活性和安全性的问题。共享经济提供方作为独立承包商或微型企业家，享受弹性的、灵活的工作时间，却牺牲了只有员工身份才享有的最低工资、健康保险、加班费、带薪病假、带薪事假、反歧视、失业保险和工伤赔偿等公共产品以及相应的社会保障。随着网约车市场竞争的加剧，Uber 司机倾向于利用灵活性来增加收入。科凯恩（Cockayne）发现当车费价格升高时，Uber 仍然按照消费者需求和算法计算司机的收入却没有考虑司机的实际创收，而且 Uber 对司机有严格的控制，可以通过算法和评分系统监控司机。[1]因此，Uber 司机在扣除费用后的工资相对较低，许多人被迫长时间开车以减轻低时薪对收入的影响。米舍尔（Mishel）经济政策研究所发布的报告表明：90%有工作岗位的工人收入都高于 Uber 司机。Uber 司机获得的收入扣除 Uber费用和车辆费用仅为每小时 11.77 美元，比大约 65%的私营部门工人时新报酬少和低于 20%收入最低的主要职业的时薪。在此情况下，Uber 司机不仅没有社会福利还被强制征税。共享经济公司从 2008 年金融危机中崛起。金融危机期间，数百万工人失业，美国全国失业率从 2007 年的 4.7%攀升到 2010 年的 10.5%。2008 年至 2013 年每年有上百万消费者申请破产，2010 年有超过150 万个消费者申请破产。[2]此外，据报有多起针对驾驶员的暴力事件，有时乘客伤害工人仅是因为其虽受雇但没有受到保护。有报告称，有的高管出于个人和反复无常的原因而驱逐了司机，但 Uber 却表示已删除评级不佳的驾驶员。精明的司机可能因拥堵或短途旅行不赚钱而避免短途旅行，但是如果用户的接受度低于阈值，Uber 便会解雇他们，这可能会使他们付出失去工作的代价。因此，驾驶员要么在大量揽客中赔钱，要么冒着失去额外收入的风险，这也导致了许多驾驶员在一年内退出。总而言之，Uber 的商业模式阻碍

---

〔1〕　Scarlett T. Jin et al., "Ridesourcing, the Sharing Economy, and the Future of Cities Scarlett", *Cities, Cities Volume*, June 2018（76）：100.

〔2〕　Mujtaba Ahsan, "Entrepreneurship and Ethics in the Sharing Economy: A Critical Perspective", *Journal of Business Ethics*, 2020（161）：19.

了集体行动或为了工资目的成立工会，这些问题在其他国家同样存在。[1]共享经济打着劳动自由的旗号，在零工市场解决了部分低端劳动者的就业，在一定程度上缓解了就业的压力，创造了灵活就业岗位，提升了就业的匹配度。随着共享经济的深入发展，其将有可能促成从"公司+员工"向"平台+个人"的转变，进而引发社会组织结构和社会分工的变革。[2]

共享经济的零工就业模式是对传统劳动就业保障体系的摧残还是改良值得商榷。对于个体劳动者而言，在享有自由劳动市场准入的同时，也意味着其失去了劳工组织和劳动保障体系的保护。特别是在共享经济模式下，作为供方的劳动者依附于共享平台，其自由是相对的，互联网的"技术资本主义"对劳动者的就业控制是显而易见的。劳动者的自由是相对的，特别是对于那些可以跨越时空进行的技术外包，劳动力市场被互联网无限放大，这种劳动力竞争几乎来自于全球。在这种买方或雇主市场的背景下，自由的劳动力市场竞争越激烈，劳动力贬值就越严重。可想而知，印度班加罗尔的程序员肯定比美国、欧盟的程序员要便宜得多，在这场看似自由公平的竞争过程中，整个劳动力市场的价值都会随着劳动自由无秩序竞争的加剧而趋于贬值，"技术资本主义"对劳动力的剥削也越来越严重。在传统的就业市场，由于受劳动法基准制度的保障，劳动者依法享有劳动基准权和社会保障权，劳动者的基本权益可以得到维护。违反劳动法的雇主应该承担相应的法律责任，这是对劳动者最低的人权保障，但共享经济零工劳动中的劳动自由使劳动者处于劳动法和社会保险法的保障之外，其对传统劳动关系的就业模式和劳工权益的保护的冲击是显而易见的。这种新型的用工关系导致劳动关系发生转移，但用工企业、第三方平台和共享经济零工劳动者之间是否具有从属关系，以及其从属性关系如何界定等问题却一直备受争议。

四、共享经济零工劳动存在的法律问题

(一) 共享经济的零工劳动破坏了现有的劳动关系秩序

实践中，共享经济零工劳动者的法律地位对维护其合法权益具有重要的

---

〔1〕 Jiyoung Hwang, "Managing the Innovation Legitimacy of the Sharing Economy", *International Journal of Quality Innovation*, 2019 (5): 7.

〔2〕 齐爱民、张哲: "共享经济发展中的法律问题研究"，载《求是学刊》2018 年第 2 期。

意义。劳动关系与保险关系是标志个体劳动者是雇工（与雇主、第三方平台公司存在劳动关系）还是合同工（与雇主、第三方平台公司仅存在劳务合同关系）的重要依据。这绝非只是语义上的差异，而是诉讼的基础，保险政策可以确保雇员的权益。如果是雇员就意味着其行为依法应该受公司的监管，同时也有资格享受到应有的针对劳动者相关权益的劳动保护和社会保障，但其劳动成本也就要高不少，其往往会成为公司否认劳动者雇员身份的原因。在共享经济零工劳动中，共享平台或机构对劳动者的管理和控制方式与传统劳动模式不同，因为其并非是劳动力的使用者，不对劳动者的劳动直接进行管理，零工服务业的劳动者直接向消费者和用户提供服务，其劳动过程控制与劳务成果控制相混合，劳动者的"从属性"易被掩盖。[1]共享经济零工劳动打着劳动自由的旗号，在新经济就业市场解决了部分低端劳动者的就业，在一定程度上缓解了就业的压力，创造了灵活就业岗位，提升了就业的匹配度。随着共享经济零工劳动的发展变化，其对传统劳动关系的解构引发了社会组织结构和社会分工的变革。[2]共享经济零工劳动作为新经济的主要用工模式，在劳动自由的背后，也引发了不少社会和法律问题。

（二）共享经济零工劳动缺乏规范管理

共享经济零工劳动的就业形态的具体种类较多，从送餐员、家政、快递、医护到技术人员，其就业分散在各行各业。但这些共享经济零工劳动缺乏规范管理和法律规制，很多共享经济零工劳动只是挂靠共享平台的自由职业者，没有固定的雇主和工作场所，流动性大，就业形态也缺少相关法律机制的保障，容易产生纠纷。共享经济零工劳动不利于管理和培养高层次人才。由于共享经济零工劳动者不隶属于用工单位或是雇主，因此劳动技能的培训、劳动者的升职加薪、劳动过程管控、工时考勤和工资支付、职业安全卫生义务履行以及工伤认定等都将遭遇难题。实际上，共享经济零工劳动者从根本上不能享受到自由，劳动者虽不隶属于雇主，但却受控于共享平台，特别是平台企业利用雇主的评价来控制、管理劳动者，劳动者报酬的多少和工作机会都深受雇主评价的影响，以至于雇主常常滥用评价权对劳动者进行"勒索"，

---

〔1〕　参见王全兴、刘琦："我国新经济下灵活用工的特点、挑战和法律规制"，载《法学评论》2019年第4期。

〔2〕　参见齐爱民、张哲："共享经济发展中的法律问题研究"，载《求是学刊》2018年第2期。

附加不合理的服务要求。共享经济零工劳动在解决部分低端就业的同时，却在摧毁维护劳动者权益的劳动基准保护体系。如何维护共享经济零工劳动者的基本劳动权利是劳动法面临的新的法律问题，这是维持和谐稳定劳动关系以及保护劳动者基本人权的制度藩篱。

（三）共享经济零工劳动者的合法权益未受到保障

劳动者缺乏劳动基准法和社会保险的保障不利于社会稳定。由于共享经济零工劳动者一般按件计薪，虽然劳动不劳动是他的自由，但为了多接单、多赚钱，他们只能夜以继日地工作，没有法定的休息休假权利，没有基本的社会保险，不能享受最低工资保障，这种自由是以牺牲劳动者的基本权利为代价的。比如，由于 Uber 司机在扣除费用后的工资相对较低，许多人被迫延长工作时间以减轻时薪过低对收入的影响。相关研究发现：当价格高时，Uber 仍然按照消费者需求的算法计算司机的收入却没有考虑司机的实际创收，而且 Uber 还可以通过算法和评分系统监控司机。[1]在美国税法中，共享经济零工劳动被正式分类为"独立承包商"。将这些工人分类为承包商而不是雇员会带来很多问题：这些工人没有最低工资、没有讨价还价的能力、没有劳动保护和失业保险、没有社会保障、没有休息休假权、没有加班费。[2]在此情况下，Uber 司机不仅没有社会福利而且还要被强制征税。[3]根据我国《暂行办法》第 18 条的规定，我国的网约车司机是劳动者而不是承包商，目前我国没有相关法律把共享经济的供方作为独立承包商。虽然我国共享经济零工劳动者不像美国的独立承包商那样需缴纳市场经营相关的税费，但同样面临着工作和收入不稳定，且没有劳动法保护和社会保险保障的问题。在 2020 年 3 月至 4 月美国为应对疫情对经济活动而进行管控，绝大多数商业经济活动暂停，短时间内导致大量劳动者失业。美国的就业体系如此不堪一击，根本原因在于美国 34% 的共享经济零工劳动就业者从事的是受疫情直接影响的服务业，共享经济零工劳动就业体系的不稳定性和脆弱性在疫情的冲击下暴露得

〔1〕 Scarlett T. Jin et al. , "Ridesourcing, the Sharing Economy, and the Future of Cities Scarlett", *Cities*, *Cities Volume*, June 2018（76）：100.

〔2〕 Jiyoung Hwang, "Managing the Innovation Legitimacy of the Sharing Economy", *International Journal of Quality Innovation*, 2019（5）：7.

〔3〕 Mujtaba Ahsan, "Entrepreneurship and Ethics in the Sharing Economy: A Critical Perspective", *Journal of Business Ethics*, 2020（161）：19.

淋漓尽致。共享经济零工劳动模式对传统劳动关系的解构使劳动者获得了劳动自由，转移了劳动关系，使雇主降低了劳动成本。但零工劳动使劳动者脱离劳动法和社会保险的保障体系，不利于对劳动者劳动基本权利的维护和劳动关系的和谐稳定。

第四节　共享经济消费者权益的保护问题

一、消费者公平交易权的保护

根据中国法学会消费者权益保护法研究会的指导，北京阳光消费大数据技术研究院发布的《分享经济舆情大数据报告（2017）》显示，在共享经济领域，安全保障、服务质量、价格垄断、个人隐私等四大方面问题最受关注。[1]

（一）共享平台滥用其基础地位损害消费者的权益

共享经济协作消费之第二次消费的商业模式意味着共享经济需方的消费者很难完全适用《消费者权益保护法》进行维权，以至于共享经济交易过程中对消费者的侵权几乎不可避免。共享平台在交易结构中在交易方式、交易规则和交易价格等方面均处于绝对的支配地位，一旦滥用支配权便容易造成价格控制等同类竞争者之间的不正当竞争，从而带来市场垄断风险。在共享经济模式下，共享平台占据核心主导地位，已经具有"基础设施"的属性，这种权力一旦被滥用势必会影响经济社会稳定。在大数据、云计算等互联网技术持续发展的条件下，这种权力边界甚至会持续扩张，直至超越经济领域，影响国家安全。共享平台的法律定位应当兼顾私法和公法两方面，实现市场经济秩序和维护国家安全的双重目的，制定和落实相关共享平台的市场准入和安全审查制度。[2]共享平台损害消费者权益的情形主要表现为以下几方面：

首先，滥用其基础性，操纵交易损害消费者的利益。共享经济与传统经济的不同之处在于其交易依附于共享平台，共享平台在共享经济中起到了基础性作用，一般共享经济商圈的市场准入和退出都是由共享平台决定，对于商业共享经济平台，其不仅是信息平台，且对交易规则、交易支付、责任的

---

[1]　"分享经济舆情大数据发布　四大问题需改进"，载 http://yuqing.people.com.cn/n1/2017/0814/c209043-29468060.html，访问日期：2017 年 11 月 15 日。

[2]　伏睿："共享经济的法律关系与规制路径"，载《经济论坛》2017 年第 5 期。

分担、评价体系都由共享平台制定。《电子商务法》虽课以平台经营者相应的义务，但是为了实现自身利益的最大化，共享平台可能会滥用其基础地位损害消费者的利益。因为共享经济是从线上到线下的O2O交易模式，交易供需双方都依赖平台提供的信息进行交易，如果经营者信息披露不真实，则可能会损害消费者权益。特别是当共享平台也参与交易时，为了促成更多交易，平台可能对经营者或商品和服务的提供者的市场准入放松监管。比如，网约车平台"滴滴快车"在2018年曾发生过骇人听闻的司机杀害妙龄女乘客的恶性事件，而其中的涉案司机不仅有犯罪前科，而且是个"马甲司机"，该司机使用的是其父亲的网约车执照。其次，共享经济的网络技术限制了"互联网盲"消费者的权益，导致消费歧视。共享经济的核心价值在于其通过网络技术实现对使用权的共享，但对于不懂得使用互联网的消费者，共享经济对其就是一种消费歧视，从根本上排除了"互联网盲"消费者。因此，在某种程度上，共享经济和其他智能产品一样，如果不能消除技术限制，在互联网还未能实现全面、普遍服务的情况下，共享经济应与传统经济共存并确保"互联网盲"消费者的基本权利。再者，共享平台损害了消费者的选择权。由于共享经济交易依附于共享平台，对于共享平台参与的交易，供需方的对接取决于共享平台系统的资源分配而不是双方当事人的自由选择，这与传统交易中消费者可以现场选择不同。最后，共享平台被异化为谋利的工具。共享平台可能会为了谋利而滥用其市场准入的核准权向消费者收取会员费或是押金，使共享平台从信息服务平台异化为融资平台。在不能为消费者提供专业优质服务的同时，共享平台可能构成了非法融资。简而言之，如果共享平台控制了交易，就可以通过技术限制来操纵交易，损害消费者的利益。当然，如果共享平台仅提供信息服务而不参与交易，其滥用基础性地位损害消费者权益的机会应该就会少一些。

（二）共享经济的产品和服务的品质很难保障

共享经济是通过网络技术聚集了大量的闲置产品和个体劳动者，共享经济所提供的闲置产品和个体劳动都不是标准化的产品和服务，琳琅满目的各种各样的二手商品、装饰各异的民宿以及有求必应的各种短工，共享平台能够提供传统经济所无法提供的多样化与个性化的消费体验。但共享平台在带来多元消费体验的同时，也使得在共享平台上的产品或服务良莠不齐，特别是对那些要求特定技能的服务，消费者每一次下单都是一场赌博，虽然有些平台有较完善的评价系统，但不是每一个消费者都乐于在消费后真实地进行评价，以至于那些本该获得差评的服务没有被披露。因此，共享平台在供需配置上虽然能为消费者节约搜索成本，但对共享闲置物品的品质和个体劳动者的服务技能，共享平台很难去评估和保证，消费者的权益难以得到保障。如果共享经济不能形成相应的产品和服务的准入标准，多样化和自由化的共享产品和服务可能做不到物美价廉，如果产品和服务存在缺陷可能就会侵犯消费者权益，导致劣币驱逐良币的"柠檬市场"[1]效应，最终影响共享经济的可持续发展。我国《侵权责任法》第 41 条规定，因产品存在缺陷造成他人损害的，生产者应当承担侵权责任。第 46 条也要求生产者或销售者应当对投入流通的缺陷产品采取警示、召回等补救措施。但由于共享经济是第二次消费，很难严格根据《产品质量法》和标准化来要求共享产品和服务的质量。由于目前对共享经济的监管缺位，对绝大多数共享产品和服务的品质基本没有要求。在某种程度上，共享产品和服务质量很难得到保障，但共享经济不能打着闲置资源配置和自由的口号放低对产品或服务市场准入的品质要求，消费者在享受差异化产品和多样化服务的同时，其合法权益应该受到保护。根据《电子商务法》第 32 条的规定，电子商务平台经营者应当遵循公开、公平、公正的原则，制定平台服务协议和交易规则，明确进入和退出平台、商品和服务质量保障、消费者权益保护、个人信息保护等方面的权利和义务。因此，共享经济平台应当就产品或服务的基本质量问题提供最低限度的保障，以确保消费者的权益不受侵害。

二、共享经济消费者的安全很难保障

（一）消费者的人身财产安全保障

共享经济作为线上虚拟交易线下使用的 O2O 商业模式，其潜在的人身、财产和信息安全风险是客观存在的，共享经济的消费者可能面临着人身和财

---

　　〔1〕　阿克尔洛夫在 1970 年提出的分析旧车市场的"柠檬"（次货或二手货）模型开创了逆向选择理论的先河：在旧车市场上，只有卖者知道车的真实质量，买者只知道车的平均质量，因而只愿意根据平均质量支付价格。而在一辆旧车的任一价格上，那些最差的次品车的主人最急于将他们的车出手。当买主把这些次品买回家后，才会逐渐发现它的缺陷。一段时间后，卖主能够接受的旧车的平均价格会下降，那些持有缺陷最轻的车的车主这时会认为还是将车留着自己用更为合算。这意味着，那些还留在市场上出售的汽车的平均质量又进一步降低了。因此，随着价格的下降，存在着逆向选择效应：质量高于平均水平的卖者会退出交易，只有质量低的卖者才会进入市场。

产的安全隐患。尽管可以通过保险机制来落实责任，但生命和人身的伤害是难以用财产来弥补的。对于提供个体劳动技能服务的共享经济，因为缺乏规范化系统管理和对劳动者技能的鉴定，其服务质量难以得到保证，消费风险客观存在，而且因为其属于个体自由劳动者，没有组织机构对其行为承担责任，而其自身责任能力的有限性可能会导致消费者权益得不到保障。比如，共享经济的汽车租赁市场，因为私家车及司机未经资格认证就提供预约租车服务，汽车的性能、司机的技术对消费者而言都存在潜在的风险，乘客的安全难以得到保证。有报道称，有些 Airbnb 房东的租房动机不纯，只是为了通过出租房间发生"艳遇"或是施行更进一步的犯罪行为。另外也有租客把房东财物洗劫一空，把房间搞得一塌糊涂。还有"女顾客把 Airbnb 的公寓变成了妓院"，"把卡尔加里的房子弄脏的 Airbnb 租客使用假信用卡开派对"，"Airbnb 的房东在自己公寓里突击查到男妓后遭到侵犯"，"噩梦般的棕榈泉租户拒绝离开"。更严重的是，"Airbnb 的公寓业主因强奸游客而入狱"。Uber 的丑闻比 Airbnb 更出名，包括谋杀、殴打、抢劫、威胁等各类暴力事件。对此，共享平台常辩称他们对这些事件并不负法律责任。[1]

　　共享经济的产品和服务不是标准化的新产品，这就意味着这些产品或是服务可能存在瑕疵，甚至缺陷。随着共享经济在各行各业的兴起，特别是随着共享网约车安全事故频发，共享产品和服务的安全保障问题成了人们普遍关注的社会问题。不论是车辆，还是房屋、医护、技工、送餐员、家政服务者等，消费者都希望其是安全的。对于消费者而言，虽然他们并不关心所使用的产品是谁的，但一个前提条件就是产品应当安全可用。[2]在 2017 年，一名乘客声称自己在堪萨斯城被 Uber 司机强奸并向 Uber 提起诉讼，指称 Uber 忽略了之前的警告。在 2016 年密歇根州的另一起案件中，Uber 司机涉嫌在卡拉马祖杀死 6 人；2017 年 8 月，佛罗里达州的一名乘客与 Uber 司机在关于票价的争论中被司机殴打并因伤身亡；有 Uber 司机性骚扰乘客还导致了加利福尼亚州和堪萨斯城的两起诉讼。根据一项诉讼，尽管 Uber 始终将其针对驾驶员的背景调查过程营销为"行业领先"和"比成为出租车司机要严格得多"。

---

〔1〕 ［加］汤姆·斯利：《共享经济没有告诉你的事》，涂顾译，江西人民出版社 2017 年版，第120 页。

〔2〕 齐爱民、张哲："共享经济发展中的法律问题研究"，载《求是学刊》2018 年第 2 期。

但在现实中，Uber 的申请流程是为了提高速度而不是为了保障安全。通过 Airbnb 出租的房屋不必满足任何健康或安全法规要求。相比之下，酒店要遵守严格的安全标准。例如，一位加拿大女顾客于 2013 年通过 Airbnb 租住了一个热水器漏水，且通风不好的房间，导致该妇女因一氧化碳中毒死亡。在另一起事件中，两个人通过 Airbnb 租了一间房子来过感恩节，但是在出租时，固定在树上的绳索掉了下来，掉在了一个人的头骨上，导致该人死亡。一家拥有例行安全检查机制的旅馆可以避免这种事故，因为根据法律要求进行的检查可以排除这种危险。[1]在我国，网约车、共享单车和共享民宿暴露的共享经济安全问题也是层出不穷。

（二）消费者的信息风险问题

1. 信息不对称的风险

我国目前对数据信息安全以及个人隐私的法律保护机制并不健全，共享经济中的个人数据信息的相关权益常常因侵权行为而得不到保护。比如共享平台企业通过商务活动获取了大量的客户个人数据信息，为了谋取经济利益，平台企业可能会泄漏、贩卖和滥用个人信息，损害个人信息安全权和隐私权，最终损害客户的人身权和财产权。共享平台通过网络技术解决了供需双方资源需求上的信息共享问题，但不能解决供需双方客观上存在的信息障碍。因为平台不可能对供需方进行调查，不可能了解供需方的真实情况。其信息来源有赖于供需双方的提供，对于供需双方，其信息不对称的风险并没有从根本上得到解决。首先，信息不对称可能会引发败德行为。败德行为也称作道德风险，或道德公害或道德危机。主要指经营者为了追求利益的最大化，利用信息不对称实施不易被觉察的行为来隐藏真实的商品或是服务的信息，误导消费者作出错误的判断和选择。比如，为骗取共享平台补贴的"刷单"[2]行为就是很典型的败德行为。其次，信息不对称可能引发逆向选择，也称不利选择。指经营者利用其占有信息的优势故意隐藏一些对其不利的信息或提供不完全的信息，而其对产品或服务的优缺点、性能及成本等相关信息十分

---

〔1〕　Jiyoung Hwang, "Managing the Innovation Legitimacy of the Sharing Economy", *International Journal of Quality Innovation*, 2019（5）：9.

〔2〕　刷单，一般是通过虚构网络交易并填写虚假好评的行为使指定的网店卖家的商品提高"销售量"和"信用度"，从而为网店获得较好的搜索排名。在我国"专车"类共享经济模式里，通过刷单来骗取网络平台的补贴、工资的现象也比较普遍。

了解。在相互的博弈中，对方当事人却处于信息劣势的地位面临着不利的选择。逆向选择的另一表现是阿克尔洛夫的"柠檬市场"效应。由于共享经济属于二次消费或是零工劳动，其产品和服务的品质良莠不齐，但如果由共享平台统一定价，优质产品和服务不能突显其优质高价的价格优势，如果由供方自行定价，容易引发低价竞争，使优质高价的商品和服务因面临有价无市的尴尬局面而被迫退市。由于共享经济的线上虚拟交易线下使用的特点使消费者交易前并没有真实了解相关的商品和服务，其判断主要来自于其他消费者的评价。如果出现虚假评价，就会误导其选择。因此，信息不对称使得共享经济也面临着"柠檬市场"的风险。再者，信息不对称可能导致信号失灵。信号失灵是指经营者通过引人误解的虚假宣传等不正当竞争行为扭曲了市场信号，使市场信号因不能传递真实的产品信息而失灵，给消费者传递了错误的信号。比如，我国的民宿短期市场被曝光通过聘请摄影师对房东上传的房屋的图片进行加工美化。这种不诚信行为最终可能会导致消费者丧失对市场的信任。信息提供者不一定按要求提供相关信息，或者提供失真信息，可能构成隐蔽的虚假宣传。假冒、仿冒以及虚假宣传导致的市场信号失灵挫伤了消费者的信心，也为消费者带来了交易风险。最后，信息不对称不能从根本上消除信息障碍。消费者受限于时间成本和认知能力而存在信息吸收不利等问题。即使获取信息充分、及时，信息吸收消化仍会受到接受者认知能力的限制，信息运用不力也会造成信息不对称。[1]对于不熟悉网络信息的消费者而言，由于对信息的理解、接收和认知上的不足，共享平台上的海量信息对其没有多大的实际意义，不能从根本上帮助其降低信息不对称风险。

2. 个人信息的安全风险

共享经济是依托网络技术而运行的经济模式，共享经济需要供需双方真实有效的个人信息来保障其运行，因此也为供需双方带来了潜在的信息安全隐患。技术可以方便人们的生活，但人与人之间的社会关系问题却变得更为复杂。共享平台可以自行控制风险，但也可能放大风险，比如，个人的信息安全在平台的管控之下，但也可能因共享平台的故意或是过失而泄漏。共享经济与传统经济的支付方式不同，一般采用移动支付。共享平台为保障交易安全，通常要求闲置资源供需双方实名注册，消费者必须有电子钱包或是把

---

〔1〕 蒋大兴、王首杰："共享经济的法律规制"，载《中国社会科学》2017年第9期。

银行卡接入相应的支付平台，并进行一系列的实名认证，甚至对银行卡进行捆绑。因此，共享平台掌握了供需双方的大量个人信息和支付信息。共享平台的网络化特征决定了这些个人信息容易被暴露在网络环境下，具有失密的高风险，如果信息泄漏便会对消费者的财产和个人信息安全造成不利的影响。另外，共享平台一般通过保证金、押金、预留资金等形式收取消费者一定数额的资金，并都要求储存在支付平台上，甚至对闲置资源提供者的应得报酬都规定了一定的提取条件和期限限制。一旦共享平台企业破产、违法导致资产被冻结，或因经营不善导致现金兑付困难，或因黑客入侵导致支付平台崩溃，闲置资源供需双方的资金就难以从平台提取。[1]

共享平台隐藏着信息不透明、虚拟账号、委托代理、系统失败等个人信息安全漏洞，如果平台出现问题，服务双方的交易便会失去联系，资金的流向会不知所踪，消费者与投资者的利益就得不到保障。共享经济商业模式涉及重大的个人隐私问题，客户通过注册平台账号，输入个人相关信息缴纳押金。然而，一些机构却将这些信息作为商业资源进行变卖，严重侵犯了客户的隐私，威胁着个人信息的安全。共享商业模式以共享平台为载体并依赖平台连接着服务关系双方，第三方平台的参与导致责任分担的纠纷，信息传递过程中的及时性、准确性、严谨性都要求严格把控交易的每一个环节。例如，引发了巨大反响的滴滴顺风车事件。造成这一恶性事件的原因正是对于行业准入人员身份背景调查制度的不完善。滴滴平台对于司机的审核粗略，人车不符的现象更是不胜枚举，司机的信息得不到确认，用户的安全得不到保障，由此暴露出了监督管理、信息安全等一系列问题。[2]

我国滴滴出行公司的 APP 曾被曝存在过度收集用户位置信息的情况。另外，其他共享经济企业也存在个人信息保护问题，如在 Airbnb 平台上的多家房屋被曝安装有摄像头。实践中，共享经济基于其共享平台商业模式的运行，需要对个人的身份、财务、地址等基本信息进行收集、处理、存储和利用。有些共享经济平台除了大量收集用户的个人信息并进行商业利用外，甚至还会非法贩卖顾客的个人信息谋取利益。在侵犯消费者信息安全权的同时，给

---

〔1〕　李伟："分享经济发展研究综述"，载《经济研究参考》2017 年第 71 期。

〔2〕　赵栓文、简洁："共享商业模式风险管理探究——以共享单车为例"，载《会计之友》2019年第 16 期。

消费者的人身安全和财产安全都带来了隐患。早在 2014 年，Uber 就被曝使用软件跟踪司机和乘客行踪。原因在于，Uber 软件内部含有一个名为 "God View"（上帝视角）的工具，利用该工具，Uber 员工就可以追踪任何请求用车的乘客或司机。在被曝光的事件中，一位来自 Uber 纽约名为乔希·莫赫勒的经理就曾追踪一位 Buzzfeed 媒体记者，并在其毫不知情的情况下在公司的纽约总部等待该记者。此后，Uber 还被曝允许所有员工跟踪政治家、名人，甚至包括 Uber 员工的前男友、前女友、前任配偶等熟人的乘车数据。[1]美国奥斯汀市和得克萨斯州的消费者要求网约车公司 Uber 和 Lyft 平台对司机实施基本的背景审查，而平台却拒绝实施指纹识别，Uber 和 Lyft 在听证会失败后拒绝在得克萨斯州提供服务。[2]随着互联网技术越发达，对个人信息安全收集的手段也就越高级，涉及个人信息安全的内容也就越多。而目前我国没有相关专门的法律监管，为个人信息安全留下了隐患。

第五节　共享经济的监管套利

因共享经济企业的法律地位不明确，其市场准入机制、退出机制、交易规则、税收法律制度、个人信息的法律保护、知识产权保护、消费者权益保护、竞争法律关系、劳动法律关系、信用评价自律监督体系等机制并不完善，以至于共享经济监管套利变得不可避免，主要包括偷逃税收、规避工商监管、破坏生态环境、损害劳工权益、侵犯消费者权益等情形。

一、共享经济监管套利的内涵

（一）监管套利的内涵

"监管套利" 借用了金融学中的 "套利" 一词，但根据《新帕尔格雷夫货币金融大辞典》的定义，"套利" 是一种投资策略，其保证在某些情况下获取正报酬，而不存在负报酬的可能性，也无须净投资。在法理学中，监管套利属于 "法律规避"，也被称作 "脱法"。监管套利指当事人利用法律规范的

---

〔1〕 "滴滴最新版本涉嫌窃取用户位置隐私?"，载 http://www.sohu.com/a/78498178_383040，访问日期：2019 年 11 月 15 日。

〔2〕 齐爱民、张哲："共享经济发展中的法律问题研究"，载《求是学刊》2018 年第 2 期。

冲突或是法律的漏洞，利用私法自治、契约自由原则对于法律形式的可能性，故意制造某种连结点，减轻或排除法律监管，以避开本应适用但对自己不利的法律，从而得以通过适用对自己有利的法律而逃避法律制裁的行为，但其行为客观上给他人或是社会造成了伤害。多纳霍（Donahoo）和沙弗（Shaffer）认为："监管对市场主体是税收的一种形式，即监管税收，市场主体有动机避免或使监管税收最小化。当一种经济目的可以通过多种交易策略实现时，主体即会选择净监管负担最轻的途径。"多纳霍虽未直接定义"监管套利"，但其提出了"监管税收"概念，以及同一经济目的可以通过多种交易策略来实现的可能性，并提出了市场主体监管税收最小化的行为原则，成了此后学者们研究"监管套利"的理论起点。[1]后来，弗兰克·帕特诺伊（Frank Partnoy）对于"监管套利"给出了一个较为全面的定义，认为："监管套利是一种金融交易。旨在利用制度差异性所创造的套利机会，来获取利润或降低成本。"[2]此外，国内外部分学者也将"监管套利"定义为"利用不同监管机构在监管规则和标准上的不同甚至是冲突，选择监管环境最宽松的市场进行经营活动，从而达到降低监管成本、规避管制从而获取超额收益的目的"。德国的萨维尼（Savigny）等学者认为，如果将法律规避行为视为违法行为的话，那将使不公平的法律不能废除，会妨碍法律的进步和经济与社会的进步。大陆法系国家的一些学者认为，为了维护本国法律秩序的稳定，捍卫本国法律的威严，各国普遍把规避内国法的行为视为违法行为，并认为这种规避不发生法律效力。如法国的尼波叶（Niboyet）等人认为，法律如果被人以欺诈的方法窃用，便应该予以惩罚，不能予以承认，这样做将使人们不敢有非分之想。[3]监管套利捕捉的也是市场中的非均衡，其主要特征是无风险、无净投资或有正收益，决定套利机会吸引力的关键性因素也正是套利策略的交易费用。监管套利的本质特征在于形式合法而实质违法。因此，共享经济平台常借"共享""创新"之名规避法律监管，进行监管套利。

---

〔1〕　K. Donahoo and S. Sha, "Capital Requirements and the Securitization Decision", *Quarterly Review of Economics and Business*, 1991, 31 (4), 12~23.

〔2〕　董红苗："制度套利：金融套利的又一种形式"，载《浙江金融》2003 年第 11 期。

〔3〕　参见百度百科 https://baike. sm. cn/item/d53190192e3d833c8ea9d3dc530ed36f. html? from = smsc.

（二）共享经济的监管套利

非商业活动和商业活动之间的界限不清，也为非正规商业的"灰色地带"提供了一个空间，而这些非正规商业在许多城市恰恰是日常生活的一部分。Airbnb 的目标与许多共享经济公司一样，利用这个灰色地带扩大它的规模，为了规避传统酒店或出租车公司的市场监管，通过创造所谓的平行经济〔1〕从而规避税收。《华盛顿邮报》记者安德烈亚·彼得森（Andrea Peterson）写道：国税局为了征税而设定标准里程费率。2015 年，纳税人驾驶用于上班的车辆每英里可扣 57.5 美分的税费。这个费率是根据每年对车辆运营成本的研究——维修、保险、保养、加油及折旧等项目——作出的，而这些在 Uber 报告中并未被考虑。根据这个数字，经济和政策研究中心的迪恩·贝克（Dean baker）估计，Uber 司机要想胜过传统的出租车司机，每次驾车的平均里程就要"比 8 英里少得多"。贝克还指出，如果 Uber 司机不支付商业保险，或者不像商业司机那样投资于车辆的保养，那么他们的成本将少一些，拿回家的钱将会多一些。"如果是这样的话，这将是在新经济下发财致富的典型故事。想办法避开规定，然后宣称这是一个伟大的创新。"〔2〕Uber 在许多国家的运行仍被视为非法经营，常被监管当局查处。世界很多地方都曾爆发过抵抗Uber 的出租车运动。在欧盟成员国中，Uber 在出租车行业也有许多敌人，其中许多人已向法院提起诉讼，导致 Uber 的活动被禁止或受到严格限制。在德国、比利时、意大利和西班牙等欧盟成员国中，都可以看到明显的例子。〔3〕

实际上，立法者和监管者对共享经济的监管套利处于两难的境地。在多数发达国家，对参与共享经济的闲置资源的认定甚至成了判定共享经济商业

〔1〕 平行经济是将实验经济学方法与社会计算方法结合起来，融合人工社会、计算实验和平行系统，形成一套新的研究复杂社会经济系统的计算理论和方法体系。平行经济是由复杂性科学、管理科学、社会科学、计算科学与系统科学的交叉和融合而产生的一种新的经济研究理论，其基本思想是通过建立人工系统来描述真实的经济对象（建模），计算实验分析经济对象的演变规律（预测）以及人工经济系统与真实经济系统的交互执行（控制），实现对复杂经济系统的管理，最终目标是提高人工经济系统的地位，使其由从属的、辅助的、离线的作用逐步提升到平等的、在线的地位，充分发挥模型在复杂经济管理中的作用。

〔2〕 ［加］汤姆·斯利：《共享经济没有告诉你的事》，涂颀译，江西人民出版社 2017 年版，第75 页。

〔3〕 Chenguo Zhang, "China's New Regulatory Regime Tailored for the Sharing Economy: The Case of Uber Under Chinese Local Government Regulation in Comparison to the EU, US, and the UK", *Computer Law & Security Review*, 2019 (35): 464.

模式合法与否的依据。比如，共享民宿是否合法的依据在国外就是进行短租的空间是否真的属于闲置资产，像 Airbnb 声称的那样只是家庭分享。但在实践中，参加 Airbnb 共享的绝大多数房间都已经异变为专门的、长期的短租资产，他们打着共享民宿的口号实际上却在做着和酒店旅馆同样的生意，但他们却游离于法律监管。虽然 Uber 和 Airbnb 成功地利用了大数据分析并说服人们相信他们，了解如何通过该方法提高效率和安全性数据，但这些公司控制着报告，只发布有利于他们的信息。Uber 报告称，其司机的平均工资为每年9 万美元，但没有提到这个数字是基于纽约市司机的薪水，这是其所有所在城市中最高的工资。此外，精美的图片显示该数字仅适用于每周驾驶 40 小时以上的驾驶员，不包括费用（里程、汽油、维修、保险等）。纽约总检察长办公室的检察数据显示：Airbnb 在郊区贡献了 950 个工作岗位，其中 82% 的物业在曼哈顿中城。占 Uber 收入 97% 的份额中的 2/5 来自布鲁克林和曼哈顿自治市镇。Uber "招募"了前白宫经济顾问吉恩·斯特林（Gene Sterling）、普林斯顿大学经济学家艾伦·克鲁格（Alan Krueger）与 Uber 政策研究负责人乔纳森·霍尔（Jonathan Hall）来讲述其对经济的影响。有时 Uber 的报告虽然完整发布但没有随附的数据；有时报告是内部文件，只有新闻稿可用。总体而言，Uber 的行为对于利益相关者不够透明，这导致了一系列对该公司责任机制和合法性的质疑。[1]我国共享经济的监管套利同样无处不在，其似乎已成为共享经济初创期的主要获利途径。

由于共享经济法律机制不健全，共享经济常借着社区文化建设来规避监管。多数新经济业态和产业均处于无法律监管的"自由"状态，但其宏观经济收益是巨大的，其潜在的问题也比比皆是。Airbnb 和 Uber 就因其利用监管漏洞而受到了批评，比如侵蚀工人的权利、逃避环保责任、破坏市场竞争秩序、规避税收等，共享经济并没有从根本上破除消费主义，反而加强了现有的消费主义范式。[2]对于共享经济的态度，政府关心的是税收、城市区划和消费者保护。民权活动家关心的是蓬勃发展的短期租赁的民宿对住宿价格、长租客用房价的影响等问题。共享经济作为一种新的商业模式，早期一般都

---

〔1〕 Jiyoung Hwang, "Managing the Innovation Legitimacy of the Sharing Economy", *International Journal of Quality Innovation*, 2019（5）：10.

〔2〕 C. E. Cherry and N. F. Pidgeon, "Is Sharing the Solution? Exploring Public Acceptability of the Sharing Economy", *Journal of Cleaner Production*, 2018（195）：941.

需要政策扶持，多数发达国家对新兴行业在监管上都比较放任自由，担心过早监管将会扼杀其创新能力。因此，很多新兴行业在初创时期都游离在法律监管之外。[1]目前，随着共享经济规模的不断发展壮大，共享经济所带来的社会和法律问题越来越严重，西方国家对比较有影响力的共享经济模式的 Airbnb 和 Uber 的态度也在发生变化。"没有规矩，难成方圆。"我国应该对共享经济存在的监管套利的问题进行清理，并完善相关的法律机制。共享经济的商业行为与其他商业模式没什么不同，应该遵纪守法，确保其合法性和正当性，不应该通过违法和侵权经营损害其他利益相关者的利益。共享经济不能以"创新"为借口游离在法律的监管之外。如果共享经济对现行社会经济秩序造成损害，可能是不道德行为甚至违法行为，应该承担相应的法律或是道德责任。

二、共享经济规避工商监管

（一）工商监管的意义

工商登记是政府在对申请人进入市场的条件进行审查的基础上，通过注册登记确认申请者从事市场经营活动的资格，以及获得实际营业权进行市场经营活动的总称。工商登记既是市场监管的基础，是对市场主体从事经营活动的身份确认，也是市场主体享有相关权利和尽其义务的依据。工商行政执法被认为是政府监管的最后手段，在一般情况下，行政执法部门不会主动执法，多数执法都是有人投诉才会启动，因此行政监管存在宽容的灰色地带。但由于目前的监管机制不健全，共享经济游离于工商监管之外，其"合法性"也有待于进一步商榷。一般市场主体在工商登记的经营范围内依法从事相关的民商事活动，依法对其股东、职工、消费者、国家和社会承担法律责任和社会责任，比如依法纳税，依法履行其环保义务等。如果市场主体不参加工商登记，不仅不利于市场监管，而且也有可能逃避其相应的法律责任和社会责任。

（二）共享经济工商监管的缺失

在国外，由于对每一个行业都有相应的行业监管，因此都要求从业者进

---

〔1〕 Sofia Ranchordas, "Does Sharing Mean Caring? Regulating Innovation in the Sharing Economy", *Minnesota Journal of Law*, *Science & Technology*, 2015, 16, p. 1.

行登记，但共享经济的经营者，则常常以其是进行信息服务的平台为由拒绝相关的工商登记和监管，而且共享经济的提供者或是经营者的房东和司机也是以他们只是提供"业余"服务为由不接受工商登记和监管。出租车等传统行业抵制共享经济模式的主要原因在于，闲置资源提供者脱离业余属性进行专业执业，但又未像传统执业者那样缴纳税款和进行工商登记，从而导致不平等竞争。[1]工商登记的缺失导致共享经济平台及经营者或者是供方相应法律责任的缺失。Airbnb 关于"我们的房东中有 87% 是把自己所居住的家租出去"的说法对于公司来说非常重要，因为其曾多次指出，自己的业务是一种个人间的私下交换，现有的法规是针对专门的住宿经营者，不适用于普通人私下提供住宿的新市场。但实际上，Airbnb 也从拥有多个房源的房东那里赚到了很多的钱，而这些房东通过 Airbnb 共享平台所谓的只是私人空间共享规避了住宿餐饮以及短租所涉及的相关规定。[2]Uber 也说它不是出租车公司，它不过是在运营一个网站和一个应用程序，进而把司机与乘客联系起来，认为所有的错事都不是它的责任，而是司机的责任。

共享经济与传统工商监管模式不同，根据我国《电子商务法》第 10 条的相关规定，虽然电子商务经营者应当依法办理市场主体登记，但是个人销售自产农副产品、家庭手工业产品，个人利用自己的技能从事依法无须取得许可的便民劳务活动和零星小额交易活动，以及依照法律、行政法规不需要进行登记的除外。我国《电子商务法》第 10 条规定，共享经济"个人利用自己的技能从事依法无须取得许可的便民劳务活动"和"零星小额交易活动"可免除工商登记。只不过实践中，"个人利用自己的技能从事依法无须取得许可的便民劳务活动"一般应只限于基本的劳务提供者，不包括需要相应专业资格许可的服务提供者，比如，律师、医师、会计师等这些特殊行业的专业服务。界定"零星小额交易活动"实际上比较困难，这种免除工商登记的共享经济应该是对社区共享经济而言的，但商业共享经济和伪共享经济的经营者应该依法进行工商登记。在实践中，有许多商业共享经济和伪共享经济都打着"共享经济"的名义规避工商登记。

---

〔1〕　伏睿："共享经济的法律关系与规制路径"，载《经济论坛》2017 年第 5 期。

〔2〕　[加]汤姆·斯利：《共享经济没有告诉你的事》，涂颀译，江西人民出版社 2017 年版，第 38 页。

三、共享经济规避了税务征管

(一) 赋税差异性导致行业的不公平竞争

税收是共享经济合法性的另一个主要问题，但我国的电商行业在《电子商务法》实施前，因为规避工商登记而得以逃避税收监管。共享经济在美国逃避了数十亿美元的税收。像 Uber 这样的共享经济公司在少数避税天堂国家的庇护下很少纳税，例如爱尔兰。Uber 在荷兰将其 IP 分配给百慕大等避税天堂，只剩下不到 2% 的美国应税收入。Airbnb 最多收取出租人 15% 房费作为提成，然后将其庇护在爱尔兰这个避税天堂中，这使其竞争对手 Hotelier 无计可施。在澳大利亚，Airbnb 经营着 Haines's 租赁组，但付款会在爱尔兰自动处理，而爱尔兰的 Airbnb 向其澳大利亚子公司支付一小笔需征税费用以进行国内营销，但在澳大利亚赚取的大部分收入却都无须纳税。有的共享经济参与者已经警告政府需要采取现代化税收规则打击公司将利润转移到避税天堂的行为。[1]《中国共享经济发展年度报告（2019）》显示：预计到 2020 年，共享经济规模将会超过 6 万亿元，占我国 GDP 的比重超过 5%。共享经济的快速发展给传统经济造成了巨大冲击，致使大量税源由传统模式流向这一新型商业模式，其蕴含的税收潜力已不容小觑。根据《电子商务法》第 11 条，电子商务经营者应当依法履行纳税义务，并依法享受税收优惠。依照前条规定不需要办理市场主体登记的电子商务经营者在首次纳税义务发生后，应当依照税收征收管理法律、行政法规的规定申请办理税务登记，并如实申报纳税。但由于我国目前对共享经济产业的税收问题未作出具体规范，以至于对共享经济的税收征管并没有全面展开，基本上还是根据现有规定进行税收征管。导致根据《电子商务法》免于工商登记和逃避了工商登记的共享经济的经营者可能会逃避税收。如果关于共享经济的现行税收制度不进行修改和调整，那么现行的共享经济商业模式将会直接导致大量税收的流失，影响国家财政收入，不利于我国税制改革的推进。在现实经济的运行过程中，共享经济几乎涵盖了所有行业，与传统商业模式下的同行业形成了激烈竞争。除了社区

---

[1] Jiyoung Hwang, "Managing the Innovation Legitimacy of the Sharing Economy", *International Journal of Quality Innovation*，2019（5）: 7.

共享经济，商业共享经济和伪共享经济虽然也是利用互联网平台实现了对使用权的共享，但由于其不是对闲置资源的共享，因此在本质上是"互联网+"租赁的一种商业模式，只是因为互联网和大数据实现了供需方的精准配置，降低了交易的成本，获取了更大的利润。因此，共享经济平台企业以及资源提供者和传统企业一样负有纳税义务。但目前，由于混淆了社区共享与商业共享、伪共享之间的差异性，模糊了共享经济的商业目的及其与传统经济之间的直接竞争关系，对商业共享经济和伪共享经济采取放任不管或是放松监管的政策指引，甚至对其实行一定的税收优惠政策。共享经济作为一种新型商业模式与传统模式的交易行为有很大差别，但他们竞争相同的顾客资源，存在市场直接竞争关系。目前赋税的差异性导致具有竞争关系的传统经济与共享经济处于不公平竞争的商业环境中，破坏了公平的市场经济秩序。

（二）共享经济纳税识别的困境

税收征收的首要步骤就是明确纳税人和课税对象，但针对共享经济却没有具体的税收征收制度。面对共享经济大量的个体劳动者和经营者，如何精准识别纳税人具体信息，给税务机关带来了极大挑战。在共享经济商业模式下，消费者向共享经济平台支付费用，然后由共享经济平台对这一款项按照一定比例分配给资源提供者或劳动者。在这一经济活动过程中，共享经济平台与资源提供者均应是纳税义务人，要承担各自的纳税义务。但在实际征收管理的过程中，税务机关对上述两种纳税义务人信息的掌握程度具有很大的差异性。共享经济平台基本属于企业法人，在税务机关进行了税务登记，故很难逃避其纳税义务。共享经济资源和服务的提供者基本上都属于自由职业者或零工劳动，在提供服务时，只需要在共享经济平台进行简单注册，根据《电子商务法》并不需要进行税务登记或工商登记，进出共享经济的门槛较低、纳税信息不全，税务机关缺乏纳税人真实信息的获取渠道，在经济活动发生后，不能及时征收税款。另外，课税对象不明确。因为只有明确涉税经济活动的性质才能确认该项业务适用的具体税种或税目及其所适用的税率，进而进行税款的征收。目前，由于共享经济中的课税对象不明确、税额难以确认归类，征收程序不完善，实践中难以实施。

（三）共享经济税收征收的困境

根据《个人所得税法》，共享经济经营者与生产、经营相关的各项应纳税所得均应缴纳个人所得税，计税方法比较复杂，涉及一些抵扣，纳税申报程序比较复杂，目前我国的个人所得税为单位代扣和自主申报两种途径。单位代扣要求共享平台的协助，但因为共享平台并不明晰平台内的经营者的其他收入，因此很难发挥协助作用。目前，由于共享经济的经营者的纳税额难以确定，共享平台企业难以完成扣缴义务，尚需要共享经济的经营者自主申报纳税。实践中，大量的自由职业者在取得收入后并没有进行自主申报，具体而言主要包括以下两个原因：其一，共享经济的经营者缺乏纳税意识。因为社区共享经济和个体劳动提供者不用进行工商登记，以至于绝大多数共享经济者都未把自己当作市场经营者，不知应申报或是不积极申报，从而逃避了税务监管。其二，共享经济经营者故意逃税。就目前共享经济的涉税项而言，个人所得税主要是以个人申报为主，部分共享经济经营者为了自身利益的最大化会故意隐瞒真实收入，不主动进行纳税申报，逃税、漏税。

共享经济等电子商务作为一种新业态，目前对其的税收监管主要是沿用传统的征税体系，由于共享经济商业模式具有特殊性及工商管理对其实施较宽松的监管政策，以至于目前绝大多数共享经济的经营者对税收均存在监管套利，不仅导致了国家税收的流失，而且引发了共享经济与传统经济的不公平竞争。随着信息化时代的到来，大数据的建设对电子商务税收的征收具有重要的意义。"互联网+"平台经济模式的所有电子商务都是通过网络平台完成的，只要能通过大数据整合所有的电子商务的交易信息并进行共享，就可以实现对电子商务经营者所有商业信息的采集，并以市场主体的交易明细和财务数据作为纳税依据。

四、共享经济破坏了营商环境

(一) 营商环境的概述

企业营商环境指标是世界银行为衡量各国小企业运营的客观环境而设计的。企业营商环境指标排名代表了该国企业营商的难易程度。2001 年，世界银行提出加快发展各国私营部门新战略，亟须一套衡量和评估各国私营部门发展环境的指标体系，即企业营商环境指标体系。为更好地实施促进各国私营部门发展的战略，世界银行成立了 Doing Business 小组，负责企业营商环境指标体系的创建。经过几年的努力，Doing Business 小组将企业营商环境指标由 2004 年的 5 组发展到 2005 年的 10 组，并正式出版了 2004 年和 2005 年两份年度报告。2004 年，Doing Business 小组重点研究了有关企业生存周期的环境指标。2005 年侧重研究了登记物权、税制环境、对投资者保护等指标。2006 年重点研究了知识产权保护、跨国贸易、治安环境等指标。为评估各国企业营商环境，世界银行通过对 155 个国家和地区的调查研究，对构成各国的企业营商环境的 10 组指标进行了逐项评级，得出了综合排名。营商环境指数排名越高或越靠前，表明在该国从事企业经营活动的条件就越宽松。相反，指数排名越低或越靠后，则表明在该国从事企业经营活动越困难。企业营商环境指标数据的产生过程一般遵循五个步骤：第一，在学术顾问指导下，收集和分析现行法律和规章；第二，针对当地有经验的专业人员，如律师和企业咨询顾问等设计评估分析工具或问卷；第三，问卷要有一个严格的假设前提，以确保各国数据的可比较性；第四，当地专家与 Doing Business 团队进行多轮的互动。第五，将初步结果提交给学者和实际工作者以进一步改进问卷和重新收集数据。[1]

（二）我国营商环境存在的不足

营商环境是制约投资行为的客观条件，主要包括经济政策的明确性、要素供给的支撑性、政府服务的便利性、法治体系的完备性、要素资源的流动性、市场体系的公平性及市场准入的统一性。我国现行的企业营商环境落后于发达国家，尚存在一些不足。具体表现为：在投资者保护方面存在严重的企业交易不透明和企业代理问题；在企业借贷获得方面，缺乏有关企业借贷信息的交流，存在企业贷款困难问题；在税制方面，存在处理税务手续多、所花费的时间多、税赋水平高等问题；在企业开办方面存在开办手续繁复、成本高等问题；在申领执照方面，同开办企业一样存在手续繁杂和花费时间长及成本高的问题；在合同执行方面，存在商业合约执行步骤少、合约执行的法律保护不够、合约执行时间过长等问题。另外，政策缺乏稳定性和连续性，透明度不足，执行不一致，劳动力成本上涨，土地供给数量下降，政府与市场及各部门之间的关系尚未理顺，法律法规有待完善，知识产权保护水平有待提高，贸易管理及外汇管理仍不便利。

共享经济起源于次贷危机的经济衰退期，属于传统工业的外围而不是中心，并扰乱了传统工业。研究表明，Airbnb 对酒店的影响几乎是微不足道的，受到影响的是较小的独立酒店和住宿加早餐旅馆。他们抱怨说，要在自己的

---

〔1〕　参见世界银行网站：https://www.doingbusiness.org.

城市进行登记，必须通过消防、健康和安全检查，还要支付旅游税，所以无法与 Airbnb 上那些不受监管的公寓展开竞争，因为它们没有这些相关的费用。共享经济有可能增加竞争，但引入和破坏竞争并不会增加需求。因此，有人认为，共享经济几乎不会产生实际的经济影响，只是谁获利的转变，这一论点值得商榷。首先，共享经济零工劳动者的生计恶化。共享经济中的零工劳动者的工资停滞不前，生活水平下降。其次，共享经济破坏了现有的竞争秩序。共享经济试图将传统经济中的许多部门变成"共享"形式，迫使经营者在税收规避和不公平竞争环境中竞争。最后，共享经济制造了一些宏观经济问题。Coldwell Banker Commercial 的报告显示：美国各地的房地产投资者，向 Airbnb 租房者出租房屋的回报率高出租给长期租户两倍多，导致投资者更喜欢在 Airbn 平台上出租，以至于加剧了本已经严重的租赁住房短缺危机。随着共享网约车的迅猛发展，他们正在成为交通拥堵的主要原因。[1]在我国，由于共享经济给部分消费者带来了一些便利和实惠，很少有人去关心和在意共享经济的阴暗面。共享经济在欧美等发达国家所面临的问题在我国同样不可避免，但共享经济虚假繁荣的光芒掩盖了其缺陷，误导了政府监管决策。

第六节 破解共享经济法律困境的建议

一、建立多层级协调统一的立法机制

共享经济的法律机制是一项复杂的法治系统工程，涉及立法、执法、司法及守法等每一个环节，共享经济的商业模式千差万别，很难制定一部统一的共享经济法典。不同的新经济业态也有其相关的行业特色，应建立多层级相互协调的规则体系，落实不同类型共享经济主体的权、责、利、义，完善共享经济的责任机制。对共享经济的法治保障，国家应根据优化营商环境的需要，依照法定权限和程序及时制定或者修改、废止有关法律、法规、规章、行政规范性文件。

首先，完善共享经济相关的基本法立法。目前，我国关于共享经济的政府指导意见属于纲领性文件，没有具体规范条款，也不具有强制执行力。应

---

[1] Jiyoung Hwang, "Managing the Innovation Legitimacy of the Sharing Economy", *International Journal of Quality Innovation*, 2019 (5)：11.

进一步提高其立法的层级，细化相关的规定，明确共享经济主体的违法责任和具体处罚措施，以便更有效地规范共享经济的经营管理，维护行业健康、稳定地发展。由于共享经济的商业模式尚不成熟，且各行业的共享经济的法律关系、责任机制不同，很难制定统一的《共享经济法》等基本法律。但可以根据共享经济的互联网性、闲置产品或劳动力的使用权以及数据性等特点，结合共享经济实践中存在的不正当竞争、垄断、劳资纠纷以及消费者侵权等法律问题，完善《互联网监管法》《电子商务法》《数据信息保护法》《公司法》《财税法》《金融证券法》《反不正当竞争法》《反垄断法》《劳动法》《消费者权益保护法》等基本法的立法，维护共享经济各方市场主体的正当权益。

其次，健全政府部门和地方的立法机制。合法化和规范化是共享经济可持续发展的必由之路，只有明确共享经济的法律边界，依法共享才能促进共享经济的健康发展。政府部门应根据《立法法》和共享经济各行业的特点，依法律的授权制定与市场主体生产经营活动密切相关的行政法规、规章、行政规范性文件，以规范市场的行为，且应当按照国务院的规定，充分听取市场主体、行业协会、商会的意见。比如，共享民宿、共享餐饮、共享网约车、共享单车等每一种类共享经济业态都具有不同的商业模式，存在不同的法律问题，都需要政府根据市场机制制定相应的规则，同时也需要明确共享经济各方主体责任范围。共享经济平台的互联网特性决定了其线上经营的无地域性，但其线下业务的地区不同。简而言之，共享经济商业模式具有线上经营的共性也有线下实务的个性。因此，国家从根本上很难通过统一立法解决所有的法律问题。因此，对共享经济的立法，特别是关于电子商务方面的网络经营的相关规定，除了依照《电子商务法》的相关规定，可以加强不同类型的共享经济模式以及不同地区的相关立法，还可以授权地方政府因地制宜地在不违反上位法的情况下进行单独立法。我国目前虽然地方立法比较到位，但仅对网约车进行了国家层级的规范性立法，相关立法的理论研究和实践探索任重道远。

最后，应建立相应的行业标准。"互联网+"共享经济模式涉及各行各业，对不同行业的共享经济模式制定一个总则性质的纲领性规范文件还是可行的。比如，共享民宿、共享餐饮、共享网约车、共享单车等每一类共享经济都具有不同的商业模式，存在不同的法律问题。因此，可以由行业协会在政府指导下制定相应的行业标准，并建立相应的惩罚机制，规范行业的市场经营行为。共享经济的行业协会、商会应当依照法律、法规和章程，加强行业自律，及时反映行业诉求，为市场主体提供信息咨询、宣传培训、市场拓展、权益保护、纠纷处理等方面的服务。

二、健全共享经济的经营机制

（一）明确共享经济的法律地位

共享经济破坏性创新、不正当竞争、垄断和监管套利等方面的法律问题的根本原因在于其法律关系不明确。因此，应明确共享经济平台的法律地位，厘清共享经济的内部关系和外部关系，清楚界定各方的法律责任范围。具体包括：

（1）明确共享平台的法律地位。共享平台不是普通的网络服务提供者，特别是商业共享和伪共享平台，在共享经济的三方交易结构中居于绝对主导地位，甚至参与到了供需双方的实际交易中，是具有营利性的准公共服务平台。共享平台与闲置资源提供者的关系超越了信息中介居间合同的范畴，但实践中绝大多数都不属于雇主与雇员的关系，而是类似于挂靠关系，应根据权利外观原则来平衡收益与风险。共享平台具有准公共属性，因此需要政府进行适当的干预。

（2）明确闲置资源提供者的法律地位。在共享经济模式下，闲置资源提供者是实际服务提供者，与闲置资源需求者形成交易合同关系，对交易过程中的问题承担直接责任、主要责任。为科学界定闲置资源提供者适用的市场准入标准和税收等制度，应当按照其提供服务的持续性和频率来界定其角色。对持续经营、服务频率高的，应当参照个体工商户进行法律规制。

（3）明确闲置资源需求者的法律地位。闲置资源需求者在交易结构中属于消费者，应当依法享有消费者权益，承担消费者义务。[1]

（4）明确交易对象是合法的闲置资源。共享经济的闲置资源是开启其商业模式的重要元素，对其法律地位的界定非常重要。这是共享经济有别于其他"互联网+"经济模式的最重要的特征，只有合法的闲置资源才能确保交易的正当性。

---

〔1〕 李伟："分享经济发展研究综述"，载《经济研究参考》2017年第71期。

为了确保共享经济各方主体的利益，规范共享平台的运作，合法化和规范化是共享经济可持续发展的必由之路。在实践中，可以根据个案依据《电子商务法》《合同法》《劳动合同法》《消费者权益保护法》《民法总则》《侵权行为法》《反不正当竞争法》《反垄断法》等基本法律，以及各行业的相关规定对参与各方主体的法律地位以及相互间的法律关系进行认定，明确共享经济的法律边界。只有明确共享经济参与主体各方的法律地位，界定各方的权、责、利、义，依法共享才能促进共享经济的可持续发展。因此，应建立完善的监管体系，确保共享经济依法运行。但相关的理论研究和法律实践都任重而道远。

（二）规范共享经济商业模式的经营行为

共享经济不同于传统经济的特点在于其产权交易的是闲置产品和个体劳动力的使用权，且必须通过互联网共享平台进行，属于"互联网+"的一种平台经济模式。因此，共享经济本质上是一种电子商务商业模式，应适用《电子商务法》对其进行监管。但《电子商务法》作为电子商务的基本法，不可能对共享经济交易的每个环节都作出规定。由于每一种具体的共享经济的商业模式都有其相应的行业特点，因此实践中只能根据各行业共享经济商业模式中存在的问题采取相应的监管措施，有的放失地制定相应的规则。《电子商务法》第85条规定："电子商务经营者违反本法规定，销售的商品或者提供的服务不符合保障人身、财产安全的要求，实施虚假或者引人误解的商业宣传等不正当竞争行为，滥用市场支配地位，或者实施侵犯知识产权、侵害消费者权益等行为的，依照有关法律的规定处罚。"实践中，目前我国的网约车运营已合法化，但世界上绝大多数国家的法律都禁止私家车经营出租车业务，不少国家还对以私家车服务起家的 Uber 颁发了禁令。以至于以私家车为主的网约车类共享经济商业模式并没有完全建立，其法律地位值得进一步的商榷。对于共享物资的使用权，应该确保其共享的合法性或者正当性，如果是受法律限制或者有条件限制的共享物资，便不应该强行通过共享平台进行共享。

三、构建共享经济的监管体系

（一）建立共享经济的协调治理机制

共享经济作为一种协作消费模式，形成了新的法律结构。共享经济因不同的商业模式而存在不同的价值目标或者动机，共享经济法律关系主体的资格或者市场准入条件不同，法律关系客体之交易行为也因商业模式不同而不同。共享经济的内部法律关系包括供需方之间的平权型关系和共享平台与供需方之间的监管关系。共享经济的法律机制较传统的法律行为发生了嬗变，共享平台从居间人变成监管者，交易的目标也从所有权变为使用权，市场借共享机制参与公共善治，以契约为基础的交易变成以信用为重的商业模式。2017 年 8 月 1 日交通运输部等十部委联合发布的《指导意见》规定了共享单车"合作监管+自律监管"的治理模式。有学者提出，共享平台作为社会中间层，应与政府建立"合作监管+自律监管"的共同治理的共享模式，即政府和共享平台公司对公共事务的权力分享机制。政府和共享平台扮演不同的角色，政府对公共资源的配置制定目标和预期结果，而共享平台企业就如何实现这些目标和达成预期值，制定具体解决方案和行业标准并予以实施。[1]

共享经济或是协同消费是以人类本能的合作需求和人们的分享行为为基础的，基于追求共同利益的契机来解决公共资源上的配置问题，将"合作"和"消费"融合在一起。[2]埃莉诺·奥斯特罗姆认为："只要有简单的规则，个体能得到合适的引导，人们在协同消费中就会自我管理，并监督社群中的其他成员。"[3]因此，在公共资源的配置过程中，可以通过共享机制适当引入市场因素，通过政府管平台、平台管市场的方式建立公共资源配置的新机制。另外，为了确保经济安全、社会安全、国家安全，应该对共享公司在混合监管之外建立安全监管审查制度，立法针对可能危及国家、社会和经济安全的共享公司建立专门的审查制度，并且对其经营过程中涉及的安全、信息、垄断等事项进行动态监管。[4]这种市场与政府合作共治的模式符合共享经济的配置资源协作消费理念。

---

〔1〕 Florian Saurwein, *Regulatory Choice for Alternative Modes of Regulation: How Context Matters*, 3. & POL Y. 2011（33）：334, 337~341.

〔2〕 ［美］雷切尔·博茨曼、路·罗杰斯：《共享经济时代：互联网思维下的协同消费商业模式》，唐朝文译，上海交通大学出版社 2015 年版，第 107 页。

〔3〕 ［美］雷切尔·博茨曼、路·罗杰斯：《共享经济时代：互联网思维下的协同消费商业模式》，唐朝文译，上海交通大学出版社 2015 年版，第 15、109 页。

〔4〕 唐清利："专车类共享经济的规制路径"，载《中国法学》2015 年第 4 期。

（二）明确界定政府的监管职责

共享经济共享平台作为一个社群，涉及群体多数人的利益，具有公共性。为了确保社会公众利益，政府必须对其进行监督管理。另外，共享经济的商业模式是异构，为确保同行业间、传统和非传统公司之间市场的公平竞争，规范共享平台的运作，确保各方主体利益，政府对共享经济进行监管是必要的。[1]共享经济的供需方依赖共享平台公司完成交易和支付，因此存在潜在的风险。共享平台公司对于供需双方的监管可确保共享经济公平的市场秩序，政府必须建立相应的监管制度防止共享平台公司滥用监管权，以防范其负面效应。[2]对于负面清单之外的市场，如果共享经济的市场行为产生的结果符合预期，没有破坏市场秩序，不侵犯消费者权益，不损害社会公共利益，不存在违法违规的情形，就应该由市场自律，政府应当采取不干预的方式。如果共享经济市场发展失衡，政府就需要通过立法或执法进行积极干预，制定相关的规范性文件。对于负面清单上的领域，共享经济作为一种新的市场资源配置方式，可以探索建设政府与市场对公共资源共治的共享机制。政府与市场的谈判是规则制定过程或诉讼前的协调机制，可以为市场和政府之间建立沟通机制，并借此达成合作监管。诉讼则是解决所有纠纷的最后手段。对于新的商业模式，需要制度的变革来确认。在新的规则产生之前，可以运用相关的法理，借鉴现行法律法规以及潜在的商业道德，维护市场秩序。

针对共享经济市场准入，对于适用负面清单管理领域的，由于共享平台依《电子商务法》进行审核，对于涉及公共利益和公共秩序的行业，应严格按照传统行业的监管标准，依照正面清单管理模式对其进行审查和监管。根据党的十八届三中全会通过的《中共中央关于全面深化改革若干重大问题的决定》规定的政府审批企业投资项目的范围，结合《国家安全法》《行政许可法》《反垄断法》《外商投资法》《环境保护法》《电子商务法》等法律法规和国家政策对涉及国家安全、生态安全、全国重大生产力布局、战略性资源开发、重大公共利益等五类事项进行审查，具体包括主体资格、业务能力

---

〔1〕　Chris J. Martin, Paul Upham and Leslie Budd, "Commercial Orientation in Grassroots Social Innovation: Insights from the Sharing Economy", *Ecological Economics*, Oct 2015（118）：240, 12.

〔2〕　唐清利："专车类共享经济的规制路径"，载《中国法学》2015 年第 4 期。

范围、环境评估、行业发展、国家安全等方面。通过对市场准入进行审查，确保相关领域的安全、环保、公平竞争和行业的可持续发展。目前，我国对共享经济市场准入的监管主要涉及网约车和众筹领域，相关的规定主要是部门规章和政府规定。2015 年 7 月 14 日，中国人民银行等十部委联合发布《关于促进互联网金融健康发展的指导意见》，首次明确界定股权众筹融资主要是指通过互联网形式进行公开小额股权融资的活动，指出股权众筹融资必须通过股权众筹融资中介机构平台进行。2015 年 8 月 3 日，我国证监会发布了《关于对通过互联网开展股权融资活动的机构进行专项检查的通知》，股权众筹具有"公开、小额、大众"的特征，涉及社会公众利益和国家金融安全，必须依法监管。未经证监会批准，任何单位和个人都不得开展股权众筹融资活动。2016 年我国交通运输部等通过了《暂行办法》并修改了《〈出租汽车驾驶员从业资格管理规定〉的决定》（以下简称《资格管理》）及《巡游出租汽车经营服务管理规定》（以下简称《服务管理》）。《暂行办法》对网约车司机和车辆的市场准入标准都有相关规定。除此之外，北京、上海等一线城市为了控制网约车数量，对司机还有专门的户口限制。2017 年 8 月 1 日，经国务院同意，交通运输部、中央宣传部、中央网信办、国家发展和改革委员会、工业和信息化部、公安部、住房和城乡建设部、中国人民银行、原质检总局、原国家旅游局十部委联合出台了《指导意见》。《指导意见》规定："在注册上要实行实名制，禁止向未满 12 岁的儿童提供服务。"北京市根据《指导意见》的要求制定了《共享自行车系统技术与服务规范》《自行车停放区设置技术导则》，对共享自行车的车辆标准及投放、承租人注册都有相关的规定。

（三）完善共享平台自律监管机制

共享经济一般都会建立一个商业社群和内部组织管理体系。共享平台公司与供需方的关系应视不同的共享平台来厘定各方当事人的权利义务。共享平台也不再是纯粹意义上的合同居间人，其不完全承担居间人应有的义务，但却享有一般居间人不享有的权利和"权力"。共享平台与交易双方建立了一种新型的法律关系，在这种新型的法律关系中，各方主体的权利义务主要是源于网络公司的规定。共享平台公司可以依法制定各种监督规则，供需方依共享平台的规则进行交易并接受其监督管理和纠纷处理决定。市场主体应当遵守法律法规，恪守社会公德和商业道德，诚实守信、公平竞争，履行安全、质量、劳动者权益保护、消费者权益保护等方面的法定义务，在国际经贸活动中遵循国际通行规则。共享经济是新技术、新模式、新业态的集合。因此，制度创新是共享经济的一个特色，共享经济应建立多层级的规则体系，以及自律的内部监督机制和政府外部监管机制，通过法律规则的外部监管和内部自律监督确保法治保障。比如，互联网平台的信用评价机制、科创企业的激励奖惩机制。共享经济的法律机制就是要确保共享经济的商业模式遵循市场规律，商业行为符合法治要求，确保共享经济健康、有序地发展。虽然共享平台公司可以要求会员进行实名登记，但其在客观上不可能掌握每个交易的真实情况。交易的后果只能由交易人承担。因此，共享平台须建立内部监督机制以确保交易信息的真实性，对失信的一方可以采取处罚措施。共享平台公司是管理者，建立共享平台交易规则、责任分担机制、风险管理机制以及纠纷处理机制。不仅制定网络社群的活动规则、准入条件、监管规定以及纠纷解决措施，还要进行纠纷处理。每一个参与者，不论是供方还是需方都应该按照网络公司的相关规定进行交易，否则将受到处罚，甚至于被逐出社群。共享平台也应依法进行内部的监督管理，否则就应该承担相应的法律责任。

四、建立共享经济零工劳动者的法律保护机制

（一）明确共享平台与劳动者的法律关系

实践中，共享经济个体劳动者的法律地位对维护其合法权益具有重要的意义。劳动关系与保险关系是标志共享经济供方或个体劳动者法律地位的一个根本关注点，即个体劳动者是雇工（与平台公司存在劳动关系）还是合同工（与平台公司仅存在合同关系）。这绝非只是语义上的差异，而是诉讼的基础。如果是雇员就意味着他的行为依法应该受公司的监管，有资格享受到劳动保护和权益，他们的劳动成本将提高不少，这也往往会成为共享平台公司否认其雇员身份的原因。因此，界定共享经济平台公司与个体劳动服务提供者之间的法律关系尤为重要。

实践中，对于提供个人劳动服务的共享经济的商业模式，共享平台公司与服务提供者的关系是微妙的。共享平台公司通过向社会依条件招聘个体劳动者，对其统一管理并派遣劳务。虽然劳动者的工作看似自由，但劳动者与共享平台公司不存在明显的人身依附关系。依赖共享平台派单的个体劳动者，

其收入待遇、工作条件、工作时间、工作任务及劳动的督促管理均由共享平台公司决定。实际上，个体劳动者与互联网平台形成了事实劳动关系，应该享受劳动者应该享有的各项待遇，故美国法院通过判决确认 Uber 与司机存在雇佣关系。有学者对法院的司法立场和政府的规制立场进行了归纳，发现按照既有法律，共享经济劳动关系处于灰色地带。未进入诉讼的，在平台的控制下，卖家通常会被归为承包商；而进入诉讼的，在法院的主导下，卖家更可能被认定为雇员。政府则倾向于将灰色地带的劳动关系设计为一种新的、独立的劳动关系类型，即非独立自我雇佣。[1] 共享平台与个体劳动者形成劳动或是劳务关系。对于提供技能和劳动服务的共享经济类型，社群成员依法可能与共享平台公司建立劳动关系或是劳务关系。《暂行办法》第 18 条规定："网约车平台公司应当保证提供服务的驾驶员具有合法从业资格，按照有关法律法规规定，根据工作时长、服务频次等特点，与驾驶员签订多种形式的劳动合同或者协议，明确双方的权利和义务。"《暂行办法》未强制双方签订劳动合同。实践中，不应该完全根据双方的约定来确认共享平台公司与个体劳动者的劳动关系，不排除通过双方协议掩盖了事实劳动关系，对劳动者保护不利。在此种情形下，劳动者可以通过法律途径来确认劳动关系。共享平台公司与个体劳动者的法律关系应视双方的法律基础而定，如果双方不存在劳动管理和工薪关系，共享平台只是为供需双方提供信息服务，则可以被认定为居间关系，否则可被认定为劳动关系或是劳务关系。劳务关系与劳动关系的界定，因为都涉及用工和报酬，两者的认定比较复杂。一般可以根据双方的约定来确定，如果双方约定不明，则应根据《关于确立劳动关系有关事项的通知》[2] 中关于"事实劳动关系"的标准来认定双方的关系。而"事实关系"中的"劳动报酬"的认定，如果是固定薪金可认定为劳动关系，如果仅

---

〔1〕 蒋大兴、王首杰："共享经济的法律规制"，载《中国社会科学》2017 年第 9 期。

〔2〕 根据原劳动部《关于确立劳动关系有关事项的通知》："一、用人单位招用劳动者未订立书面劳动合同，但同时具备下列情形的，劳动关系成立。（一）用人单位和劳动者符合法律、法规规定的主体资格；（二）用人单位依法制定的各项劳动规章制度适用于劳动者，劳动者受用人单位的劳动管理，从事用人单位安排的有报酬的劳动；（三）劳动者提供的劳动是用人单位业务的组成部分。二、用人单位未与劳动者签订劳动合同，认定双方存在劳动关系时可参照下列凭证：（一）工资支付凭证或记录（职工工资发放花名册）、缴纳各项社会保险费的记录；（二）用人单位向劳动者发放的'工作证'、'服务证'等能够证明身份的证件；（三）劳动者填写的用人单位招工招聘'登记表'、'报名表'等招用记录；（四）考勤记录；（五）其他劳动者的证言等。"

是计件薪金则可视为劳务关系。

（二）健全共享经济劳动者的法律保护机制

1. 国外经验借鉴

国际劳动组织在《雇佣关系报告》中明确指出："在劳动者与自雇劳动者之间存在着经济依赖性的工人，这些工人在表面上看起来是自雇性工人，实质上经济来源依赖于一个或极少数客户。"一些发达国家很早就面临灵活就业者法律地位认定的困境，为此各国也纷纷提出在传统劳动者与劳务提供者之间设立一种特殊的保护机制。在欧盟，欧洲法院（ECJ）最近的一项裁决解决了以下问题："根据《欧盟条约》第 56 条与《欧盟条约》第 58（1）条，以及指令 2000/31 第 2（a）条所指的指令 2006/123 的第 2（2）（d）条和指令 98/34 的第 1（2）条。意思是指诸如主要程序中所涉及的中介服务，其目的是通过智能手机应用程序并为获得报酬而将使用自己车辆的非专业驾驶员与希望进行城市旅行的人联系起来，必须被视为与运输服务具有内在联系，因此，必须按照《里斯本条约》（简称 TFEU）第 58（1）条的定义归类为'运输领域的服务'。因此，此类服务必须从 TFEU 第 56 条，第 2006/123 号指令和第 2000/31 号指令的范围中排除。"Uber 否认其是一家运输公司，而认为其是一家经营计算机服务企业，应遵守欧盟有关电子商务的指令并禁止对此类组织的建立进行限制的规定。根据欧洲法院的裁决，必须将 Uber 的服务排除在一般提供服务的自由范围之外，以及内部市场服务指令 57 和电子商务指令 58 的范围之外。欧洲法院发现，Uber 的服务不只是中介服务。Uber 应用程序"对于驾驶员和希望进行城市旅行的人都是必不可少的"。[1]

对于共享经济的零工劳动或者灵活就业，各国也纷纷提出在传统劳动者与劳务提供者之间设立一个中间主体，对其施行一种特殊的保护。比如，德国在 1890 年对劳动法保护体系进行设计的时候就已经舍弃了"保护劳动关系，不保护自主劳动"的二分法逻辑，并在自主劳动的用工模式中发展出了一种"类劳动者"，这就是德国劳动法领域中著名的"三分法"。具体而言，就是对劳动关系中的劳动者给予完全的倾斜保护，对自主劳动中的"类劳动

---

[1] Chenguo Zhang, "China's New Regulatory Regime Tailored for the Sharing Economy: The Case of Uber Under Chinese Local Government Regulation in Comparison to the EU, US, and the UK", *Computer Law & Security Review*, 2019（35）：469.

者"给予不完全的倾斜保护，对自主劳动中的"自营劳动者"则不予倾斜保护。这种"类劳动者"主要是指那些灵活就业群体。例如，亚马逊的德国仓库工人通过多次罢工成功地获得了更好的工资和工作条件——亚马逊坚持认为其员工是"物流工人"，而不是必须支付"工会级"工资的"零售和邮购"雇员。[1]德国法律要求公司向"临时"工人支付相同的工资，确保他们与正式员工具有相同的工作条件，并限制工作时间。[2]在意大利，长期以来，在劳动法领域所建立的也是一种二分结构保护体系，对从属性劳动予以保护，而对其他劳动则一概不予保护。在 1970 年之后，随着意大利社会经济的快速发展，出现了许多新型的用工形式。然而，囿于传统二分法的影响，意大利政府根本无法对这些新的用工模式进行认定，也就无法对其展开有效的保护。在这种情况下，意大利立法者开始将传统的"二分法"重构为"三分法"，将这类新型的、自治性的从业者定位为"准从属性劳动者"，并在劳动法中专设新的篇章进行专门的保护。[3]

对于零工劳动，目前英美法系国家的司法案例主要是根据劳动者与平台的实际关系来确认他们的劳动法律关系，而不是简单地认定为劳务关系或是不存在劳动关系。例如 2014 年 10 月，美国旧金山、洛杉矶及其他几个美国城市都有针对 Uber 的抗议活动。满意者和不满意者的最大分歧在于，前者只是通过网约车赚点闲钱或是兼职，而后者却是依靠网约车来谋生。[4]纽约 Uber 司机于 2015 年 9 月连续举行集体罢工抗议，抗议不公平的工作条件和低薪水。10 月，美国六大城市举行了最大规模的示威抗议，要求 Uber 提高工资待遇和允许顾客提供服务小费。2015 年 12 月，大约有 16 万名兼职司机一同起诉 Uber，认为兼职司机属于独立外包，但 Uber 又将他们当作公司雇员来用，同时又不提供公司雇员应有的福利，有剥削劳工利益之嫌。法庭认为，由于 Uber 不仅仅充当司机与乘客的中间人角色，而且参与到了司机审查、跟

---

〔1〕 M. Fitz, "In Germany, Amazon Workers Strike (Again)", *The German View*, Sept. 23, https://www.zdnet.com/artic le/in-germa ny-amazo n-worke rs-strik e-again, Accessed April 20, 2018.

〔2〕 S. Hill, *Raw Deal: How the "Uber Economy" and Runaway Capitalism are Screwing American Workers*, St. Martin's Press.

〔3〕 李坤刚：："就业灵活化的世界趋势及中国的问题"，载《四川大学学报（哲学社会科学版）》2017 年第 2 期。

〔4〕 Alex Press, "The Sharing Economy", saturday evening post.com, September/October, 2019, pp. 90~91.

踪用户评分以及确认服务费用的各个环节，所以陪审团裁定公司与提出诉讼的司机之间为雇佣关系。[1]英国劳动法庭也曾在 2016 年判决中认为 Uber 司机是 Uber 公司雇佣的员工，从而将其定义为承运人。[2]英国 Uber 的上诉裁决要求其对驾驶员进行分类并将其视为雇员，并必须为司机提供病假工资和承担工伤赔偿。[3]2017 年 11 月 30 日，在英国，一位名叫金的工人在"King vs. Sash Windows Workshop Ltd. 案"中赢得了重大胜利。这个案例由英国独立工人工会提出，并由欧洲联盟法院裁定。原告金作为"独立承包商"，从 1999 年至 2012 年就没有病假或带薪休息时间。欧盟法院判决他有权获得 13 年的欠薪和补偿金。[4]

　　共享经济的雇主都倾向于通过零工劳动的用工模式来转移劳动关系，规避其对劳动者的法定义务。大陆法系国家受限于现行劳动法对劳动关系认定的相关规定，很难依现行劳动法的相关规定对零工劳动进行保护。英美法系国家的司法审判根据用工的实情来确定雇主与劳动者之间的关系，对于共享平台与劳动者存在事实劳动关系，司法审判普遍倾向于确认零工劳动者与雇主之间的劳动关系已发生转移，而共享平台与零工劳动者之间劳动关系成立。故英美法系的法院判决一般都会确认 Uber 与司机存在雇佣关系。

　　2. 完善我国相关的劳动保护机制

　　实践中，网约车平台为了规避法律监管，会通过与汽车租赁公司鉴定劳动派遣合同，与司机形成劳务关系或是挂靠关系，以规避其在《劳动法》上的义务。关于共享平台公司与司机的法律关系，2015 年 10 月 10 日，交通部发布的《网络预约出租汽车经营服务管理暂行办法（征求意见稿）》明确规定，网约出租车公司应与专车司机订立劳动合同。但《暂行办法》采取了较前述征求意见稿更灵活的规定，没有明确规定网约车平台必须与司机签定劳动合同，虽然有利于共享平台公司的用工，也有利于从事共享经济的兼职者。但在我国劳动力市场属于资方市场的情况下，《暂行规定》也为共享平台公司

---

〔1〕　参见"Uber 外患未解又陷内忧，司机待遇诉讼扩大范围"，载 http://tech. hexun. com/2015-12-10/181116519. html，2019/12/11.

〔2〕　参见黄文旭："英国判决：优步司机为优步公司员工"，载《人民法院报》2016 年 11 月 25 日。

〔3〕　A. Funnell, "With Uber, Deliveroo and the Gig Economy on the Rise, Must Labour Unions Die?", *Futuretense*, May 30. 2017.

〔4〕　J. Moyer-Lee, "At Last, Paid Holiday for 'Gig Economy' Workers, But What Happens After Brexit?", *Theguardian*, Nov 30. 2017.

规避劳工责任提供了法律庇护，这对于实际已经与共享平台公司形成劳动实事关系的司机是不公平的。其可能提供的是全职劳动，但又不能享受法律规定的合法的劳动者权益。共享经济的个体劳动者作为一种灵活的新就业模式，在某种程度上缓解了我国劳动市场的就业压力，但不应该被排除在劳动法的保护范围之外，应根据双方约定或实事劳动来确认共享平台公司与个体劳动者的劳动关系。

国外的法律实践普遍承认零工劳动者的劳动者地位，我国应完善劳动法的相关立法，把零工劳动纳入劳动法的保护，明确零工劳动者的法律地位，确保零工劳动者的合法权益。就我国目前的《劳动法》而言，对劳动者权益的保护也是基于劳动关系，对于个体自由劳动者而言，其必然会被排除在《劳动法》保护范围之外。可见，共享经济在激活零工劳动力市场的同时，也冲击了劳动保障体系，甚至于社会保障体系。从根本上来看，这不是理想的就业模式，不利于国家劳动保障和社会保障体系的构建，也不利于对劳动者权益的保护。共享经济在创造就业的同时，也在侵蚀着现行的劳动保障和社会保障体系。在我国现行的劳动法律制度下，绝大多数的零工劳动与雇主或是用人单位的用工形式都没有被纳入劳动法保护的范畴，因此不利于对劳动者权益的维护。零工劳动的用工模式的劳动保护，可以通过完善《劳动合同法》的非全日制用工和劳动派遣的相关规定，把零工劳动纳入劳动法的保护范畴。比如，可以扩大非全日制用工的保护范围，把零工劳动纳入非全日制用工的保护范围，并进一步完善对非全日制用工的保护法律制度，比如社会保险、最低工资保障、加班加点的规定以及休息休假权益等。目前，我国的《劳动合同法》仅对非全日制的用工时间、试用期、最低工资作了规定，有待进一步完善。我国劳动合同规定了劳动派遣的临时用工制度之后，很多用人单位都倾向于通过劳动派遣的用工方式来转移劳动关系，降低其用工成本和风险。根据我国《劳动合同法》的规定，劳动派遣中的劳动者与劳动派遣单位之间存在劳动关系，同时也规定劳动派遣只适用于短期劳动，也就是零工劳动。劳动监管部门应该加强对劳动派遣用工制度的监管，加强执法力度，防止用工单位或雇主滥用劳动派遣制度把"长工"变为"零工"，变相转移劳动关系，规避其对劳动者应有的劳动保护和社会保障的法定义务。

共享平台公司与个体劳动者的法律关系应基于双方的法律基础而定。根据我国原劳动部对"事实劳动关系"认定标准的规定以及劳动法的相关规定，如果劳资双方不具有合法主体资格，事实劳动关系就得不到法律的确认。如果双方不存在劳动管理和工薪关系，共享平台只是为供需双方提供信息服务，则可以认定为居间关系，否则可视为劳动关系或是劳务关系。劳务关系与劳动关系的界定，因都涉及用工和报酬而比较复杂。一般可以根据双方的约定来确定，但不排除存在以劳务合同之名掩盖事实劳动关系之实的情形。此种情形劳动者可以通过法律途径来确认劳动关系。如果双方约定不明，应根据原劳动部《关于确立劳动关系有关事项的通知》中关于"事实劳动关系"的标准来认定双方的关系，而"事实关系"中的"劳动报酬"的认定，如果是固定薪金可认定为劳动关系，如果仅是计件薪金则可认定为劳务关系。实践中，不应该完全根据双方约定来确认共享平台公司与个体劳动者的劳动关系，应该依《劳动合同法》及相关的规定来确定双方的法律关系，特别是对于事实劳动关系的界定，对维护共享经济劳动者的合法权益具有重要的意义。

五、加强对共享经济消费者权益的保护

对于共享经济，若将规制目标确定为消费者权益保护，那么必然采取倾向于消费者的具体措施，则政策的制定应该倾向于加强监管，对共享经济商业模式及其交易的限制也就会严格些。若对共享经济的规制目标是促进其自由竞争和鼓励其创新发展，则对共享经济的规制就会倾向于放松监管，因此对消费者权益的保护也就会相应地减少。共享经济作为一种新的商业模式，在制度构建上尚不完善，对消费者权益的保护还需要从以下几个方面加强法律监管。

（一）加强对共享商品和服务的品质保障

共享经济的闲置资源是开起其商业模式的重要因素，对其法律地位的界定非常重要。首先，应确保共享资源的合法性。在多数发达国家，对共享经济闲置资源的认定甚至成了判定共享经济商业模式合法与否的依据。比如，对共享民宿是否合法的依据在国外就是根据进行其短租的空间是否真的是闲置的房屋，就如 Airbnb 声称的那样，是家庭分享。但在实践中，现在参加 Airbnb 共享的绝大多数房间都已经异变为专门的、长期的短租资产，打着民宿共享的口号，实际上却在做着和酒店旅馆同样的生意，但却脱离于法律监管之外。如果共享闲置产品存在法律上的瑕疵，消费者的共享权利也就会受到影响。其次，应确保共享产品和服务的品质。共享经济的闲置产品和服务属于第二次消费，没有相应的标准，但应该不存在危急消费者人身和财产安全的缺陷，应具有相应的性能，不影响消费者的正常使用。

（二）完善消费者人身、财产和信息安全的保障机制

共享经济的共享平台信息作为虚拟空间，信息不对称的情况客观存在，人身和财产、信息安全风险不可避免。因此，共享平台的信用基础以及内部的监督管理机制至关重要，是消除信息不对称的障碍、维护消费者人身和财产、信息安全的根本保证。在内部责任的配置上，共享平台的内部自律监管尤为重要。因为在一个开放、相互信任、相互鼓励、相互付出的平台上，那些不守规则的破坏者及滥用资源者很容易被淘汰。当人际关系和社会资源回归到交易的核心时，人们之间点对点的信任就会越来越牢固，不会被轻易破坏。平台上的公共监督系统，个体之间的纠纷最后都能在社群内得到解决。[1]比如，房屋共享的一个关键障碍是出租人对承租人不可见的行为可能会伤害到租赁关系，通常会导致道德风险。共享平台可以通过向出租人提供最优的保险消除承租人的道德风险问题和对承租人采取最好的激励措施来平衡道德风险。共享经济通过内部监督信用评价机制、保证金机制、市场准入机制、补偿机制等措施对供需双方的失信行为进行责任配置和风险的监督管理。共享平台公司可能要求承租人提供保证金，确保房屋受损时房主能得到赔偿。共享平台公司可以通过是否继续接纳房东的房源来激励房东，否则他只能进行外部选择，如传统的直接租赁代理或者什么也不能做。[2]比如，Airbnb 会为因房东的不良行为给消费者造成的损失给予适当的补偿，反之亦然。在美国一些通过 Uber 法的州市，Uber 必须为司机购买责任险，确保乘客在发生事故时可以得到赔偿。[3]《暂行办法》第 23 条规定，网约车平台公司应当依法纳税，为乘客购买承运人责任险等相关保险，充分保障乘客权益。

我国《电子商务法》第 30 条规定："电子商务平台经营者应当采取技术措施和其他必要措施保证其网络安全、稳定运行，防范网络违法犯罪活动，

---

〔1〕［美］雷切尔·博茨曼、路·罗杰斯：《共享经济时代：互联网思维下的协同消费商业模式》，唐朝文译，上海交通大学出版社 2015 年版，第 15、109 页。

〔2〕Thomas A. Weber, "Intermediation in a Sharing Economy: Insurance, Moral Hazard, and Rent Extraction", *Journal of Management Information Systems/Winter* 2014, Vol. 31, No. 3, 35, 37.

〔3〕周丽霞："规范国内网络预约租车市场的思考——基于美国对 Uber 商业模式监管实践经验借鉴"，载《价格理论与实践》2015 年第 7 期。

有效应对网络安全事件，保障电子商务交易安全。电子商务平台经营者应当制定网络安全事件应急预案，发生网络安全事件时，应当立即启动应急预案，采取相应的补救措施，并向有关主管部门报告。"根据《电子商务法》需要共享经济平台做充分的资格审查，将足够的个人信息披露给消费者。因此，共享经济平台作为连接资源提供方和消费者的中介，需要在资源提供方面提供基本的审查义务，如司机的身份信息、犯罪记录，房屋提供方的身份信息，房屋内安装摄像头的位置等。只有披露大量的信息才能最大限度地减少用户对产品或服务的不确定性，降低交易成本。共享经济以平台通过对接入平台的司机的驾驶年龄、户籍、犯罪记录、交通违法记录以及车辆的牌照、座位数、颜色、轴距等方面的管控和审查，可以在一定程度上做到对服务质量的把控。[1]因此，共享经济平台在安全保障义务的确立上还应当充分考虑产品自身的风险并尽到合理的警示义务，应通过制度设计，避免经营者利用共享平台损害消费者的安全权。共享平台的信用基础以及内部的监督管理机制是消除信息对不称障碍，维护消费者人身和财产、信息安全的根本保证。除了共享平台应通过完善技术措施加强技术上的风险防范，并建立相应的内部监督机制，比如，信用评级和市场逐出机制惩罚失信者。对此，法律应赋予平台内部规制的标准，例如，强制平台设定信息标准，对于不当信息施加平台责任等。当内部规制失灵时，法律应明确平台规制不利的法律后果。除了共享平台应通过完善技术措施加强技术上的风险防范之外，还应建立相应的内部监督机制，比如，信用评级和市场逐出机制惩罚失信者。立法部门应该完善相关的法律制度，政府应该出台相应的监管措施并加强监督管理，确保网络虚拟社群的安全。

（三）加强对消费者个人数据信息的保护

由于共享经济中的创新和竞争是由数据的自由流动驱动的，因此谋求这两个利益之间的平衡至关重要。共享公司通常被视为数据控制者，《欧盟通过通用数据保护条例》（GDPR）指出，可以要求数据控制者和处理者公布对个人数据的处理方式。我国已经对 GDPR 模型进行了激烈讨论，有人认为它的

---

〔1〕　对此，我国交通运输部等部门联合发布的《暂行办法》以及深圳、天津等地的管理办法已经对网约车和车主做了基本要求，在滴滴平台上，注册司机也应当符合各个市的基本要求。具体参见滴滴官网：www.xiaojukeji.com/index/index.

方法过于严格，过分侧重于保护数据主体的利益，由此不利于共享公司的进一步发展。我国尚未颁布与 GDPR 相当的通用特定数据保护法，学术界在如何制定法律以及法律应包含哪些内容方面也未达成共识。尽管我国立法者选择不明确授予每个自然人"个人数据权"，但应确立侵权责任，以适用于滥用消费者个人数据的情况。首先，在收集层面，共享经济平台应当合法地收集依据，此种依据一般是获得了信息主体同意、合同或者是为了达成合同目的，并且收集个人信息时应当遵循合理、必要原则，不能超过提供产品或服务的合理目的范围。其次，在处理层面，共享经济平台应当在其个人信息保护政策中明确个人信息的使用目的，在约定的目的范围之外处理数据的还应当再次征得用户同意或采取更为醒目的提示方式。再次，在存储层面，需要考虑国家安全等因素。我国《网络安全法》第 37 条明确规定，关键信息基础设施的运营者在境内收集和产生的个人信息和重要数据应当在境内存储，因业务原因需要传输的，需要按照《个人信息和重要数据出境安全评估办法（征求意见稿）》《信息安全技术数据出境安全评估指南（草案）》等配套制度实施安全评估。最后，在利用层面，需要遵循目的限制原则，不得超出其收集和明示的使用范围。对消费者而言，其应当被赋予访问权、更正权和删除权，以增强个人信息的控制力。

对于共享经济消费者数据隐私权的保护，还应该完善相关的配套措施。首先，加强事前的监管。地方政府机构可以在共享经济的不同分支中引入服务标准，例如，规定合理的涨价幅度，确保个人数据保护，防止平台公司操纵市场通过涨价进行不公平竞争，进而损害消费者的利益。[1]此外，地方政府机构可以建立集体的一般业务条件，例如，用户协议，包括共享公司集体使用的数据安排，以及有关互联网平台之间的数据传输的协议，并在省级和中央政府层面建立负责个人数据保护的专门政府机构。在共享经济的背景下，规范个人数据的收集、使用和传输具有重要作用。其次，完善事后救济。可以建立公益诉讼或基于集体利益解决纠纷，共享公司应为其滥用用户个人数据承担相应的法律责任。共享经济作为新的商业模式，目前对其监管持谨慎

---

[1] Chenguo Zhang, "China's New Regulatory Regime Tailored for the Sharing Economy: The Case of Uber Under Chinese Local Government Regulation in Comparison to the EU, US, and the UK", *Computer Law & Security Review*, 2019（35）：473.

甚至放任的态度，但是随着共享经济发展壮大并趋于稳定增长，应加强监管以规范企业运营，保障消费者权益。

六、完善共享经济的营商环境

（一）明确共享经济营商环境的价值目标

企业营商环境指标排名表明，多数发展中国家的企业营商环境落后于发达国家。因此，经济发展也落后于发达国家，国民收入自然也偏低。随着企业营商环境指标的公布，企业营商环境指标的影响不断扩大，企业营商环境指标排名引起了许多国家的关注。特别是欧盟和亚洲的许多国家，政府部门对落后的营商环境进行了不懈的改革。经过连续几年的努力，一些欧盟国家和亚洲国家的企业营商环境指标有显著的提升。如东欧的立陶宛、捷克斯洛伐克、爱沙尼亚，北欧五国，亚洲的泰国和马来西亚等。良好的营商环境是新经济高质量发展的法治保障，也是对法治的实践检验。没有法治保障，就不可能创造出良好的营商环境，没有良好的营商环境，共享经济也就不可能有高质量的发展。2018 年以来，国务院成立了推进政府职能转变和"放管服"改革协调小组，并下设优化营商环境专题组，先后出台了《关于部分地方优化营商环境典型做法的通报》《关于聚焦企业关切进一步推动优化营商环境政策落实的通知》等一系列文件，对优化营商环境作出了具体部署。这些部署重点表现在四个方面：一是持续放宽市场准入，使投资贸易更加宽松、便利。民航、铁路等重点领域的开放力度持续加大，部分垄断行业通过混改积极引入民间投资。二是加大监管执法力度，使市场竞争更加公平、有序。一年来，在强化产权保护方面，国家甄别纠正了一批涉及产权冤错案件。三是深化"互联网+政务服务"，使办事、创业更加便捷、高效。目前，我国已基本建成全国一体化的数据共享交换平台体系，面向全国各级政府部门开通了1000 余个数据共享服务接口，数据共享交换量达 360 亿条次。四是建立健全评价机制，提升营商环境评价。2019 年 10 月 24 日，世界银行发布《2020 年营商环境报告》。中国的全球营商便利度排名继 2018 年大幅提升 32 位后，于2019 年又跃升 15 位，升至全球第 31 位。世界银行称，由于"大力推进改革议程"中国连续两年跻身全球优化营商环境改善幅度最大的十大经济体。

（二）认真落实《优化营商环境条例》的相关规定

优化营商环境，必须合理放宽束缚企业经营发展的制度性限制，全面改进政府职责中的短板、障碍与不作为，努力降低企业要素成本与税费负担，但要牢牢守住关乎国家经济安全与稳定的底线。2019年10月22日，李克强总理签署国务院令公布《优化营商环境条例》（以下简称《条例》），自2020年1月1日起施行。《条例》认真总结了近年来我国优化营商环境的经验和做法，将被实践证明行之有效、人民群众满意、市场主体支持的改革举措用法规制度固化下来，重点针对我国营商环境的突出短板和市场主体反映强烈的痛点、难点、堵点问题，对标国际先进水平，从完善体制机制的层面作出相应规定，为我国新经济高质量发展、优化营商环境提供了规范指引。《条例》第23条规定："政府及其有关部门应当完善政策措施、强化创新服务，鼓励和支持市场主体拓展创新空间，持续推进产品、技术、商业模式、管理等创新，充分发挥市场主体在推动科技成果转化中的作用。"第55条规定："政府及其有关部门应当按照鼓励创新的原则，对新技术、新产业、新业态、新模式等实行包容审慎监管，针对其性质、特点分类制定和实行相应的监管规则和标准，留足发展空间，同时确保质量和安全，不得简单化予以禁止或者不予监管。"《条例》的相关规定还需要各地政府因地制宜地予以落实，各地方政府要勇于改革、勇于创新，但改革和创新不仅要符合客观经济规律，而且要依法进行，为当地共享经济发展创造良好的营商环境。

第五章

共享经济的法律保障机制

在传统经济模式下，传统经济要接受相应的工商监管。因每一个市场主体都是依法进行工商登记，并根据不同的行业标准和要求设立相应的市场准入条件，对经营者的资质、经营范围都设定相应的标准，且依规取得相应的营业执照和许可证，因此消费者的基本权益可以得到一定程度的保障。共享经济的共享平台信息作为虚拟空间，信息不对称的现象客观存在，消费者的人身和财产、信息安全风险不可避免。目前，因对共享经济的监管尚不到位，绝大多数行业的共享经济都处于放任自由的状态。市场准入门槛较低，供需方的信誉、共享商品和服务的品质难以得到保证，线上虚拟交易的信息不对称和信用危机的潜在风险不可避免。这势必会给共享经济的交易带来负面影响。造成这种现象的原因一方面在于共享平台对经营者的市场准入的审核不严格或是没有建立相应的市场准入标准，另一方面也反映了政府公共数据共享力度的不足，没有排除信息不良的经营者，导致共享商品和服务的品质良莠不齐。因此，共享平台的信用基础以及内部的监督管理机制至关重要，是消除信息不对称障碍，维护消费者人身和财产、信息安全的根本保证。因此，立法部门应该完善相关的法律制度，政府应该出台相应的监管措施并加强监督管理，完善市场准入审查机制。共享平台应通过内部监督的市场准入机制、信用评价机制、保证金机制、奖惩机制等措施对供需双方的失信行为进行责任配置和风险的监督管理，消除共享经济交易的信息不对称和信用危机，维护共享经济需方消费者的合法权益，确保共享经济的健康、有序发展。

第一节 共享经济的市场准入和退出机制

一、共享经济的市场准入和退出机制的概述

（一）市场准入机制的内涵

市场准入（Market Access）是国际贸易的一个术语，指在国际贸易方面两国政府间为了相互开放市场而对各种进出口贸易的限制措施，其决定了一国允许外国的货物、劳务与资本参与国内市场的程度。在市场经济秩序建设过程中，对于国内市场而言，市场准入是在经济活动过程中，为了防止资源配置低效率或过度竞争以确保经济效益安全，维护经济秩序，政府部门通过批准和注册，对市场主体进入市场进行管理。[1]市场准入是政府对资源配置的一种制度安排，是对市场主体资格的确认，主要是通过对市场主体的登记、发放许可证、营业执照等方式来体现。通过市场准入制度，可以确保政府在资源配置中的调控作用。市场主体准入法律制度的目的是保证市场安全而不是限制市场竞争，是有序开放市场而不是为市场的进入设置障碍。[2]市场准入是资源配置的经济活动过程中制度设计的第一道门坎，不论是市场的准入还是退出，都源于法律的授权、许可和确认，是资源配置和开展经济活动的重要环节，是维护经济秩序的重要保证。市场准入或是退出制度的价值目标就是确保公平、自由、效益和安全等市场秩序。根据不同的经济领域，市场准入机制主要有准则主义、核准主义和特许主义。

在竞争性领域或市场自治秩序中一般采取准则主义，市场主体可以依法自愿进入市场，即适用"法不禁止即自由"的原则。只要符合相关规定就享有市场主体资格，从而可以进入相关市场，不需要行政审批，但应依法进行工商登记注册，并领取相应的营业执照。市场核准主义主要适用于因涉及国家安全、国家经济战略和公共利益而需要政府审批的领域。特许主义主要针对特殊行业，通过专门立法对市场准入和经营行为进行授权和规范，市场主体要严格依法经营，其市场准入在一定程度上严格受限。特殊行业的市场主

---

[1] 李金泽：《跨国银行市场准入法律制度》，法律出版社 2003 年版，第 1 页。

[2] 孙会海："论市场准入制度的法理基础与立法完善"，山东大学 2009 年硕士学位论文，第 14 页。

体不仅要依法审批，其设立和经营都必须严格依照专门法来实施。比如，商业银行、保险公司、房地产公司等，其市场准入都属于特许主义。不管是竞争领域的准则主义，还是非竞争领域的核准主义，都需要相应的市场主体法律规范，而且也需要政府进行不同程度的介入。政府通过简政放权，减少政府对市场的干预，放松对市场的监管，降低市场准入的门槛，有利于市场机制充分发挥作用。但对于关乎民生的重要产业和涉及国民经济重大战略、经济安全、生态安全和国家安全的领域，一定要认真落实相关的审核和特许制度，确保经济秩序的安全。《中共中央关于全面深化改革若干重大问题的决定》界定了政府审批企业投资项目的范围，包括五类，即国家安全、生态安全、全国重大生产力布局、战略性资源开发、重大公共利益。政府对市场准入简政放权对于我国市场机制的建设而言具有重要的意义，为市场在资源配置中起决定作用创造了基础性条件。在诚信缺失的条件下，任何市场放权的后果都是难以预料的，甚至可能事与愿违，不利于维护市场经济秩序。市场准入制度是政府积极干预的经济法律制度，也是正确处理市场与政府关系的重要环节，是市场监管和宏观调控的重要手段和措施。

（二）市场退出机制的内涵

市场退出机制就是指市场主体依法终止市场主体资格的法律制度。市场主体资格是经营者从事市场经营活动的条件。经营者因其依法登记注册而获得市场主体资格，并因此享有相应的权利和履行相应的义务。比如，以经营者的名誉签订合同，并承担相应的合同义务，依法纳税的义务等。市场主体退出机制是指市场经营者因为特定事由而主动终止或者依法被强制终止市场主体资格，经清算后由行政主管机关核准注销，从而终止市场主体经营资格和法人资格的法律程序和制度。市场经济是开放经济、竞争经济和效率经济，实力较弱的市场主体在优胜劣汰的市场竞争中将被淘汰，不再成为产品或服务的供给者。因此，市场主体退出是市场经济中的常态行为。完善的市场机制鼓励市场主体积极参与市场竞争，及时、有效地将不合格的市场主体淘汰出局，以确保社会资源的有效利用。市场主体能够顺畅退出应是市场经济发育成熟的标志之一。[1]市场退出机制不仅终止市场主体的权利，也使其法律责任和义务可以合法地被终止或隔离，确保市场主体可以正当地从法律事务

---

[1]　夏秀渊："我国市场退出机制的缺陷及对策研究"，载《商业时代》2009年第3期。

中解脱，为经营者的失败留了一条后路，或是免除其投资的后顾之忧。成熟的市场应该建立完备的市场退出机制，保护市场主体的合法权利，但也应防止市场退出机制被失信市场主体滥用以逃避其法律责任和义务。

（三）共享经济市场准入和退出机制的价值分析

共享经济是通过互联网技术完成的虚拟经济，其电子商务是建立在大规模的陌生人合作基础之上的，信息不对称和信用危机的潜在风险不可避免，线上的虚拟交易如何确保线下的安全，共享平台对供方的市场准入的资信安全审查很重要。比如，对于劳务的共享，因为，一般情况下需要线下上门提供服务或是直接提供服务，需要供需方真实的接触，如果共享平台提供的信息不全或是不真实，那供需双方都可能面临着潜在的人身和财产风险。首先，人身和财产上的安全风险。对于需方，为了共享服务，让一个素未谋面的人到自己的家里，会不会"引狼入室"？线上共享的产品质量是否有保障？共享服务中的自由劳动者没有相应组织保障，其技术水平是否也可靠？这一切对于需方而言都是未知的。对于供方，到一个陌生的地方提供服务，会不会进入"狼窝"？在提供了产品和服务后能否收到相应的酬劳？其同样面临着风险。Uber 就曾因为背景审查原因遭集体诉讼。[1]此前就有报道称，印度 Uber 未对司机进行背景调查，致使女乘客被强奸。[2]我国亦有女乘客被有犯罪历史的网约车司机强奸的事件发生。[3]在短租领域，Airbnb 也有女房客被房东性侵的事件发生。[4]这些事件的发生严重影响了消费者对资源提供方和共享经济平台的信任。其次，提供的产品和服务质量是否有保障。因为共享平台客观上不能实质性地了解和掌握供需方的资讯，以及共享产品的品质和服务水平的真实情况，如果供需方提供了虚假信息就会带来潜在的道德风险。共享经济平台对供需方的市场准入应该是有条件的开放，建立严格的市场准入

---

〔1〕 参见 "Uber Battles Privacy Concerns Over 'God View' Tool"，载 https://www.nbcnews.com/tech/tech-news/uber-battles-privacy-concerns-over-god-view-tool-n251691，访问日期：2017 年 11 月 15 日。

〔2〕 "印度 Uber 司机强奸乘客获刑 Uber 未进行背景调查"，载 https://news.qq.com/a/20151021/023629.htm，访问日期：2017 年 11 月 18 日。

〔3〕 刘冠南、黄钰涵、刘娅："优步司机强奸女乘客案被告人获刑四年半"，载《南方日报》2016 年 6 月 14 日。

〔4〕 "Airbnb 又曝偷拍丑闻：收好这份住民宿防偷窥攻略！"，载 http://www.sohu.com/a/200194048_660931，访问日期：2017 年 11 月 15 日。

的审核机制，明确市场准入的标准，防患于未然。因此，对共享经济经营者的市场准入的审查是必需的。

根据《电子商务法》第 27 条的规定："电子商务平台经营者应当要求申请进入平台销售商品或者提供服务的经营者提交其身份、地址、联系方式、行政许可等真实信息，进行核验、登记，建立登记档案，并定期核验更新。电子商务平台经营者为进入平台销售商品或者提供服务的非经营用户提供服务，应当遵守有关规定。"第 29 条规定，电子商务平台经营者发现平台内的商品或者服务信息存在违反本法第 12 条关于相关行政许可的相关规定，以及第 13 条关于电子商务经营者销售的商品或者提供的服务应当符合保障人身、财产安全的要求和环境保护要求的，应当依法采取必要的处置措施，并向有关主管部门报告。我国的《电子商务法》对平台经营者规定了供方市场准入的身份审核以及产品和服务品质的审核义务，但没有要求对需方的市场准入进行审核，忽略了需方可能也存在潜在的风险，主要是线下服务过程中需方可能存在的道德风险。另外，共享平台如果只是进行形式审核，就很难从根本上防范风险的发生。

共享经济平台的交易与传统经济点对点的商业模式不同，共享平台通过网络技术聚集大量闲置的人与物资，具有公共性。因此，对供需方建立相应的市场准入标准是必需的。但根据《电子商务法》的相关规定，共享经济对平台内经营的市场准入除个别行业有相关的资质审查以外，绝大多数共享平台只是提供简单的信息存储和形式审核注册服务。这种形式上的审查，不可能从根本上确保信息的真实性和可靠性。以网约车为例，虽然根据相关规定，注册司机必须向平台提供个人的资料，且要求司机要提供无暴力、吸毒、危险驾驶等与载客服务相关的无犯罪记录的证明，但因平台只是对相关的信息进行形式审查，客观上对这些信息资料真伪难以辨别，以至于"马甲司机"事件不可避免。市场准入低门槛，尤其是共享平台对其资质的审核缺失或不严为共享经济的交易安全埋下了隐患。因此，共享经济的线上交易离不开线下配套措施的完善。比如，对相应从业人员统一的行业认证标准，从专业技术水平到个人品质，线下的事前监管必须到位，从根本上杜绝不具备相应资质的供方进入共享经济社群或商业圈。当然，这需要线下和线上的协调合作，由政府相关部门或者行业协会对涉及人身安全的共享经济供方建立线下资质认证机制。比如，在美国的 Task Rabbit（任务兔子）共享劳务平台中，是用户雇人帮忙跑腿办事，这些负责跑腿办事的人都要经过犯罪背景调查确认为没有犯罪背景的人，这其中就离不开政府相关部门的协助，完善社会征信体系和大数据的建设。加强共享经济市场准入和退出的监管，有利于共享经济安全和健康、稳定的发展。

二、对共享经济市场准入的审查

共享经济作为闲置资源的再配置模式，并不意味着共享经济可以被随意植入任何领域。对于适用于负面清单管理的领域，清单之外不需要审批核准的，市场主体可以依法自由进入相关共享经济领域，对共享经济市场准入的监管应遵守"法不禁止即自由"的原则。便捷的网络使任何人只要会上网便都有可能成为共享经济的参与者，其市场准入门槛比较低，但低门槛则意味着高风险。对共享经济市场准入和退出机制应根据不同的共享经济类型采取不同的监管标准。当然，共享经济商业模式是否有市场进入的要求，需要进行怎样的产业规制是由共享的商品或服务的性质所决定的。[1]对共享经济市场准入的监管应明确其目标在于维护公平竞争市场秩序，确保共享经济及相关行业的可持续发展。对共享经济市场准入，应严格按照传统行业的监管标准进行审查和监管。对于涉及公共利益和公共秩序的行业，应该根据党的十八届三中全会通过的《中共中央关于全面深化改革若干重大问题的决定》规定的政府审批企业投资项目的范围，结合《国家安全法》《行政许可法》《反垄断法》《外商投资法》《环境保护法》《电子商务法》等法律法规和国家政策对涉及国家安全、生态安全、全国重大生产力布局、战略性资源开发、重大公共利益等五类事项进行审查。具体包括主体资格、业务能力范围、环境评估、行业发展、国家安全等。通过对市场准入进行审查，确保相关领域的安全、环保、公平竞争和行业可持续发展。

目前，我国对共享经济市场准入的监管，相关的规定主要是部门规章和政府规定，主要涉及网约车、共享单车和网络众筹三个领域。2015年7月14日，中国人民银行等十部委联合发布的《关于促进互联网金融健康发展的指导意见》出台，首次明确界定了股权众筹融资主要是指通过互联网形式进行

---

〔1〕 于莹、张春旭："共享经济蜕变背景下共享平台的法律性质问题分析"，载甘培忠主编：《共享经济的法律规制》，中国法制出版社2018年版，第30页。

公开小额股权融资的活动，并指出股权众筹融资必须通过股权众筹融资中介机构平台进行。

第二节 共享经济的信用评价机制

社会学中与诚信有关的非常成熟的概念就是信任，信任是指当事人对其他当事人（个人、群体或政府）能遵守法律秩序、社会规范、道德标准和价值标准的期待。[1]一般所表述的信用服务主要包括征信、信用评级、资信调查、信用担保、信用保理等。[2]在"互联网+"经济模式中，交易双方的信任更多源于信誉，而信誉常常通过特定的信用评级机制来构建。比如，淘宝网的商家信誉评级等级制较为典型，以"红心""钻石""皇冠"评级并附以分值的信誉等级，同时对每个商品设立"好评""中评""差评"等评价反馈机制。信誉等级和评价反馈机制的客观性和透明性是"互联网+"平台经济信任制度的基础。[3]因为在一个开放、相互信任、相互鼓励、相互付出的平台上，那些不守规则的破坏者、滥用资源者很容易被淘汰。当人际关系和社会资源回归到交易的核心时，人们之间点对点的信任就会越来越牢固，不会被轻易破坏。平台上的公共监督系统，个体之间的纠纷最后都能在社群内得到解决。[4]信用评价机制是共享经济得以发展的基础和保障。

一、共享经济信用评价机制的概述

（一）共享经济信用的内涵

任何经济模式，归根结底都是人与人的关系。信任是指一个当事人对另一个当事人（个人、群体或政府）是否遵守自己所认同的社会规范和价值标准的期待，是在一个社团之中，成员对彼此常态、诚实、合作行为的期待。

---

〔1〕 文建东："诚信、信任与经济学：国内外研究评述"，载《福建论坛·人文社会科学版》2007年第10期。

〔2〕 吴晶妹："我国信用服务体系未来：'五大类'构想与展望"，载《征信》2019年第8期。

〔3〕 陈兆誉："互联网经济中炒信行为的规制路径"，载《浙江大学学报（人文社会科学版）》2018年第6期。

〔4〕 ［美］雷切尔·博茨曼、路·罗杰斯：《共享经济时代：互联网思维下的协同消费商业模式》，唐朝文译，上海交通大学出版社2015年版，第15、109页。

很显然，信任的产生是当事人传递信息的结果。[1]社会诚信体系是所有个人、群体或政府的诚信状况的总和。在传统经济模式中，由于交易双方的信息不对称，极易产生不诚信行为。但传统经济的商业模式受客观条件限制，难以对买卖双方的交易行为建立有效的信用评价体系，交易双方对彼此的商誉一般很难知情。当事人不仅难以维护其权益，而且交易和维权成本高，降低了经济运行效率。在传统经济模式下，为了防止欺诈、假冒伪劣等违法违约不诚信行为，由国家对涉及社会公共利益的行业实施许可制度，并且对产品质量、运营者的资质、服务标准等建立标准化和专业化监管机制，还通过《担保法》《合同法》《产品质量法》《消费者权益保护法》等法律机制来保障交易安全。

博茨曼认为，信任是共享的关键"货币"，谨慎地解决这些问题应该是很重要的选择。公众对共享经济和业务模型的接受程度包括负担能力、便利性、公平性、可信赖性、清洁和安全。[2]传统的商业交易不会产生社会关系，只是双方各取所需。共享的互帮互助文化理念需要人们相互之间的信任以及相互参与，形成一种动态的社会行为，从而不断强化个体之间的分享、合作、社交和忠诚度。信任被视为数据共享的主要前提，共享经济从根本上说是一种数据驱动的经济，信任是一切交易的前提，更是共享经济运行的基础。因此，对信任的维持是数据共享平台的关键功能。毫无疑问，缺乏信任会导致数据数量和质量方面的共享减少。共享经济利用互联网对闲置的商品和劳务的使用权进行配置，交易标的都是非标准化的商品和服务。虽然现在的视频在一定程度上可以增加消费者对于购物的感观认识，但客观上还是难以消除从线上到线下交易过程中的信息不对称和信用危机，容易引发道德风险。比如，网约车马甲司机、为了伪造好评和骗取补贴的刷单行为、利用房屋共享进行犯罪，以及曾经劣迹斑斑有犯罪前科的共享经济的供方可以轻易地从事此项业务，这些都突显了共享经济信用机制的缺失。因此，要想真正实现共享经济，就必须搭建可被信任的信息平台，使交易双方当事人能实现资源、信息的共享，消除信息不对称和信用危机。因此，共享经济实现的前提决定

〔1〕 文建东："诚信、信任与经济学：国内外研究评述"，载《福建论坛·人文社会科学版》2007年第10期。

〔2〕 C. E. Cherry and N. F. Pidgeon, "Is Sharing the Solution? Exploring Public Acceptability of the Sharing Economy", *Journal of Cleaner Production*, 2018（195）：948.

了重构信任关系的重要性，只有建立信任机制，才能实现共享经济。要真正发挥互联网在分享经济中产生的价值，就必须要完善相关机制和营造信任的环境。[1]

目前，由于共享经济监管机制不健全，绝大多数行业的共享经济均处于自由放任的阶段，市场准入门槛较低，对供需方的信誉、共享商品和服务的品质难以保证，线上虚拟交易的信息不对称和信用危机的潜在风险不可避免，这势必会为共享经济的交易带来影响。造成这种现象的原因主要包括：一方面共享平台对经营者的市场准入的审核不严格或是没有建立相应的市场准入标准，另一方面也反映了政府公共数据共享力度的不足，没有将有不良信用记录的经营者排除在外。因为共享经济是在信息不对称的陌生市场主体之间进行的交易，因此共享经济的交易效率取决于社会的诚信水平和社会信用保障机制。社会信任程度越高，交易成本越低，交易效率越高。

（二）共享信用评极的内涵

共享经济模式是高度依赖信用的商业模式，必须有一个严格的、可以保证交易双方进行安全交易的信用评级系统。共享经济的活跃程度与信用评级的建立和完善紧密相关，共享经济的健康发展也会增强社会信任。[2]在传统经济社会中，传统经济的商业模式无法为买卖双方的交易行为建立有效的评价体系，陌生的当事人双方难以建立一种事前信任机制，对于没有任何知名度的当事人，在交易前对彼此的商誉很难知情。交易双方的信息不对称极易诱发假冒伪劣以及坑蒙拐骗的不诚信行为，使社会陷入一种囚徒困境，不利于经济的发展。在共享经济模式下，人们会主动增强信用意识，因为一次不诚信的信用记录就可能会对一个人产生极不利的后果。因此，互动式平台信用评价机制在客观上可以约束交易双方的行为，提升社会诚信意识。[3]在共享经济中，供给者最好的选择就是提升服务的水平，避免出现被需求者"差评"，以保证自身的信用水平。因为信用评价结果可以作为供方的信用基础，鉴于此，这将形成一个信用的硬约束，这是共享经济之所以能够顺畅运行的"软件"基础，也是新兴技术支撑下的共享经济与过去较长时间的共享生产或

---

〔1〕　杨珈瑛：《分享经济》，北京工业大学出版社 2017 年版，第 33 页。

〔2〕　郑翔："从'网约车'到'共享单车'看共享经济与社会公共治理的耦合"，载甘培忠主编：《共享经济的法律规制》，中国法制出版社 2018 年版，第 134 页。

〔3〕　刘根荣："共享经济：传统经济模式的颠覆者"，载《经济学家》2017 年第 5 期。

消费的重大区别。[1]

共享经济利用互联网对闲置的商品和劳务的使用权进行配置，交易标的都是非标准化的商品和服务。因此，共享经济的商业模式必须建立在一定信用评级的基础上，通过信用评级机制规制失信行为，建立诚信长效机制。信用的良性发展需要考虑各种因素和机制。比如，共享平台内部监督的评分机制、经济杠杆奖惩、接受投诉举报、公开公平的推荐或告示等都对建立信任氛围具有重要的意义。共享平台的移动端体验、后台数据分析及智能算法等对于社区氛围、产品调性、用户群引导等都有利于促进信任的建立。如 Lyft 等靠"推荐机制+评分系统，背景验证"保证信任体制的建立，而 PP 租车平台依靠五点保障信任机制，即会员机制、评价机制、安全机制、保险机制、法律保障机制。共享经济平台在量化信用、形成信誉、建立信任上尚有不少工作要做。比如，对于供需双方的身份可信度，物品和服务质量的保证，二手物品的流转如何保证定价公平、交易坦诚等。[2]在以互联网技术为基础的电子商务领域，由于交易的数字化和数据化，不仅可以记录和追踪交易过程，且交易双方的互评机制使当事人的信用信息公开且透明化。这种信用互评机制增加了陌生人之间的信任感，使得共享经济的电子商务交易有了坚强的信任基础。基于现代信息技术支撑的共享经济，可以依靠云计算、大数据、物联网技术，建立信誉评价方式和体系，形成与共享经济相适应的信任体系，有利于交易双方信用信息进行共享并可以进行事前判断和选择。因此，共享经济平台通过建立内部自律监督信誉评价在一定程度上增强了交易双方的互信。

二、共享经济信用机制的价值分析

（一）信用评价机制有利于建立共享平台陌生人间的互信

信用评价机制指通过一套科学、合理的评价方法和指标体系，表示出社会经济活动中一个主体履约偿债的经济能力与意愿。[3]评价系统的批评意见

---

〔1〕 李梦琴等："共享经济模式下的共享型用工关系研究进展与启示"，载《中国人力资源开发》2018 年第 8 期。

〔2〕 刘国华、吴博：《共享经济 2.0 个人、商业与社会的颠覆性变革》，企业管理出版社 2015 年版，第 83 页。

〔3〕 刘铭卿："论电子商务信用法律机制之完善"，载《东方法学》2019 年第 2 期。

可以给陌生人提供不少关于产品质量和服务的信息。共享平台可以根据共享经济交易的每一个环节设置评价，比如，好、中和差等，并通过相应的分值体现。评价体系通过量化消费者的共享体验的主观感受，并结合消费者的言语表述把共享商品质量和供方的服务态度等信用信息进行直观展示，作为其他消费者选择的重要参考依据。良好的评价结果和较高的信用等级通常有助于吸引客源，带来大量的交易机会和潜在的经济效益。"评价系统"几乎构成了所有电子商务开展业务的基础，也是"评价系统"支撑起了共享经济的陌生人之间的交换。共享经济交易的关键推动力是发展强大的在线声誉和信号机制。线上评论使潜在的消费者可以决定一家机构是否可以被信任，也可以降低风险和不确定性，因为陌生的消费者经常依靠他人的经验来进行采购决策。消费者更重视同行评议，而不是产品或服务的官方说明。[1]通过共享平台的"评价系统"顾客可以放心地住进陌生人的家里，而房东也可以放心地让陌生人到自己家里住。狗狗的主人也可以放心地通过 Dog vacay 和 Rover 平台把狗狗寄托在陌生人家里。共享经济逐渐开启了形形色色的陌生人之间的信任，走进了与互联网亲密接触的新纪元，而信任关系就成了构建共享经济时代的重要前提条件。[2]

《纽约时报》的大卫·布鲁克斯在《Airbnb 和 Lyft 是如何最终让美国人彼此信任的》一文中认为："Airbnb 等公司通过评价机制建立了信任……Airbnb 里没有基于机构隶属关系的信任，人们根据网上信息和其他人的评价来建立信任。"正如亚马逊、Netflix、eBay、Yelp、猫途鹰、iTunes、app 商店和许电子商务公司都把单独的评价当作输入信息并将其转换成某种形式的推荐。[3]研究表明，交易场所评价系统的设计，应让更多的参加者留下意见并且在鼓励反馈时让评价者和被评价者之间的社会距离最大化，[4]这样才能确保评价的真实性。共享平台本身的信任评价体系也需不断完善，公开的用户体验和

---

〔1〕　Xusen Chenga, Shixuan Fua and Jianshan Sunb, "An Investigation on Online Reviews in Sharing Economy Driven Hospitality：Platforms：A Viewpoint of Trust", *International Journal of Production Economics*, 2019（214）：106~124.

〔2〕　杨珈瑛：《分享经济》，北京工业大学出版社 2017 年版，第 32 页。

〔3〕　[加] 汤姆·斯利：《共享经济没有告诉你的事》，涂颀译，江西人民出版社 2017 年版，第 98 页。

〔4〕　[加] 汤姆·斯利：《共享经济没有告诉你的事》，涂颀译，江西人民出版社 2017 年版，第 123 页。

双方互评信用机制对解决道德风险和逆向选择问题具有促进作用，建立了陌生当事人之间的互信，成了共享经济商业运行的基础和保障机制。信用成为"互联网+"经济模式很重要的无形资产，甚至是市场准入的条件。对于信用不佳者，可以对其实行市场禁入。特别是平台的信用评级与国家的个人信用大数据库对接，纳入国家个人信用评级数据库，对建立个人社会信用体系更有意义。

（二）信用评价有利于共享平台建立内部自律监督体系

共享经济平台通过信用互评机制，有利于建立内部自律监督机制。平台企业通常会借助互联网系统和大数据信息收集等优势，建立起以信用评价和打分为主的用户管理机制，而负面评论充当了向共享经济平台进行投诉的渠道，促进共享平台对不合格的供方进行监管，提高共享商品和服务的品质。房屋租赁平台企业 Airbnb 设置了在线评价系统，让房客能够在浏览先前房客的评价记录的基础上作出租房决策，"滴滴出行"等网约车平台也都已经建立起了相关的信用打分机制，消费者在结束行程后为司机打分，司机的星级和派单量与分数直接挂钩。[1]从服务提供者的角度来说，评价系统成了一个监督形式，服务提供者可能在任何时候遭到公开评判和遭到"斥责系统"的处罚。因此，服务提供者不得不控制自己的情绪，表现出平台要求的状态，其实这是快餐服务员说"祝您心情好"的升级版。共享经济的评价系统已经成了等级化和集中化处罚系统的掩护，这与"声誉""算法监管"，或通过评分进行"轻度"监管的理念毫不相干。顾客信任共享经济平台上的陌生人的理由与信任酒店员工和餐厅服务员是一样的。因为他们的工作朝不保夕，客户的投诉可能会导致处罚。共享经济的评价系统确实对消费者有好处，因为它们提供了一种处罚机制，让服务提供商保持微笑和高效。对于服务提供商而言，评价系统是一种监控形式，主要实施者是在平台上最有特权和最苛刻的客户，客户评价系统的滥用可能让服务提供者接受严格和不负责任的处罚。[2]

评价在一定程度上对共享平台也有影响，对于居间共享平台而言，由于

---

〔1〕 胡格源、张成刚："共享经济平台双边用户评价与权益保护机制研究——以滴滴出行为例"，载《中国人力资源开发》2018 年第 2 期。

〔2〕 ［加］汤姆·斯利：《共享经济没有告诉你的事》，涂颀译，江西人民出版社 2017 年版，第123 页。

其不参与共享交易营运，这种影响相对会少些，但对于商业共享平台的影响却至关重要，因为对供方的评价本身就是对平台的评价。滴滴司机的评分体系中的分数与豆瓣上的作品评分不同，因为差评其实是对滴滴平台本身的投诉，而豆瓣上的评分纯粹是被评价的作品。因此，对于居间共享平台，因其不参加共享经济的经营管理而对共享商品和服务的品质和价格不能进行控制和监管，只能通过市场准入/退出机制来限制评价不良的供方进入平台，从而确保共享平台内经营者的诚信经营，确保共享平台的信誉度。对于商业共享平台而言，因为顾客的评价也是平台内部监管的评价，因此平台应该根据顾客的评价建议，提高共享商品和服务的品质，调整共享商品和服务的价格，并根据信用评价体系为供方建立惩罚制度，甚至仅凭评价结果就将供方从平台上开除。一般情况下，共享经济平台可以根据评价来决定是否允许供方继续提供共享商品和服务。因此，供方比较在意评价结果，希望不要留下任何不良记录，为了能继续留在平台便必须要获得好评，会努力提高商品和服务的品质。因此，共享经济的评价系统不仅有利于确保提供者的商品和服务质量，而且也成了共享平台进行内部监管的重要手段。

（三）信用评级有利于共享经济供需方获取信誉租金

信誉（creditibility）或声誉（reputation），即信用和名声，意为诚实守信的声誉，"信"指诚实守信，"誉"指名誉、声誉。指依附在个人、单位相互间和商品交易之间形成的一种相互信任的生产关系和社会关系。即一方在社会活动尤其是在经济活动中因忠实地遵守约定而得到另一方的信任和赞誉，声誉是长期诚实、公平、履行诺言的结果。讲求信誉是商业道德的基本规范之一。《颜氏家训·名实》曾提道："吾见世人，清名登而金贝入，信誉显而然诺亏，不知后之矛戟，毁前之干橹也。"[1]信誉促成了人之间、单位之间、商品交易之间的双方自觉自愿的反复交往。从时间顺序上来看，信誉或声誉是潜在的交易对象对其前期行为的评价，是个人、群体或政府之前选择诚信行为的结果。因此，信誉具有资产的特征，可以促进日后的交易活动，产生信誉租金或者信誉资金。[2]在科利·多克托罗（Cory Doctorow）的科幻小说

---

〔1〕　夏家善主编：《颜氏家训·名实》，夏家善、夏春田注释，天津古籍出版社1995年版，第122页。

〔2〕　文建东："诚信、信任与经济学：国内外研究评述"，载《福建论坛·人文社会科学版》2007年第10期。

《魔法王国的潦倒》（*Down and Out in the Magic Kingdom*）里，一个人拥有的最宝贵的资产就是他的社交资本，多克托罗把这种资本称为"声望值"（whuffie），且个人的声望值都看得见，每个人见到其他人时必做的第一件事就是确认他们的"声望值"。有三种方式可以影响"声望值"，即多做好事、广泛参与社交或臭名昭著。一旦撒谎、偷窃、欺骗、抱怨或者整个从社交场合消失，"声望值"账户就会缩水。"声望值"是衡量一个人是否值得花时间交往的最佳标准。[1]实际上，小说的设想并非遥不可及。随着大数据征信及社会信用体系的完善，每个社会人也都会有自己的"声望值"或"信用码"。"声望值"代表着一个人的名誉和影响力，代表着与他人保持联系和纽带关系的资本，代表着他现在以及将来可能接触到的思想、人才和资源，代表着他将来能够得到的帮助和可能实现的成就。[2]基于此，应建立市场主体交易信用管理体系，将信用等级较差的消费者或生产者纳入交易黑名单，对其交易行为进行限制。[3]

信誉系统或评级系统已被认为自互联网建立以来可以进行在线交易功能的关键，维持了陌生人之间的互动信任以及品牌形象和公共监管。共享经济的出现使得评级系统的作用更加突出，互信显然是这种协作互动不可或缺的促成因素。[4]信用评级较高的用户不仅在共享平台上获得信任和欢迎，而且能在生产生活的诸多领域享受优惠和便利。反之，信用评级较低或者有严重失信记录的用户，不仅会在共享经济平台中受到抵制，而且会在各种领域中付出昂贵的失信成本。通过大数据征信，失信者在求学、就业、信贷、保险、租房、租车、出入境等诸多领域受到制约，"处处受限、寸步难行"。[5]信用是支撑"互联网+"经济的重要信息资源，特别是在共享经济模式下，交易的是单一的闲置产品或者是旧产品，买方承担着一定的风险。因此，供货方对商品的真实描述很重要。如果每一个顾客都可以对交易进行真实的评价，那

---

〔1〕 Cory Doctorow, *Down and out in the Magic Kingdom*, Edward Douglas, 2003.

〔2〕 ［美］唐·佩珀斯、玛莎·罗杰斯：《共享经济 互联网时代如何实现股东、员工与顾客的共赢》，钱峰译，浙江大学出版社2014年版，第18页。

〔3〕 李伟："分享经济发展研究综述"，载《经济研究参考》2017年第71期。

〔4〕 M. Basili and M. A. Rossi, "Platform-Mediated Reputation Systems in the Sharing Economy and Incentives to Provide Service Quality: the Case of Ridesharing Services", *Electronic Commerce Research and Applications*, (2019): 5. https://doi.org/10.1016/j.elerap.2019.100835.

〔5〕 许荻迪："分享经济发展：全球态势与政策建议"，载《经济体制改革》2017年第4期。

么失信者很快便会被所在社群驱逐，市场信息也就变得更加透明了。在很大程度上，可行性共享服务取决于质量审查评价系统，因为人们依赖他们决定购买什么，共享经济需要为参与各方提供完整的信息和值得信赖的声誉。[1]

在联系高度密切和更加透明的互联网世界中，失信行为将会受到严厉而及时的惩罚，失信将损害社会经济价值和丧失社群成员资格，诚实地共享和合作则可以带来巨大的回报。因此，互动越频繁越需要信任，越诚实守信交际越广，就会赢得越多的信誉。那些真正赢得声誉的人，就是那些被他人信任的人在联系高度密切、更加透明的商业世界中，不诚实的行为将会受到严厉而及时的惩罚——损失信誉和社会经济价值，而诚实的共享和合作将会带来巨大的回报。最终的结果就是互动越频繁越需要信任，越诚实守信交际越广，就会赢得越多的信赖。那些真正赢得声誉的人就是那些被他人信任的人。[2]"互联网+"经济模式改变了传统经济以契约为依托的交易模式，信用成为"互联网+"经济模式的灵魂，失信一方容易被市场驱逐，相反，守信一方则容易赢得市场。从这个层面来讲，"互联网+"的信用评级机制不仅有利于共享经济发展，也有利于社会道德文明的建设。

三、共享经济信用评价机制存在的问题

（一）共享经济的信用危机

信誉系统是信任的关键前提之一，也是对平台本身和互动体验的信任。供需双方的信任首先源于平台公司自身的信用基础，因为交易规则、交易程序以及交易争议的处理结果都是基于对平台公司的信任，由平台公司单方决定。[3]在实践中，平台为了扩展业务，通过吸引大量不同类型的用户来产生网络效应，因此降低了非提供者的进入壁垒，导致共享平台所提供的服务难免在质量上良莠不齐，同时也可能会损害用户对平台的信任。[4]在用户层面，

---

〔1〕 Malhotra and Arvind, "The Dark Side of the Sharing Economy... and How to Lighten It", *Communications of the ACM*, Nov 2014, Vol. 57, Issue 11, p. 27.

〔2〕 ［美］唐·佩珀斯、玛莎·罗杰斯:《共享经济 互联网时代如何实现股东、员工与顾客的共赢》，钱峰译，浙江大学出版社 2014 年版，第 14 页。

〔3〕 唐清利:"专车类共享经济的规制路径"，载《中国法学》2015 年第 4 期。

〔4〕 M. Basili and M. A. Rossi, "Platform-mediated Reputation Systems in the Sharing Economy and Incentives to Provide Service Quality: the Case of Ridesharing Services", *Electronic Commerce Research and Applications* (2019): 5. https://doi.org/10. 1016/j. elerap. 2019. 100835.

最严重的问题是评价系统失灵。斯利指出,意图用"算法规制"来取代消费者保护法的做法是错误的,这将导致我们的社会沦为告密者的社会。[1]评价系统存在的问题更多的是由企业自身的操纵行为导致的,同时对于用户的评价行为也欠缺必要的规制措施,在本质上反映的是单纯依赖中介或脱离公权力所构建的信用体系可能隐含的弱点,且信用评价来自于不同个体的主观感受,其客观性也会受到影响。信用评价机制在共享经济的发展过程中起到决定性的作用,但由于我国当前社会信用体系构建总体进展不够平衡,社会信用整体水平不高,信用信息系统建设缺乏统筹,"信息孤岛"现象较为突出,守信激励和失信惩戒机制尚不健全,失信代价过低,信用服务体系不成熟,服务机构影响力公信力不足,法律法规不完善,权益保护机制缺失,诚信教育相对滞后,社会诚信意识和信用水平偏低,组织协调和工作体系建设有待加强,考核督促机制不够健全等问题,以至于实践中损害信用和信誉的情况时有发生。[2]

实际上,作为建立信任的手段,服务提供商的品牌形象还不太成熟,使用品牌形象和公众的标准工具在 P2P 平台中也难以维持信任。到目前为止,旨在确保消费者保护标准的公共监管工具尚未被广泛应用于共享经济。此外,服务提供商的不当行为也会带来不利后果,在线互动有时可能比标准在线销售涉及的互动更为有害。例如,在极端情况下,信任不可靠的共享网约拼车服务提供商会造成用户身体伤害,而依靠虚假的在线卖家带来的后果通常只是金钱的损失。[3]由此产生的从众行为无疑会进一步弱化关系信用的影响力,比如一旦越来越多的用户认为损毁单车或者占为己有等行为所带来的收益远远超过其付出的代价,整个共享单车行业的发展就会遭受严重打击。[4]总之,如果共享平台企业只是想利用共享的噱头不断圈钱,必将导致人与人之间的

---

〔1〕 Tom Slee, *What's Yours Is Mine: Against the Sharing Economy*, OR Books, 2015: 91~108.

〔2〕 周游、杨淑君:"共享经济背景下社会信用体系构建之省思——以共享单车治理为视角",载甘培忠主编:《共享经济的法律规制》,中国法制出版社 2018 年版,第 164、165、170 页。

〔3〕 M. Basili and M. A. Rossi, "Platform-mediated Reputation Systems in the Sharing Economy and Incentives to Provide Service Quality: the Case of Ridesharing Services", *Electronic Commerce Research and Applications*, (2019): 2 https://doi.org/10.1016/j.elerap.2019.100835.

〔4〕 [加]汤姆·斯利:《共享经济没有告诉你的事》,涂顾译,江西人民出版社 2017 年版,第 120 页。

关系变得更加冷漠无情，企业失信将使共享经济演变成"公关秀"〔1〕，引发共享经济的信用危机，进而制约共享经济的进一步发展。

（二）信用评级机制被滥用

虽然评价系统要求顾客在给服务提供者打分时要"诚实"，对没有达到预期的服务提出批评，但目前互联网平台的内部监督仍不完善，共享经济平台对信用评价系统尚缺乏有效的管束手段，导致共享平台对当事人评级的客观性难以鉴别，最终可能产生道德风险、信用评级体制"失信"、信用评级被滥用。比如，需方以给予差评作为交易谈判的条件，要求供方给予优惠或是提供附加服务。或者因为之前对信息的掌握不足而作出错误的判断，导致其对交易结果不满意并作出不客观的评价，甚至是为了达到某种目的而恶意差评。恶意差评分两类：一类是消费者恶意差评；另一类是电商经营者雇佣炒信团队对竞争对手进行恶意差评，以达到诋毁商业对手的目的。后者侵害了竞争对手的商誉，构成扰乱市场秩序的不正当竞争行为。一个差评是"诚实的评价"还是"草率的抹黑"至关重要，因为评论者通过平台把他们的意见告诉公众，有利于揭露不良的提供者或是提供购买决策建议。〔2〕共享经济强调了服务的个性化，但如果要收集正确的信息，评价系统需要供方和需方之间保持"社会距离"，但评价系统被滥用恰恰会破坏它试图评估的那种关系。另外，共享经济平台经常使用信誉评价系统主动执行监管或控制，平台也有可能通过将薪酬与绩效挂钩而重新整合声誉，并将评分低于给定阈值的用户排除在平台用户之外。〔3〕比如，送餐员和网约车司机等个体劳动者常被消费者或是需方以差评为由进行"绑架勒索"，要求供方或服务者提供更多的附加服务。而共享平台为了留住消费者，甚至常常滥用消费者的信用评价对供方通过严惩重罚进行剥削。

在用户管理制度的设计上，信用评价制度是消费者导向还是服务方导向，可以从"吸引对象的优先权"的角度进行解释。目前，平台企业的用户信用

---

〔1〕　Tom Slee, *What's Yours Is Mine*: *Against the Sharing Economy*, OR Books, 2015, pp. 163~164.

〔2〕　［加］汤姆·斯利：《共享经济没有告诉你的事》，涂颀译，江西人民出版社 2017 年版，第123 页。

〔3〕　M. Basili and M. A. Rossi, "Platform-mediated Reputation Systems in the Sharing Economy and Incentives to Provide Service Quality: the Case of Ridesharing Services", *Electronic Commerce Research and Applications* (2019): 1 https://doi. org/10. 1016/j. elerap. 2019. 100835.

管理机制多偏向于消费者，而忽略对供方劳动者的权益维护。如评级打分系统的不客观性造成偏差，在制度设计层面缺少对双边用户管理的公平性考量，尤其是对服务方的用户关怀尚存在漏洞。这种消费者导向的不公平的信用评价制度导致了服务方产生了"情绪劳动"的额外付出：服务方为了获得更高的评价和更多的业务量而不得不迎合消费者的各种要求，同时还要承担由消费者主观情感判断导致的未知风险。[1]比如，美团消费者在点餐时有可能附加其他服务，如果不服从，骑手便可能会被给予差评，并因这个差评而受到平台公司的严惩，导致直接经济损失。随着用户市场的不断开发和业务进展调研，共享平台企业已经意识到需要采用双向评价机制，如滴滴出行和 Uber等网约车平台都已经出台并实行了相关制度，但也不能从根本上防止消费者的差评。Uber 在建立了帮助乘客筛选不良司机的评论机制的同时也让司机评价乘客，只是这种评价的效果不能公平地将司机的反馈意见表现在甄选乘客的过程中，网约车平台不可能拒绝消费者或是惩罚消费者。因此，用户双向评价制度形同虚设。共享经济信用评价制度应该建立在双向、有效且公平的基础上，防止被消费者的权利滥用。目前，针对共享经济需方消费者需求与供方劳动者权益权衡的相关机制尚未建立。"平台的收入主要来源于消费者"这一事实加大了服务方在平台交易中的劣势，倾向于把供方当作"雇员"进行剥削而非当作"独立的劳动者"。

（三）炒信或刷单的虚假信用评级的危害

雷切尔·博茨曼说："在新经济中，声誉是最宝贵的财富。"[2]但把声誉当作是一种资产的想法是危险的。因为市场围绕着资产发展壮大，这些最终将破坏声誉所依赖的公正性。一些中介机构（如 reputation. com）或以有偿帮客户提高声誉，但依靠花钱买来的声誉本身就有损声誉。如果为了提高声誉而花钱，那么声誉从社会角度而言就失去了信用的作用。[3]虚假信用评级，即刷单或炒信，一般是指由通过虚构网络交易并填写虚假好评等行为为指定

---

〔1〕 胡格源、张成刚："共享经济平台双边用户评价与权益保护机制研究——以滴滴出行为例"，载《中国人力资源开发》2018 年第 2 期。

〔2〕 [美]雷切尔·博茨曼、路·罗杰斯：《共享经济时代：互联网思维下的协同消费商业模式》，唐朝文译，上海交通大学出版社 2015 年版，第 109 页。

〔3〕 [加]汤姆·斯利：《共享经济没有告诉你的事》，涂颀译，江西人民出版社 2017 年版，第 109 页。

的平台经营者或电商经营者的商品提高"销售量"和"信用度",从而为其获得较好的搜索排名。根据国家发展和改革委员会等八部委发布的《关于对电子商务及分享经济领域炒信行为相关失信主体实施联合惩戒的行动计划》(以下简称《计划》),电子商务及分享经济领域以虚构交易和好评、删除不利评价等形式为自己或他人提升信用水平,包括但不限于恶意注册、刷单炒信、虚假评价、刷单骗补以及泄露倒卖个人信息、合谋寄递空包裹等违法违规行为。因为信誉租金能为经营者带来利益,商家凭借高等级的信誉吸引买家,赚取丰厚利润,而信誉等级较低的商家则可能会被消费者抛弃,进而导致经营不佳甚至退市。因此,为争夺有限的市场资源,有些商家企图通过刷单炒信来提高信誉。炒信的整个购物环节和流程与一般的电子商务一样,从下单到物流都联合起来做假,形成有组织的炒信产业链,其目的在于通过以假乱真的购物和好评欺骗其他消费者。其中,第三方炒信组织扮演了关键的角色,在刷单链条中是必不可少的一环。其在电商经营者和刷手间起到联系的桥梁作用,通过 QQ、微信等工具招募刷手并进行专业培训,并组织刷手参与刷单,协助平台经营者虚假宣传。消费者对电子商务经营者及其商品的信用评价,是其他买家决定是否购买该电商经营者商品或服务的重要考量因素。但伴随电商经营者信用评价体系而生的刷单炒信、恶意差评以及通过骚扰消费者、引诱或迫使消费者更改评价等严重干扰信用评级的行为屡禁不止,造成电商平台信用评价严重失真。炒信正在严重威胁着电子商务市场的诚信环境。刷单炒信行为不仅动摇了信用信息的引导作用,而且严重损坏了用户对于共享经济平台的信任,直接影响了用户参与使用共享经济服务的意愿。即使部分共享经济平台引入了提高押金数额、强制封闭账号等管束手段,以期抑制用户机会主义行为,但仍无法避免个别用户重新注册,"换个马甲"重新进入共享社群参与交易。[1]

2016 年 2 月 15 日至 3 月 15 日的一个月内,淘宝对涉嫌刷单的 22 万多个经营者、39 万多个刷单商品处进行了处罚,相关商品的销量被清零,有严重刷单行为的 6 万个经营者被封店,1 万多个经营者被扣分。另外,阿里巴巴、腾讯、京东、58 同城、滴滴、百度糯米、奇虎 360、顺丰快运等 8 家企业的代表还签订了"反炒信"信息共享协议。炒信行为以假乱真误导消费者,若

---

[1]　张蕾、王平:"融合线上线下信用 发挥分享经济潜能",载《宏观经济管理》2017 年第 6 期。

不能得到有效遏制，最终将导致平台经济的恶性运转。首先，炒信将严重扰乱平台经济的正常竞争秩序，进而致使"劣币驱逐良币"。因为炒信必将催生出大量虚假的"高信誉""高销量"的店铺，这些店铺以虚假的信誉吸引大量买家，使得一些合法经营但"信誉等级不高"的商家被"逆淘汰"，最终会倒逼原本合法经营的商家也去炒信。其次，炒信行为会加剧治理互联网假货的难度。在电商平台中，一些通过炒信获得"高信誉"的店铺常常被作为商品挂在第三方网站售卖，基于买家对店铺的信任，这些"高信誉"店铺成了售卖假货的重要平台，提升了平台经济打假的难度。当炒信成为常态时，买家会因虚假宣传或"信誉"而购置与真实信息不符的商品或服务，久而久之，买家的购物体验感会降低，从而削弱买家对整个平台经济信誉的认同感，失去信誉基础的平台经济将无从发展。[1]最后，炒信是一种违法行为。在炒信产业链条中，炒信服务的组织者违反了国家的法律法规，通过提供炒信业务，故意损害互联网经济的信用体系，获取巨额非法利益，属于严重失信行为，构成了"商业欺诈"，不仅违背了卖家与平台签订的服务协议，而且违反了《消费者权益保护法》《反不正当竞争法》《电子商务法》《刑法》等法律法规。

（四）共享经济的信用评级机制不健全

共享经济的信誉与信用是供求匹配得以进行的关键，这主要依赖于几个方面：一是共享平台的信息收集、审核及公开的有效性；二是共享标的使用者的评价体系；三是共享标的供给者的自身信用水平；四是有效的失信遴选及惩罚机制。[2]目前，我国的信用机制不健全，具体表现在以下几个方面：

1. 炒信者的责任机制不完善

炒信行为在实践中可能会触犯不同的法律，在炒信的法律责任承担方面，一般可根据不同法律的相关规定来追究炒信行为的法律责任，主要包括《合同法》《消费者权益保护法》《反不正当竞争法》和刑法司法解释等。根据炒信的法律特征，依据《合同法》第 42 条的规定，如果炒信发生在合同订立前导致合同不成立，则经营者会因违反先合同义务而应承担缔约过失的责任。

---

〔1〕 陈兆誉："互联网经济中炒信行为的规制路径"，载《浙江大学学报（人文社会科学版）》2018 年第 6 期。

〔2〕 郑联盛："共享经济：本质、机制、模式与风险"，载《国际经济评论》2017 年第 6 期。

如果合同已成立，因炒信内容已经构成了欺诈导致合同无效，电子商务经营者应该承担违约责任。不过，由于合同责任是相对责任，因此很难通过合同法来追究炒信者和刷手的法律责任。根据《消费者权益保护法》，炒信行为已构成欺诈，但消费者只能要求经营者承担赔偿责任，对于炒信者和刷手，根据《消费者权益保护法》同样难追究其法律责任。2017 年通过的《反不正当竞争法》第 8 条规定："经营者不得对其商品的性能、功能、质量、销售状况、用户评价、曾获荣誉等作虚假或者引人误解的商业宣传，欺骗、误导消费者。经营者不得通过组织虚假交易等方式，帮助其他经营者进行虚假或者引人误解的商业宣传。"第 20 条规定："经营者违反本法第八条规定对其商品作虚假或者引人误解的商业宣传，或者通过组织虚假交易等方式帮助其他经营者进行虚假或者引人误解的商业宣传的，由监督检查部门责令停止违法行为，处二十万元以上一百万元以下的罚款；情节严重的，处一百万元以上二百万元以下的罚款，可以吊销营业执照。"虽然《反不正当竞争法》对炒信进行了直接规制，把刷单炒信行为作为虚假宣传行为，但只规定了经营者和炒信组织者的法律责任，没有规定刷手的法律责任。

2018 年 8 月通过的《电子商务法》第 17 条规定："电子商务经营者应当全面、真实、准确、及时地披露商品或者服务信息，保障消费者的知情权和选择权。电子商务经营者不得以虚构交易、编造用户评价等方式进行虚假或者引人误解的商业宣传，欺骗、误导消费者。"第 39 条规定："电子商务平台经营者应当建立健全信用评价制度，公示信用评价规则，为消费者提供对平台内销售的商品或者提供的服务进行评价的途径。电子商务平台经营者不得删除消费者对其平台内销售的商品或者提供的服务的评价。"《电子商务法》第 17 条、第 39 条、第 81 条、第 85 条分别对电子商务经营者、电商平台经营者的信用评价行为和虚假宣传行为进行了规制。但《电子商务法》只规定了禁止经营者虚假或者引人误解的商业宣传和电子商务经营者的信用评价责任，没有进一步细化经营者违反该规定的法律责任，也没有涉及刷手、刷单组织的责任，对于刷单的定义、违法性等也没有具体的规定。由于炒信和失信的相关法律责任不完善，法律责任不明确，违法成本较低。在民事责任方面，根据不告不理原则，如果消费者不积极主动地维权，行政执法部门也很少会主动介入查处，不仅消费者的权益得不到保障，而且炒信者和失信者还可能继续逍遥法外。虽然共享平台会对失信者和炒信者采取一些惩罚措施，但其手段主要是"扣分""删除"等,如删除炒信产生的商品销量、店铺评分、信用积分、商品评论等。只有在情节严重的情况下,平台才强制下架违规的商品并将失信者拉入黑名单。这类惩罚仅仅是删除违法获益,没有对经营者进行额外的经济制裁,违法成本明显不合理。另一方面,行政处罚的金额有上限,处罚力度较低。例如,一起85万额度的刷单案件的罚款仅为1.5万元,而近500万额度的刷单案件也仅处罚2万元,违法成本低使得当下规制模式的威慑程度不高。在炒信成为暴利行业的背景下,有限的违法成本显然与获利巨大的炒信行为不相匹配。[1]

我国对炒信行为的法律规制虽然尚不完善,但不论是民事责任、行政责任还是刑事责任都有相关的规定。2013年最高人民法院、最高人民检察院《关于办理利用信息网络实施诽谤等刑事案件适用法律若干问题的解释》第7条规定:"违反国家规定,以营利为目的,通过信息网络有偿提供删除信息服务,或者明知是虚假信息,通过信息网络有偿提供发布信息等服务,扰乱市场秩序,具有下列情形之一的,属于非法经营行为'情节严重',依照刑法第二百二十五条第(四)项的规定,以非法经营罪定罪处罚:(一)个人非法经营数额在五万元以上,或者违法所得数额在二万元以上的;(二)单位非法经营数额在十五万元以上,或者违法所得数额在五万元以上的。实施前款规定的行为,数额达到前款规定的数额五倍以上的,应当认定为刑法第二百二十五条规定的'情节特别严重'。"最高人民法院、最高人民检察院关于炒信刑事责任的相关司法解释虽然没有具体明确炒信主体,但相关的炒信主体既可以是经营者,也可以是炒信组织、刷手或其他炒信参与人;而且明确了定罪量刑的标准。刷单炒信行为会严重扭曲电子商务市场秩序,侵害消费者合法权益,影响电子商务可持续发展,但目前我国对炒信行为的规制存在诸多问题,主要体现为法律责任主体和范围单一化,责任机制不明确、执法力度不够、惩戒力度不大、查处概率低、法律责任的威慑力不充分,以至于炒信入刑以来这种违法行为仍旧泛滥成灾。

2. 对信用评级机制的惩罚机制不完善

信用评级的"失信"行为扭曲了信用评价机制,应受到法律制裁,但由

---

[1] 陈兆誉:"互联网经济中炒信行为的规制路径",载《浙江大学学报(人文社会科学版)》2018年第6期。

于我国现行法律机制不完善，导致有些"失信"行为依然逍遥法外。首先，滥用信用评级的"失信"惩罚机制不健全。经营者"雇人"的恶意差评的炒信行为，可以根据《反不正当竞争法》第 11 条的"诋毁他人商誉"追究其法律责任。但对于消费者滥用信用评级的恶意差评和共享平台滥用信用评级剥削供方的失信行为，《消费者权益保护法》《反不正当竞争法》《电子商务法》以及刑法司法解释都没有相应的惩罚机制，以至于共享平台和消费者滥用信用评级权的情况愈演愈烈。其次，对炒信和失信惩罚的执行困境。对炒信的惩罚，目前主要是在共享企业的内部自律层面，没有统一的信用评级标准以及对失信和炒信的处罚机制，以至于很难落到实处。比如，炒信黑名单主要是关于炒信者的市场准入的禁止问题，只有统一了执行标准才能让炒信者无处遁形。信用评级应建立在公开、公平、真实、有效评价的信用制度系统之上，并通过失信惩罚机制的声誉制裁和失信联合惩罚制度形成对于炒信者和失信者合理的威慑和有效的阻吓。目前，除了《反不正当竞争》和司法解释之外，对炒信者的相关规定都是"软约束"，没有明确对炒信者的法律责任，更没有对滥用信用评价的"失信"进行规制，从而也就缺乏对炒信和失信的威慑力。再者，失信黑名单机制不完善。在实践中，"失信黑名单"存在列入不够慎重、处罚不当的"泛黑名单化"的失信惩戒泛化和扩大化趋势，导致失信惩罚权被滥用，甚至出现了失信株连亲属的情形。此外，信用修复机制不健全，个别地方和部门存在信用修复过于随意的现象。最后，尚未建立联合奖惩机制。目前，信用联合奖惩机制建设尚处在初级阶段，只是在部分领域发挥了作用，信用联合奖惩覆盖领域有限甚至有被滥用的风险。守信激励不足，失信成本偏低，尚未与各项经济社会治理机制相融合，黑名单法律规制较为薄弱。总体来讲，由于法律依据不足、认识不统一等原因，信用联合奖惩覆盖领域有限甚至有被滥用的风险。

3. 大数据征信的配套措施不完善

实际上，仅靠共享经济平台信用监管单打独斗，已无法走出信用管束乏力的困境。只有建立跨越不同领域、线上线下联动的信用机制，实现"一处失信，处处受限"，才能使信用治理发挥最大的效能。[1]大数据征信的核心理念在于对信用评级评价并实现信息的共享，指征信机构借助大数据的思维模

---

[1]　张蕾、王平："融合线上线下信用 发挥分享经济潜能"，载《宏观经济管理》2017 年第 6 期。

式将征信对象细小的信息汇集加以分析并有效利用，基于大数据技术设计征信评价模型和算法，通过多维度的信用信息考察，形成对个人、社会团体、企业和国家机关的综合信用评价，从而对征信对象的发展趋势作出更加科学、准确的预测，建立一套有效的信用信息记录和传播的共享机制，使守信者获得更加公平、便利的发展环境，也让失信者受到更多的限制或付出更高的成本，促进全社会"守信激励、失信惩戒"以及"联合惩戒"的诚信机制，构建社会信用体系，提升整个社会的诚信水平。目前，在共享经济信用评价管理环节上存在与实际交易脱节，共享平台过度依赖用户打分作为判断信用的主要依据，且缺乏与其他信用信息平台的数据共享与评价互证，致使平台所给出的信用评价与实际交易脱节。在电商、餐饮、租房等平台大量存在的刷单炒信现象明显削弱了信用评价对交易行为的引导作用。刷单炒信之所以屡屡得手，是由于各共享平台的线上信用机制普遍缺乏与公共信用、金融信用和其他商业领域信用信息平台实现数据共享的稳定渠道。这些失信信息都各自成了"信息孤岛"。仅依靠共享经济平台自身孤立、碎片甚至错误的信息，不与其他领域的信用信息进行共享与综合测评，难以权威、完整地刻画用户的信用水平。[1]除传统金融信贷数据外，政务和公共服务类数据、电信数据、生活社交数据已成为个人信贷数据外最重要的补充数据。[2]为此，2016年国家发展和改革委员会等八部委联合发布行动计划，对电子商务及分享经济领域的炒信行为涉及的相关失信主体实施联合惩戒。

大数据征信的意义就在于改变"信息孤岛"的现状，充分整合各领域的征信机构的数据，把区块链技术接入社会信用体系的大数据征信建设中，使个人、企业、其他社会组织和国家机关建立独立的社会信用账号，然后利用大数据共享机制和区块链技术，再对每个主体的社会信用、商务信用、司法信用、政务信用数据进行客观、综合分析，测算出当事人的信用分值并储存于其社会信用账号，作为其进行社会经济活动的信誉保证。对共享经济消费者，其消费行为也可以为个人征信业务提供共享数据。共享平台运用大数据、云计算等技术对个人用户信息进行采集、加工、整理、信用评分。该信用在

---

〔1〕 李伟："分享经济发展研究综述"，载《经济研究参考》2017年第71期。

〔2〕 周游、杨淑君："共享经济背景下社会信用体系构建之省思——以共享单车治理为视角"，载甘培忠主编：《共享经济的法律规制》，中国法制出版社2018年版，第173页。

电子商务及互联网金融领域为个人用户提供帮助，如信用达到一定分值的用户租车、住酒店可不用再交押金，办理签证时无须再办存款证明等。京东、亚马逊、eBay 等电商平台均在自身生态内部有一套类似阿里巴巴集团的信用体系。但总体上，电商平台信用评价指标过于简单，没有考虑交易价值及消费者自身的信用水平。[1]美国国家消费者法律中心曾于 2014 年 3 月对相关大数据征信公司进行调查。其后发表的名为《大数据：个人信用评分的大失望》的调查报告称，大数据征信公司的信息错误率高于 50%，有"垃圾进、垃圾出"的嫌疑。[2]

目前，我国征信服务市场化的程度不高，未能充分发挥其信用保障功能，存在供需两缺的结构性矛盾：一方面，由于征信机构信用工作标准，服务行为不够规范，服务质量不高，公信力不足，市场需求不旺，导致多数企业征信和信用评价机构生存困难；另一方面，又有大量的征信市场需求无法得到满足，比如，因为暂时的经营困难、被动失信导致中小企业融资难的问题长期得不到解决。我国目前的征信体系以中国人民银行的金融征信为主，政务征信、商务征信、社会征信尚在发展中。虽然我国目前注册的征信机构多达190 多家，但由于市场机制不成熟，实际上，除了几家大的征信机构，大多数征信机构都尚未找到其赢利的模式和工作的方向。因此，每年有不少的征信机构成立，也有不少的征信机构倒闭。我国目前十大征信机构的服务内容，基本上都不尽相同，因此每个征信机构提供的信用服务在客观上都不全面，而各征信机构基本处于"信息孤岛"的隔离状态，没有统一的行业信用评级和评价标准，也没有信息共享机制，因此其权威性也就会大打折扣。征信机构尚存在信用记录严重缺失，信息的时效性、合法性和完整性不足等问题，特别是公共信用信息与市场信用信息界限不清，普惠金融征信服务体系不健全，缺乏合理、公平的信用评级机制，导致不少市场主体不能得到信用服务。大数据的优势就在于信息共享。目前，我国大数据征信共享平台尚未建成，信用评价标准不统一，信息共享规则缺失，全社会信用"信息孤岛"和信息滥用并存。因此，通过大数据征信的信息评级评价及共享来构建社会信用体系势在必行。我国当前的社会信用体系还不够平衡，诸如信用信息系统建设

---

〔1〕　刘铭卿："论电子商务信用法律机制之完善"，载《东方法学》2019 年第 2 期。
〔2〕　常征："大数据环境下的征信体系"，载《中国金融》2017 年第 4 期。

缺乏统筹,"信息孤岛"现象较为突出,守信激励和失信惩戒机制尚不健全,失信代价过低,信用服务体系不成熟,服务机构影响力公信力不足,法律法规不完善,权益保护机制缺失,诚信教育相对滞后,社会诚信意识和信用水平偏低,组织协调和工作体系建设有待加强,考核督促机制不够健全。

四、完善共享经济信用评价机制的建议

(一) 完善共享经济信用评价的立法机制

《电子商务法》只是对电子商务的信用评价及其虚假宣传作了相关规定,但没有炒信的相关规定,还需要进一步完善相关的立法,应明确刷单电子商务经营者的法律责任,并扩大法律责任主体范围,将刷手、刷单组织、快递公司纳入法律规制范围。对于刷手,可以根据其参与刷单的次数和金额来确定其应当承担的责任,参与次数多、涉及金额大的刷手应当同刷单经营者一起承担连带责任,同时将其行为纳入失信人名单,限制其出行、贷款等,提高其违法成本,从而使其自觉远离刷单行为。对于刷单组织,其行为性质恶劣,组织严密影响广泛,应当根据情节轻重分别规定其应承担的责任类型和范围:情节较轻的,让其与刷单经营者承担连带责任,同时对其进行行政处罚;情节较重的,应适用非法经营罪来追究其法律责任。对于快递公司,应根据其是否知情来决定是否追究其责任,如果其明知经营者在进行刷单炒信还为其提供协助,捏造快递单号和物流信息逃避监管,除了与经营者共同承担侵权责任外,还可以规定禁止其在一定时间内从事快递业务。虽然我国电子商务行业已经出台《电子商务法》,但由于电子商务行业涉及的问题错综复杂,《电子商务法》也无法全面规范各种问题。行业协会若能制定相关的行业规定,对电子商务经营者、刷手、刷单组织者、电商平台的行为进行管理和控制,采取相关的非法律惩戒手段。如对电子商务经营者的行为进行评估,刷单超过三次且拒不改正的,禁止其继续在该平台上从事经营活动。对用户采取实名登记制度,一旦某些用户存在刷单的现象,查证属实的,注销该账号,注销后再次申请的,系统会把该用户纳入不良信用用户黑名单,重点关注其消费行为,从行业领域对刷单行为进行管控。

(二) 完善共享经济信用评级机制的监管机制

信用的良性发展受多种因素和内部自律监督机制的影响,比如,共享平台内部监督评价机制、投诉举报、奖惩机制、公开公平的推荐或告示等对建

立共享平台社群的信任氛围都具有重要的意义。共享平台的移动端体验，智能算法及后台数据分析等对于引导社区氛围、产品或服务的品质、用户群的忠诚度等都有利于促进信任的建立。共享经济平台在形成信誉、量化信用、建立信任方面尚有不少工作要做，如对于供需双方信息的可信度，物品和服务的质量保证，二手物品的公平定价等。〔1〕信用的良性发展需要考虑各种因素和机制，比如，建立共享平台内部监督的评分机制、探索适应共享经济的信用体系。一是鼓励共享经济平台借鉴"小猪短租"联手芝麻信用引入个人征信服务体系的做法，建立第三方信用平台体系。二是整合金融征信和公安、司法、工商、税务等各类行政管理征信，加强信用记录、风险预警、违法失信行为等信息资源的在线披露和共享，推进各类信用信息平台的无缝对接。三是鼓励政府信用信息系统中一些非敏感性的数据经脱敏处理后，向第三方平台企业和个人开放，形成信用信息共享机制。四是建立共享经济信用黑名单制度，形成共享经济的守信激励失信惩戒机制。〔2〕经济杠杆奖惩、接受投诉举报、公开公平的推荐或告示等对建立信任氛围都具有重要的意义。后台数据分析及智能算法等对于社区氛围、产品调性、用户群引导等都有利于促进信任的建立。对于炒信问题而言，加强监管的意义在于通过事中监督和事后问责机制，全方位地约束评级机构，将炒信行为纳入评估报告。如此，信用评级工具才能够发挥"点名与羞辱"的作用，也才能保证后续的市场惩戒和社会惩戒真正发挥实效。〔3〕

　　共享经济属于信息经济，也是信用经济。政府应积极引导共享经济平台充分运用国家企业信用信息公示系统和金融信用信息基础数据库等社会信用体系，依法推进各类信用信息平台的无缝对接，打破信息孤岛，建立政府、企业和社会互动的信息共享合作机制，充分利用互联网信用数据，对现有征信体系进行补充、完善，并向征信机构提供服务，建立大数据社会信用体系。平台企业利用大数据监测、用户双向评价、第三方认证、第三方信用评级等手段和机制，健全共享经济相关主体信用记录，强化对资源提供者的身份认证、信用评级和信用管理，提升源头治理能力。依法加强信用

---

〔1〕　倪云华、虞仲轶：《共享经济大趋势》，机械工业出版社 2016 年版，第 83 页。

〔2〕　李伟："分享经济发展研究综述"，载《经济研究参考》2017 年第 71 期。

〔3〕　陈兆誉："互联网经济中炒信行为的规制路径"，载《浙江大学学报（人文社会科学版）》2018 年第 6 期。

记录、风险预警、违法失信行为等信息的在线披露，大力推动守信联合激励和失信联合惩戒。共享平台企业要健全信用信息保全机制，承担协查义务，并协同有关部门实施失信联合惩戒措施。共享平台企业至少需要做好以下两点：第一，政府与平台企业实现数据共享。一方面，共享平台企业可以为政府提供较为全面的第一手数据，为政府制定相关法律法规提供依据与参考；另一方面，政府可以协助平台设计平台准入和交易规则。如美国 Uber 公司向纽约市政府公开披露的各类信息，方便了市政府及时掌握城市交通的现状并研究制定相关管理政策。第二，增强与各类信用信息平台的合作提升信任度，建立政府和企业、用户互动的信息共享合作机制。互动式共享平台为参与平台交易的双方提供信用数据，利用互动式平台信用评价机制约束交易双方的行为，提升交易双方的诚信。[1]信用评级对共享经济的健康发展具有重要的作用，只有建立公平的信用评级体系才可能确保共享经济的可持续发展。

（三）完善共享经济信用评价的惩罚机制

国务院于 2016 年 5 月发布《关于建立完善守信联合激励和失信联合惩戒制度加快推进社会诚信建设的指导意见》。其中明确指出，通过信用信息公开和共享，建立跨地区跨部门、跨领域的联合激励与惩戒机制，形成政府部门协同联动、行业组织自律管理、信用服务机构积极参与、社会舆论广泛监督的共同治理格局。当然，这一格局的构建理应符合比例原则的要求。根据国务院办公厅《关于加强个人诚信体系建设的指导意见》的相关规定，为进一步加强电子商务领域及共享经济领域信用体系建设，规范网络交易行为，提升网上交易主体信用真实度，维护信用秩序，净化市场环境，国家发展和改革委员会、中国人民银行、中央网信办、公安部、商务部、原工商总局、原质检总局和中国消费者协会等八部委于 2016 年 11 月 10 日联合签署印发了《关于对电子商务及共享经济领域炒信行为相关失信主体实施联合惩戒的行动计划》。《计划》认为炒信行为严重扭曲了电子商务市场秩序，侵害了消费者合法权益，影响了电子商务可持续发展。有关政府部门和电子商务平台企业将采取一系列联合惩戒措施。一方面，国家发展和改革委员会基于全国信用

---

〔1〕 张红彬、李孟刚：“新时代共享经济的规范发展路径：创新治理的新视角”，载《河海大学学报（哲学社会科学版）》2018 年第 5 期。

信息共享平台建立电子商务及分享经济领域"炒信"行为联合惩戒子系统，将涉嫌违法违规的"炒信黑名单"推送至各有关部门，会同各有关部门依法对"炒信"行为责任单位及其法定代表人、主要负责人、直接责任人进行联合惩戒。另一方面，指导企业进一步加强内部信用管理，完善对"炒信"行为的监测监控。鼓励企业签署反炒信信息共享协议，参加联合行动，通过全国信用信息共享平台定期共享"炒信黑名单"信息，并在参加联合行动的企业内部对"炒信"主体进行联合惩戒。具体包括：限制新设立账户、屏蔽或删除现有账户、限制发布商品及服务、限制参加各类营销或促销活动、扣除信用积分、降低信用等级、限制提供互联网金融服务、限制账户权限权利、在搜索结果中标注风险、限制严重失信寄递物流企业入驻电子商务平台、辞退并通报建议同业机构不予录用严重失信寄递物流从业人员、查封或删除社交媒体账号、限制网络广告推广等。有关部门将定期汇总统计联合惩戒"炒信"行为的成果数据，与相关媒体合作，加强对打击"炒信"行动的宣传报道，营造良好的社会氛围。诚实作为道德规范，首先应该培养人人诚信、事事诚信的社会公德意识，并创造守信激励、失信惩戒和联合惩戒的诚信治理机制。但由于我国现行社会的诚信道德基础很脆弱，失信现象越趋严重，诚信法治化也就成了必然。诚信治理机制不仅要求社会各类主体遵守各种社会道德规范、行业规则、民间惯例、组织内部管理规定等"软约束"，更应严格履行各种合约，遵守各种法律法规和规章制度的硬性约束，并勇于承担相应的责任。因此，应该建立诚信守法、诚信立法、诚信执法、诚信司法的诚信法治机制，使诚信不仅受道德约束，且守信有法可依，失信违法必究。

（四）健全共享经济评价机制配套措施

1. 完善大数据社会信用体系建设

以信用为基础的现代金融业的蓬勃发展和电子商务等新兴行业的迅猛崛起以及社会的和谐稳定，都离不开社会信用体系的建设，社会信用体系是诚信建设长效机制的制度保证。2014年国务院印发的《社会信用体系建设规划纲要（2014—2020年）》规定："社会用信体系是社会主义市场经济体制和社会治理体制的重要组成部分，是以法律、法规、标准和契约为依据，以健全覆盖社会成员的信用记录和信用基础设施网络为基础，以信用信息合规应用和信用服务体系为支撑，以树立诚信文化理念、弘扬诚信传统美德为内在要求,以守信激励和失信约束为奖惩机制,目的是提高全社会的诚信意识和信用水平。"社会信用体系建设的主要目标是:到 2020 年,社会信用基础性法律法规和标准体系基本建立,以信用信息资源共享为基础的覆盖全社会的征信系统基本建成,信用监管体制基本健全,信用服务市场体系比较完善,守信激励和失信惩戒机制全面发挥作用。政务诚信、商务诚信、社会诚信和司法公信建设取得了明显进展,市场和社会满意度大幅提高。全社会诚信意识普遍增强,经济社会发展信用环境明显改善,经济社会秩序显著好转。

由于共享经济是信息不对称条件下的陌生自然人之间的交易,交易的效率从根本上取决于社会的诚信水平,社会成员之间的信任程度越高,交易成本越低,交易效率越高。从"网约车"到"共享单车",由于所有权和使用权的分离,对使用者的素质和社会诚信度提出了很高的要求。因此,加快实现企业内部信用信息与社会诚信体系建设的衔接,有利于推动社会诚信机制的完善。[1]共享经济平台在量化信用、形成信誉、建立信任等方面尚有不少工作要做。比如,对于将社会信用体系定位为有效的诚信治理机制,不仅丰富了诚信的内涵,涵盖了政务诚信、商务诚信、社会诚信和司法公信四大领域,且涉及个人、企业、其他社会组织以及国家机关的四大主体的诚信,并结合大数据征信构建了社会信用体系的诚信建设长效机制。创造性地利用大数据征信理念将社会信用体系建设与经济社会治理的诚信奖惩机制相结合,为增强社会整体诚信意识,创造良好的营商与消费环境,维护和谐、稳定的社会经济秩序,为实现法治与善治相结合的国家治理体系和治理能力的现代化提供理论依据。

2. 健全大数据信用征信体系

大数据征信的建设,不仅是维护金融业繁荣稳定的基础,也是促进新兴经济体健康发展的保障。2019 年 7 月国务院办公厅颁布的《关于加快推进社会信用体系建设构建以信用为基础的新型监管机制的指导意见》指出,应按照"依法依规、改革创新、协同共治"的基本原则,以加强信用监管为着力点,建立守信激励和失信惩戒的诚信机制,建设既有利于深化对信用体系建

---

[1] 郑翔:"从'网约车'到'共享单车'看共享经济与社会公共治理的耦合",载甘培忠主编:《共享经济的法律规制》,中国法制出版社 2018 年版,第 130 页。

设的认识，也有助于防范和化解失信惩戒的泛化、扩大化问题的诚信建设的长效机制，并通过大数据征信促进社会信用体系建设，提升国家治理的现代化能力。在共享经济领域中引入第三方大数据征信机构，有助于整合众多共享经济平台信用信息，实现量效提升和产业融合的双赢。大数据征信与共享经济有着巨大的合作潜力，共享平台可以将涉及信用评价的业务外包给专业的大数据征信机构。通过合作，一方面，大数据征信机构能够结合现有身份记录、信贷记录和生活类数据，再加上跨越多个平台的互联网数据，为共享经济平台提供广泛、多维、实时的信用保障；另一方面，分布在生产生活领域的共享经济平台能够为大数据征信机构提供涉及个人和企业更为多样、鲜活的信用信息，极大地充实了征信机构的数据来源。以蚂蚁金服旗下的芝麻信用为例，目前该征信机构已为滴滴出行、小猪短租、闲鱼、永安自行车等二百多家商户提供了个人征信服务。芝麻信用所拥有的身份识别、反欺诈、信用风险识别与跟踪服务，不仅能为共享平台提供更为可靠的用户身份认证、支付实名认证等个人基础信息，而且可以给予相对客观的用户信用评级，方便平台开展免押金、快捷结算等信用优惠服务。据芝麻信用相关负责人的介绍，永安自行车、神州租车等平台引入芝麻信用分后，整体违约率均明显下降。[1]

2017 年交通部等十部委发布的《关于鼓励和规范互联网租赁自行车发展的指导意见》（以下简称《指导意见》）第 11 条提出，应加强信用管理，加快互联网租赁自行车服务领域信用记录建设，建立企业和用户信用基础数据库，定期推送给全国信用信息共享平台。将企业和用户不文明行为和违法违规行为记入信用记录。加强企业服务质量和用户信用评价。鼓励企业组成信用信息共享联盟，针对用户建立守信激励和失信惩戒机制。支持发展跨企业、跨品牌的租赁平台服务。《指导意见》第 11 条的相关建议就在于建立大数据社会信用体系，也只有健全的社会信用体系的大数据征信机制，才能实现社会信用信息共享，也才能从根本上保障共享经济的交易安全。社会信用体系不仅丰富了诚信的内涵，而且涵盖了政务诚信、商务诚信、社会诚信和司法公信四大领域，且涉及个人、企业、其他社会组织以及国家机关的四大主体的诚信，并结合大数据征信构建了社会信用体系的诚信建设长效机制。大数

---

〔1〕 李伟："分享经济发展研究综述"，载《经济研究参考》2017 年第 71 期。

据征信社会信用体系的建设，有利于共享经济信用评价机制的进一步完善。大数据征信的意义就在于改变"信息孤岛"的现状，充分整合各领域的征信机构数据，把区块链技术接入社会信用体系的大数据征信建设中，为个人、企业、其他社会组织和国家机关都建立独立的社会信用账号（如图 5-1），然后利用大数据共享机制和区块链技术，再对每个主体的社会信用、商务信用、司法信用、政务信用的数据进行客观综合分析，测算出当事人的信用分值并储存于其社会信用账号，作为其进行社会经济活动的信誉保证。由于大数据征信的社会信用体系的构建不仅涉及每个主体的信用和声誉，而且关乎信息安全、信息授权和隐私权等多项民事权益的保护问题，需要一系列配置措施确保当事人的权益不被侵犯。因此，除了完善相关的立法，社会信用体系大数据征信的建设也应由政府主导，由各类征信机构积极参与，建立协同共建的国家治理模式。

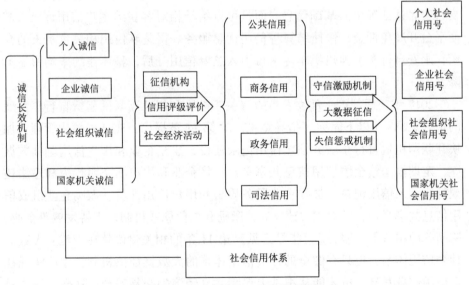

图 5-1 社会信用体系大数据征信的构建

第三节　共享经济的保证金制度

一、保证金制度的概述

(一) 保证金的内涵

"保证金"（security deposit 或 option price；premium），也称"押金"（cash pledge），是指合同当事人一方或双方为保证合同的履行，而留存于对方或提存于第三人的金钱。《英汉证券投资词典》中关于保证金的解释，一般指投资者进行期货、期权交易时向经营相关业务的公司交付的保证金，以保证履行合约义务，所以保证金也被称为期权金、权利金、期权合约价。在期货交易中，任何交易者必须按照其所买卖期货合约价格的一定比例（通常为 5%～10%）缴纳资金，作为其履行期货合约的财力担保，然后才能参与期货合约的买卖，并视价格确定是否追加资金。民事活动中的保证金，一般指为合同的履行所提供的一种金钱保证，并在双方合同到期或者依法解除时才予以退还。但保证金不是合约金的一部分，主要是用来担保债的履行，如果保证金当事人能依约履行合同，保证金可以返还，如果不能履行或是履行有瑕疵则构成实质违约，保证金将被没收或是被用作处罚金。在现实经济生活中流行的保证金主要有两种形式：一种是履约保证金。指合同当事人为保证其债权的实现而要求另一方提供的保证金。如建筑施工合同，建设方在工程结算时依工程保修条款的约定将应付的部分工程款留作保修金，用来保证施工方保修义务的履行；如出现工程质量问题而施工方不予修理，建设方可使用保修金自行修理或请第三人修理。另一种是惩罚性保证金。指双方在合同成立时，为保证各自义务的履行而向合同当事人认可的第三人（通常为公证机关，在共享经济中为共享平台）提存的保证金。而任何一方在其合同义务全部履行前均不得取走保证金。如一方违约，另一方可从保证金中获得违约金或赔偿金。虽然我国的多个法律文件都有提及保证金，但因为目前法律对于保证金缺乏明确的规范，其性质和效力仍缺乏明确的法律依据，主要是依当事人的约定进行认定。严格意义上，保证金不是我国法定的债的担保方式，只是一种被法律认可的民间约定担保方式。《合同法》《电子商务法》以及《最高人民法院关于适用〈中华人民共和国担保法〉若干问题的解释》第 85 条以及

2019 年交通运输部、中国人民银行、国家发展改革委、公安部、市场监管总局、银保监会印发的《交通运输新业态用户资金管理办法（试行）》（以下简称《试行办法》）均确认了押金的合理性，其前提是需要在协议中事先约定。《试行办法》虽然对押金设置条件、性质和用途等作了规定，但仅限于"交通运输新业态"。保证金依双方当事人的约定具有不同的功能，保证金的类型也因当事人之间的约定而不同。比如，为了确保债的履行或是承担违约责任的备用款、处罚款。实践中常见的保证金的类型主要有期货交易的保证金、建筑工程保修金、租赁押金、定金类型的保证金等，不同类型的保证金应该在不违反法律的作用下依其约定产生不同的法律效力。

（二）共享经济保证金的法律价值

保证金作为被法律认可的民间约定的担保方式，其灵活便捷为确保经济活动的顺利进行提供了安全保障。虽然共享单车行业收取押金存在诸多的问题，但其存在具有一定的合理性。实践中很多商业行为双方也会约定押金。无论是房屋租赁，还是大型工具的出租，出租人都要求承租人向其交纳一定数量的押金。酒店业一般也要求住店旅客在登记住宿时向其交纳押金。由于押金作为租赁合同履行的重要担保方式，在民事活动中长期大量存在已为公众所接受，因被民众认可而具有了法律拘束力，可以视为一种习惯法。[1]因此，押金作为民间的一种担保方式，具有正当性。保证金在电子商务领域是常见的担保方式，主要用于担保电子商务经营者的合法合规经营，具有惩罚金和备用款的性质。共享经济的共享平台作为虚拟空间，信息不对称客观存在，人身和财产、信息安全风险不可避免。比如，Airbnb 会因为房东的不良行为给消费者造成的损失给予适当的补偿，反之亦然。在美国一些通过Uber 法的州市，规定 Uber 必须为司机购买责任保险，确保乘客在发生事故时可以得到赔偿。[2]共享平台公司可能要求承租人提供保证金，确保房屋受损时房主能得到赔偿。共享平台公司可以通过是否继续接纳房东的房源来激励房东，否则他只能进行外部选择，如传统的直接租赁代理或者什么也不能

---

〔1〕 邓大鸣、李子建："共享单车押金的性质及其监管问题探究"，载《西南交通大学学报（社会科学版）》2017 年第 4 期。

〔2〕 周丽霞："规范国内打车软件市场的思考——基于美国对 Uber 商业模式监管实践经验借鉴"，载《价格理论与实践》2015 年第 7 期。

做。[1]根据《试行办法》的规定，共享单车收取押金只要做好押金监管，保证专款专用，就能够保障用户押金安全。

因为共享经济是虚拟的线上交易，对于共享经济供需方都存在风险，保证金制度一定程度上可以防范风险的发生。特别是社区共享经济，押金对于供方更是必需，可以根据不同信用级别在注册时要求交纳一定数量的保证金，也可以在每一次交易前要求需方在支付租金时支付一定金额的保证金，确保共享商品被合理使用和按时返还，防止道德风险的产生，也确保交易的安全。比如，淘宝店要求入驻店铺每年根据不同商品类型交纳保证金作为消费者维权的保证金，如果被消费者投诉且情况属实就要没收保证金。在很多国际电子商务平台，虽然新用户注册时不要求保证金，但要求客户在注册时提供国际信用卡作担保，以确保消费者信用。由于近些年来共享经济的竞争越来越激烈，很多共享经济平台对店铺的入驻和消费者不但不要求保证金，相反还给予相应的补助，而这些行为在降低市场准入门槛的同时也意味着增加风险。

（三）保证金的法律特征

根据我国关于保证金的相关规定以及法院相关判决，可以看出保证金在我国是一种具有法律效力的现金担保。保证金可以产生担保债权实现的作用，但其担保的目的不只是为了确保债权的实现，与法定担保形式相比，保证金应具有以下特点：①要物性。保证金当事人在主合同生效后开始履行前必须提交相应金额的货币作为担保，否则合同不能履行。一般保证金预先向债权人支付或是向第三人提存。要物性是保证金与定金、动产质押的相似之处，也是保证金与法定担保的保证人、抵押制度的不同之处。②惩罚性。当事人不履行合同或是履行合同不符合规定时，保证金将被没收，这与定金有相似之处，但保证金权利的行使与合同的效力没有直接的关系，保证金也不能适用定金罚则，这是保证金与定金的不相同之处。③约定性。保证金制度不是法定的担保形式，在保证范围及其权利的行使原则上只要不违反法律的规定都可以由双方约定。因此，保证金留存或提存的数额一般没有限制，担保范围也没有明确规定，由当事人约定。④可执行性。保证金是现金担保，当事人出现违约时就可以直接实现保证金的担保权利，而法定的担保都必须通过

---

〔1〕 Thomas A. Weber, "Intermediation in a Sharing Economy: Insurance, Moral Hazard, and Rent Extraction", *Journal of Management Information Systems*, Winter, 2014, Vol. 31, No. 3, 35, 37.

特定的法律程序才能实现其担保债权。

二、国内外对保证金或押金的相关规定

(一) 国外对保证金或押金的相关规定

尽管比较法上确实存在租赁押金类的金融规制措施，但其适用对象为不动产租赁而非动产租赁。关于租赁押金制度，美国和德国较具有代表性，可作比较分析。美国对不动产住房租赁押金的系统性规范由州法确立，自 1968年至 1973 年，美国各州开始在立法中专门规范住房租赁押金，对处于弱势地位的承租人予以倾斜性保护。这项革命性变化的根本缘由在于美国社会、政治及思想潮流的巨变，特别是受到 "平权运动" (civil rights movement)[1] 的影响，司法及立法层面均大大提升了承租人的权利。在此背景下订立的《美国住房租赁统一示范法》沿用至今，并在 2015 年进行了最新修订，增加了押金处置条款。该法专门对出租人保管及返还押金提出了要求：第一，押金应当可识别，出租人开立专门银行账户保管押金并维护押金记录，但不要求建立二级账户，银行没有责任监督押金使用情况，账户是否为生息账户各州规定不一。第二，在不影响承租人利益的前提下允许混同各承租人押金，但不能将承租人押金与出租人的自有资金混同，以确保押金可返还（第 1202、1203 条）；如果出租人无法返还押金，须支付一定数额的惩罚性赔偿（第1204 条）。在美国联邦法层面，《统一商法典》第 2A 编的动产租赁以及专门的《消费租赁法》均作为消费者保护法要求出租人进行信息披露，以便消费者在不同租赁物之间进行比较和选择，从而获得更大的自主权，但除此之外并无押金保管、返还的特殊规定。在州法层面，《消费租赁统一示范法》内容更为细化，指出押金的作用在于减少出租人风险；考虑到出租人维护押金需要付出管理成本，该法不要求出租人就押金收益向承租人支付利息，也未限制押金的数额，并不要求押金与出租人的财产隔离（第 303 条）。然而，美国法对动产租赁押金的规制远宽松于不动产租赁，其原因在于前述主流债权说理论适用货币占有即所有原则，并未要求押金的第三方独立存管。德国法也

---

[1] 平权运动（也称 Affirmative Action）是 20 世纪 60 年代伴随非裔美国人民运动、妇女解放运动、性革命等一连串民权运动兴起的一项社会运动，1965 年由民主党的美国总统林登·约翰逊发起，主张在大学招生、政府招标等情况下照顾如少数民族、女性等弱势群体，是一个特定时期 "种族优先" 的法律，保障他们不会在教育及工作方面受到歧视及不公平对待。

存在类似规定，立法目的与美国法相同——保护房屋承租人预付的押金可被返还。《德国民法典》第551条规定："出租人必须按通知终止期间为3个月的储蓄存款的通常利率，将作为担保而交给自己的金额向信贷机构（银行）投资。合同当事人双方可以约定其他投资方式。在这两种情形下，投资必须与出租人的财产分开进行，且收益属于承租人。"[1]美国和德国关于房屋押金的规定主要在于确保其"担保"的功能，以便当一方当事人违约时，守约一方可以得到及时的赔付。

（二）关于我国保证金或是押金相关规定的法律分析

《试行办法》第1条规定："为促进交通运输新业态健康发展，加强用户押金（也称保证金）、预付资金（以下统称用户资金）管理……制定本办法。"第2条规定："本办法所称交通运输新业态是指以互联网等信息技术为依托构建服务平台，通过服务模式、技术、管理上的创新，整合供需信息，从事交通运输服务的经营活动，包括网络预约出租汽车、汽车分时租赁和互联网租赁自行车等。"第4条规定："运营企业原则上不收取用户押金，确有必要收取的，应当提供运营企业专用存款账户和用户个人银行结算账户两种资金存管方式，供用户选择。用户押金归用户所有，运营企业不得挪用。鼓励运营企业采用服务结束后直接收取费用的方式提供服务。采用收取用户预付资金方式提供服务的，预付资金的存管和使用应当符合本办法相关规定。"第5条规定："运营企业承担保障其专用存款账户内用户资金安全的主体责任。银行承担保障本银行用户个人银行结算账户内押金安全的主体责任。运营企业与用户可通过协议明确用户资金的孳息归属。"房屋共享的一个关键障碍是出租人对承租人不可见的行为可能会伤害到租赁关系，通常会导致道德风险而保证金具有防范风险的保障功能。在公共交通领域，对于交通卡一直都存在不少关于押金法律问题的争议，只因没有引发社会问题而被相关监管部门忽视。虽然《试行办法》是通过行政手段对交通运输新业态的押金担保进行规范管理，但相关规定对共享经济的其他押金规范运行也具有借鉴意义。

有学者根据2012年至2018年高级人民法院及最高人民法院争议焦点为

---

〔1〕 苏盼："共享经济预付押金模式的法律挑战与应对"，载《武汉大学学报（哲学社会科学版）》2018年第6期。

保证金（押金）的纠纷案件的整理发现，[1]此类案件的债权人主要可以分为两类：银行和其他民事主体。在债权人为银行的案件中，法院均根据保证金是否特定化来确认交付保证金能否构成动产质权。在债权人为其他民事主体的案件中，保证金（押金）性质的确认变得十分模糊，通常法院只会在裁判要旨中说明保证金（押金）属于履约的担保方式，并不会说明具体属于哪种担保。[2]《最高人民法院关于适用〈中华人民共和国担保法〉若干问题的解释》第 85 条规定："债务人或者第三人将其金钱以特户、封金、保证金等形式特定化后，移交债权人占有作为债权的担保，债务人不履行债务时，债权人可以以该金钱优先受偿。"相关的司法解释将保证金视为动产质押，是一种特殊的担保物权。根据相关司法解释，质权人对"押金"只是享有优先受偿权，并没有"流质权"。这与实践中的押金或是保证金的具体操作有所不同。对于押金的性质。应明确其不同于任何一种法定担保物权。首先，押金不同于定金，定金是一种双向担保，定金罚则同时适用于给付和领受定金双方，而押金则只是一种单向担保，仅适用于领受方；其次，押金也不同于一般意义上的质押，在一般意义的质押担保中，质押标的物具有特定性，故而在债务人偿还债务之后债权人返还的质押物必须是原物，而在押金担保中，构成押金标的物的货币具有种类物意义，所以在承租人返还租赁物时出租人所返还的货币并不是原有转移的货币；最后，押金更不同于抵押，两者最大的区

---

〔1〕 在中国裁判文书网搜索"金钱质押""保证金"关键词，检索出多个案例，梳理得到 2012 年至 2018 年高级人民法院及以上法院判决书共 15 份。其中 14 例案件中银行（包括农村信用合作社）作为收取保证金的主体，1 例案件收取保证金主体为担保公司。所有的案例裁判要旨中法院均根据保证金是否特定化来确认交付保证金是否构成动产质权。参见最高人民法院 ［2018］民再 27 号民事判决书；湖北省高级人民法院 ［2017］民终 584 号民事判决书；湖北省高级人民法院 ［2017］鄂民终 10 号民事判决书；浙江省高级人民法院 ［2017］浙民终 97 号民事判决书；甘肃省高级人民法院 ［2017］甘民终 421 号民事判决书；黑龙江省高级人民法院 ［2016］黑民终 227 号民事判决书；河北省高级人民法院 ［2016］冀民终 704 号民事判决书；山东省高级人民法院 ［2016］鲁民终 298 号民事判决书；山东省高级人民法院 ［2016］鲁民终 333 号民事判决书；福建省高级人民法院 ［2016］闽民终 440 号民事判决书；安徽省高级人民法院 ［2016］皖民终 594 号民事判决书；甘肃省高级人民法院 ［2014］甘民二终字第 202 号民事判决书；安徽省高级人民法院 ［2013］皖民二终字第 00521 号民事判决书；安徽省高级人民法院 ［2013］皖民二终字第 00460 号民事判决书；广东省高级人民法院 ［2012］粤高法民二终字第 12 号民事判决书。参见钱玉文、吴炯："论共享单车押金的性质及其法律规制"，载《常州大学学报（社会科学版）》2018 年第 4 期。

〔2〕 钱玉文、吴炯："论共享单车押金的性质及其法律规制"，载《常州大学学报（社会科学版）》2018 年第 4 期。

别在于，在抵押担保中并不实际转移抵押物，而在押金担保中，则不仅转移押金的占有，而且还转移作为押金的货币的所有权。从交易习惯和民法精神来看，押金作为民事习惯形成了一种能够有效降低交易风险、保障交易安全的担保物权，具有历史和现实的合理性。[1]然而，无论押金属于何种法律属性，最高人民法院公报案例"中国农业发展银行安徽省分行诉张某标""安徽长江融资担保集团有限公司保证金质权确认之诉案"明确了两项基本规则：一是保证金的生效要件包括特定化及移交债权人占有；二是其法律后果是债权人可在债务人不履行债务时以该金钱优先受偿。[2]只有明确押金的法律属性，才能对其进行科学、合理的理性监管。

三、共享经济保证金或押金存在的问题

共享经济的保证金制度最典型的就是共享单车的押金制度。由于共享单车属于伪共享经济，其经营模式本质上属于传统租赁的电子商务，即"互联网+"租赁，是借共享经济之名行租赁之实。共享平台通过购置大量车辆投入市场对外出租，并通过收取押金的方式集聚大量财富。共享平台借用互联网的便利对会员收取一定的保证金或是押金使共享平台具有了融资功能，甚至涉嫌非法集资。沈阳市沈北新区人民法院在"刘某与沈阳国安电气有限责任公司租赁合同纠纷案"中认定："押金以保证金形式特定化后可以成为质押标的，区别于普通意义上的货币，即押金之所有权与占有权相分离。共享单车押金作为金钱质押，金钱作为质物转移给单车平台占有。当单车用户与单车平台之间租赁关系解除后，单车平台应将押金返还给用户。""广东省消费者委员会与被告广州悦骑信息科技有限公司侵害消费者权益公益诉讼案"中关于共享单车的押金部分的判决，没有对押金的性质作出认定，但对公司滥用押金的行为进行了判决，即要求被告退还消费者的押金并停止向新注册用户收取押金。在我国，把押金视为一种动产质押已成为理论界和实务界的共识。但因其不是法定质押而是约定质押，也就决定了押金形式的多样性和随意性，甚至导致押金被滥用，成为圈钱的道具，特别是由于对押金性质认定不清晰，

---

〔1〕　徐宏："共享单车'押金池'现象的刑法学评价"，载《法学》2017年第12期。

〔2〕　苏盼："共享经济预付押金模式的法律挑战与应对"，载《武汉大学学报（哲学社会科学版）》2018年第6期。

出现了"一物多押"的情形，押金被变相地演化为融资的工具。以至于共享公司不注重对共享交易的经营管理，只满足于利用"共享"的噱头吸取消费者的押金，并擅自挪用押金从事其他经营活动，导致陷入消费者的押金无法退还的困境。共享经济押金制度对确保共享交易的安全具有重要的意义，是对供应方信用保证最直接有效的担保方式，但由于保证金的预留和管理缺乏相应的规定，以至于共享平台对预收押金的滥用损害了消费者利益。总的来说，押金可以保证租金付款，在一定程度上有利于维护交易的安全，但并不能防范所有的风险。

四、共享经济保证金制度的完善建议

在 2017 年 8 月 2 日交通运输部等十部门联合印发的《指导意见》中，第12 条规定："加强用户资金安全监管。鼓励互联网租赁自行车运营企业采用免押金方式提供租赁服务。企业对用户收取押金、预付资金的，应严格区分企业自有资金和用户押金、预付资金，在企业注册地开立用户押金、预付资金专用账户，实施专款专用，接受交通、金融等主管部门监管，防控用户资金风险。企业应建立完善用户押金退还制度，加快实现'即租即押、即还即退'。互联网租赁自行车业务中涉及的支付结算服务，应通过银行、非银行支付机构提供，并与其签订协议。互联网租赁自行车运营企业实施收购、兼并、重组或者退出市场经营的，必须制定合理方案，确保用户合法权益和资金安全。"《指导意见》原则上鼓励免押金，如果收取押金的要求建立专用账户实施专款专用，并完善押金退还制度，与第三方金融机构签订付款协议实现"即租即押、即还即退"。因此，从《试行办法》和《指导意见》对于共享经济的押金制度的相关规定可以看出，其监管重点在于以下几点：首先，明确保证金或押金的功能定位。押金是一种动产质押或是现金质押的民间担保形式，不是集资，也不是租金。其次，押金只能专款专用。共享平台应该设立保证金或押金专项账户，专款专用，作为共享经济信用的一种信誉保证金，确保共享经济供需方能如约履行义务或行使权利，对"失信"者可以进行保证金惩罚。如果消费者滥用信用评级，也可以对其进行保证金惩罚。因此，押金对保证供需方诚实共享产品或是服务都具有保障作用。

第六章
共享经济的治理机制

　　社会治理的核心是通过政府、社会和公民合作来对公共生活进行管理。社会公共治理体制的运作方式包括协商、谈判等，但关键是要依托社会成员自己的道德素质对社会行为进行规范，对社会关系进行协调，最终解决社会问题。这种合作管理关系的基础是政府、社会和公民之间的相互信任、相互尊重。[1]共享平台公司通常在监管灰色地带利用模棱两可的法律和法律漏洞（比如竞争秩序、公平赋税、劳工标准、消费者保护、隐私权等方面）进行监管套利。共享经济面临着多种问题，共享经济的治理主要是通过建立新的组织形式和新的市场结构，对共享经济交易进行治理并监管共享平台。[2]共享经济的治理目标是多样化的，包括解决就业、提高税收、繁荣经济、可持续发展、创新创业等多方面。但是要保障这些目标相互不冲突，使得共享经济所链接的各个因素之间达成有效有序的整体，需要建立多主体互动的社会公共治理体系，使得共享经济的每个参与者，包括政府、共享平台、提供者、消费者、行业协会以及社会大众等多方力量参与其中。让各方主体通过社会公共治理机制在共享经济交易中都能保护好自己的权益，以弥补法律监管的不足。共享经济的发展已经引发许多新现象和新问题，社会公共治理要充分利用现有的信息技术和大数据，通过技术的发展解决制度难以解决的问题，引导共享经济的各利益相关方履行社会责任，实现社会公共治理社会公益最大化的目标。[3]在共享经济法律机制不完善，正式规则制度缺失的情况下，治理机制无疑是解决共享经济社会及法律问题的最佳选择。

　　[1]　沈记、郑翔："社会诚信体系与社会公共治理体制的关系探究"，载《四川行政学院学报》2017年第3期。

　　[2]　Michael Etter, Christian Fieseler and Glen Whelan, "Sharing Economy, Sharing Responsibility? Corporate Social Responsibility in the Digital Age", *Journal of Business Ethics*, 2019（159）：937.

　　[3]　郑翔："从'网约车'到'共享单车'看共享经济与社会公共治理的耦合"，载甘培忠主编：《共享经济的法律规制》，中国法制出版社2018年版，第133页。

第一节　共享经济治理机制的概述

一、治理的内涵

现代治理作为新型的管理模式，强调其目标的公共性或共同性，权力运用之民众参与性、多元性、非正式规则性，以及多中心主义等理念，是对正统单一行政管理权力之权威的突破和超越，也是回应社会经济发展的新的行政管理机制。政府治理通过市场与社会的参与，建立公共善治的共享机制，并通过社会中间层的分权机制有效缓解市场与政府之间的对立。政府治理调控的非正式规则的软法和行政执法先导的处理机制，回应了社会经济发展的实质正义的价值目标。20 世纪 90 年代以来，为回应时代需求，治理理论以其平等、合作、多中心和网络化为现实情况的紧张提供了新的视角。治理理论是对公共事务复杂化的回应，是对单中心管理范式的挑战，也是对政府和市场两种协调机制的超越。政府内外各种关系相互交织，形成复杂、多元的网络化格局。在这一格局中，政府权威被日益分解，政府权力的影响力降低。基于"政府治理"理论，俞可平教授指出，"统治"由政府行为组成，其权威是政府，施威方式是通过自上而下的发号施令，施威领域以国界之内为限；"治理"则是由公民社会组织承担的公共管理，以及民间组织与政府部门合作进行的公共管理活动，其权威不一定是政府机关，而主要通过合作、协商的方式建立伙伴关系，确立共同目标等方式来实施对公共事务的管理，是一个上下互动的管理过程。"治理"的目的旨在最大限度地增进公共利益。政府治理理论观念的转变在于抛弃"管理"概念的单极威权的气势，而从服务行政的角度，强调行政的服务性和互动合作性。[1] 公共行政本身要实现一定的价值，如秩序、安全、效率和正义等。行政决策和执行不得不对各种价值进行平衡，公共行政的艺术就是在多元价值不可避免的冲突中作出满足各利益主体的决策。行政因为公共治善而存在，行政之目的是为了促进和最大化自由、平等、民主、正义等基本价值。从人道目的论角度看，所谓国家权力的内谋和平与外抗敌侮，也不过是把侧重点放在满足生活目的之"社会与物质条件"

---

〔1〕 申艳红：《社会危机防治行政法律规制研究》，武汉大学出版社 2013 年版，第 35 页。

之维度而已。现代行政权力从自由主义的消极领域转向了积极能动地介入社会生活，为民众谋求更好的生存与自由环境、更好的物质生活条件。[1]治理对于政府更有效地为社会公众提供公共服务，在满足人们的实质正义要求方面起到了不可替代的作用。行政正义的最终合理性和正当性的根基就在于强调人的价值、人的尊严和人的权利。行政正义的价值体现就在于强调对人的尊重、对人正当需求的满足。[2]

西方的现代治理理论是兴起于 20 世纪 70、80 年代社会科学的研究范式，20 世纪 90 年代以来，政府内外各种关系相互交织，形成了复杂、多元的网络化格局。西方学者认为治理理论是对公共事务复杂化的回应，是对单一管理范式的挑战，也是对政府和市场两种协调机制的超越。治理理论为回应时代需求，以其合作、协商、多元化、多中心和网络化等方式对现实社会、政治、经济、文化以及国际关系各领域提供了新的视角。世界银行认为，治理是为了发展而在一个国家的经济与社会资源的管理中运用权力的方式，利用机构资源和政治权威管理社会问题与事务的实践。主张为公共事务处理提供一个可靠而透明的框架，良好的治理应该会促进非政府机构，尤其是私营企业的参与。[3]经济合作与发展组织发展援助委员会扩展了世界银行的治理观，认为治理是为经济和社会的发展，运用政治权威管理和控制国家资源。公共管理机构应为经济的运作创造必要环境，提倡健全行政管理、尊重法律和廉洁负责的政府。经济合作与发展组织的成员有责任将对其发展促进与援助，并与自由主义模式的推行联系在一起。[4]联合国发展计划署认为"治理是基于法律规则和正义、平等的高效系统的公共管理框架，贯穿于管理和被管理的整个过程，它要求建立可持续的体系，赋权于人民，使其成为整个过程的支配者"。[5]治理是使相互冲突的不同利益得以调和并且采取联合行动的持续过程，是公私机构管理事务的诸多方式的总和，既包括有权迫使人们服从的正式

---

〔1〕　[美]乔治·弗雷德里克森：《公共行政的精神》，张成福等译，中国人民大学出版社 2003 年版，第 142 页。

〔2〕　王锋：《行政正义论》，中国社会科学出版社 2007 年版，第 67 页。

〔3〕　World Bank, *Covernance and Developmem*, 1992, p. 3.

〔4〕　[美]查尔斯·沃尔夫：《市场或政府——权衡两种不完善的选择/兰德公司的一项研究》，谢旭译，中国发展出版社 1994 年版，第 93 页。

〔5〕　UNDP, *Public Sector Management*, *Governance*, *and Sustainable Human Development*, New York, 1995, p. 9.

制度和规则，也包括人们和机构同意的或以为符合其利益的各种非正式的制度安排。[1]世界银行、经济合作与发展组织发展援助委员会和联合国发展署对"治理范围"的界定较为狭隘，主要指"权力"在公领域对经济与社会资源配置过程中的运用，但其承认治理是正式制度和非正式制度相结合的管理机制。全球治理委员会对"治理范围"的定义更宽泛全面，把公共的和私人的，集体的和个人行为的层面，以及治理的措施、政治决策的纵横模式都包罗在内。[2]但其仅把治理界定为一种"非正式制度"和"一个过程"，不利于"治理"在实践中有效、合法地运用。

学者对治理也有不同的解读。罗茨在《新的治理》中列举了治理的六种定义：即"作为最小国家的管理活动的治理""作为新公共管理的治理""作为善治的治理""作为公司管理的治理""作为社会控制体系的治理""作为自律组织网络的治理"，建立以协商、合作为特性的政府、市场、社会互动模式。[3]青木昌彦认为治理机制的重要命题就是："即便在发达的市场经济中，私有产权和合同也不仅仅由正式的法律系统来执行。各种各样的治理机制，无论是私人的还是公共的，正式的还是非正式的，作为制度安排的复合体都同时发挥作用。"[4]罗西瑙认为治理与统治不同，治理是由共同目标支持的过程，目标未必出自正式规定和合法的职责，也不一定依靠强制力量迫使别人服从。治理既包括政府正式机制，也包含非正式、非政府的机制。这些管理不一定需要政府参与，也无须依靠国家的强制力量来保证实现。非政府治理虽未被赋予正式的权力，但在其活动领域内也能够有效地发挥功能。[5]威廉森认为治理，是一种利用实现共同利益的机会来化解潜在冲突的秩序工具。[6]综合世界各类国际组织及学者对"治理"的界定，不论内涵与外延都很丰富，

〔1〕[美]詹姆斯·N.罗西瑙主编：《没有政府的治理》，张胜军等译，江西人民出版社2001年版，第34页。

〔2〕[瑞士]彼埃尔·德·塞纳克伦斯："治理与国际调节机制的危机"，冯炳昆译，载《国际社会科学杂志（中文版）》1999年第1期。

〔3〕李龙、任颖："'治理'一词的沿革考略——以语义分析与语用分析为方法"，载《法制与社会发展》2014年第4期。

〔4〕[日]青木昌彦：《比较制度分析》，周黎安译，上海远东出版社2001年版，第88页。

〔5〕[美]詹姆斯·N.罗西瑙主编：《没有政府的治理》，张胜军等译，江西人民出版社2001年版，第5页。

〔6〕[美]奥利弗·E.威廉森：《治理机制》，王健等译，陈光金、王志伟校，中国社会科学出版社2001年版，第14页。

各具特色但也不乏共性。不论是官方还是学界，对"治理"的基本共识主要是：治理是一种新的多元化管理机制。治理的基本特征是：多元主体参与权力运作，规则范式的多元化，以及工作方式的多样化，是以社会公共性或共同性为目的的一种秩序建设和维护的管理模式。

二、共享经济治理的内涵

共享经济是以满足使用需求为核心、以共享为市场手段的规模经济，本质上依然是政府、市场、社会多元主体协同治理的一种制度安排。共享经济的发展必须构建政府、市场、社会多中心协同治理的整体框架，从宏观、中观、微观规制策略的角度推进共享经济的治理。[1]党的十九大提出："推动互联网、大数据、人工智能和实体经济深度融合，在中高端消费、创新引领、绿色低碳、共享经济、现代供应链、人力资本服务等领域培育新增长点、形成新动能。"共享经济作为新业态，就是要建立政府主导、市场决定、社会参与的治理机制。虽然共享经济的法律机制不完善，但在新规则产生之前，可以运用相关的法理，借鉴现行法律法规、潜在的商业道德以及市场自律维护市场秩序。共享经济是主要利用网络信息技术，通过互联网平台将闲散资源进行优化配置，提高资源利用效率的新型经济形态。共享经济强调所有权与使用权的相对分离，倡导共享利用、集约发展、灵活创新的先进理念；强调供给侧与需求侧的精准匹配，降低成本，实现动态及时、高效的供需对接。但共享经济作为一种新兴经济，具有发展迅速、参与主体多元、运行机制不完善等显著特征。[2]因此，共享经济在发展过程中也面临诸多风险和负外部性。为了规范共享经济的发展，应建立政府主导下的多元主体协作共治的治理机制。

共享经济治理意味着形成了一个以多权力为中心的治理网络，因此政府的角色和监管理念都要发生转变。共享经济参与主体各方应该把握共享经济协作共治的理念，包容、尊重、鼓励创新。政府应以"开放包容"的态度认识和对待共享经济，支持和鼓励创新将成为政府监管与各项制度设计的基本

---

〔1〕 唐忠民、张明："共享经济的规制治理"，载《哈尔滨工业大学学报（社会科学版）》2018年第5期。

〔2〕 张红彬、李孟刚："新时代共享经济的规范发展路径：创新治理的新视角"，载《河海大学学报（哲学社会科学版）》2018年第5期。

原则，遵从法治原则、比例原则，科学理性地设计制度规范，明确权力行使边界，规范权力运行程序。[1]共享经济治理的初步构建是政府主导、以共享平台为中心，供需方及社会积极参与的治理框架，但如何完善这一治理框架仍有待进一步的深入探索。[2]宏观上完善市场法律规制、社会信用和个人信息保护制度，中观上规范共享经济行业标准、市场准入，微观上对共享经济进行类型化规范管理。共享经济是以共享平台为中心，以市场机制为手段，通过网络技术对闲置资源进行最优配置来满足消费者需求的新业态。共享经济的发展需要共享平台、政府、经营者（供方）、消费者（需方）、行业协会以及社会大众协同共治，因而必须构建政府、市场、社会多中心协同治理的整体框架。社会治理机制既是共享经济发展的客观要求，也是其必然结果。每一个参与其中的主体，包括政府、共享平台、经营者、消费者都应该为形成有效的社会公共治理秩序规范自己的行为，推进新制度形成。

三、共享经济治理的价值分析

社会公共治理是国家权力向社会的一种回归，这个过程其实就是通过国家与社会、政府与公民之间的良性合作，来实现还政于民。在共享经济模式下，共享经济作为一种开放性的系统，供给者可以自由进入共享经济行业，消费者可以低成本获取共享产品，零工劳动者可以解构传统雇佣关系促进个体的自由发展。[3]治理之目的是在各种各样的制度关系之中控制、规范以及引导公民的各种行为、活动，以此来最大限度地增加公共利益。[4]共享经济的多方主体参与的治理机制有利于协调平衡各方的利益，共享经济的发展在很大程度上是以惠及广大民众为基础的，各级政府应当确保共享经济参与主体的多元化和普遍性。政府在共享经济的治理过程中，应该针对不同的共享经济类型采取不同的政策，明确共享平台的中心地位，构建政府、共享平台、社会公众和公共部门的合作治理新模式，既发挥共享经济的灵活、多样、方

---

[1] 郑翔："从'网约车'到'共享单车'看共享经济与社会公共治理的耦合"，载甘培忠主编：《共享经济的法律规制》，中国法制出版社 2018 年版，第 133 页。

[2] 唐忠民、张明："共享经济的规制治理"，载《哈尔滨工业大学学报（社会科学版）》2018 年第 5 期。

[3] 叶林、杨雅雯："共享经济发展与政府治理挑战"，载《兰州大学学报（社会科学版）》2018 年第 1 期。

[4] 俞可平："治理和善治：一种新的政治分析框架"，载《南京社会科学》2001 年第 9 期。

便等优势，又避免其对公共秩序产生的冲击和对信息安全带来的隐患，引导共享经济健康发展。[1]

共享经济治理的目标就是以政府为主导，共享经济参与各方在协作消费或共享服务过程中能各取所需实现利益的最大化，同时节约社会资源。共享经济在各行业快速增长，但相关的监管政策尚未确立。调查表明，近70%的受访者表示其所在辖区普遍支持共享经济，约有54%的受访者表示市政当局没有规定任何法规，有40%的受访者认为对共享经济的规定较类似于传统的服务，剩下的6%则表明法规宽松，但超过60%的人表示出了对共享经济安全和信任的担忧。[2]目前，我国政府对待共享经济采取"包容审慎"的态度。共享经济的资源"共享"强调的是成员对资源的共同使用以及共同治理。共享经济的发展，要求将与互联网链接的所有因素作为一个统一的相互影响的系统来加以调整和规范。对于共享经济的社会治理机制的设计，必须深刻理解到，在这一系统中的每一个因素的变化都会影响到系统其他因素。[3]政府在治理过程中的"包容审慎"不是放任不管，而应该是有所为有所不为，该出手时就出手，该收手时就收手。

第二节　共享经济治理关系的解析

一、政府在共享经济治理中的作用

（一）共享经济治理体系中政府角色的转变

作为一种新业态，共享经济在快速发展的过程中虽然激活了闲置资源，创造了零工就业机会，但是其破坏性创新和监管套利也对社会经济秩序和行政管理秩序造成了巨大冲击。[4]一方面挑战着现有的秩序和管理制度，另一方面又因其代表了新兴的发展方向，使得各国政府在共享经济的监管问题上

---

〔1〕　叶林、杨雅雯："共享经济发展与政府治理挑战"，载《兰州大学学报（社会科学版）》2018年第1期。

〔2〕　Sukumar Ganapatia and Christopher G. Reddick，"Prospects and challenges of sharing economy for the public sector"，*Government Information Quarterly*，2018（35）：83.

〔3〕　郑翔："从'网约车'到'共享单车'看共享经济与社会公共治理的耦合"，载甘培忠主编：《共享经济的法律规制》，中国法制出版社2018年版，第132页。

〔4〕　胡凌："'分享经济'的法律规制"，载《文化纵横》2015年第4期。

无所适从，陷入进退两难的尴尬境地。[1]应对共享经济新业态，政府应摒弃直接监管的做法，应该充分利用共享平台参与准公共产品的供给，减少政府公共服务的负担，提高政府的治理威望。政府的主要角色应转变到为共享经济发展创造宽松营商环境和协调处理新引发的利益平衡矛盾方面。政府关注的重点应该是建立和完善补位性、底线性和保障性的制度及规范，完善新业态发展的市场竞争机制和社会保障机制，保障参与共享经济的劳动者的合法权益。政府还应推进公共数据开放和社会信用体系建设，积极利用大数据等新技术手段实现精准治理。政府和共享经济主体应该采取各种有力的措施，建立公众参与共享经济治理的激励机制，促进公众参与共享经济的治理，实现共享经济多元共治的治理目标。总之，共享经济作为一种新业态，促进了社会发展，丰富了人民生活，但也冲击着既有的官僚组织体制，改变着社会经济秩序和政府的监管状态，已成为影响治理政策的重要力量。促进共享经济的治理是确保其可持续发展的重要问题，对于政府而言，既要促进合作治理又要做到有效监管，这是治理共享经济的新思维。[2]政府的治理角度应该从领导者转变为合作者，从管理者转变为服务者，从执法者转变为协调者。总之，政府应该为共享经济创造公平、自由、效率的营商环境。当然，政府角色的转变并不意味着政府完全放弃其监管职责，而是政府在特定领域或是事项上应该适当放权，建立以共享平台为中心，由政府主导，市场、社会各方主体积极参与的合作共治的治理机制。

（二）共享经济治理过程中政府监管模式的转变

在共享经济的监管问题上，美国联邦贸易委员会就建议相关司法管辖区，要避免采取有可能阻碍竞争的措施，并且此种措施还不应当超出必要的合法保护消费者或实现公共政策的目标。[3]我国有学者从经济法的基本原则出发，认为对共享经济的规制应当遵循法定原则和公平原则。[4]也有学者从行政法

---

〔1〕 "专家联名反对网约车管理办法？到底谁出了根本性偏差"，载 http://www.zgjtb.com/2015-10/25/content_ 55513.html，访问日期：2019 年 12 月 13 日。

〔2〕 谢新水："共享经济引发的两大变革及其可持续发展策略：以公共管理为视角"，载《首都师范大学学报（社会科学版）》2018 年第 5 期。

〔3〕 Terrell McSweeny, "Disruptors, Data, Robots: Competition Enforcement in the Digital Economy", https://www.ftc.gov/system/files/documents/public_ statements/966493/mcsweeny_ -_ chatham_ house_ keynote_ 6-23-16. pdf，访问日期：2019 年 12 月 7 日。

〔4〕 张守文："分享经济的经济法规制"，载《经济法研究（辑刊）》2017 年第 1 期。

的角度出发，认为我国应采取《行政许可法》所设定的回应型规制框架，发掘共享经济技术特征背后的公共资源配置和公共利益保护，在创新与潜在风险之间保持平衡。[1]在国家层面上，2017 年 7 月 3 日，国家发展改革委等 8 个部委联合出台《关于促进分享经济发展的指导性意见》，指出应按照"鼓励创新、包容审慎"的原则，发展与监管并重，完善共享经济发展行业指导和事中事后监管。[2]《中国分享经济发展报告 2017》也指出，"审慎监管、底线监管、事后监管、协同监管"对引导分享经济的健康发展十分重要。[3]此外，重庆市人民政府出台的相关意见中指出，应摒弃传统的处罚机制，采取约谈等灵活方式，打造共享经济柔性监管环境。[4]英国成立了共享经济行业自律组织（Sharing Economy UK）来实现自我管理，意大利则开国际社会共享经济之先河，采取单独立法的方式，推出"共享经济法案"，其中第 3 条规定要建立"竞争与市场署"负责监管共享经济的数字化平台，建立平台的"全国电子登记册"。[5]

对于共享经济，不监管或者过多的监管都难以奏效。政府在监管的过程中应寻求适合共享经济的监管模式，维护市场秩序，在保证经济活动正常进行的同时，不扼杀共享经济的活力。在制度层面，首先，完善监管机制。需要及时完善相关法律法规，围绕共享企业的监管、从业人员的保护、消费者权益保护，建立完善的监督机制。其次，要明确事前监管和事后监管的价值目标。对于一般负面清单领域需要确立以事后监管为主的监管制度，逐步由事前监管向事后监管措施转变；对于正面清单领域，应明确事前监管的重要性和必要性，政府依法履行职责严格审批职权。最后，重视软法在共享经济治理中的重要作用。通过软法对共享经济进行鼓励、促进、协商、指导，采取开放、包容审慎、友好协商的态度，针对不同类型的共享经济，通过制定不同的行业规则规范和引导共享经济的发展。在操作层面，首先，应建立多

---

〔1〕 彭岳："共享经济的法律规制问题——以互联网专车为例"，载《行政法学研究》2016 年第 1 期。

〔2〕 齐爱民、张哲："共享经济发展中的法律问题研究"，载《求是学刊》2018 年第 2 期。

〔3〕 "中国分享经济发展报告 2017"，载 www.sic.gov.cn/archiver/SIC/UpFile/Files/Default/20170306164936642988.pdf，访问日期：2017 年 11 月 1 日。

〔4〕 参见《重庆市人民政府办公厅关于培育和发展分享经济的意见》。

〔5〕 冷向明、郭淑云："共享经济治理中的政府责任 ——以共享单车为例"，载《经济社会体制比较》2018 年第 5 期。

元合作善治的监管模式。政府单极监管模式难以适应共享经济的多边性、复杂性发展需要，应与共享平台、供需方、社会建立多方协作共治的治理机制。其次，利用大数据和互联网的科技创新引导共享平台积极参与公共治理。共享经济是基于"互联网+"平台经济的大数据产物，政府应通过合作机制引导共享平台参与公共产品的供给，建立市场参与公共资源配置的公共善治新机制。最后，建立大数据社会信用体系。政府应充分整合各种社会资源，逐步建立社会信用体系，降低社会交易成本，为共享经济创造良好的营商环境。

（三）政府在共享经济治理中的功能定位

我国在十九大报告、政府工作报告中多次提及发展共享经济，国家发展改革委等多部委也联合出台了《关于促进分享经济发展的指导性意见》，皆旨在加强对共享经济的顶层设计。应当看到的是，在我国共享经济爆发式增长之后，各地出台了一系列的网约车管理细则，但这些细则主要是对司机和汽车的市场准入和经营活动进行了规范和一定程度的限制。许多学者指出这些政策背离了共享经济的发展规律和国家政策，认为在总体上，我国对共享经济应秉持相对宽松的监管政策，通过不断试错来作出制度上的回应，而非过分强调法律规制，扼杀共享经济的发展活力。[1]由于共享经济平台在本质上也是一种市场，其具有制定市场交易规则的能力和优势，并且能够借助互联网技术实现对交易过程以及交易主体基本情况的记录，其在某种程度上变成了一个交易的监管者。因此，从政府的角度而言，通过"政府管平台，平台管用户"的监管机制，能够有效降低政府的监管成本，也能够通过平台的自治来最大限度地激发市场活力，鼓励创新。[2]以上学者反对政府对共享经济进行监管或干预的观点值得商榷。对于共享经济新业态，我国目前的监管政策的核心是"宽容审慎"，"宽容"并非"纵容"放任不管。对于适用负面清单管理的竞争性领域，遵守"法不禁止即自由"的原则，由市场决定，政府无须干预，但对适用正面清单管理的非竞争性领域，政府的"审慎"监管是必需的。网约车和共享单车都属于准公共产品领域，需要政府参与资源的配置。因此，对网约车和共享单车市场因前期的无序竞争引发的市场失灵以及"公地悲

---

〔1〕 齐爱民、张哲："共享经济发展中的法律问题研究"，载《求是学刊》2018 年第 2 期。

〔2〕 Molly Cohen and Arun Sundararajan, "Self-Regulation and Innovation in the Peer-to-Peer Sharing Economy", *University of Chicago Law Review Dialogue*, 2015（82）：132.

剧"，政府应痛定思痛，积极履行其监管职责规范网约车和共享单车市场。

共享经济的自我监管尽管具有更多优势，但却存在过于关注商业利益，因监管套利，自由放任，甚至可能导致垄断，造成市场中的不公平竞争等问题。为充分激发市场活力，推动社会闲置资源的高效利用，打造新的经济增长点，政府对共享经济的治理不应该回避以下问题：第一，如何更好地适应共享经济以便更有效地提供公共服务；第二，如何解决共享经济发展中的困境；第三，如何确保共享经济能真正实现公平；第四，政府部门对共享经济的监管职责是什么；第五，如何构建社会信用评价体系；第六，如何保障共享经济从业者的权益，第七，如何确保共享参与者的个人信息安全。[1]因此，在共享经济治理过程中，政府并非"局外人"，而是因地制宜地依法参与并主导了共享经济的可持续发展。

首先，政府应明确对共享经济治理的边界和权威。政府作为共享经济的治理主体，应该明确其依法享有的监管职责，合理界定其治理过程中的"包容"与"审慎"的边界，不越权、不怠政、不缺位、不滥权。依据共享经济商业模式的基本特征，鼓励共享经济的创新，并建立与之相适应的政府治理模式与权威，防止共享经济破坏性创新的新自由主义对共享经济新秩序的破坏。其次，政府应建立新的治理机制。在坚持政府主导地位的前提下突出综合、协同、合作治理；在坚持法治规范统筹的前提下突出服务、协调、激励治理；在确保国家全局利益的前提下突出共享经济新业态的特色治理；在坚持制度、道德、法制建设的前提下突出现代科技手段治理。政府除了转变政府职能外，还要在减少政府层级、优化政府组成、增强政务信息透明度、建立众多针对性的政府微型服务平台等方面进行全面改革。随着共享经济的快速发展，政府公共机构需要处理其不利因素。未来的政策应鼓励共享经济的创新采取"宽容"政府，同时针对不同共享经济商业模式"审慎"制定监管政策。最后，政府应充分利用共享经济平台参与准公共产品的供给。政府可以利用数字平台提高公共产品供给的效率，可以与共享平台签约以补充公共服务，实现公共资源的公平再分配。例如，鼓励共享平台参与教育资源共享、网约拼车，以及共享单车"最后一公里公共交通服务"等。

---

〔1〕 Sukumar Ganapatia and Christopher G. Reddick, "Prospects and challenges of sharing economy for the public sector", *Government Information Quarterly*, 2018（35）：87.

二、共享平台在共享经济治理中的作用

共享平台在共享经济中的中心地位是毋庸置疑的，因此，共享经济的发展已经对传统经济模式提出了挑战。共享平台的自我监管是从企业内生秩序出发，发挥市场配置资源的决定性作用。与政府外部监管相比，共享平台企业的内部监管优势明显。首先，数据资源优势。共享平台企业是信息数据的持有者，掌握一手用户及企业数据。其次，专业技术优势。平台企业掌握互联网管理的专业技术，其自我监管有利于发挥专业优势及主动性。最后，监管效率优势。与政府监管相比，共享平台监管链条短、反馈及时、监管手段多样、监管方式灵活、监管持续性强。在互联网技术和移动终端高速发展的背景下，推动共享经济发展，必须强调发挥市场的力量，重视企业平台的自治能力。内部监管需要采取全过程监管的方式，具体而言，包括准入监管、运营监管、退出监管三个环节。准入监管主要是对平台内经营者或供方的资质审核，运营监管可通过用户评分进行考核，而退出监管主要是审核企业是良性退出还是恶性退出。同时，通过采取实名注册制等手段，建立双向沟通与监督渠道，健全社会统一信用体系，促进对共享经济产品使用者的监督，规范全社会的行为准则。共享经济平台的治理机制的有效实施，需要共享型企业承担自我监管职责。[1]

共享经济模式改变了经济形态，共享平台的集聚效应整合了闲散的社会资源，激活了个体零工劳动力，促进了社会资源点对点的按需匹配。共享经济利用大数据和算法对供需方的精准配置节约了交易成本，实现了"物尽其用""按需分配"的最优化资源配置方式。社会公共治理赋予了共享平台公共职责，要求其利用大数据等高科技手段加强平台的运营管理，承担更多的公共服务功能。

三、供需方在共享经济治理中的作用

（一）共享经济治理中的供方

共享经济的主要市场参与主体包括供方和需方，供方也就是《电子商务

---

〔1〕 郑翔："从'网约车'到'共享单车'看共享经济与社会公共治理的耦合"，载甘培忠主编：《共享经济的法律规制》，中国法制出版社 2018 年版，第 129、131 页。

法》第9条中规定的电子商务经营中的"平台内经营者"。供方是共享经济的重要参与者和启动者，也是共享经济法律关系的一方主体，在共享经济的治理过程中具有举足轻重的地位。供方在共享经济治理中的作用可作如下解读：首先，供方在共享经济治理中的"经营自治权"。自治权是电商经营者自主经营的权利，简称经营自主权，是电商经营者依"法不禁止即可为"的权利界定原则而概括确定的权利束。原则上，供方可以自由选择是否把自有共享产品或服务放至共享平台进行"共享"。对于居间共享平台的供方，享有依法自由经营的权利，但也应依《电子商务法》接受共享平台的监管。对于商业共享平台的供方，这种"自治权"是有限的，因为供方的经营权依附于共享平台，甚至完全由共享平台决定。供方唯一的自由就是有权决定是否参与某一共享平台，其经营权受限于共享平台，其业务由共享平台监管和控制。其次，供方对共享平台和需方承担相应的义务。共享经济的供方除了遵守一般法律法规、商业道德、行业规定之外，还要遵守共享平台交易的相关规定，对需方承担直接责任，依约定履行共享义务。此外，商业共享中的供方，还要服从共享平台的劳务派遣和监督的义务。为此，应根据共享经济的不同行业和特点，科学合理地界定共享经济供方的权利、义务以及责任，明确追责标准和履责范围。在共享经济治理过程中，供方应依法履职尽责，承担起相应的责任，促进共享经济行业规范发展，并可依法获得责任豁免的联动协调机制。

（二）共享经济治理中的需方

对于共享经济的消费者或是需方市场主体而言，其在共享经济治理的过程中依法享有消费者的权利，也可以简称为消费权。消费者在共享平台的参与过程中，应树立自我安全保护意识，尤其是个人信息的保护。还应事先了解平台有关责任机制的相关规定。同时，应注意维护自身消费的权益，对侵权行为做到坚决、合法的抵抗，切实维护自身利益不受侵犯。消费者消费权利除了依双方当事人约定的权利之外，主要是由法律规定的法定权利，其内容源于法律规定而非双方约定，是有限的自治权。消费者对于法定的消费权利的内容或是实体权不享有自决权，其权利内容由法律规定，但其可以享有程序上的自决权。也就是消费者可以放弃其消费权利或不主张消费权利，但无权变更权利的内容。广义上，消费权利包括民商法上的私法自治权，可以由双方当事人依法自由约定双方的权利和义务，但当消费者滥用其民事权利损害社会公共利益，违反法律规定时，也应受到法律的制裁。在共享经济的治理过程中，消费权强调的是对消费者权利的保护而不是权利的自治，消费权利的法定性也就限制了经营者的自治性和义务性。因为消费者的法定权利恰是经营者的法定义务，因此消费者权利的设定也是对经营者自治权的限制，政府在行使干预权维护消费者的权益时，也应该避免滥用权力损害经营者的经营自治权。

在共享经济的治理过程中，虽然理论上需方依法应享有相应的消费者权益，但由于共享经济属于第二次消费和零工劳动，消费者实际上的权益很难受到保障。对于共享产品，因为不是标准化的新产品导致其维权的成本较高，而对于零工劳动的服务，如果出现共享服务过程中的违约和侵权，由于劳动者与共享平台关系不明确，劳动者的个人履责能力有限，共享平台往往会推卸责任，消费者的维权也很难实现。因此，平台企业应建立相应规则，严格落实网络主体资格审查，保护消费者合法权益，积极协助政府监督执法和权利人维权。资源提供者应履行信息公示义务，积极配合相关调查。消费者应依法合规地使用分享资源，不能滥用其消费权。在共享经济的治理过程中，应依法严厉打击泄露和滥用用户个人信息等损害消费者权益的行为，制定适应共享经济特点的保险政策，积极利用保险等市场机制保障资源提供者和消费者的合法权益。建立健全消费者投诉和纠纷解决机制，鼓励行业组织依法合规地探索和设立处理共享经济消费者投诉和维权的机制。

四、共享经济治理中的行业协会

（一）行业协会的概述

治理中的行政管理的特征在于从民主政治的经验中借用了很多合理内容，建立一种不受政治权威的束缚，更具目的性和自主性的社会组织。这种后官僚组织的"合作体系"能够享有更多参与的自主权，且不仅专注于行政管理的规则性，而且确立了合理性，吸收了参与性，鼓励了创造性和问责性等理念和价值。通过鼓励协商，说明决策理由，把协作或合意当作是对管理运作合理性的一种检验。因此，从授予不同国家机关的行政权力中，本着社会公共参与法律规范实现的原则，根据后官僚组织的能动作用，给予其更广泛的领域以显示其在选择方法和手段方面的能力和作用。[1]社会中间层的行业协

---

〔1〕 ［美］诺内特、塞尔兹尼克：《转变中的法律与社会》，张志铭译，中国政法大学出版社1994年版，第111页。

会承担了这种后官僚组织的使命，并进而衍生出"国家—社会中间层—市场"三元主体框架，这是治理主体多元化的必然要求。社会中间层最初是指独立于国家与市场之外，以在利益冲突发生时为沟通和协调国家与市场经营者之间经济活动的群体利益为代表的社会组织形式，成为政府与市场良性互动的最好建构者，实现了国家与市场之间的制度化衔接。[1]社会中间层是独立于政府与经营者，在政府干预市场，市场影响政府和经营者之间起中介作用的主体。[2]行业协会就是典型的社会中间层代表。

有学者认为行业协会的权力（利）和自治权的权源包括：法律的直接授权；行政机关的委托；行业协会的内部章程契约。并可以划分为两大类：一类是对外代表权、信息发布权等服务性权力；另一类是行业自治规范的制定权、处罚权、会员纠纷的裁决权等管理性权力。[3]行业协会是政府在市场经济中职能的延伸，有助于改善行业内治理的效率和效益，有助于营造稳定、有序和高效的行业环境，有助于行业内企业的良性发展。[4]在行业自律中，美国模式中最值得借鉴，具有灵活的技术标准语和针对性强的规则两大优势，但是行业自律模式同样也存在不足：①强制力缺乏，行业规范没有国家强制力保证执行，又缺乏纠纷解决机制和司法保障；②覆盖性不足，行业自律以企业的自愿加入为前提，虽然不少大企业都参与了行业自律，但仍有很多企业选择不加入；③消费者往往得不到损害补偿，因为处罚往往是取消资格，然而这样对于消费者本身的损害是于事无补的；④重视财产权忽略信息权，行业自律规范的首要目的往往是保障自有信息的"财产权"；⑤实际执行的效果不尽如人意，很多企业在防护措施和管理制度方面十分欠缺。[5]行业协会是工商业界中企业成员之间的互益性联合组织，其宗旨在于增进行业内企业的利益。行业协会是政府在市场经济中职能的延伸，是沟通政府与企业的重要桥梁，有助于改善行业内治理的经济效率和增强行业的社会效益，营造稳定、

---

〔1〕 张占江："政府与市场和谐互动关系之经济法构建研究——以社会中间层主体为路径"，载《法律科学（西北政法学院学报）》2007年第3期。

〔2〕 王全兴：《经济法基础理论专题研究》，中国检察出版社2002年版，第524页。

〔3〕 汪莉："行业协会自治权性质探析"，载《政法论坛》2010年第4期。

〔4〕 张宏、叶敏："国内外行业协会职能研究综述及展望"，载《浙江理工大学学报（社会科学版）》2018年第1期。

〔5〕 齐爱民："美德个人资料保护立法之比较——兼论我国个人资料保护立法的价值取向与基本立场"，载《甘肃社会科学》2004年第3期。

有序和高效的行业环境，帮助行业内的企业良性发展。随着政府"放、管、服"改革的推进，行业协会的作用日益得到加强。

（二）行业协会在共享经济治理中的角色定位

行业协会在共享经济中具有举足轻重的作用，因为共享经济作为新业态，没有国家层面的规定，所以只能靠行业自律。行业协会是共享经济治理中的重要环节，在共享平台与政府之间搭起了桥梁，可以依法或被授权行使政府的部分监管权，又可以代表共享平台与监管部门协商建立内部自律监督机制，是联系共享经济与政府监督主体的重要组织形式。在共享经济治理过程中，因为法律机制的不健全，为了规范共享经济的市场经营，行业协会可以通过制定行业规章、行业标准、惩罚争端解决机制、自律监督机制和诉讼方式等加强行业的监管。在共享经济发展的快速增长时期，产业政策上也应相对宽松，否则过度的行政监管可能导致"一收就死"的局面。因此，采取更为灵活的行业自律的方式更加适合共享经济产业的发展现状。行业自律通过建立自律组织对市场活动进行自我约束和规制，充分发挥自律组织的作用，为经营者自律提供服务。谨防过度管控扼杀共享经济创新，在适度的监管框架内充分激发新经济的正向外溢效应，发挥行业协会的社会性治理功能的积极作用。如美国的 Indiugogo、Rocket Hub 和 Wefunder 三家公司成立了众筹业务监管协会，英国的 Zopa、FundingCircle 和 Rate-Setter 公司发起设立 P2P 网贷协会。[1]总体上，我国的行业协会在共享经济治理的实践中发挥的作用仍然很有限，尚不能起到自律监督的作用。

行业协会是协调同行业利益，规范市场行为，提供行业服务，反映会员需求，保护和增进全体成员合法权益的非营利性社会组织。我国可以借鉴国外经验，培育共享经济行业组织，鼓励其出台行业服务标准和自律公约。比如，我国在对共享住宿的治理过程中，没有政府层面上的规范，行业协会就起到了举足轻重的作用。相关共享住宿的行业标准就是由行业协会制定的，民宿共享行业协会是我国共享经济各行业中运作较好的。在共享经济的治理过程中，行业协会的宗旨在于与政府建立协作治理机制，维持行业的整体水平，推动行业的可持续发展。目前，我国共享经济发展较好的行业，不论是

---

〔1〕 张红彬、李孟刚："新时代共享经济的规范发展路径：创新治理的新视角"，载《河海大学学报（哲学社会科学版）》2018 年第 5 期。

送餐、网约车，还是共享单车，几乎都处于寡头垄断状态。如果行业协会被垄断平台控制，就可能会滥用行业协会的特权，违背其宗旨成为少数共享平台精英谋取私利的工具，损害同行业其他小平台和消费者的利益，导致普通会员的权利无法真正落实，甚至损害整体利益。因此，要防止行业协会被精英控制，而违背成立行业协会的初衷。

第三节　构建共享经济治理新机制

共享经济作为新业态，促进了社会发展，丰富了人民生活，也冲击着既有的经济组织形式，改变着社会经济秩序和政府的监管状态，已经成为影响治理政策的重要力量。共享经济涉及多方主体的利益，应建立多方主体共同参与的治理机制。

一、构建多方主体共同参与的治理机制

共享经济作为一种新业态，其并没有成为市场经济以外的不同经济形式，而是一种更自由的市场经济。目前，由于共享经济法律机制不完善，监管套利不可避免，如果放任不管必然会导致市场失灵产生负外部性，以至于共享经济发展可能会偏离公平、效率和安全等价值取向，破坏公共利益或者社会秩序。为避免共享经济的市场失灵，需要建立共享经济社群内部的自律监督和政府外部监管的协同善治的治理模式。作为供方而言，主要是借助共享经济平台在特定时间内以合理的价格转让闲置资源的使用权，或是提供服务获取报酬。就需方来讲，就是以低成本获其闲置资源的使用权或是共享服务以满足其需求。对于共享平台，其不仅要提供数据信息和广告服务，甚至还要参与共享经济交易的经营管理。政府应切实加强对共享经济平台的不正当竞争和企业垄断行为的监管与防范，维护公平的竞争秩序，营造新旧业态、各类共享市场主体公平竞争的营商环境。严禁以违法手段开展竞争，严厉打击扰乱正常的生产经营秩序的行为。

由于共享经济涉及更多的市场主体，更大的市场范围，以及更复杂的市场监管环境，更可能形成垄断影响市场竞争秩序，损害其他弱小经营者和消费者的利益。因此，如何平衡共享经济各方主体的利益，确保共享经济的创新和公平的竞争秩序，确保行业的可持续发展，维护共享经济参与各方主体

利益是共享经济的治理目标。国家发展和改革委员会等八个部委联合出台的《关于促进分享经济发展的指导性意见》指出，"探索建立政府、平台企业、行业协会以及资源提供者和消费者共同参与的分享经济多方协同治理机制"。应科学合理界定政府、平台企业、供方和需方的权利、责任及义务，明确追责标准和履责范围，建立平台企业履职尽责与依法获得责任豁免的联动协调机制，促进行业规范发展。在共享经济中，政府承担两个角色：对共享平台创建的赋权者，以及对网络民众利益的捍卫者。[1]对共享经济的监管及完善意味着要客观处理它的阴暗面，要确保共享经济的健康发展，就应该避免市场和监管的失败，防止部分市场获得对其他市场不公平的优势。[2]因此，应建立多方主体共同参与的共享经济的协同治理机制。政府和共享经济各方主体应该采取各种有力措施，积极参与共享经济的治理，并确保社会对共享经济全方位的监督。特别是在共享经济法律机制不完善的情况下，通过积极鼓励社会民众参与共享经济治理，建立健全社会监督机制，有利于实现多元的治理价值。因此，建立共享经济多方利益平衡的治理机制具有重要的意义。

二、国外共享经济治理机制的借鉴

英国政府在促进共享经济发展方面为全球提供了宝贵的实践探索，其不仅针对整体分享经济进行顶层设计，还从试点城市、数据采集、信用体系、保险、政府采购、税收等方面促进政策的制定，并且根据各个细分共享经济市场的具体情况制定针对性政策，如鼓励个人对房屋短租，允许网约共享房屋的合法经营等。英国政府从 2015 年开始编列预算并动用基金，对共享经济中新技术、新商业模式和新领域给予资金支持。2015 年 3 月，英国商务部率先组织成立共享经济行业组织。该组织协同媒体统一发声倡导共享经济，制定会员企业行为准则，强调共享经济信誉、员工培训和消费者安全保障，支持共享经济研究项目，总结共享企业的成功实践，努力解决共享经济企业共同遇到的问题和挑战。[3]共享经济作为一种新的商业模式，势必会对现行制

---

〔1〕 ［英］亚历克斯·斯特凡尼：《共享经济商业模式：重新定义商业的未来》，郝娟娟、杨源、张敏译，中国人民大学出版社 2016 年版，第 142 页。

〔2〕 Malhotra and Arvind, "The Dark Side of the Sharing Economy…and How to Lighten It", *Communications of the ACM*, Nov2014, Vol. 57, Issue 11, p. 24.

〔3〕 许荻迪："分享经济发展：全球态势与政策建议"，载《经济体制改革》2017 年第 4 期。

度和秩序造成冲击，但监管套利是不可取的。只有受到法律制度保障的商业模式才可能实现可持续发展。民粹主义不应该取代正义和主流的价值观，在现行制度未改革前，合法性是其正当性的前提，应避免共享经济以新业态的"共享"之名进行"不公平的"竞争。因此，在欧盟成员中，政策制定者在监管共享经济方面一直相当谨慎。在美国的某些城市，反共享游说在某些时候一直很活跃，导致法规禁止共享公司运营，或迫使它们实质性地改变其商业惯例和运营模式。[1]在共享经济治理的问题上，共享经济正处于高速发展期，宜重点实现市场和行业组织的力量与政府监管相互补充。我国可以借鉴英国的经验，建立共享经济行业协会，并适当给予政府财政补贴支持行业协会的工作，充分发挥行业协会的作用，通过政府与协会行业的合作机制，制定相关的行业规定，探索共享经济的商业模式，规范共享经济的经营。借鉴英国政府出台共享经济促进政策，制定顶层设计、营造营商环境、设立试点城市、通过财政支持、垂直细分领域等方面，全方位地促进共享经济发展。

三、完善共享经济的治理协调机制

共享经济的治理需要多方协调共治，应明确各方主体在共享经济中的角色定位及其作用，清晰地界定各方主体的权、责、利、义，充分发挥各方主体在共享经济治理中的作用，要有所为有所不为，建立完善的协调合作的多方治理机制。

首先，完善共享经济的政府治理机制。政府应该遵守"法不授权即禁止"的原则对共享经济的市场准入进行监管。对于竞争性领域，由市场自由配置资源，对于非竞争性领域，由政府依法依规行使审批权。根本上，由于共享经济需要建立社群平台，其经营涉及社会公共利益，政府应根据不同的共享经济类型实行不同的备案制或者审批制，同时也要对共享平台的准入标准进行设定，包括技术标准、信息安全标准等。政府应坚持底线思维，增强安全意识，对于与人民生命财产安全、社会稳定、文化安全、金融风险等密切相关的业态和模式加强事前监管，严格规范市场准入条件。政府应建立对共享

---

〔1〕 Chenguo Zhang, "China's New Regulatory Regime Tailored for the Sharing Economy: The Case of Uber under Chinese Local Government Regulation in Comparison to the EU, US, and the UK", *Computer Law & Security Review*, 2019（35）：463.

经济行为的监测机制，对行为的正当性和合理性进行认定，对违法违规的共享经济行为进行处理等。[1]随着共享经济不断向各领域发展，其参与众多准公共产品的提供也越来越多。因此，政府应完善对"网约车""共享单车""共享汽车""网约医护""教育共享"等准公共产品类共享经济的治理机制。目前，我国的共享平台多数都具有垄断性，需要对其进行有效合理的监管。2017年8月，商务部表示，其反垄断局已多次约谈滴滴公司，并根据《反垄断法》等法规对滴滴公司与 Uber 中国合并一事依法进行调查。

其次，加强共享经济各方主体之间的合作。任何经济形式都具有竞争性，共享经济业态的发展过程就是与传统经济剧烈竞争的过程，共享经济不能忽略传统经济的社会价值和存在意义，应该公平竞争，协作互补共同发展，否则将两败俱伤，破坏行业的健康发展。共享经济社群的建设就是平台"准权力"的形成过程，也是平台私权利扩张导致公权私有化建立内部监管机制的过程，但平台社群生态体系的利益主体之间容易产生权利冲突。因此，平台通过"准权力"建立内部自律监督机制促进多方主体的合作，维护平台内多方主体之间的利益平衡。另外，共享经济发展与传统经济的竞争和冲突不可避免，但共享经济应避免其破坏性创新对现行秩序的破坏，建立协调互补机制。共享经济社群性的集体主义消费协作机制具有合作的特性，与合作治理有天然的契合，是一种具有合作特性的数字经济。由于数字经济具有融合效应，共享经济需要继续培养其合作性，与传统经济友好相处，建立政府、企业、社会组织和个人的合作协调机制。

最后，明确共享经济"协同治理"的价值目标。由于共享经济以虚拟平台为基础开展，涉及多元主体，存在主体关系的复杂性和运行过程的复杂性，仅仅依靠政府来治理是难以应对的。在共享经济的治理中，供需方作为参与主体在某种程度上隶属于共享企业没有完全的独立自主权，只能被动地服从于共享平台企业制定的经营规则，并接受其监管，其在共享经济的治理体系中的作用较为有限。[2]所以，行业自律、平台自治和政府各部门的"协同监督"成为必然选择。在共享经济的治理过程中，公共政策的基本目标是：保

---

〔1〕 李有星："论共享经济的法律规制"，载甘培忠主编：《共享经济的法律规制》，中国法制出版社2018年版，第59页。

〔2〕 南锐："共享经济背景下准公共产品供给碎片化及整体性治理——以共享单车为例"，载《当代财经》2019年第10期。

证多元主体参与共享合作利益，同时也承担合作风险，并在自身发展中支持社会的发展。合理界定不同行业领域共享经济的业态属性，制定适应共享经济特点的产业政策，鼓励行业协会依法合规探索设立共享经济用户投诉和维权的第三方平台，积极利用保险等市场机制保障资源提供者和消费者的合法权益。

　　共享经济的初衷是实现非正式的、人与人之间交往的社区共享，这原本不属于商业监管的范围，但受风险资本推动下商业共享的蓬勃发展所导致商业模式的扭曲，以及伪共享中的鱼龙混杂的现象对共享经济秩序的影响，重建共享经济的营商环境就有了现实的必要性。强化地方政府自主权和创造性，做好与现有社会治理体系和管理制度的衔接，完善共享经济发展行业指导和事前、事中、事后监管。充分利用云计算、物联网、大数据等技术，创新网络业务监管手段。加快网络交易监管服务平台建设，实施线上线下一体化管理。平台企业要加强内部治理和安全保障，强化社会责任担当，严格规范经营。行业协会等有关社会组织要推动出台行业服务标准和自律公约，完善社会监督。资源提供者和消费者要强化道德约束，实现共享共治，促进共享经济健康发展。切实加强对共享经济领域平台企业垄断行为的监管与防范，维护消费者利益和社会公共利益，营造新旧业态、各类市场主体公平竞争的营商环境，构建政府、共享平台、供需方、行业协会以及社会多方主体共同参与的共享经济协同治理机制。

第七章

准公共产品类共享经济的法律新机制

目前，世界各国政府都面临着公共产品供给的"瓦格纳法则"[1]困境。因此，探讨市场参与准公共产品的配置机制就具有重要的意义。共享经济模式的优势在于其可以利用互联网技术对闲置资源在供需方间进行精准配置，降低交易成本，为其参与准公共产品的供给提供技术保障。共享经济参与准公共产品的配置不仅可以提高公共资源的配置效率，优化资源配置，还有利于公共产品的均衡化服务。目前，网约车和共享单车都是我国共享经济参与公共交通资源配置的典型实例。但由于相关法律机制不完善，政府在共享经济参与准公共产品的供给过程中缺位或是越位，缺乏有效监管，导致网约车和共享单车市场通过无序恶性竞争最终形成垄断，同时也产生了不少冗余成本，引发"拥挤效应"和"公地悲剧"。共享经济参与准公共产品的供给，不仅要遵守市场规律，还要符合公共产品的基本属性。由于准公共产品的竞争弹性较少，不宜完全由市场自由配置资源。因此，应明确共享经济在准公共产品的供给过程中的法律地位，建立由政府、共享平台企业、供方、需方四方协商合作的多元善治的治理新机制，确保准公共产品的共享经济能有效实施。

---

〔1〕 19世纪80年代，德国著名经济学家瓦格纳在对许多国家公共支出资料进行实证分析的基础上得出了一项法则：即当国民收入增长时，财政支出会以更大的比例增长。随着人均收入水平的提高，政府支出占GDP的比重将会提高，这就是财政支出的相对增长。该法则被后人归纳为"瓦格纳法则"，又被称为"政府活动扩张法则"。

第一节　公共产品共享经济机制的概述

一、公共产品的基本理论

（一）公共产品的内涵

公共产品理论由大卫·休谟于 18 世纪 30 年代提出。随后，亚当·斯密、瓦格纳、林达尔、萨缪尔森、詹姆斯·M. 布坎南等从多方面进行了研究和探索。[1]"公共产品"一词最早由瑞典人林达尔在其博士论文《公平税收》中正式提出，他提出"林达尔均衡"思想，指出每人在总税额中应纳税份额应与他从该公共产品消费中所享有的效用价值相等，这些税收份额就是著名的"林达尔价格"，其形成的供求均衡被称为"林达尔均衡"。"林达尔均衡"解决了公共产品供给所需费用的来源问题，极大地促进了西方公共财政理论以及公共产品理论的形成与发展。一般认为，现代经济学对公共产品的研究是从新古典综合派的萨缪尔森开始的。他于 1954 年和 1955 年发表了《公共支出的纯理论》和《公共支出理论图解》两篇文章之后，[2]理论界才对"什么是公共产品"有了共识。萨缪尔森认为，"公共产品是指每个人对这种产品的消费都不会导致其他人对该产品消费的减少"，简而言之，公共产品具有消费的非排他性（non— exclusiveness）和非竞争性（non-rivalrousness）的基本属性，正是由于这两个属性，很难找到一个有效的价格体系来控制公共产品的消费，以至于不能由市场机制对公共产品进行直接配置，而政府就成为公共产品的主要配置者或提供者，或者由政府的公营企业来垄断提供。[3]萨缪尔森关于公共产品的阐述具有三个方面的含义：①公共产品在技术上不易排除众多的受益人；②公共产品还具有不可拒绝性；③虽然在技术上可以实现排他性，但是排他的成本极高。萨缪尔森提出的非排他性和非竞争性只是对公共产品特征的技术性阐释，公共产品本质上是满足社会共同需要的产物，其决定性因素是基于一定价值判断之后的社会共同需要，并在此基础上对体现社会共同需要的制度设计、公共产品供给制度的决策监督机制的建立健全等

---

〔1〕　代明、袁沙沙："国内外城市社区服务研究综述城市问题"，载《城市问题》2010 年第 11 期。

〔2〕　贾晓璇："简论公共产品理论的演变"，载《山西师大学报（社会科学版）》2011 年第 3 期。

〔3〕　王爱学、赵定涛："西方公共产品理论回顾与前瞻"，载《江淮论坛》2007 年第 4 期。

问题提出了初步设想。[1] 简而言之，公共产品具有消费上的非排他性和非竞争性，以及公共需求性。

以萨缪尔森为代表的传统观点认为，根据产品的产权属性可以把产品分为私人产品（private goods）和公共产品（public goods），公共产品又可分为纯公共产品和准公共产品。纯公共产品具有非排他性、非竞争性和社会公共需求性等特征，以至于市场机制对公共产品的配置会导致市场失灵。因此，纯公共产品主要由政府来提供。准公共产品介于私人产品和纯公共产品之间，市场可以有条件地参与准公共产品的配置。新制度学派从成本、效率角度来探讨市场参与准公共产品的供给机制，认为通过技术设计可以引入市场机制提供准公共产品以提高配置的效率。公共产品具有非排他性和消费的非竞争性，仅靠市场机制远远无法提供最优配置标准所要求的规模，政府机制的介入是解决问题的唯一途径。而在私人产品的提供问题上，市场机制提供私人产品往往比政府机制提供更有效率，因为市场机制能够通过分散化的处理方式，更有效地解决私人产品供给过程中的激励和信息问题。所以，传统的公共产品理论认为，政府机制更适宜于从事公共产品的配置，而市场机制则更适宜于从事私人产品的配置。虽然政府对公共产品的配置有利于确保公平正义，但受政府内部性影响往往缺乏效率，而市场为了逐利在资源配置过程中总是努力提高效率以确保利润，[2] 由于市场的逐利性、盲目性和局限性，以及政府的内部性，以至于政府和市场在公共资源的配置过程中都会失灵。因此，如何克服资源配置中的市场失灵和政府失灵是现代国家治理中的重要课题。萨缪尔森的公共产品的非排他性和非竞争性理论界分了市场与政府对产品的不同配制机制，也明确了市场与政府在资源配置过程中的职责范围，同时也为共享经济参与公共资源的配置划定了一道红线。

（二）公共产品的基本特征

1. 公共产品的非排他性和非竞争性

当代美国著名经济伦理学家乔治·恩德勒（Georges Enderle）从经济伦理的角度提出"甚至可以更广义地理解公共产品，即把它理解为社会和个人生活以及追求经济活动的可能性的条件"，并指出"有两条原则定义公共物品：

---

[1] 秦颖："论公共产品的本质——兼论公共产品理论的局限性"，载《经济学家》2006年第3期。

[2] 代明、袁沙沙："国内外城市社区服务研究综述城市问题"，载《城市问题》2010年第11期。

第一条原则是非排斥原则，即与私人物品相比较，对受（公共产品）影响的和受个人或集团权力限定的'消费'不排斥其他人的消费，无论出于技术的原因（因为物品的性质不允许排斥）或者效率的原因（因为这种通过价格负担的排斥将不恰当地变得昂贵），还是出于法律或伦理的原因（因为其他人不应当被排斥）。第二条原则是非敌对原则或是非竞争性。消费的非竞争性，指一个人的消费不会减少其他人的消费数量，或许多人可以同时消费同一种产品。它假定与其他消费者的关系（即不止一个消费者对该产品感兴趣）缺乏敌对性或竞争性"。恩德勒的这一重新阐述，无疑是对萨缪尔森关于公共产品理论的深化和发展，使人们能够更加全面、清晰和深刻地从技术、效率、伦理等原因来分析公共产品的内涵与外延，有助于人们更好地理解公共产品和公共经济。恩德勒最重要的贡献在于指出了非排他性产生的原因包含法律上和伦理上的因素，以及非竞争性产生的原因也可能是与其他消费者缺乏敌对性。作为军队、国防、城市道路、法律等无论以什么形式出现，都是为了满足国家运转和存在的社会产品和服务，即"公共产品"这一社会事实，应该是伴随着国家的出现就存在了的。总归是先有了"公共产品"这个现象以后，经济学家们才开始对其进行系统深入的研究。换句话说，并不是因为一种产品具备了"非竞争性与非排他性"这两个特点，才成为公共产品，恰恰相反，是进入市场经济阶段以后，为了对国家干预经济的必要性进行辩护，经济学家总结了若干现实存在的公共产品的共同特征之后，得出公共产品普遍具有"非竞争性与非排他性"特点的结论。也就是说，"非竞争性与非排他性"是公共产品的"阶段性特征"而非"充分条件"，公共产品的本质属性并不必然是"非竞争性"与"非排他性"。[1]因为导致公共产品的排他性和非竞争性的是技术和成本的原因，如果能克服技术上的非排他性以及降低交易成本使市场定价成为可能解决非竞争性，公共产品也可以通过市场机制进行配置。

　　恩德勒从效率和道德伦理上对公共产品非排他性和非竞争性的内涵作了进一步解读，赋予了公共产品非排他性和非竞争性更深层次的内涵，也为公共产品的政府干预找到了正当的理由。因为随着社会经济的发展，公共产品的非排他性和非竞争性的技术障碍会被克服，这就为市场参与公共产品的配置创造了机会。比如，共享经济通过互联网技术降低了资源配置的成本，提

---

〔1〕　秦颖："论公共产品的本质——兼论公共产品理论的局限性"，载《经济学家》2006 年第 3 期。

高了资源使用的效率，为市场参与公共资源的配置获取利润创造了机会，但受限于公共产品非排他性和非竞争性的影响，公共产品的竞争弹性不大，如果没有市场准入的限制，放任自由的市场竞争可能会导致冗余成本上升，从而削减共享经济因为技术进步带来的成本优势。比如，共享网约车通过共享平台实现了供需方的精准配置，降低了资源配置的成本，网约拼车或顺风车的车主可以通过共享平台把自己空闲的座位对外出租获得收入。这种 C2C 的共享经济模式是最佳的公共资源的优化配置模式，车主只是通过网络技术实现对自己闲置车位和道路公共资源的合理利用，并没有增加公共交通的负担造成拥堵，却实现了资源利用的最大化，是公共交通租车行业最理想的共享经济模式。如果没有限制允许私家车主可以自由地通过共享平台投入网约车专业服务，必然会导致更多的车辆参与网约车的运营而造成道路拥堵降低交通效率。因此，政府对网约车的数量限制和传统出租车一样是非常必要的，目的也是为了确保道路资源公平合理的配置，不能因为网约车的商业行为而影响其他人正常使用道路。这既是维护公共产品技术上的非排他性，也是确保道德上甚至法律上的非排他性，确保其他人基本的公共交通秩序的正当权益。因此，为确保共享经济对公共产品的配置的正当性，政府对公共产品的共享经济模式的适当干预是必要的。

2. 公共产品的公共性或是社会性

公共价值观表达了公共部门服务于社会的目的和动机，公共价值与私人价值因为是否谋求个人利益而不同，其价值观核心在于政府建立平等和公正的公共服务而不是为了单纯的经济目的。公共价值观具有民主政治程序性和集体期望值。因此，公共价值的实现必须要符合基本的程序正义，并满足多数人的社会需求。简而言之，公共产品的非排他性的价值在于满足多数人的社会需求，侧重于公共利益和纳税人税款的有效使用。[1] 从与"市场失灵"理论的关系上来看，因为市场不能提供合理、效率、正当、公平的公共产品，进而决定由政府提供公共产品以弥补市场失灵，以至于实践中多数公共产品由政府提供，但把是否具有"非竞争性与非排他性"这两个特点作为判断公共产品的标准混淆了决定公共产品的根本性原因，即社会共同需求。从本质

---

[1] Sara Hofmanna et al. , "The Public Sector's Roles in the Sharing Economy and the Implications for Public Values", *Government Information Quarterly*, 2019（36）：2.

上看，公共产品是满足社会共同需要的产物，也就是说公共产品的决定性因素是社会共同需要，而非排他性和非竞争性只不过是为了实现其社会共同需求而对公共产品进行的技术设计，并非公共产品的天然属性，但纯公共产品客观上就具有非排他性。公共产品的社会公共需求性明确、准确全面地反映了社会公众需求，是保证公共产品供给科学合理的基本要求。非竞争性和非排他性是市场经济条件下公共产品的技术性特征，社会共同需求是以社会伦理道德为基础的公共产品的本质特征。社会共同需求是公共产品存在的基础，是决定公共产品的永久条件，非竞争性和非排他性是公共产品存在的阶段性条件。社会共同需求是主动性因素，非竞争性和非排他性是被动性因素，社会共同需求决定政府必须做的事，非竞争性和非排他性决定政府不得不做的事。因此，那些虽然已经从技术上可以实现竞争性与排他性，按照效率原则本来应该由市场来提供的产品和服务，根据社会公众需求仍然被作为公共产品由政府来提供。[1]

　　简而言之，社会公共需求性决定了公共产品必须由政府而非市场来提供，这并非基于技术的因素而是伦理道德和法律的因素。因为从道义或是法律上讲，每个人都有权利去消费这些公共产品，因此政府应该满足社会上每一个公民的这种公共需求，即公共产品的提供是政府的职责，现代财政应该为公共产品服务。公共产品的社会共同需求性决定了政府对公共资源配置的必要性，政府可以利用共享经济模式对公共产品进行配置，通过共享平台对闲置的公共资源进行精准配置，发挥闲置公共资源的利用价值，有利于提高公共产品配置的效率和实现公共服务的均衡化。比如，学校在假期通过共享平台把闲置的体育场地、教室、图书馆等对外出租，并从中收取一定的费用，既充分发挥了闲置公共资源的使用价值，也为学校获取了部分收益。另外，发达地区通过共享平台向不发达地区实现教育资源的共享，使不发达地区的学生与发达地区的学生一样可以共享优质的教学资源。

二、公共产品的类型化分析

（一）公共产品类型化的内涵
公共产品理论经历了（纯）公共产品到私人产品，再到混合产品（即准

---

〔1〕　秦颖："论公共产品的本质——兼论公共产品理论的局限性"，载《经济学家》2006 年第 3 期。

公共产品）的发展过程，这同时也是公共产品供给或资源配置方式不断发展变化的过程，本质上也就是政府和市场在公共产品供给或者资源配置过程中的职责范围及其权限。产品依据需求或消费的方式可大致划分为：纯公共产品、私人产品与准公共产品三种类型。私人产品指一个人对这种产品消费后，其他人便不能再次消费的产品。纯公共产品指每个人对产品的消费都不会导致其他人对该产品消费的减少的产品。而准公共产品是介于公共产品和私人产品间的产品。[1]与公共产品不同的是，私人物品具有两个基本属性：一是排他性（exclu-siveness），即消费者不付费就不能消费；二是竞争性（rival-rousness），即同一物品在同一时点被某人消费就不能被其他人消费。[2]公共产品不同于私人物品的基本属性在于：具有非排他性（non-exclusiveness）和非竞争性（non-rivalrousness），以及社会公共需求性（Social public demand），非排他和非竞争性是公共产品的技术属性，而社会公共性是其本质属性，但是这仅是从与私人产品相对比的角度而言，并不意味着所有的公共产品都完全地非排他和非竞争，也并不意味着所有公共产品都具有程度相同的非排他性和非竞争性。事实上，不仅不同公共产品的非排他和非竞争性质不同，而且各自非排他和非竞争的程度都有所不同。因此，不同性质特征组合的公共产品就决定了不同供给机制的选择。

（二）公共产品类型化的理论依据

在《公共支出的纯理论》中，萨缪尔森对公共产品的定义较为经典。为了严格表述公共产品的概念，萨缪尔森借助于数学工具，起初对私人产品和集体消费产品即公共产品进行了严格的区分，采用"公共产品—私人产品"的严格二分法。但在第二年的《公共支出理论图解》中又建议将之前他的定义作为极端情形来看待，承认大多数的公共产品都不是纯公共产品，诸如教育、法庭、公共防卫等，都存在某些"收益上的可变因素，使得某个市民以其他成员的损失为代价而收益"。虽然萨缪尔森对于公共产品的定义在之后的论证中一变再变，但是非竞争性这一公共产品的基本属性已经被比较明确地提了出来，不可分割性也被突出强调。萨缪尔森还对私人产品和公共产品的

---

〔1〕 陈其林、韩晓婷："准公共产品的性质：定义、分类依据及其类别"，载《经济学家》2010年第7期。

〔2〕 姜宁："从'共享单车'的监管看政府如何在分享经济中发挥作用"，载《河北学刊》2017年第4期。

最优化供给均衡问题作了比较分析。他认为公共产品无法像私人产品一样可以通过竞争性的市场定价机制找到供给均衡点，萨缪尔森假定存在着很有洞察力的人（伦理上的观察者），知道个人的偏好函数，以此来解决公共产品个人偏好的显示问题。萨缪尔森总结了公共产品的最优化供给均衡点，即公共产品有效定价原则为个人价格总和等于边际成本，政府可根据个人从公共产品消费的边际收益对他们征税。萨缪尔森还对私人产品和公共产品的一般均衡进行了分析，得出了公共产品最优供给的一般均衡条件——著名的萨缪尔森条件：即消费者对私人产品和公共产品的边际替代率之和等于私人产品和公共产品生产的边际转换率。在萨缪尔森之前，古典学派的经济学家研究公共产品是从市场失灵、政府职能等问题入手的，而奥意学派和瑞典学派的学者虽然提出了共同消费、成本分摊等公共产品的特点，并且试图揭示其消费与所承担的税收之间的联系，但是，萨缪尔森是第一个能够严格区分私人产品和公共产品，并提出了纯公共产品定义的经济学家。此外，他还对私人产品和公共产品最优供给的局部均衡和一般均衡进行了分析，发展了诸如征税效率、公平分配和效率的兼顾等问题研究。[1]

　　詹姆斯·M. 布坎南在经济学理论上最主要的贡献就是将政治决策的分析与经济理论结合了起来，与戈登·图洛克、肯尼思·阿罗等人创立了公共选择理论，成为现代"公共经济学"的起源。公共选择是一种对政治的看法，它是在把经济学的工具和方法扩大应用于集体的或非市场的决策过程中产生的。公共选择理论为公共产品理论走向成熟作出了重要贡献，并与公共产品理论一起成为当今众多《公共经济学》教材的姐妹篇。布坎南认为，1960年以前的公共经济学更准确地说应该是公共财政学，因为那时中心议题是如何提高公共活动的最佳收益。在马歇尔经济学统治下，传统的公共财政理论被认为是功利主义的胡说。通过 R. A. 马斯格雷夫（R. A. Musgrave）、霍华德·伯恩（Howard Bowen）、保罗·萨缪尔森（Paul Samuelson）、J. G. 海德（J. G. Head）和其他学者的工作，这个不足直到 20 世纪的最后 30 年才逐渐被克服。布坎南在萨缪尔森等人研究的基础上创造性地提出了"俱乐部产品"。1965 年，布坎南在《俱乐部的经济理论》一文中指出，萨缪尔森定义的公共产品是"纯公共产品"，而在现实社会中大量存在的是介于公共产品和私人物

---

〔1〕　贾晓璇："简论公共产品理论的演变"，载《山西师范大学报（社会科学版）》2011 年第 3 期。

品之间的"准公共产品"或"混合商品"。所谓俱乐部产品就是这样一类产品：即一些人能消费，而另外一些人被排除在外。在该文中，布坎南使用成本—收益分析框架，得出了俱乐部成员的最优规模。他指出，俱乐部成员的最优数量是有限的，而且随着该俱乐部产品数量的边际收益的变化而变化，认为俱乐部的所有者能够固化他们的价格，接受新的成员，只要每个成员的边际收益不小于他或她的边际成本。根据边际成本与收益分析，俱乐部通过接受愿意支付的新成员而达到规模最优。布坎南的"俱乐部产品"不仅拉近了"公共产品"与现实的距离，具有较强的实用性和操作性，[1]也为公共产品的市场化提供了理论依据和实践指引。

（三）公共产品的类型

1. 纯公共产品

具有完全非竞争性与非排他性的产品，称之为纯公共产品，如国防、外交、法律、公安、交通安全、义务教育、生态环境保护、公共卫生、公共基础设施等。[2]纯公共产品又称基本公共物品，是政府向全体社会成员提供平等的、无差别的共同服务，不受地位、种族、富裕程度和城乡差别的限制，人人均可平等享受。[3]对于纯公共产品而言，由于消费上具有完全非排他性，从需求方看，作为"经济人"的消费者具有隐瞒真实需求偏好的可能，都期望成为"免费搭车"者，不能提供市场活动必需的有效信息；从供给方看，排他不可能，从而向谁收费、如何收费、收多少费都成为难题，价格机制难以发生作用，因而市场不能保证公共产品符合帕累托效率的供给，导致市场供给不足。由于纯公共产品具有消费的非竞争性，即边际成本为零，生产者为了争取利润最大化，不可能按照边际成本定价，而按照高于边际成本的水平定价，则必然降低消费者福利水平，以至于纯公共产品市场供给方面存在"市场失灵"没有效率。[4]特别是多数公共产品需要大量的投入，但却难有回报，市场也不愿意参与这类公共产品的供给。因此，纯公共产品一般主要由政府提供。

---

[1] 王爱学、赵定涛："西方公共产品理论回顾与前瞻"，载《江淮论坛》2007 年第 4 期。

[2] 姜宁："从'共享单车'的监管看政府如何在分享经济中发挥作用"，载《河北学刊》2017 年第 4 期。

[3] 滕世华："公共治理视野中的公共物品供给"，载《中国行政管理》2004 年第 7 期。

[4] 秦颖："论公共产品的本质——兼论公共产品理论的局限性"，载《经济学家》2006 年第 3 期。

2. 准公共产品

在现实社会生活中，纯公共产品毕竟只是极端的例子，公共产品的非竞争性与非排他性是相对的，而非绝对。根据公共产品非排他和非竞争属性不同，公共产品又可区分为纯公共产品和混合公共产品或是准公共产品两种。因此，介于私人产品与纯公共产品的物品通常称之为准公共产品（quasi public goods）。准公共产品具有如下的特征：第一，一定范围内的非竞争性。即增加消费者无须增加提供成本，但消费量达到一定程度后，消费则具有竞争性或拥挤性。第二，可以有效地做到排他。即通过收费和技术限制达到排他。如医疗、教育、交通等都是准公共产品。[1]布坎南在《俱乐部的经济理论》一文中指出，同一俱乐部的成员对集团提供的俱乐部产品评价大致相同，这在制度上就存在一种激励，这种激励能够消除成员的"搭便车"动机。这为集团组织借助市场化手段供给准公共服务提供了理想模式。1974年，罗纳德·科斯发表《经济学上的灯塔》一文，指出只要能够实现排它的成本下降，或者找到满足激励的制度形式，私人就有可能提供部分公共产品，而且可能更有效率。其他如"选择性进入"理论（戈尔丁）、"公共产品的私人生产"论述（德姆塞茨）、"契约解决免费搭车问题"（布鲁贝克尔）等，都为在社区公共服务供给中引入市场机制提供了可能性。[2]现实生活中，诸如医疗服务、非义务教育以及某些需要付费使用的基础设施等，均属于准公共产品。道路设施本应属于公共产品，但付费公路使道路设施成为准公共产品。

在产品的自然属性中，其中的两类属性对于准公共产品类别的划分是至关重要的：一是排他的技术可行性；一是产品品质的非均质的竞争性即非均等性。因此，准公共产品首先在于其是满足社会个体成员各自不同的消费偏好和需求，因而与社会成员的个人利益直接相关。其次，没有"排他"的技术性难题，不仅可以将某些个体排除在此类产品的消费之外，而且因排他而带来的收益会大于用于排他的成本。"拥挤性产品"（A. A. 沃尔特斯）被看作是非排他性与竞争性之间组合的结果。在既定的时空条件下，该产品的消费通常会出现以下两种情形：其一，该产品稀缺，但具有消费的均质性特征，

---

〔1〕　姜宁："从'共享单车'的监管看政府如何在分享经济中发挥作用"，载《河北学刊》2017年第4期。

〔2〕　代明、袁沙沙："国内外城市社区服务研究综述城市问题"，载《城市问题》2010年第11期。

"拥挤"将会产生，比如免费公路或城市道路的交通拥堵；其二，该产品稀缺并具有消费的非均质性特征，那就不仅是"拥挤"，消费者之间还会出现争夺甚至暴力侵占的现象。显而易见，"拥挤"将带来效率损失，但这种损失将由参与其中的消费者共同承担。以交通拥堵为例，减少效率损失的解决之道，一是增加供给，比如，我国的许多城市都在大兴土木，希望用以高架桥为代表的立体交通解决"出行难"的问题。[1]因此，准公共产品具有的排他性，主要基于以下两方面因素：一是为了防止因"拥挤"而导致的效率损失而必须做出的制度安排；二是为筹措必要的维修或护理费用，以防止设施破损造成的低效运营，维持或提高它的运营效率。公共产品的竞争性基本可以被表述为：在既定的供给条件下，一个人的消费可能性与他人的消费量无关。[2]

均质性可以作为公共产品的类型化基础，即具有均质性的为纯公共产品，而非均质性的可作为准公共产品，且非均质性可以成为准公共产品市场化差异性服务的定价依据。比如，在现代国家，义务教育是每个公民的基本权利，因此，义务教育一般都是纯公共产品，具有非排他性和非竞争性。对于俱乐部产品，准公共产品排他成本较低，比如，有线电视。对此，尽管消费者彼此之间消费互不影响，但由于可以比较容易地将未付费者排除在消费群体之外，价格机制便能较好地发挥资源配置信号作用，使收费筹资成为可能，从而可以吸引私人部门的进入。因此，对于此类公共产品，政府供给与私人供给均可采用。[3]准公共产品的非均质性可以为不同的消费需求提供有偿性的差异化服务，提高准公共产品的服务品质。比如，不同的公共交通工具满足了不同消费水平的乘客需求，不同办学水平的非义务教育可以通过价格或是条件限制从技术上实现排他，但需要政府与市场的协作避免"拥挤效应"才能实现公平、自由和效率的帕累托最优，比如，私立教育、出租车服务。准公共产品理论的"有限排他性"和"非均质的竞争性"为其市场化奠定了基础，这也是准公共产品类共享经济商业模式的依据。目前的准公共产品如网约车、共享单车、网约医护等都是基于此类准公共产品的市场特性而采取的

---

〔1〕 陈其林、韩晓婷："准公共产品的性质：定义、分类依据及其类别"，载《经济学家》2010年第7期。

〔2〕 陈其林、韩晓婷："准公共产品的性质：定义、分类依据及其类别"，载《经济学家》2010年第7期。

〔3〕 秦颖："论公共产品的本质——兼论公共产品理论的局限性"，载《经济学家》2006年第3期。

共享经济的商业模式。应该明确，准公共产品具有公共产品的一般特性，即非排他性、非竞争性和公共性的特点，因此对准公共产品的市场化也应该符合其"拥挤性"的基本特性：即准公共产品供给的有限性。准公共产品的共享经济商业模式也应遵守其"拥挤性"特征，不宜全面市场化地自由竞争。

三、准公共产品类共享经济的理论分析

（一）准公共产品类共享经济的内涵

公共治理范式发生的最直接的原因就是对公共部门有效性的质疑，因而公共治理变革的首要目的就是如何有效实行公共治理，如何有效组织公共产品。改善公共管理机制和手段，发挥市场机制的作用，引入私营部门管理的模式，就成为提高公共部门组织绩效和效率的重要途径。公共产品实证研究为非政府提供和引进市场机制提供了重要的理论依据和实践指导。准公共产品主要包括自然垄断型的公共产品，如水资源、海洋渔业、矿产资源等；由政府出面提供的带有规模经济效益的公共工程、公共服务和公共产业，如社会基础公共设施的下水道系统、供水系统，邮政、民航、铁路、煤气等公共产业，医院、高等教育等公共服务。这类公共产品既带有公共产品的特性，又具有私人物品的特点；既具有消费的普遍性，又具有一定程度的竞争性与排他性。准公共产品的特性表明，引进市场机制不仅是必要的，而且是可能的。在公共产品领域引进市场机制，可以有多种方式和途径：政府可以借助市场组织和社会组织的优势与能力，采取与生产组织订立标准、服务数量与服务质量的契约方法，还可以通过补贴、税收政策等调控手段，激发民营企业或社会公益组织生产公共产品的积极性，促进公共产品的生产和供应效率。[1]

公共产品的"公共性"或者"社会性"本质就是一种共享机制。就纯公共产品而言，就是一种非排他性的绝对共享。准公共产品类共享经济与传统的公共产品的共享模式的不同之处在于，其通过互联网把闲置的准公共资源进行了精准的配置。准公共资源类共享经济也可以分为社区共享、商业共享和伪共享。社会公共资源是用于公共服务，为公众所共有且为人类的生存和发展创造必要的条件，关系人民群众生活质量、社会公共利益、国民经济和

---

〔1〕　滕世华："公共治理视野中的公共物品供给"，载《中国行政管理》2004年第7期。

社会可持续发展的非自然资源。某种程度上，公共资源的利用就是一种共享机制，如图书馆、学校、路灯、医院、城市公园、城市道路、桥梁等。实践中，为了避免公共领域的"公地悲剧"，政府会对公共资源采取管制措施，但政府的行政垄断会导致效率低下。能否让市场通过共享机制参与公共资源的配置，不能简单地否定或是肯定，制度设计是首要的问题，但政府捍卫社会公共利益的底线不应被突破。

《中共中央关于制定国民经济和社会发展第十三个五年规划的建议》指出，共享是中国特色社会主义的本质要求，要通过更有效的制度安排，使全体人民在共建共享发展中有更多获得感。2013 年 10 月 7 日至 2015 年 9 月，习总书记在东北、陕西、西藏、云南、广西等地的调研中以及中央工作会议和国际会议上多次提出并阐释了共享发展的理念及实现路径：人人参与、人人尽力、人人享有。大力推进基本公共服务，健全社会保障体系和基本公共服务体系，公平配置资源，消除贫困，改善民生，逐步实现全体人民共同富裕的共享发展。[1]通过加快户籍制度改革，把基本公共服务均等化为重点，着力改善民生。加大对基本公共服务和扶贫济困工作的支持力度，推进城乡要素平等交换和公共资源均衡配置。突出精准扶贫、精准脱贫，防止平均数掩盖大多数。把现代公共文化服务体系建设作为一项民心工程，坚持政府主导、社会参与、共建共享，统筹城乡和区域文化均等化发展。加快科学扶贫和精准扶贫，办好教育、就业、医疗、社会保障等民生实事，实现全面建成小康社会。加快老区发展步伐，确保老区人民同全国人民一道进入全面小康社会，发展乡村教育，让每个乡村孩子都能接受公平、有质量的教育，阻止贫困现象代际传递。通过教育信息化，逐步缩小区域、城乡数字差距，大力促进教育公平，让亿万孩子同在蓝天下共享优质教育、通过知识改变命运。[2]根据习总书记关于共享发展的理念，通过共享平台，可以解决闲置人员的就业问题，实现共同参与共同致富的共享发展。共享平台通过对城市闲置教育、医疗等公共资源在农村的再配置消除城乡差别，提高资源利用率，实现资源配置的均衡化，达到共享发展的目标。并通过不同发展地区的资源共享进行精

---

〔1〕"坚持共享发展——'五大发展理念'解读之五"，载 http://theory. people. com. cn/n1/2015/1224/c40531-27969090. html，访问日期：2016 年 7 月 30 日。

〔2〕"习总书记谈'五大发展理念'之五：共享发展"，载 http://www. whb. cn/zhuzhan/kandian/20151114/43025. html，访问日期：2016 年 7 月 29 日。

准扶贫，实现共享发展。

对于公共领域，共享经济的商业模式也应该遵守公共产品的非排他性和非竞争性的一般属性而适用行政垄断，不应该完全适用市场竞争机制来配置准公共产品。简而言之，由于公共产品技术上拥有非排他性和非竞争性，如果仅由市场机制来配置可能会导致公共资源被滥用进而引发"拥挤效应"或是资源枯竭引发"公地悲剧"。我国的共享单车市场经过 2016 年至 2017 年短暂激烈的市场竞争之后的一地鸡毛，就是一个很典型的由于市场机制过度竞争进而引发公共资源配置失败的例子。当然，不论任何行业，市场的竞争都是优胜劣汰，过度竞争或是掠夺性竞争最终都会走向垄断。就像我国目前的网约车和共享单车市场，都是凭借资金优势通过掠夺性低价竞争淘汰竞争对手最终取得了垄断地位，但垄断对市场竞争带来的伤害是显而易见的。因此，准公共产品类共享经济应采取何种商业模式，其市场化程度如何，不同的准公共产品的资源配置方式应该有所不同。

（二）准公共产品共享经济模式的理论基础

公共产品的非竞争性属于价格机制的问题，本质上也是成本问题，公共产品的"共享消费"的非竞争性从商业的角度难以实现盈利，但可以通过技术设计实现其竞争性，也就是通过非均质化或是差异化促进竞争。随着社会科学技术的进步，在萨缪尔森时代，许多"在技术上不易排除众多的受益人"或者"一个人的消费不会减少其他人的消费数量"的公共产品，实际上已经从科技发展的趋势上可预见到或是从技术手段上可以较低的成本来实现消费的非排他性和非竞争性。从非竞争性上来讲，成本管理的统计工具和会计核算方法越来越精密，核算手段的进步使得绝对意义上的边际生产成本和边际拥挤成本为零的产品几乎不存在。从非排他性上来讲，计算机技术、遥感等物理技术和管理学的进步也使得很多原来难以排他的产品实现排他性，或者排他的成本大为降低。因此，继续沿用萨缪尔森关于公共产品定义和特点的理论已不能完美地解释什么是公共产品这个财政学最基本的概念。公共产品的排他性与否以及排他程度的高低，涉及的是一个成本问题而不是一个逻辑问题，其可行或者不可行依赖于执行成本的相对高低，而排他执行成本最终则取决于技术水平。因而，技术进步可以通过降低公共产品的排他成本以影响非排他属性，从而改变公共产品的性质特征，进而影响公共产品供给机制的选择。[1]因此，公共产品可以通过技术手段排除其非排他和非竞争性市场化障碍而实现商业目的，这就为公共产品类共享经济模式提供了理论基础。

公共资源的稀缺性可能会因个人或利益集团竞相追逐对其的支配权而发生"公地悲剧"。因此，政府和市场两者对公共资源的配置都存在缺陷，为确保公共资源被公平合理地分配，对公共资源应该从社会、经济和生态三方效益进行综合评价，并采取相应的监管措施。既要确保公共资源在一定程度上盈利以维护公共事业的可持续发展，又要符合其环境生态价值目标，特别是其社会价值目标，增进公共福利，维护公共利益，让所有社会成员均可平等享受公共资源。市场和政府对公共资源的共治共享机制是在追求经济价值的同时，兼顾生态价值、环境价值及社会价值的理想治理模式。社会中间层一方面能充分发挥市场在资源配置中的能动性，一方面又能行使政府的部分监管职能，形成了"政府—社会中间层—市场"的经济法律关系。[2]像共享平台公司一样具有公共性的社会中间层组织可以通过共享机制参与公共资源的配置，其在政府和市场的互动中的补缺作用和地位越来越明显。具有社会组织角色的共享平台可以比政府在对共享服务提供者在发现及跟踪、运行背景调查方面作出更适当的反应，以便迅速平息成员之间的冲突。此外，共享还有助于政府机构的监管。例如，卫生检查员可以根据评级确定餐厅的卫生条件。[3]

在公共资源的配置过程中，共享经济的共享平台公司以社会中间层的身份参与政府和市场对公共资源的配置，打破政府在公共领域里的行政垄断，建立政府与市场共治的管理模式，典型的例子就是网约车服务。本质上，车辆属于私人物品，但道路属于公共空间，任何形式的交通都需要占用道路公共资源，属于公共产品供给的范畴。为了解决交通问题，一般政府会根据需要开设不同消费层次的交通工具服务民众，既有免费或是廉价的服务质量均等并水平较低的公共交通，也有消费水平较高、服务水平较好的出租车。政

---

〔1〕樊丽明、石绍宾："公共品供给机制：作用边界变迁及影响因素"，载《当代经济科学》2006年第1期。

〔2〕王全兴：《经济法基础理论专题研究》，中国检察出版社2002年版，第51页。

〔3〕Malhotra and Arvind, "The Dark Side of the Sharing Economy…and How to Lighten It", *Communications of the ACM*, Nov 2014, Vol. 57, Issue 11, p. 27.

府应根据不同的市场供需水平结合道路车辆的容量进行合理规划，不能由市场自由供给。网约车进入出租车市场在补充了运力资源储备的同时也保证了市场的供给，通过互联网技术精准地在司机和乘客中配置资源，在一定程度上可以避免对公共资源的掠夺，避免"拥堵效应"和"公地悲剧"的发生。简而言之，共享平台在参与准公共产品的配置过程中，应该避免无序的自由竞争造成的"拥堵效应"和"公地悲剧"而影响公共资源的配置效率。

（三）准公共产品类共享经济模式

准公共产品私人供给的形式总的来说有三种：一是私人完全供给。指公共产品的投资、生产以及修缮由私人来单独完成，私人通过收费方式向消费者收取费用；二是私人与政府的联合供给。指在公共产品的生产和提供过程中私人和政府形成某种联合，即政府对私人提供公共产品给予一定的补贴和优惠政策，如政府补贴私人植树造林等；三是私人与社区的联合供给。指私人与社区通过有条件的联合来提供公共产品，社区可给予私人一些优惠政策如提供场地等，这样私人可以以较低的价格或是免费的方式获得社区公共产品。公共产品的私人供给可以最大限度地发挥私人生产的积极性，让公众得到更多的实惠。

1. 准公共产品的社区共享模式

公共产品的社区共享是指通过居间共享平台对闲置公共资源的免费配置。在引入市场机制对政府供给模式进行改革的基础之上，制度分析学派开始探索治理中社会机制的作用，把研究视角从政府转移到社会中来，希望依赖各种社会组织的相互作用，实现一种"无政府的供给"。其基本内涵是研究"相互依赖的委托人如何才能把自己组织起来，进行自主治理，从而能够在所有人都面对搭便车、规避责任或其他机会主义行为诱惑的情况下，取得持久的共同收益"。这种社会自主供给模式既超越了传统公共行政的政府供给，也超越了自主调节的市场供给，甚至也不认可引入市场机制对自身供给形式的改革，而是寄希望于社会组织和社会成员之间的协商、合作形成一种约束机制和规则，是建立在对于社会成员和组织的信任关系之上的，完全依赖社会的自然协调，这种协调就是要创造一种社区自治的模式，认为只有这样才最符合社会的需求，这样供给的公共产品才最接近公益的目标。自主治理模式对于公共产品的供给有两种组织形式：一是通过公益组织的形式。公益组织是指社会中通过自愿原则组成的公共服务组织，它们提供的公共产品既包括团体组织为社会提供的无偿服务，也包括个人的义务工作和资助。这种组织提供的是完全利他型的公共产品，只能依赖社会成员的自觉、自愿，而不是依赖外在的经济或利益刺激。二是通过自主互利组织。此类组织是为追求团体利益而存在的，社会成员组织在一起的目的最终仍是为了自己的利益需求。不过私利的需求借助于团体的力量，以团体利益的形式更容易实现。这种组织体现为"奠定在自愿基础上的契约性"。公共产品表现为在组织规则下的自主生产、自主供给，为群体的公共利益负责。自主供给模式寄希望于通过各种层级的自组织形式构建一种多中心的治理模式，通过社会的自主运作实现公共产品的供给。[1]这种由社团组织或是社群内部按自愿原则提供的公共产品，其本质就是社区公共产品的共享。这种社区公共产品的提供与一般公共产品的提供不同的是，共享不是由国家也不是依市场机制来提供的，而是社员自愿免费提供，或是集体提供。这种由社团或是社员免费提供的公共产品的共享机制，是一种社区共享机制，可以由社团内部或是社员通过共享平台对闲置的公共产品进行配置或是利用。比如，学校通过购买数据库免费供本校的教职员工和学生使用、社会组织创办的免费公共电子图书馆，以及小区的公共设施等，比如，球场、游泳池免费给本小区居民使用，都是一种社区共享机制。

2. 准公共产品的商业共享经济模式

准公共产品的商业共享经济模式就是把闲置的公共产品通过共享平台对外出租，实现线上线下的共享。比如，学校在不影响教学科研的情况下，通过把闲置的图书、实验室、球场等公共产品通过共享平台对外出租。公共产品的商业共享在于通过共享平台，引入市场机制，通过适当的收费把闲置的公共产品对外出租。因为市场与政府更倾向以功能主义和实用主义的方式配置公共资源，最终可能导致市场与政府的双失灵。比如，城市治理，这种规划往往忽视了城市公共空间的"公共性"。在面临着政府和市场双重失灵的情况下，短期社会治理的弥补尤为重要。社会力量通过共享平台参与到城市问题的治理中，为政府与市场治理失灵的双重困境寻找新的出路，其过程则形成

---

〔1〕 高秉雄、张江涛："公共治理：理论缘起与模式变迁"，载《社会主义研究》2010年第6期。

了"共享式参与"的社会治理。[1]共享网约车、共享单车都是通过共享平台来提供公共交通服务的，但由于政府和市场在共享资源配置中的失灵，特别是资本引发的过度竞争导致了市场"共享式参与"社会公共治理的危机。

公共产品的非排他性、非竞争性及其"公共性"或"社会性"特性意味着其不可能像一般的商品一样以完全适用"负面清单管理模式"的市场自由竞争的方式实现资源的配置。市场通过共享经济模式参与准公共产品的配置，打破了传统政府对公共产品配置的行政垄断，有利于通过市场机制提高公共资源的配置效率。但应该明确市场对公共产品配置的范围、方式，防止滥用市场权利侵占公共资源，破坏公共秩序。我国网约车、共享单车对城市公共空间的自由放任的占有和利用，其正当性值得商榷。如果政府不适当干预，可能就会发生权利滥用或是不当使用导致"公地悲剧"。对于准公共产品类商业共享经济，政府不应该放任不管。为防止出现"公地悲剧"，政府对准公共产品的商业共享经济进行适当干预是必要的。因此，政府应积极主动地创造营商环境，使公共资源有条件地市场化，引入市场机制提高公共资源的配置效率，比如，一些公立机构把闲置的公共设施、公共图书、实验室、公共服务通过共享平台对外进行出租，这是一种理想的准公共产品的商业共享经济模式，网约顺风车和网约拼车也是比较理想的准公共产品的商业共享供给模式。

3. 准公共产品的伪共享经济模式

公共产品的伪共享经济模式就在于借共享之名对公共产品形租赁之实，实质就是准公共产品的网络租赁而不是闲置公共产品的共享。因为公共资源的稀缺性导致其供给的有限性，需要政府参与公共资源的配置防止公共产品使用过程中的"拥挤效应"。比如，因为道路资源是稀缺公共资源，任何交通工具都可能占用公共资源。网约专车、共享单车都是通过共享平台把私人的车辆对外进行出租并获取报酬的，虽然这也是市场参与公共资源配置的一种商业模式，但不是对闲置公共资源进行配置的共享经济模式，只不过是传统的租赁商业模式的网络化或是电子商务化，其本质是网络租赁经济，是一种伪共享。因此，对于伪共享经济模式的监管不能适用共享经济的监管模式，

---

[1]　许龙飞："共享式参与：社会公共性与城市空间治理——基于'空间尴尬症'的研究"，载《实习与实践》2018年第9期。

应根据传统的相关行业的管理模式进行规范管理。对于伪共享经济，因为存在对其经济模式的误读，把网络租赁经济当作共享经济，以至于放松监管最终导致"公地悲剧"。实际上两者的商业模式有本质上的不同，一般的共享经济是对闲置资源的共享，主要属于 C2C 商业模式的轻资产型，其边际成本很低甚至接近零，所以其商品价格低廉，这也是共享经济商业模式的优越性。但伪共享经济一般属于 B2C 的商业模式，为重资产型，其经营成本高，很容易形成冗余成本。因此，其定价模式应该不同于共享经济模式。对其的监管也应该有所不同，特别是准公共产品，政府应该加强市场准入的监管，避免因准公共产品伪共享的过度竞争形成冗余，这不仅难以创造利润，也不利于企业的可持续发展，特别是还侵占了公共资源。比如，很多网约快车、专车不管是在等客还是拉客，都会侵占道路公共空间导致交通拥堵。另外，由于每个城市每一天的顾客数量基本上是固定的，行业的竞争弹性不大，且如果车辆过多造成过度竞争，则可能导致司机收入下降，甚至因难以继续营运而被迫退市。

2016 年曾经遍布我国城市大街小巷的共享单车经过一年的低价恶性竞争，于 2017 年被迫退市。废弃的自行车"横尸"大城市的每个角落，不仅侵占了公共空间，影响了市容市貌，给城市管理带来了新的治理问题，而且其所形成的巨大的沉没成本也是对资源的严重浪费。共享单车市场的溃败，也是准公共产品类伪共享经济市场失灵的一个沉重的经验教训。共享单车市场失灵的意义就在于：由于准公共产品非排他性和非竞争性的特性，其竞争弹性很小，如果完全由市场通过自由竞争的方式对资源进行配置必然会导致市场失灵。因此，为了避免准公共产品市场出现的"拥挤效应"带来的效率低下以及产生的冗余成本的资源浪费造成"公地悲剧"，政府对准公共产品类伪共享经济的介入和干预是必需的。

(四) 准公共产品类共享经济模式的新机制

社会的公益目标和产品排他的技术性难度，可以被视为决定公共产品的非排他性、非竞争性的主要因素。但是，产品的公益性质与排他技术的不可行性之间呈完全耦合状态的情况并不普遍。准公共产品之所以存在，一般而言，是因为上述的两个决定因素之间没有达到完全耦合的程度，或者两个因素各自作用的方向相悖，即产品消费越来越属于或接近于社会的公益目标，而产品消费的排他性技术则简便易行，排他的成本日益降低。从动态的角度看，公共产品与准公共产品之间的界限，具有较大的不确定性。在某种情况下，两者之间会发生逆向性的转化。比如，即使是在产品排他技术较为简便且成本低廉的条件下，社会或政府也会依据公益目标的要求，消除准公共产品甚至私人产品的全部或部分的排他性，使其转变为公共产品或准公共产品。现行的义务教育就是准公共产品转变为公共产品的一个典型事例。也有相反的情况，原来一些作为公共产品使用的基础设施比如道路、桥梁等，现在成了准公共产品。[1]有些准公共产品具有竞争性，同时非排他性或排他成本较高。比如，城市道路、公共池塘等资源产品，此类准公共产品的消费者之间彼此互相影响，特别是在达到拥挤点以后，竞争关系更是明显，但由于排他不可能或成本较高，从而不能或很难将未付费者排除在外，价格机制难以适用。因而，私人供给无法实现，而由政府供给便是一个不错的选择。具有竞争性，同时排他成本较低，比如，高等教育。此类准公共产品在性质上更加接近于私人产品，消费者之间存在竞争关系，同时又可以比较容易地实现排他，收费或接受捐赠成为其经常采用的筹资方式。[2]

准公共产品的市场参与机制为其共享经济模式提供了可能。进入"互联网+"时代，准公共产品供给主体加速呈现多元化趋势，政府管理的重点应放在如何将市场竞争机制引入公共服务供给领域，将原本主要由政府承担的部分公共职能推向市场，通过充分发挥市场优化公共资源配置的作用，达到有效改善和提升公共服务的目的，此举既能弥补政府财政资金不足的困境，也可以提高城市准公共产品供给的效率。[3]共享单车或共享网约车就是准公共产品类共享经济最好的实例。另外，公共部门可以作为共享平台实现准公共产品的交易，或作为供方，或作为需方。比如，允许公共组织通过共享平台预订会议室或租用不常用的机械设施，而不是购买来节约成本。或是通过共享平台出租会议室或是出租公共设施从而增加公共财政收入，公共部门也可以从地方租用私人产品提供公共服务，充当共享经济中的客户。公共部门或私人组织可以通过共享平台向公民提供公共设施，比如，公寓或运动场。在

---

〔1〕 陈其林、韩晓婷："准公共产品的性质：定义、分类依据及其类别"，载《经济学家》2010年第7期。

〔2〕 高秉雄、张江涛："公共治理：理论缘起与模式变迁"，载《社会主义研究》2010年第6期。

〔3〕 姜宁："从'共享单车'的监管看政府如何在分享经济中发挥作用"，载《河北学刊》2017年第4期。

紧急情况下，政府公共机构通过向共享平台订购房间供受灾的民众使用。例如，在桑迪飓风期间，美国政府与 Airbnb 合作为受影响的居民提供住房。[1] 公共机构可以把公共设备通过共享平台对外出租。美国的许多联邦机构已公开列出免费提供会议室和工作空间或象征性收费的图书馆和其他政府建筑物的名单，通过 LiquidSpace 和 NextSpace 等空间共享平台向公众提供服务。共享单车和共享汽车用于补充公共交通，尤其是在最后一英里。Airbnb 激活灾难工具以自动联系受灾地区及周边地区的房东，询问他们是否有更多空间与流离失所的邻居分享，愿意的主人可以免费与灾难受害者共享房屋。[2]

另外，公共部门可以作为第三方的客户，例如，私人公司，公民和其他公共机构，通过共享平台租用他们提供的产品和服务。例如，MyCommunitySpace 允许公共组织预订会议室。同样，MuniRent 允许市政当局使用闲置设备（例如重型机械）。因此，公共部门可以放弃购买自己很少用到的专业机构设备，转而从共享平台公司租用，也充当共享经济中的公共产品客户和私营部门组织。例如，洪水或飓风期间，政府与共享平台合作，为受影响的居民找到住房。[3]简而言之，因为共享平台通过网络技术可以在供需方之间精准配置资源，节约成本，以至于市场也愿意通过共享平台参与准公共产品的配置。

四、准公共产品类共享经济模式的价值分析

（一）共享经济模式有利于准公共产品资源的优化配置

1882 年，德国经济学家瓦格纳（Adolf Wagner）通过对 19 世纪的许多欧洲国家和日本、美国公共支出增长情况的考察，提出了"公共支出不断增长法则"，也称"政府活动扩张法则"，可以表述为：由于人们对公共产品的需求弹性较高，在经济发展过程中，随着人均收入的提高，人们对包括法律、警察、金融、教育、文化和医疗等公共产品的需求将不断增长，并且超过人

---

〔1〕 Sara Hofmanna et al. , "The Public Sector's Roles in the Sharing Economy and the Implications for Public Values", *Government Information Quarterly*, 2019（36）：3.

〔2〕 Sukumar Ganapatia and Christopher G. Reddick, "Prospects and Challenges of Sharing Economy for the Public Sector", *Government Information Quarterly*, 2018（35）：82.

〔3〕 Sara Hofmanna et al. , "The Public Sector's Roles in the Sharing Economy and the Implications for Public Values", *Government Information Quarterly*, 2019（36）：3.

均收入的增长，因此使得政府支出的规模也相应增长。这一观点后来被人们称为"瓦格纳法则"（Wagner's Law）。"瓦格纳法则"随后被许多学者的研究所验证。一些国外学者在对第二次世界大战后东西方国家的社会福利开支作了比较研究后发现，不但资本主义国家市场经济的福利开支呈现膨胀趋势，社会主义国家的公共开支也大体符合"瓦格纳法则"，只是增长速度稍低于资本主义国家。可以说，瓦格纳最早从实证的角度研究并证实了政府的公共产品供给职责且得出了趋势不断扩大的结论。[1]当代社会呈现出来的"瓦格纳法则"现象表明了现代国家的财政困境，即公共财政难以满足日益增长的社会公共需求。在公共资源有限的情况下，提高公共产品的配置效率成为政府的当务之急。市民社会的发展、经济全球化和传统机制的弊端催生了更多样化的公共需求，"政府公共善治的变革"便迫在眉睫。[2]在社会发展进程中，市场机制是资源配置最基本、最有效的制度安排。然而市场机制的作用重在实现机会平等和规则平等，但在促进社会公平正义方面却存在失灵现象。基本公共服务通过社会财富再分配的手段保障民众的基本权利、满足民众的基本需求，有利于建立成果分享机制，缩短贫富之间、城乡之间、区域之间的差距，增进全社会福祉。[3]

在共享经济的背景下，公共机构应调整其政策和内部管理，着眼于基本公共服务与共享平台建立协作关系。依靠共享经济，政府可以通过共享平台来实现内部组织效率和增强外部公共服务。从内部管理的角度看，采购规范将不得不从购买资产变为租赁资产，获得成本效益和更广泛的可持续性收益。使用共享平台或向同级政府机构租用可减少前期成本，利用信息技术的力量提供公共服务随时随地随需应变。通过共享经济可以增强外部提供的公共服务，公共机构可以利用共享平台来增强传统公共服务。[4]政府通过共享平台优化公共资源配置，同时也提高了公共服务的效率。准公共产品类共享经济通过共享平台把私人产品引入公共领域参与公共资源的配置或是提供公共服

---

〔1〕 王爱学、赵定涛："西方公共产品理论回顾与前瞻"，载《江淮论坛》2007年第4期。

〔2〕 高秉雄、张江涛："公共治理：理论缘起与模式变迁"，载《社会主义研究》2010年第6期。

〔3〕 姜晓萍、吴菁："国内外基本公共服务均等化研究述评"，载《上海行政学院学报》2012年第5期。

〔4〕 Sukumar Ganapatia and Christopher G. Reddick，"Prospects and challenges of sharing economy for the public sector"，*Government Information Quarterly*，2018（35）：81.

务，不仅减轻了公共财政的压力，激活了闲置的社会资源，还可以优化公共产品的配置，丰富公共产品的供给，满足社会对公共产品多样性的需求。比如，共享网约车、共享单车都是私人产品通过共享平台参与道路准公共产品的配置，优化资源的配置。而网约医护、网络教育平台则是通过网络共享平台把闲置公共资源进行配置，提高公共资源的利用率。

（二）共享经济模式是准公共产品均衡化的实现路径

公平与效率是任何时期公共产品供给机制选择都应坚持的两大标准，而事实上，政府职能理念变迁的每一个阶段都蕴涵着公平与效率的权衡与选择。一般来说，政府供给更倾向公平而忽视效率，私人供给则更强调效率。因此，不同时期对公平与效率的不同侧重必然导致不同公共产品供给方式的选择，比如，欧洲的运河桥或水闸，那时欧洲的许多运河桥或水闸由私人供给而不是由政府供给，其主要理由便是私人部门相对政府部门的效率要高。而二次世界大战结束后，许多欧洲国家均将运河桥或水闸之类的基础设施行业公共品收归国有，由政府供给。但20世纪80年代以来，因缺乏竞争和管理缺陷，政府供给的公共品效率较低，造成宏观税负上升，政府支出规模扩大，财政赤字增加，政府债台高筑，反过来进一步加重纳税人负担。[1]哈维认为："城市公共物品和空间一直是国家权力部门和公共管理部门的事情：清洁、公共卫生、教育、铺好的道路"，但这个分界线是可以变化的。当一些空间变成必不可少的服务机构，或者全民使用成了优先考虑的问题时，这些空间则由"公地"转化为公共空间。例如，在许多社区，教育和福利曾经是由教会提供的。[2]但通过共享平台可以打破原来公共空间对公共服务的限制，可以使公共资源提升其服务的效能，把公共资源转变为公共产品，使更多的民众享受到原本没有的公共服务。目前，我国公共资源的配置存在缺位和错位现象。优势资源都集中在大中城市，甚至存在严重过剩的情况，而偏远落后的地方急需资源却得不到配置。通过网络共享平台可以把发达地区的先进教育资源和公共医疗资源通过共享平台向全国共享，特别是边远落后的地区通过共享平台而实现不同地区均衡化共享机制。另外，同一地区也会出现公共资源配

---

〔1〕 樊丽明、石绍宾："公共品供给机制：作用边界变迁及影响因素"，载《当代经济科学》2006年第1期。

〔2〕 ［加］汤姆·斯利：《共享经济没有告诉你的事》，涂颀译，江西人民出版社2017年版，第172页。

置不合理的情况。但通过公共资源共享平台对于线下的闲置公共资源进行整合并对外开放，就可以提高公共资源的利用率，促进地区的公共服务的均衡化。比如，学校的师资、操场和图书馆等，可以利用节假日在不影响正常教学的情况下通过共享平台预约对外开放，实现闲置资源的再利用，把本单位的富余的资源与社会共享。但应建立相应的监督管理机制防止利用公共资源共享平台谋取不正当利益，或者滥用公共资源共享平台谋取集团利益而侵蚀公共服务职能。共享经济机制使整个社会的公共资源通过共享平台实现合理的配置，减少资源的浪费，是实现公共产品均衡化的重要路径。但在公共领域的市场准入上，应建立新的机制排除法律上的障碍，确保行业的公平竞争和健康发展。

（三）准公共产品类共享经济的效率原则

新公共管理是针对传统的公共行政模式带来的政府僵化和失效产生的，其试图在政府运作中引入市场和经济因素，对政府管理模式进行改革，创造一种新型的公共管理模式。新公共管理是"以制度经济学和管理主义为基本的学术支持，追求'三E'（Economy，Efficiency，Effectiveness，即经济、效率、效能）目标的管理改革运动"。它主张把经济部门的管理模式引入政府管理之中，打造企业政府模式，使政府按照企业的运作形式来管理公共事务，将不同公共产品明确区分为政府提供和政府生产，根据效率和效能的不同安排公共产品的生产和供给。[1]准公共产品是政府为了提高供给效率而引入市场机制的产物，然而市场竞争会导致"拥挤效应"带来效率损失，但这种损失将由参与其中的消费者共同承担。以交通拥堵为例，减少效率损失的解决之道，一是增加供给，二是提高消费者参与消费的成本，三是改变"拥挤性"产品的性质组合，以排他性替代非排他性，或者采用行政配置方式，按照预设的规则作出硬性分配，规定什么人可以消费，什么人不可以消费，什么人最少要消费多少，什么人最多能消费多少，或者以有偿消费的方式即市场去解决因"拥挤"而产生的效率损失问题。因此，以非排他性与竞争性组合为依据，可以推理、演绎出供给方式。对于准公共产品，其实是社会或政府依据"公益目标"干预或校正"市场失灵"的结果。随着人类社会文明程度的不断提高，可能有越来越多的私人产品被社会赋予某种程度的公益性质成为

---

[1] 高秉雄、张江涛："公共治理：理论缘起与模式变迁"，载《社会主义研究》2010年第6期。

准公共产品。社会或政府的干预或校正，主要是通过财政并辅之以其他行政手段，以遏制或削弱私人产品的排他性或竞争性予以实现的。一方面，这种干预或校正的范围、力度，主要取决于社会某个发展阶段的主流意识形态、社会伦理准则、社会经济发展水平以及政府财力的大小。另一方面，削弱产品的排他性或竞争性，其实是对市场机制某种程度上的抑制或排斥。因此，此类干预或校正将导致效率的某种程度的损失。总体上看，干预或校正的力度越大，效率损失的程度越大。因此，"公益目标"推动了私人产品向准公共产品、准公共产品向公共产品的转化，而效率原则的作用则相反，是公共产品向准公共产品、准公共产品向私人产品转化的主要动因。在效率与公平两个基本原则形成的张力中，公共产品与准公共产品、私人产品与准公共产品之间会发生顺向或逆向的转变。[1]

科斯与德姆塞茨分别从历史经验和技术的角度分析公共产品私人供给的可能性。从必要性方面来讲，公共产品政府单方面供给也面临着效率问题。政府作为公共产品的唯一供给方，缺乏竞争会造成资源分配的效率低下，政府官员也可能由于追求个人利益的最大化而损害公众的共同利益，寻租和官僚主义也是造成低效率的原因之一。[2]准公共产品市场化的目标在于引入市场机制提高资源的配置效率，而准公共产品类共享经济通过网络技术和精算在供需方之间精准配置，可以减少交易成本。准公共产品等公共资源是有限的，且具有使用上的非排他性和非竞争性，作为一种稀缺资源不易完全由市场通过竞争调节资源的配置。比如，为防止交通拥堵，不可能对所有人都开放经营。另外，乘客的数量也是有限的，其市场的拓展有局限性。为了防止过度竞争出现"公地悲剧"破坏行业的健康发展，政府对出租车行业采取监管措施限制车辆的数量是必需的。为了乘客的安全，对出租车车辆和司机都必须采取严格的准入标准，通过严格的事前监管防患于未然确保社会的公共安全秩序。网约车以人类本能的合作需求和人们的出行分享行为为基础，出于追求共同利益的契机，网约租车平台公司通过共享平台把网约车和乘客的

---

〔1〕 陈其林、韩晓婷："准公共产品的性质：定义、分类依据及其类别"，载《经济学家》2010年第7期。

〔2〕 贾晓璐："简论公共产品理论的演变"，载《山西师大学报（社会科学版）》2011年第3期。

"服务"和"消费"融合在一起参与了公共交通资源上的配置。[1]网约车平台通过内部自律监督体系，把司机和乘客的诚信通过互联网大数据进行管理，纳入可管控的范围并作为交易的基础。网约车平台还可以利用浮动价格机制来调节供需平衡，比如用车高峰期通过提高车费鼓励司机积极出勤，低峰时通过降低车费激励乘客打车。资源的配置时时刻刻处于良性的变动状态，最终实现了资源的动态优化配置，避免发生"公地悲剧"和"拥挤效应"。共享平台公司可以通过互联网技术精准地在司机中配置资源，一定程度上可以避免司机盲目无序的竞争对公共资源的掠夺。但现实中，理性的"经济人"对自己利益的追逐总是存在的。因此，只要公共资源对一批人开放，资源单位的总提取量就会大于经济上的最优提取水平。[2]共享平台通过网络技术、大数据和算法可以提高效率，但如果过度竞争必然会带来效率的损失。在市场条件下，"公地悲剧"很难依靠网络技术就从根本上避免。为避免准公共产品类共享经济的失灵，政府的适当干预是必不可少的。

第二节　准公共产品共享经济机制的法律困境

一、准公共产品共享经济法律制度的缺陷

共享经济参与准公共产品的供给，在于可以通过网络技术克服公共产品非排他性和非竞争性存在的障碍，降低交易成本，使准公共产品可以通过价格竞争机制实现市场供给，但相关的市场机制不是通过市场自由竞争形成的，而是通过制度的设计而实现的。在共享经济自由竞争思潮的影响下，政府对共享经济主要是采取放任不管的治理态度，以至于虽然共享经济已经渗透到各行各业，甚至是准公共产品领域，但是现行相关的法律机制依然不够完善。

（一）准公共产品的共享经济法律机制不完善

准公共产品领域由于其非排他和非竞争性的特性导致其竞争弹性较少，

---

〔1〕［美］雷切尔·博茨曼、路·罗杰斯：《共享经济时代：互联网思维下的协同消费商业模式》，唐朝文译，上海交通大学出版社 2015 年版，第 107 页。

〔2〕Clark 1976，1980；Dasgupta and Heal，1979，转引自［美］雷切尔·博茨曼、路·罗杰斯：《共享经济时代：互联网思维下的协同消费商业模式》，唐朝文译，上海交通大学出版社 2015 年版，第 11 页。

完全由市场机制调节资源配置容易出现"市场失灵",其运营又常常涉及社会公共利益,从根本上需要国家立法对其进行监管,规范其市场行为,避免因市场的无序竞争带来的"拥堵"和"公地悲剧"。目前,由于对共享经济商业模式的界定尚不清晰,对新商业模式的破坏性创新的内在规律认识不足,立法上没有足够的重视。不论是学界还是实务界,都错误地把市场供给作为解决公共产品供给不足的救命稻草,认为市场完全可以自行解决公共产品的供给问题,导致在我国目前海量的关于网约车和共享单车的文献中,更多的矛头都是指向政府干预,但却没有正确认清政府与市场在共享经济参与准公共产品供给上的问题是什么。由于理论认知上的不足,必然会影响相关的立法。虽然我国的网约车从非法运营走向了合法化,但世界上绝大多数国家的法律禁止私家车经营出租车业务,以至于以私家车为主的网约车类共享经济商业模式的正当性值得怀疑,其法律地位有待于进一步商榷。然而,共享经济的合法化只是从法律形式上解决了其正当性问题,如果立法的目标异位或是错位,那么立法并不能从根本上真正解决共享经济面临的最迫切的法律问题。只有遵守客观规律,明确立法的目标,才可能通过立法解决相关法律问题。我国成为世界上第一个也是唯一合法化并完全市场化网约车的国家,但立法并没有遵从网约车作为准公共产品的客观规律加强对网约车的市场监管,而是突破政府的行政审批权,把网约车市场准入的审核权授予共享平台企业,甚至授予共享平台价格制定权,实际上就等同于政府放弃了对网约车市场的监管。这种网约车市场化机制对由政府行政垄断和监管的传统出租车行业造成了冲击,形成了不公平竞争。由于对于网约车缺乏明确有效的政府监管,以至于合法化的网约车更是肆无忌惮地展开无序的竞争导致了网约车的市场垄断。显而易见,这种畸形的市场格局正是由于立法目标错位的缺陷所致。政府对于准公共产品的市场准入和市场运营的监管是必需的,目前的立法有待进一步完善。

目前,虽然我国准公共产品类共享经济的发展比较迅猛,在不少公共领域都有共享平台参与公共服务的提供,但目前关于准公共产品类共享经济的相关立法并不完善。例如,2016年7月27日,交通运输部等七部门颁布《网络预约出租车经营服务管理暂行办法》(2019年12月28日进行了修订,以下简称《暂行办法》);2017年8月3日,交通运输部等十部门联合发布《关于鼓励和规范互联网租赁自行车发展的指导意见》 (以下简称《指导意见》)。实际上，我国目前关于准公共产品共享经济的国家层面的规范性立法只有《暂行办法》，《指导意见》只是行政指导的软法。相关的规定主要针对共享网约快车和专车进行的规范，其实这种伪共享网络预约出租车只是利用共享平台技术就参与公共交通的运营，本质上还是网约出租车不是共享网约车，和传统出租车竞争同一客源，但却适用不同的法律制度。其不受限制的自由放任必然会造成交通"拥堵"。根据《暂行办法》第 38 条的相关规定，私人小客车合乘，也称为拼车、顺风车，按城市人民政府有关规定执行。可见，《暂行办法》对于真正意义上的共享网约车拼车、顺风车并没有明确肯定和支持，相关规定只是授权地方政府进行立法。作为伪共享的共享单车，目前相关规定的《指导意见》只能作为软法规范，其作用有限。对于作为准共享产品的网约车和共享单车，除了网约车的《暂行规定》是国家层面的立法以外，相关的立法主要还是以地方立法为主。因此，层级效力较低，法制协调统一性较差，法治的权威性较弱，导致实践中出现立法冲突。

（二）准公共产品类共享经济主体的法律地位不明确

公共产品私人供给并不意味着要完全脱离政府。相反，政府在公共管理活动中发挥着至关重要的作用。公共产品私人供给的一个重要障碍就是公共产品所具有的非排他性，这一特性使得收费变得不可能或者在经济上不划算。无论是科斯定理提出的解决外部性的办法还是布坎南提出的俱乐部供给方式，都强调了产权和效率之间的联系。因而，政府为保证私人提供公共产品的高效，应对公共产品的产权予以明晰。政府治理过程在任何情况下都有可能通过对关键性经济制度的影响来塑造私人的选择。而产权作为一种强制性的制度安排，只能由政府来界定。[1] 对于私权领域，原则上依"法不禁止即自由"的原则可以实现共享，但对于公共领域中公共资源的共享，政府应依法采取必要的管制措施，防止发生"公地悲剧"。共享经济应该确保其所共享的使用权的合法性和正当性，不应该存在违法和侵权的情形，不应损害其他利益相关者的利益。共享经济本着"个性"与"协和"的理念擅自利用公共资源谋取私利，如果对其他人造成伤害，可能是不道德行为甚至于违法。

为了确保共享经济各方主体的利益，规范共享平台的运作，应通过立法明确共享经济的法律地位，明确共享经济参与准公共产品供给过程中政府与

---

〔1〕　涂晓芳："公共物品的多元化供给"，载《中国行政管理》2004 年第 2 期。

市场的界限，以及政府与市场的关系。首先，应该明确私地与公地的界限。只有明确界定私地与公地的范围，才能确立相应供给的商业模式。对于什么是公地，或是什么是公共产品，这是一个很重要的概念。非排他性、非竞争性和社会公共性是公地或是公共产品的重要特征。公地和社区是交织在一起的，不可能有哪个公地没有社区来照管，也没有哪个社区没有可以管理的公地。换言之，公地就是社区建立的基础。从定义上说，照管公地的做法是集体性质的而不是私人的，是共享的而不是商品化的。[1]因此，通过立法明确准公共产品"社会公益性"的法律地位是必需的。我国的网约车《暂行办法》明确了其是公共交通的补充，并赋予其完全市场地位的主体资格。但作为我国的准公共产品类共享经济主体的网约车平台只是企图通过平台利用公共资源来获取利润，而忽略了其应该承担的相应的社会责任。目前，我国对共享经济企业的法律地位界定不清晰，很多共享经济各方主体的权、责、利、义的法律关系不明确。实践中，共享经济企业平台在参与准公共产品的供给过程中常常通过监管套利损害国家、社会、竞争对手、消费者的利益。

（三）准公共产品的共享经济监管机制不健全

政府对共享经济参与公共产品的供给应进行适度的监管是毋庸置疑的。但政府机制依然有着自身的弊端，政府机制带来的必然是集权化和官僚制，以等级制的形式维持命令的传递。虽然这种等级制在治理实践中也有利于政府的管理，但是面对日益增长的公共产品需求，政府机制的无效率、反应滞后、缺乏经济激励、无法调节市场价格和不能反映民众价值偏好的缺陷也暴露无遗。在公共产品的供给上，政府机制无法实现资源配置的最优化，单纯依赖政府机制的供给模式也面临着"政府失灵"的危险。[2]

共享平台与政府合作共治的共享经济模式，是市场参与公共资源配置的新机制，但应该明确市场与政府在公共领域的共享经济模式中的作用和地位，建立科学、合理和合法的共享经济治理新机制。比如，共享单车，因大量无限制地投入市场会侵占公共场所，如果乱停乱放更是扰乱了公共秩序，而共享单车的押金也可能涉嫌非法集资。这些行为都会损害社会的公共利益，不

---

〔1〕［加］汤姆·斯利：《共享经济没有告诉你的事》，涂颀译，江西人民出版社 2017 年版，第170 页。

〔2〕高秉雄、张江涛："公共治理：理论缘起与模式变迁"，载《社会主义研究》2010 年第 6 期。

能放任不管，政府有必要加强监管。在共享经济参与公共产品资源的供给过程中，政府的缺位和越位都可能导致供给效率低下。

二、准公共产品类共享经济的误区

（一）准公共产品类共享经济市场自由化的反思

公共事务的管理，核心就是公共产品的供给，而这种供给的目标就是实现社会资源的优化配置，实现"帕累托最优"。自由资本主义一直推崇市场的主导地位，认为市场完全可以进行自发调节而达到社会资源的优化配置。在公共产品的供给上，市场机制对于资源配置的作用是非常明显的，它有效利用价格机制、供求机制、竞争机制和风险机制的作用，适应性和灵活性比较强，对于资源供需的敏感度非常高，能够随时根据市场需要调节资源的流动，实现供给的均衡，但是相应的市场调节也有自身的不足。市场机制依赖利益竞争，因此要求自由竞争的环境，但无序的恶性竞争却往往会导致不正当竞争和垄断，不仅不能实现资源的优化分配，反而更加剧了资源的浪费或者集中。对于公共产品而言，市场的过度竞争导致资源分配的不均衡，从而无法公平地满足社会的需求，无法向弱势群体倾斜分配。在市场机制的作用之下，无序的自由竞争会形成垄断导致供给效率的低下。对于公共产品而言，如果仅仅依赖市场机制的作用，则无法解决市场逐利性和垄断等问题，导致公共产品供给的"市场失灵"。[1]市场化是有限度的，因为并非所有公共物品都可以市场化。对于纯公共产品很难通过市场竞争机制实现供给，所以只能由政府提供。[2]由于公共产品的非排他性、非竞争性和社会公共性，对共享经济参与准公共产品的供给的自由放任会影响其供给的公平、效率和安全，甚至出现"拥挤效应"和"公地悲剧"的市场失灵。

（二）准公共产品类共享经济竞争机制的悖论

准公共产品类共享经济由于缺乏一个整体性的合作框架，法律地位不明确，公共产品共享参与主体目标异化问题较为突出。具体来说，政府的主要目标是维持社会秩序，包括抑制共享企业之间的不正当竞争，规范共享企业发展；培育行业协会发展，促使行业自律作用发挥；鼓励和引导有序的公

---

〔1〕　高秉雄、张江涛："公共治理：理论缘起与模式变迁"，载《社会主义研究》2010年第6期。
〔2〕　涂晓芳："公共物品的多元化供给"，载《中国行政管理》2004年第2期。

众参与等。共享企业的目标是追求利润最大化，以降低成本、提高收益为治理策略，其根本目的是控制成本以获取更多利润；而公众的目标则是追求自身利益最大化，表现为追求最大限度的低成本和高便利，而行业协会的力量最为薄弱，处于初期发展阶段，其目标尚不明显。总之，在多元主体参与的共享经济的治理模式下，不同主体间的目标发生异化，共享平台甚至为了实现自身利润采取监管套利的手段或是不正当竞争的手段扭曲市场机制。

由于共享经济参与准公共产品的供给过程中涉及多方参与主体，其治理机制也应是多方协调共治，包括共享经济平台企业、供方、需方、政府、行业协会等多元主体。但以目前的网约车和共享单车为例，实践中，政府总是缺位或是越位，而作为市场主体一方的共享平台企业在整个治理体系中起着重要且主导性的作用，以至于网约车和共享单车的市场准入、经营机制、评价体系等主要由共享平台企业来决定。这也导致共享平台企业作为独立经营实体，在参与公共产品的供给过程中，为了追求自身利润采取不正当的竞争手段，损害其他经济者和消费者的利益，破坏市场竞争秩序。新公共管理对于政府供给模式进行改革时，所引入的手段选择是市场机制的运作，希望通过市场化就可以解决政府治理失效的问题。但是长期的市场经济运作实践证明，市场在面对公共事务时，存在着内在的缺陷，政府进行市场化改革，仍然会面临市场机制和公共产品特性的冲突问题。[1]

实践中，共享经济参与准公共产品的治理机制尚未形成，不论是在网约车还是共享单车，以及其他共享经济领域，在政府包容放任的监管机制下，共享平台企业主导了共享经济的运行，其无序竞争不仅破坏了公平竞争秩序，也损害了社会公共利益。比如，我国的网约车市场自 2014 年以来的各种"烧钱"的补贴大战也说明其市场是不理性的，这种无序竞争的趋势不会因为新规定的出现而停止，反而可能会在合法的外衣下继续进行，这不利于行业的健康发展。市场参与公共领域的资源配置不等于完成市场化，政府应作好相应的监管协调工作确保民众的公共利益，建立政府与网约车平台共同治理的共享机制。

---

[1] 高秉雄、张江涛："公共治理：理论缘起与模式变迁"，载《社会主义研究》2010 年第 6 期。

三、准公共产品类共享经济的外部性

（一）市场准入监管机制缺失对准公共产品的蚕食

共享经济作为闲置资源的再配置模式，当然并不意味着共享经济可以随意植入任何领域。对于适用负面清单管理的领域，清单之外不需要审批核准，市场主体可以依法自由进入相关的共享经济领域。然而，维护公众利益和社会经济安全秩序是政府的职责所在，如果市场秩序和消费者的利益受到伤害，那么政府的不作为肯定是不合适的。[1]对于准公共产品类共享经济市场准入的监管，不论政府是基于公共秩序、公共安全、消费者利益还是环境保护的制度设计，都是符合防患于未然的公共治理的理念，也是政府的职责所在，对公共利益的维护不应简单地让位于所谓的"企业自主经营、公平竞争，消费者自由选择、自主消费，商品和要素自由流动、平等交换"的竞争政策，政府必须确保社会公共利益的底线，对新业态的共享经济的准公共产品的市场准入不能只"宽容"不"审慎"。放任不管可能导致准公共产品供给的不公平和低效率，以至于共享经济参与准公共产品的供给的目标没有实现，公共产品供给的经济问题没有解决，反而滋生了不少社会问题，背离了共享经济参与公共产品供给的初衷。比如，过量的网约车对公共道路资源的侵占引发的交通拥堵不仅没有解决公共交通问题，反而增加了交通的负担，甚至会导致整个道路交通系统的瘫痪。再如，共享单车的"无桩"模式是其解决公共交通"最后一公里"的关键，但无桩的乱停乱放却侵占了社会公共空间，扰乱了公共秩序。目前，共享经济在参与准公共产品的供给过程中，常发生长期目标与短期目标出现局部背离，甚至导致价值目标南辕北辙。

在我国的网约车和共享单车的准公共产品领域，因为对市场准入采取负面清单管理的放任自由，导致大量风险资本的涌入，通过低价的无序恶性竞争来争夺市场份额，以至于市场的竞争机制被扭曲并最终走向垄断。道路设施是一种拥挤型准公共产品，因道路设施等公共资源是有限的，且具有使用上的排他性和非竞争性，不应完全由市场通过竞争调节这一稀缺资源的配置。为防止交通拥堵，不可能对所有人开放经营。因此，自 1636 年诞生于英国的

---

〔1〕　Bryant Cannon and Hanna Chung, "A Framework for Designing Co-Regulation Models Well-Adapted to Technology-Facilitated Sharing Economies", 31 Santa Clara High Tech. L. J., 23 (2015). 54.

出租车的前身——出租马车的运营起，就采取特许经营的管制措施。以至于目前，世界上几乎所有的国家对出租车行业仍旧采用政府特许经营的市场准入管理模式。

（二）准公共产品类共享经济的"公地悲剧"

亚里士多德认为："凡是属于最多数人的公共事物常常是最少受人照顾的事物，人们关心着自己的东西，而忽视公共的事物。"[1]公地作为一项资源或财产，有许多拥有者，每一个成员都有使用权，但没有权利阻止其他人使用，从而造成了资源的过度使用和枯竭。过度砍伐的森林、过度捕捞的渔业资源及污染严重的河流和空气，都是"公地悲剧"的典型例子。之所以叫悲剧，是因为每个当事人都知道资源将由于过度使用而枯竭，但每个人对阻止事态的继续恶化都感到无能为力，而且都抱着"及时捞一把"的心态加剧了事态的恶化。公共产品因产权难以界定而被竞争性地过度使用或侵占是必然的结果。"公地悲剧"用来分析公共物品、公用资源的过度使用而造成的资源枯竭、公共物品的破坏和浪费等问题。准公共产品的弱排他性、弱竞争性本身表明它实际上是一类特殊产品。[2]现实中理性的市场个体对自己利益的追逐总是存在的，共享经济模式在参与公共资源的配置过程中，可以利用互联网络技术对资源进行精准匹配，优化资源配置，提高资源的使用效率。但如果任何市场主体都可以随意进入公地进行经营活动，参与公共资源的配置，有限的资源在市场激烈竞争中就会枯竭，或者因为过度竞争造成"拥挤"，从而导致社会资源的浪费，良好的秩序被破坏。公共资源的稀缺性可能会导致个人或利益集团对其支配权竞相追逐而发生"公地悲剧"。

准公共物品具有有限的非竞争性和局部的排他性，即超过一定的临界点，非竞争性和非排他性就会消失，"拥挤"就会出现，使非竞争性走向竞争性。如图书漂流与迷你图书馆模式，由于无法有效排他，不分享图书却又消费图书的人在不断增加，使漂流图书"断漂"、迷你图书馆"再借很难"的现象出现，无限的消费者争夺有限的共享图书资源，呈现出高竞争性与无法有效

---

〔1〕 Politics, Book IICh. 3；1261b. 30，转引自［美］埃莉诺·奥斯特罗姆：《公共事物的治理之道——集体行动制度的演进》，余逊达、陈旭东译，上海三联书店2000年版，第11页。

〔2〕 陈其林、韩晓婷："准公共产品的性质：定义、分类依据及其类别"，载《经济学家》2010年第7期。

排他的特征。[1]我国共享单车平台企业经过 2016 年至 2017 年风险资本的疯狂逐利，到了 2018 年，从 2017 年最多的 25 家，变成了哈喽单车、摩拜、ofo 的"三足鼎立"。2018 年 4 月，摩拜 27 亿美元卖身美团，曾经行业第一已经风光不再。而 ofo 从 2018 年起，就陷入经营困境，据统计，排队等待押金退款的用户超过 1000 万人，但到 2020 年 8 月 ofo 已彻底从市场上销声匿迹。而后起的哈喽单车在余后劫生中慢慢崛起，新的垄断格局正在形成，这对消费者绝不是福音。共享单车行业在资本疯狂逐利的摧残下只剩一地鸡毛，价格战的恶性竞争产生的巨额沉没成本使行业的盈利前景依旧黯淡无光。同样，在网约车行业，2016 年通过恶性价格战获取垄断地位的滴滴、Uber，虽然通过滥用市场支配地位获取了垄断利润，但依旧未能弥补前期大量补贴的亏损。

第三节　完善准公共产品类共享经济的法律建议

一、完善准公共产品类共享经济的法律机制

（一）明确准公共产品类共享经济的立法目标

共享经济作为新的商业模式，对现行秩序的冲击是客观存在的，特别是准公共产品类共享经济。因涉及社会公共利益，应该通过立法对其进行监管，同时应注意，对准公共产品的共享经济模式的立法宗旨在于维护社会公共利益而不仅是竞争秩序。共享平台与政府合作共治的共享经济模式，是市场参与公共资源配置的新机制，但应该明确市场与政府在公共领域的共享经济模式中的作用和地位，建立科学、合理和合法的共享经济治理新机制。不论政府是基于公共秩序、公共安全、消费者利益还是环境保护的制度设计，都应该通过立法予以保护，对市场参与准公共产品的配置进行规范和指引。准公共产品类共享经济的目标是为了解决公共产品的供给问题，弥补政府供给的不足。准公共产品类共享经济的立法除了确保准公共产品供给的公平、效率之外，还应考虑环境保护、消费者利益、公共秩序和安全等价值目标。为了实现对公共资源的合理配置，维护安全的公共秩序和确保公平的竞争秩序，对准公共产品的供给主体实施的数量限制和价格管制不应该让位于市场竞争政策。

---

〔1〕　刘艳："博弈论视角下准公共物品私人自愿供给研究——以民间图书共享为例"，载《图书馆工作与研究》2019 年第 8 期。

（二）明确准公共产品共享经济新业态的法律地位

共享经济参与准公共产品供给也应遵守现行的法律制度和市场秩序。因此，需要明确共享经济的法律边界，对其进行规范和指引。共享经济的准共享产品的供给应该遵循市场准入的基本规则、公共产品的基本属性和配置规律，应该依法共享，明确共享经济各方主体的法律地位、权利、义务、责任以及风险的分担。因此，应该明确准公共产品的公共性或社会性，避免共享企业仅通过共享经济模式利用公共资源获取私人利益而忽略其对公共产品公平、效益和安全的供给义务。首先，应明确准公共产品类共享经济商业化的社会目标。应明确公共产品的市场化的宗旨在于由市场来提供满足社会需求的公共产品，而不仅仅是让市场从公共产品的供给中获利。因此，共享经济的准公共产品供给机制应适用正面清单管理模式，并通过政府的监管确保其社会公益目标的实现。其次，准公共产品的市场行为应接受政府的监管。因为无序的市场竞争会破坏市场机制，损害消费者的利益，导致"拥挤效应"和"公地悲剧"，浪费公共资源并降低资源配置的效率。

共享平台的权利和"权力"范围如何，是否应受到政府管制，是共享经济发展过程中必须解决的法治问题。理论上，只要不涉嫌违法，对于非政府管制的领域，如共享平台公司的权利和"权力"以及市场的准入应该不受政府的管制，但在公共资源领域以及受政府管制的领域，为了避免"拥挤效应"和"公地悲剧"的发生，维护社会经济的安全和稳定，政府有必要对共享平台公司进行监管，共享平台公司的权利和"权力"就应该受到限制。由于公共产品的非排他性、非竞争性和社会公共性，对于准公共产品类共享经济的供给应明确定位：首先，政府应承担基本公共产品供给的主要责任。对这种供给责任的理解应是保证公共产品或服务的供给，而不一定是直接生产产品或是服务。也就是说，政府在基本公共服务供给中，可以是直接生产公共产品，也可以是出资购买由非营利组织或私营部门生产的公共产品，同时加强对公共产品质量的监管，以满足社会成员基本人道生活的公共需求。政府在基本公共服务供给中的职能是弥补市场缺位与失灵。但政府并非万能，由于缺乏有效的管理和激励，也可能导致基本公共服务水平的低下和数量短缺，形成"政府失灵"。[1]因此，应该明确准公共产品类共享经济的法律地位和商业界限，有所为有所不为。其次，共享经济模式是参与准公共产品供给的一种补充。准公共产品类共享经济是市场参与共享资源配置的一种新机制，但仅是政府提供公共产品或是服务的一种补充。政府在政策制定时不能本末倒置，不能因为引入共享平台参与准公共产品配置就"甩手不管"，放任共享平台在准公共产品领域自由竞争甚至过度竞争导致"拥堵效应"和"公地悲剧"。

（三）加强准公共产品类共享经济的政府监管

早在 1739 年，英国哲学家大卫·休谟（David Hume）就在其著作《人性论》中论述了"搭便车"现象。他在书中讨论了如何处理超越个人利益的公共性的问题，关于这个问题的描述，被后人总结为"集体消费品"。休谟认为，在某些只能通过集体完成的事情中，因人自利的天性，只有靠国家和官员来使每个人不得不遵守法则。他还举了著名的"公共草地排水"的例子来说明公共利益维护和政府参与的必要性。休谟的论述不仅表明了在公共利益的追求中个人的局限性和政府的优越性，而且还分析了共同体的规模对共同利益的影响，并初步涉及了交易成本和群体博弈的思想。继大卫·休谟之后，亚当·斯密在 1776 年的著作《国富论》中对政府的职能问题进行了更加深入的分析，集中阐述了公共产品的类型、提供方式、资金来源、公平性等重要方面。虽然承认公共产品在完全没有政府的情况下难以较好地提供，但亚当·斯密作为古典经济学的代表人物，认为政府只需充当"守夜人"，仅提供最低限度的公共服务即可。[2]

20 世纪初期，法国公法学者莱昂·狄骥（Leon Duguit）从现代公法制度研究的角度认为公共权力行使者负有使用其手中的权力来组织基本公共服务，并保障和支配基本公共服务进行的义务。他认为："任何因其与社会团结的实现与促进不可分割、而必须由政府来加以规范和控制的活动，都是一项基本公共服务，只要它具有除非通过政府干预，否则便不能得到保障的特征。"[3]因公共产品并不是在封闭环境中创造出来的，而是产生于关系复杂的社会空

---

　　〔1〕　姜晓萍、吴菁："国内外基本公共服务均等化研究述评"，载《上海行政学院学报》2012 年第 5 期。

　　〔2〕　贾晓璇："简论公共产品理论的演变"，载《山西师大学报（社会科学版）》2011 年第 S2 期。

　　〔3〕　姜晓萍、吴菁："国内外基本公共服务均等化研究述评"，载《上海行政学院学报》2012 年第 5 期。

间中，不可避免地与各种社会组织和经济组织发生关系。伴随着市民社会的不断成熟，社会和市场的作用也逐渐侵蚀着传统的公共产品供给模式。相对于市场机制而言，政府机制有着不同的特性，它的规范化和公共性等特征对于避免和纠正市场机制的弊端，防止"市场失灵"具有重要的作用。而且在长期的历史进程中，公共事务的处理都是由政府承担的，也只有政府这种公共组织才有处理公共事务的权威。长期以来，人们认为公共产品与政府有着相对应的关系，政府是公共产品供给的唯一主体。一旦供给出现问题，人们首先寻求的解决方式也是寄希望于政府的作用，依赖政府调节来解决。所以相对于市场的主体地位，政府作为供给主体更有优势。另外，在公共部门对于资源的配置上，政府可以从层级管理向合同分配过渡，政府根据公共产品的性质不同，区分政府提供的公共产品和政府生产的公共产品，在公共产品的供给上允许非公共部门参与生产，并学习和借鉴经济组织和非公共部门的层级管理，通过绩效评估衡量成本与收益，强调公共服务的使命与价值，推崇公民参与和公共责任，寻求最佳生产方式，并以"顾客"的需求和愿望为行动目标，服务于顾客的需要，强调顾客的满意。[1]因此，准公共产品类共享经济离不开政府的监管，政府有职责确保公共资源的公平配置。政府既然要在公共事业领域让市场参与资源配置，就要做好相应的监管工作确保民众的公共利益。

二、建立准公共产品类共享经济的市场新机制

（一）准公共产品之市场新机制的内涵

公共物品私人供给问题的两个基本思路：一是从排他性技术入手，从而真实地显示消费者的实际消费量，二是从制度安排入手，使消费者的消费与收费尽量地接近。因此，如果要实现公共物品的私人供给，就必须符合市场经济主体的成本收益要求，而如果希望获得利益，就必须解决公共物品消费的收费问题。[2]萨瓦斯在《民营化与公私部门的伙伴关系》一文中列出了十种制度安排，认为供给和生产是可以分离的。私人会出于更大的市场效益、广告效益或政治等目的来提供公共产品。如在医疗、教育、救济和慈善方面，

---

〔1〕 高秉雄、张江涛："公共治理：理论缘起与模式变迁"，载《社会主义研究》2010 年第 6 期。
〔2〕 涂晓芳："公共物品的多元化供给"，载《中国行政管理》2004 年第 2 期。

有些可以比政府提供更大的社会福利和更高的经济效率。越来越多的事实表明，私人是可以提供公共产品的，且其在某些特定情况下是有效率的，但是私人的提供还是远达不到"满足"社会需求的程度。如何在政府与私人供给之间寻求最优均衡点，也是一个值得探讨的方面。[1]以新公共管理为例，严格来说，它是在维护政府作为供给主体的前提下，希望政府在供给手段的选择上重视市场机制的运作方式，把市场作为一种补充性的供给手段。新公共管理及与其相似的理论是在面对政府失效的困境时，试图利用市场机制弥补政府供给模式的不足，为避免和克服公共治理危机而作出的改革。[2]这就迫切需要打破基本公共服务供给中的政府垄断，发挥非政府组织的作用，广泛调动社会力量参与基本公共服务的生产与供给，建立政府与社会合作的多中心治理结构，适度引进基本公共服务中的市场竞争机制，通过"特许经营""合约外包"等形式将部分准公共产品和特殊私人产品，委托给企业等多种市场主体，形成市场竞争机制。这样既可以借助社会资源提高基本公共服务的生产能力，又可以通过价格机制显示公众对于基本公共服务的真实需求。[3]简而言之，市场对准公共产品的配置是有效率的，但只是对政府供给的一种补充，应该在政府的引导和主导下参与，政府不能对准公共产品的市场供给放任不管。

（二）构建准公共产品类共享经济的市场新机制

共享经济最本质的特征就是共享平台利用大数据和精算技术对闲散资源进行精准配置，降低了交易成本。因为准公共产品类共享经济的公共价值是多维度的，因此需要创造一个公平竞争环境而不仅仅是优化流程或程序，并根据不同的指标来测量准公共产品共享经济模式的理想类型，包括专业性、效率、服务水平和敬业度等方面的综合因素。因此，准公共产品的公共价值与数据技术间的关系很重要，因为数字技术应大力支持共享经济应用程序。专业性侧重于提供独立且根据法律和法规进行统一管理并最终形成公正和负责任的治理结构。数字技术的作用是提供灵活的数字公共记录，并支持标准化的行政管理程序。通过提供数据库和存放现代公共记录所需的文件管理系

〔1〕贾晓璇："简论公共产品理论的演变"，载《山西师大学报（社会科学版）》2011年第S2期。
〔2〕高秉雄、张江涛："公共治理：理论缘起与模式变迁"，载《社会主义研究》2010年第6期。
〔3〕姜晓萍、吴菁："国内外基本公共服务均等化研究述评"，载《上海行政学院学报》2012年第5期。

统并鼓励标准化，其目的是保护数字公众记录并适应标准化的行政程序。效率性指从纳税人那里收集资源以最大限度地减少浪费，包括物有所值、降低成本和提高生产率。服务水平涉及提供面向公民的公众服务质量的价值维度，主要是通过在线提供服务来获得公共服务的可访问性和可用性，从而提高公共服务的质量。比如，引入数字技术通常可以改善访问权限，减少响应时间节省时间成本，为残疾人提供特殊服务，并支持在民主原则下民众代表参与民主政策的制定和审议。[1]共享经济的网络数字技术是平台参与准公共产品供给的重要物质基础，因此，共享平台不能只是利用网络技术对准公共产品的供给谋取私利，如何通过网络技术实现准公共产品的公平、效率和安全的供给是共享平台企业的价值目标。

社会公共资源是应用于公共服务，为公众所共有，为人类的生存和发展创造必要的条件，关系人民群众生活质量，关系社会公共利益、国民经济和社会可持续发展的非自然资源。某种程度上讲，公共资源的利用就是一种共享机制，如图书馆、学校、路灯、医院、城市公园、城市道路、桥梁等。实践中，为了避免公共领域的"拥挤"，政府大都采取管制措施，但政府的行政垄断会导致效率低下。对于能否让市场通过共享机制参与公共资源的配置，不能简单地否定或是肯定，制度设计是个首要的问题，政府捍卫社会公共利益的底线不应该被突破。实践经验证明，市场解决不了公共产品和准公共产品的问题，市场化最终可能导致对公共产品配置的异化。公共产品和准公共产品涉及基本的民生问题，具有公益性，政府有职责确保公共资源的公平配置。在公共资源的配置过程中，可以通过共享机制适当引入市场因素，通过政府管平台，平台管市场的方式建立公共资源配置的共享新机制，但市场对公共资源的共享新机制应该受到限制，不应该采取完全开放的市场竞争模式。共享经济对准公共产品的配置应该是在政府主导下对政府行政垄断的一种补充而不是一种替代。针对公共资源的共享经济模式应该建立在共享平台自律监管与政府合作共治的共享机制基础上。另外，为了确保经济安全、社会安全、国家安全，应该对共享公司在混合监管之外建立安全监管审查制度，针对可能危及国家、社会和经济安全的共享公司建立专门的审查制度和监管机

---

〔1〕 Sara Hofmanna et al.，"The Public Sector's Roles in the Sharing Economy and the Implications for Public Values"，*Government Information Quarterly*，2019（36）：2.

制，并且对其在经营过程中涉及安全、信息、垄断等问题的相关事项进行动态监管。[1]如果把公共产品的供给完全寄托于市场机制的配置，就会导致"拥挤效应"和"公地悲剧"。共享平台与政府合作共治的共享经济模式，是在政府主导和引导下，市场参与公共资源配置的新机制，应该明确市场与政府在公共领域的共享经济中的作用和地位，建立科学、合理和合法的准公共产品类共享经济新机制。

三、建立准公共产品类共享经济多元善治新治理机制

（一）多元善治新治理机制的理论基础

美国学者莱斯特·萨拉蒙（Lester M. Salamon）以委托—代理理论和网络理论为依据，提出了一种"新治理"的理论视角。"新治理"的基本主张就是用复杂的组织结构网络去重新审视理性官僚等级制度，提倡公、私部门合作，采取协商、说服、赋权的手段去解决问题，并且强调政府应当在公私部门合作网络建构的过程中，在协商、说服和赋权的手段运用中发挥引导者的角色。这种引导者的角色扮演最终是通过经由政府工具的创新使用来实现的。事实上，"新治理"的理论视角为当下各国各级政府有效克服准公共产品的负外部性问题提供了一种可供参考的行动指南。[2]作为公共性的建构主体，政府、市场、社会和个人都是不可或缺的部分。从个人角度来说，公共性的内涵本意就是众多个人所形成的合集，个人构成了公共性的微观基础。但是个人由于力量的微弱性和分散性，其只能形成个体意义的公共想象和趋向性行动，始终停留在私人行动逻辑中，并不能构成公共性的现实主体。从市场角度来说，虽然其弥合了个体分散的不足，形成了较多正式组织化的企业或集团，但此状态的公共性根本上服务于营利性活动，不能看作公共性建构的常态化主体。从政府角度来说，在个体让渡私人权力构成公共权力的契约中，政府已然成为合法获得公共权力的主要力量，但公共权力一旦成熟，则具有自身结构化的独立运作机制，并且公共权力如果运作失当，就容易成为压抑个人、市场和社会活力的力量。社会公共性则有个人、市场和政府所不具有

---

[1] 唐清利："'专车'类共享经济的规制路径"，载《中国法学》2015年第4期。
[2] 郑家昊、李庚："准公共产品负外部性有效治理的政府责任及工具创新——以共享单车为例"，载《天津行政学院学报》2018年第2期。

的特性，它更多地是从下而上形成的有组织、常态化和非权力性的力量。[1]

著名的民营化专家萨瓦斯在对提供公共物品的公有企业进行了多年研究后，总结出公有企业生产效率低下、产品服务质量差、持续亏损、管理体制僵化、缺乏对公众意见的回应等14条"症状"，并声称具备其中一项即可作为民营化对象。[2]因此，在公共产品供给手段的选择上，需要摆脱对于单一的政府机制的依赖，寻求一种更多样化的手段选择。在传统的管理理念中，公共管理部门就是指政府，而政府被认为是公共物品的唯一提供者。詹姆斯·罗西瑙认为，与统治相比，治理是一种内涵更为丰富的现象。它既包括政府机制，同时也包括非正式、非政府的机制，随着治理范围的扩大，各类人和各类组织得以借助这些机制满足各自的需要并实现各自的愿望。[3]在实现社会公共事务的治理范式中，治理主体是多元的，非政府组织甚至私人组织也被认为是重要的治理主体之一。它们之间的关系不是统治与被统治的关系，政府与其他社会主体之间应该是建立在合理分工基础上的伙伴式的合作关系。如在公共物品领域，为了增加公共物品的数量，提高公共物品的质量，对那些由政府提供的缺乏效率的项目，政府可以对非营利组织予以充分的赋权和支持，对非营利组织的服务供给采取资金补贴、订立合同、特许经营、公私合营、政府购买、贷款和贷款担保等多种形式，与其他社会主体合作提供公共物品。因此，通过法律的形式确定公共和私营部门如何共同分担社会公共服务职责就成为改善公共物品供给的重要措施。[4]这种多样化选择有多种形式，既包括在政府主体的基础上引入新的供给机制和手段，进行改革政府供给模式的探索，也包括打破政府作为单一主体的地位，形成有着多种供给主体的新供给模式。[5]因此，准公共产品类的多元善治治理新机制是在政府主导下，正式与非正式的供给相结合，以及多方主体共同参与的协同共治机制。

(二) 准公共产品类共享经济多元善治的内涵

一般来说，在公共部门共享经济应用包括四个角色：共享平台、提供商、

---

〔1〕 许龙飞："共享式参与：社会公共性与城市空间治理——基于'空间尴尬症'的研究"，载《实习与实践》2018年第9期。

〔2〕 王爱学、赵定涛："西方公共产品理论回顾与前瞻"，载《江淮论坛》2007年第4期。

〔3〕 [美] 詹姆斯·N. 罗西瑙主编：《没有政府的治理》，张胜军等译，江西人民出版社2001年版，第4~5页。

〔4〕 滕世华："公共治理视野中的公共物品供给"，载《中国行政管理》2004年第7期。

〔5〕 高秉雄、张江涛："公共治理：理论缘起与模式变迁"，载《社会主义研究》2010年第6期。

消费者和监管机构。尽管公共部门可能不应同时承担所有四个角色，但在特定的共享经济场景中可能会发生这种情况，即共享平台作为公共部门之间合作的一种形式和其他利益相关者。[1]准公共产品类共享经济可以创新和改进公共服务体系建设，有助于公共服务均等化的落实，但准公共产品的负外部性问题却是当代社会治理中不可回避的重要议题，准公共产品类共享经济也不例外。可以说，在全面深化改革，推进国家治理体系和治理能力现代化的新时代，如何有效应对准公共产品的负外部性并对其带来的各种社会问题进行有效的治理已经成为政府社会治理的重要内容。[2]特别是当共享单车等准公共产品类共享经济的负外部性问题日益彰显时，更是对政府治理提出了严峻的考验。

在公共领域中，共享经济作为一种新的市场资源配置方式，可以探索政府与市场对其共同治理的共享机制，建立政府管平台，平台管社群的共同治理机制。政府的外部监管与共享经济网络社群的内部监管相结合，确保责任落到实处。因此，共享平台不仅要对网络社群进行自律监督，也要接受政府对其的监督管理。有学者提出共享平台作为社会中间层，应与政府一道建立对公共资源共享经济的"合作监管+自律监管"的共同治理的共享模式，即政府和共享平台公司对公共事务的权力分享机制。政府和共享平台扮演不同的角色，政府对公共资源的配置制定目标和预期结果，而共享平台企业就如何实现这些目标和达成预期值制定具体解决方案和行业标准并付诸实施。[3]因此，在公共资源的配置过程中，可以适当地引入市场因素，但政府与市场的关系并不是非此即彼的对立关系，政府解决不了所有的市场问题，而市场也不可能完全取代政府。简而言之，准公共产品的供给应建立市场、政府和社会多方主体共同参与的多元善治治理机制。因此，对公共资源的共享经济模式应该建立在，提供者或是经营者、消费者或需方、社会大众、共享平台、政府，以及共享平台自律监督与政府监管的共享机制的基础上。

---

〔1〕　Sara Hofmanna et al. , "The Public Sector's Roles in the Sharing Economy and the Implications for Public Values", *Government Information Quarterly*, 2019（36）：3.

〔2〕　郑家昊、李庚："准公共产品负外部性有效治理的政府责任及工具创新——以共享单车为例"，载《天津行政学院学报》2018年第2期。

〔3〕　Florian Saurwein, "Regulatory Choice for Alternative Modes of Regulation：How Context Matters", 33 L. & POL Y. , 2011, pp. 334，337~341.

（三）完善准公共产品类共享经济的市场准入机制

共享平台的权利和"权力"范围如何，是否应受到政府的管制，是共享经济发展过程中必须解决的法律问题。共享经济作为闲置资源的再配置模式，当然并不意味着其可以随意进入任何领域。理论上，对于适用于负面清单管理的领域，清单之外不需要审批核准的，市场主体可以依法自由进入相关共享经济领域。因此，只要不涉嫌违法，对于非政府管制的竞争性领域，共享平台公司的共享经济正常合法的经营活动应该不受政府的管制，但在公共资源领域以及受政府管制的领域，为了避免"公地悲剧"的发生，维护社会经济的安全和稳定，政府有必要对共享平台公司及共享经济的商业行为进行监管，共享平台公司的权利和"权力"，以及供需方的权利此时就应该受到限制，并应承担相应的社会责任。因此，应该明确共享经济利用市场机制参与准公共产品的供给只是对政府供给的一种补充。在共享经济市场准入的问题上，共享经济模式对公共资源的配置机制，在于可利用共享机制为市场与政府对公共资源精准配置探索一种新的共治模式。

对网约车类共享经济的市场准入的开放意味着让市场参与公共交通资源的配置，有市场竞争也就在所难免，但公共交通作为准公共产品受道路资源限制不具有完全的竞争性，因而网约车作为公共交通的一种补充，完全市场化是不可取的。这大概就是世界上几乎所有国家对私家车通过共享平台进入出租车市场持否定态度的根本原因。因此，为解决公共交通问题，政府应该大力发展公共交通确保民生的基本需求，而不是通过网约车的完全市场化让私家车直接参与公共交通资源的配置。网约车的运力有限但会占用道路公共资源导致拥挤效应降低资源的配置效率，无限制地鼓励私家车参与公共交通运输占用道路公共资源会恶化交通秩序造成拥堵。良好的制度设计可以促进资源的优化配置，但制度缺陷可能导致资源配置的不公、浪费和低效。一般的，对于大城市而言，人多车多路少，应该以大众公共交通为主，对网约车类共享经济应该适当控制。对于中小城市，人口相对较少就业较困难，大众公共交通不发达，发展网约车不仅可以解决公共交通资源不足的问题，而且可以促进就业。各地政府应该在发展公共交通的基础上，因地制宜地选择适合当地发展的网约车类共享经济，但对于公共资源的共享，政府应依法采取必要的管制措施，防止发生"公地悲剧"。维护公众利益和社会经济安全秩序是政府的职责所在，如果市场秩序和消费者的利益受到伤害，那么政府的不作为肯定是不合适的。[1]对于需要政府审批的企业投资项目的范围，政府对清单上的领域行使审批权，只有符合法定条件的主体才能从事相应的准公共产品类共享经济的交易。在私权领域，原则上可以依"法不禁止即自由"的原则实现共享。

（四）完善准公共产品类共享经济多元善治的治理新机制

在共享经济领域中，公共部门主要是作为共享经济中的监管机构，包括其对客户（或消费者）、服务提供商和共享平台所扮演的角色。公共部门的根本目的和动机以及存在的理由被称为公共价值，公共价值观的典型例子包括对公民的责任、效率、效力和公平。共享经济这种新经济的服务形式正在私营部门以及公共部门领域展开新的探索。共享经济对公共部门既是挑战也是机遇，不受监管的共享经济的公共服务可能挑战现行公共部门的监管秩序，比如，共享网约车乘车共享服务挑战了行政垄断下的出租车服务。政府公共部门对共享经济除了制定政策履行监管职责之外，还可以通过支持、鼓励和积极参与共享经济或促进经济合作提供公共服务而提高效率。例如，公共部门可以积极地通过共享经济平台提供诸如机械之类的商品租赁服务。[2]这种市场与政府合作共治的模式切合了共享经济的理念，为市场参与公共资源配置找到了理论和实践的依据。应该强调的是，共享平台只是为资源配置提供信息服务，不涉及社会资源的增减。

实践经验证明，市场解决不了公共产品和准公共产品的供给问题，市场化最终可能导致对公共产品配置的异化。共享经济模式对公共资源的配置机制，在于可利用共享机制为市场与政府对公共资源配置探索一种新的共治模式。但共享平台作为一种网络技术，对资源的配置只能提供信息服务和配置方案，无限放大"互联网+"的经济功能不利于共享经济参与准公共产品的发展和建设，任何经济模式的发展最终都离不开实体经济或产品和服务的支持，"互联网+"也一样需要以产品和服务为依托。准公共产品涉及基本的民生问题具有公益性，政府有职责确保公共资源的公平配置。因此，市场对公共资源的共享新机制应该受到限制，不应该采取完全开放的市场竞争模式。

---

〔1〕　Bryant Cannon and Hanna Chung, "A Framework for Designing Co-Regulation Models Well-Adapted to Technology-Facilitated Sharing Economies", 31 *Santa Clara High Tech. L. J.*, 23（2015）：54.

〔2〕　Sara Hofmanna et al., "The Public Sector's Roles in the Sharing Economy and the Implications for Public Values", *Government Information Quarterly*, 2019（36）：1.

对于公共资源的共享来说，应该建立共享平台自律监管与政府合作共治的共享经济模式，但应该明确市场与政府在公共领域的共享经济模式中的作用和地位，建立科学、合理和合法的多元善治的共享经济治理新机制。准公共产品类共享经济治理的最终目标应该是：促进社会力量协同参与社会公共产品的供给，提升公共产品的供给数量与质量，增加社会力量有序参与社会公共事务管理的机会，优化社会资源的配置结构，维护社会稳定、实现社会繁荣。

第八章

网约车类共享经济法律问题研究

　　网约车类共享经济模式通过网约车平台公司，把线下闲置的非出租车辆和司机整合到出租车服务领域，可以在一定程度上缓解出租车运力紧张和打车难的问题，是市场参与公共资源配置的新经济模式。2016 年 7 月 14 日，我国交通运输部等多部门通过《网络预约出租汽车经营服务管理暂行办法》（以下简称《暂行办法》，2019 年进行了修改），并于 2016 年 11 月 1 日起施行。2016 年 7 月 26 日，国务院办公厅发布《关于深化改革推进出租汽车行业健康发展的指导意见》（以下简称《出租车指导意见》）。同日，交通运输部经第 17 次部务会议通过了修改《出租汽车驾驶员从业资格管理规定的决定》（以下简称《资格管理》），又于 8 月 26 日通过《巡游出租汽车经营服务管理规定》（以下简称《服务管理》，"巡游出租车"就是指传统出租车）的决定，《资格管理》自 2016 年 10 月 1 日起施行，《服务管理》自 2016 年 11 月 1 日起施行。自此，我国成为世界上第一个除了美国部分州市之外网约车合法化的国家。相关立法有利于网约车共享经济的合法化和规范化，但合法化和市场化并不能从根本上解决网约车存在的社会和法律问题。近两年来，江苏省南京市有至少 3000 辆巡游车退租停运，占到运营车辆总数的 1/4，类似的退租停运在全国还不少，甚至在有些地方巡游车已经消失了。[1]另外，处于垄断地位的滴滴出行的网约车操纵价格事件、网约车司机抢劫顾客财物、性骚扰女乘客、发生纠纷打伤乘客的报道不时见诸报端。合法化以来，网约车行业日渐暴露的诸多社会和法律问题值得深思。特别是 2018 年 5 月 6 日，21 岁花季空姐李某因搭乘网约顺风车遇害，2018 年 8 月 24 日，又一名 20 岁花季少女赵某乘网约顺风车遇害，网约车的安全问题进一步引发社会对网约车监管问题的讨论和思考。网约车作为公共交通的一种补充，应该理性看待其局

---

〔1〕 "南京网约车'逼退'出租车，一季度近 400 辆出租车退租"，载 http://www.chinanews.com/cj/2018/04-20/8496054.shtml，访问日期：2018 年 5 月 13 日。

限性及其存在的法律和社会问题，明确其监管的核心价值是公共交通安全秩序的公共政策而非市场化的竞争政策，并构建网约车类共享经济线下与线上合作协调的公共治理模式。

第一节　网约车类共享经济的概述

一、网约车类共享经济的内涵

网约车类共享经济属于"互联网+"经济模式的一种。网约车类共享经济利用共享平台把闲置的私家车接入租车服务行业，并通过网络技术对司机与乘客进行精准的配对，减少了交易成本，使资源配置达到最优效率。网约车一定程度上缓解了出租车运力紧张的问题，并促进了就业，而且有利于转变"物质化"的消费观，减少浪费，节约能源，发展绿色环保型生态文明社会。网约车类共享经济是市场参与公共资源配置的新的经济模式，也是对"公地悲剧"理论的修正。目前，网约车主要有以下几种：第一类：O2O（Online To Offline）在线租车打车。主要是通过打车软件进行预约出租车或打车。如我国的滴滴快车、嘀嗒拼车、哈哈拼车、滴滴拼车或是顺风车、美国的 Uber 网约车、Lyft 拼车等。第二类：P2P（Peer to Peer）租车，指车主在有限的时期内，通过共享平台把自己的车辆有偿地租借给他人使用。如美国的 Relay-Rides、Zipcar 和 GetAroud，中国的神州租车、PP 租车。所谓的 O2O 和 P2P，其电子商务模式都为 C2C（Customer To Customer）模式，是比较典型的共享网约车模式。第三类：B2C（Business To Customer）租车，即一般传统租车的网络租赁，是伪共享。指租车公司买下车辆，在线进行租车业务和二手车交易。如滴滴专车、神州专车、至尊、一嗨等。[1]

网约车是指把出租车辆和司机接入专门网约车平台，由乘客运用 App 软件，通过手机等移动设备进行订单预约及支付，接运乘客的营运车辆。在多种网约车共享模式中，滴滴快车模式是最普遍，也是发展最快的网约车模式。P2P 租车、O2O 拼车是"互联网+出租汽车"共享经济类出租中较理想的模式，把出租车的行业特点与共享平台技术相结合，既有利于对交通的有效管

---

〔1〕　曹磊等：《Uber：开启"共享经济"时代》，机械工业出版社 2015 年版，第 161 页。

控，又可以利用共享平台优化资源配置，有利于资源的充分利用。特别是 O2O 网约拼车，是一种最理想的共享经济模式，充分体现了共享闲置资源使用权的共享理念，较完美地诠释了共享经济最朴素的价值观。《暂行办法》没有采用这几种共享出租车模式。P2P 租车中车主通过共享平台把自己的闲置车辆对外出租实现对车辆的共享，O2O 拼车通过共享平台实现对出行的共享。两种模式都实现了对闲置资源的有效利用，但并没有增加环境资源和公共道路资源的负担。从《暂行办法》第 28 条、第 38 条的相关规定看，《暂行办法》把拼车或顺风车的规定权授予地方政府，故在本规定内没有对其专门规定，甚至有禁止的嫌疑，这样的规定值得商榷。《暂行办法》规定以私家车为主的 O2O 网约"专车"可能过多占用公共资源导致"公地悲剧"，但网约拼车或是顺风车在充分利用空置车位时并没有增加对公共交通资源的占用，充分发挥了其在租车行业共享经济中资源配置的作用。

二、网约车的价值分析

(一) 网约车对"公地悲剧"的修正

美国学者埃莉诺·奥斯特罗姆于 1968 年在《科学》杂志上提出了"公地悲剧"理论，认为任何时候只要许多人共同使用一种稀缺资源，就会发生环境的退化。道路设施是一种拥挤型准公共产品，因道路设施等公共资源是有限的，为防止交通拥堵，不可能对所有人都开放经营。乘客的数量也是有限的，为了避免过度竞争破坏行业的健康发展，有必要限制车辆的数量。为了乘客的安全，对出租车车辆和司机都必须设定严格的专业化和标准化的市场准入标准。因此，政府为避免出租车行业的"拥堵效应"和"公地悲剧"，维护乘客的人身财产安全，对其市场准入、数量和运营都采取管制措施，以至于出租车的运营资格因政府的管制成了稀缺资源，导致供需失衡，拒载与打车难等社会问题层出不穷。然而，随着社会经济的发展，私家车的数量日渐增多。一方面，私家车数量的增多衍生出座位空置的浪费现象。另一方面，因出租车数量有限，常出现打车难的困境。网约车类共享经济可以将"合作"和"消费"融合在一起，通过网约车平台把线下闲置的非出租车辆和司机整合到出租车客运服务领域，并通过互联网技术精准地对司机和乘客进行配置，一定程度上可以避免盲目竞争对公共资源的掠夺，防止"拥挤效应"和"公地悲剧"发生。同时也解决了出租车行业公共交通短缺的配置问题，补充了公共出租车的运力资源储备，缓解了市场供需紧张的局面。

首先，实现了供需方的精准匹配。网约车类共享经济通过网络技术为司机与乘客的精准对接提供信息服务，避免因信息不对称而导致司机为了揽客盲目地巡游，进而浪费资源和拥堵道路，同时让乘客可以即时便捷地得到服务，节约了交易成本。其次，建立了公平的竞争机制。网约车平台通过互联网技术精准地派单使资源公平合理地分配，也避免司机因逐利行为而导致过度竞争。再者，建立了共享平台内的信用评级自律督促机制。共享平台公司为每个 App 客户的司机和乘客建设一个诚信档案，通过司机和乘客的互评机制建立信用评级体系，将司机和乘客的诚信通过互联网大数据进行管理，纳入可管控的范围。最后，实现了公共资源的优化配置。网约车类共享经济可通过提高网约车的经营成本使其与传统出租车司机处于相对公平的竞争环境中，以弥补巡游出租车司机相对劣势的竞争地位，并利用浮动价格机制来调节供需平衡，比如，用车高峰期通过提高车费鼓励司机积极出勤，低峰时通过降低车费激励乘客打车，使资源的配置时刻处于良性的互动状态，最终实现资源的动态优化配置。并可以通过政府管平台、平台管司机的治理模式让市场参与公共资源的配置，但在实践中，共享网约车对资源配置的"修正优势"常被网约车平台滥用，损害司机、消费者以及巡游出租车司机的利益。

（二）有利于形成"出行"的绿色消费观念

澳大利亚最大的汽车共享平台 GoGet 的创始人布鲁斯·杰费里斯认为"汽车共享带来产品选择的多样化和消费行为的娱乐化"。《石板》的编辑保罗·布廷认为"汽车共享让用户可以在不同的车辆之间随时流动，从以前的各自独占变成共同体分享使用"。如果一个产品可以被大量人群共同使用，那么产品的需求数量和生产、复制行为都会降低。因此，平均共享一辆汽车可以减少 7 辆至 8 辆出行的车辆，共享模式会使人们卖掉或是不买新车。如果整个社会不以拥有私家车为社会风尚和终极享受，他们就摆脱了私人占有的束缚。在中国，车辆是身份财力的一种象征，这种"炫耀性消费"的心理促成了"不必要的消费"，最终导致了资源的浪费。如果网约车成为便捷舒适的时尚，而且这种共享经济模式成为一种潮流，人们就不再需要购买所谓的"面子车"，而是根据需要合理安排消费预算，不为"面子"所累，达到去"物质化"的健康生活方式。网约拼车或是顺风车也属于 O2O 在线网约车，而且比网约"专车"更能体现共享经济理念和绿色生态文明的网约车共享经济模式。以专职的私家车为主的网约"快车"可能会因过多地占用公共资源导致"公地悲剧"，但网约拼车或是顺风车在充分利用空置车位时，并没有增加对公共交通资源的占用，是理想的网约车类共享经济。《暂行办法》第 28 条没有对网约拼车作出明确规定，甚至有禁止的嫌疑。《出租车指导意见》明确规定鼓励发展网约拼车或顺风车，希望相关部门能根据《出租车指导意见》对网约拼车进一步明确规定，充分发挥其在网约车类共享经济中对资源优化配置的作用，实现共享经济"绿色环保"和"去物质化"消费观的理想目标。

（三）有利于整合线下的闲置资源

共享经济商业模式形成于 2008 年金融危机引起的经济衰落期，这种协作消费理念在经济萧条期帮助不少家庭通过共享闲置物资收益补贴家庭开支。在我国，随着城乡一体化建设的推进，城镇化建设对城郊农民集体土地的征收导致不少无一技之长的农民失地、失业。为了生计，不少失地农民及下岗工人就以开"黑车"为生，"黑车"大行其道在于其有市场需求。根据企鹅智酷 2015 年中国"黑车"调查报告显示，就抽样调查的 25 829 名网友，其中乘坐过"黑车"的比例高达 80%。[1]实践中，一边是大量闲置的车辆和司机，一边是乘客打车难的困境。因为"黑车"没有份子钱，没有税费，经营成本低，车费便宜，比出租车更有竞争力。尽管常受到执法部门的查处，但"黑车"还是无处不在。"黑车"不仅扰乱了出租车行业的竞争秩序，而且因为缺乏监督管理，也给乘客的人身财产带来了安全隐患。《暂行办法》通过共享机制把"黑车"转正为合法网约车，既是解决出租车行业运力紧张和城镇就业难的一项举措，也是当前出租车行业改革的攻坚战。根据《暂行办法》第 34 条及第 35 条的相关规定，对于非法运营网约车的共享平台公司以及司机个人，仅给予"责令改正，予以警告，并处以 10 000 元以上 30 000 元以下罚款"。根据《刑法》第 225 条及相关司法解释的规定，出租车行业的非法营运行为不构成"非法经营罪"。低门槛、低经营成本、低违法成本可能使原来的"黑车"很难从根本上真正"合法化"，如果缺乏有效的规范和监管，其潜在的违法犯罪不可能因为"合法化"而消除。《暂行办法》对网约车的合法化，使原来的"黑车"通过加入网约车平台而身份合法化。但应该明确这

---

〔1〕"2015 年中国'黑车'调查报告乘坐率超 80%"，载 http://www.199it.com/archives/320881.html，访问日期：2016 年 3 月 28 日。

只是形式上的合法。根本上，由原来"黑车"转变的网约车司机并非专业出租车司机，其背景和专业水平具有不确定性，使其服务存在潜在的风险。因此，共享平台公司和相关的监管部门应加强监管，确保网约车依法合规营运。

第二节　网约车类共享经济的理性思考

一、网约车类共享经济对出租车行业革新的反思

客观上，打车难和拒载等出租车行业老问题的出现，主要是源于政府为了限制出租车数量，对出租车牌照实行特许经营许可的行政垄断导致供需失衡。《暂行办法》和《出租车指导意见》等对出租车行业的规范就是开放出租车市场，打破出租车行业政府行政垄断特许经营权对数量的限制，建立公共交通资源配置共享机制，促使出租车行业改革创新。

（一）网约车对"公地悲剧"修正的不足

目前，过于僵硬的出租车行业的行政监管导致供需失衡，而网约车共享经济模式为市场参与公共资源的配置提供了技术保障。在政府不愿意对现有出租车管理体制进行改革的情况下，需求驱使市场对闲置资源进行配置，闲置私家车以网约车的身份进入出租车市场也就成为一种必然。私家车以网约车形式进军出租车市场是对现行体制的挑战，也是对出租车行业改革的倒逼机制，但现实中，理性的"经济人"对自己利益的追逐总是存在的。如果私家车无限制地以网约车的名义进行客运，不仅会对现有的出租车行业造成冲击，而且也会造成公共交通拥堵，影响交通效率。因为只要公共资源对一批人开放，资源单位的总提取量就会大于经济上的最优提取水平。[1] 虽然《资格管理》对网约车司机也提出了相关考试的要求，但根据《暂行办法》第13条的相关规定，网约车车辆的准入门槛较低，且没有明确规定实质审查标准，《出租车指导意见》也仅提出"网上办理许可的形式审查"。目前网约车平台对网约车和司机的市场准入的标准较低，有时为了招揽司机甚至会降低对运营资格要求。如果对网约私家车缺乏规范或是监管不力，对公共交通秩序和

---

〔1〕 Clark 1976，1980；DasguptaandHeal，1979，转引自〔美〕雷切尔·博茨曼、路·罗杰斯：《共享经济时代：互联网思维下的协同消费商业模式》，唐朝文译，上海交通大学出版社2015年版，第11页。

乘客人身财产安全将会带来隐患，因此必须严格加强监管确保公平竞争和公共安全秩序，以维护行业健康稳定的发展，保护乘客的安全和利益。《暂行办法》和《出租车指导意见》的出台有利于合法化和规范化网约车的运营，但尚存在不足需要进一步的完善。网约车作为公共交通的一种补充，应该理性看待其局限性及存在的法律和社会问题，构建"互联网+出租车"的网约车的治理模式。如果道路基础设施没有改善，仅通过共享平台把私家车接入出租汽车服务中，且低准入标准、低经营成本、低违法成本鼓励更多私家车加入网约车行业，必然占用有限的道路公共资源，从而造成道路拥堵，严重影响公共交通资源的合理配置，降低整个社会通行的效率，恶化交通秩序，导致"公地悲剧"。

（二）网约车类共享经济的非理性的民粹主义

共享经济模式形成于 2008 年金融危机的经济衰落期，是基层民众为了摆脱生活困境或解决生活难题而创立的一种消费模式，具有很深的草根情结，或者说群众基础。网约车之父 Uber 就是成立于 2009 年金融危机之际，部分家庭通过开网约车补贴家用。我国的网约车起步稍晚，但网约车运营初期几乎没有门槛，只要有一部车，然后通过网约车平台注册就可以接单拉客，司机不仅无需甚至很少交纳管理费，消费者打车不用车费还有补贴。滴滴快车和 Uber 都因资本的介入缔造了庞大的网约车平台的资本帝国，Uber 曾成为估值最高的科技公司。网约车平台把私家车接入平台从事应受管制的出租车服务，以低价补贴赢得基层消费者的青睐，但这种虚假繁荣都是资本催生的民粹选择的结果，巨大的沉没成本也注定其只可能是昙花一现的泡沫。资本和民粹缔造了我国的网约车商业大厦的一些表象，但却误导了监管部门对网约车的定位。如果只是看到网约车的一些虚假表象或是为了满足和迎合民粹主义的需求，甚至被某些利益集团所绑架，政策的制定可能就会偏离正确的轨道。根据滴滴网约车平台的发家史，为了弥补前期商业补贴的巨大亏损和进一步扩大和巩固市场份额，寡头垄断的滴滴快车进行监管套利也就不可避免。作为世界上交通最拥堵的国家之一，我国成为世界上第一个且是唯一一个网约私家车合法化的国家，某种程度上也正是受网约车共享经济草根的非理性和民粹主义的影响，其立法的合理性和科学性值得商榷。他山之石，可以攻玉，世界其他国家限制甚至禁止网约车的做法必定有值得我国借鉴之处，我国对私家网约车的合法化和市场化的放任模式值得商榷。

（三）网约车类共享经济模式的价值选择

租车行业的共享经济有多种模式，可以简化为重资产型和轻资产型两种。重资产型要求租车公司自有车辆，对司机进行统一监管，是传统租车行业网约车的升级，是传统租车的网络经济模式，属于 B2C 电子商务模式。B2C 租车属于重资产型伪共享经济模式，其实质属于传统出租车的网约车服务，一般是租车公司买下车辆，在线进行租车业务和二手车交易，比如，滴滴专车、神州租车、至尊租车和一嗨租车等租车共享平台，《暂行办法》没有采取这种模式。轻资产型的 P2P 和 O2O 网约车平台公司不拥有车辆，是为司机和乘客提供约租车服务的 C2C 电子商务模式。网约车在线拼车或顺风车都属于轻资产型，但《暂行办法》也没有采用这种模式。网约车又分为网约专车、网约快车和网约合乘车或顺风车、拼车。网约"专车"和"快车"是指专门用于网约车服务的网约车，但"专车"较"快车"的车辆更高级，服务更全面，价格也更贵。一般"专车"为 20 万元至 30 万元的中高端车型，司机统一着装，提供开关车门、取放行李、免费饮品、免费纸巾、免费充电器和雨伞等附加服务。目前的滴滴出行和神州租车的专车多为 B2C 共享经济模式，车辆为网约车平台自有，提供高端的标准化服务，对司机和车辆进行统一的管理。快车的车型一般为 10 万元至 20 万元的普通车型，没有附加服务，车费较为便宜，车辆为私人所有。私人网约小客车合乘，也称为网约拼车、顺风车，司机不是专门从事租车服务，只是在自己出行的同时为他人提供乘车便利，同时适当收取乘车费的网约车服务。根据《暂行办法》第 28 条、第 38 条的相关规定：第一，不允许没有资质的小客车进行网约拼车服务；第二，把拼车或顺风车的规定权授予地方政府。

在汽车出租共享经济模式上，P2P、O2O 的轻资产型网约车的租车模式是"互联网+出租汽车"共享经济中较理想的模式，把出租车的行业特点与共享平台技术相结合，既有利于对交通的有效管控，又可以利用共享平台优化资源配置，实现资源的充分利用。B2C 网约车共享经济模式可以看作是巡游车的网约升级版，实质为伪共享，在共享平台提供便捷的信息服务的同时，能更好地对车辆和司机进行线下监管，但由于车辆属于共享平台自有，其沉没成本高。P2P、O2O 两种模式都实现了对闲置资源的有效利用，且没有增加环境资源和公共道路资源的负担，特别是拼车或是顺风车在充分利用空置座位时并没有增加对公共交通资源的占用，充分体现了共享经济共享使用权的理念，是一种最理想的共享经济模式，符合环保、节能、绿色、文明的生态观。网约专车和快车管理门槛高，经营成本和监管成本的上升在某种程度上限制了其发展。O2O拼车或顺风车之所以成为一种最理想的共享经济模式，是因为其充分体现了共享闲置资源使用权的理念，较完美地诠释了共享经济最朴素的价值，可以有效地解决道路拥堵和方便出行的问题，同时也存在着巨大的商业利益，但由于《暂行办法》对网约顺风车没有明确规定，很多地方政府也没有出台相应的监管措施，导致客观上网约顺风车又成了灰色地带的"黑车"，网约车平台公司为了监管套利，则通过大量发展网约顺风车的方式扩展业务。由于网约顺风车存在监管上的漏洞，导致马甲网约顺风车应势而生，同时也埋下了安全隐患，遇害空姐正是乘坐了存在监管漏洞的"马甲"网约顺风车而惨遭杀害的。神州租车一直专注"B2C"重资产型的汽车租车伪共享模式，以私家车起家的滴滴也一直朝着直接或间接的"B2C"重资产型的方向发展，通过发展自有车辆或是与租赁公司签订合作协议的方式稳定车源。共享平台如果要成为出租车的经营者，必须具有相应的资质和实力。作为共享平台经营者的神州租车和滴滴快车都未雨绸缪地对网约车进行了去C2C"私家车"化的部署，加强对网约车"专业化"和"标准化"管理，但其实质是伪共享化，是传统出租车的网络租赁，但不属于网约车类共享经济。

《暂行办法》从制度上确保了网约车运营的合法地位，多数"黑车"可以通过网约车平台转正为合法车，理论上有利于解决就业和缓解出租车运力紧张的局面。当然，对于中小城市而言，因为道路公共资源比较充足，当地的就业比大城市更困难，而且其公共交通一般不发达，鼓励和发展网约车对解决当地部分就业和提供公共交通服务是一种良策。但对于道路公共资源紧缺的一、二线城市，因为车多路少，大量的"黑车"或私家车参与到网约车的服务中必然会导致道路拥堵。因此，大城市为避免道路的拥堵，应当明确网约车只是解决公共交通的一种补充形式，应考虑充分发展其他公共交通，不能盲目地无限制地开放网约车市场。虽然《暂行办法》把对网约车的具体监管细则的制定权授予地方政府，但政府对网约车的定位不能盲目地"一刀切"，在制定相关的实施细则时，应该结合当地的实际情况合理定位网约车，因地制宜地制定更适合当地的网约车共享经济模式，提高资源配置效率，更好地为当地民众服务。北京、上海等一线城市通过对司机的户籍限制来控制网约车的数量是一种无奈之举，但也是一种理性的选择。网约车平台公司应该遵守公共交通资源配置的客观规律，结合网约车类共享经济的商业模式与市场需求，科学和合法、合理地发展网约车共享经济模式。

（四）网约车的拥挤效应

网约车作为公共交通的一种补充，是以道路公共资源为基础或依托的共享经济模式。车离不开路，没了路车就只是摆设，道路决定了车的功能属性的发挥，车只不过是道路的附属物或是从物。道路资源属于拥挤型准公共产品，根据从物与主物的物权关系，也就决定了网约车也具有拥挤性准公共产品的特性。道路设施作为准公共产品具有非排他性和非竞争性，因此网约车市场不是一个完全竞争的产品市场，不易全面展开竞争，完全开放网约车市场势必会造成拥挤效应降低效率，甚至引发"公地悲剧"。目前的网约车市场是依靠资金打造的虚假繁荣的市场。如果有便捷的公共交通，而没有补贴并且司机要依工商管理规定交纳各种保险、税费，并按正常市场价格收取车费，有多少乘客多少司机选择网约车这是需要进一步论证的问题。

网约车运营的负外部性主要取决于其是否增加了城市交通拥堵，以及环保、公平、竞争、劳工保护、消费者权益等问题。网约车向公众提供服务的营运条件主要是紧缺的道路空间，不仅是车辆供给问题。道路设施是一种拥挤型准公共产品，在既定的时空条件下，准公共产品的消费通常会因该产品稀缺产生"拥挤效应"，且会带来效率损失，但这种损失将由参与其中的消费者共同承担，从而增加了消费者出行的交通成本。[1]对此，2015 年度高德公司通过对运用交通大数据的分析，揭示了运营车辆日均出行里程对道路的占用率是非运营车辆的 5 倍至 10 倍之多。高德公司分析认为，网约车在带来便利性的同时，随着城市运营车辆的数量的增加，也会不同程度地加重城市拥堵。[2]如果道路基础设施没有改善，仅通过共享平台把私家车接入出租汽车服务，且低经营成本和低违法成本又鼓励了更多私家车加入网约车行业，必然会占用有限的道路公共资源，从而拥堵道路，严重影响整个社会公共交通资源的配置效率，恶化交通秩序。网络技术只不过是一种资源配置工具，在市场条件下，"公地悲剧"很难依靠网络技术从根本上避免，共享平台不能从

---

〔1〕 陈其林、韩晓婷："准公共产品的性质：定义、分类依据及其类别"，载《经济学家》2010 年第 7 期。

〔2〕 陈越峰："'互联网+'的规制结构——以'网约车'规制为例"，载《法学家》2017 年第 1 期。

根本上解决公共交通资源短缺的问题。为了防止过度竞争出现"公地悲剧"破坏行业的健康发展，对网约车车辆的数量采取限制是必要的监管措施。

（五）网约车的破坏性创新

世界许多城市的出租车工会集会反对拼车平台，出租车工会认为乘车共享平台有不公平的优势，因为它们不受公共安全法规的规制。出租车经营者通常要遵守出于公共安全和其他目的的市政许可。乘车共享还引入了新的竞争，威胁了出租车行业。从 2012 年 1 月到 7 月，美国出租车的使用量下降了65%。出租车工会主张取消出租车操作的市政法规或符合类似规定的拼车服务。[1]Uber 说它不是出租车公司，而只是在运营一个网站和一个应用程序，把司机与乘客联系起来。所有错事都不是 Uber 的责任，而是司机的责任。随着腾讯和阿里巴巴两大网络巨头对滴滴和快的网约车公司的注资，通过补贴大战的掠夺性低价竞争清洗了原来市场上四十多家网约车公司后形成寡头垄断，随后滴滴和快的的合并更是加强了其在国内网约车市场的寡头垄断地位。滴滴、快的的补贴大战以及"单边效应"的合并违反了《价格法》《反垄断法》《消费者权益保护法》等相关规定，破坏了出租车市场的竞争秩序，损害了消费者利益，但滴滴快车的所作所为却游离于法律管制之外，凸显了我国法治的窘境。我国的网约车市场自 2014 年初以来的各种烧钱的补贴大战也说明市场缺乏理性，这种无序竞争的趋势不会因为新规定的出现而停止，反而可能会在合法的外衣下继续各种恶性竞争的循环，不利于行业的健康发展。网约车是通过共享平台把私家车无限量地接入应受管制的出租车市场，其科学性、合理性和正当性值得怀疑，世界各国限制甚至禁止网约车不是没有道理的。如果仅仅为了共享网约车公司的利益而忽视传统出租车行业的发展，不考虑网约车对公共交通秩序、公共安全、环保、消费者利益、司机劳工权益等因素的影响，过度"包容"、放任自由、不"审慎"监管，其破坏性创新在破坏现有秩序的同时，也损害本行业的健康发展。

二、网约车市场化下的隐忧

根据《暂行办法》的规定，网约车市场化就是开放网约车市场，且网约

---

〔1〕 Sukumar Ganapatia and Christopher G. Reddick，"Prospects and Challenges of Sharing Economy for the Public Sector"，*Government Information Quarterly*，2018（35）：85.

车平台享有市场价格自主权的市场自治模式，与传统巡游车由政府对数量和价格严格管控的监管理念和模式相比，网约车市场化是从一个极端走向另一个极端，这种差异化的监管模式导致了巡游车与网约车之间的不公平竞争。传统巡游车的监管模式固然存在不少问题，改革势在必行，但网约车市场化能否解决出租车行业积重已久的社会问题值得商榷。

（一）巡游车与网约车差异化管理下的不公平竞争

巡游车与网约车都提供出租车服务，存在直接竞争关系，但《暂行办法》对两者采取不同的监管标准，设置不同的竞争条件，导致了巡游车与网约车间的不公平竞争。

1. 市场准入标准不一致

虽然《资格管理》要求所有的出租车司机都应进行全国统考和地方考试，规定巡游车驾驶员从业资格区域科目考试是"对地方出租汽车政策法规、经营区域人文地理和交通路线等具有区域服务特征的知识测试"，强调了"专业知识"的要求，而网约车驾驶员从业资格区域科目考试"是对地方出租汽车政策法规等具有区域规范要求的知识测试"，没有"经营区域人文地理和交通路线"的"专业知识"的要求，这就意味着，网约车司机不熟悉当地的交通路线也可以揽活，但其服务质量可能难以保证。根据《服务管理》第8条、第9条、第13条、第14条、第19条、第20条、第21条、第22条、第23条、第24条以及《资格管理》第18条的相关规定，巡游车的租车公司和司机都应到出租汽车行政主管部门申请注册，出租车公司和巡游车司机的"服务能力"都必须通过发证机关的实质审核。上述条款还对出租车公司和司机的线下营运能力，比如，司机与车辆的市场准入标准、出租车公司与司机的法律关系、经营管理、服务标准等内容进行了明确的规定。而同样提供出租车经营服务的网约车平台，虽然《暂行办法》规定"其他线下服务能力材料，由受理申请的出租汽车行政主管部门进行审核"，但对于网约车的"线下服务能力"具体包括哪些并没有明确规定，主要侧重对其信息服务能力或线上能力方面的监管，相关规定避重就轻，忽略了对网约车司机和车辆运营能力的专业性和标准性的线下监管，过于"宽容"但不够"审慎"。《服务管理》对租车公司、巡游车的车辆和司机的市场准入和线下的运营服务都要求得更专业、更标准，而《暂行办法》对网约车平台和司机的市场准入和服务营运的则是较低的非专业标准。"资质"代表的是服务能力和行业准入标准，巡游车和网约车的"差异化"应该体现在线下"服务"形式上而不是"资质"能力上。对网约车的"非专业"的低标准要求一定程度上降低了网约车的经营成本，与巡游车形成不公平竞争，同时也造成了潜在的安全隐患。

2. 巡游车与网约车价格机制不公平

价格竞争是最主要的市场竞争机制，通过价格竞争可以引导资源的配置。《暂行办法》规定"网约车运营实行市场调节价"，《服务管理》规定巡游车"安装符合规定的计程计价设备"实行固定价。同样提供出租车服务，特别是关于核心竞争力的价格机制，巡游车的政府固定价难与网约车的市场调节价展开竞争。因为我国的网约车市场是寡头垄断市场，网约车的市场定价机制往往被滥用于进行不正当竞争和价格垄断也就在所难免，不断曝光的滴滴网约车的各种操纵价格行为正是市场化造成的恶果。如果政府管制下的巡游车未进行相应的改革和调整，继续沿用旧的管理模式，网约车的市场化运营必然会进一步激化与政府管制下的巡游车的竞争，导致行业矛盾加深。当非专业的网约车把专业的巡游车赶出出租车市场后，将出现劣币驱逐良币的柠檬市场效应。如果出租车行业只剩下市场化的网约车，也将损害乘客的选择权。特别是对那些不会使用打车软件的乘客，其权益将受到损害，也不利于整体出租车行业的健康发展。在目前显失公平的竞争环境下，像南京市一样发生巡游车退租停运的现象，甚至消失也就不足为奇。

我国目前对传统出租巡游车的政府监管模式与网约车类共享经济的市场化模式之间存在不公平竞争，传统出租车的政府固定价难与网约车的市场价展开竞争，现行的相关规定人为地设置了竞争障碍，为行业的健康发展埋下了隐患。滴滴 Uber 获取垄断地位后通过攫取垄断利润和操纵司机业务，损害了消费者和司机的利益，但同时也遭到了消费者和司机用脚投票的抵制，一定程度上阻碍了网约车类共享经济的健康发展。为避免共享经济市场竞争机制和政府监管的失败，确保公平竞争和行业的有序发展，应防止具有相对优势地位的共享平台滥用技术、政策和资金优势获取不正当的竞争利益，损害其他经营者和消费者的利益。共享经济最终必须创造真正的消费者，[1]获取正当的商业利益，而不仅仅是攫取短暂的市场份额。

---

〔1〕 Malhotra and Arvind, "The Dark Side of the Sharing Economy... and How to Lighten It", *Communications of the ACM*, Nov 2014, Vol. 57, Issue 11, p. 24.

(二) 网约车市场化目标的错位

《服务管理》第3条对专业化和标准化的巡游车的定位是"公共交通的补充""适度发展",采取数量限制的严格管制政策。《暂行办法》第3条对非专业化和非标准化的网约车的定位是"高品质服务""差异化经营",且是要"有序发展网约车",体现了对网约车放任发展的特权化的鼓励政策。实际上,基于网约车的非专业化和非标准化管理规定,如何能做到"高品质服务"值得商榷。《暂行办法》对网约车从"宽"的市场化规定,《服务管理》对巡游车"从严"的政府管制措施,设置了网约车的"市场自由"与巡游车的"政府管制"不同的竞争标准。不管是巡游车还是网约车,都是提供租车服务的,涉及乘客和公共交通安全,对车辆和司机的专业化和标准化管理是必需的。政府管制下的巡游车和市场调节下的网约车都是出租车行业的一部分,存在直接竞争关系,我国对网约车的各种优惠鼓励政策和对巡游车的各种限制管控政策所谓的"错位竞争""差异化服务",是人为地设置了不公平的竞争限制。

客观上,网约车平台公司主要提供信息服务,没有足够的能力对网约车进行实质监管,对网约车只能是虚拟或信息上的形式监管。主观上,市场化可能促使网约车平台为了扩大市场份额,减少监管成本进行监管套利放松对网约车的监管,并滥用市场自治权操纵市场损害司机和乘客利益。2018年5月10日,交通运输部官网发布的评论文章《不要把约谈当"耳旁风"》指出,2018年以来,交通运输部门就网约车非法营运、扰乱市场秩序、运营安全、信息安全等突出问题约谈了有关网约车企业,通报了发现的问题,提出了整改要求。然而,部分网约车平台公司在被约谈时,态度很诚恳,承诺很到位,但约谈后就将承诺抛之耳后,继续我行我素,视约谈为"耳旁风"。甚至有的企业被多次约谈却仍置若罔闻,违规变本加厉,毫无诚信可言。[1]在我国目前对网约车市场化的政策激励下,市场的逐利本性使网约车平台的监管套利不可避免。网约车平台只不过是一种信息工具,应该对其进行合理的定位,不能神化"互联网+"经济模式的功能,"特权化"网约车平台公司,立法授予其完全不同于巡游车出租车公司的运营权,但却忽略了网约车作为一种公共交通工具,专业化和标准化是其行业的基本要求。

---

〔1〕 "不要把约谈当'耳旁风'",载 http://baijiahao.baidu.com/s? id=1600051384203121817&wfr=spider&for=pc,访问日期:2018年5月20日。

（三）网约车市场化不利于安全监管

对于"出租车"行业，"资质"关乎乘客生命财产安全和公共交通秩序，应该严格审慎监管。维护公共交通秩序与乘客安全是政府的职责，政府不能通过市场化而放松对网约车的实质监管。网约车非专业化的低标准市场准入和市场化的自我监管可能会影响其服务的质量，降低行业的服务水平，不利于维护乘客的生命财产安全，甚至危害公共交通秩序。《暂行办法》第 12 条规定网约车辆的准入标准为"7 座及以下乘用车；安装具有行驶记录功能的车辆卫星定位装置、应急报警装置；车辆技术性能符合运营安全相关标准要求"，但因对网约车的车辆没有具体统一的标准和标识，乘客难以辨识，也就导致马甲车[1]有机可乘。虽然《暂行办法》第 12 条和第 14 条对网约车的车辆和司机的市场准入规定了具体的实质审查标准，但《出租车指导意见》提出"简化许可程序，推行网上办理"。网上办理意味着对网约车的市场准入无须进行实质审查。目前，网约车平台公司对司机和车辆只要求向共享平台提供相关资料就可以注册成功，但这种形式审查很难保证相关资料信息的真实性，也就难以确保司机和车辆的专业标准和安全要求，《暂行办法》对车辆和司机的市场准入的相关规定也就形同虚设。信息不对称、信息不真实、信息不充分、监管套利和监管不力都可能导致监管失效，某种程度上这种信息监管的疏漏也造成了潜在的安全风险。另外，由于现在的网约车通过手机终端运作，使得司机在行车过程中为了"抢单"不能专心开车，为安全行车埋下了隐患。共享平台掌握了乘客的个人信息，也为乘客的个人信息安全带来了隐患。

2018 年以后，以"滴滴顺风车"为代表的网约顺风车服务接连发生多起恶性刑事案件，使网约顺风车在公众舆论层面遭受重创。截至 2019 年 11 月，在经历 400 余天的整改后，滴滴顺风车在哈尔滨、太原等 7 个城市恢复上线试运营，但依然因为其存在安全方面的隐患而备受批评。受这一系列事件影响，2019 年以来，我国的网约顺风车暂时进入一个发展低谷期。[2]空姐李某遇害事件中网约顺风车司机刘某的信息就存在瑕疵，不仅其滴滴顺风车账号是其父的，而且其三四年前就曾骑摩托车肇事把对方撞成植物人。遗憾的是

---

[1] 所谓"马甲车"，就是乘客在打车软件上叫的车辆的牌照和实际来接载的车辆牌照是不一样的，车辆和司机都可能不是注册司机和车辆。

[2] 刘大洪："网约顺风车服务的经济法规制"，载《法商研究》2020 年第 1 期。

这些重要信息却被遗漏，没有被利用来阻隔其犯罪，最终酿成了悲剧。据新闻报道，事发后深圳有 8000 名滴滴司机被封，其中 1661 名有重大刑事犯罪前科。[1]因为市场准入监管不力使不具备运营资格的个人或公司铤而走险从事非法网约车营运。

记者暗访网约车发现，预约的 10 辆网约车中，竟有 7 辆是黑车。[2]加上网约车平台不可能对网约车运行进行实质的监管，从而也就为网约车的安全埋下了隐患。至今，从"北大法宝"上检索到关于"网约车"的司法案件共11 522 件，其中刑事案件 1052 件，占比为 9.1%。按照案发量多少，这些案件所涉罪名为故意伤害罪、强奸罪、诈骗罪、盗窃罪、聚众斗殴罪、危险驾驶罪等。其中故意伤害罪的犯罪事实基本为滴滴司机接单后，在将乘客送往目的地的过程中，因为路线、价格等问题，与乘客发生纠纷，司机动手将乘客打伤。在这些故意伤害案件中，有的是肢体冲突，有的还出现了司机随车携带刀具，在发生冲突后将乘客捅伤的情形。[3]目前，我国对网约车的市场化自我监管模式，以及对网约车市场准入的低违法成本的相关规定，使得网约车平台为了扩展市场份额，滥用市场支配地位和市场定价权监管套利，放松对网约车市场准入的审查和运营监管。网约车合法化后不断曝光的滴滴网约车价格操纵行为和安全事件等各种乱象，已说明我国的网约车监管存在严重问题，需要进一步完善和加强监管。我国对违反出租车市场准入的非法经营行为只是进行事后的行政执法监管，对于公共交通安全的刑法保护也只是事后处罚。网约车运营涉及公共安全，其非法运营可能会对乘客的人身和财产安全造成严重的损害后果。安全事故的事后问责难以弥补生命和健康的损失，以罚代管的监管模式不利于公共交通安全的管控。

（四）网约车类共享经济市场化的法律责任不明确

网约车类共享经济的责任主要分内部责任和外部责任，内部责任是网约车平台与网约车司机约定的合同责任和内部监管责任，在不违法的情况下一

---

[1] "空姐搭滴滴顺风车遇害，网约车乱象如何破解？"，载 http://auto.ifeng.com/quanmeiti/20180515/1180073.shtml，访问日期：2018 年 5 月 24 日。

[2] "媒体暗访网约车黑车占比高达 7 成　无证司机还传授记者躲惩罚秘诀"，载 https://t.qianzhan.com/caijing/detail/180513-98559e2b.html，访问日期：2018 年 5 月 14 日。

[3] "网约车平台责任成焦点 滴滴举报电话暂无有效信息"，载 http://industry.caijing.co-m.cn/20180511/4451421.shtml，访问日期：2018 年 5 月 13 日。

般由网约车平台以格式合同的方式与签约司机明确其责任范围。外部责任，包括对乘客的责任、对第三人的责任和社会责任。对第三人的责任和社会责任是传统责任，一般责任分配机制较完善，不会存在较大的争议。对第三人的责任可以根据《道路交通安全法》《侵权责任法》和《刑法》等法律来追究。法律责任一般由法律规定，责任清晰，依法履行即可。《暂行办法》第16条规定："网约车平台公司承担承运人责任，应当保证运营安全，保障乘客合法权益。"因此，网约车平台应承担网约车运营安全的承运人责任，也可理解为连带责任。因乘客与司机之间是服务合同关系，原则上可以根据《合同法》和《侵权责任法》来确定其责任范围，对于有过错的司机，承担责任是毋庸置疑的。记者在查询滴滴出行用户端的出租车用户协议、专车快车豪华车用户协议、顺风车服务协议中发现，滴滴出行均提出，对用户使用滴滴出行造成的损害其不承担责任。

根据《暂行办法》第18条的相关规定，网约车平台公司应当与驾驶员签订多种形式的劳动合同或者协议，明确双方的权利和义务。如果网约车平台与司机依法签订劳动合同，司机就是网约车平台公司的雇员，也就可以依法享有劳动者的权益，且营运过程中产生的风险和责任，也应由网约车平台来承担，这一操作必然增加网约车平台的经营成本。因此，网约车平台为了监管套利不愿与司机签订劳动合同也就不足为奇，司机的劳动权益也就得不到保障，网约车相关的风险与责任也就难以界定。记者在滴滴出行车主端软件的专快车服务协议中注意到，滴滴与提供网约车服务的司机仅存在挂靠关系，不存在任何劳动关系或是劳务关系，此举意味着滴滴企图通过与司机的"挂靠关系"免除其法律责任。记者采访的律师和学者均认为网约车平台属于信息服务，接近于居间服务，主要是承担对司机所提交证件、资料的真假、提交者是否人证一致、车辆是否达到安全标准等的严格审查义务。如果网约车平台在验证司机资质、身份等方面尽到了审慎的审查义务，则适用"避风港原则"，不需要为司机的行为担责。[1]以上关于滴滴出行与司机之间的免责协议以及律师和学者关于网约车平台的避风港原则的观点都值得商榷。

实践中，网约车平台与网约车司机、乘客之间的关系比较复杂，网约车

---

〔1〕 "网约车平台责任成焦点，滴滴举报电话暂无有效信息"，载 http://industry.caijing.com.cn/20180511/4451421.shtml，访问日期：2018 年 5 月 13 日。

平台如果仅提供信息服务，其与司机和乘客之间只是居间合同关系，若网约车平台没有过错对司机的客运行为就不承担法律责任。但根据《暂行办法》第2条、第16条的规定，网约车平台不只是提供信息居间服务的居间人，而是"从事网约车经营服务的企业法人"，是"对网约车的安全运营承担承运人的责任"的承运人。因此，网约车平台不能适用"避风港原则"免责。相反，由于滴滴出行和网约车司机的免责约定只是内部责任的约定，对外没有约束力，对外共享平台依旧应承担承运责任。

（五）网约车市场化的监管套利

网约车类共享经济模式作为一种新的租车商业模式，构建了租车市场的新秩序，也滋生了不少社会和法律问题。首先，网约车共享经济模式存在监管套利。网约车共享经济模式潜在地规避了商业环境和法律监管。根据《暂行办法》第18条的相关规定，由于共享平台与司机之间的法律关系没有明确为劳动关系，既不利于对司机劳动权益的保护，也不利于网约车平台对司机的劳动监管，不利于劳资双方劳动关系的法律认定和监管。其次，网约车的工商登记以及税务信息缺失。共享平台为了多吸纳司机加入网约车平台，放松对网约车司机和车辆市场准入的监管审核。据马甲车司机告诉记者，注册马甲车只需要花几百块钱，提供一个驾驶证，即便不符合规定条件，也有"黄牛"专门针对网约车的注册漏洞，通过制造假证的方式蒙混过关，然后递交申请即可。[1]这导致网约车游离在工商税务监管之外，对网约车平台的税收征收以及保险责任的监管缺失导致其存在监管套利。

第三节　网约车类共享经济的法律困境

一、网约车类共享经济的立法缺陷

目前，我国网约车的相关立法，部委层面的《暂行办法》以及地方层面的网约车实施细则均存在一些缺陷。就《暂行办法》而言，首先，立法目标错位。在《暂行办法》颁布之前，行政部门对网约车的监管执法主要依据道

---

〔1〕 "聚焦网约车乱象：马甲车频现、同路不同价、投诉难反馈 …… 用户安全谁来保障"，载 http://m.news.cctv.com/2018/05/12/ARTINx36uvh65KEmEHFLF0z9180512.shtml，访问日期：2018年5月12日。

路运输和出租客运相关的行政法规。例如，《道路运输条例》第 8 条、第 9 条和第 10 条的规定，《服务管理》第 48 条的规定等。据此判定，以私家车为主要运营车辆的网约车为非法运营。严格意义上讲，网约顺风车、拼车更符合共享网约车对闲置资源精准配置和绿色环保出行的理念，但这种共享模式没有被《暂行办法》明确肯定，相反，曾经被认为是"非法运营"的私家"黑车"经过共享平台就可以"合法化"为网约车。且根据《暂行办法》第 3 条对非专业化和非标准化的网约车的定位是"高品质服务""差异化经营"，且要"有序发展网约车"，体现了对网约车放任发展的特权化的鼓励政策。《服务管理》第 3 条对专业化和标准化的巡游车的定位是"公共交通的补充""适度发展"，采取数量限制的严格管制政策。实际上，网约车的非专业化和非标准化管理规定，如何能做到"高品质服务"值得商榷。《暂行办法》对网约车从"宽"的市场化规定，《服务管理》对巡游车从"严"的政府管制措施，设置了网约车的"市场自由"与巡游车的"政府管制"不同的竞争标准。不管是巡游车还是网约车，都是提供租车服务的，涉及乘客和公共交通安全，对车辆和司机的专业化和标准化管理是必需的。政府管制下的巡游车和市场调节下的网约车都是出租车行业的一部分，存在直接竞争关系，我国对网约车的各种优惠鼓励政策和对巡游车的各种限制管控政策，即所谓的"错位竞争""差异化服务"是人为设置了不公平的竞争限制。《暂行办法》对私家网约车的"从宽""合法化"且"市场化"的立法目标值得商榷。

其次，《暂行办法》涉嫌违反上位法。《暂行办法》中有四处规定可以由地方政府作出，但是下位法的规定仅限于对部门规章有关规定的细化，而非"减损公民、法人和其他组织权利"和"增加其义务"，也不得"增设违反上位法的其他条件"，但各地实施细则普遍存在增设行政许可条件，减损公民权利和增加义务的问题，违反了我国《立法法》第 82 条以及《行政许可法》第 16 条的规定。就地方层面的网约车实施细则而言，其法律位阶不足。除了深圳、重庆、广州、武汉、上海和青岛等少数几个地区是以地方政府规章的形式立法，绝大多数地方是由地区交通主管部门以规范性文件的形式作出规定的。[1]目前，我国对网约车的立法，不论是《暂行办法》还是地方立法，都

---

[1] 宋心然、张效羽："网约车地方规制细则成本收益分析——以北京市网约车规制细则为例"，载《国家行政学院学报》2017 年第 5 期。

存在立法目标不明确，立法科学性、民主性和程序性不足的问题。对于作为准公共产品的网约车，应完善相关的立法机制，明确定位网约车的法律地位，确保网约车类共享经济健康有序地发展。

二、网约车类共享经济的法律地位不明确

（一）对网约车平台法律定位的质疑

根据《暂行办法》第5条、第6条的相关规定，网约车平台申请条件主要是设置相关网络技术与网络支付等信息技术条件的要求，只是确保其信息服务资格，没有涉及与出租车经营有关的条件要求，客观上其只能是提供信息服务，其法律地位就是提供信息服务的中介机构或者居间人，不应具有任何超越信息服务的能力。但根据《暂行办法》第2条及其他相关规定，网约车平台公司是"从事网约车经营服务的企业法人"，而且对网约车司机享有从市场准入到租车经营服务以及保险责任等一系列的监管职权和职责。网约车平台企业无须符合《服务管理》第8条和第9条关于出租车经营者的相关规定，不需要任何出租车的经营条件或资质却可以经营出租车服务，显然已经超越了其"信息服务能力范围"。不管是巡游车还是网约车，都提供租车服务，涉及乘客和公共交通安全问题，对车辆和司机的"专业化"和"标准化"管理是必需的。共享平台作为信息服务提供者，其是否有能力对网约车司机和车辆进行"专业化"和"标准化"管理值得怀疑。根据《服务管理》第8条、第9条的相关规定，巡游车经营者应该符合一系列的"出租车"相关的经营条件才可以从事租车服务。同样是"出租车"经营服务，网约车平台可以"0"条件就获得相关的经营资格，而巡游车经营者至少要符合"6"个条件才可以获得"出租车"的经营资格。《服务管理》第3条对"专业化"和"标准化"的巡游车的定位是"公共交通的补充""适度发展"，采取数量限制，严格管制措施。《暂行办法》第3条对网约车的定位是"高品质服务，差异化经营""有序发展网约车"，体现了放任发展的"特权化"和"鼓励"政策。对网约车的"非专业化"和"非标准化"管理和规定，如何能做到"高品质服务，差异化经营"的服务值得商榷。网约车"非专业化"的低标准的准入和放任自由的监管可能会降低其服务的质量，除了与巡游车形成不公平竞争，也不利于维护乘客利益，还拉低了行业的服务水平，不利于行业的发展，甚至危害公共交通安全，不断曝光的网约车安全事件说明其存在着

监管上的问题。如果政府管制下的巡游车未进行相应的改革和调整，继续沿用旧的管理机制，网约车的市场化运营势必会进一步激化与政府管制下的巡游车的竞争矛盾。网约车经营者是利用网络技术提供信息服务，不具备出租车经营有关的条件，其法律地位就是提供信息服务的中介机构，或者居间人。没有出租车经营的相关条件或资质，却被授予网约车经营管理权，就其是否有能力对网约车司机和车辆进行规范化管理值得商榷。

巡游车和网约车的"差异化"应该体现在"服务"上而不是"资质"上。因为"资质"代表的是能力和行业准入的标准，对于"出租车"行业，这个"资质"关乎乘客和公共交通安全，应严格审慎。互联网只不过是一种信息工具，不能神化"互联网+"经济模式的功能，"特权化"网约车平台。共享平台公司依网络技术被赋予了完全不同于巡游车出租公司的特权，但却忽略了出租车作为一种公共交通工具本应受到严格管制，"专业化"和"标准化"是其行业的基本要求。政府管制下的巡游车和市场调节下的网约车都是出租车行业的一部分，存在直接竞争关系，不能为了所谓的错位竞争，差异化服务而人为设置不公平的竞争限制，特别是忽略"出租车"作为"公共交通的补充"的本质特性。互联网平台在资源配置或者经济活动过程中只不过是一种工具，应该对其进行合理的定位，不能盲目立法授权。

（二）网约车平台与司机的法律关系不清晰

首先，网约车法律关系不明确。网约车平台与司机间的法律关系是明确双方之间权利和义务的依据。实践中，网约车平台公司通过向社会招聘司机，对其统一管理并派遣劳务。虽然司机的工作看似自由，劳动者与共享平台公司不存在明显的人身依附关系，但司机依赖共享平台派单接活，其收入待遇、工作条件、工作时间、工作任务及劳动的督促管理均由共享平台公司决定，实际上司机与网约车平台形成了事实劳动关系，[1]应该享受劳动者的各项权

---

〔1〕《劳动和社会保障部关于确立劳动关系有关事项的通知》规定："……一、用人单位招用劳动者未订立书面劳动合同，但同时具备下列情形的，劳动关系成立。（一）用人单位和劳动者符合法律、法规规定的主体资格；（二）用人单位依法制定的各项劳动规章制度适用于劳动者，劳动者受用人单位的劳动管理，从事用人单位安排的有报酬的劳动；（三）劳动者提供的劳动是用人单位业务的组成部分。二、用人单位未与劳动者签订劳动合同，认定双方存在劳动关系时可参照下列凭证：（一）工资支付凭证或记录（职工工资发放花名册）、缴纳各项社会保险费的记录；（二）用人单位向劳动者发放的'工作证'、'服务证'等能够证明身份的证件；（三）劳动者填写的用人单位招工招聘'登记表'、'报名表'等招用记录；（四）考勤记录；（五）其他劳动者的证言等……"

益。根据我国原劳动部对"事实劳动关系"认定标准的规定，我国的网约车司机目前可能因为双方不具有合法主体资格，事实劳动关系得不到法律的确认。美国 Uber 与司机的劳工纠纷诉讼中，法院判决确认 Uber 与司机存在雇佣关系。[1]因此，应明确网约车平台与司机间的法律关系。司机身份地位的确定有利于维护其合法权利，如果司机与共享平台公司存在劳动关系，司机就应该依法享有劳动者的权益受《劳动法》保护。如果两方仅存在劳务关系，司机就不享有劳动者权益。根据 2015 年 10 月 9 日交通部发布的《网络预约出租汽车经营服务管理暂行办法（征求意见稿）》的规定，网约车公司应与专车司机订立劳动合同。此举是为了保护司机的合法权益，但对于兼职司机是否要与共享平台形成劳动关系也应该订立劳动合同值得商榷。因为兼职司机与共享平台公司的劳动关系比较松散，不利于统一管理，如果一律要求订立劳动合同在管理上可能存在困难。因此，不应强行规定共享平台公司与司机签订劳动合同，而应该由共享平台公司与司机根据其合作的模式自由确定。不过《暂行办法》修改了相关规定，没有明确要求网约车平台必须与司机签订劳动合同。实践中，滴滴、快的为了规避法律风险，通过与汽车租赁公司签订劳动派遣合同，司机挂靠在汽车租赁公司名下，网约车打着租赁之名行出租车之实，以至于共享平台公司与司机形成的是劳务关系而不是劳动关系，规避了身份非法和劳动合同纠纷的法律风险。

其次，法律责任和风险难界定。目前网约车的法律关系不明确，相关的保险责任机制和监管关系不明确以至于网络公司和网约车司机运营行为、权利、义务以及责任界定不清晰，实践中难以界定责任和风险的承担。网约车法律上的不确定性导致实践中监管上的困境，也影响了其行业的健康发展。

（三）网约车合法化的困境

《暂行办法》对网约车的合法化给了"黑车"洗白的机会，但网约车合法化不能从根本上解决网约车存在的社会和法律上的根本问题。首先，共享平台只是一种信息工具，不能增加道路公共资源。网约车只是借网络技术解决了资源配置的信息问题并提供了资源配置的方案，但不能从根本上增加道路公共资源。道路是有限的公共资源，车多了路就少了，增加车辆势必会造

---

〔1〕 "Uber 外患未解又陷内忧，司机待遇诉讼扩大范围"，载 http://tech.hexun.com/2015-12-10/181116519.html，访问日期：2015 年 12 月 11 日。

成道路的拥堵，这是显而易见不证自明的道理。如果无节制地大量发展网约车，势必会抢夺有限的道路资源造成"公地悲剧"，这对于解决交通问题无益。发展网约车是要解决公共交通问题而不是要挤堵交通，不能本末倒置。其次，出租车和网约车都只是公共交通的补充。公共交通的发展才是解决交通问题的根本，这是政府必须要处理的社会问题，不是只是简单地把"黑车"和网约车合法化，大力发展公共交通才是真正造福于民的事。最后，网约车不应该是为了解决就业的政府决策。出租车和网约车的本质只是公共交通工具的一种补充，有限的道路公共资源和相对稳定的乘客决定了其市场扩展和利润空间的局限性，对解决就业也是有限的。对网约车的发展以及其模式的选择应经过实证调查并充分论证，科学理性地进行决策。对网约车的立法应该是对生态环境、公共交通秩序、消费者利益及行业稳定发展等全面综合评估的结果，而不是缓解局部矛盾的权宜之计。

纵观世界各国对 Uber 的态度，因为出租车行业涉及公共资源的配置和公共安全问题，除美国之外，绝大多数国家目前都尚未接受 Uber 未经许可擅自把私家车通过共享平台引入出租车市场的经营模式，以至于以私家车为主的 Uber 式网约车遭遇绝大多数国家法律的监管。对于网约车，应该理性看待因资本介入出现的虚假繁荣，要避免因此给消费者带来暂时的好处而导致民粹主义影响到监管措施的理性判断。出租车行业不可能是个完全自由开放的市场。当网约车因资本的操控演变为一种纯商业的逐利模式时，如何让闲置的私家车通过"互联网+"经济模式进入出租车市场，不是简单地将私家车运营合法化就可以解决的问题，而是需要一系列的制度设计。如果政府一方面对传统出租车实施严格的监管，另一方面放任网约车提供租车服务，势必会破坏出租车行业的正常秩序，造成不公平竞争。但如果政府对问题丛生的出租车行业依旧拒绝改革，那新的生产方式仍然会为了突破旧体制的禁锢对旧的市场秩序进行冲撞。因此，面对"互联网+"租车的共享经济新模式，政府主管部门必须制定明确且具有可操作性的监管法规。通过对网约车的法律监管整合线下私家车资源，以弥补出租车行业资源的不足，并通过相应的制度保障公平竞争。

三、网约车破坏了出租车行业的竞争秩序

(一) 网约车市场的补贴损害了公平的竞争秩序

网约车的竞争既包括不同网约车平台出租车之间的竞争，也包括网约车与传统出租车之间的竞争。首先，网约车对传统的出租车构成了不公平竞争。因为网约车可以得到丰厚的补贴，变相降低了经营成本，存在监管套利，其低价比传统的出租车具有明显的竞争优势，对传统出租车行业构成不公平竞争，破坏了现有的出租车行业的竞争秩序。因此，滴滴、快的在国内多个城市曾遭到查处和出租车司机抗议，网约车的鼻祖 Uber 也遭到了世界性的行业抵制。其次，破坏了不同共享平台的网约车之间的公平竞争秩序。国内第一家打车软件商务网站易到用车最初的业务是纯粹的 O2O 服务，主要是通过共享平台、电话下单的方式接受预定，对所控的运行车辆进行调度，线上终端直接对线下负责，实行全程监控确保服务质量，易到用车走的是技术路线，并曾把业务扩展至四大洲 13 个国家的 30 个城市。2013 年，随着腾讯对滴滴打车，阿里巴巴对快的公司的注资，2014 年百度与 Uber 签署了战略合作及投资协议。资本对网约车市场的强势介入，使曾经的业内龙头老大易到用车渐渐地被边缘化。不正当竞争对网约车行业发展的影响是显而易见的，这种反竞争的破坏性创新为行业的健康发展埋下了隐患，巨大的沉没成本可能影响其可持续发展。

造成不正当竞争的根源有三个：社会财富的有限性；利益驱动器的作用；机会驱动器的作用。[1] 为争夺有限的资源和机会，经营者常采取不正当的竞争手段获取竞争利益。网约车作为一种新的商业模式，为抢占市场对司机和乘客都采取了低价竞争的补贴方式。因为补贴扭曲了市场的价格机制，使商品价格偏离市场定价的基本准则，通过维持不合理的低价在竞争中排挤其他竞争对手而获得竞争利益，有违公平竞争和诚实信用的商业道德，这种弱肉强食的丛林规则破坏了公平的竞争秩序，是一种不正当竞争行为。补贴主观上具有不公平竞争的恶意，目标就是为了消除竞争对手，抢占市场份额。在我国网约车合法化以前，网约车不但没有税费和"份子钱"，而且还可以得到

---

[1] 曹新明："试论反不正当竞争法的价值取向"，载《法商研究（中南政法学院学报）》1996年第4期。

高额补贴，导致司机和乘客的交易成本都低于行业平均成本，具有明显的竞争优势，挤压竞争对手抢占市场份额，严重冲击了传统出租车行业，也对其他网约车公司构成了掠夺性低价竞争，客观上损害了公平的竞争秩序。根据我国旧的《反不正当竞争法》第 11 条规定，经营者不得以低于成本的价格销售商品，以达到排挤竞争对手的目的，2017 年新修订的《反不正当竞争法》废除了该条款的相关规定。《价格法》第 14 条也有类似的规定，即"经营者不得有下列不正当价格行为……（二）在依法降价处理鲜活商品、季节性商品、积压商品等商品外，为了排挤竞争对手或者独占市场，以低于成本的价格倾销，扰乱正常的生产经营秩序，损害国家利益或者其他经营者的合法权益……"；滴滴和快的的补贴行为涉嫌违反了《价格法》的相关规定。

因为网约车公司在车费之外还给司机和乘客几元至上百元不等的补贴，高额补贴催生了虚构交易骗取补贴的"黑色投机者"，即职业"专车刷单客"，并组建"专车拼车刷单赚钱分享群"。[1]这种欺骗性交易进一步恶化了网约车市场秩序，也损害了网约车公司的利益，补贴可谓损人不利己。为保护经营者的自由定价权，对补贴行为的认定应依法进行，从而避免权力的滥用，可以根据补贴行为的主观恶性、危害性、对消费者利益及对公共利益的保护、行业发展等多种因素综合评估来合理认定。市场经济是法治经济，任何创新的商业模式都应遵守现行的法律制度，才能确保公平的市场竞争秩序和行业健康稳定的可持续发展。网约车作为新业态需要政策的扶持，但并不意味着产业政策可以突破法律的底线。这种反竞争的商业营销模式应该被禁止，否则不利于行业的健康发展。实践中，没有共享平台公司因补贴行为受到处罚，法律没有得到很好地执行，价格行政监管部门存在监管失职。如果违法行为可以肆无忌惮地被放纵，那就是对法律的蔑视，对法治的严重践踏。

（二）网约车的掠夺性定价破坏了公平的竞争秩序

网约车平台的低价补贴涉嫌掠夺性定价。《反垄断法》第 17 条规定："禁止具有市场支配地位的经营者从事下列滥用市场支配地位的行为……（二）没有正当理由，以低于成本的价格销售商品……"掠夺性定价是以排挤竞争对手为目的的故意的不公平低价行为，是指具有市场支配地位的企业或经营者

---

〔1〕 "Uber 司机很挣钱？刷单赚得更多"，载 http://newspaper.jfdaily.com/xwcb/html/2015-05/15/content_94386.html，访问日期：2016 年 4 月 5 日。

以低于成本价销售商品或服务，将价格定在牺牲短期利润以消除竞争对手并希望长期获得高利润的行为。实施该行为的企业以低于成本价销售或提供服务，目的是吸引消费者。通过短期的利益损失为代价挤走竞争对手，企业在一定时间达到目的后会垄断市场并提高销售价格。因为网约车司机和乘客得到高额商业补贴，导致司机和乘客的交易成本都低于出租车行业平均成本，具有明显的竞争优势，严重冲击了传统出租车行业，挤压竞争对手抢占其市场份额，形成了掠夺性定价的价格垄断，损害了公平的竞争秩序。掠夺性低价的竞争目的就是先通过低价占领市场，进而达到利用市场优势地位操纵市场价格获取垄断利润，最终侵害消费者利益的目标。自 2013 年网约车市场的补贴大战开展以来，乘客不仅可以免费乘车甚至还可以获得补贴，司机不仅可以收取车费还有补贴。滴滴和快的，还有 Uber 给司机的补贴曾是车费的 2 到 3 倍。2016 年 3 月 1 日，易观智库发布了《2015 年中国专车市场趋势预测报告》。报告显示滴滴专车的市场活跃度在 2015 年第四季度达到了 84.2%，Uber、神州专车、易到用车和首汽约车分别为 17.4%、14.9%、4.9% 及 2.3%。[1]经过几轮的补贴大战，我国原有的 40 多家网约车公司已销声匿迹被迫退出市场，形成了以滴滴出行、Uber、神州专车、易到用车等为主要市场份额占有者的网约车的寡头垄断市场。2016 年 8 月 1 日，《暂行办法》刚通过不久，滴滴快车和 Uber 中国合并，滴滴 Uber 占网约车市场份额高达 95% 以上，[2]其寡头垄断地位进一步加强。滴滴和快的两家最大的网约车公司在 2015 年 2 月前经营还未合法化之前的合并，以及 2016 年 8 月 1 日滴滴快车与 Uber 中国的合并，都属于"单边效应"的合并，合并后在网约车市场上的市场份额都超过 90%，构成绝对的寡头垄断，违反了《反垄断法》的相关规定，但反垄断执法部门未对其进行查处，使滴滴快车的网约车市场的垄断合法化。《暂行办法》第 3 条第 2 款规定："网约车运价实行市场调节价，城市人民政府认为有必要实行政府指导价的除外。"该规定为滴滴 Uber 利用垄断地位操

---

〔1〕 "专车市场 Uber 份额不增反跌面临被神州专车反超"，载 http://www.ccstock.cn/finance/hangyedongtai/2016-03-01/A1456822505244.html，访问日期：2020 年 4 月 4 日。

〔2〕 根据双方达成战略协议后，滴滴出行与 Uber 中国合并，并与 Uber 全球将相互持股，成为对方的少数股权股东。Uber 全球将持有滴滴出行 5.89% 的股权，相当于 17.7% 的经济权益，Uber 中国的其余中国股东将获得合计 2.3% 的经济权益，合并后的占网约车市场份额达 95%。"滴滴优步在一起约占市场份额 95%"，载 http://wb.sznews.com/html/2016-08/02/content_3585470.html，访问日期：2020 年 4 月 4 日。

纵价格进行掠夺性定价排除了法律监管和行政干预的障碍，有利于其利用垄断地位获取垄断利润，从而破坏市场公平竞争机制，损害消费者的利益。滴滴和 Uber 合并后，对司机和乘客的补贴在消减，对乘客的车费和司机的提成在增加，滴滴出行利用垄断地位操纵市场价格的行径越来越明显。比如，在周围无车的情况下还必须加价才能打到车，或者打车者不提供附加小费，滴滴司机都不愿意接单。网约车可以根据市场行情坐地涨价、动态加价、拍卖加价、高峰加价，各种五花八门的价格操纵使消费者打车成本增加。自 2016 年 8 月 1 日滴滴与 Uber 宣布合并之后的市场调查显示，滴滴和 Uber 给司机的补贴在减少，而乘客的车费在上升。各种迹象表示，滴滴和 Uber 合并后的垄断地位进一步加强，开始操纵网约车市场的价格和业务，削减消费者和司机的福利，构成了滥用优势地位的价格垄断行为。

据新浪科技报道，美国曼哈顿地区法院在 2016 年 3 月 31 日裁决，Uber 首席执行官特拉维斯·卡兰尼克（Travis Kalanick）面临着操纵网约车价格的反垄断诉讼。法官还支持了原告指控卡兰尼克的行为导致了 Sidecar 等竞争对手的失败，使得 Uber 最终占据了美国 80% 的移动应用网约车市场。[1]因为 Uber 的行为违反了竞争政策，所以法院支持了原告方的诉讼请求。Uber 在世界范围内的经营就是通过监管套利、商业补贴、侵蚀劳工权益、偷逃税收等手段以低于行业成本价与传统出租车行业和其他网络预约出租公司竞争，加上不同于传统出租车的服务方式和理念抢占了市场份额，当其获得一定的垄断地位后就为了牟取暴利而操纵价格。美国曼哈顿地区法院对 Uber 的判决对我国的网约车监管具有重要的借鉴意义。《暂行办法》的出台不仅使网约车经营合法化，也应使其规范化。《暂行办法》对网约车的市场准入、运营行为、风险和责任的分担都进行了相应的规定，但在法律责任制度的设计上尚存在不足。网约车在法律灰色地带非法运营这么多年，很多积重已久的法律和社会问题不可能因为合法化和市场化就迎刃而解。比如，针对网约车与巡游车的竞争问题，《暂行办法》第 21 条规定："网约车平台公司不得妨碍市场公平竞争，不得侵害乘客合法权益和社会公共利益。网约车平台公司不得有为排挤竞争对手或者独占市场，以低于成本的价格运营扰乱正常市场秩序，损害

---

〔1〕 "Uber CEO 被控操纵专车价格"，载 http://www.jiemian.com/article/597624.html，访问日期：2016 年 4 月 5 日。

国家利益或者其他经营者合法权益等不正当价格行为，不得有价格违法行为。"但由于并未规定相应违法责任，如果需要追究违法者的相关法律责任，必须要借助其他法律的相关规定，导致《暂行办法》实际上对不正当竞争行为缺乏规制效力。虽然网约车的商业补贴、滴滴并购案和价格操纵行为都涉嫌违法，但均没有受到相关执法部门的查处，凸显了我国对网约车市场监管上的法治困境。

（三）网约车与移动支付捆绑销售是垄断行为

1. 经济学上的捆绑销售

经济学上，捆绑销售是企业的一种商业营销策略，根据捆绑销售的性质不同划分为以下几种形式：第一种是同质商品捆绑出售，指同类不同型号的商品捆绑销售；第二种是互补型商品捆绑销售，指功能上互补的不同产品的捆绑销售；第三种是非相关性商品捆绑销售，指没有直接竞争关系或者功能上不存在互补关系的产品的捆绑销售。杠杆理论认为垄断企业可以利用其垄断产品的市场，通过捆绑销售将其势力延伸到竞争性互补产品市场并获得额外利润，即捆绑销售杠杆效应（leverageefects）。[1]但"芝加哥学派"认为垄断企业捆绑销售的动机可能并非是实施杠杆效应，而是"寡头垄断价格原理"（又称 OMPT 定理）。该定理认为"在寡头垄断—完全竞争"的结构假设中，当产品市场为不完全竞争结构时，垄断企业可以利用该产品市场间的杠杆效应实现对现有竞争对手的市场关闭并阻止潜在竞争对手的市场进入，进而达到增加利润和反竞争的目的。但其理论前提的"寡头垄断—完全竞争"的结构在实践中不可能实现，学者通过对"寡头垄断价格原理"的理论缺陷进行修正后认为，在多阶段博弈中，寡头垄断企业可以通过捆绑销售策略将现有竞争对手逐出市场或阻止潜在竞争对手进入市场。[2]摩根士丹利的三位经济学家——埃尔摩·哈西、史蒂文·加尔布雷恩、玛丽·维亚诺认为由于制造业如 GE、朗讯等公司通过"送产品"，依靠与产品捆绑的金融贷款赚钱。Burstein、Adamas 和 Yellen 证明了被捆绑的商品只需要捆绑商品的消费能够给生产者带来有关消费者对基本产品的支付意愿的信息。[3]Peitz 讨论了存在产

〔1〕邓峰："传导、杠杆与中国反垄断法的定位——以可口可乐并购汇源反垄断法审查案为例"，载《中国法学》2011 年第 1 期。
〔2〕顾成彦、胡汉辉："捆绑销售理论研究评述"，载《经济学动态》2008 年第 7 期。
〔3〕曹洪："捆绑销售的经济学层面思考"，载《安徽大学学报》2004 年第 2 期。

品差异化时捆绑销售的占优策略：尽管垄断企业通过捆绑销售获得的利润可能较小，但其捆绑销售策略为竞争者进入市场或是占有市场带来更大损失，而当成功地阻止了竞争者市场进入或市场占有，捆绑销售策略就可能使垄断企业获得更大的收益。消费者间的需求关系以及产品互补性并不影响结论的稳定性。[1]可见，非相关产品同样可以通过捆绑达到"杠杆效应"和实现"寡头垄断价格原理"。不同的经济学者的捆绑销售理论对捆绑销售策略的解释都符合经济学上的理性，从企业的发展和利润最大化的经济学角度来说也无可厚非，但不论何种商业行为，如果是反竞争而又没有正当的豁免理由的，都应该被禁止。

2. 滴滴和快的网约车的捆绑销售

网约车的 C2C 模式有助于企业降低经营成本，提高营销效率和网络推广效果。出租车行业的服务标准化水平较高，具有相对稳定的移动客户群，实现 O2O 相对容易，因此网约车成为互联网企业探索 O2O 服务行业的先行领域。移动支付是网约车的推手，而网约车又是移动支付或是网络金融拓展市场的第一战场。App 发展初期，互联网金融交易行为主要是移动支付，但移动支付商户希望能引导消费交易方式发生转变，将网络金融的移动支付从线上扩展到线下的实体交易服务领域。[2]网约车通过与移动支付相结合，让用户体验移动支付场景的同时，培养移动支付的使用习惯。因此，移动支付与网约车的捆绑不仅是交易支付的需要，更是商业营销战略的需要，这种捆绑有利于其利用优势地位的传导效应进行反竞争的市场行为。首先，滴滴、快的通过移动支付捆绑销售抢占并垄断了网约车市场。在 2014 年中国第三方互联网支付交易规模市场份额中，阿里巴巴旗下的支付宝排名第一，占比为48.8%，腾讯旗下的财付通排名第二占比为 19.8%，银商排名第三占 11.4%，快钱排名第四占比 6.6%，汇付天下排名第五占比 5.4%，易宝和环迅分列六七位，占比分别为 3.2% 和 2.7%。[3]2015 年第三季度第三方互联网支付交易规模市场份额中，支付宝占比 47.6%，财付通占比 20.1%，银商占比 11.1%，快钱占比 7.0%，汇付天下占比 4.9%，易宝占比 3.4%，环迅占比 1.9%，京东支

〔1〕　顾成彦、胡汉辉："捆绑销售理论研究评述"，载《经济学动态》2008 年第 7 期。

〔2〕　曹天珏主编：《现代竞争法的理论与实践》，法律出版社 1993 年版，第 184～185 页。

〔3〕　"2014Q2 第三方支付整体情况"，载 http://news.iresearch.cn/zt/235979.shtml，访问日期：2019 年 4 月 5 日。

付占比 1.8%。[1] 2015 年全年在订单占比方面，滴滴专车从第一季度到第四季度持续增长，并以 80% 的占比持续领先；在整个出行大盘翻了数倍的情况下，2015 年在中国市场投入重金 10 亿美元的 Uber 市场份额不增反跌，Uber 虽在第二季度一度达到最高 12.5% 的占比，之后连续两个季度下滑，半年累计下跌了 3.8%，从一季度的占比 10.9% 跌至四季度的占比 8.7%。[2] 根据 2014 年和 2015 年的数据显示，阿里巴巴的支付宝和腾讯的财付通在第三方互联网支付中占有市场优势地位。在某种程度上，阿里巴巴和腾讯对网约车市场的投资，其目的并不是为了真正投资网约车市场，而是通过对网约车市场的移动支付的捆绑，让消费者形成对移动支付场景的体验，并最终绑定移动终端的第三方支付。因此，通过网约车市场绑定第三方支付，与其说是通过补贴扩大网约车市场份额，还不如说是阿里巴巴和腾讯通过捆绑网约车市场进行网络金融的扩张，网约车只不过是其网络金融扩张的工具。

Uber 在华业务的举步维艰并最终被迫退出中国市场，除了其"本土化"不够以及管理和服务等多方面的原因之外，其在"互联网+"的经济模式中存在的"互联网+"劣势也是其败北的主要原因。而其竞争对手滴滴、快的通过网约车捆绑了 O2O 线下的支付宝和财付通第三方互联网支付，与此同时，阿里巴巴和腾讯通过移动支付对滴滴和快的在网约车移动支付方面的捆绑，把其在互联网金融的优势地位传导到网约车上，并通过补贴的低价不正当竞争实现对网约车的行业垄断和市场进入障碍，同时成功地通过网约车锁定移动支付的金融消费者，以达到其对 O2O 领域的网络金融服务的市场占有。当捆绑销售不断扩张并形成市场支配地位时，就增加了竞争者的进入成本和风险，并产生反竞争的效果。阿里巴巴和腾讯不仅通过滴滴出行完成了对网约车市场的垄断地位，更重要的是在 O2O 第三方支付平台也形成了网络金融的双寡头垄断，这种市场的占有和控制绝对是 Uber 望尘莫及的，甚至于对其的市场发展形成了障碍。当然，随着滴滴与 Uber 的相互持股，竞争变为协作，那就是消除了竞争，对市场是有害无益的。网约车市场与第三方支付的捆绑销售对网约车市场的公平竞争形成了障碍。首先，捆绑销售破坏了市场竞争秩序。

---

[1] "2015Q3 第三方互联网支付交易规模达 3.0 万亿"，载 http://report. iresearch. cn/content/2015/12/256608. shtml，访问日期：2019 年 4 月 5 日。

[2] "专车市场 Uber 份额不增反跌面临被神州专车反超"，载 http://www. ccstock. cn/finance/hangyedongtai/2016-03-01/A1456822505244. html，访问日期：2019 年 4 月 4 日。

正如上文分析，滴滴、快的对移动支付的捆绑是通过补贴的掠夺性低价竞争实现对市场的垄断占有，破坏了出租车行业的竞争秩序，损害了同行的竞争利益。其次，捆绑销售形成垄断后将损害消费者的福利。捆绑销售模式最初总是以低于成本价的方式来推广和扩张，为消费者带来短暂的福利，诱惑消费者购买。当经营者通过捆绑销售形成垄断市场后，经营者可能通过垄断利润增加消费者的消费成本，并损害消费者选择权。滴滴和快车合并以后，就从刚开始对司机和乘客进行补贴逐步发展为减少并取消补贴。[1]

根据《反垄断法》第 17 条关于禁止具有市场支配地位的经营者从事滥用市场支配地位的行为的相关规定，[2] 腾讯和阿里巴巴与滴滴、快的经过网约车与互联网移动支付捆绑，并通过补贴大战之后形成了网约车的寡头垄断涉嫌违法。很显然，滴滴和快的通过与阿里巴巴和腾讯的捆绑在网约车上已取得了相应的市场支配地位。在没有正当理由的情况下，滴滴和快的涉嫌滥用市场支配地位通过对司机和乘客补贴进行掠夺性定价，对未使用网约车的乘客拒绝交易，以及在交易时强制移动支付的不合理交易条件等反竞争行为。如果该行为使其他竞争对手在捆绑产品或是服务的组合销售优势的打压和排挤下退出相关市场，使消费者迫于捆绑企业的垄断地位而进行购买，则有理由推断其具有滥用市场支配地位排斥、限制竞争的主观目的。[3] 当今国际上的竞争法理念，捆绑销售已被视为适当可行的一种竞争手段，甚至包含多种独立产品的组合。合法捆绑销售有利于使产品系统整体化实现功能最优组合，改善产品的生产和使用效果，增强对消费者的吸引力，且能降低边际成本有利于提高社会整体福利。因此，合法捆绑销售有有利于消费者的一面。[4] 但

---

〔1〕 "滴滴出行悄然涨价，网友质疑不提前通知"，载 http://tech. sina. com. cn/i/2015-06-22/doc-ifxefurs2765320. shtml，访问日期：2019 年 11 月 26 日。

〔2〕《反垄断法》第 17 条第 1 款规定："禁止具有市场支配地位的经营者从事下列滥用市场支配地位的行为：（一）以不公平的高价销售商品或者以不公平的低价购买商品；（二）没有正当理由，以低于成本的价格销售商品；（三）没有正当理由，拒绝与交易相对人进行交易；（四）没有正当理由，限定交易相对人只能与其进行交易或者只能与其指定的经营者进行交易；（五）没有正当理由搭售商品，或者在交易时附加其他不合理的交易条件；（六）没有正当理由，对条件相同的交易相对人在交易价格等交易条件上实行差别待遇；（七）国务院反垄断执法机构认定的其他滥用市场支配地位的行为。"

〔3〕 Steven Levy and Jared Sandberg, "Bill Takes It on the Chin", *The Newsweek*, 1999（34）：52，转引自叶明、商登骅："互联网企业搭售行为的反垄断法规制"，载《山东社会科学》2014 年第 7 期。

〔4〕 夏颖："中外捆绑销售案反垄断实证分析"，载《商业时代》2008 年第 23 期。

如果捆绑销售被滥用构成不正当竞争则会损害消费者权益。任何市场的自由行为都应该同时符合法律的公平、正义和秩序等价值观才具有正当性和合法性，否则将会破坏市场的竞争秩序，受到法律惩罚。在早期，西方国家以民法的诚实信用原则和善良风俗来判断捆绑销售行为是否违法，后来通过立法以反不正当竞争法来规范捆绑销售行为，最后又将捆绑销售作为滥用市场支配地位行为之反垄断法的规制范围。[1]阿里巴巴和快的、腾讯与滴滴的捆绑销售行为在主观上具有排斥、限制竞争的目的，违反了《反垄断法》的相关规定，破坏了竞争秩序，也损害了消费者权益。

（四）网约车经营者集中的反垄断分析

1. 滴滴与快的合并之"单边效应"的反垄断分析

企业并购的反竞争效应包括单边效应和协调效应两种。研究表明企业横向并购的单边效应对消费者福利和有效竞争损害较为明显。根据美国《横向并购指南》第6章及第10章的规定，单边效应（Unilateral Effects）指企业并购仅仅通过消除并购实体之间的竞争就可以增强市场势力，即兼并可能促使兼并后的企业无须与非兼并企业协调就能独自提高其产品的价格或缩减其产量，即使并购没有妨碍其他厂商的行为，这种并购对竞争的不利影响被称作"单边效应"。在实践中，各国对经营者集中的反垄断审查，主要是通过对市场结构分析对并购后的单边效应进行判断。如果并购使相关市场的集中度显著提高，就推定该项并购可能是反竞争的并予以禁止。[2]《国务院关于经营者集中申报标准的规定》（以下简称《规定》）第3条规定，参与集中的所有经营者上一会计年度在中国境内的营业额合计超过20亿元人民币，并且其中至少两个经营者上一会计年度在中国境内的营业额均超过4亿元人民币。经营者应当事先向国务院反垄断执法机构申报，未申报的不得实施集中。根据易观国际发布的《中国打车APP市场季度监测报告2014年第4季度》数据显示，截至2014年12月，中国打车APP累计账户规模达1.72亿，其中快的打车市场份额为56.5%，滴滴打车市场份额为43.3%。[3]2015年2月14日，

〔1〕 倪振峰："捆绑销售：垄断势力延伸的利器"，载《探索与争鸣》2011年第11期。
〔2〕 余东华、刘滔："基于H-PCAIDS模型的横向并购单边效应模拟分析——以中国电冰箱行业为例"，载《中国工业经济》2014年第11期。
〔3〕 "中国打车APP市场季度监测报告2014年第4季度"，载http://www.ebrun.com/20150203/123358.shtml，访问日期：2019年6月22日。

滴滴和快的宣布合并。合并后滴滴与快的的估值高达 60 亿美元，占手机网约车近 100% 的市场份额。2015 年 2 月 16 日，易到用车宣布向中国商务部反垄断局等部门举报上述两家公司，认为两家公司合并后在相关市场上的市场份额超过 90%，构成了网约车的寡头垄断，将排除和限制行业的市场竞争，严重损害消费者的利益，请求立案调查并禁止两家公司合并。针对易到用车的反垄断调查的举报，快的辩称滴滴和快的提供的是免费服务，乘客和司机之间的交易流水，是司机和出租车公司的收入，与滴滴和快的没有关系。[1] 滴滴和快的虽然没有盈利但不等于其没有交易行为和营业额，营业额并不等于盈利额。司机和乘客的补贴收入正是来源于滴滴和快的商业支付。截至 2014 年 5 月 17 日，滴滴称其对司机和乘客已补贴了 14 亿元；快的也称补贴超过 10 亿元。[2] 滴滴与快的的合并后占网约车市场超过 90% 的市场份额，共 24 亿营业额，根据《规定》第 3 条的相关规定，滴滴和快的的合并应该向商务部反垄断局申报。滴滴和快的的合并后的"单边效应"已限制了市场竞争，且符合反垄断经营者集中申报标准。《规定》第 4 条规定，如果经营者集中未达到本规定第 3 条规定的申报标准，按照规定程序收集的事实和证据表明该经营者集中具有或者可能具有排除、限制竞争效果的，国务院商务主管部门应当依法进行调查。尽管当事人未申报，根据《规定》第 4 条，商务部反垄断局也应依法进行调查。但商务部网公布的经营者集中的案件中并没有滴滴和快的的合并案的相关信息。

　　我国《反垄断法》实施十多年来，从商务部公示的关于经营者集中审查的决定公告来看，我国反垄断执法部门对企业经营者集中"单边效应"的审查和评估侧重于定性材料，即合并后企业是否在规模上和市场份额上成为领先的市场参与者。[3] 不过，滴滴与快的的合并后超过 90% 的市场份额，24 亿营业额，商务部反垄断局对滴滴和快的的合并案却没有处理。日本学者金泽良雄认为反垄断法的价值就在于对自由竞争经济秩序本身的维护和促进。[4] 滴滴

---

〔1〕　"如何计算'滴滴 + 快的'的市场份额"，载 http://it. chinairn. com/news/20150303/094944780. shtml，访问日期：2019 年 11 月 28 日。

〔2〕　"滴滴快的补贴大战熄火被指烧 24 亿元仍无盈利模式"，载 http://finance. chinanews. com/it/2014/08-12/6482121. shtml，访问日期：2019 年 11 月 28 日。

〔3〕　黄勇、王晓茹："横向并购中单边效应的经济分析"，载《价格理论与实践》2013 年第 10 期。

〔4〕　[日] 金泽良雄：《当代经济法》，刘瑞复译，辽宁人民出版社 1988 年版，第 50 页。

和快的的合并加强了其在网约车市场的寡头垄断地位，是对自由竞争经济秩序的破坏。在没有理由证明其合并行为具有正当性应该被反垄断法豁免的情况下，就算网约车作为新兴行业需要扶持而豁免于反垄断审查，但滴滴和快的合并也应该依《反垄断法》的相关规定进行申报，遵守基本的程序正义。

2. 滴滴出行与 Uber 交叉持股的反垄断分析

竞争法旨在禁止产生或可能产生实质性限制竞争和不公平竞争的任何安排。[1]由于反垄断执法机构放纵滴滴与快车的合并，目前国内网约车市场已是个寡头垄断市场。虽然滴滴出行占有绝对的垄断地位，但还有 Uber、神州租车、易到用车与其竞争。滴滴与 Uber 在 2015 年为抢占市场不惜大量烧钱进行掠夺性低价竞争，普华永道的财报上显示滴滴出行在 2015 年的亏损额超过 100 亿元人民币，净亏损额超过收入的 3 倍还多，而 Uber 在中国的亏损也已经超过 20 亿美元（约 130 亿元人民币）。[2]根据掠夺性低价不正当竞争理论，低价是为了排挤竞争对手获得垄断地位，进而获取垄断利润。2016 年 8 月 1 日，滴滴出行收购 Uber 中国，并和 Uber 全球相互持股，成为对方的少数股权股东。Uber 全球将持有滴滴出行 5.89% 的股权，相当于 17.7% 的经济权益，Uber 中国的其余中国股东将获得合计 2.3% 的经济权益，互持股后的滴滴Uber 占网约车的市场份额达 95%。[3]滴滴也成为由腾讯、阿里巴巴和百度中国共享平台三巨头共同投资的企业，其在网约车市场是绝对垄断，有易于其利用共享平台的优势垄断地位对市场进入设置障碍，不利于网约车行业的竞争。《暂行办法》第 3 条规定网约车实行市场调节价，该规定为滴滴 Uber 滥用垄断地位操纵价格排除了法律监管和行政干预的障碍，有利于其通过高价垄断获取垄断利润，从而损害消费者的利益。滴滴 Uber 的合并即使达不到《反垄断法》关于"经营者集中"的"控股标准"和《规定》第 3 条"市场份额"标准的相关规定，但该交叉持股行为明显会排除和限制网约车市场竞争，根据《规定》第 4 条的规定，反垄断执法部门应当依法进行反垄断调查，确保网约车市场公平的竞争秩序。当然，随着滴滴与 Uber 相互持股，竞争变

〔1〕刘满达："论 B2B 交易的竞争法价值"，载《浙江社会科学》2005 年第 5 期。
〔2〕贺璐、郝帅："滴滴优步烧钱时代欲去还留，网约车新模式争夺战暗涌"，载 http://www.p5w.net/news/cjxw/201608/t20160809_ 1545153.html，访问日期：2019 年 12 月 8 日。
〔3〕"滴滴优步在一起约占市场份额 95%"，载 http://wb.sznews.com/html/2016-08/02/content_3585470.html，访问日期：2019 年 12 月 8 日。

为协作，那就是消除了竞争，对市场肯定是有害无益的。

四、共享网约车监管上的困境

（一）网约车市场准入监管上的缺陷

网约车的合法化在一定程度上可以弥补公共交通的不足，但也可能会因为发展过度恶化公共交通秩序，而且其潜在的安全隐患很难从根本上消除。《资格管理》对网约车司机市场准入规定了"考证"的要求，在一定程度上对网约车司机的从业准入标准有所提高。但如果不能严格执行考试纪律和标准，相关考试则不能确保合格的司机。首先，网约车的市场准入形式审查标准难以确保司机和车辆的专业标准和安全要求，对非法运营的低违法成本的制度设计不利于维护公共安全秩序。《暂行办法》对网约车司机和车辆的市场准入没有规定具体的实质审查标准，《出租车指导意见》甚至提出"简化许可程序，推行网上办理"。

我国《刑法》第 225 条规定的"非法经营罪"未明确规定违反一般经营许可可以定罪，但其中规定"其他严重扰乱市场秩序的非法经营行为"可以定罪。根据相关"非法经营罪"[1]的司法解释的有关规定，违反出租车经营管理的非法经营行为并不在可以定罪量刑的范围内。目前，我国对违反出租车经营管理的非法经营行为主要是从行政执法的层面进行监管，对于交通安全刑法层面的监管侧重于事后处罚，这种以罚代管的监管理念一定程度上不利于交通安全的管控，也不利于维护公共安全秩序和保护消费者利益。

（二）网约车运营的违法成本过低

共享平台作为一种信息技术平台，有助于优化资源的配置，但不能从根本上解决道路公共资源短缺的问题。如果道路基础设施没有改善，仅通过共享平台把私家车接入出租汽车服务，且以低经营成本和低违法成本鼓励更多私家车加入网络约租车行业，必然占用有限的道路公共资源，从而拥堵道路，严重影响公共交通资源的合理配置，降低整个社会交通的效率，恶化交通秩

---

〔1〕　参见《刑法》第 225 条以及《最高人民检察院、公安部关于经济犯罪案件追诉标准的规定》的有关规定。

序。2015 年韩国检方对 Uber 及其代表以"非法经营罪"追究刑事责任,[1] 2014 年法国消费者保护机构起诉 Uber,指控其虚假宣传,谎称 Uber Pop 服务合法,因该服务 Uber 公司法国高管在 2015 年 7 月遭到刑事指控。[2] 据法国《世界报》的消息,Uber 法国公司的两名高管于 2015 年 6 月 30 日被法国检察院传唤,两人于 6 月 29 日已被法国警方临时羁押。检方称他们涉嫌非法商业经营、非法提供出租车服务以及非法收集公民个人信息等多项罪名。[3] 法国和韩国把涉及交通安全的公共运输的市场准入的监管提升至刑法规制的层面,凸显了对公共交通安全更强调事前监管以预防为主的理念,达到防患于未然的事前监管目标。但根据我国《暂行办法》第 34 条、第 35 条的相关规定,对于非法运营网约车的共享平台公司以及司机个人,仅给予"责令改正,予以警告,并处以 10 000 元以上 30 000 元以下罚款"。低准入标准、低经营成本和低违法成本使不具备运营资格的个人或公司铤而走险从事非法网约车营运,给公共秩序和乘客都带来了潜在的安全风险。根据《刑法》第 225 条及相关司法解释的规定,对于出租车行业的非法营运行为不构成"非法经营罪"。

共享平台作为一种信息技术平台,有助于优化资源的配置,但不能从根本上解决道路公共资源短缺的问题。如果道路基础设施没有改善,仅通过共享平台把私家车接入出租汽车服务,且低经营成本和低违法成本鼓励更多私家车加入网约车行业,必然占用有限的道路公共资源,从而拥堵道路,严重影响公共交通资源的合理配置,降低整个社会交通的效率恶化交通秩序。不断曝光的网约车关于乘客人身和财产安全事件,说明网约车的安全问题是客观存在的。

五、网约车对消费者权益的侵犯

网约车为出租车司机和乘客之间搭建了很好的交易平台,但作为一种新

---

[1] "Uber 专车在韩涉嫌非法营运入韩之路阻碍重重",载 http://world. people. com. cn/n/2015/0318/c1002-26713395. html,访问日期:2017 年 3 月 30 日;"韩国检方起诉 Uber 打车创始人'非法经营'",载 http://www. chinacourt. org/article/detail/2014/12/id/1523225. shtml,访问日期:2017 年 3 月 30 日。

[2] "Uber 在法国不好过,被政府罚款、遭自己司机'背叛'",载 http://www. chinaz. com/news/2015/1208/480440. shtml,访问日期:2016 年 7 月 30 日。

[3] "法国全面强制取缔 Uber",载 http://news. xinhuanet. com/world/2015-07/01/c-127970093. html,访问日期:2017 年 4 月 7 日。

型消费模式，有利有弊。如果出租车行业全面实行网络预约服务，可能会发生对消费者如下的不利情形：第一，网约车限制了不熟悉软件的乘客公平乘车权。对于不会使用网约车的乘客，在打车资源有限打车难的情况下，无法与使用网约车的乘客竞争车位，导致消费歧视，侵害了其公平交易权。第二，加剧了出租车的拒载行为。交通运输部于2014年出台的《服务管理》第53条第4款规定的"拒载"，指司机得知乘客的目的地而不愿去的情况，不包括招手不停的情形。根据《合同法》第289条的规定，出租车司机对发出要约邀请的乘客有强制承诺的义务。网约车因为可以让司机根据其意愿选择乘客，加剧了出租车司机的"合法拒载"，使不用网约车的乘客即使发出了要约也打不上车，打车难上加难，也使出租车司机变相规避了其强制缔约义务。第三，网约车加剧了双方的信息不对称。司机可以通过网约车清楚定位并选择乘客，可以根据乘车地点及目的地，选择更有利于自己的乘客，而乘客却处于被动的状态。不知道何处何时有车，乘客的知情权和选择权都得不到保障。而且网约车中的小费功能，使司机会更倾向于选择有"小费"的乘客，形成了车费的"价格歧视"。第四，网约车对乘客的歧视问题。网约车限制了不懂打车软件的乘客的公平乘车权，同时加剧了出租车的拒载行为和不公平交易。网约车公司对出租车司机和乘客的补贴政策对不会使用网约车的乘客严重不公，异化了本来就稀缺的出租车的资源配置，使有限的资源只在使用网约车的司机和乘客间配置。出租车作为公共交通工具具有公共性或公益性，如果由司机自由决定是否缔约及选择乘客必将损害乘客的利益，违反了其强制缔约的义务，违背了契约实质正义。[1]第五，乘客的安全得不到保障。首先，由于现行的网约车平台终端依靠手机运作，使得司机在行车过程中不时地要看手机，不能专心开车，为安全行车埋下了隐患。另外，不具备出租车资质的"黑车"也加入网约车服务行列成为网约车，乘客的安全难以得到保障。如何平衡好网约车与传统巡游出租车的关系，满足不同消费者群体的需要至关重要。网约车是时代的潮流，势不可挡。因此，应通过制度设计，避免网约车侵犯乘客的利益，保障每个乘客的公平、安全的乘车权。

---

[1]　单平基："从强制缔约看'打车软件'的法律规制"，载《法学》2014年第8期。

第四节 完善网约车类共享经济的治理机制

一、国外经验借鉴

(一) 美国

由于美国法律体系是联邦制结构，目前还没有形成联邦层面对 Uber 的统一监管，不论立法、司法，还是执法，对 Uber 等预约租车（For Hire Vehicle，也称 FHV 服务公司）公司的监管主要在州市层面。在美国，Uber 等交通网络公司从最初的身份博弈到后来的规则博弈、价格博弈等各种法律博弈仍在不断持续中。2011 年，Uber 当时的公司名称还是 UberCab，因被旧金山监管部门认定为非法运营，遂去掉原来名称中出租车的 "cab" 从形式上来规避法律。Uber 在纽约、华盛顿、洛杉矶、马萨诸塞州、西雅图等多数地区，也因其运营的合法性接连受挫。Uber 在欧洲更是遭受到出租车司机的大规模抗议活动。在 Uber 的监管上，除美国部分州市合法化 Uber 营运之外，绝大多数国家和地区尚未合法化 Uber 的经营。2014 年 6 月 5 日，科罗拉多州成为美国第一个通过相关的交通网络公司立法的州。据《华尔街日报》报道，2014 年美国有 17 个城市议会与 4 个州通过了合法化 Uber 的城市条例（municipal or ordinance）。到 2015 年 8 月，合法化 Uber 的城市与州合计达到了 54 个。[1]这些关于交通网路公司的专门立法被称为 Uber 法。另外，司法层面也出现了因 Uber 运营产生的诉讼，主要是关于发生事故和侵权行为时对 Uber 的责任界定，法院通过判例为 Uber 等交通网络公司创造新的规则。美国各州对 FHV 交通网络公司的监管规制主要体现在以下几个方面：①市场准入方面的要求。目前，美国各州市对 Uber 的运营要求都是应该经许可和注册，并交缴一定的许可费，如加州则要求缴纳总收入的 1%、科罗拉多州要求每年缴纳许可费 11.125 万美元，华盛顿特区要求缴纳总收入的 1%。②对司机的要求。美国各州对司机的要求主要有三种做法：第一，同传统出租行业一样的标准，如纽约市和休斯敦市。第二，不同于传统出租行业的相对宽松的标准，如加州、伊利诺伊州、科罗拉多州和华盛顿特区等大多数通过法案的州市目前都采用

---

〔1〕 "在美国'专车'公司如何推进合法化"，载 http://opinion. huanqiu. com/opinion_ world/2015-10/7740537. html，访问日期：2015 年 12 月 24 日。

这种做法。第三，"没有标准"。由交通网络公司自己对司机背景检查，如马萨诸塞州的波士顿和佛罗里达州的迈阿密戴德县。③对车辆的要求。各州对于车辆年限、重量、容量、颜色和检修等都有一定的要求。例如，华盛顿特区出租车委员会为了规范基于网约车的运营模式对于车辆重量的要求是不能少于3200磅，颜色必须为黑色或蓝黑色。④车费问题。由交通网络公司自主定价。一般Uber的FHV车费比传统的出租车的车费低。根据2015年2月份的数据，旧金山、芝加哥、西雅图、波士顿以及洛杉矶等多座城市，UberX的打车费用比普通出租车便宜15%～34%。⑤保险要求。各洲都要求Uber为行车中的车辆提供补充保险，保险范围涵盖司机接受订单后到乘客下车为止，保证Uber司机和乘客不因营运行为导致发生事故时无法获得赔付。Uber主动为所有注册司机提供"Uber保险"（Uber Policy）。有的州要求Uber提供比"Uber保险"更高额度的保障要求，如堪萨斯州，华盛顿特区；有的州则是完全同意按照"Uber保险"的标准，如弗吉尼亚州和伊利诺伊州；还有少数州要求标准比"Uber保险"还低，如亚利桑那州。⑥行车日记。各州政府和监管部门根据监管要求Uber提供"行程日志"，包括每次行程的开始和结束时间、行程距离、乘客上车地点和目的、地址邮编信息等。⑦非歧视要求。美国司法部于2015年针对一起由盲人提起的Uber歧视残疾人案，要求法院对其管辖的交通服务运营商所涉《美国残疾人法》是否适用于Uber作出解释。[1]综上所述，虽然美国部分州市对Uber类网约车的运营已合法化，但政府都采取不同程度的运营监管和市场准入限制，并没有采取放任自流的市场竞争模式。

（二）其他国家经验

如果网约车仅仅为了整合闲置的私家车资源，不受限制和监管任性地进入出租车市场，受到执法部门查处以及出租车司机抗议是情理中的事。"互联网+交通"的经济模式正在挑战现有的社会秩序、经济模式和资源配置方式，且在相关规定没有修改之前，新的发展模式没有得到法律确认前强行推进就会对现有秩序造成破坏。虽然目前Uber已经进入全球57个国家和地区，服务超过300多个城市，但Uber在全球范围内的发展都纷扰不断，Uber的发展史

---

〔1〕　周丽霞："规范国内网络预约租车市场的思考——基于美国对Uber商业模式监管实践经验借鉴"，载《价格理论与实践》2015年第7期。

就是一部不断与各国法律监管及各相关方博弈的奋斗史。2015 年 6 月初，巴黎、伦敦、巴塞罗那、马德里、柏林、汉堡等几个中心城市的出租车行业相约举行抗议 Uber 的活动。在法律监管方面，欧盟地区总体上对 Uber 模式持否定态度，目前还没有出台相关监管法规，德国在全国范围内禁止 Uber 营运，伦敦、巴黎、柏林等欧洲大城市也禁止 Uber 营运。[1]法国于 2014 年 10 月通过一项法规，明确禁止消费者与未注册司机接触，变相将 UberPop 服务列为非法活动。[2]韩国国会于 2015 年 5 月 29 日通过一项法案，禁止私家车主提供出租车服务，法案在 2015 年底生效，成为 Uber 遭遇的最新挫折。[3]在执法层面，Uber 还要面对交通管理部门的监管和查处。在法国 Uber 被法国内政部判处 10 万欧元的罚款。蒙特利尔市政府判定 UberX 违法经营。布鲁塞尔和柏林都对 Uber 下了禁令。蒙特利尔市长 Denis Coderre 认为，法律法规比科技来得慢，不可能像 Uber 那样没有任何法规限制地随意植入市场。在有些国家，Uber 在司法层面面临着诉讼指控。2014 年 12 月 24 日，韩国检方表示，Uber 创始人兼 CEO 特拉维斯·卡拉尼克（TravisKalanick）以及 MK Korean 的董事长和法人涉嫌违反韩国《客车运输事业法》，已对上述几人提起诉讼。检方认为，Uber 和 MK Korean 违背了韩国 "禁止未注册的机构或私人车辆进行私人收费运输服务" 的法律，属于非法经营。[4]2015 年 3 月 17 日，首尔地方警察厅观光警察队称 Uber 因涉嫌违反韩国乘客运输法已对 Uber 韩国分社长姜某及总管组长李某进行不拘捕立案侦查，Uber 韩国分公司合作方 E 社等 6 个汽车租赁公司的负责人及个人司机等总计 28 人也因该嫌疑被同时立案。[5]2014 年，法国消费者保护机构起诉 Uber，指控其虚假宣传，谎称 UberPop 服务合法。同年秋天，法国政府还通过一项法律，禁止了 UberPop 一类的服务，但该服务 Uber 却一直运营到 2015 年 7 月，直到公司法国高管遭到刑事

---

〔1〕 曹磊等：《Uber：开启 "共享经济时代"》，机械工业出版社 2015 年版，第 160 页。

〔2〕 "法国 Uber 为何遭打压"，载 http://news. xinhuanet. com/world/2015-07/01/c_ 127972428. html，访问日期：2016 年 3 月 20 日。

〔3〕 "Uber 再碰壁：韩国立法禁止私家车提供出租车服务"，载 http://news. qq. com/a/ 20150529/065503. html，访问日期：2016 年 4 月 1 日。

〔4〕 "韩国检方起诉 Uber 打车创始人 '非法经营'"，载 http://www. chinacourt. org/article/ detail/2014/12/id/1523225. shtml，2016 年 4 月 1 日。

〔5〕 "Uber 专车在韩涉嫌非法营运入韩之路阻碍重重"，载 http://world. people. com. cn/n/2015/ 0318/c1002-26713395. html，访问日期：2019 年 4 月 1 日。

指控。[1]在德国，法兰克福地区法院对 Uber 颁布了临时性禁制令，不允许 Uber 营运 UbePop "拼车"服务。[2]

2015 年 5 月 12 日，菲律宾政府认可 Uber 等共乘服务，决定将共乘服务合法化，成为美国本土之外第一个让 Uber 合法化的国家。但合法化是有条件限制的，要求车辆必须符合以下条件：车龄必须在 7 年之内、必须装载 GPS 导航、仅限于 SUV、AUV（亚洲多功能车）、面包车等车型。而且车辆的归属权并非归于车主，而是属于运营商；而且 Uber 仍不能在菲律宾全国各地使用，只能在马尼拉这样的大城市使用。[3]可见，菲律宾合法化 Uber 经营的业务范围不包括私家车，不是严格意义上的 Uber 式的网约车，而是类似于 B2C 类式的汽车租赁的伪共享。2014 年 12 月，印度新德里的一个 Uber 司机强奸了女乘客后，当局停止了 Uber 等所有网约车在新德里的服务。2015 年 7 月 8 日，印度班加罗尔法庭否决了对 Uber 和其竞争对手 ANI 网络技术公司在印度新德里全面禁止运营的案件。法官让新德里交通部门解除禁令的主要原因是：通过 Uber 能让乘客获取更多乘车预订服务信息，也能让司机有更多的经济收入。[4]这是继加拿大安大略省法院驳回了禁止 Uber 在多伦多运营之后又一起 Uber 胜诉案。像 Uber 一样的网约车是时代发展的潮流，势不可挡，但网约车因为涉及公共资源的配置和公共安全问题，在治理制度的设计上，美国之外的世界各国都很谨慎，与我国的完全市场化与合法化截然不同。他山之石，可以攻玉。其他国家对网约车的监管理念和措施值得我国借鉴。网约车属于准共享产品，不宜适用完全市场化的竞争模式来运营。

二、构建我国网约车类共享经济治理新机制

（一）对网约车类共享经济的理性选择

为了规范共享经济有序发展，顺应市场需求，营造良好市场环境，《暂行

---

[1]　"Uber 在法国不好过，被政府罚款、遭自己司机'背叛'"，http://www.chinaz.com/news/2015/1208/480440.shtml，访问日期：2019 年 4 月 1 日。

[2]　曹磊等：《Uber：开启"共享经济"时代》，机械工业出版社 2015 年版，第 160 页。

[3]　"Uber 等打车服务在菲律宾合法化但仍有限制"，载 http://www.cnbeta.com/articles/392941.html，访问日期：2019 年 12 月 24 日。

[4]　"Uber 在印度首都的被禁之路终于结束了"，载 http://www.chinaz.com/news/2015/0709/421210.shtml，访问日期：2019 年 12 月 24 日。

办法》和《出租车指导意见》两份法律文件基本涵盖了网约车类共享经济各方面的规定，可以作为我国网约车类共享经济的发展指南。但由于我国各地的经济社会发展水平不一，必须考虑和照顾各地的实际情况，因此《暂行办法》在对网约车行业进行统一规范的同时，也为地方政府结合本辖区的具体情况在《暂行办法》的基础上进行细化预留了空间。《暂行办法》发布之后，我国各地政府相继出台了地方网约车管理实施细则。目前，约有 200 个地级以上城市出台了网约车实施细则，基本上实现了网约车市场的全覆盖。部分地方政府参照巡游出租车的管理模式对网约车进行监管与规制，通过车辆准入来限制数量的做法与传统巡游式出租车监管模式趋同。2019 年 7 月，有学者通过对地方政府的网约车实施细则数据进行解析统计发现，其网约车实施细则的主体内容均基于《暂行办法》之相关规定，但均在不同程度上对车辆、驾驶员、网约车平台等准入条件进行了更为严格的规定，其目的出于以下三点：第一，确保网约车车辆行驶安全。大部分地方都对车辆的基本状况作出了较为细致的规定，如要求车辆轴距、排气量、行驶里程、安全配置等方面必须符合一定要求，以此来保障网约车的车况处于可以提供优质服务的状态；第二，确保网约车车辆符合环保要求。多个地方对网约车车辆环保标准作出了较普通标准更为严格的规定。第三，限定车辆用途。多个地方明确规定禁止网约私家车改装或改变外观，主要是为了防止网约车以巡游的方式招揽业务，破坏出租车市场秩序。[1]因此，地方的实施细则更有利于进一步规范网约车的运营。

目前，北京、上海等一线城市希望通过对司机的户籍限制控制网约车的数量，这是理性而又无奈之举，但却遭到不少学者的批评和民众的抵制。2016 年 10 月 12 日，中国经济法学会组织的"经济法 30 人论坛"对网约车新政首次集体发声，与会法学界学者批判了一些城市对网约车的管制思维，并在一些原则问题上达成共识，认为"对网约车准入实行户籍限制和车型限制，既不合理也不合法，网约车新政应该在科学立法、民主立法的过程中产生；应以竞争思维指导制定网约车细则，尊重市场，让市场对出租车运营模式作出选择"。[2]这种打着"市场化""民主化"和"公平竞争"的口号反对政

---

〔1〕 王磊："共享经济下网约车监管的法律问题研究"，载《求是学刊》2020 年第 2 期。

〔2〕 杜楠、邓晔、谭晨："'经济法 30 人论坛'第一期：网约车市场监管的制度设计和问题"，载 http://www.cel.cn/List/FullText? articleId = dc7f3e56 - d8dd - 4b5b - bafe - c5e8acc3fa4e，访问日期：2017 年 4 月 4 日。

府对网约车管制的思维，根本就是没搞清楚发展网约车的目标是为了补充公共交通和方便出行的公共需要，而不是为了所谓的"市场竞争"和"市场选择"的竞争政策。因为公共交通涉及对公共资源的配置，不适合完全竞争，政府必须进行管制。如果没有路，再多的车都不可能出行。网约车属于公共交通的一种，为了公共安全或是差异化服务对其作标准限制也无可厚非。与会学者认为"安全问题可以通过加强监控措施，刑罚的威慑力来实现"，这种事后问责或事中监管的建议是对人民生命财产安全不负责任的制度设计。因为生命和健康的损失是不可能通过事后责任追究来弥补的，这种以罚代管的监管理念不利于公共交通安全的管控。不论政府是基于公共交通秩序、公共安全还是环境保护的制度设计，都符合防患于未然的公共治理理念，也是政府的职责所在，不能让位于那些所谓的"企业自主经营、公平竞争，消费者自由选择、自主消费，商品和要素自由流动、平等交换"的经济民主和竞争政策，政府必须确保社会公共利益的底线。当然，对我国出租车行业存在的行政垄断等诸多问题的改革也势在必行，但绝对不是市场化就能解决的。对网约车市场管制化除了解决市民出行，政府还要考虑环境保护、司机权益、消费者利益、公共交通秩序和安全等目标，为了确保对公共资源的合理配置，维护公平的竞争秩序，对网约车实施数量限制和价格管制不应该让位于竞争政策。

美国法学教授桑斯坦在回应对政府管制的批评时曾指出："对私人秩序和私人市场所持有的不成熟的和轻率浅薄的信念时常使有价值的公共方案被弃绝或无法得到实施，如果不分青红皂白地抛弃或拒绝实施所有的公共方案就会存在严重的风险，对市场通常优势的激赏将导向极其不幸的方向。"[1]

我国网约车类共享经济的理性思考包括：首先，政府应当对网约车进行适当的监管。网约车属于准公共产品领域，不宜完全由市场机制自由配置资源。安全问题是首要问题，网约车应该依专业化和标准化进行管理，政府不能放任不管。其次，明确网约车的定位。网约车平台作为网络信息服务提供者，应科学合理地利用网络技术为公共交通服务，而不是仅作为谋利的工具。网约车是为了补充公共交通不足而设，而不是为了就业、创业或是发展经济，

---

〔1〕［美］凯斯·R. 桑斯坦：《权利革命之后：重塑规制国》，钟瑞华译，中国人民大学出版社 2008 年版，第 11 页。

其公共服务功能不能被异化。政府对公共交通的供给和监管，并非简单地把"黑车"或网约私家车合法化就能解决其存在的社会和法律问题。出租车和网约车的本质只是公共交通工具的一种补充，对网约车的发展以及其模式的选择应该实证调查并充分论证，对网约车的立法应该是科学理性地对生态环境、公共交通秩序、消费者利益及行业稳定发展等全面综合的公共政策评估决策的结果，而不是缓解局部矛盾的权宜之计，更不是市场自由竞争的抉择。

（二）我国网约车类共享经济的治理模式的探讨

出租车行业是个特殊的行业，需要专业化服务，不可能完全放开自由竞争。出租车提供的公共服务需要对车辆性能和司机技术有更高的要求，而网约车的车辆和司机如果达不到相应的要求就不能为顾客提供优质服务，比如，司机技术不成熟会带来安全隐患，对道路不熟悉会浪费乘客的时间和金钱。对网约车司机和车辆要求"专业化""标准化"是必需的。有学者提出对网约车的"合作监管+自律监管"的模式，[1]即政府和企业对公共事务的权力分享机制，政府和企业扮演不同的角色，政府可以制定目标和预期的结果，而企业就如何实现这些目标和达成预期值制定具体解决方案和行业标准并实施。[2]这种市场与政府合作共治的模式符合网约车"互联网+"经济模式的逻辑思维。网约车合法化是必然的选择，重点在于选择哪一种模式更有利资源的优化配置，能有效解决打车难和就业难的两难问题。参考美国的经验，可以简单归纳为两种模式：

第一种模式：单轨制。主要是政府主导的"政府监管+网约车平台自律监督+行业协会规定+司机自律+社会监督"多方主体协同共治的模式，某种程度上是传统出租车的网络租赁。政府不仅从政策等层面进行宏观管理，而且有条件地放开对出租车的限制，通过听证会等更透明的方式合理确定本地区市场上出租车牌照的数量，把网约车也纳入出租车共同管理的范畴，统一市场的准入标准。微观上对网约车的市场准入和经营协同共享平台进行监管，并负责相关纠纷处理，对网络公司和行业协会的工作进行监督指导。所有的司机都可以采取网络预约和巡游两种方式揽客，可以接入多家网约车平台，

---

〔1〕 唐清利："'专车'类共享经济的规制路径"，载《中国法学》2015 年第 4 期。

〔2〕 Florian Saurwein, "Regulatory Choice for Alternative Modes of Regulation：How Context Matters", 33 L. & POL Y., 334, 337~341 (2011).

每个司机都是行业协会的会员，每年交纳一定的会费。行业协会对网约车司机的日常工作进行监督，接受乘客投诉，并进行调查了解，把司机违法违规的情形上报给相关政府的监管部门，同时记入司机的工作档案，建立行业黑名单。共享平台建立信用评价体系，由乘客通过网络技术平台对司机信用评级。出租车公司从"食利阶层"转为中介服务机构，或解散或转型为网约车平台公司，废除"份子钱"。这种单轨制模式的网约车平台对接入其平台的司机与乘客提供约车服务，对司机只负责租车预约服务、信用评级和行车记录等方面的信息工作，不参与网约车的经营管理，与网约车司机不存在劳动关系或是劳务关系，属于居间合同关系，司机是自由劳动者。政府专门成立一个机构，比如"网约出租车管理委员会"来监管司机的日常工作，或是由交通行政部门对司机和车辆统一进行线下的考核和审查，统一为司机办理一切必需的社会保险，对司机进行相关业务培训等，同时建立经营风险基金为司机的经营风险提供保障。单轨制中，平台不再是网约车的经营者，只是信息服务的提供者，但可以由不同的平台提供网约车信息服务，网约车司机可以注册多个平台。单轨制使司机脱离平台的控制成为真正的"自由劳动者"，而平台可以通过竞争获取司机或乘客并从中获取相应报酬。

单轨制模式最大的缺陷就是对非预约的客户的乘车权难以保障，因为司机可能更乐于抢单拉客而不是到处巡游揽客。但如果能在制度设计上有些激励机制，比如，在同价竞争的情况下，巡游揽客不用向共享平台公司支付佣金。这样一来，在收入上对司机来说会较预约租车高，可激励司机不歧视非预约乘客。这种共享经济模式属于体制内的共享，需要对现行出租车体制进行全面改革，在有条件开放出租车行业市场的同时，通过共享经济机制，以网络技术对司机和乘客进行精准匹配，防止司机的盲目竞争，避免"公地悲剧"。该模式中，司机可以是自由劳动者，不依附于任何组织。因此，这为私家车进入出租汽车行业预留了空间，能更好地整合闲置的私家车辆，并解决了部分就业问题，缓解公共交通运力不足、打车难等现实问题。借共享平台在出租车行业引入市场机制是对出租车准公共产品供给革新的尝试，符合我国体制改革的总目标，也契合了市场与政府共治的行政治理理念。

第二种模式：双轨制。双轨制主要是指政府对传统的巡游出租车和网约车采取两种不同的监管机制，适用两部不同的行政规章，不同的定价机制和监管模式。我国目前对网约车和巡游出租车的监管采用的就是双轨制。《暂行办法》是对网约出租车采取政府监管+平台自律监督的共治模式，对传统巡游出租车则适用《管理办法》，采取政府定价和特许行政垄断的监管模式，由政府对司机和车辆的市场准入进行监管，出租车公司对司机进行日常工作监管，司机隶属于特定的出租车公司。根据《暂行办法》的相关规定，对网约车平台公司相关的市场准入由政府部门进行审核并授予网络出租车经营许可，由政府从宏观政策的层面制定网约车司机和车辆的市场准入标准，但把司机和车辆的审核权以及日常的监管工作全部授予网约车平台。网约车平台享有自由的市场定价权，网约车平台既是经营者也是监管者，难免出现监守自盗的监管套利行为。虽然《暂行办法》要求平台与司机签订劳动协议，网约车平台公司与司机存在劳动关系或是劳务关系，对司机进行监督管理，负责办理各保险和业务培训，政府主要负责监督管理平台的工作，平台负责监管司机。但实践中网约车平台并没有与司机签订劳动协议，对司机和车辆的市场准入也只是进行网络上的形式审核，并不能从根本上确保司机和车辆的专业水平。按规定，网约车平台公司应为网约车司机统一购买社会保险等，网约车公司对接入平台的网约车车辆和司机建立健全服务规范，进行严格的安全核查，对运营服务实行监控，并设置乘客评议和投诉渠道。但实践中，这些规定都形同虚设。正如前文所述，双轨制不仅导致网约车与巡游车之间的不公平竞争，而且网约车的自由放任市场化营运模式不利于维护司机和消费者权益。

（三）完善我国网约车类共享经济的相关立法

目前，我国对网约车治理缺乏专门的法律规范，《电子商务法》主要针对的是所有电子商务经营者的一般规定，但像网约车平台这类涉及公共资源配置的电商平台，《电子商务法》并没有专门进行规范。《暂行办法》对网络预约出租汽车和网约车的监管采取与传统出租车并存的"双轨制模式"，其实是借共享平台实现公共交通准公共领域的市场化，正如上文所析，不论理论还是实践，这种立法模式都是值得商榷的。网约车的共享经济模式对整合线下闲置车辆和劳动力，补充出租车市场运力不足具有重要的意义。不过，势必造成对出租车行业行政垄断监管模式的冲击，也是对其改革的倒逼机制。制度创新不可避免地会存在诸多问题，但应尽可能不破坏现有的社会秩序。否则，任何创新都会失去正当性。目前我国网约车类共享经济，从立法到实践都属于伪共享经济，《暂行办法》对商业共享的拼车和网约私家租车业务没有明确，其实拼车是对闲置资源最好的利用，乘客通过拼车可以分摊成本，降低车费，而司机可以适当增加收入，《暂行办法》把拼车的立法权授予地方政府。我国有一些城市已形成出租车的拼车消费模式，比如，兰州、吉林等二线城市拼车很普遍。但在运力紧张的一线城市，比如，广州、北京、上海等大城市却很少甚至不提倡拼车。从社会层面上来看，拼车节约了资源，减少了成本，还保护了环境，对改善运力紧张的公共交通具有重要的意义，是发展"互联网+交通"共享经济模式的最好选择，也更有利于构建多方主体共同参与的网约车类共享经济的治理模式。

我国网约车发展过程中的各种恶性竞争及其垄断的各种乱象，凸显了我国网约车类共享经济法制的缺失和法治的困境。社会的发展需要创新，新的生产方式必然会对现有秩序造成冲击，但一味地打压或者放任不管都不是解决问题的良方。如果网约车司机和车辆都要经过相关行政主管部门核准，而且主管部门对数量进行限制。这就意味着，合法化的网约车又将重蹈出租车行业的覆辙，因行政监管成为稀缺资源，一证难求或者是要支付高昂的许可费，且因为只能接入一家共享平台公司同样面临着被新的"份子钱"剥削的可能。那么就会像现在的出租车一样的命运多舛，很难通过网约车实现出租车行业市场与政府公共交通共治模式的目标。但目前的"双轨制"的错位差异竞争容易导致不公平竞争。一方面，因传统或者巡游出租车与网约车市场准入的标准不同，经营成本不同，双方处于不公平的竞争地位。另一方面，巡游出租车要承受比网约车更严厉的监管。特别是政府定价使其失去价格上的竞争优势，其政府定价与网约车的市场定价难竞争，且网约车可以采取更灵活的经营方式获取更多的竞争优势，加之不堪重负的"份子钱"使其处境愈加艰难。《暂行办法》规定的"双轨制"模式导致了巡游出租车与网约车之间的不公平竞争，采取两套监管标准使巡游出租车很难与网约车展开竞争，巡游出租车司机的处境更加艰难。为此，应该完善相关的立法，消除双方的差异化竞争。出租车服务具有地域性，鉴于我国不同城市发展水平差异性大，立法上，宏观层面可以由交通部制定相关的规章制度，但微观上的具体管理措施可以授权地方政府因地制宜依法自行拟定。比如，能否允许兼职网约车司机，应该根据当地的交通状态和经济水平由当地政府决定更适合。

（四）健全网约车类共享经济监管机制的建议

1. 废除巡游出租车与网约车的资质差异化管理

网约车市场准入条件是公共交通安全和秩序的保证，不论网约车还是巡游出租车都应该执行同样的市场准入基本标准。通过对提供租车服务的车辆和司机的市场准入进行专业化和标准化的外部监管，由政府主管部门进行严格的实质审核，对顺风网约车的司机和车辆的市场准入也应该执行与专职租车司机和车辆相同的基本标准，并根据其服务的模式颁发相应租车车牌照。不同的网约车以及巡游出租车的差异性应体现在其服务内容上而不是其管理资质上，所有的出租车辆都应有资格从事网约车和巡游车服务。出租车涉及公共利益，不应该由市场完全自主定价。为了维持公平竞争和保护乘客的利益，对巡游出租车和网约车都应该采取政府指导价的定价机制，规定最高限价确保消费者的利益，规定最低限价防止不正当的低价竞争维护公平的竞争秩序，允许除顺风车外的所有的专车、快车、巡游出租车都可以提供巡游车和网约车服务，满足所有乘客的不同消费习惯的需求。虽然《暂行办法》和《服务管理》设立了巡游出租车和网约车不公平的竞争条件，但在实践中，绝大多数二、三线以下的城市并没有严格依《暂行办法》和《服务管理》等规定对巡游出租车和网约车进行"差异化"竞争的分别管理，而是允许巡游出租车参与网约车的运营。比如，为了鼓励传统出租车和网约车融合，也为了助推出租车企业的转型升级，南京网约车新政规定，中高档出租车无须考试，通过申请后可直接转为网约车。[1]这是对网约车相关规定的修正，也是对我国网约车共享经济模式和网约车平台公司功能的合理定位。因为巡游出租车司机参与网约车的运营能使网约车行业的服务更专业，从根本上也解决了规定预设的巡游车和网约车之间的不公平竞争问题，同时使其能得到网约车平台的信息服务并参与对公共交通资源的配置，充分发挥网约车平台的信息服务和资源配置功能。

2. 建立网约车差异化服务的监管机制

不同类型的网约车类共享经济的差异性服务应体现在附加服务和服务限制，以及司机、车辆与出租车公司、网约车平台公司的法律关系等方面，应根据不同类型网约车类共享经济模式建立相应的监管机制。比如，专车能提供更专业的乘车和其他附加服务，快车能提供较专业而且廉价的乘车服务，而顺风车能提供便捷、节能、便宜、环保的乘车服务。原则上，专车和快车

---

〔1〕 "南京网约车'逼退'出租车，一季度近 400 辆出租车退租"，载 http://www.chinanews.com/cj/2018/04-20/8496054.shtml，访问日期：2018 年 5 月 13 日。

司机应是专职的，通过与网约车公司应签订劳动合同，司机可以享有更多的
权益保障，同时也接受更规范的管理。网约顺风车司机只能是兼职的，司机
与出租车公司的法律关系比较松散，可视为居间关系或劳务关系。同时对顺
风车的服务应该进行限制，防止其监管套利从事专车和快车服务，与专车和
快车形成不公平竞争，应根据其出行的基本模式限制其每天拼车载客的次数。

3. 建立线下与线上的监管协作机制

因为市场都是趋利的，我国目前由网约车平台自主经营管理的模式，容
易诱使网约车平台监管套利放松监管，不能确保网约车资质的真实性，滋生
"马甲"网约车，为网约车的安全运营埋下了隐患。为此，应明确网约车平台
是提供信息服务的中介机构企业法人，而不是享有网约车经营管理权的企业
法人。网约车平台与司机之间只是信息服务的居间合同关系，网约车平台为
司机与乘客提供信息服务，提供网约车的行车轨迹，对司机和乘客建立服务
评价体系，为出租车公司的监管提供依据，并根据其信息服务收取中介费，
网约车平台不再拥有对网约车的经营管理权，且不同的网约车平台主要是通
过信息服务和价格优势进行竞争，防止网约车平台操纵司机和网约车业务，
而出租车公司可以代表司机与网约车平台进行议价，签订三方合作协议。司
机线下与特定的出租车公司确立法律关系，可以是自有车辆，也可以是出租
公司的车辆，甚至车主可以只是向出租车公司租借车辆，然后通过出租车公
司的网约车资格的注册就可以从事网约车服务，且可与不同的网约车平台签
订信息服务居间合同。除了车费应遵循政府的最高和最低限价之外，出租车
公司与司机、网约车平台与司机的收费可以自行协商。建立政府线下资质监
管，以及出租车公司的线下服务的实质监管，网约车平台的线上信息服务和
出租车司机自律约束的四方协作监管共治模式。把线下的资质审核和运营服
务监管与线上信息服务相分离，线上与线下相互合作又彼此制衡防止监管
套利。

此外，应改变我国目前出租车行业的巡游出租车和网约车的差异化管理
的现状，使巡游车与网约车融合。租车公司也应转变其法律角色，从传统的
出租车的所有者和管理者转变为服务提供者和监管者，出租车公司根据不同
网约车类共享经济模式对网约车进行线下服务和监管，司机根据其所运营的
网约车共享经济模式与出租车公司建立不同的劳动关系或劳务关系，出租车
公司对其名下的出租车辆的安全性能和运营进行检测和监管，并通过线下资

格的实质审核负责网约车市场准入的网络注册，同时通过对网约车的网络注册与网约车平台对接，并根据网约车平台提供的行车信息对网约车运营实时监控。取消巡游出租车与网约车之间的市场准入和价格机制上的差异化竞争，因地制宜地由各地方政府选择 P2P 或是 O2O 专车、快车、顺风车或是拼车等不同的网约车类共享经济模式，再根据其服务模式进行差异化监管。不论何种网约车类共享经济模式，都应由政府对其市场准入进行严格审核，并统一相对应的服务标识，明确不同类型网约车司机与出租车公司、网约车平台的法律关系，界定各自的法律责任范围。

4. 建立网约车的安全监管机制

因为网约车是公共交通的一种补充，对网约车的监管应优先考虑安全和秩序等公共政策，而不是自由和效率的竞争政策。首先，应建立网约车的事前监管机制。为了公共秩序和乘客的人身财产安全，对出租车车辆和司机都应该采取严格的市场准入标准，并进行实质审查和运行监管，通过严格的事前监管防患于未然，确保乘客生命财产安全和社会的公共安全秩序。同时，应加大违法处罚力度，增加违法成本。如韩国和法国，把非法经营出租车的行为认定为犯罪，对非法经营者有一定的威慑作用，这在一定程度可以杜绝黑车。其次，建立网约车运营安全预警机制。网约车平台应通过提高信息服务和管理能力，对运营中的网约车的行车轨迹进行 GPS 跟踪。对接单后但未到达目的地却突然取消订单的，或是行车路线与乘客目的地不一致等异常行车的行为，应立刻启动预警程序并通知出租车公司，让出租车公司对车辆运行加强监控。比如，立刻拨打乘客的手机确认是否安全，若情况复杂马上报警对嫌疑网约车进行拦截检查。在空姐遇害案中，滴滴公司在其自查报告中提到，嫌犯系违规借用其父顺风车账号接单，且曾被投诉言语性骚扰，但客服五次通话并未联系到嫌疑人，随后也未妥善处理此事。可见，滴滴公司监管不到位也是酿成悲剧的原因之一。加强监管虽然会增加社会成本，但能规范网约车的运营，确保乘客的人身财产安全。

总之，上帝的归上帝，恺撒的归恺撒。应明确政府、网约车平台公司、出租车公司和司机各自的法律地位和法律责任，建立政府、网约车平台公司、出租车公司和司机的四方合作协调机制。首先，政府主要对出租车公司和网约车平台进行监管；其次，取消网约车与巡游出租车的差异化监管模式，允许所有的出租车辆同时进行网约车和巡游出租车服务；再次，由出租车公司负责对网约车司机和车辆的线下客运监管，而网约车平台只作为提供信息服务的中介机构；最后，司机应与出租车公司建立劳动关系或劳务关系，并可以自由选择网约车平台的信息服务。共享平台作为一种网络技术，对资源的配置主要是提供信息服务，无限放大"互联网+交通"的经济功能不利于解决公共交通问题。网约车涉及公共资源配置和公共安全秩序，不宜完全市场化，政府应该适当引导和监管。如果把网约车作为发展经济和促进就业的手段，可能会异化网约车作为公共交通补充方式的价值目标而使其沦为企业谋利的工具。我国已经尝试过在多种公共领域市场化的改革，但实践经验证明，市场解决不了公共产品和准公共产品的配置问题，市场化最终可能异化公共产品的配置，导致分配不公或低效。网约车运力有限但会占用道路公共资源产生拥挤效应降低资源的配置效率，恶化交通秩序，同时市场化潜在的监管套利使网约车平台降低网约车的市场准入标准，对公共交通秩序和乘客带来安全隐患。因此，政府应该完善对网约车的监管机制，而不是通过市场化放任网约车的无序发展。

共享民宿是指利用自有住宅通过共享平台为房客提供短期住宿服务，是基于对闲置资源使用权的共享或者协作消费的理念而构建的商业模式。Airbnb被视为共享民宿的典型代表，并于2015年签约穷游网在中国落户。我国的共享民宿平台已初具规模，比如木鸟短租融资、蚂蚁短租、小猪短租等共享平台公司，通过在线提供民宿短租服务，把民用住房通过共享平台进行经营性出租。共享民宿不仅满足了人们多样化的住宿需求，为更多人带来了就业创业和增加收入，也为传统住宿服务业的转型发展注入了新动力。2018年，国务院办公厅出台的《关于促进全域旅游发展的指导意见》创新性地提出"全域旅游"的概念，对共享经济发展具有重要意义的规定是"城乡居民可以利用自有住宅依法从事民宿等旅游经营"，这对共享民宿的发展也是具有里程碑意义的规定。《中国共享住宿发展报告2019》是第三份反映我国共享住宿发展状况的年度报告。该报告提出了反映我国共享住宿发展最新态势的六个方面数据、八个基本判断、对经济社会发展的五个积极影响、五大挑战和四个发展趋势。共享民宿作为新业态新模式引发新问题在所难免，甚至对已有制度和规则提出了挑战。为此，应积极应对实践中出现的共享民宿行业的不规范经营，安全保障不足，制度化、法制化和长效化的协同监管机制缺失等问题，在"鼓励创新、包容审慎"的政策导向下，在创新与规范发展之间取得平衡是共享民宿可持续发展的必由之路。

第一节　共享民宿的概述

一、共享民宿的内涵

（一）民宿的界定

民宿一般指民居向旅客提供的住宿，不同于正规经营的酒店和旅馆，在国外的常见术语包括"Bed and Breakfast""Home Stay""Family Hotel"等，在我国主要是指以农家乐、客栈和家庭旅馆为主的民宿形态。关于"民宿"的定义，原国家旅游局 2017 年 8 月 15 日发布的《旅游民宿基本要求与评价》[以下简称《要求与评价》(LB/T065-2017)]规定："利用当地闲置资源，民宿主人参与接待，为游客提供体验当地自然、文化与生产生活方式的小型住宿设施。住：根据所处地域的不同可分为：城镇民宿和乡村民宿。"2019 年《要求与评价》规定："利用当地民居等相关闲置资源，经营用客房不超过 4 层、建筑面积不超过 800 平方米，主人参与接待，为游客提供体验当地自然、文化与生产生活方式的小型住宿设施。住：根据所处地域的不同可分为城镇民宿和乡村民宿。"2019 年版的《要求与评价》关于"民宿"的定义较 2017 年版更明确具体，增加了"客房不超过 4 层、建筑面积不超过 800 平方米"的规定，新标准将旅游民宿等级由金宿、银宿两个等级修改为三星级、四星级、五星级三个等级（由低到高）并明确了划分条件。《要求与评价》规定了旅游民宿的定义、评价原则、基本要求、管理规范和等级划分条件。新标准更加体现发展新理念，体现文旅融合，同时加强了对卫生、安全、消防等方面的要求，健全了退出机制。

对"民宿"的界定与监管实际上很容易陷入两难的境地，究竟民宿的核心价值和定位是什么？是从品质上要求体验"民乡民俗"文化，还是从经营主体上要求主体是一般居民、村民而非"商人"？如果没有要求和规范，可能消费者的权益得不到维护。但根据《要求与评价》对民宿的标准化和规范化，可能会导致民宿丧失"人间烟火"的民乡民俗特色，而增添了商业气息，只是成了缩小版的"旅馆""宾馆""酒店"。2019 年《要求与评价》规定民宿包括"庄园"和"山庄"，让"民宿"的定位变得更令人迷惑。一般"庄园"和"山庄"的奢华不亚于星级酒店，这似乎与"民宿"有些相去甚远，对"民宿"的界定已经超越一般人对"民宿"的认知。2019 年《要求与评价》"客房不超过 4 层、建筑面积不超过 800 平方米"的规定某种程度上对"民宿"的界定有了更明确的标准。因为"民宿"的界定不仅仅是语词的问题，更重要的是其关乎"民宿"的法律身份，确切地说就是"民宿"与"酒店""宾馆""旅馆"之间有何不同，要不要同样依法纳税和接受工商、治安、卫生、消防等部门的监管。《要求与评价》作为行业规定，其软法效力比较有限，不能从根本上明确民宿的法律地位。

（二）共享民宿的界定

共享民宿是共享经济渗透到民宿短租领域，房东通过互联网平台将自有闲置房屋短期出租给游客并提供接待服务的新共享经济商业模式。《要求与评价》没有对共享民宿进行界定。国外将这种共享模式称为点对点住宿（Peer-to-peer Accommodation）、点对点短租（Peer-to-peer Short-term Rental）或住宿共享服务（Accommodation-sharing Service）。国内文献通常使用"共享民宿""共享住宿""在线民宿短租"或"共享短租"等术语。国外最有名的共享民宿是 Airbnb、Home Away，我国陆续出现的一些共享民宿平台有途家网、小猪短租网、蚂蚁短租网、木鸟短租网、游天下短租网等。共享民宿的法律关系中有三个主体，即出租者、消费者与平台经营者或共享平台。国家信息中心分享经济研究中心在经过业内权威专家、龙头平台企业、经营者等多方论证后，于 2018 年 11 月 15 日联合小猪短租、Airbnb、途家、美团榛果等企业参与制订了我国共享住宿领域首个标准性文件——《共享住宿服务规范》（以下简称《服务规范》）。《服务规范》首次对共享住宿、平台企业、房东、房客等行业术语进行了明确界定，把共享住宿界定为："利用自有或租赁住宅，通过共享住宿平台为房客提供短期住宿服务，房源房间数不超过相关法律规定要求，并对平台企业、房东和房客三方主体进行了相应约束和规范；不仅适用于乡村自有民宿，还包括分散于城市社区中的民宿以及租赁的房屋。"《服务规范》以及国家信息中心分享经济研究中心所作的《中国共享住宿发展报告 2018》中都没有用"共享民宿"而用的是"共享住宿"，并将其定义为："以互联网平台为依托，整合共享海量、分散的住宿资源，满足多样化住宿需求的经济活动总和。"虽然"共享住宿"与"共享民宿"的内涵差不多，都是利用互联网平台对闲散住宿资源的精准配置，但"共享民宿"更能体现这类非正统性住宿新业态的本质特征，更强调其民间自住与顾客的"共享"，体现线下体验的社区性。而"共享住宿"的外延可能比"共享民宿"更广泛，指"闲散住宿资源"通过互联网实现住宿共享，不强调自有住房的"社区生活"的体验，因此包括借"民宿"之名专业化、商业化的"伪民宿"租赁房屋的共享。从目前现状来看，真正意义上的社区体验的"共享民宿"越来越少，而专业化标准化的"共享住宿"发展越来越兴旺。这也许正是国家信息中心分享经济研究中心弃用"共享民宿"而选择"共享住宿"的原因。"共享住宿"的定位比较模糊，具有明显的商业化倾向，实质上与传统的"旅馆"

"宾馆""酒店"一样，竞争住宿的客源，是借"共享"之名行租赁之实，但却企图以"共享"为由逃避监管。共享民宿通过共享平台利用自己拥有所有权或者使用权的住宅，结合当地的自然和文化资源为消费者提供新的体验，分别表达了"共享"和"民宿"的含义。[1]为了遵循共享经济商业模式的本质特征，本书沿用"共享民宿"这一称谓，但在特定语境中也会用"共享住宿"来指代。

（三）共享民宿的特点

根据共享民宿的房源及其经营模式，其不同于传统民宿之处在于：民宿共享是以共享平台为依托，依附于闲置的民间住宅；服务内容注重生活、文化和情感体验；经营中以本地化和家庭化为主。传统民宿为减少信息不对称及线下搜索成本多集中于旅游目的地附近，且民宿需求与供给之间的匹配效率低下，但共享民宿的房源种类更加丰富，覆盖面更广；游客使用共享民宿的动机更加复杂；共享民宿消费过程中游客与房东的交互行为由线下拓展到线上社交媒体平台；在线民宿平台通过降低交易成本并构建信用保障机制来提高供需匹配。[2]

基于以上不同，共享民宿行业独具行业特点：首先，共享民宿依托于共享平台。共享民宿与传统民宿的不同之处在于，在共享经济的背景下，民宿提供者可以通过第三方互联网平台实现闲散房源的聚集，展示自己的民宿设施、居家环境，而消费者也可以方便、全面地通过共享平台来了解民宿的住宿和经营情况。共享平台的设置减缓了供需双方的信息不对称和信用危机，并通过网络技术在供需方间精准配置，激活了闲置民居，使之能得到充分利用。房东通过共享平台对闲置房屋的短租获取一定的报酬，消费者通过共享平台租到较传统酒店更实惠、更有特色的住房，节约了交易成本的同时又增添了新的体验。共享平台在民宿共享交易中不仅提供信息服务，甚至参与交易的过程，制定交易规定，对共享民宿的交易进行监管，在共享民宿中具有举足轻重的作用，使用共享平台使消费者在陌生的地方找到价廉物美的安身之所，也使得赋闲的空间物尽其用。其次，共享民宿共享的是闲置房屋的使用权或是短租行为。房东把其自有的闲置房屋通过互联网络对外出租，这也

---

[1]　姚瑶："中国共享民宿的制度规制路径探析"，载《行政管理改革》2018年第10期。

[2]　卢长宝、林嗣杰："游客选择在线短租住宿的动机研究"，载《经济管理》2018年第12期。

是共享民宿区别于统一管理的传统旅馆、宾馆、星级酒店、度假村、青年旅社、经济型酒店、公寓式酒店等。最后，共享民宿满足了住宿多样化的需求。民宿不同于传统住宿行业的是，其能让消费者融入当地人的居家生活，更深入地体验当地的风土人情，感受不一样的异地生活文化，品尝当地的特色美食，促进人与人的信任与交往，拉近彼此的社交距离，甚至可以结识到志同道合的朋友。共享民宿是一种集社交、体验、休闲和住宿为一体的新业态，其住宿功能甚至被弱化，但却有利于促进社区建设，这是其不同于其他传统住宿行业的重要特征。

二、共享民宿的价值评析

（一）共享民宿盘活闲置资源提高经济效益

共享民宿通过共享平台盘活了闲置的住房资源，提高了闲置资源的利用率，减少了资源浪费，扩大了就业渠道，增强了经济活力，在客观上节约了社会资源，有利于保护自然环境，并借助互联网技术促进了个体之间的交流互动，因而有助于促进国家经济、社会治理和环境保护的良性循环与发展。共享民宿为行业发展提供了更多的机会，并为消费者提供了便捷预定的操作平台。共享民宿通过共享平台实现了供需双方的经济效益，房东通过共享平台把闲置房间对外出租从中获取利润，甚至可以带动当地附加产值，促进就业。国家信息中心分享经济研究中心发布的《中国共享住宿发展报告2019》报告显示，共享住宿发展水平是反映一个城市全方位发展重要的风向标。共享住宿的发展刺激传统住宿业加快升级，带动相关服务行业更快增长。2015年至2018年我国共享住宿新业态的发展对住宿服务业年均增长的拉动作用为2.1%。发展共享住宿对城市基础设施和硬件投资有一定的拉动作用，带动了出行、住宿、餐饮、管家等服务消费需求的快速增长，移动互联网技术发展持续提升民宿用户的体验，公众对共享住宿的接受度和消费意愿越来越高，2018年我国共享住宿市场交易额为165亿元，同比增长37.5%。2018年我国主要共享住宿平台房源量约350万个，较上年增长16.7%，覆盖国内近500座城市；共享住宿服务提供者人数超过400万人，房客数为7945万人，在网民中的占比约9.9%，较上年略有增长。受整体融资环境趋冷的影响，2018年我国主要共享住宿企业实现融资约33亿元，较上年下降11.6%。共享住宿成为年轻人创业的重要选择，主要平台上的"80后"和"90后"房东数占比约 70％。女性房东数量逐年升高，占比接近 60％，女性房东收入也在不断提高。共享民宿不仅盘活了闲置资源，解决了部分人的就业，带来了经济效益，还可以促进当地社会、经济和文化的发展。[1]共享民宿作为一种新业态，对发展社会经济、旅游文化和解决一部分市场就业具有一定的现实意义。实证研究表明，经济收益是影响消费者参与共享民宿的动机及使用意向的重要因素。因为共享民宿主要使用闲置或利用率低的房屋资源并由民宿房东进行经营管理，相比传统酒店巨大的固定成本和专业化管理团队，共享民宿的运营管理成本很低，而经济因素是消费者选择共享民宿的重要原因。共享民宿的良好生态使消费者旅游消费不仅多样化，节约成本，而且有利于共享民宿与当地旅游业的可持续发展。

（二）共享民宿是新潮的住宿消费模式

共享民宿相对传统的住宿商业模式来说，使消费者有更大的选择权。消费者通过查看其他消费者的评价，可以便利地比较房源和经营者的服务，也可以通过给予体验后的评价，为其他消费者提供参考。[2]共享民宿的在线短租成功激发了消费者的需求，民宿短租共享平台深受消费者喜爱。[3]共享经济下的民宿消费者满意度主要是围绕短租平台的数据、发布的信息与网络信任安全等因素，也包括入住房屋后对房屋的直观感受与体验。探索各种不同消费情境产品/服务中包含的功利价值和享乐价值是消费者行为研究的重要主题，在酒店旅游营销的相关领域，当前学者们更关注的是共享民宿情境中消费者基于享乐主义/功利主义的消费动机。霍尔布鲁克（Holbrook）和赫施曼（Hirschman）认为，消费不仅为了解决问题，也包含寻找乐趣或愉悦，愉悦性活动能够释放压力并改善心情，使用新产品或服务能够为顾客带来愉悦，因此愉悦或者有趣是决定消费者采纳新产品或者创新的享乐型动机，喜欢追求新鲜事物的游客愿意尝试共享民宿这种新型消费模式。愉悦是解释并预测顾客持续参与共享经济行为的主要原因，图斯亚迪亚（Tussyadiah）和比松

---

〔1〕　"中国共享住宿发展报告 2019"，载 http://www.199it.com/archives/906893.html，访问日期：2019 年 12 月 10 日。

〔2〕　于谨源："共享民居法律规制问题及思考"，载甘培忠主编：《共享经济的法律规制》，中国法制出版社 2018 年版，第 242 页。

〔3〕　任思成："共享经济下民宿消费者满意度影响因素的分析"，载《全国流通经济》2020 年第 3 期。

(Pesonen) 认为使用共享民宿是一种愉悦的体验。苏（So）等验证了愉悦动机可以提升顾客对共享民宿的总体感知态度和行为意向。莫迪（Mody）等通过问卷调查对比了游客在传统酒店和共享民宿的服务体验差异，发现共享民宿在愉悦性体验维度上优于酒店，这种优势能为游客创造值得回味的独特体验并激发其消费欲望。共享民宿的社区功能除了满足消费者的住宿之外，还有其他附加服务。比如，休闲娱乐、享受当地风土人情、体验当地人的居家生活，增加了消费者的愉悦。莫尔曼（Möhlmann）认为，节约成本对消费者使用共享经济的满意度存在正向影响，社会资本、可持续价值等社会规范构成了人们参与共享民宿的动机。[1]共享民宿新业态不仅使供方或经营者盘活了闲置资源，满足了消费者的住宿需求，还能节约交易成本，消费者通过共享民宿享受到当地的风土人情，提高了出游的品质。

（三）共享民宿带动当地旅游

共享经济为旅游业发展提供了更宽泛的途径，各种旅游产品可以通过共享平台实现资源共享，共享民宿就是旅途中消费者重点考量的因素之一。共享民宿可以使消费者在旅途中了解当地人文、自然景观的同时体验当地人的居家生活和品尝美味佳肴。共享民宿为游客提供了便捷的途径，从而推动了旅游业的快速发展。同时，共享民宿业也在旅游行业的多元化发展中有了新的机遇。经营者通过共享平台在线短租的方式出租自己的空闲房屋，不仅操作便利，节省了时间与精力，还能增加自身收入。[2]共享民宿可以推动当地旅游业的发展，特别是旅游旺季和热门的旅游地。随着旅游业的蓬勃发展，传统的住宿行业已经不能满足其发展的需要，而共享民宿可以集休闲、度假、体验和社交为一体的多样化服务进一步促进当地旅游业的快速发展。特别是随着当前乡村旅游的蓬勃兴起，也为共享民宿的发展提供了良好的契机，激活了乡村丰富的人力、物力和土地资源，让游客体验了不同的旅游产品和服务。共享民宿可以凭借其优越的自然、人文、民俗使得游客真切地体验到当地的风土人情、一方一俗，以及当地的美食，因此推动了当地旅游业的大力发展。共享民宿为我国农村发展开辟了新的发家致富之路，更重要的是使乡

---

〔1〕 徐峰等："基于 Web of Science 的共享民宿研究综述"，载《旅游学刊》2020 年第 1 期。

〔2〕 任思成："共享经济下民宿消费者满意度影响因素的分析"，载《全国流通经济》2020 年第 3 期。

村的闲置资源得到尽可能大的利用，提高了资源的利用率，解决了部分农民、居民的就业，特别是促进了乡村经济的发展，为我国新农村建设探索了一条可持续发展之路。乡村民宿共享是小猪短租 2018 年重点发力的领域，自从与海南省旅游发展委员会达成发展乡村民宿的战略合作以来，小猪短租已与多地政府协作，用互联网平台模式及配套服务体系帮助众多乡村民宿升级。此外，也有许多来自乡村的青年创业者在小猪短租平台上成为成功的民宿业主。目前，小猪短租还参与到成都的旧区改造项目中，将老旧住宅社区改造成现代化的本土文化体验空间，打造旅游新地标。小猪短租也在通过树立行业安全与服务标准解决行业难题，以业内最为关注的安全问题为例，小猪短租已开启用户黑名单机制，并在国内主要城市与公安部门联合举办房东培训、向房东免费发放安全经营手册。未来平台还将加强技术研发，启用人脸识别门锁、物联网智能家居等手段提升住宿品质。[1]

随着共享民宿的不断发展以及越来越多利好政策的出台，会吸引更多社会资源进入该领域，为众多的创业平台提供更多的发展机遇，同时满足消费者住宿更加个性化及多元化的需求，特别是能体验当地的风土人情。[2]国家信息中心分享经济研究中心发布的《中国共享住宿发展报告 2019》报告显示，在政策利好及需求提升双向驱动之下，二、三线旅游城市的共享民宿加速崛起，丽江、秦皇岛、桂林等特色旅游城市爆发式增长，2018 年增幅分别为 650%、600% 和 300%。共享民宿激发了当地特色旅游、文化体验等方面的消费，有助于提升城市经济总量。随着国家对全域旅游、乡村旅游的政策扶持力度不断加大，过去两年内小猪短租的业务增长了 900%，乡村业务和海外业务更是在 2018 年分别达到 500% 和 700% 的增速。[3]共享民宿业已成为乡村旅游业的重要组成部分，发展乡村旅游离不开共享民宿，共享民宿促进了乡村旅游的发展。

（四）共享民宿有利于体验当地的社区生活与文化

社会交往是指与当地人建立人际关系并形成群体认同感。社交网络协作

---

〔1〕　景秀丽、刘静晗："平台监管视角下的共享经济信任机制研究——以民宿业为例"，载《东北财经大学学报》2020 年第 2 期。

〔2〕　白硕："共享酒店或民居（airbnb）的法律问题及对策"，载甘培忠主编：《共享经济的法律规制》，中国法制出版社 2018 年版，第 251 页。

〔3〕　"中国共享住宿发展报告 2019"，载 http://www.199it.com/archives/906893.html，访问日期：2019 年 12 月 10 日。

培育并促进了共享经济发展，点对点交互和个人体验的分享使共享经济参与者创造并维持了与他人的社会联系。参与共享经济可以为认识新朋友和发展有意义的人际关系创造机会。愉快旅行的动机之一就是在旅游目的地结识新的朋友，与当地人交往可以在旅游过程中创造社交利益。共享民宿促进了游客和房东之间的直接交往，交往过程中游客可以从房东处了解到更多当地民俗文化、旅游景点和线路推荐等信息，使得游客可以迅速融入当地社会。通过对 Airbnb 的研究发现，消费者大多受到特色民宿的装修风格和环境影响，更愿意选择民宿旅游而不是传统酒店住宿。同时指出喜欢社交并且旅行经历丰富的消费者更愿意选择民宿来拓展自己的社交圈。中国民宿短租平台，如小猪短租、蚂蚁短租等多数都是参照 Airbnb 的经营模式，再融合本土化运营模式建立起来的。本真性（authenticity）在旅游和文化领域中泛指客体存在的原真性（originality）、真实性（genuineness）、逼真性（verisimilitude）、权威性（authority），或主体被旅游行为激发的怀旧（nostalgic）和浪漫（romantic）体验。本真性是驱动游客前往旅游目的地的动机之一，本真性研究是围绕游客的旅游动机、旅游体验而发展的，共享民宿可以给游客带来真实纯粹的本真性的当地生活体验。Birinci 等认为，本真性体验是共享民宿相较于传统酒店的优势之一，追求本真性体验是游客使用共享民宿的动机之一。Liang 等对美国和加拿大使用过共享民宿的游客进行问卷调查，结果验证了本真性会增加游客对共享民宿的再消费意向。Poon 和 Huang 对香港游客的问卷调查表明，无论是否使用过共享民宿，共享民宿提供的本地化本真性体验对游客而言具有非常独特的吸引力。[1]

　　一般都认为是 Airbnb 开启了共享民宿的新篇章，但实际上共享民宿最早起源于"沙发客"，"沙发客"顾名思义就是"睡别人的沙发"的客人。"沙发客"这个词源自一个叫 Couchsurfing（意即"沙发冲浪"，简称 CS）的全球沙发客自助游网站。Couchsurfing 是由一位名为 Casey Fenton 的年轻人创立的。他去冰岛旅游之前进入冰岛大学，按照学生名录和"垃圾邮件"对学生进行咨询，收到了超过 50 条住宿和协助答复，并于 1999 年找到了前往冰岛的最后一分钟票（last minute ticket）。受惠并受此启发，芬顿（Fenton）于 2003 年1 月推出 CS 作为中介技术平台交流活动，为需要临时住宿的顾客联系愿意把

―――――――――

〔1〕　徐峰等："基于 Web of Science 的共享民宿研究综述"，载《旅游学刊》2020 年第 1 期。

家中的空闲沙发免费为顾客提供住宿的当地住户。虽然 CS 起初并不是交流平台，但其成员把它开发成了一个共享平台。它连接基于不同地区的陌生人的网络信任，秉持对等的态度，进行道德激励和跨文化交流，实现了开放、宽容的社区共享。CS 最初不是企业，没有公司办公室的媒介或工具、薪水或广告。会员彼此之间的共同理念、信任和互惠是 CS 社区共享的基础。通过平台建立的人际关系是基于明确的公共目标，这些目标与酒店、旅馆和 Airbnb 的营利性酒店市场不同。CS 创始人芬顿指出这些共同理想即 "社区共享本身是一个革命性的概念"。在 2003 年至 2006 年，CS 通过口耳相传已有 50 000 名成员。其资金主要基于用户捐赠和自愿提供的 25 美元地址 "验证" 费。CS 以其新奇、省钱的特色被迅速传播开来。截至 2010 年 12 月 31 日，CS 已有 240 多万注册会员，遍布 245 个国家（地区）、8 万多座城市。每周都有上万新会员加入沙发冲浪大家庭。CS 的参与度不是基于市场，不是以赢利为目的，其就是早期共享民宿的一种形式。尽管每个成员个人的社会经济背景、种族有所不同，但有关信任、利他主义和亲密关系的故事在传播。沙发客"们追求自己的理想："Participate in Creating a Better World, One Couch At A Time"（每次一个沙发，参与建立更美好的世界）。沙发客的理念是 "用我的沙发，换你的沙发；用我的故事，换你的记忆；用我的真诚，换你的信任；用我的劳动，换你的晚餐"。

基于社区治理的需要，CS 于 2007 年促成了一个由五个主要团队组成的组织结构，领导团队于 2009 年更名为战略团队，通过社区运营，营销与传播以及发展产品。到 2009 年 12 月，该平台已拥有 100 万会员，并且有 1000 名主要志愿者促进其发展。志愿者支持了 CS 团队的运行，例如，帮助联系房东团队、组建管理团队、媒体响应团队、纠纷解决团队、安全团队和翻译团队等。志愿者认为他们在为非营利组织工作，该网站完全依赖他们的劳动而运作，在 2011 年该站点已增加到 300 万成员。2004 年至 2011 年 8 月，CS 通过直接捐赠、商品销售和地址验证计划筹集了近 600 万美元，仅在 2010 年就筹集了 200 万美元。在 2011 年 8 月，芬顿宣布 CS 更改其非营利组织以外的法律名称，改变当初提倡的社区共享为对社会负责的 BCorp 的 Couchsurfing，私有化之后售出并由芬顿和霍夫接管。从法律上说，非营利组织的 CS 自此已经解散，并被一家新的营利性公司 BCorp 所取代，很多人认为这意味着 CS 开启了商业共享经济的时代。但大多数 CS 成员认为该平台必须遵守社区共享义务，社区共享价值应被建立在 CS 的基础架构中，CS 是建立在和谐关系基础上，关于亲密、利他、无私、慷慨、分享和关心他人的共享模型，成员将联合创始人和平台视为构建和沟通无私、透明、包容和协作，且与资源共享概念一致的平台。志愿者们高度致力于 CS，其中"承诺如此重要，以至于需要竭尽全力维持这种关系"。但是正如许多基于社区共享的组织一样，CS 社区共享缺乏适当的记录保存、精确的程序和报告责任。[1]CS 的社区共享向商业共享的转型既是平台生存的需要，也是商业共享的时代潮流。特别是 2008 年诞生的商业共享民宿平台的独角兽 Airbnb 的共享民宿如洪水猛兽般地在全球遍地开花，CS 的社区共享的商业化也就成为其生存的必然选择。

三、共享民宿的商业模式

不同类型的共享民宿的商业模式中，共享民宿提供者、使用者和共享平台之间的法律关系及其责任配置不同，不同商业模式的共享民宿参与者的价值共创过程中的作用、影响机制、价值构成和分配等内容尚不明晰。[2]目前，共享民宿短期租赁平台的电子商务模式可以分为两种类型。

第一类是 C2C 模式。也就是民宿的房东作为提供方向需求方的消费者或是住客通过共享平台提供房屋的短租服务。如 Airbnb、小猪短租、蚂蚁短租、木鸟短租等都是这种运营模式，房屋由房东私有，平台作为居间人主要提供信息服务并从中收取佣金，为供需双方之间的交流和交易提供平台。但由于共享民宿的特殊性，共享平台应该根据《电子商务法》履行相应的市场准入的审查义务，并应建立相应的内部自律的监督评价体系。根据共享平台对交易参与程度的不同可以分为社区共享平台和商业共享平台。社区共享平台一般不参与交易过程和管理，仅提供信息服务。一些非营利性质的网站，比如，2011 年前的沙发客平台 CS 网站、一些社交媒体上的信息交流平台、旅游信息平台等。商业共享平台一般都不同程度地参与交易过程，制定交易规则，并对交易进行监管，建立内部自律监督评价体系，但一般不参与具体实务经营。经营民宿的房东大部分都选择只是将闲置的房源信息发布在平台上供消费者

---

〔1〕 Michael O'Regan and Jaeyeon Choe, "Managing a non-profit hospitality platform conversion: The case of Couchsurfing.com", *Article. Tourism Management Perspectives*, 2019 (30): 140.

〔2〕 徐峰等: "基于 Web of Science 的共享民宿研究综述", 载《旅游学刊》2020 年第 1 期。

选择，并不与共享平台进行实务合作。这种商业共享的 C2C 模式下，供方的房源、基础设施和住宿环境应该符合共享平台准入标准，平台为供需双方的交易提供保障机制和信用评价机制，确保交易的公平和安全。比如，以 Airbnb 为例，其确立了安全、保障、公平、真实、可靠五个原则。具体操作包括用户必须在网络上验证自己的真实身份信息与平台应向用户提供安全的线上交易方式。[1]国内的 C2C 平台模式最为典型的代表就是小猪短租，其主营业务包括短租公寓、短租房与普通民宅。

第二类是 B2C 模式。该模式是共享平台把线下需要出租的房源进行收集汇集之后，统一进行管理并对外出租，最后与房东分成，比如，途家民宿就是 B2C 模式。在共享民宿的 B2C 模式中，平台对房源拥有较高的控制权，由平台安排专业的人员对房间进行统一的装修及管理，房主与平台按照一定的比例分成。本质上，住宿的 B2C 模式既不是民宿，也不是真共享而是伪共享，勉强可以称为住宿共享但不是民宿共享。严格意义上，由于其不是对闲置房屋的共享而是对专业化商业化空间的共享，属于伪共享。B2C 模式的房源是"房产投资+住宿开发"，房屋主要来自房产开发商，其在服务及管理方面与传统的酒店相似，平台与房产开发商合作从而确保房源的稳定，由专业的公司对这些房间进行统一的管理及维护。平台还会向房客提供房屋清洁、清洗衣物、机场接送等增值服务。比如途家网是为游客提供高品质度假公寓的在线平台。途家网通过线上提供旅游地高端度假公寓和别墅的在线查询和预订服务；在线呼叫中心提供 7-24 小时客户服务；线下提供五星级酒店标准的分布式度假公寓服务。游客可以通过途家网站搜索知名旅游城市的度假公寓，在线查询周边情况并成功预订。途家的度假公寓范围广、位置好、数量多。途家民宿平台展示的房型多样、信息详实，并可为游客提供当地细心、专业的管家式服务，满足不同游客的个性化需求，适合全家出行、自由行、深度旅行和休闲养老。途家网在游客和业主之间搭起了一个诚信可靠、灵活透明的电子商务平台。通过实时管理房屋的系统，为业主提供房屋养护服务的在线实时查询；为游客提供了在线查询、预订度假公寓等其他旅行服务平台。途家网首期上线的房源主要是来自亚龙湾、大东海、三亚湾的别墅和海景公寓，以一线海景房为主，客房内全部为五星级酒店标准配置；房间统一优化，配

---

[1] 任思成："共享经济下民宿消费者满意度影响因素的分析"，载《全国流通经济》2020 年第 8 期。

套设施高档齐全，周边环境优雅，满足中高端家庭度假需要。

B2C 模式的另一种经营模式是"产权共享+换住共享"的二维共享模式，本质上是线下的所有权的按份共享，不是共享经济的使用权的共享。国内"产权共享+换住共享"模式最为典型的代表就是"Weshare 我享度假"，该平台打造出国内首个分权度假屋共享换住平台——"Weshare 分权度假平台"。在该平台，每套度假房屋被分成 12 份共有产权，每份产权每年拥有 28 天的居住时间。消费者可以根据自己的居住时间长短，购买一份或多份产权，这不但使人们的度假成本大幅度降低，更实现了分权度假屋的预定居住、交换居住及出租出售，而且度假者还能享受到优质的定制化度假服务。"产权共享+换住共享"模式的关键在于分权共享，以 Weshare 分权度假平台为例，消费者得到了度假房屋的共有产权以及与其购买份额相匹配的居住时间。此外，消费者拥有的物业所有权还能出售、继承和转让等。如果居住时间还有剩余，这些闲置的居住时间还可以委托平台进行出租。[1]这种产权共享模式本质上已经不属于共享民宿对闲置资源的聚集配置的商业模式，是一种借共享民宿之名行房地产开发和旅馆、酒店经营之实的投资模式，是一种伪共享民宿，应该根据房地产开发和旅馆、酒店的相关管理规定进行监管，以免其借共享民宿之名进行监管套利。

四、共享民宿的发展现状

Airbnb 成立于 2008 年 8 月，总部设在美国加利福尼亚州旧金山市，被业界誉为共享民宿的开山鼻祖。据 Airbnb 官网显示以及媒体报道，其平台遍及在 192 个国家、65 000 个城市，拥有约 200 万个民宿，累计超过 6000 万游客在平台上预订民宿。其房源包括民宿、公寓，甚至别墅、城堡，还有树屋。Airbnb 被时代周刊称为"住房中的 eBay"。据英国 Sky News 报道，2017 年 3 月 10 日 E 轮融资，该公司估值达到 310 亿美元。2015 年 8 月，Airbnb 进入中国。2017 年 1 月 27 日，Airbnb 首次盈利，公司营业额增长超过 80%。2019 年 11 月，根据 Airbnb 在爱尔兰都柏林提交并公开发布的收益报告显示，2018 年不包括美国和中国的 Airbnb 业务实现 4647 万美元净利润。2018 年 12 月，

---

〔1〕 白硕："共享酒店或民居（airbnb）的法律问题及对策"，载甘培忠主编：《共享经济的法律规制》，中国法制出版社 2018 年版，第 247 页。

世界品牌实验室发布《2018 世界品牌 500 强》榜单，Airbnb 排名第 425。2019 年 10 月 21 日，胡润研究院发布《2019 胡润全球独角兽榜》，Airbnb 排名第 6 位。2020 年 1 月，2020 年全球最具价值 500 大品牌榜发布，Airbnb 排名第 174 位。受新冠病毒疫情的影响，Airbnb 的业务受到重创，2020 年 5 月 5 日，Airbnb 宣布将裁减约 25% 的员工，并预计 2020 年的收入将减少 50% 以上。[1]尽管 Airbnb 自己不拥有一个房间，但是通过互联网平台，其所能提供的房间数量已经超过世界上最大的洲际酒店集团的房间数量，其对传统住宿行业的冲击是显而易见的。

自 2008 年 Airbnb 的商业共享民宿问世以来，共享经济的蓬勃发展推动国内出现了一些成功的共享民宿平台。成立于 2012 年的小猪短租成为中国共享民宿市场的典型代表，小猪短租在国内 250 多个城市拥有 80 000 余套房源，并吸引了约 300 万活跃用户。[2]自 2015 年起，我国的民宿共享平台用户迅猛增长，根据 2017 年 11 月中商情报网讯的报道显示，国内的共享民宿平台 Airbnb、小猪短租、木鸟短租以及途家民宿都有了突破性的发展。到 2018 年，小猪短租在全球房屋的数量已经突破 50 万套，覆盖五大洲 60 个国家和地区，超过 710 座城市。[3]木鸟短租正式上线于 2012 年 5 月，其业务已经辐射到全国 396 个城市，收录全国 30 多万套短租房源。[4]国家信息中心分享经济研究中心在京发布的《中国共享住宿发展报告 2018》显示，我国共享住宿行业初具规模，业务创新不断涌现，整体处于快速上升阶段，头部企业正在脱颖而出。参与共享住宿的房东具有年轻化、高学历等特点，女性房东成为主力军。房客主要是学生、上班族、自由职业者，18 周岁至 30 周岁的房客占比超过 70%。共享住宿正在加速向二三线城市渗透，一些热门二三线城市的订单量呈现爆发式增长。出境游带动共享住宿"走出去"，平台企业通过并购、战略合作等多种形式，积极拓展海外房源、布局海外市场。共享住宿也带来了大量的灵活就业与创业机会。国家信息中心分享经济研究中心发布的《中国共享经济发展年度报告（2019）》显示，2018 年我国共享住宿行业继续保持快

---

[1] https://baike. baidu. com/item/Airbnb/5204658? fr=aladdin，访问日期：2019 年 12 月 10 日。

[2] 徐峰等："基于 Web of Science 的共享民宿研究综述"，载《旅游学刊》2020 年第 1 期。

[3] 任思成："共享经济下民宿消费者满意度影响因素的分析"，载《全国流通经济》2020 年第 8 期。

[4] 杨珈瑛：《分享经济》，北京工业大学出版社 2017 年版，第 50~51 页。

速发展态势,市场交易额从上年的 120 亿元提高到 165 亿元,增长了 37.5%。房客数达到 7945 万人,服务提供者人数超过 400 万人。2018 年,主要共享住宿平台房源量约 350 万套,较上年增长 16.7%,覆盖国内近 500 座城市,共享住宿房客在网民中的占比约 9.9%,略高于去年,主要企业实现融资约 33 亿元,较上年下降 11.6%。2018 年,作为重要旅游目的地城市的丽江、秦皇岛、桂林的增幅高达 650%、600%、300%。从旅游业态来看,乡村民宿以其优美的自然风光、独特的人文风情以及舒适的体验、较高的性价比优势赢得了越来越多消费者的青睐。Airbnb 在我国的乡村民宿业务增长超过了 3 倍,途家乡村民宿也超过 300%,2018 年乡村民宿业者总体创收 5 亿。[1]我国共享民宿的专业化和标准化的快速发展,正是商业共享民宿向伪共享的共享住宿发展的过程,也是共享民宿的社区文化、乡土风情、旅游本真性价值渐渐消失殆尽的过程。

第二节　共享民宿的法律困境

目前,共享民宿的立法不完善,没有国家层面的立法,仅有行业规定,以至于共享民宿的行业规定存在概念界定不准确、准入标准不统一、配套制度不衔接、监管责任不明确、体制机制不完善等问题。[2]共享民宿因其对酒店接待、房地产市场和房产租赁等方面产生重大影响而被称为破坏性创新。

一、共享民宿法律机制的缺失

(一)共享民宿缺乏专门的行业法律规范

目前,我国对共享民宿租赁平台的监管缺乏相关的法律法规。有学者认为出租人仅是将其所有的房屋或其有转租权的房屋进行出租,属于小范围内对闲余资产进行安排、使用,不属于专门利用商业投资经营旅馆的情形,无须依现有酒店、旅馆的要求进行各类商业登记或备案,而取得作为共享民宿的个体出租方的资格。同时,现行法律对于房屋所有人或有权转租人,并没

---

〔1〕 "中国共享住宿发展报告 2019",载 https://www.sohu.com/a/324772078_274290,访问日期:2019 年 12 月 10 日。
〔2〕 姚瑶:"中国共享民宿的制度规制路径探析",载《行政管理改革》2018 年第 10 期。

有出租房屋时间长短的限制与要求。所以，依据合同法的规定，共享民宿的双方通过网站或 App 签署电子合同，双方即形成有约束力的合同之债。[1]这种共享民宿之出租行为而非旅馆住宿之说值得商榷，是一种企图通过偷换概念把共享民宿转变为租赁行为从而逃避与有关旅馆相关的监管。共享民宿发展过程中存在的诸多问题已成为制约其可持续发展的障碍，对共享民宿的法律态度不能仅仅停留在政策鼓励的层面，而应从具体的制度层面进一步规范。我国有必要在鼓励共享经济发展的前提下，以加强平台建设管理为切入点，对共享民宿在线平台进行法律规制。[2]

　　我国调整传统旅馆的规范性文件主要是 2011 年公安部修订的《旅馆业治安管理办法》（以下简称《办法》）。《办法》第 2 条规定："凡经营接待旅客住宿的旅馆、饭店、宾馆、招待所、客货栈、车马店、浴池等（以下统称旅馆），不论是国营、集体经营，还是合伙经营、个体经营、中外合资、中外合作经营，不论是专营还是兼营，不论是常年经营，还是季节性经营，都必须遵守本办法。"《办法》的立法宗旨在于"保障旅馆业的正常经营和旅客的生命财物安全，维护社会治安"。根据《办法》的规定，民宿应该属于"旅馆"的范畴，应该适用《办法》的相关规定。共享民宿也属于"旅馆"，但其经营模式与传统旅馆不同，如果完全适用《办法》对共享民宿进行监管，业界和学界多数学者都认为不切实际。共享民宿作为新的商业模式，并不意味着就可以被排除在法律监管之外享受特权。《办法》第 19 条规定："省、自治区、直辖市公安厅（局）可根据本办法制定实施细则，报请当地人民政府批准后施行，并报公安部备案。"因为不同的地区对《办法》的执行力度强弱不同，有的地方监管部门对从业者的从业资格、逃生通道、配套设施等都有详细而周全的检查，有的地方则不对其加以规范和约束。通常而言，正规的旅宿服务行业经营者需要事先在消防、公安、卫生等职能部门取得相应的从业经营许可证或者在相关机构登记备案，若发生紧急情况，有关的部门也会参与处理，而民宿类的监管缺失易引起纠纷。[3]《旅游法》第 46 条规定："城

---

　　〔1〕　于瑾源："共享民居法律规制问题及思考"，载甘培忠主编：《共享经济的法律规制》，中国法制出版社 2018 年版，第 234 页。

　　〔2〕　蓝冰、刘晋余："纽约州对 Airbnb 的法律规制"，载甘培忠主编：《共享经济的法律规制》，中国法制出版社 2018 年版，第 226 页。

　　〔3〕　刘子锋等："民宿类共享经济的现状、问题与对策"，载《台湾农业探索》2020 年第 1 期。

镇和乡村居民利用自有住宅或者其他条件依法从事旅游经营，其管理办法由省、自治区、直辖市制定。"《旅游法》将民宿管理办法授权给地方制定。实际上，除了《办法》，我国目前尚没有一部严格意义上的全国统一的关于"旅馆"监管的规范。2017 年住房和城乡建设部、公安部、国家旅游局联合印发了《农家乐（民宿）建筑防火导则（试行）》。行政部门更多地从行业管理的角度设置限制性规定。[1] 传统旅馆适用属地管辖原则，以至于不同地方的不同管理规定不会发生执法上的冲突问题。不过对于共享民宿而言，因互联网的无地域属性使得这种不统一的行业规定发生冲突在所难免，很难在共享平台统一实施。这种线上线下的冲突正是共享民宿相关规范缺失的结果。目前，共享民宿可以依据的法律规范主要是《电子商务法》的相关规定。共享平台作为独立存在的第三方平台，很难对房东进行必要的安全教育、消防设备检查、法律政策培训和再教育等，导致从业者仅能依靠自我规范来约束自己。

我国的共享民宿目前没有国家层面的法律法规，但国家信息中心分享经济研究中心在经过同业内权威专家、龙头平台企业、经营者等多方的论证后，于 2018 年 5 月成立共享住宿委员会。从行业发展势头角度分析，共享民宿无论从国家政策导向还是行业自身发展的角度看都处于欣欣向荣的阶段。共享民宿涉及消费者的安全保障问题，需要加强市场监管，但目前缺乏全国统一性规范。2018 年 11 月 15 日，我国共享住宿领域首个标准性文件《共享住宿服务规范》发布。这也是我国在共享经济领域的标准化体系建设方面的一个重要探索。《服务规范》首次对共享住宿、平台企业、房东、房客等行业术语进行了明确界定，把共享住宿界定为："利用自有或租赁住宅，通过共享住宿平台为房客提供短期住宿服务，房源房间数不超过相关法律规定要求，并对平台企业、房东和房客三方主体进行了相应约束和规范；不仅适用于乡村民宿，还包括分散于城市社区中的民宿。"由于我国对共享民宿的定位不清晰，以至于《服务规范》是关于"共享住宿"而不是"共享民宿"的相关规定，共享"房源"不仅是"自有"还包括"租赁"的住宅。因此，《服务规范》的适用范围不仅包括 C2C 模式的商业共享，也包括 B2C 模式的伪共享。这样的规定虽然兼顾了我国共享民宿的现实，但却不能明确界定共享民宿的商业

---

[1] 姚瑶："中国共享民宿的制度规制路径探析"，载《行政管理改革》2018 年第 10 期。

边界，因为伪共享民宿本质上应属于酒店、宾馆、旅馆类型，不能以"共享"之名逃避监管。《服务规范》对目前行业发展过程中存在的和社会公众关注的热点问题，如城市民宿社区关系、入住身份核实登记、房源信息审核机制、卫生服务标准、用户信息保护体系、黑名单共享机制、智能安全设备的使用等，都提出了具体的要求，但《服务规范》毕竟只是个行业规定，对从业者只是软约束，没有强制执行力，其效力也就大打折扣。对此，应该结合共享民宿的特点出台全国性的法律规范，引导共享民宿健康发展。2019 年 7 月 3 日，文化和旅游部发布了修订后的《旅游民宿基本要求与评价》行业标准。该标准包括了范围、规范性引用文件、术语和定义、评价原则、基本要求、安全管理、环境与设施、服务与卫生以及等级划分条件等六个方面，自发布之日起实施。该标准作为民宿市场准入的行业标准，具有指引和规范的意义，但也仅是软约束，而且其不是关于共享民宿的具体标准，是否完全适用有待商榷。

（二）共享民宿的法律地位不明确

2015 年 11 月，国务院在《关于加快发展生活性服务业促进消费结构升级的指导意见》中表示，要积极发展客栈民宿、短租公寓、长租公寓等细分业态。2016 年 3 月，国家发展改革委、中宣部、科技部、财政部、商务部等部门联合制定《关于促进绿色消费的指导意见》，提出鼓励绿色产品消费、加强金融扶持等 17 条具体举措，力促绿色消费发展，并明确支持发展共享经济，鼓励个人闲置资源有效利用，有序发展网络预约拼车、自有车辆租赁、民宿出租、旧物交换利用等，创新监管方式，完善信用体系。我国的共享民宿目前没有国家层面的法律法规，《服务规范》对"共享民宿"的界定不清晰，混淆了商业共享和伪共享，导致伪共享借"共享"规避免于监管等。目前，全球范围内，共享民宿都因游离于合法与非法的边缘而常被视为"黑旅馆"。这种新型非正统的商业模式，在带来一定创收、就业和便利的同时，对传统房屋租赁、酒店旅馆、社区和消费者所带来的影响及潜在的风险也是客观存在的。因此，应该明确民宿的法律地位。

因共享民宿的法律地位不明确，以至于模糊了共享民宿与一般民居、旅馆、宾馆和酒店的界限，忽视了共享民宿对传统租赁、酒店旅馆业的影响。国家政策层面对新经济新业态持"包容审慎"的态度，以至于某种程度上对新业态的共享经济的监管持较开放的积极态度，不可避免地会影响当地居民对旅游开发和共享民宿的态度。共享民宿所涉及的人身安全、隐私保护、社会秩序、公共卫生、环境保护以及税收等社会和法律问题正成为社会焦点，也对政府提出了新的监管要求。传统旅游酒店企业对共享民宿参与下的市场竞争应该评估收益损失和竞争能力的转型发展策略，基于破坏性创新、竞争力等理论研究共享民宿在服务差异化、定价策略等方面的发展。[1]乡村作为共享民宿发展模式中的实体，以其优越的地理位置、丰富的旅游资源和文化内涵吸引着众多的游客，乡村旅游业发展迅速，具有特色的民宿也得到了飞速的发展，在经济拉动民宿业发展的过程中也存在着许多问题，这些问题成为制约民宿业发展的重要阻碍，因此解决这些问题是促进民宿业发展的关键。民宿业的发展要迎合时代发展的潮流，在突显自身特色的同时带给游客全新的体验。[2]

共享民宿作为"旅馆"的一种新的商业模式和新业态，其法律关系较传统的旅馆行业已发生了嬗变。但因缺乏相关法律规范，其法律关系只能适用《电子商务法》《合同法》《要求与评价》和《服务规范》的相关规定来认定。由于不同共享民宿商业模式的参与主体之间法律关系不同，因此就要根据不同的电子商务模式来认定共享民宿参与主体之间的法律关系。一般共享民宿的参与者包括共享平台经营者或是简称共享平台、房源的提供者或是房东（《服务规范》中称为"房东"，《要求与评价》中称为"民宿主人"或"民宿业者或是经营管理者"）以及消费者或是需方、住客。目前，因共享民宿没有具体的规定，以至于相关共享民宿参与者之间的法律关系不明确。对于社区共享的C2C模式，因为共享平台不以营利为目的，甚至只是无偿地为供需方提供信息交流的平台，一般可以适用《合同法》相关的居间关系来界定共享平台与供需方的关系。《电子商务法》第9条第2款规定："本法所称电子商务平台经营者，是指在电子商务中为交易双方或者多方提供网络经营场所、交易撮合、信息发布等服务，供交易双方或者多方独立开展交易活动的法人或者非法人组织。"由于《电子商务法》没有专门关于社区共享平台或是对仅提供信息服务的无偿平台的相关规定，本质上社区共享民宿不应该适用《电子商务法》的相关规定，但可以根据一般的社交平台的相关规定来界定共

---

[1] 徐峰等："基于 Web of Science 的共享民宿研究综述"，载《旅游学刊》2020 年第 1 期。
[2] 张丹："共享经济视角下乡村旅游民宿业发展新规划"，载《农业经济》2019 年第 8 期。

享民宿参与者之间的法律关系，平台与供需双方的法律关系可以适用避风港原则来界定。对于 C2C 商业共享民宿的参与者之间的法律关系，除了应该依《电子商务法》界定其线上监管和交易的内部关系之外，还应该根据《办法》的相关规定明确其线下运营中的供需双方交易关系以及相关外部监管关系。对于伪共享民宿 B2C 模式，其法律关系更为复杂，已经不是民宿共享法律关系，可能涉及更为复杂的产权共享以及房地产的投资和开发、酒店旅馆等的相关法律规定。《服务规范》虽然对共享住宿、平台企业、房东、房客等行业术语进行了明确界定，并对平台企业、房东和房客三方主体进行了相应约束和规范，但相关的规定不明确，且其软法性显然没有强制约束力。简而言之，目前在民宿共享的相关法律规范缺失的情况下，如何界定不同商业模式的共享民宿参与者之间的法律关系的确比较困难，需要进一步完善相关的立法。

（三）共享民宿的法律责任机制不健全

因共享民宿缺乏专门的法律规范，共享民宿主体之间的法律关系不明，其相应的法律义务不确定，责任难以落到实处。首先，民宿业主的责任机制不完善。共享民宿责任可以分为积极责任或是法定义务或约定义务，是指民宿业主应该主动去履行的责任。比如共享民宿不仅要依《电子商务法》的规定履行电商的法定义务，还应遵守线下《办法》相关的规定接受行政监管的义务，同时根据《要求与评价》《服务规范》进行经营管理，依约定对游客提供服务。表面上民宿业主应该履行不少积极责任，但实际上因为没有相应的机制去落实这些责任，相关的责任规定也就只能流于形式形同虚设。对于业主的消极责任主要指其违法或是违约应该承担的后果，是不履行积极责任的法律后果。目前，不论是共享民宿与消费者的民事纠纷还是民宿业主逃避监管的行政责任，都缺乏有效的实施机制，导致共享民宿业主的责任流于形式。[1]其次，共享平台的责任机制不完善。《电子商务法》第 27 条至第 46 条规定了不同的共享平台在交易过程中应该承担的市场准入审核、交易安全、交易合法性等各类相应的法定义务，以及对用户信息审核的义务。根据《电子商务法》的规定，原本由出租人和承租人之间进行的身份信息审核和沟通转由共享平台代替，而且共享民宿的房源方难以准确定位到个人，且基数较大，要像传统酒店行业一样进行工商登记、卫生许可、公安消防管理难度也

---

〔1〕 姚瑶：“中国共享民宿的制度规制路径探析”，载《行政管理改革》2018 年第 10 期。

比较大，但不能因此而免于监管。因此，只能依赖共享平台的注册环节对房东房客的身份和房源信息进行审核，但是此项工作因没有统一强制执行的具体标准，不同共享平台为了竞争需要对市场准入的注册要求可能不同，因此对共享平台的责任也缺乏相关义务要求，因而难以落实。比如有些平台在用户注册登记时没有严格实名验证，以至于房东和房客都有可能提供了虚假的身份信息，为共享民宿的交易带来了潜在的风险。客观上，共享平台只能对供需双方的身份进行形式审查，但信息内容的真实性和客观性很难核实，其法定监管责任也就很难落实。最后，外部责任机制缺失。共享民宿作为一种新业态，涉及网络信息、电子支付、旅游、农业、文化、公安、卫生、工商、税务、社区、村镇等多个部门主管的领域，各监管主体之间缺乏联合统一的合作协调执法机制，导致共享民宿监管主体的缺失。相关法律规范的缺失导致外部行政监管无法可依，共享民宿的运营在某种程度上处于放任自由的运行状态，其外部责任也就难以落到实处。

二、共享民宿的营商环境不完善

虽然《要求与评价》对民宿的市场准入提出了规范指引，但其不具有强制执行力，导致共享民宿市场准入门槛仍旧很低。特别是伴随着乡村旅游业的蓬勃发展对住宿的需求，以及共享平台对闲散民宿的聚集效应，导致各类民宿发展迅猛，良莠不齐，不仅阻碍共享民宿发展，也引发了不少社会和法律问题。国家信息中心分享经济研究中心发布的《中国共享经济发展年度报告（2019）》（以下简称《报告》）显示，目前我国共享民宿发展过程中主要存在以下几方面的问题：

（一）多头监管缺乏有效协调机制

目前共享民宿的监管涉及公安、消防、工商、税务、旅游、街道办等多个部门。由于尚没有专门规范确认共享民宿的法律地位，致使共享民宿常游离在监管之外，甚至有些地方监管部门把其定性为"黑旅馆"，并授权公安机关予以打击和查封，而有些地方将其定性为"短租房"，由地方住建部门授权社区参照传统的房屋租赁业务的相关办法进行管理，也有的地方将其定性为"网约房"，并针对平台和房东的经营资质提出过高要求。多头监管的存在导致各部门独立开展监管工作，缺乏有效协同执法联动机制，不仅增加了监管成本，而且也加重了共享民宿平台和房主的经营负担，恶化了共享民宿的营商环境。

（二）公共数据获取困难

《报告》认为共享住宿涉及用户基本信息、入住行为、居住地点、出行信息等多维度的数据，无论是平台经营活动还是政府对平台的监管活动，都离不开数据的支撑，实践中，政企之间也缺乏有效的数据共享机制，不仅造成企业经营成本上升，也使得相关部门在平台监管过程中缺乏有效依据。一方面，平台企业普遍反映公共数据开放力度不够，尤其是与个人信用相关的个人身份信息、银行征信记录、电子犯罪记录等关键和权威的信息基本都掌握在政府部门手中，平台企业获取公共数据的渠道少、成本高，导致企业在用户身份审核、验证及交易等环节面临较大困难。除了公共数据获取难之外，由于各部门公共数据的存储缺乏统一标准，数据格式、口径混乱，加大了企业共享利用数据的成本。另一方面，平台掌握着大量有关经营活动和用户行为的数据，这些数据对政府监管与应急突发事件的处理必不可少，需要在平台与政府之间建立有效的共享机制，但由于多头管理的原因，与共享住宿相关的公安、网管、消防、工商、税务、旅游等许多部门和地方机构，都会根据自己的需要对平台提出不同的数据要求，在数据、字段、单位、范围、频度、时间要求等方面都缺乏统一标准，使得平台企业不得不投入大量的人力物力应对有关部门的数据需要，这不仅给企业经营带来了困扰，也加大了信息泄漏的潜在风险。当然，共享民宿也不能为了满足自己的经营需要在不接受任何行政监管的情况下就希望无条件得到公众信息，任何机构都不应该提这种无理的要求。当务之急是完善大数据征信的社会信任体系建设，使个人信用成为大数据时代社会经济活动的敲门砖。

（三）共享住宿市场准入要求未能充分反映新业态特征

提高市场准入门槛是最主要的监管方法之一，但如果市场准入机制不完善，对平台和房东要求过高，也会阻碍共享民宿的进一步发展，打压新兴产业。实践中，一些地方管理部门参照旅游业或是房屋租赁的相关规定对共享民宿进行监管，要求房东依据规定办理旅游特种行业许可证、营业执照、消防验收报告书、卫生许可证等手续，并要求按照酒店旅馆标准配备专职的保安、接待和客服人员等，这些要求与共享住宿个性化的家庭式经营以及分散式城市公寓房源的特点不符。还有一些地方沿用线下的属地化管理思路，要求平台企业在当地设立分支机构并进行注册登记，否则将以违法经营为由给予禁止和处罚。这种属地化的管理规定，既与平台企业"无地域性"的网络化特点相冲突，也导致企业合规与运营成本大幅上升，从而制约了共享住宿新业态活动的积极性，不利于行业的长期发展。

由于共享民宿的功能和传统酒店以及出租房相同，在缺乏专门共享民宿法律制度的情况下，对于其市场准入可以类比传统行业的规定。比如《办法》对传统酒店经营有明确的主体资格限制，各地又将其进一步细化，对酒店的区域规划、设施标准、图像标识、人均使用面积等都有明确的规定。因为酒店是专业的商业主体，有能力也有义务承担对旅客的各项保障义务。而共享民宿并非商业化的经营场所，如果照搬商业要求，不仅成本高，而且也不具有可行性。商业租赁方面，房屋租赁要按照《商品房屋租赁管理办法》到地方机关登记备案，而共享民宿的租赁时间比传统出租房时长更短，频率更高，很难实现每次租赁都进行登记备案。[1]当然，虽然现行法律制度不完善，但也不能以新业态为由监管套利，当务之急是建立符合共享民宿线上线下相结合这一特点的监管机制。

（四）缺乏长效化监管机制

作为一种新业态，共享住宿尚处于发展初期，各地发展水平也不均衡。在房源分布、基础设施、服务品质以及用户需求方面，都存在较大的差异性，采取一刀切式、突击式、运动式检查整改、显然不符合现实需要。从长期来看，共享住宿可持续发展更加依赖于制度化、法治化、长效化的协同监管机制。此外，个别城市在制定共享住宿发展相关政策的过程中，也未能充分考虑平台企业和相关利益方的意见，一定程度上存在闭门造车的问题。共享民宿作为一种新业态，对其的监管本来也是个挑战。共享民宿的非标准化服务以及个性化体验不同于传统的住宿业，如果套用传统住宿业的监管手段对其进行监管难免"水土不服"。目前，共享民宿的行业规制存在概念界定不准确、准入标准不统一、配套制度不衔接、监管责任不明确、体制机制不完善等问题。[2]由于民宿行业兴起时间不长，并没有形成系统的产业链，我国民宿产业的发展处于"摸着石头过河"状态，因而对于民宿方面的管理人员处

〔1〕 蓝冰："纽约州对 Airbnb 的法律规制"，载甘培忠主编：《共享经济的法律规制》，中国法制出版社 2018 年版，第 227 页。
〔2〕 姚瑶："中国共享民宿的制度规制路径探析"，载《行政管理改革》2018 年第 10 期。

于稀缺状态。任何产业的发展都离不开专业人员的经营，旅游民宿业发展亦然，我国当前的旅游民宿多为当地居民就地将自家房子改造而成，还处于一种家庭式民居模式，此种民宿业主多为当地居民，并无太多经营理念和管理经验，这种背景下往往导致民宿业在发展过程中遇到问题不知向谁请教的尴尬局面。因而旅游民宿业管理的专业人才培养势在必行。[1]共享民宿作为一种新业态，其对传统相关行业、社会经济秩序的影响是客观存在的，其发展过程也必然会遇到各种问题，特别是由于相关的法律机制缺失，营商环境不完善，共享民宿发展不规范，监管套利不可避免。根据《报告》中关于共享住宿发展中出现问题的分析，根本上，还是因为法律制度的缺失，共享民宿的法律定位不明确，缺乏相关的制度保障，以至于被认为是"黑旅馆"也就在所难免。但《报告》主要从共享民宿营商环境的外部条件分析民宿发展过程中存在的具体问题，从监管上的不足来分析原因，但对共享民宿自身可能存在的问题没有触及。共享民宿作为新业态，政府秉持着包容审慎的鼓励政策支持其发展，但并不意味着可以超越法律之上，唯利是图地进行监管套利。

三、共享民宿的监管套利

国家信息中心分享经济研究中心发布的《报告》主要展现了共享住宿近来在我国蓬勃发展取得的辉煌的成就及其面临的困境，特别是来自于外部监管上的各种问题，但报告没有谈及共享住宿经营过程中自身存在的法律问题。比如其法律地位的认定、市场准入、工商监管、税收、行业冲突矛盾以及社会责任等问题。在我国目前没有明确关于共享住宿规定的情况下，根据现有的行业规定对共享民宿进行监管也就理所当然了。根据《办法》的规定，共享民宿也应属于"旅馆"的范畴，应该和其他传统的"旅馆"一样依法接受相应的监管，不应因为共享住宿的经营模式与传统旅馆不同而网开一面，更不能因为其是新业态就可以不受法律的监管。实践中，共享住宿的确可能存在违规经营，甚至监管套利的情形。

（一）共享民宿涉嫌违法经营

共享民宿经营的合法性和正当性一直都备受质疑。特别是城镇的共享民宿，因为常常设在小区内，和小区其他业主共享同一物业权利，涉及邻里关

---

〔1〕 张丹："共享经济视角下乡村旅游民宿业发展新规划"，载《农业经济》2019 年第 8 期。

系和各种社区问题，其纠纷也就不可避免，甚至冲击房屋租赁市场，影响房地产市场。在美国，因为 Airbnb 类的共享民宿破坏了房屋租赁市场，以至于许多地方政府对这种短租行为进行了限制。以纽约为例，发现有 72% 的 Airbnb 租金违反了其《多重居住法》和《纽约市行政管理法》。[1]我国《物权法》第 77 条规定："业主不得违反法律、法规以及管理规约，将住宅改变为经营性用房。业主将住宅改变为经营性用房的，除遵守法律、法规以及管理规约外，应当经有利害关系的业主同意。"2009 年，我国最高人民法院通过的《最高人民法院关于审理建筑物区分所有权纠纷案件具体应用法律若干问题的解释》第 10 条规定："业主将住宅改变为经营性用房，未按照物权法第七十七条的规定经有利害关系的业主同意，有利害关系的业主请求排除妨害、消除危险、恢复原状或者赔偿损失的，人民法院应予支持。将住宅改变为经营性用房的业主以多数有利害关系的业主同意其行为进行抗辩，人民法院不予支持。"第 11 条规定："业主将住宅改变为经营性用房，本栋建筑物内的其他业主，应当认定为物权法第七十七条所称'有利害关系的业主'。"建筑区划内，本栋建筑物之外的业主，主张与自己有利害关系的，应证明其房屋价值、生活质量受到或者可能受到不利影响。根据我国《物权法》第 77 条及司法解释的相关规定，民用住宅改为经营性用房的，应当经有利害关系的业主同意，未经同意擅自把民用住房改为经营性用房的则视为侵权，不具有合法性。因为业主把民居住房进行经营性出租，使陌生人入住小区，占用小区的公共资源，给小区的生活和安全带来了影响，甚至破坏了邻里关系，损害了区分所有人的权益，其共享行为的合法性有待于商榷。

　　Airbnb 已成为共享经济模式的代表企业，但在得到投资方追捧和供需方青睐的同时，也显现出规制不足的问题。Airbnb 共享民宿在全球快速发展，但其合法性也屡遭质疑。2013 年 5 月，纽约一位行政法官裁定 Airbnb 的短租业务违法，认为其经营的是非法酒店。同年，纽约州总检察长办公室（the office of Attorney General of the State of new york，NYAG）要求 Airbnb 提交其平台上的具体租赁信息，并对这些数据进行了分析。分析报告 Airbnb in the city 把 Airbnb 的短租交易分为两大类，一类是私人住宿的交易，即房东将"整个

<hr>

　　[1] Sukumar Ganapatia and Christopher G. Reddick, "Prospects and Challenges of Sharing Economy for the Public Sector", *Government Information Quarterly*, 2018（35）：84.

住宅/公寓"或"私人房间"出租；另一类又分为两种，一种是纽约市 30 天以下的租赁交易，另一种是在纽约市 30 天至 180 天不符合免缴酒店房间占有税（the Hotel room Occupancy Tax）的独立房间的租赁交易。该报告称，在 Airbnb 上发布的大量房源存在违法，并主张政府对 Airbnb 进行限制。其违法性主要体现在四个方面：私人短期租赁过度上涨、商业经营者身份违法、短期租赁影响住房供应量、短期租赁地域性商业垄断。这些现象扰乱了市场秩序，导致利益分配失衡。在 Airbnb 提交的"审核交易"中，72%的交易涉嫌违反《纽约州群租法》（the New York State Multiple Dwelling Law，MDL）或《纽约市行政法规》（New York City Administrative Code）。这两部法律都属于财产的使用和安全法，用于保证居民财产的使用健康、安全、合乎道德、福利和适当使用。Airbnb 还涉嫌商业经营者身份违法，Airbnb 作为"共享经济"的龙头企业，其本身的理念应该是对闲置资源的利用。但根据调查数据显示，在其提交的"审核交易"中有 1406 个房东利用该平台进行短租的商业经营，这已侵犯了其他市民的居住权。2013 年，纽约有超过 200 家公寓全年从事短期出租，排名前十的每户平均有 1920 个夜间预定，其完全相当于旅社，而纽约完全禁止这种营利性的旅舍，所以这些短租公寓也可能构成了违法。共享民宿的短租其本质和酒店无异，但却不受酒店的行业规范，也不缴纳相应税款。这导致传统酒店行业备受挤压的同时也扰乱了行业秩序和社会金融秩序。[1]

　　纽约的总检察长埃里克·施耐德曼要求 Airbnb 提供全市所有 15 000 个房东的名单，希望得到涉嫌违法者的姓名和地址，但 Airbnb 拒绝提供，指责总检察长"非法调查"。共享经济的倡导者认为这场争执是富得流油的老牌企业和想在艰难的世事中挣一点外快度日的普通纽约人之间的冲突。法律滞后于互联网的发展，但必须与时俱进，以促进新产业的发展。Airbnb 宣称："我们都赞成非法酒店对纽约是不好的，但是这不是我们的社区。我们的社区是由成千上万善良的好人所组成的。"同时发布了一份报告，坚持认为这些房东几乎都是"普通的纽约人，偶尔把他们的房子租出去而已"，是人与人之间对生活空间的共享，许多人正是用这笔额外的钱帮助自己留在家中。这场争执不

---

　　〔1〕　蓝冰："纽约州对 Airbnb 的法律规制"，载甘培忠主编：《共享经济的法律规制》，中国法制出版社 2018 年版，第 217、218、219 页。

仅引来了酒店业，还引来了一个罕见的联盟房东与租客群体，以及保障性住房的倡导者和邻里协会。总检察长称，非法酒店滥用 Airbnb 网站，违反了租赁或合作住房协定，违反了 30 天时限的法律。一些互联网企业无视州政府和地方法律，无视他们的商业模式对社区造成的伤害，并以此获得了高额利润。[1]

Airbnb 常以民宿共享，让顾客以体验当地文化为由不接受任何住宿方面的监管。Airbnb 拒绝承担责任。Airbnb 的高管帕特里克·鲁滨逊（Patrick robinson）告诉一家荷兰的报纸说，该由房东来确保他们是否遵守规定："这不是我们的责任。"其他城市失望地看着 Airbnb 从旅游中牟利，拒绝承担责任去管理为其带来利润的共享民宿，拒绝向市政府提供必要的执法信息。巴塞罗那的资源很有限，无法定位和打击那些在无照的情况下把房屋出租出去的房东。在共享房屋出租量以及居民投诉量爆炸式增长后，巴塞罗那在 2014 年 4 月取消了扩展区的度假住房执照。Airbnb 本来可以提供协助，但却用"家庭共享"这样的词汇给自己的市场占有描绘了一幅美丽的图画："Airbnb 在加泰罗尼亚的房东中，有 77% 只有一个房源，53% 的房东说接待客人帮助他们保住了自己的家。"Airbnb 的房东是"靠把自家的房屋拿来与全世界尊贵的客人共享来挣点零花钱的普通人"。另外，公司的业务主要集中在旅游中心：2/3 的住宿集中在巴塞罗那 12 个区中的两个。属于专业房东的房源占到该市全部房源的一半以上。Airbnb 超过半数的收入来自于专业房东而非"家庭共享"。[2]

共享经济是基于对闲置资源使用权的共享或者协作消费的理念而构建的商业模式，共享经济可能是有效率的，但必须确保共享资源的合法性。根据我国《办法》第 4 条的规定："申请开办旅馆，应经主管部门审查批准，经当地公安机关签署意见，向工商行政管理部门申请登记，领取营业执照后，方准开业。"但是共享民宿兴起之后，许多房东通过共享平台把未经许可的民宿向外进行短租，游客可以通过网络寻找到住宿，传统的旅馆行业相当多的业务被共享民宿取代。大量未获得旅馆准入行政许可的房间，实际上在从事旅

〔1〕［加］汤姆·斯利：《共享经济没有告诉你的事》，涂颀译，江西人民出版社 2017 年版，第 37 页。
〔2〕［加］汤姆·斯利：《共享经济没有告诉你的事》，涂颀译，江西人民出版社 2017 年版，第 47 页。

馆行业的服务，对于旅馆行业准入的行政许可监管构成了挑战。[1]Airbnb 于 2015 年 8 月签约穷游网在中国落户，但其注册条件很宽泛，几乎没有限定。我国类似的共享住宿房屋短租公司，比如，木鸟短租、蚂蚁短租、小猪短租等共享平台公司，都是通过在线注册后，无须接受工商、税收、消防、卫生、公安、社区等任何官方的行政监管程序，就可以把普通的民用住房通过共享平台进行经营性出租，这种法外经营的行为导致共享民宿常被认为是"黑旅馆"，其合法性和正当性也就备受质疑了。

（二）共享民宿逃避工商监管

我国《办法》明确规定了对旅馆的监管措施。各省市出台的实施细则也明确规定了开办旅馆的卫生、消防、工商登记、治安管理等内容。房屋租赁实行备案登记制，无论是签订、终止还是变更租赁合同，当事人应当向房屋所在地的直辖市、市、县人民政府房地产管理部门登记备案。相比较发现，共享民宿"短租房"既没有获得相关经营资质，也没有将合同备案登记，"短租房"难以单方面地被纳入旅馆或出租房范畴。根据 Airbnb in the city 的调查报告，只有少部分房东有文件证明可以免缴占有税。为了缓和和政府的关系以及从长远考虑，Airbnb 也在积极和政府合作达成缴税协议，在同政府达成缴税协议的地区，如阿姆斯特丹、波特兰和旧金山，Airbnb 平台会自动代房东向房客收取占用税，其他地方的房东可以自行监管，保障供需双方的安全和利益。私人短期租赁存在的另一个法律风险是纳税问题，因此另一种规制思路从税收制度切入。据资料显示，纽约市的私人短期租赁可能欠税高达 3300 万美元。鉴于此，纽约市财政厅要求纽约所有的酒店房间都要缴纳酒店房间占有税（the Hotel Room Occupancy Tax，简称"占有税"）。所谓"酒店"，其实包括公寓（apartment）、酒店（hotel）、汽车旅馆（motel）、提供膳食的私人住宅（boardinghouse）、提供床和早餐的住宿（bedand-breakfast）、平房（bungalow）、俱乐部（club）等。但是，12 个月的申请期间连续四个税务区内只租一次或两次的建筑物不被视为酒店。占有税的税率为 5.875%，此外根据房间的总价还会额外收取 50 美分到 2 美元不等的服务费，这些税费由房东向房客收取。经营者（此处指房东）对收取或要求收取的部分税款负个人责

---

〔1〕　白硕："共享酒店或民居（airbnb）的法律问题及对策"，载甘培忠主编：《共享经济的法律规制》，中国法制出版社 2018 年版，第 246 页。

任。而经营者自身也必须对所有出租的公寓或房间纳税，但以下情况除外：①在自住房中只租一个房间；②租赁不超过 14 天，或一年不超过 3 次（任意天数）；③长期租赁，即连续 180 天出租。从这一纳税例外情形可以看出，相关税法对酒店与 Airbnb 的纳税要求做了区分，对于把自身闲置住房进行短期或长期租赁的典型的 Airbnb 共享经济行为，税法给予了免税优惠和法律支持。[1]

相比国外比较明确的法律规定，我国共享民宿目前基本处于自由放任的状态。正如《报告》提到的一样，共享经济企业总认为他们是新业态，不应该如传统行业一样接受监管。我国《服务规范》没有要求共享平台应依法纳税，《报告》显示我国 2018 年共享民宿交易额达 165 亿，但《报告》未提及共享民宿的纳税额。因此，《报告》中大谈特谈共享民宿发展快，创造了多少价值，解决了多少人的就业，但却没谈到共享民宿的税收贡献以及其他社会责任。简而言之，他们觉得自己只是挣点小钱，监管部门不应该对他们进行干预。共享经济作为一种新业态但并不意味着它就不需要监管，可以随心所欲。如何界定共享民宿的商业边界，是解决共享民宿法律问题的首要任务。阿姆斯特丹市议会决定"在大家都反对的非法酒店和普通居民可以偶尔对外出租自家房屋并获得惊人的经济效益之间，是可以划出一道界限的"。这一决定于 2014 年 1 月正式生效，决定允许自有住房业主每年最多可以有 60 天的短租，但短租行为要做到"安全和诚实，而且不会造成滋扰"。同样，这个决定也得到 Airbnb 的赞同，因为这"便于当地居民分享他们所生活的家庭，同时打击那些滥用体系的违法酒店"。似乎大家都很高兴，但是故事并没有到此为止。到 2014 年 8 月，许多 Airbnb 的房东显然无视市议会的规定。市议会的研究表明，Airbnb 在阿姆斯特丹有 7000 个房源，超过 900 个房源对外出租的人数超过了上限，超过 500 个房源对外出租的时间超过了上限，有"大量专业的、拥有多个房产的业主正在使用 Airbnb 服务"，同时"有私人投资者购买了有吸引力的房产对外出租"。到 10 月，全市 22 名专职检查员已经招架不住大量的邻里投诉，而 Airbnb 并没有提供帮助。尽管公司声称欢迎在非法旅馆和普通居民之间划分界限，但它并无意于真正帮助强制执行这个界限，通过

---

〔1〕 蓝冰、刘晋余："纽约州对 Airbnb 的法律规制"，载甘培忠主编：《共享经济的法律规制》，中国法制出版社 2018 年版，第 225 页。

更加严格地管理自己的"社区"来限制自己从阿姆斯特丹获得的收入。很明显，许多房东也没有支付旅游税，而且许多人甚至不知道他们应该支付旅游税。12 月，市政府和 Airbnb 达成了协议，要求 Airbnb 代表其房东来收税。《华尔街日报》的报道称："作为交易的一部分，Airbnb 也将积极推动适用于阿姆斯特丹向游客出租房屋的规章制度，可惜的是，Airbnb 的协议并没有帮助市议会执行这些它所欢迎的规定。市政府官员没有办法验证 Airbnb 收的税是谁支付的，或者税款金额对不对。"[1]

有研究者认为，共享民宿会降低可供租赁房屋数量而导致房租上升，柏林和波士顿的案例都证明了这一观点。[2]2014 年 3 月，Airbnb 就是在这里宣布其"共享城市"的倡议的。波特兰是第一个与 Airbnb 在一系列计划上展开合作的城市，旨在帮助该公司顺应城市发展的框架。Airbnb 还宣布，它要在旧金山以外建设第一家办事处。该公司随后从波特兰市获得了法律批准，使其业务合法化：房东要接受安全检查，通知邻居，并花 180 美元拿到许可证，Airbnb 将代表房东支付住宿税。市长查理·海耶斯说："我们必须在商业，包括这种新商业和社区之间实现一种平衡。"但实际关系迅速恶化。随着拿到许可证的最后期限越来越接近，约 1600 个房东中只有 166 人拿到了许可证。波特兰市要求 Airbnb 提供房东的地址和许可证，Airbnb 的公共政策主管戴维·欧文（David owen）拒绝了，理由是这些数据是私人的。市政专员尼克·菲舍（Nick fish）质疑欧文时说，Airbnb 号称"可以豁免遵守所有其他法律和社会规则，因为我们在某种程度上是网络公司"。最后期限已过，但波特兰市没有针对这些房东或 Airbnb 采取任何行动。Airbnb 在旅游中心开展业务，这种反复出现的套路特别令人遗憾，因为显然有可能出现新的短租和游客住宿方式。实际上，共享民宿的短期租赁和度假出租的市场远比这更复杂，隐瞒部分事实的 Airbnb 在全世界一直都存有争议。[3]

我国目前关于共享民宿的相关报告和资料主要是出自于行业内部，主要是关于共享民宿所创造的丰功伟绩，以及营商环境不完善或是监管问题对其

---

〔1〕［加］汤姆·斯利：《共享经济没有告诉你的事》，涂顺译，江西人民出版社 2017 年版，第 46、47 页。

〔2〕 徐峰等："基于 Web of Science 的共享民宿研究综述"，载《旅游学刊》2020 年第 1 期。

〔3〕［加］汤姆·斯利：《共享经济没有告诉你的事》，涂顺译，江西人民出版社 2017 年版，第 36、49 页。

发展的影响，除了谈及共享民宿对社区的影响，几乎没有全面、客观、严肃的关于共享民宿负效应的分析报告，与国外各国地方政府对 Airbnb 违法违规的行为采取的各种应对措施相比，我国共享民宿在蓬勃发展的背景下的暗涌未被完全关注。如果共享民宿只是想在相关的市场上挣钱，但却不想承担任何责任和负担显然没道理。共享民宿目前面临着的最重要的法律问题是身份确认的问题。如果共享民宿不是本着和相关部门解决问题的态度争取合法的身份认同，而是希望以民宿共享非商业行为为由来逃避工商及其他行政监管显然不是明智之举。从报告中反映的问题来看，我国的共享民宿发展也面临着和 Airbnb 在境外一样的合法化的法律困境，即如何摆脱"黑旅馆"的处境。在目前尚未有专门统一立法认可的情况下，作为"旅馆"的一种商业模式，就应该依当地旅馆的相关规定接受监管，同时也应该依《电子商务法》合法经营并依法纳税。各地的主管部分应结合共享民宿的商业模式制定相应监管规定，确保共享民宿健康有序地发展。共享民宿是通过共享平台对闲置的房屋进行的短期租赁，但我国目前的 B2C 模式的伪共享本质上从事的就是旅馆、宾馆和酒店的住供服务，应该依法接受工商监管，不能以"共享"之名规避监管。

（三）共享民宿破坏了房屋租赁行业的市场秩序

共享民宿利用互联网技术，把大量闲置的房屋聚集起来对外出租。由于其短期的经济效益明显，短租较长租更有利可图，以至于许多房东趋之若鹜，都乐于把原来的长租房改为共享民宿的短租房。在纽约有几千个公寓（residential units）主要或只从事在 Airbnb 平台上的短期出租。在 2013 年，一年中 3 个月以上用于短期出租的房源达到 4600 家，其中有接近 2000 家在 Airbnb 上发布信息，并且一年中短期出租的时长达到半年。2013 年，这些短租民宿的收益达到 7200 多万美元。2010 年半年以上时长用于短租的民宿收入占房东收入的 18%，2013 年已达到 38%。Airbnb 之所以会成为众矢之的，还有一个重要原因是它所引起的短租热潮取代了很多曾经的长租业务，使得长租的房源减少，价格上涨，而且纽约很多居民楼实际是廉租房和经济适用房，这些房屋被商业经营者买下从事短租。根据总检察长办公室的调查数据显示，在审查期内，通过 Airbnb 平台产生的独立单间的私人短期租赁急剧上涨，这些私人短租存在很大的安全及卫生隐患，扰乱了传统的租赁行业。在 Airbnb 提交的"审核交易"中，72% 的交易涉嫌违反《纽约州群租法》或《纽约市行政法》，按照该法规定，禁止更改建筑的使用、占用及出口。2016 年 7 月，法拉盛 159 街 35－32 号的华裔屋主将自家的房子隔出 6 个房间，设置成 7 张床，分租给 13 个访客。此举遭到参议员艾维乐和邻居的反对。艾维乐指出，该房主违反了分区制和《纽约市行政法规》。业主私自改变用房功能，会产生房屋的安全隐患和打破街区的居住常态。许多 Airbnb 上私自改变用房功能的房东被处以罚款。为了进行合法经营，这些房东需要根据《纽约市行政法规》下的《纽约市建筑法规》，对房屋设施进行升级改造，而那些长期从事全职短期租赁业务的房东，则必须把公寓改造成酒店。[1] Airbnb 在旧金山的一些房东驱逐他们的房客，以便以较高的利率在 Airbnb 上列出其房产。Airbnb 加剧了住房短缺的问题，因为许多出租物业正在改用 Airbnb 的共享平台，从而驱逐了数百个家庭。由于房价上涨，投资者对 Airbnb 进行了房产转换。Airbnb 鼓励业主将房屋租给短期游客而非长期租户，导致租金价格飞涨使得租房者几乎不可能负担得起住房。[2]

　　Airbnb 对巴塞罗那的影响是多方面的，但至少其中一部分是破坏性的：它破坏了那些生活在业务量大的街区的人们的生活质量，它使得城市无法在旅游和城市生活的其他方面间实现平衡，它阻碍了城市为确立安全和其他标准而付出的努力。巴黎的情况与阿姆斯特丹和巴塞罗那一样。这个城市是 Airbnb 最大的市场，有 40 000 个房源，房源如此之多，以至于在 2014 年夏季，有 66 320 个 Airbnb 的游客来到热门的玛莱区住宿，数量比在这里居住的 64 795 个居民还多，这对城市的影响是巨大的。巴黎住房署长伊恩·布罗萨说："巴黎的公寓已经出现严重的短缺，特别是夫妇可以开始共同生活的一室公寓和两房公寓。现在我们面临日益严重的假期出租屋问题，投资者涉足于此并竭尽所能买下所有公寓。这已成为一门生意，其结果是市场上留给普通巴黎人的房产更少了，价格更高了。"巴黎政府认为，2/3 的短租住房并不是居民自住的住房而是商业出租房。巴黎市对玛莱区的 2000 个房源进行了实地检查，首席官员弗朗索瓦·普罗庭说："我们城市的中心正变得越来越荒废。渐渐地，那里只有游客了。"如果没有当地人，Airbnb 让你"过上当地人的生

---

　　〔1〕　蓝冰、刘晋余："纽约州对 Airbnb 的法律规制"，载甘培忠主编：《共享经济的法律规制》，中国法制出版社 2018 年版，第 219 页。

　　〔2〕　Jiyoung Hwang, "Managing the Innovation Legitimacy of the Sharing Economy", *International Journal of Quality Innovation*, 2019 (5)：11.

活"的说法便失去了意义：推广共享城市的说法越来越像是一家美国公司的托词：它不在乎去了解别的国家和别的城市的不同之处，但有权以他们自己的理由去制定他们自己的规则。Airbnb 在纽约的房源数正在增加，总检察长办公室怀疑，许多房东违反了纽约市关于禁止将多户建筑物中的一个公寓出租少于 30 天的法律规定。Airbnb 的业务有很重要的专业化市场——要么房源的主要目的是用于出租，要么房东拥有多个房源，并且集中于城市里游客集中的区域。在每个地方，整套房间的出租是 Airbnb 收入的主要来源。在 Airbnb 的民宿规模最大的巴黎，整套房间出租占 Airbnb 业务的90%，在柏林、阿姆斯特丹和里斯本等主要城市，它们占到了超过 70%。最后，在旧金山和柏林，有多个房源的房东数量占总数的 40% 以上。在伦敦和洛杉矶，甚至占到了一半。在巴塞罗那、里斯本和罗马，大部分是有多个房源的房东。[1]

《报告》相关的数据表明，我国的共享民宿的增长主要在一、二线大城市和旅游城市。显而易见，发生在国外的关于 Airbnb 破坏房屋租赁事同样也会发生在我国，特别是一、二线房源紧张的大城市，共享民宿因其监管套利吸引了大量的房源，导致房屋租赁市场长租房源的紧张。共享民宿市场份额的暴涨意味着势必从房屋租赁市场中流失大量的房源，从而导致房租不断上涨，这或许也正是近些年大城市房租越来越贵的原因之一。共享民宿的短租破坏了房屋租赁市场正常的经营秩序，房价上涨影响了租房客的生活。

（四）共享民宿对传统旅馆酒店业的冲击

当然，共享民宿还以低成本以及多样化经营的优势抢走了正规经营且以此谋生的酒店和旅馆的生意，其对传统住宿行业的冲击是显而易见的。特别是在大城市和旅游城市，这种现象就会更突出，这种新业态对传统行业的破坏性竞争不应该被忽视。Airbnb 自 2008 年成立以来，共享民宿就以其充分、便捷的信息获得方式和闲置资源的增收利用的特点，吸引了越来越多的参与者。与传统酒店业相比，共享民宿的从业门槛更低，拥有闲置房屋资源的个人只要在共享平台注册，就可以参与共享经济活动。有些民宿共享平台甚至免去注册费及租金，以此吸引越来越多的人注册。这部分人中的大多数都有自己的工作，安排游客住宿仅仅是其原有工作之副业，但可以通过共享民宿

---

〔1〕［加〕汤姆·斯利：《共享经济没有告诉你的事》，涂颀译，江西人民出版社 2017 年版，第40、41、48 页。

获得工作之外的经济收入，享受着双重的工作角色和经济来源。[1] Airbnb 和 HomeAway 还为用户提供了不同于传统的服务体验，这冲击了现行的住宿行业，破坏了现有的酒店业务模式。Airbnb 平台上出租的房屋为住户提供了居家住宿的便利设施。Airbnb 房源的便利设施以及房主与房客的关系所营造的"家的感觉"满足了客人的享乐主义和功利主义的需求，从而为 Airbnb 赢得了客人的满意度和忠诚度。这种"宾至如归的感觉"是传统的酒店行业无法做到的。[2] Airbnb 作为最大共享民宿短期租赁住宿平台，提供的客房数量超过已建立的连锁酒店。它已经遍及全球 191 个国家或地区的 34 000 个城市。HomeAway 在全球 190 多个国家或地区运营，与其他国家或地区特定平台（例如 VRBO）合作。[3]

经常关注 Airbnb 对住宿行业的总体水平影响的研究表明，Airbnb 不仅对酒店业绩产生不利影响，其增长甚至对其他各种利益相关者也产生了影响。[4] 共享民宿因高性价比和多样化等优势受到消费者的欢迎，房源供给量的增加使得酒店接待业的市场竞争更加激烈，传统酒店是受共享民宿影响最为直接的行业。古腾塔格（Guttentag）和史密斯（Smith）在美国调查发现 2/3 的 Airbnb 用户认为共享民宿是传统酒店的替代性选择。泽瓦斯（Zervas）等以美国德克萨斯州为例，揭示了不同时期共享民宿对酒店收益的影响是存在差异的，低端以及适合非商务出行的酒店收益会因为共享民宿数量的增加而降低。谢（Xie）和郭（Kwok）分析了美国奥斯汀地区的数据后认为，酒店与共享民宿的价格差、共享民宿的价格离散度对酒店每间可售房收入（Revenue PerAvailable Room，RevPAR）有正面影响，而共享民宿数量对 RevPAR 存在负面作用。布拉（Blal）等发现旧金山地区共享民宿顾客满意度对酒店经济收益有负面影响，酒店类型对影响具有调节作用。阿斯纳尔（Aznar）等的研究表明，巴塞罗那地区共享民宿对周边酒店的利润有正向影响，并且这种影响与酒店

〔1〕 蓝冰、刘晋余："纽约州对 Airbnb 的法律规制"，载甘培忠主编：《共享经济的法律规制》，中国法制出版社 2018 年版，第 222 页。

〔2〕 Yunxia Zhua, Mingming Chengb and Jie Wanga, "The Construction of Home Feeling by Airbnb Guests in the Sharing Economy: A Semantics Perspective", *Annals of Tourism Research* 75, 2019 (308).

〔3〕 Sukumar Ganapatia and Christopher G. Reddick, "Prospects and Challenges of Sharing Economy for the Public Sector", *Government Information Quarterly*, 2018 (35): 84.

〔4〕 Tarik Dogru et al., "Mark：Bonn a Airbnb 2.0：Is it a Sharing Economy Platform or a Lodging Corporation?", *Tourism Managemen*, November 2019, pp. 1~4.

星级无关。共享民宿供给量增加会提升旅游目的地的接待能力，因此会对旅游目的地产生影响。方（Fang）等分析了美国爱荷华州的共享民宿和劳动就业数据，结论表明，共享民宿低成本优势吸引了更多游客，为旅游产业创造了更多就业岗位，但低端酒店员工则因为共享民宿的冲击失业。[1]

摩根士丹利的报告显示，约 42% 和 36% 的 Airbnb 客人分别是从酒店和住宿加早餐旅馆转换过来的。酒店业开始考虑将 Airbnb 视为应认真对待的竞争对手。例如，美国饭店和住宿协会制定了一项计划，以加强对 Airbnb 的业务严格的监管。实际上，Airbnb 可能至少以两种方式影响酒店。首先，现有酒店，可能会限制平均每日房价（ADR）的增长。确实，Airbnb 供应的共享经济表明历史价格溢价，尤其是在需求高峰期可能会受到侵蚀。其次，它对新酒店物业的发展可能会带来负面影响。也就是说，Airbnb 可能会阻碍传统酒店建设并减少许多传统酒店市场供应的增长。无论哪种情况，快速增长的 Airbnb 的存在明显威胁着现有酒店企业短期和长期的盈利能力。[2] Airbnb 正谋求进军商业旅游行业，而酒店业则看到了从旅客身上挣更多的钱的机会。相反，受到影响最大的是较小的独立酒店和住宿加早餐旅馆。他们抱怨说要在自己的城市进行登记，必须通过消防、健康和安全检查，还要支付旅游税，所以无法与街道上那些不受监管的公寓展开竞争，因为后者没有这些费用。[3]

共享民宿的在线房屋短租模式与长期的房屋租赁，以及酒店宾馆的租赁方式存在明显的差异。酒店行业是特种行业，开一家酒店需要消防验收合格证、特种行业许可证、卫生许可证、税务登记证等各类证照，但共享民宿一般被认为是短期租赁合同关系，不同于旅行者与酒店建立的服务合同关系，不接受酒店行业监管。从目前来看，共享民宿属于新兴行业，因缺乏相关的法律规定，其行业属性定位比较模糊，多数共享民宿的经营者都是无证经营，不接受任何行政监管。共享民宿有旅馆之实却没有履行旅馆应尽的法定义务，

---

〔1〕 徐峰等："基于 Web of Science 的共享民宿研究综述"，载《旅游学刊》2020 年第 1 期。

〔2〕 Paolo Romaa, Umberto Panniellob and Giovanna Lo Nigrob，"Sharing Economy and Incumbents' Pricing Strategy：The Impact of Airbnb on the Hospitality Industry"，*International Journal of Production Economics*，2019（214）：19.

〔3〕 ［加］汤姆·斯利：《共享经济没有告诉你的事》，涂颀译，江西人民出版社 2017 年版，第 44 页。

但也没有相关法律规定其经营范畴。没有法律可以对其进行有效监管，平台的运营资质是否合法合规也不明确。[1]因此，当前共享民宿仍在政策法规的灰色边缘地带自由放任地发展。因为共享民宿与传统酒店旅馆的经营成本和监管成本不同，其监管套利加上多样化经营的新商业模式无疑更吸引消费者，特别是与共享民宿竞争同类客源的低中端的酒店和旅馆，其所受的冲击更为严重。尤其是 B2C 类伪共享住宿，与旅馆、酒店相比没有什么不同，但却以新业态的"共享"之名规避"旅馆"之责实属不妥。为此，应该科学、合理定位共享民宿，规范共享民宿的经营，营造不同商业模式公平竞争的营商环境。

四、共享民宿的安全难保障

共享民宿安全问题是其面临着的重要问题，甚至成为可能制约其进一步发展的枷锁。因为多数民宿没有接受公安、消防、卫生、工商、社区监管，以至于它们可能没有像其他酒店一样具有全方位的安全和监控设施，以至于在民宿的建设使用过程中难免暴露出一系列的安全问题，如安全审核机制不到位，缺乏长期有效监管。共享民宿是从国外引进到国内的新业态商业模式，虽然国外有较高的安全标准，但国内从监管部门到业界，为了鼓励创新都将有关的安全标准下调，使其准入门槛降低以吸引顾客。比如，不接受治安、消防、卫生、工商登记等方面的安全监管；按规定房东需要向网站提供本人的真实个人信息，这些内容包括但不限于：姓名、身份证号、联系方式、详细地址、房屋内部照片、价格信息、入住时间、接送客地点等。但平台为了扩大房源量，降低要求对信息审核不够严密，刻意隐瞒房屋负面信息，以至于旅客在互联网上只能看到民宿光鲜的一面，而游客办理入住手续时甚至也无需核对住客的信息，房东无须出示相关的营业资格证或从业资格证件。[2]另外，因为共享民宿不可能全方位地配置监控设备以及足够的保安人员，入住游客的人身财产安全难以得到保障。[3]共享民宿作为新业态，监管部门对其监管不严，甚至听之任之，没有依法对其加强监管，也为共享民宿的安全埋

〔1〕 白硕："共享酒店或民居（airbnb）的法律问题及对策"，载甘培忠主编：《共享经济的法律规制》，中国法制出版社 2018 年版，第 248 页。

〔2〕 刘子锋等："民宿类共享经济的现状、问题与对策"，载《台湾农业探索》2020 年第 1 期。

〔3〕 张丹："共享经济视角下乡村旅游民宿业发展新规划"，载《农业经济》2019 年第 8 期。

下了隐患。首先，民宿的安全信息不充分。房客从网站得到的房主和房源的信息是有限的，不能完全了解自己将要住的地方；其次，共享民宿难确保日常的安保和安检。房主只将空房租给别人几天，房主不会像酒店一样提前进行安全检查和维修，也就是说，房主无法定的安全保障义务，入住的用户无安全保障权。[1]另外，由于共享民宿没有接受卫生安全检查，在没有统一强制的标准规范之下，其公共卫生安全也是个很大的隐忧。

目前，我国对民宿虽然有行业标准，但因为不是强制标准，很少有民宿能达标。很多民宿不具备基本的安全和卫生条件，而平台对其准入的门槛也不高，随便注册就可以通过平台对外出租。因对共享民宿在线短租行业缺乏有效监管，房屋的治安、消防和卫生等方面没有形成统一的标准和强制要求，从而使房主和消费者的财产及人身安全面临着较大的风险，不利于对于消费者和房主权益的全面保护。由于旅行者的身份信息无法与公安系统联网进行验证，因此不排除会有不法分子借助短租公寓临时作案或将短租公寓当作"避难场所"。还有，由于安全措施不到位，安保系统不完善，可能会让上一位租客利用之前入住时获得的钥匙再次进入房屋，或是业主监守自盗等情况都为住宿带来不少安全隐患。[2]毋庸置疑，共享民宿应该加强对住客的人身财产的安全保障措施，但共享民宿不同于旅馆、酒店，它不是专业商业化的经营场合，而是社会个体把其私有住房有偿共享出来。各个房屋千差万别，统一按商业化要求进行整改，不仅会因成本过大会导致该商业模式无法推进，也可能无法满足共享民宿对消费者个性化的实际需要。[3]因此，对共享民宿按酒店旅馆的标准来要求似乎比较困难，以至于监管部门怠于监管，为共享民宿的安全保障埋下隐忧。但这不能成为共享民宿免于监管和监管套利的理由，相关监管部门更不能借此逃避监管责任，当务之急是科学、合理地引导和规范共享民宿的发展。

---

〔1〕 孙颖："共享经济下的消费者权益保护问题探究"，载甘培忠主编：《共享经济的法律规制》，中国法制出版社 2018 年版，第 6 页。

〔2〕 白硕："共享酒店或民居（airbnb）的法律问题及对策"，载甘培忠主编：《共享经济的法律规制》，中国法制出版社 2018 年版，第 248 页。

〔3〕 于谨源："共享民居法律规制问题与思考"，载甘培忠主编：《共享经济的法律规制》，中国法制出版社 2018 年版，第 235~236 页。

五、共享民宿的配置措施不完善

在共享经济的背景下，乡村旅游业迅速发展的同时也带动了具有特色的民宿发展。因此，许多当地居民、外来投资商等都争先恐后地投资共享民宿，导致整体水平参差不齐，没有统一的目标和发展方向。虽然共享民宿最大的特点是体验乡土风情和当地的居家生活，但由于共享民宿一般是利用居民自有住房，其基本设施很难达到专业化标准。特别是乡村民宿，相对于城市酒店基础设施要落后很多，卫生条件安全设施堪忧。"农家乐"的垃圾、污水到处乱倒，也没有专门的人员对房间里的设施进行定期的检查和清理。有些偏远乡村的共享民宿，缺失对民宿规范和标准的基本要求的了解，相关管理部门的检查和监督也不到位，加上成本因素，很难按照国家制定的规章和行业标准来经营。民宿很难配备和酒店一样完备的配套设施，很多民宿的设备比较简陋，只是提供简单的住宿场所，没有普及无线网络、安保摄像以及便利的停车场等。[1]

另外，共享民宿一般缺乏经营理念和管理经验，很难满足住客的基本要求。但如果能保持基本的民风民俗，也是共享民宿难得的价值体验。但更多的情况是，共享民宿基础设施的不完备和经营管理的不到位主要来自于成本的考虑，也并非像平台所宣扬的是为了满足住客的"体验"。就算是城镇的共享民宿，其居家条件也很难和专业酒店相比。加上缺乏统一的监管标准，其硬件设施和服务水平也就良莠不齐，这不仅不利于消费者权益的维护，也不利于行业的可持续发展。根本上，绝大多数共享民宿的目标并非为了"共享"的协同消费和发扬当地风土文化，只不过是想通过平台赚钱而已，本质上就是旅馆。因此应参照旅馆的标准，结合共享民宿的特点来经营和监管。

六、共享民宿对社区建设的负效应

共享民宿因缺乏相应的法律监管机制，其监管套利的商业共享行为的正当性和合法性本身就值得质疑。特别是城市共享民宿，一般都位于某一小区，短期租金行为对社区可能造成不良影响。虽然房屋业主将其住宿放到房屋共享平台上可能会带来经济利益，但也给小区带来噪音、安全、挤占公共资源

---

[1]　张丹："共享经济视角下乡村旅游民宿业发展新规划"，载《农业经济》2019年第8期。

和其他负效应的破坏性影响。[1] 共享民宿能做到既不拘礼节又不会带来巨大业务量的是 Couchsurfing 等网站和旧式的廉价旅店。为了满足其投资者，Airbnb 别无选择，只能谋求成为一个全球性的公司，在尽可能多的城市里实现规模经营。既然有了这个目标，不拘礼节的共享所带来的好处都被抛在脑后。Airbnb 仍然使用这些暖心的故事大谈共享，但当它把房东们变得专业化并谋求提供一种一致的品牌体验后，它对全球旅游业就越来越有破坏性作用，阻碍城市兼顾旅游业和健康城市的其他需要。为了更贴近它所描绘的城市友好形象，它原本可以做很多事情——比如，它可以限制网站上房东公布的房源数，限制房东出租房产的天数，或限制一个街区里房源的密度——但它故意不去做。在某种程度上，旅客对城市也有好处。但是，旅客到来当然也不全是好的：过多的游客会破坏当地人的"正常"生活，提高他们的生活成本，提高房价。例如，巴塞罗那经历了旅游业的大规模发展：来访的游客数量从 1990 年的 170 万增加到 2012 年的超过 740 万。当居民们试图在一个游客人数常常超过 160 万居民的城市里继续生活时，对噪音、裸体、公共场所酗酒和乱扔垃圾的投诉量也会飙涨。面对这些变化，城市必须平衡旅游业与城市中其他人的利益，包括居民的宜居问题。每个城市的需求是不同的，因为每个城市所面临的压力和挑战是不同的。在 Airbnb 业务量很大的城市里，Airbnb 也使得旅游业的增长面临额外的麻烦。公司很乐意因为它的生意给全世界的城市所做的经济贡献而受到赞扬，但它不太乐意讨论这对居民造成的其他影响。[2] 在世界范围内，国际游客数量仅在过去 20 年里就翻了一番，主要旅游目的地的增幅甚至超过了这个数字，洪水般涌来的游客造成了不可避免的社区紧张关系。古铁雷斯（Gutiérrez）等研究了巴塞罗那市共享民宿和酒店的空间分布，发现共享民宿主要集中于城市中心或著名景点，对旅游接待能力以及与当地社区居民的和平相处提出了新的挑战。古兰（Gurran）和菲布（Phibb）的研究表明，悉尼市当地社区居民对共享民宿顾客造成的噪音、拥堵和资源紧张产生了不满。[3]

---

[1] Sukumar Ganapatia and Christopher G. Reddick, "Prospects and Challenges of Sharing Economy for the Public Sector", *Government Information Quarterly*, 2018（35）：84.

[2] ［加］汤姆·斯利:《共享经济没有告诉你的事》，涂颀译，江西人民出版社 2017 年版，第 45、50、51 页。

[3] 徐峰等:"基于 Web of Science 的共享民宿研究综述"，载《旅游学刊》2020 年第 1 期。

共享住宿尤其是城市民宿的发展，一方面给社会居民提供了灵活就业和创收的机会。对提高房屋利用率、改善居民生活水平起到积极的促进作用，但另一方面，也给城市社区邻里关系带来了新挑战。根据《报告》中所显示的，2018年7月以来，成都、重庆、青岛、深圳、杭州、广州、长沙、济南、昆明等地都出现了民宿经营者、房客与业主和物业之间不同程序的冲突问题，根据主要平台的调研数据，接近30%的房东表示曾遇到社区冲突的问题，接近半数的房东在经营过程中受到周边业主的阻挠，另有超过20%的房东表示和业主之间发生过语言或肢体上的冲突，从邻里关系对房东经营的影响看，超过80%的房东认为社区关系影响到了民宿的正常经营，38%的房东认为社区关系严重影响到了民宿的正常经营。社区关系问题出现的原因较多，主要是共享住宿带来的陌生人进出、扰民、安全和消防隐患、公共资源的不合理占用等问题，引发邻里不同程度的冲突。根据主要平台的调研数据，63%的房东认为社区居民对于共享住宿这一业态了解程度较低，30%的房东认为社区居民对于民宿完全不了解，甚至将民宿与"黑旅馆"、群租房画等号。如何界定共享民宿的商业边界，规范共享民宿经营管理，是政府和平台企业面临的共同挑战。

第三节 完善共享民宿的治理机制

目前，共享民宿处于监管的灰色地带。法律政策的规范可以引导共享民宿的发展方向，有效监管能确保共享民宿正常运营。另外，提升民宿经营者的素质，改善民宿现状，促进民宿发展，加强对民宿的适当监管是必要的。简而言之，共享民宿经济的持续健康发展有赖于制度化、规范化、常态化的监管机制。[1]当务之急，应该在国家层面统一共享民宿的定位，完善相关的监管机制，建立共享民宿多方协调的治理机制。

一、明确共享民宿的法律地位

因缺乏关于共享民宿的专门法律规范，以至于共享民宿的法律地位不明确，其"黑旅馆"的身份不仅给行业发展增添了障碍，也给行业监管带来不

---

〔1〕 刘子锋等："民宿类共享经济的现状、问题与对策"，载《台湾农业探索》2020年第1期。

少困扰。完全适用传统旅馆的监管方法来监管共享民宿显然不合理也不切实际，但共享民宿涉及公共安全、卫生、社区及行业规范经营等问题，不可能对其放任不管。解决当前共享民宿出现问题的当务之急是明确共享民宿的法律地位。

（一）美国纽约州的经验借鉴

共享民宿的法律地位一直是很重要又难以明确界定的关键问题。全球许多国家的地方政府都在酝酿新法律，禁止房主出租整套公寓。有些国家甚至禁止 Airbnb 类共享民宿的短租，也有一些国家从禁止到允许。比如，日本东京，已经开始接受以市民对家庭房屋短租的服务资格登记为代表的新兴业态市场准入和经营许可。为了限制 Airbnb 的发展与扩张，2016 年美国酒店与住宿协会开启了一系列计划对抗 Airbnb——包括花费 243 万美元游说各方——甚至让政府加强对短期租赁及其依赖的 Airbnb 的法律规制。在传统酒店业的助推利用之下，面对显现的社会问题，政府开始探索法律的规制路径。有效的法律规制需要适当的压力，如果压力过于沉重，规制的开始往往意味着以违规结束，压力过小，社会问题又得不到解决。面对 Airbnb 及其短租市场引起的邻里不满、传统行业和政府的忧虑，美国不同城市也作出了相应的规制回应，主要包括五类：持续限制、注册限制、占有限制、位置限制以及税收要求，纽约州是"占有限制"的代表。占有限制的普遍性仅次于注册限制，限制的思路是从房屋所有者和客人两方角度出发。纽约市在 1979 年制定了《纽约州群租法》，并于 2014 年进行了最新修改。这是一部关于财产使用和安全的法。它规定了财产合理使用的基本标准，保证居民财产的健康、安全、合乎道德、福利并得到适当使用。《纽约州群租法》是纽约公寓建设和居住的指导性文件。该法规定，"A 类"多户住宅（"Class A" multiple dwelling）不能用于30 天以下的出租。所谓"A 类"多户住宅，按照该法第 4 条第 8 款的解释，是指以永久性居住为目的的住宅，具体类型包括老式公寓（tenements）、平面式住宅（flat houses）、二层独立公寓（maisonette apartments）、公寓楼（apartment houses）、公寓式酒店（apartmenthotels）、单身公寓（bachelor apartments）、单间公寓（studio apartments）、复式公寓（duplex apartments）、厨房式公寓（kitchenette apartments）、花园式公寓住宅项目（garden-type maisonette dwelling projects）和其他非 B 类的多户住宅。该法进一步说明，"A 类"多户住宅只能用于永久性居住，所谓"永久性居住"是指同一自然人或家庭占有居住一个居住单位持续 30 天及其以上，而这些"自然人或家庭"将视为这个居住单位的"永久性居民"。这一规定显然排除了以短期租赁为特征的 Airbnb 行为的合法性，但该法还规定，"其他自然人，比如业主的客人、合法寄宿生、房客，以及以度假或治疗为目的无利益关系的其他人，可以在业主家住 30 天以下"。而这就给 Airbnb 短期租赁甚至非法短期租赁留下了法律漏洞，业主可能称租客为自己的亲戚或朋友，对方只是暂住家中而外人很难辨别，尽管法律禁止短期出租，但由于实际实施中的漏洞导致很多 Airbnb 的房东都对此置之不顾。为了提高该法案的实际操作性，2016 年 10 月纽约州州长安德鲁·库莫（Andrew cuomo）签署通过了一项针对短期公寓出租的严格限制法案。该法案要求对《纽约州群租法》和《纽约市行政法规》进行修改，禁止出租"A 级"多类住宅。对于"永久性居住"和"永久性居民"的解释引自 2014 年修改后的《纽约州群租法》第 4 条第 8 款 a。纽约市在 2016 年通过关于禁止 30 天以下短租房屋出租的广告发布法令（除非房东也一直住在家里）从房屋所有者角度进行了规制。这种规制思路是以市场准入为导向，具体涉及《纽约州群租法》《纽约市行政法规》。《纽约州群租法》增设第 121 条："禁止对'A 级'多户住宅中的住宅单位进行永久性居住以外的其他用途的广告宣传。"违法者将被处以第一次 1000 美元、第二次 5000 美元、第三次及其以上 7500 美元的罚款。2017 年 2 月，有两位房东，即产权所有者（property owner）Hank Fried 和房地产经纪人（real estate broker）Tatiana Cames 成为新法的首批受罚者，他们分别在多家共享平台上发布多个公寓信息。两人共有 17 次违规行为，每次违规罚款 1000 美元，共计 17 000 美元，如果他们不整改自己的房源信息，可能将会面临之后每次 5000 美元的罚款。[1] 从纽约州的相关规定来看，对 Airbnb 类的共享房屋是采取比较严苛的监管机制的。当然，应该明确的一点，两个法案不是为了规制 Airbnb 类共享民宿而设，只是 Airbnb 的经营行为恰好触犯了相关的规定，这也说明纽约州相关房屋租赁的法律规范比较健全，相关的规定对我国共享民宿以及群租的监管具有重要的借鉴意义。

（二）我国对共享民宿的基本法律态度

我国共享民宿在发展过程中有许多基本问题需要解决，比如，如何界定

---

〔1〕　蓝冰、刘晋余："纽约州对 Airbnb 的法律规制"，载甘培忠主编：《共享经济的法律规制》，中国法制出版社 2018 年版，第 221~224 页。

民宿的商业边界，如何监管共享民宿，如何界定共享民宿参与主体之间的法律关系，如何界定行业市场准入和服务标准，如何确保消费者人身、财产、信息安全，如何处理共享民宿与传统租赁、酒店、旅馆和社区的关系，特别是共享民宿应如何履行其社会责任。有学者认为如果立法对社会个体进入市场设置准入门槛，将大大限制共享民宿的发展，这与对共享经济应当采取鼓励或允许的政策不符。居民与公司、企业不同，他们经营共享民宿不可能付出太多成本与费用。[1]当然，这种观点值得商榷。总之，应当首先明确的是对共享民宿应有的态度是禁止、鼓励、限制，抑或是有条件的许可，应通过立法明确共享民宿的法律地位。

首先，应该明确共享民宿业的价值目标。共享民宿作为共享经济的新业态，不仅可以盘活闲置的社会资源，解决零工劳动者的就业，还有利于当地旅游业的发展和传播当地的乡土文化，促进社会、经济、文化的发展。共享民宿不仅具有经济效益，在发挥社会闲置房屋的使用价值时，也体现其对旅游、文化、乡土风情、社区建设的附加价值。尽快制定针对短租行业的价格、服务、卫生等各方面硬性规定，使短租行业步入有认证体系的轨道。[2]因此，应通过立法明确共享民宿的法律地位和经营范围，正确处理共享民宿与传统房屋租赁以及酒店旅馆的竞争关系，应该明确共享民宿只是对传统相关行业的一种补充，不可能取代传统的租赁和酒店旅馆。对违反法律规定共享的民宿，特别是城市居民小区的共享民宿，为了维护小区其他居民业主的基本居住权和相邻权，应予以取缔。其次，应明确界定共享民宿的商业边界。共享民宿作为一种新经济的业态，应该明确区分民宿的社区共享、商业共享和伪共享之间的关系，以及共享民宿与一般的房屋租赁，与酒店和宾馆、旅馆的住宿服务的不同。具体可以借鉴美国纽约州的相关立法对共享民宿的商业行为进行界定并进行立法规范，防止伪共享民宿借共享之名行旅馆、宾馆、酒店之实进行监管套利。再次，完善共享民宿的相关立法。应对共享民宿的市场准入、经营范围、行业标准、安全、卫生、治安等进行立法规定，对民宿业发展作出明确规定，明确其身份，使共享民宿合法化。由于我国城乡区域

---

〔1〕 于谨源："共享民居法律规制问题及思考"，载甘培忠主编：《共享经济的法律规制》，中国法制出版社 2018 年版，第 242 页。

〔2〕 白硕："共享酒店或民居（airbnb）的法律问题及对策"，载甘培忠主编：《共享经济的法律规制》，中国法制出版社 2018 年版，第 252 页。

发展差异较大，为防止旅游民宿产业发展不均衡，政府有责任加大对旅游民宿产业的政策扶持力度。政府要加大对旅游民宿从业者管理人才的奖励，制定一些政策性的措施来规范共享民宿的发展。应该结合共享民宿的特点出台全国性的法律规范，引导共享民宿健康发展。因此，解决这些问题的关键点在于共享民宿必须获得许可，国家应采取措施界定其行业性质，使共享民宿行业尽快走上合法合规道路。最后，完善共享民宿的行业标准。目前，我国的共享民宿规范文件主要是行业标准的有关民宿规范管理的《要求与评价》和共享民宿《服务规范》，但相关的规定比较侧重于"技术"规范，对"行为"规范较少，且行业标准是软约束，对违规者没有相应的处罚机制，因此，其规制的效力有待商榷。应完善行业标准的规定，设立对违规者的行业处罚机制。

二、完善共享民宿的监管机制

共享民宿不仅涉及参与主体的共享平台、房东和消费者之间的内部关系，还涉及公安、消防、卫生、工商、税务、社区等多部门的外部监管关系。因此，应建立多方主体共享参与的多边协调治理机制。

（一）加强对共享民宿的监管

目前，共享民宿的市场正在不断发展壮大，如何让共享民宿既能优化市场资源配置，又能规范其流程运作，是市场监管亟待解决的问题。

首先，完善共享民宿的市场准入监管机制。虽然《要求与评价》明确规定了民宿的基本行业标准，但相关的标准只是行业经营的参照，不具有强制执行的效力，而且其标准化不利于共享民宿的多样化特色经营。在共享民宿的市场准入上，应结合共享民宿的网络优势和审慎宽容的原则，把市场准入安全、卫生、基本设施的审核权下放给平台，对经营者，应严格根据相关部门的规定和《电子商务法》的审核明确其市场准入资格，即只要满足基本设施、安全、卫生、税收等要求就可以注册经营。应该结合线下监管，根据《办法》第2条的规定，共享民宿属于"旅馆"范畴，应依法办理工商登记领取执照方准开业。《办法》第4条规定，申请开办旅馆，应经主管部门审查批准，经当地公安机关签署意见，向工商行政管理部门申请登记，领取营业执照后，方准开业，各地地方法规对于经营旅馆需具备的条件也有细化的规定。根据《服务规范》的规定，平台和房东应在治安、消防、卫生、食品安全、信息安全等方面按照相关法律要求进行管理。平台和房东应加强行业自律，建立健全行业规范，推动行业诚信建设。平台、房东和房客应自觉维护社区正常居住环境，履行社区相关责任义务，推动社区安全与和谐。平台和房东应在设计、装修和服务中充分利用历史、地域、社区等文化资源，弘扬优秀文化。共享平台应依法办理工商登记注册；涉及行政许可的，应取得主管部门的行政许可。共享平台应在其官网主页面或从事经营活动的网页显著位置公示以下信息或该等信息的链接标识：①营业执照和社会信用代码；②互联网信息服务许可登记或经备案的电子验证标识。平台对房东和房客身份的审核包括：应对房东提供的身份证件、电话号码信息进行验证，未通过验证的不予提供相关服务，应对房东发布的用户名、头像及其他个人资料进行审核；应对房客（预订人和主要住宿人）的真实姓名、身份证、电话号码进行实名验证，不提供真实身份信息的不予提供相关服务；应对发布的用户名、头像及其他个人资料进行审核。《服务规范》规定共享平台应该依法领取营业执照，但没有明确规定房东相关工商登记和执照的领取问题。

其次，完善共享民宿的税收征管机制。根据《电子商务法》第 11 条的规定，电子商务经营者应当依法履行纳税义务，并依法享受税收优惠。共享平台依照前条规定不需要办理市场主体登记的电子商务经营者在首次纳税义务发生后，应当依照税收征收管理法律、行政法规的规定申请办理税务登记，并如实申报纳税。根据《电子商务法》第 9 条的规定，共享民宿平台和房东都属于电子商务经营者，都应该依法纳税。共享民宿和酒店的经营能力不能相提并论，但其提供的住宿服务功能本质相同，共享民宿作为一种商事行为，其参与主体依法纳税无可厚非。因此，强化平台监管、由平台代收税款不失为一个可行的办法。美国诸多城市对 Airbnb 的规制即如此。平台把官方应收税款一并计入注册房东在平台上的报价中，便于税款的收取和监管。需要注意的是，房东必须向房客开具发票，以便房客维权。向房客当面收取或把税费加入"特别优惠"价格中，可由平台代收。由于短租房的实质功能与酒店一致，缴纳"占有税"无可厚非。要求当事人或平台缴税除了能提高政府的财政收入，也是经营者的义务。所以除去税收制度的考量，相应的发票制度也应重视，尤其是要考虑到跨地域、跨国经营的发票出具问题。[1]

---

〔1〕 蓝冰、刘晋余："纽约州对 Airbnb 的法律规制"，载甘培忠主编：《共享经济的法律规制》，中国法制出版社 2018 年版，第 226~227 页。

最后，规范共享民宿的经营行为。根据《服务规范》的相关规定，房东应制定住宿保洁标准，并要求房东和保洁人员按照标准执行。若平台提供保洁服务，则应严格按照平台保洁服务标准执行。应为房东提供财产保险服务，保障交易和出租安全。为房客提供人身及意外保险服务，保障交易和入住安全。应提供第三方信用保障服务。应根据房源的价格、好评率、信用等以多种分类方式向用户显示房源搜索结果。应制定服务费收取规则，并加以明示。未有房客预订的房源、交易未成功、未支付取消的订单不得收取服务费。明示房东收取押金的退还方式、程序。制定房东收款规则，并遵照规则发放收款。制定房东退款规则，并按照规则处理退款。客观上，共享民宿是针对闲散民宿的资源配置，其多样性和差异化服务特色导致很难统一标准，而且标准化又可能导致民宿丧失其"民居"多样性和差异化特色。对于共享平台经营者、共享民宿提供者的市场准入及其经营规则，目前的民宿行业标准原则上也适用共享民宿，但对于传统酒店旅馆的公安、消防、卫生、工商、税收等相关的规定和要求，可以结合共享平台的经营特点适当调整。除此之外，共享民宿的平台和经营者都应依《电子商务法》《合同法》《消费者权益保护法》等法律经营。如何实现保护共享民宿消费者的利益，并促进这一新生业态的发展，都是值得思索的问题。

（二）建立多方协调共治的外部监管机制

共享民宿的监管涉及多个部门，政府要根据当地的实际情况，建立联合协调执法机制。各部门协调合作，监督民宿业行业规范、服务标准和等级的建立，规范发展，保障游客安全和居住能够有序地进行。相关部门加强对民宿的监管，包括对民宿日常运营的合理性以及相关设施的监督。可以由平台结合相关部门制定规则，要求房东达到基本安全卫生标准即可。租赁信息的备案应遵循共享经济本身对大数据依托的特点，通过网络记录保存，保证房屋管理部门能够核查即可。[1]共享民宿涉及多方主体利益，只有政府、民宿业者、监督部门协同合作，规模发展民宿业，才能使市场杠杆发挥更大的作用。政府应优化营商环境为共享民宿搭建良好的竞争环境，规范、统一行业标准，发挥政府的监督协调作用，推动共享民宿助力乡村旅游发展。在平台

---

〔1〕　蓝冰、刘晋余："纽约州对 Airbnb 的法律规制"，载甘培忠主编：《共享经济的法律规制》，中国法制出版社 2018 年版，第 227 页。

监管下，共享平台在为供求双方提供共享信息及沟通媒介的同时，应建立有效的失信惩戒机制并为利益受损方提供及时的售后保障服务。[1]总之，只有完善共享民宿相关的立法，明确共享民宿的法律地位，并建立一套科学、合理的多边协调联合监管机制，才可能完善共享民宿的运行体系，才可能从根本上避免各自为政，有事没人管，无事争着管的被动局面。应从国家法律层面上完善对共享民宿的监管，特别是国家如何监管平台经营者、共享民宿提供者以及共享民宿的承租人等问题需要明确。

（三）健全共享民宿平台的自律监督机制

共享民宿平台内部治理是其协同治理的重要组成部分，自律监督机制是共享民宿治理的重要组成部分。自律规则对平台经营者、共享民宿提供者以及共享民宿的承租人作了一些规范，但是这些规范是否合理，没有更高层次立法的制约。[2]共享民宿平台内部自律监督主要包括：

首先，共享民宿平台应明确市场准入标准和内部交易规则。房东在平台上发布房源并制定与房客交易的商业要求，比如，约定租房款、押金、退款等问题，房东需要保证房源的真实性，并为房客提供良好的服务和居住环境。房客需遵守房东制定的商业规则、合理使用住房、不损坏房屋内的设施等。为了鼓励和引导共享平台明确权责界定，积极承担并履行监管责任，《服务规范》针对目前行业发展过程中存在的热点问题，比如，入住身份核实登记、房源信息审核机制、黑名单共享机制等，提出了具体的要求和规范。一部分领先企业积极践行。例如，Airbnb 宣布正式上线"Airbnb Plus"项目。项目房源经过人工严格筛选，需要通过包括房东个人信誉、房源评分、清洁度、舒适性和设计风格等在内的超 100 项认证标准。途家等则通过信用认证等多个措施，加强平台的安全保障。例如，引入供给方芝麻信用分，作为供给方经营担保，间接降低安全风险，为房东提供财产保险，为房客提供人身意外保险，双向保障人身和财产的安全，通过建立专项基金，在需求方遇到安全等重大问题时，第一时间提供资金保障，实现优先赔付。从制度层面规范民宿短租平台的监管制度，保障民宿业的市场秩序，从而推动民宿业的良好发

---

〔1〕 姚瑶："中国共享民宿的制度规制路径探析"，载《行政管理改革》2018 年第 10 期。

〔2〕 参见沈兵兵："住宅商用问题的法律规制研究——以小区日租房为例"，浙江大学 2017 年硕士学位论文。

展。共享民宿平台途家网、小猪短租、蚂蚁短租、木鸟短租、游天下短租网对平台经营也有单独的自律规则，以促进各自平台的规范运作。[1]

其次，共享平台应建立评价机制。评价机制是共享民宿内部重要的自律监督机制，成功入住后的租客可以对入住房屋、房间环境、房东服务及住宿感受等进行评价，鼓励房东提高服务能力。[2]共享民宿通过互联网对社会闲置房屋资源进行精准的配置，但共享民宿因其网络预定的虚拟性特点，不同于传统旅馆通过对旅馆经营者设置严格市场准入标准进行监管的方式来保证服务质量，其监管的重点不仅在于住宿提供方的市场准入基本条件，而且还应考虑供需双方的"信用"。同时，不同社会个体间需要形成一定规模的、广泛的经济交易，建立起信任关系。如何实现、保障甚至使用好这种信任关系是共享民宿最重要的环节。根据博弈分析，在平台监管下，当共享平台对失信行为的惩戒力度远远大于失信行为所带来的额外收益时，供求双方会因失信成本上升而选择守信策略。因此，应通过对信用信息的共享，利用信用评价机制实现监管目标，保证共享民宿的服务质量。为建立和保障共享民宿的信用体系，需要国家、第三方团队以及平台经营者对信息进行保护并共享，促使共享经济各参与者知悉真实权，参与者提供服务以及享受服务后，再通过评价与反馈，进一步完善信用信息数据，形成对共享平台以及共享服务者、共享消费者的信用评价。消费者可以根据信用评价结果来选择房屋，而房东也可以根据信用评价系统了解消费者，平台根据信用评价机制对共享交易进行监管，反馈的信用评价信息与平台服务的现状可以形成良性循环，互相促进，建立起一套真实互动的信用评价体系，增进平台使用者间的互相了解，促使平台交易双方慎重考虑交易过程中的行为，促进共享民宿新业态的良性发展。如果平台不承担监管责任或奖惩力度较小，则供求双方的失信成本较低，从而容易陷入供求双方均选择失信的恶性循环。小猪短租之所以能够成为唯一一个净推荐值为正且推荐排名第一的民宿短租平台，正是因为其具有健全的房东房客保障机制，即对于失信方，给予高成本的失信惩戒；对于守信方，对其损失给予及时合理的补偿，从源头保障供求双方的利益。在共享

平台对供求双方的监管下，可以直接减少供求双方自身所承担的风险成本，共享平台通过获取以往供求双方的商业行为轨迹，形成客观的信用评估结果，在提高信用评估结果可靠性的同时降低了交易成本中的信息搜集成本，更重要的是，平台监管对违约行为收取的违约金能够对违约行为进行经济惩戒和惩罚性监管，从根本上减少投机主义行为的产生，从而有效维护共享经济的良性循环和健康发展。[1]信用评价是共享民宿内部自律监管的重要手段，共享平台应不断完善其信用评价，加强内部的自律监督管理。

最后，完善共享民宿的保障机制。共享平台可以为房东提供房屋意外受损的房屋保险金和针对房客受伤的保障险。以小猪短租为例，其为通过其平台入住且身份信息完整的旅客投保三个项目，分别为：住宿旅客意外身故、残疾 100 000 元，住宿旅客意外伤害医疗 10 000 元，住宿旅客意外伤害住院津贴 50/天（最长 5 天）。此外，小猪短租还为通过实名认证的个人房东免费提供最高保额 88 万元的家庭财产综合保险，对于房东今后的每一个订单，在房客的入住期间均会得到有效的保障。房屋如出现财产损坏，将由家庭财产综合保险为房东提供解决方案，最大限度地保障房东的利益。但该保险设定有免赔金额，家用电器及文体娱乐用品保额 20 000 元，免赔金额 500 元；室内装潢保额 50 000 元，免赔金额 1000 元；房屋及其附属设备保额 800 000 元，免赔金额 1000 元。[2]完善的保障制度是共享民宿可持续发展的根据保证，也是供需方之间建立信用关系，确保交易安全的保障机制。

三、加强共享民宿的安全保障机制

（一）加强共享民宿市场准入的安全监管

传统旅馆业对入住旅客有安全保障义务，对旅馆内发生的人身及财产问题，酒店、宾馆、旅馆对其负有安全保障义务。共享民宿作为新的商业模式，并不意味着就可以被排除在法律监管之外享受特权。《旅游法》将民宿管理办法授权给地方制定，在共享民宿法律地位不清晰的情况下，依据《治安管理处罚法》第 56 条的规定，旅馆业的工作人员对住宿的旅客不按规定登记姓

---

〔1〕 景秀丽、刘静晗："平台监管视角下的共享经济信任机制研究——以民宿业为例"，载《东北财经大学学报》2020 年第 2 期。

〔2〕 于谨源："共享民居法律规制问题及思考"，载甘培忠主编：《共享经济的法律规制》，中国法制出版社 2018 年版，第 237、238、241、244 页。

名、身份证件种类和号码的，或者明知住宿的旅客将危险物质带入旅馆，不予制止的，处200元以上500元以下罚款。旅馆业的工作人员明知住宿的旅客是犯罪嫌疑人员或者被公安机关通缉的人员，不向公安机关报告的，处200元以上500元以下罚款；情节严重的，处5日以下拘留，可以并处500元以下罚款。依据《出境入境管理法》第39条的规定，外国人在中国境内旅馆住宿的，旅馆应当按照旅馆业治安管理的有关规定为其办理住宿登记，并向所在地公安机关报送外国人住宿登记信息。外国人在旅馆以外的其他住所居住或者住宿的，应当在入住后24小时内由本人或者留宿人，向居住地的公安机关办理登记。《消费者权益保护法》第18条规定，经营者应当保证其提供的商品或者服务符合保障人身、财产安全的要求。对可能危及人身、财产安全的商品和服务，应当向消费者作出真实的说明和明确的警示，并说明和标明正确使用商品或者接受服务的方法以及防止危害发生的方法。从商业租赁角度看，依据《商品房屋租赁管理办法》第14条的规定，房屋租赁实行登记备案制度。签订、变更、终止租赁合同的，当事人应当向房屋所在地市、县人民政府房屋管理部门登记备案。该办法第14条规定，房屋租赁当事人应当在租赁合同签订后30日内，持本办法第16条规定的文件到市、县人民政府房地产管理部门办理登记备案手续。共享民宿的租赁短则1天，长也很少超过1个月，难以适用《商品房屋租赁管理办法》的登记备案制度。根据相关规定，共享民宿的房东应对房客的信息进行登记核实，对其经营的共享民宿有安全保障的义务。

根据《办法》的规定，民宿应属于"旅馆"的范畴，应该适用《办法》的相关规定。《办法》的立法宗旨在于"保障旅馆业的正常经营和旅客的生命财物安全，维护社会治安"。在目前对共享民宿没有专门规定的情况下，共享民宿作为"旅馆"就应该遵守《办法》的相关规定。但因共享民宿与传统民宿在经营模式上的不同，如果完全适用《办法》对共享民宿进行监管，显然不切实际。立法可以考虑，对共享民宿而言，平台经营者也有义务保障消费者人身、财产的安全，一旦出现因出租者未尽到安全保障义务，造成他人损害的，平台经营者对于侵权责任应当承担连带责任或是补充责任。因此，可以考虑对《商品房屋租赁管理办法》进行修订，对提供共享民宿的出租者规定一个总括的备案要求，由共享民宿平台充分利用其信息技术，对住客的个人信息和入住信息进行审核和储备，有利于安全核查。即对其提供的共享民宿的事实进行备案，同时要求共享民宿的出租者以及平台经营者对每次出租在一定年限内，保持云端记录，以供房屋管理部门检查核对。

共享经济企业应当基于国内市场的特征建立产品及服务质量标准、信用考核机制和交易规则等管理体系。如小猪短租规定，在旅客预定好房间之后，需要在线上签署《房客保障计划》和《房客人身安全保险》。《房客保障计划》可以帮助旅客解决入住时发生的诸多问题，比如房间及配套设施与照片不符、预订房间无法入住、房东临时提价等。如果旅客能成功入住并且投保，将会获得小猪短租提供的由中国太平洋保险公司定制的《房客人身安全保险》，从而在意外身故、意外残疾以及意外伤害三个方面获得可靠的保障。房东需要签署《个人房东财产保障方案》和《身份验证机制》。房客在入住期间，因过失操作、故意破坏或盗抢行为对所住房源造成财产损失的，将由"财产保障方案"为房东提供重要的支持，保障房东的个人财产安全。《身份验证机制》可以绑定二代身份证信息，房东可以输入房客的二代身份证号码，联网查询房客的信息是否真实。[1]总之，共享民宿的经营者不能以新业态为由免除其对消费者的安全保障义务，应确保消费者在共享民宿消费过程中的安全保障。

（二）加强信息安全的监管

从共享经济的角度看，共享平台最大的功能在于其提供的信息服务，使供需双方通过共享平台克服信息不对称和信用危机并进行精准配置。因此，确保信息的真实性是信息监管的重要内容，应该加强对共享房屋信息的管制，严格审核房东和共享房屋的信息验证，其中包括房屋的照片，房源描述的准确性、真实性，确保房源的安全。[2]另外，个人信息安全的监管是确保共享民宿安全的重要防线，是对个人信息以及个人人身和财产安全的保障。一般情况下，共享平台经营者均会要求房东和房客进行实名登记注册，根据《电子商务法》的规定，平台对房东、房客注册信息的真实性负有审核的义务，但一般也只是形式审核，难以做到实质审核。由于有些共享平台对用户注册没有要求实名制，导致很难通过信息监管确保安全。根据《服务规范》的相关规定，不论是房东还是房客都应该进行实名信息验证，特别是随着"刷脸"

---

〔1〕 "长短租市场研究——系列"，载 https://www.sohu.com/a/199353936_99911967，2020年12月31日访问。

〔2〕 任思成："共享经济下民宿消费者满意度影响因素的分析"，载《全国流通经济》2020年第8期。

技术的成熟，刷脸认证目前成为最可靠的身份验证的手段之一。为了让实名登记更具有权威性，也为了在更大范围内了解注册者的信用信息，推进信息审核的力度与进度。[1] 很多在线短租平台都选择通过绑定手机号、身份证、银行卡等方式对用户进行实名认证，小猪短租平台还为房主及消费者购买保险。此外，许多平台建立用户评价体系也是保障用户安全的一种有效措施。[2]

个人信息真实性与隐私权的保护在某种程度上是冲突的。一方面，共享平台为确保信息的真实有效，可能会要求平台用户提供较多的个人信息。另一方面，较多的个人信息被平台掌握，也意味着个人信息被侵犯或是被滥用的风险增加。目前，我国在个人信息保护方面的立法还不完善，对个人信息保护的不足导致其面临较大的风险，需要加快立法的步伐。对于共享民宿的安全保障，应要求符合"民宿"基本的安全与健康的要求，同时保留不同民居的特点。虽然完全按照传统旅馆的监管来管理共享民宿的确不现实，但可以结合共享民宿的互联网特点，采用现代高新技术，通过信息和信用管理实现其安全保障。

四、完善共享民宿治理机制的配套措施

（一）完善共享民宿的营商环境

共享经济为民宿行业的发展提供了更多的机会，也为消费者提供了便捷预定的操作平台。借助共享平台，不仅价格较低，而且还使消费者能够全面了解民宿的详细信息。共享经济为人们带来了便捷，但在蓬勃发展的同时，其营商环境也应不断地优化。2019 年 10 月 23 日，国务院公布的《优化营商环境条例》第 23 条规定："政府及其有关部门应当完善政策措施、强化创新服务，鼓励和支持共享市场主体拓展创新空间，持续推进产品、技术、商业模式、管理等创新，充分发挥市场主体在推动科技成果转化中的作用。"第 55 条规定："政府及其有关部门应当按照鼓励创新的原则，对新技术、新产业、新业态、新模式等实行包容审慎监管，针对其性质、特点分类制定和实行相应的监管规则和标准，留足发展空间，同时确保质量和安全，不得简单化予

---

〔1〕 于瑾源："共享民居法律规制问题及思考"，载甘培忠主编：《共享经济的法律规制》，中国法制出版社 2018 年版，第 243~244 页。

〔2〕 白硕："共享酒店或民居（airbnb）的法律问题及对策"，载甘培忠主编：《共享经济的法律规制》，中国法制出版社 2018 年版，第 248 页。

以禁止或者不予监管。"但该条例的相关规定还需要各地政府因地制宜去落实，各地方政府要勇于改革、勇于创新，由此改革和创新的动力才会被充分激发和释放。但改革和创新不仅要符合客观的经济规律，还要依法进行，为当地共享民宿发展创造良好的营商环境。

共享民宿主要是为结合当地自然资源和文化资源，在卫生条件、基础设施的保障上有别于传统旅馆业。在规制过程中应在生态保护方面加重环保义务，同时在基础设施的配备上进行灵活的监管，比如，在基建落后地区、生态园林等环境特殊的地域，需符合基本的卫生条件。若民宿基础建设、卫生条件、住宿环境和服务水平都低于传统的酒店宾馆，此时应当考虑该部分经营者无法承担的经营义务。比如对消防设备的要求，从符合住宅使用规律的角度出发，只要入住人数控制在合理范围，实质上未改变住宅性质，也未造成额外的安全风险的，则不需要民宿经营者获取消防安全的认证。同时，可以增加民宿经营者能够承担的义务以提升经营安全，比如，屋内放置逃生通道示意图、安全使用须知等。[1]共享民宿短租平台还应该优化网站设计，例如，页面设计简约易操作，不缺美观并突出重要信息。改善售后服务，提供多种付款方式并开具发票，解决顾客的疑虑。还有投诉处理的渠道，重视用户投诉的问题，不应出现用户投诉之后得不到回复，投诉信息石沉大海的情况。应当鼓励用户入住后分享体验，增加用户之间的社交关系，发展用户成为活广告帮助民宿宣传和吸引更多用户，用户口碑对共享平台的运营与民宿运营都极为重要。[2]基础设施是发展旅游民宿业的根本保证，政府部门应该加大财政投资，通过修建道路桥梁，提高商品的运输效率，为农村旅游民宿发展创造有利的条件。在政府的支持下实现规范化运营，农村旅游民宿业发展就会加快，农民收入也会提高，农村经济自然也会更好。此外，在发展过程中当农民向政府提出援助时，政府相关部门应积极地给予回复并协作农民进行生产发展。只有政府在民宿业发展上给予支持和扶持，才能让民宿经营者感到有所保障。[3]基础设施是共享民宿发展的根本保证，应不断完善基础设施建设，为共享民宿的发展提供物质保障。

---

〔1〕 张丹："共享经济视角下乡村旅游民宿业发展新规划"，载《农业经济》2019年第8期。

〔2〕 任思成："共享经济下民宿消费者满意度影响因素的分析"，载《全国流通经济》2020年第3期。

〔3〕 张丹："共享经济视角下乡村旅游民宿业发展新规划"，载《农业经济》2019年第8期。

（二）加强共享民宿的基础设施建设

共享民宿受共享平台网络信息的安全、支付、投诉处理、交易规则等多种因素的影响。共享经济与共享平台息息相关，网络的安全、支付、投诉处理、操作设计等都有待提高。不过，对于消费者来说，外出入住关注的重点终究还是房屋本身的品质。要想通过提升消费者满意度对民宿行业产生积极影响，不仅要从民宿短租平台进行改进，也要努力提升房屋质量等硬性指标。因此，根据《服务规范》的规定，共享平台和房东应遵守法律，履行消费者权益保护、网络安全与个人信息保护、知识产权保护、环境保护等方面的义务。平台和房东应遵守社会主义公序良俗，保护用户的合法权益，尊重用户的信仰与风俗习惯，不损害民族尊严。平台和房东应遵守商业道德，遵循自愿、平等、公平、诚信的原则，公平参与市场竞争，承担产品和服务质量责任，接受政府和社会的监督。平台和房东应在治安、消防、卫生、食品安全、信息安全等方面按照相关法律要求进行管理。平台和房东应加强行业自律，建立健全行业规范，推动行业诚信建设。平台、房东和房客应自觉维护社区正常的居住环境，履行社区的相关责任义务，推动社区的安全与和谐。平台和房东应在设计、装修和服务中充分利用历史、地域、社区等文化资源，弘扬优秀文化。平台是实现供需双方资源互通的关键，可以说没有平台，就没有共享民宿。[1]根据《服务规范》的规定，房东应提供床、桌椅等家具，提供床上用品（如床单、枕芯、枕套、被芯、被套及床衬垫），有卫生间，条件允许的应配备抽水马桶、洗漱台、必要的盥洗用品、淋浴装置等设施。采取有效的防滑、防溅措施。在电信和无线网络覆盖的地区，应确保电信、无线网络信号良好。客房内部装饰材料不得对人体产生危害，室内空间空气质量应符合 GB/T18883 的相关规定。应及时修、换已陈旧或损坏的房屋基本设施。宜有电视机、洗衣机、冰箱、热水壶等家用电器，保持功能良好。宜有厨房，厨房可备有微波炉、餐具及洗涤用品。宜提供智能安全硬件设施。宜装配空调或供暖设施。宜在房屋显著位置明示紧急求助电话及相关信息。

（三）提高共享民宿的服务水平

共享民宿要获得可持续发展，必须不断保持并提高服务水平。具体应完

---

〔1〕 任思成："共享经济下民宿消费者满意度影响因素的分析"，载《全国流通经济》2020 年第8期。

善以下建设：

第一，共享民宿应符合"民宿"的基本要求。共享房屋基本硬件设施必须齐全，满足消费者的基本需求。第二，共享民宿应确保安全与卫生。虽然对共享民宿不可能按宾馆和酒店的标准要求其卫生和安全条件，但也应确保基本的卫生和安全，比如，房间、床铺干净整洁，门窗锁都牢固结实等。第三，共享民宿应体现宾至如归的居家感。共享民宿不同于酒店、宾馆和一般旅馆住宿服务的主要特色就在于其能给予消费者"家"的温馨与体验。第四，共享民宿应具有当地的民俗文化特色。共享民宿最大的卖点就在于消费者可以体验当地的风土人情与民俗文化。因此，民宿房屋的建设以及装饰都应着重突出地方特色，结合当地人文地理和风土民俗，突出共享房屋的独特内涵。第五，共享民宿应加强平台内容的自律监督。如在平台自律规则中，明确出租的双方是出租方为经营者，消费者是服务享受方。共享平台社群内部应建立市场准入、信用评价、交易保障及奖惩自律监督机制，加强内部管理。第六，共享民宿应完善交易规则及保障机制。为了保护平台经营者、出租方及消费者的利益，确保共享民宿的交易安全，共享平台内部应该建立公平的交易规则和安全保障机制。平台应当引入征信机制。比如，和银行合作，只对信用良好的信用卡客户开放，以保证房源信息真实可靠，并剔除那些没有认证的房源信息。平台应当承诺保障房东和房客的隐私，并鼓励双方进行实名认证。[1]共享民宿的参与各方应该充分利用互联网建立多方协调机制，加强对安全和风险的管控，同时降低监管的成本，明确各主要参与者的权责，完善共享平台内部自律评价体系，使信息公开透明，消除信息不对称，克服信用危机，营造良好的营商环境。

（四）健全共享民宿的责任机制

共享民宿是以共享平台为中心，多方主体共同参与的一个社群平台。因此，共享民宿的责任机制也是一个内外责任相结合的综合责任体系。共享平台不是一个单纯的信息发布平台，共享平台是共享民宿治理的核心，应充分发挥其在治理中的重要作用，明确其监管职责与义务，但对于不同商业模式的共享民宿，平台责任范围和方式不同，或是法定义务或是约定义务。根据

---

〔1〕 蓝冰、刘晋余："纽约州对 Airbnb 的法律规制"，载甘培忠主编：《共享经济的法律规制》，中国法制出版社 2018 年版，第 228 页。

《电子商务法》履行其对用户登记注册及审核的职责，应依法向主管部门备案，提供民宿的租赁基本信息以及相应的经济统计数据，对平台用户信息档案保管保密等。应当基于共享民宿经营模式对民宿予以分类，以共享民宿平台的法律地位为依据确定共享民宿参与各方的责任内容和外延，完善行业标准，确定责任主体，明确责任的对象和范围，通过提升法律层级、完善配套制度、成立行业协会自律监管机制等路径完善共享民宿的民事责任制度。基于不同经营者的经营能力，设置分级的责任义务。如对 C2C 模式下的民宿经营者，基于其经营成本和房屋使用功能，应简化审批许可程序。但同时也应当加强共享平台的社会责任，比如在普通住宅区内经营民宿，应当由民宿经营者在服务条款中增加劝告条款，以此在合理范围内增加民宿消费者对住宅区正常居住环境的维护，从而保障其他居民住户正常享有的安全、平和的居住环境。[1]对于 B2C 模式，由于共享平台对民宿进行经营管理，本质上其属于专业的旅馆或是酒店，应根据相关的行业法规依法进行监管。因此，平台对共享民宿的消费者承担直接责任。共享民宿的参与各方都应依法依规履行义务，承担相应的责任。

虽然由于法律监管机制的不健全，很难全面落实共享民宿的房东在工商登记、治安、消防、卫生、税收方面的法定义务及确定其相应的法律责任，但目前也应根据《办法》依地方法规按"旅馆"进行相应的监管。共享民宿房东不能借短租之名否认其"旅馆"之实，更不能把责任推给共享平台。对于共享平台，其提供的只是信息服务，只要其对信息审核尽到了勤勉的义务，就可以适用避风港原则以免除责任。共享民宿的房东应根据相关的规定对房客进行登记核实其身份，特别是应注意入住房客与网络预约注册的房客是否是同一个人，这是共享平台不可能在线上完成的，需要线下房东登记核实其信息的真实性。这不仅是确保住宿安全的保障，也是预防治安问题的重要措施，以免共享民宿成为违法犯罪的场所和罪犯庇护的天堂，同时也有利于保障房东及房客的人身财产安全。房东应根据公平原则依法依约对消费者承担相应责任，而平台根据其法律地位依法承担补充责任、连带责任、免予责任或是全部责任。

---

[1]　姚瑶："中国共享民宿的制度规制路径探析"，载《行政管理改革》2018 年第 10 期。

（五）建立多方协调共治的治理机制

共享民宿涉及多方主体的利益，因此，对共享民宿应该有合理的定位，明确监管目标，完善营商环境，建立多方协商合作的治理机制。对共享民宿的监管应该采取线上与线下相结合的治理模式，特别是应该建立共享平台、供需方、政府相关部门、行业协会及社会相关方的协调合作治理机制。传统酒店经营采取了严格的市场准入机制，开设及经营酒店需在政府各部门取得许可并按标准运营，也就是说，传统酒店受到严格的监管。[1]共享民宿与传统酒店不同，共享民宿主要是以共享平台为中心进行交易，不依靠正统的监管机制进行严格管理，而是在市场与政府、社会之间建立一种正统与非正统制度的协调平衡机制。所以，国家对共享民宿的监管一般采取"包容"的态度，鼓励共享民宿自律自治。

---

〔1〕 于谨源："共享民居法律规制问题及思考"，载甘培忠主编：《共享经济的法律规制》，中国法制出版社 2018 年版，第 240 页。

第十章

共享单车的法律问题

共享单车是"互联网+"租赁经济的新业态，主要是利用互联网技术实现的网络租赁，是一种增量投资的重资产型 B2C 商业模式，不是利用互联网对闲置资源进行配置的共享经济 C2C 商业模式，是一种伪共享。由于共享单车不设固定停车桩，相较于"有桩"的公共自行车，"无桩"的共享单车"扫码即走""即走即停"的共享模式受到不少消费者的青睐。共享单车不仅解决了城市交通的"最后一公里"的问题，而且兼顾环境保护，是一种绿色便捷的短距离的出行方式。然而，伴随着共享单车的迅猛发展，共享单车在满足人们短途出行需求的同时，也出现了很多亟须解决的问题，如停放秩序、用车安全、交通规划、市场竞争、押金管理等。共享单车是大众公共交通工具的一种补充，具有准公共产品的特征。因此，不能完全由市场机制来决定资源的配置，无序的市场竞争会导致"拥挤效应"和"公地悲剧"。我国共享单车发展过程中的市场失灵和政府失灵的经验表明，不能适用"负面清单管理模式"完全由共享单车的市场机制来解决"最后一公里"的公共交通问题，需要进一步探讨市场参与公共服务产品供给的新治理模式。应完善相关的立法，明确界定政府、企业平台、行业协会、消费者以及社会相关各方利益主体的关系，建立多方协调合作的治理模式。纵观共享单车在我国短暂的兴衰发展历程，通过对共享单车市场发展的梳理，以及对共享单车发展中的经验与问题的分析与反思，明确共享单车的商业模式及其社会价值，为进一步探讨共享单车未来的发展方向和政策制定提供理论依据。

第一节 共享单车的概述

一、共享单车的内涵

(一)共享单车商业模式的概述

共享单车是基于移动支付、GPS 卫星定位等互联网技术,进行自行车的网络实时租赁。共享单车本质上是由市场提供的一种准公共服务,是市场参与公共资源的一种新的商业模式。在 2015 年以前,我国城市公共自行车的运行,大部分以政府主导、企业运营的模式为主,并且均是"有桩"模式的公共自行车,主要站点分布在交通枢纽、大型居住区、风景旅游区等,布点设置以交通换乘接驳为主,运营成本相对较高,其投入、运行和维护需要投入较大的财力和人力。共享单车凭借无桩化设计、移动支付定位、智能解锁等创新型技术在一、二线城市迅速崛起,且对较早兴起的公共自行车系统造成不同程度的冲击。[1]

共享单车的办卡、定位、借车、锁车、缴费等过程全部可以在手机上通过 App 完成,办理手续简便。共享单车让短途出行更加方便,当交通拥堵,汽车、三轮车甚至电动车都无法通行时,自行车凭借其小巧灵活的优势通行自如,特别是对坐地铁、公交的上班族来说,共享单车能大大减少迟到的概率,方便又快捷。[2]共享单车最初由用户捐赠,后来随着资本的进入,逐渐加入了设计方面的考量,注重车身结构、材质和重量,以提升易用性、耐用性和安全性。随着技术的不断完善,新型车锁自带 GPS 定位功能,利用 APP 软件扫描二维码开锁,抵达目的地后就地锁车完成支付即"还车"。配合不断集成在系统中的诸如 GPS、无线通信、物联网等新技术,系统的支付方式越来越方便快捷,同时也保障了共享单车的独特性。然而,共享单车并没有采取公共自行车固定站点的存取方式,而是由用户自主选择停车地点。这种随时随地停车取车的方式在给用户带来便利的同时,也因为部分用户的乱停乱

---

〔1〕 曹雪柠:"共享单车与公共自行车,各自为政还是合作共赢?",载《江苏城市规划》2017年第 2 期。

〔2〕 聂永刚、张锟澎:"共享经济下共享单车行业成本优化管理策略",载《会计之友》2018 年第 23 期。

放，造成占用机动车道，侵占公共空间，影响市容市貌等问题。[1]在共享单车新的公共服务供给模式下，如何通过市场、政府、社会公众的合作，促进共享单车的健康发展，实现环境保护、经济发展和社会和谐，是共享单车服务模式在中国市场实现可持续发展亟须解决的问题。

（二）共享单车与公共自行车的比较分析

随着城市的迅猛发展，许多城市由于区域布局和交通规划对快速发展的公共服务需求预判不足，慢行交通与公共交通等不同交通方式之间的衔接不够紧密，如何解决城市公共交通"最后一公里"问题成为紧迫需求。于是，便捷、环保的公共自行车成为解决这一难题的有效方式，共享单车本质上属于公共自行车的最新发展形态，可在校园公共空间、地铁站点、公交站点、居民区、商业区、公共服务区等提供自行车共享服务。[2]公共自行车服务提供了一种公共交通工具的替代方案，通过将自行车融入交通系统，更方便吸引用户，为用户提供一种环保的公共交通方式。公共自行车服务的发展概况最早可以追溯到1965年荷兰出现的无人管理、完全免费的公共自行车，被称为"白色自行车"。由于这一免费自行车系统没有任何防盗措施，车辆在短时间内全部丢失，该运动最后以失败而告终。第二代公共自行车服务开始于1995年的哥本哈根，被称为"硬币存款系统"。到20世纪90年代末，第三代公共自行车服务，即"信息技术系统"在欧洲出现。在1996年的英国朴次茅斯大学校园里，学生通过磁卡租赁自行车，这标志着第三代公共自行车服务的出现。直到2005年由德高集团发起的里昂Vélo'v系统启动，才使得一直发展缓慢的自行车共享计划真正具备了一定规模。之后便是在共享经济背景下，率先在中国市场发展起来的创新型的共享单车服务。[3]不同于传统的由政府主导提供的公共自行车服务，共享单车的初衷是利用共享平台对闲置资源进行精准配置以更好地解决城市"最后一公里"问题，回应市民需求。使用地铁或公交+共享单车的出行方式，结合了绿色环保、快捷舒适、健康经济等多种优点于一身，共享单车在给广大市民提供便利之余，也为其生活增加了运

---

〔1〕 贾艳阳、张军："共享自行车服务系统的可持续设计与评估"，载《生态经济》2018年第11期。
〔2〕 翁士洪："城市共享单车监管体制的整体性治理创新研究"，载《电子政务》2018年第4期。
〔3〕 贾艳阳、张军："共享自行车服务系统的可持续设计与评估"，载《生态经济》2018年第11期。

动的乐趣。[1]

杭州的公共自行车服务是中国公共自行车系统的先行者，但从 2008 年 5 月开始进行公共自行车运营至今，杭州市公共自行车公司的投放量也才只有 8.58 万辆，随后中国有 300 多个城市建立了公共自行车服务。以北京为例，截至 2015 年底建成的公共自行车站点为 1260 个，装配 4 万辆自行车，市民须凭身份证到指定的办理点签署实名协议，缴纳 200 元至 300 元的信用保证金，绑定公交一卡通后，在有桩且已通电的公共自行车站点取、还自行车。这种由政府提供的公共服务是值得肯定的，但也存在一些先天不足。比如，政府运营公共自行车的效率低，边际成本居高不下，边际收益却没有提高。[2]随着公共自行车服务的升级改造，共享单车的无桩化、移动支付定位等特色功能出现，强化了共享单车和公共自行车在供给模式上的差异。公共自行车项目作为政府的惠民工程，其服务的提供者是政府，政府的参与决定了公共自行车是政府补贴的免费或低费用骑行项目，而共享单车则是市民付费的有偿服务。由此可知两者之间并不完全是同质竞争，而是存在一定的互补关系。[3]公共自行车由市政府出资，运营者通过广告收入维持系统的运营。用户通过服务点办理租赁卡，并在固定站点租赁和归还公共自行车。由于缺乏及时的数据更新，用户不能快速便捷地了解站点的分布、车位情况，容易造成用车停车困难，而且部分租赁点布局也不尽合理。[4]我国城市公共自行车服务虽然价格低，但押金较高，网点较少，而且固定停放地点给用户带来诸多不便。

共享单车为出行带来了极大的便利，解决了城市出行的"最后一公里"问题。共享单车作为我国一种低碳环保出行方式，深受广大消费者喜爱。尤其是在大中城市，共享单车完美地对接了"最后一公里"的路程，由于共享单车骑行价格低，每次骑行 1 元人民币/小时。价格低、无桩停放、扫码骑

---

〔1〕 郭鹏等："共享单车：互联网技术与公共服务中的协同治理"，载《公共管理学报》2017 年第 3 期。

〔2〕 姜宁："从'共享单车'的监管看政府如何在分享经济中发挥作用"，载《河北学刊》2017 年第 4 期。

〔3〕 马书红等："在共享单车影响下的公共自行车发展研究"，载《交通运输系统工程与信息》2018 年第 1 期。

〔4〕 贾艳阳、张军："共享自行车服务系统的可持续设计与评估"，载《生态经济》2018 年第 11 期。

车、方便快捷使共享单车成为上班族的出行换乘新宠。[1] 共享单车是移动互联网和租赁自行车融合发展的新型服务模式，是方便公众短距离出行和公共交通接驳换乘的重要方式，具有准公共产品属性。近年来，我国共享单车迅猛发展，在更好地满足公众短距离出行需求、有效解决城市交通出行的"最后一公里"问题，构建绿色出行等方面发挥着积极作用。[2] 共享单车推动了政府主导的公共自行车服务向市场主导的共享单车服务的转变，但共享单车在回应公民需求，带来出行便利的同时，也引发了一系列的社会、经济和法律问题。

（三）共享单车之租赁经济之伪共享的解读

共享单车主要由共享平台购入自行车然后再通过互联网向外界出租，其电子商务的商业模式属于典型的 B2C 模式，是增量资产投入的重资产型，是对非闲置资源的配置，所以从根本上说，共享单车并不是共享经济的商业模式，是一种伪共享模式。伪共享经济具有部分共享经济的特征，但其实质为租赁经济。国内大部分伪共享创业者都不是通过平台来集聚闲置资源，而是通过增量资源的投资去制造更多的闲置资源，不是优化资源配置，反而因为冗余可能会造成一定程度的资源浪费甚至环境破坏。不可否认的是，租赁经济能够快速地进入市场并实现规模化，相较而言，资本没有耐心去等待成长速度慢且获利较少的共享经济，所以租赁业借"共享"之名行"租赁"之实的项目遍地开花。再加上资本的逐利性促使其疯狂地聚集，抢占线下流量入口，不断烧钱推高估值获取利益。根据艾媒咨询发布的《2017-2018 中国共享经济行业全景调查报告》显示，2017 年网民使用共享经济占比最高的为共享单车（38.3%），其次分别为网约车（36.4%）、知识共享（19.5%）、共享充电宝（11.9%）、二手交易（10.8%），其他共享经济项目占比 22.1%。其中，共享单车、专职网约车和共享充电宝等都属于租赁经济的伪共享，从占比来看，租赁经济还是很受消费者青睐的，78.7% 的网友明确表示会继续使用这类产品，也说明租赁经济有一定的发展空间。[3]

---

〔1〕 纪淑平、李振国："国外共享单车发展对我国的经验借鉴与启示"，载《对外经贸实务》2018 年第 4 期。

〔2〕 吴沐暄、程楠、李玲："从租金和押金看共享单车的公益性和经营性"，载《价格理论与实践》2017 年第 5 期。

〔3〕 黄电："共享经济与租赁经济的特征及差异性剖析"，载《财会月刊》2019 年第 21 期。

连接出行"最后一公里"的共享单车一定程度上缓解了道路交通拥堵压力，方便了民众出行，减少了环境污染，但随着共享单车的快速发展和规模不断扩大，共享单车行业暴露出了一系列公共问题。例如，共享单车虽成"井喷式"发展，但实际上共享单车的维修和回收问题、废旧单车存放和处理所带来的"单车坟场"逐渐演变为新的环境和公共治理负担，进一步加剧了城市的空间成本和环境压力。目前对于这类基于互联网和移动支付的伪共享的新型租赁模式缺乏有效管理和监督手段，[1]也引发了不少社会、法律问题。共享单车、共享汽车、共享充电宝等伪共享是商业平台通过增量资源投入，利用互联网络对外实时租赁的"互联网+租赁物"的平台经济，不是共享经济的"互联网+闲置资源"的平台经济。共享单车本质上是网络租赁经济，因此应根据租赁经济的特点制定相关的监管政策。但为了表达习惯上的便利，文中继续使用"共享单车"来称呼这种网络租赁的"伪共享"自行车。

二、共享单车的价值分析

（一）共享单车解决城市公共交通"最后一公里"的出行

从用户角度来看，共享单车对用户寻车、开锁、付费、停车等方面的全流程优化，方便了用户出行、提升了用户体验。从实现资源优化配置角度来看，共享单车的运营模式，形成了信息共享、整体协作、规范监督的资源束，实现了共享单车行业领域资源及各资源主体间的有效链接，从而提高了行业内资源的配置效率。[2]共享单车满足人们安全、快捷、舒适出行的同时，减少了人们对汽车的使用率，减少了城市道路上机动车的数量，一定程度上缓解了城市特别是大城市的交通拥堵，为城市交通的治理作出了贡献。[3]2017年4月2日，《2017共享单车与城市发展白皮书》（以下简称《白皮书》）在北京发布。《白皮书》是全国首部全面展现共享单车通过交通模式创新，促进城市健康发展的研究报告，由清华大学中国新型城镇化研究院指导支持，由

---

〔1〕 李牧南、黄槿："我国当前共享经济发展障碍与相关政策启示"，载《科技管理研究》2020年第8期。

〔2〕 冷向明、郭淑云："共享经济治理中的政府责任——以共享单车为例"，载《经济社会体制比较》2018年第5期。

〔3〕 聂永刚、张锟澎："共享经济下共享单车行业成本优化管理策略"，载《会计之友》2018年第23期。

北京清华同衡规划设计研究院联合摩拜单车共同发布。《白皮书》采用了摩拜单车大数据平台运营一年来的海量数据，并结合 36 个城市近 10 万份问卷调查，综合展现共享单车在让自行车回归城市的过程中，对城市出行结构、城市环境、城市生活带来的改变。研究认为，创新型的智能共享单车在进入城市不到一年时间里，成为小汽车、公交、地铁外的第四种重要交通工具，实现了"自行车王国"的人性化复兴。智能共享单车代表着和谐的生活方式，代表着"互联网+"与实体经济的完美结合，不仅带回了自行车川流不息的生活气息，还促进了市民积极参与城市共建，推动了城市文明、低碳、智慧、健康的发展。《白皮书》报告显示，共享单车出现前，小汽车出行占总出行量的 29.8%，自行车只占 5.5%。共享单车出现后，小汽车占比总出行量比例明显下降至 26.6%，而自行车骑行的占比翻了一倍，为 11.6%。[1]

有学者调研了广州地区的摩拜及 ofo 等公司，发现共享单车的使用有两个高峰期，一个是上下班高峰期，主要是通勤需要；一个是晚上 10 点之后，主要满足休闲、锻炼甚至是约会等使用需求。这两个用车高峰期各占共享单车的一半订单量。根据问卷调查结果显示，38.21% 的人群使用共享自行车用于"最后一公里"接驳公司、家到地铁、公交站之间的距离，其次分别用于休闲骑行、校园内骑行等。90.41% 的受访者认为使用共享单车的好处是方便出行，其次分别为绿色环保（77.56%）、费用便宜（55.93%）。超过 50% 的受访者认同推行共享单车能够有效减少交通拥堵、提高全民身体素质、提高空气质量及丰富生活。共享单车不仅成功地满足了城市公交接驳"最后一公里"的需求，而且成为广大市民新的出行和健身工具，为市民的生活增加了不同的选择，有力地推动了城市慢行公共交通系统。事实证明，企业在解决"最后一公里"的问题上更具效率、更具创新性、更能满足市场需求。[2]毋庸置疑，共享单车已成为一项便民的准公共服务。

据《中国共享单车行业发展报告（2018）》的数据显示，共享单车出现后，自行车出行占比翻倍，达到 11.6%，成为与地铁、公交并行的三大城市交通出行方式。研究结果表明：短距离自行车骑行和短距离步行可以有效降

---

〔1〕　杨琦："《2017 共享单车与城市发展白皮书》发布"，载 http://news.cssn.cn/zx/bwyc/201704/t20170412_3484389.shtml，访问日期：2020 年 6 月 11 日。

〔2〕　郭鹏等："共享单车：互联网技术与公共服务中的协同治理"，载《公共管理学报》2017 年第 3 期。

低乘客出行的换乘次数，减少乘客出行的时间，从而可以提升城市公交系统的运行效率。研究如何部署公共自行车中自行车站点的最优数量和最优位置，如何以最小代价的公共自行车实现在城市公交系统的最优性能将是未来的研究课题。[1]共享单车在解决城市公共交通的"最后一公里"的问题上的确发挥了重要的作用，方便了出行。但是，伴随着共享单车的迅速发展，也出现了乱停乱放、用车安全、破坏交通规划、押金管理混乱、恶性竞争等诸多问题。因此，对共享单车行业未来的发展何去何从，需要行业、政府和社会各方细思掂量。

（二）共享单车是绿色环保的出行方式

自行车共享的商业模式需要为利益相关者创造价值，并以公共自行车共享为出发点，促进低碳城市建设，推动生态文明发展。[2]据哈啰出行官方网站公布，截至2018年9月，哈啰骑行总次数近68亿次，累计骑行距离近110亿公里，累计减少了碳排放量近75万吨。[3]共享单车低碳环保，减少对空气的污染。2016年北京市空气污染未达标天数高达168天，对城市的空气质量带来巨大的风险。其中影响空气质量的重要原因之一就是汽车的使用，而共享单车一定程度上减少了汽车的使用量，降低了尾气排放，不仅解决了出行"最后一公里"难的问题，而且让我们的生活变得更加绿色环保。《白皮书》还指出，共享单车对节能减排作出了卓越贡献：以智能共享单车摩拜平台为例，在不到一年的时间里，全国摩拜用户累计骑行总距离超过25亿公里，相当于往返月球3300次，减少碳排放量54万吨，相当于减少17万辆小汽车一年的出行碳排放。同时指出，共享单车在提高出行效率、缓解城市拥堵方面也具有明显优势：以北京为例，当出行距离小于5千米时，92.9%的情况下，共享单车+公共交通出行比小汽车更快；大于5千米时，23.7%的情况下，共享单车+公共交通出行比小汽车更快。《白皮书》强调，共享单车的兴起不仅可以缓解道路拥堵，对节省城市空间、更有效地利用城市空间也多有助益。以北京为例，在停车位短缺的情况下，一辆小轿车的停车位可供约10辆共享单车停放，如有更多人选择以骑行替代开车，则共享单车可为北京节省城市

---

〔1〕 杨旭华、程之："具有公共自行车共享系统的公交网络建模及其性能研究"，载《浙江工业大学学报》2018年第1期。

〔2〕 贾艳阳、张军："共享自行车服务系统的可持续设计与评估"，载《生态经济》2018年第11期。

〔3〕 沈蕾、卜训娜："共享单车可持续发展问题研究"，载《价格理论与实践》2019年第7期。

空间约 5 个鸟巢的面积。[1]共享单车作为一种绿色经济发展的新模式，在一定程度上包含了国家所强调的创新和绿色生态文明，与"创新、协调、绿色、开放、共享"五大发展理念有机契合，符合供给侧结构性改革的要求，在解决城市交通出行"最后一公里"难题的同时，也能有效缓解交通拥堵、环境污染和能源供给失衡等问题，在推动绿色出行、践行低碳环保新理念等方面发挥着积极作用。

（三）共享单车的悖论

根据传统的公共产品供给理论，政府应当是公共交通产品的主要提供者，但政府的公共自行车的推出在实践中却举步维艰。在"互联网+"时代背景下，共享单车的强势介入，代替政府提供了"最后一公里"的服务，倒逼政府解决规则制定、行业监管、基础设施配套、政策引导等问题。[2]但共享单车也随之出现了诸多社会、经济、法律问题。实际上，共享单车从诞生的那一刻起，就在不断地影响原有的城市道路秩序。在人行道上杂乱无章的共享单车，以及随处可见的乱停乱放共享单车，都显示出这种新型交通工具本身无法完全融入道路空间的特性。随着共享单车规模的持续扩张以及不良用车行为习惯的养成，共享单车的不可兼容性正在像空间内的锈蚀一样，破坏着本就已经十分脆弱的城市公共交通平衡。使用者完全不必顾忌自己停车会给其他人的道路使用、生活实践产生什么样的影响，只要不违反单车平台的使用守则，便无须承担任何责任，也不可能因违反社区生活的公共原则而被追责。共享单车的设计者们以一种貌似激进的姿态映射出资本的傲慢，以难以受到约束的个体化私人行动对公共秩序发起挑战。无论是从理解空间的角度分析，还是讨论日常生活与互联网经济意义上的"共享"之间存在的张力，都可以得出一个基本悖论：共享单车试图通过"资源整合"创造出不同于过往的另类出行实践，但这个创造本身却带有视野上的盲点及意识形态上的取巧，同时还深刻嵌入并受制于一个充满障碍和限制的现实世界。共享单车所带来的挑战不仅限于金融、交通和城市治理，它的风靡同样是互联网时代"线上—线下"矛盾激化的一个具体案例。一面是乌托邦式的"自由"许诺，

---

　　[1]　杨琦："《2017 共享单车与城市发展白皮书》发布"，载 http://news. cssn. cn/zx/bwyc/2017 04/t20170412_ 3484389. shtml，访问日期：2020 年 6 月 11 日。

　　[2]　郭鹏等："共享单车：互联网技术与公共服务中的协同治理"，载《公共管理学报》2017 年第 3 期。

另一面是日常生活秩序受到的搅扰和侵蚀。共享单车就其本质而言,是资本寻求增值空间这一永恒主题在互联网经济时代的具体表现。在共享单车项目的设计者看来,作为城市基础设施之一的道路,仅仅是一个扁平状态的物理空间,是亟待开发其价值的"原始材料",可以被侵入和改造。"共享"所畅想的公共生活状态,建筑于这种粗粝扭曲的空间想象之上,任由外部力量向其中任意植入新的装置、新的运动模式。它罔顾空间作为行动者生活经验的沉积及其政治内涵,既不用承担改造历史性共识的责任和成本,也无须对新的实践所造成的问题买单。[1]我国共享单车的兴衰不仅揭示了新经济业态快速发展背后隐藏着的深层次的资本的贪婪和危机,也警醒了我们对新经济盲目包容的自由放任的新自由主义的噩梦。

共享单车用户的机会主义行为是共享单车能否可持续发展的关键制约因素之一。研究表明:用户收益是其行为选择的决定性因素,用户机会主义行为收益大于规范行为收益是机会主义行为的产生根源。[2]共享单车用户机会主义行为的关注主要体现在以下三个方面:一是以王维虎和刘延申为代表,侧重于从运营企业的角度出发,通过技术改进来遏制用户的机会主义行为。其核心思想是在物联网技术基础上利用物联网技术的解决方案,期望以智能化无人管理系统解决公共自行车的丢失、霸占等问题,实现从被动管理到主动管理的转变。[3]朱富强则强调共享单车的收益非排他性及消费非竞争性会导致"搭便车"等机会主义行为,应建立监督和管理体系,以实现消费的排他性以杜绝机会主义行为。[4]二是基于用户的单一视角来探究用户的行为动因。黄国青和陈雪基于 UTAUT 模型,结合情景感知理论,发现情景性、泛在性、社会影响及感知风险对共享单车用户的行为意愿有重大影响。[5]三是基于利益相关者视角,来探究单车企业在运营过程中存在的问题。高婷等从小

---

[1] 袁长庚:"空间的蚀锈:对共享单车乱象的人类学批评",载《学习与探索》2018 年第 10 期。

[2] 杨在军、马倩瑶:"共享单车用户机会主义行为的演化博弈分析",载《管理工程学报》2020 年第 3 期。

[3] 王维虎、刘延申:"基于物联网的武汉公共自行车管理方案",载《广西大学学报(自然科学版)》2011 年第 S1 期。

[4] 朱富强:"共享经济的现代发展及其潜在问题:以共享单车为例的分析",载《南方经济》2017 年第 7 期。

[5] 黄国青、陈雪:"基于情景感知与 UTAUT 的共享单车使用意愿研究",载《消费经济》2017 年第 3 期。

黄车损坏严重的困境，从高校个案出发，将相关利益者纳入研究框架，构建多方利益主体间的博弈模型，探讨学校与学生间管理与使用的"囚徒困境"的成因及对策。[1]此外，用户道德水平差异、产品体验缺陷及对押金收取的质疑态度等机会主义行为的观点，也有一定的启发意义。[2]

2017 年初，正当共享单车市场争夺战进行得如火如荼的时候，一篇名为《共享单车，真是一面很好的国民照妖镜》（以下简称《照妖镜》）的文章在短时间内被广泛转载。准确地说，这是一篇几乎没有文字、完全罗列图片的推送。所选配图都是民众在共享单车使用过程中的诸多违规行为，诸如私自上锁、毁坏标识、破坏车辆、随手丢弃等。"国民照妖镜"的说法，以一种本质主义色彩的粗暴论断，将共享单车使用乱象引导至对国民"素质"问题的批判。《照妖镜》一文显示出共享单车扩张过程中"线上"理想的"线下"遭遇，它意识到了"线下"的诸多挑战，但却不反思"线上"设想是否同样存在瑕疵。共享单车的发起者之一——摩拜，在其官方主页上醒目地写着"让自行车回归城市"的标语。但是自行车所回归的不是抽象的城市，而是具体的、形态各异的道路，其所承载的也并不只是林荫大道上的自在漫游，而是不同目的、不同状态、不同时空限制下的空间——社会位移。共享单车在公共舆论中都倾向于将自己塑造为融合了"科技"和"环保"两大理念的新兴产品，但却对自身所携带的"商品-资本"属性避而不谈。资本所固有的盲目性，淋漓尽致地演绎了其贪婪的本性。[3]

共享单车的千亿"资本蓝海"吸引着无数企业的抢滩，风险资本蜂拥而上，抢占"最后一公里"的蛋糕，融资大战愈演愈烈。单车投放量的日益增加没能得到合理调控，企业在使用场地设施过程中则可能产生私利膨胀与公共资源稀缺之间的矛盾，以至于造成市场上单车过剩、单车停放点管理混乱、城市资源浪费等"公地悲剧"。[4]共享单车行业曾属于资本界眼中的"蓝海"，大量热钱都涌入了这个行业，业内资本的竞争呈白热化，各大共享单车

---

〔1〕　高婷、王建秀、苏振宇："利益相关者视角下校园公共产品困境研究——以某高校'小黄车'为例"，载《经济问题》2015 年第 6 期。

〔2〕　杨在军、马倩瑶："共享单车用户机会主义行为的演化博弈分析"，载《管理工程学报》2020 年第 3 期。

〔3〕　袁长庚："空间的蚀锈：对共享单车乱象的人类学批评"，载《学习与探索》2018 年第 10 期。

〔4〕　郭鹏等："共享单车：互联网技术与公共服务中的协同治理"，载《公共管理学报》2017 年第 3 期。

公司也陷入当年滴滴、Uber 等网约车企业为抢占市场份额而发起的补贴大战之中。在该行业盈利点尚不明确的当下，通过大量补贴抢占市场，看似促进了行业的发展和用户的体验，从长远上看，这种过度的恶性竞争行为不利于行业发展。[1]

虽然我国鼓励共享经济的发展，但是也应充分认识到，其共享的是否为闲置资源、是否促进了生产、是否增加了消费、是否有利于环境保护、是否有利于解决城市问题等。[2]一些伪共享经济企业及其经营方式并不能起到减少消费、保护环境的作用，应将其与共享经济进行区分，以鼓励真正有利于环境和社会类型的共享经济的发展。共享单车是伪共享的一种网络租赁新模式，其商业模式不同于其他共享经济。共享单车是一种准公共产品而非商品，因此共享单车的商业价值和社会价值必然会产生冲突，资本侵入共享单车后对利润的追逐必然会扭曲共享单车的商业模式，导致共享单车之准公共产品的社会价值的悖论。只有明确界定共享单车的商业模式以及社会价值目标，才可能避免对资本共享单车商业模式的扭曲和异化。

三、共享单车的发展沿革

（一）共享单车发展的兴衰

1. 共享单车发展的初期

共享单车自 2007 年在中国出现后，共经历了三个发展阶段。第一个阶段是 2007 年至 2010 年间的市政公共自行车租赁阶段，主要是由国外兴起并引入国内，由政府主导归城市管理的有桩的自行车租赁。第二个阶段是 2010 年至 2014 年间的企业承包市场自行车阶段，是以永安自行车企业为代表的企业承包市场运营的有桩的单车租赁。第三个阶段是 2014 年至今的互联网共享单车，是互联网平台主导的伪共享的无桩自行车租赁的共享单车。[3]2014 年以来，随着移动互联网的快速发展，开始大量出现便捷的无桩单车。这种装备了 GPS 和其他智能技术的共享单车已成为"智慧自行车"，通过对使用情况收集海量数据，借助不断优化的算法，对借还站点进行布局和车辆调配，不

---

[1] 郭鹏等："共享单车：互联网技术与公共服务中的协同治理"，载《公共管理学报》2017 年第 3 期。

[2] 徐颖："泛分享经济及其法律规制原则法治研究"，载《法治研究》2019 年第 4 期。

[3] 王慧君、朱建明："共享单车盈利模式分析"，载《企业经济》2018 年第 5 期。

断提升公共自行车的使用率和满意度。[1]北京大学学生戴威创立了为解决校园内师生出行为问题的 ofo 共享单车，在随后的 2015 年中，ofo 获取了天使首轮融资，逐渐走出了校园。同年，胡玮炜创办摩拜单车，申请了 27 项专利，基本已覆盖单车全身，如新型无链式传动装置、实时定位系统、智能锁及防盗系统、自充电技术，入局共享单车市场。在这一阶段中，共享单车的概念逐渐形成，但主要存在于各高校内，尚未引起投资者和消费者的注意。[2]

事实上，戴威的共享单车初始的运作只是社区共享与商业共享融合的混合模式。主要是通过共享平台将学校内闲置的自行车统一收集，通过 ofo 平台在线供给校内师生骑行，提供者有权永久免费使用 ofo 共享单车，使用者低价获得骑行服务。很快，共享单车就从校园走向各大城市，从 2016 年初开始完成数轮融资，到 2017 年 3 月实现了一轮 4.5 亿美元的融资。截至 2016 年底，ofo 投放量达 80 万辆，日订单量突破 200 万，用户总量突破千万。不过，资本的大量介入使得共享单车的运营模式发生了根本性变化：上游的自行车厂家提供单车，ofo 购买整车投入各大城市，然后在自己开发的 ofo 平台上为用户提供包括开锁密码、车辆定位、在线支付等服务。显然，共享单车在短短两年之内达到了城市公共自行车几十年来追求的目标。[3]摩拜与芯讯通等合作研发、设计了拥有 GPS 定位、防盗、太阳能充电板功能的多项专利技术的新型自行车，ofo 则与华为、中国电信联合研发，在新加坡发布全球首款新型变速自行车，该车由老牌自行车厂商"凤凰"生产。基于"互联网+"的共享单车行业充分运用物联网、GPS 定位、智能终端技术，为自行车赋予了更高的技术含量，带动了传统制造企业的转型升级，将很多原本产能过剩、濒临破产的自行车制造企业救活。[4]共享单车通过资本与技术的融合，实现了从社区共享到伪共享的蜕变。

2. 共享单车发展的兴盛期

以 ofo、摩拜等为首的共享单车市场迅速发展，由于技术成熟、政策利

---

〔1〕 翁士洪："城市共享单车监管体制的整体性治理创新研究"，载《电子政务》2018 年第 4 期。

〔2〕 沈蕾、卜训娜："共享单车可持续发展问题研究"，载《价格理论与实践》2019 年第 7 期。

〔3〕 朱富强："共享经济的现代发展及其潜在问题：以共享单车为例的分析"，载《南方经济》2017 年第 7 期。

〔4〕 姜宁："从'共享单车'的监管看政府如何在分享经济中发挥作用"，载《河北学刊》2017 年第 4 期。

好、用户庞大等原因，吸引了大量创业者和投资者蜂拥而至，以至于市场竞争不断加剧。为抢占市场，各大品牌纷纷加大单车投入量，并通过低价竞争吸引新用户注册。[1]第三方数据研究机构比达咨询发布的《2016中国共享单车市场研究报告》也显示，截至2016年底，中国共享单车市场整体用户数量已达到1886万。自2016年底以来，国内共享单车突然就火爆了起来，除了较早入局的摩拜单车、ofo共享单车外，整个2016年至少有25个新的共享单车品牌汹涌入局，包括：永安行、小鸣单车、小蓝单车、智享单车、北京公共自行车、骑点、奇奇出行、CCbike、7号电单车、黑鸟单车、hellobike、酷骑单车、1步单车、由你单车、踏踏、Funbike单车、悠悠单车、骑呗、熊猫单车、云单车、优拜单车、电电Go单车、小鹿单车、小白单车、快兔出行等等。根据艾媒咨询发布的《2017年Q1中国共享单车市场研究报告》显示：2017年3月，我国共享单车整体用户规模已超3000万人。其中，ofo的月活跃用户数大幅增至1636.2万人，摩拜月活跃用户数为1274.4万人；移动互联网大数据监测平台Trustdata发布的《2017年Q1中国共享单车行业用户监测报告》显示：截至2017年3月，共享单车行业新增用户首次突破千万，达到1093.5万人。据估算，整个共享单车行业的押金池大约有545亿元。[2]截至2017年6月份，共享单车月活跃用户量达3264万，增速放缓，一线城市覆盖率达8.04%，且迅速向中小城市蔓延，日骑行次数峰值近1800万次，此时存量之争的重要性凸显。庞大的数量及用户群体也带来了乱停乱放妨碍交通、恶意损坏车辆、将车据为己有等一系列的社会问题，市民意见较大，投诉也越来越多，给政府的社会公共治理带来了极大的挑战。[3]根据交通运输部数据显示，截至2017年第二季度末，我国共享单车行业市场规模达到38.75亿元，环比增长313.5%，共享单车行业进入持续高速发展阶段，同时各品牌也进入决战阶段。截至2017年7月份，全国共有共享单车运营企业将近70家，共享单车累计投放数量超过1600万辆。[4]

---

〔1〕 郭鹏等："共享单车：互联网技术与公共服务中的协同治理"，载《公共管理学报》2017年第3期。

〔2〕 吴沐暄、程楠、李玲："从租金和押金看共享单车的公益性和经营性"，载《价格理论与实践》2017年第5期。

〔3〕 王慧君、朱建明："共享单车盈利模式分析"，载《企业经济》2018年第5期。

〔4〕 翁士洪："城市共享单车监管体制的整体性治理创新研究"，载《电子政务》2018年第4期。

　　根据共享单车 App 端流量集中度区分，共享单车品牌被分为三个梯队，第一梯队是 ofo 和摩拜两巨头，保持着市场的绝对领先优势；第二梯队企业数量众多，在部分城市保持着一定的市场占有率，代表有小蓝单车、酷骑单车、哈罗单车、永安行、小鸣单车等；第三梯队就是使用量更小，市场占有极低的企业，如 1 步单车、由你单车、智享单车等。由于各品牌的定位不同，在押金机制、租赁收费以及车辆配置等方面，都存在一定差异性。市场中一二梯队的 ofo、摩拜、酷骑、小蓝、哈罗、永安行以及小鸣这七种主要的单车，押金从 99 元至 299 元不等，其中 ofo、小蓝和永安行押金定位最低，押金最高的是摩拜和酷骑。在骑行收费方面，从每半小时 0.3 元至 1.5 元不等。同时，在车辆配置上，每一品牌也存在一定差异，致使单车造价从 300 元达至 3000 元，波动较大。虽然巅峰时期，我国曾发展到 70 多家共享单车企业平台，但共享单车市场集中度较高，数据显示 ofo 以 51.9% 的市场占有率居行业第一，摩拜以 40.7% 的市场占有率居第二，而其他所有品牌总共占据 7.4%。[1]

　　3. 共享单车的衰落

　　这一时期，为争夺用户，获取用户黏性，众多单车企业采取低价补贴的恶性竞争策略，但用户需要缴纳相应的押金才能使用单车。以市场占有率前四名的 ofo、摩拜、小蓝单车和小鸣单车的定价模式为例，单车企业采取免费使用或红包补贴的方式抢夺市场，大打"价格战"。在缺乏明显的盈利模式下，共享单车企业均处于巨额亏损状态，以 ofo 为例，在 2017 年上半年，ofo 日均亏损达到 2500 万，2017 年 12 月，摩拜月亏损总额 4.07 亿。尽管低廉的定价方式无法使企业获得盈利，但是火爆的投融资市场给了企业继续经营的可能。盲目的市场扩张，导致了技术创新的停滞，模仿现象严重，单车的维护管理和质量问题没有得到应有的重视，这就直接造成单车停放秩序混乱，侵占公共空间资源以及交通枢纽地带的拥堵不堪。以深圳市为例，截至 2018 年 3 月，共享单车企业投放活跃车辆规模约 75 万辆，从活跃车辆分布来看，罗湖区、宝安区超空间资源水平达到 2.5 倍以上。2017 年 6 月，"重庆悟空"成为国内首家倒闭的共享单车公司，单车丢失率高达 90%。同时，单车的损坏也十分严重，2017 年 2 月，企业智酷发布的数据显示：ofo 和摩拜出行的坏车率分别达到 39.3% 和 26.2%。在面临上述诸多问题时，各级政府对共享单

―――――――――

〔1〕　王慧君、朱建明："共享单车盈利模式分析"，载《企业经济》2018 年第 5 期。

车市场出台的有关规制条例中仅就其押金管理和用户安全保障方面进行了较为细致的规定,如杭州市要求共享单车企业必须开立押金专用账户;上海市要求企业开展车辆安全评估并保证质量安全。同时,政策的制定较为宽泛,仅杭州市对单车维护需要达到何种标准进行了具体的要求。此外,存在着多头管理的现象,除北京市外均未对共享单车的各种条例进行分部门的落实规划,导致一旦出现问题很难找到监管部门进行处理。这一阶段共享单车市场虽然发展迅速,但却因投资人的不理性和政府管制不力,消耗了大量的社会资源。自 2017 年末,由于资本市场的寒冬和持续的经营压力,有多家共享单车企业破产。最先进入行业的摩拜单车,2014 年 4 月 4 日至 2018 年 4 月 30日,毛亏损达人民币 4.06 亿元,占其总净亏损额的 1/5。共享单车平台企业数量从 2017 年的 70 家到 2019 年初仅余几家。在经历过一番破产浪潮之后,共享单车市场进入较平稳阶段,呈现出市场垄断局面。〔1〕经历 2016 年和 2017年上半年的快速扩张后,共享单车行业在 2017 年下半年逐渐出现颓势,悟空单车、3Vbike、町町单车、酷骑单车、小蓝单车和小鸣单车 6 家企业宣告倒闭。

2018 年 12 月 21 日,交通运输部新闻发言人吴春耕表示,根据初步统计,全国每天共享单车的使用量在 1000 万人次以上。但同时,共享单车企业的疯狂扩张也导致了市场日趋饱和。据交通运输部数据显示,截至 2018 年 2 月,全国 77 家共享单车企业总计投放了 2300 万辆共享单车。由于没有对单车投放量的数量控制,以至于大量共享单车在短时间内投入市场,单车市场放任自由的盲目"野蛮生长",直接导致了大量的单车挤压其他城市空间,甚至出现"单车围城"的乱象。由此引发的一系列社会和法律问题,为各地治理提出了新难题。〔2〕我国的共享单车市场经历了过山车似的兴衰,最终留下了一地鸡毛和垄断。从盲目投资到无序竞争,再到最终的垄断,共享单车都在重演着伪共享网约车的资本俘获市场的故事,同时也再次演绎了准公共领域市场与政府双失灵的公地悲剧。

(二) 我国共享单车发展的困境

由于共享单车是准公共产品,其市场竞争空间本来就有限。2016 年至

---

〔1〕 沈蕾、卜训娜:"共享单车可持续发展问题研究",载《价格理论与实践》2019 年第 7 期。

〔2〕 许龙飞:"共享式参与:社会公共性与城市空间治理——基于'空间尴尬症'的研究",载《实习与实践》2018 年第 9 期。

2017年的行业恶性价格战更是侵蚀了共享单车微薄的利润。加之，由于运营监管不当，除车辆被盗、市场竞争激烈、战略不当等问题外，共享单车公司倒闭的最直接原因是资金链断裂，进而引发了押金挤兑等现象。[1]因为缺乏用户短途出行大数据的积累，短期内平台无法进行车辆定量、精准投放，也无法完善用户个人信用管理机制。共享单车行业的系统本身的运营模式、行业恶性竞争、车辆停放治理等问题逐渐凸显亟待解决。[2]资本热捧下的共享单车作为一种现象级产品，乱停乱放的"无桩"理念和"共享"理念在给市民出行带来便利的同时，也遭遇了发展困境。在激烈的市场竞争和快速扩张过程中，作为新兴行业，共享单车的发展使城市空间管理更为困难，社会诚信建设遭受考验。同时，共享单车在其发展过程中也不断遭受来自竞争对手的恶意竞争，如不同程度地出现被模仿、倒卖、损毁的现象。摩拜单车进京的第一周，就有一家公司将摩拜单车偷走并损坏，为的是研究摩拜的构造。此后，还发生了二维码被破坏等恶意行为，一些摩拜单车的二维码被喷涂，车头则挂上了别家单车的二维码。由于共享单车提供的是同质化服务，商家在抢占市场份额过程中的非诚信经营行为，导致市场激烈的恶性竞争，业态发展混乱。[3]2019年3月27日，人民网舆情数据中心发布了交通领域专项研究报告——《共享单车舆论环境研究报告》。人民网舆情分析师在日常舆情监测的基础上，通过对共享单车行业舆论热度和舆论环境进行梳理，结合媒体声量、用户反馈与话题权重三要素得出八项热点议题：单车产品与服务、禁投令、废弃车乱象、乱停乱放、用户恶意行为、单车立法、用户数据安全与押金难退。这八大热点议题，集中反映了公众在切身体验共享单车后的思考与忧虑。

共享单车无论是"最后一公里"还是"接驳一公里"的交通需求都是传统公共交通和出租车等无法全覆盖的区域，但这些区域依然存在大量的各类消费群体。在烧掉2000亿元的社会资本之后，2018年成为共享单车平台经济的"寒冬"，2019年最终演变为共享单车垄断市场的"一地鸡毛"：[4]多数企业被迫退市倒闭，尚存的企业仍然面临着持续亏损的局面。共享单车如今的

---

〔1〕 王慧君、朱建明："共享单车盈利模式分析"，载《企业经济》2018年第5期。

〔2〕 贾艳阳、张军："共享自行车服务系统的可持续设计与评估"，载《生态经济》2018年第11期。

〔3〕 沈蕾、卜训娜："共享单车可持续发展问题研究"，载《价格理论与实践》2019年第7期。

〔4〕 李牧南、黄槿："我国当前共享经济发展障碍与相关政策启示"，载《科技管理研究》2020年第8期。

困境也应引起对共享单车商业模式的反思：首先，获取盈利仍然是共享单车的首要问题。告别低价的恶性竞争，采取合理的定价机制是共享单车企业的必然选择。共享单车的市场价格应该维持在一个较为合理的水平上，共享单车的企业需要将竞争的焦点更多地集中在产品差异化上，通过智能科技等手段提升消费者的使用感受，如电子围栏等；也可以增加共享单车人文方面的附加价值，如建立社交群体等更具吸引力的产品来吸收消费者，改变简单粗犷式的发展模式，通过精细化运营获取盈利。[1]其次，建立公平的竞争机制。通过 2016 年至 2017 年的资本市场大量热钱涌入带来的恶性价格战后，2017年已形成 ofo 和摩拜平分天下的垄断格局。但随着形势的进一步恶化，2020年 ofo 已经彻底退出了市场，而摩拜也被美团收购，两强争霸的格局被打破。2020 年共享单车市场重新洗牌，形成美团、哈罗和青桔三足鼎立的新的垄断格局。共享单车平台对于追求网络效应和开发赢利点之间的战略选择以及政府监管受到平台的收益、运维成本、收益损失、资源扩张速度以及政府监管成本、政府对平台的资金扶持、监管人员和民众对平台的了解程度、民众素质以及政府对市场的引导和规范政策的影响。因此，如何避免垄断巨头滥用市场支配地位操纵市场已成为目前共享单车监管的重要课题。

第二节　共享单车的法律困境

一、共享单车的制度缺陷

（一）共享单车的立法机制不完善

虽然共享单车作为互联网络产品，其线上相关经营管理无地域性，但其线下经营受地方法规的限制可能千差万别。2017 年 4 月 6 日，深圳市先行出台《关于鼓励规范互联网自行车发展的若干意见》；2017 年 8 月 2 日，交通运输部等十部门联合出台《关于鼓励和规范互联网租赁自行车发展的指导意见》（以下简称《指导意见》）。目前我国尚没有关于共享单车的法律规范文件，软法类行政指导没有强制执行效力，相关部门的职责范围不清晰，而且多个部门联合执法可能导致效力低下。《指导意见》正式将共享单车新业态纳入政

---

〔1〕 沈蕾、卜训娜："共享单车可持续发展问题研究"，载《价格理论与实践》2019 年第 7 期。

府管理范畴，以期构建新老业态共存的多元化公共交通运输体系，凸显了政府对共享单车这一新兴业态的高度重视，预示着共享单车业态立法的问题逐步被提上日程。《指导意见》提出了坚持"服务为本、改革创新、规范有序、属地管理、多方共治"的基本原则，坚持优先发展公共交通，结合城市特点做好慢行交通规划，统筹发展互联网租赁自行车的发展策略。随后，我国许多城市的相关部门也针对共享单车出台了相关政策。2017 年 9 月份以来，北京、杭州等地陆续颁布共享单车新规，尝试建立动态监管平台，对共享单车总量和企业经营状况实施动态监控。但是中央和地方政府相关文件的出台，并不能有效解决当前共享单车市场存在的问题，无论从具体内容还是效力层级上，以《指导意见》为基础的软法体系并不能为解决共享单车问题的执法手段和司法裁判提供充分的法律依据和判定标准，无法为共享单车市场的制度化和规范化奠定法律基础。内容上，各地出台的指导意见更关注共享单车的市场监管手段，内容零散，未涉及市场纠纷解决机制、行政机关职权范围界定等问题，没有构建整体化的业态规制体系，存在显著的立法空白。〔1〕目前，除了《指导意见》，国家层面没有统一的规范性法律文件，主要依靠地方政府因地制宜地制定行政规定进行监管，以至于目前有关共享单车的相关规定主要以地方政府的行政规定为主。总而言之，共享单车仍旧没有完全走上法治的道路。

（二）共享单车的法律定位不明确

共享单车涉及公共交通领域，属于准公共产品，虽然目前的技术可以解决其非排他性的技术障碍，但其非竞争性属性意味着其市场竞争弹性较少，利润空间有限，因此不能完全市场化和商业化，政府和企业均应结合共享单车准公共产品这一本质特征采取相应的监管和市场策略，否则可能会导致市场和政府的双失灵。纵观我国早期的校园 ofo 共享单车，因为都是来自于私人的自行车，是低成本的公共骑行服务，具有公益属性，可视为社区共享。但随着资本大举进入共享单车市场，导致共享单车从社区共享蜕变为伪共享。在准公共产品共享单车的发展过程中，政府缺位和市场的越位异化了共享单车的商业目标。因为对共享单车缺乏明确的法律定位，政府对共享单车市场

---

〔1〕 陈书全、王开元："共享单车地方立法研究——以立法模式选择为视角"，载《中国海洋大学学报（社会科学版）》2018 年第 3 期。

放任不管而由市场自由竞争，大量风险资金进入共享单车市场展开恶性竞争，最终导致垄断。共享单车是伴随着我国的大众创业、万众创新、"互联网+"新业态创新等新经济时代而产生的新的商业模式。在其迅速发展的初期，因对共享单车的法律定位不明确，以至于政府具体的监管政策不足，而市场的盲目投资和无序竞争，异化了共享单车的商业模式，引发了一系列社会和法律等方面的问题。虽然共享单车乱象丛生，但目前出台的中央、各级地方政府部门监管性政策中，对共享单车的发展基本上是"包容"和"鼓励"态度。由于对共享单车公共产品属性认知上的不足，对伪共享单车定位最大的突破在于没有把其视为"共享单车"，而是定位为"互联网租赁自行车"，但仍没能明确其准公共产品的法律定位。

各国低碳出行的目标相同，但共享单车的用途却不完全一样。在自行车出行发展较为领先的荷兰，人均日骑行距离超过了 20 公里，骑行次数可达 5 到 6 次，荷兰人的绿色出行链的长度和频次都是世界领先的，骑车的用途也是多种多样的。而根据日本的共享单车问卷调查显示，28%的受访者表示使用共享单车进行观光，23%的受益者表示用来购物，还有 18%的人用于工作用途。共享单车在我国的最大用途是解决"最后一公里"的问题，虽然具有一定的经济学意义，但却凸显了我国城市交通建设人性化的欠缺。[1]纵观我国共享单车发展过程中被资本肆虐的腥风血雨的悲惨结局，根本原因就在于没有明确对共享单车的合理定位。

（三）共享单车的监管机制不健全

1. 对政府监管认知上的误区

共享单车需占用公共空间，而公共空间可停放的单车数量是有限的，共享单车"无桩"的乱停乱放挤占了公共空间，导致城市交通环境压力倍增，城市空间治理举步维艰。[2]这从根本上决定了政府有必要对共享单车的投放实施总量控制，对其经营管理进行监督。目前，上海、广州、深圳、武汉等 11 个大型城市已陆续暂停共享单车的新增投放。但有学者反对政府对公共单车的市场监管，认为政府不应该通过总量控制对共享单车的市场准入进行干

〔1〕 纪淑平、李振国："国外共享单车发展对我国的经验借鉴与启示"，载《对外经贸实务》2018 年第 4 期。

〔2〕 许龙飞："共享式参与：社会公共性与城市空间治理——基于'空间尴尬症'的研究"，载《实习与实践》2018 年第 9 期。

预，原因如下：总量控制方式会限制市场竞争。停止新增投放就意味着不能再有新的经营者进入市场，已有经营者也不能在增加供给方面展开竞争，这种限制竞争的做法显然非常不合理，因为总量控制属于特许，而"特许权具有垄断排他性，其数量控制要求政府必须通过招投标等公平竞争的方式在市场准入中选择适格的特许经营者"。[1]而且这种做法违反了《反垄断法》第8条关于行政机关"不得滥用行政权力，排除、限制竞争"的规定以及《国务院关于在市场体系建设中建立公平竞争审查制度的意见》，也不符合国家有关部委关于"清理规范制约分享经济发展的行政许可、商事登记等事项，进一步取消或放宽资源提供者市场准入条件限制，审慎出台新的市场准入政策"的产业扶持政策。这一观点值得商榷，因为共享单车是准公共产品，意味着其竞争空间的局限性，政府为了避免公共悲剧和维护社会公共利益必然对共享单车市场的数量进行适当控制。如果市场上的共享单车的数量趋于饱和，那政府的数量控制就是必需的。不应该回到之前盲目无序的自由竞争模式，而应该根据市场需求有序投放，对市场竞争做好规范指引。

2. 政府对共享单车监管的缺失

在共享单车萌芽的初期，市场需求数量与价格存在不确定性，且各运营商在抢占市场份额的过程中竞争激烈，纷纷采取"烧钱压价"的策略，产生过度投放等一系列问题，导致大量单车无人使用，堆积成山，这不仅造成了社会资源的闲置浪费，还挤占了公共空间，对交通秩序及市容环境造成了负面影响。经过2017年的恶性竞争，目前我国的共享单车市场形成了垄断格局。另外，由于对用户缺乏有效约束，在"契约人""信息不对称""道德风险"等不确定性因素的影响下，用户的不文明用车行为、违法行为，不仅给运营商的利益造成了损失，而且对于市容环境、用户体验及道德氛围等也造成了不良影响。而交易环境的不确定性，则进一步加剧了共享单车市场化运营的风险，且通过作用于市场主体行为，引发了过度投放、资源浪费及一系列派生性社会问题的负外部性。共享单车作为一种准公共物品，市场化运营模式难免陷入"市场失灵"，产生负外部效应，且这种负外部性仅靠市场自身调节机制难以克服，这就为政府介入共享单车治理提供了充分的依

---

〔1〕 李明超："政府公用事业特许行为的法律效力研究"，载《暨南学报（哲学社会科学版）》2016年第2期。

据。[1]共享单车是"互联网+"时代下的产物，单车企业采用线上、线下结合的方式充分发挥了市场资源的配置作用，使资源利用最大化，对共享经济发展具有引导和促进作用。不可否认，共享单车的押金收取和押金孳息归属存在较大的法律及道德风险，因此有必要进行监管。

由于实践中对共享单车缺乏有效监管，有的共享单车公司重投放轻运营，在运营维护上投入的资源明显不足，以至于停放过于散乱、机动车道被占用、路面上的故障车比例太高、盈缺调度不力等各种无效、低效的占用屡见不鲜。例如在北京、深圳、珠海等地，有的经营者长期不去修理或回收故障车，特别是对于严重破损、没有修复价值的故障车直接弃之不顾，长期堆放在公共场所。这种做法不仅浪费了公共资源，影响了用户的使用，也影响了路面通行和城市景观，应该受到惩罚。[2]政府是因为共享单车具有显著的正外部性才允许共享单车挤占本已紧张的城市公共空间的。政府的这种让步必须建立在一个基本前提之上，即共享单车对公共空间的占用是高效的，以至于对社会总福利而言允许它们"占道经营"是利大于弊的选择。一旦共享单车失去效率，共享单车的"占道经营"就不再具有正当性。为防止共享单车平台以及用户滥用其权利损害公共利益，政府对共享单车的适当监管是必需的。

二、共享单车商业模式的异化

共享单车作为公共交通的一种补充，具有准公共产品的属性，其目标在于解决城市"最后一公里"的公共交通问题。但纵观共享单车在我国的发展轨迹，其公共交通的公益性被资本异化，其共享经济模式被扭曲，甚至成了圈钱的工具。

（一）共享单车押金的法律问题

2019年5月，交通运输部、中国人民银行、国家发展和改革委员会、公安部、国家市场监管总局、中国银保监会制定了《交通运输新业态用户资金管理办法（试行）》（以下称《管理办法》）。《管理办法》第1条规定，为促进交通运输新业态健康发展，加强用户押金（也称保证金）、预付资金（以

---

[1] 冷向明、郭淑云："共享经济治理中的政府责任——以共享单车为例"，载《经济社会体制比较》2018年第5期。

[2] 张东："法治如何促进大众创新创业——基于专车服务微观样本的分析"，载《法学》2016年第3期。

下统称用户资金）管理，有效防范用户资金风险，根据相关规定，制定本办法。第2条规定，本办法所称交通运输新业态是指以互联网等信息技术为依托构建服务平台，通过服务模式、技术、管理上的创新，整合供需信息，从事交通运输服务的经营活动，包括网络预约出租汽车、汽车分时租赁和互联网租赁自行车等。第4条规定，运营企业原则上不收取用户押金，确有必要收取的，应当提供运营企业专用存款账户和用户个人银行结算账户两种资金存管方式，供用户选择。用户押金归用户所有，运营企业不得挪用。鼓励运营企业采用服务结束后直接收取费用的方式提供服务。采用收取用户预付资金方式提供服务的，预付资金的存管和使用应当符合本办法相关规定。第15条第4项规定，用户押金专用存款账户不得提取现金，除退还用户、扣除赔偿款、提取计付利息情形外，不得办理转账。运营企业应当使用本条第3项所述其指定的唯一自有银行结算账户用于接收赔偿款、利息，除退还用户押金情形外，存管银行不得向该账户外的其他账户转出资金。关于共享单车的押金问题虽然目前在法律上有了明确的定性及具体的操作指引，但其所涉及的法律问题也是值得深思的。

1. 共享单车押金的担保问题

学界的主流观点认为押金或"保证金"属于一种特殊的"动产质权"。共享单车企业收取押金的目的在于对双方之间的租赁合同进行担保，如此既可以督促承租人正当使用租赁物，也可以确保发生不当损害时，出租人可以优先受偿。虽然我国现行《民法》《物权法》和《担保法》等法律、法规均未对此予以明确规定，但是押金在租赁法律关系中却司空见惯，是一种常见的债的担保形式。一般在实践中，主要是在租赁活动中承租人为保证自己在使用过程中不对该租赁物造成损害，或保证自己不违反双方的约定，而在租赁合同成就时交给出租人一定数量的金钱。押金的实质乃是质押的一种特殊形式，即金钱质押，属于《物权法》所规定的"动产质权"，其功用在于保障租赁合同的履行和租赁法律关系中出租物的安全。租赁期满，出租人之出租物或约定的利益没有受到损害的，该笔金钱则应退还承租人，如果损坏、丢失出租物，或由于承租人的过错致使出租人的利益受损的，该笔金钱则可以用于赔偿出租人。因此，押金在法律实务中也被称之为保证金或风险抵押金，虽然这种操作有"流质"之嫌，但却比较务实，以至于在实践中"押金抵债"的民间担保形式比较普遍。我国民法学专家王利明教授说过："债务人或第三人向债权人交付押金或保证金，实际上是通过移转该笔金钱的占有而设定担保，以担保主债务的履行。交付押金或保证金而设定担保符合质权的特征。"[1]但如果押金属于一种特殊的"动产质权"，那么质押财产的孳息是否就该归质权人获得？而且由于共享单车押金实际是"一车多押"，消费者的承租权实际是不确定的，也就是说，即使交了押金但受多种因素影响的消费者承租权也未必能得到保障。目前，消费者、专家及相关人士均表示对押金所产生的利息作何用途有疑问。比如摩拜单车累计可得 78 亿元押金，ofo 共享单车可得 25 亿元押金，按照中国人民银行活期存款利率 0.35% 计算，摩拜单车每年可得利息 2730 万元，ofo 共享单车每年可得利息 875 万元。[2]但这些押金及其利息却引发了不少法律问题。

共享单车用户交纳的押金形成大量的沉淀资金。《物权法》第 213 条规定："质权人有权收取质押财产的孳息，但合同另有约定的除外。"所以，由押金所衍生的利息和收益都归属于共享单车企业。实务中，由于如此巨额的押金利息都归共享单车平台企业所有，甚至被共享企业平台挪用作经营性资金，押金很可能会丧失其担保功能。保证押金安全是共享单车企业平台应尽的义务，但平台是否可以使用押金进行经营性活动值得商榷。在我国当下诚信意识不强、信用体系不完善的现实背景下，共享单车运营企业要求注册用户使用单车之前提供必要押金。这一格式条款的规定虽有"流质"之嫌，但也是租赁一方为了维护自身利益和防范风险的一种约定担保方式，只要双方愿意，具有合理性和正当性就应被认可。反之，如果绝对禁止共享单车运营企业通过押金规则来约束和控制风险，那么共享单车运营行业势必将会面临难以承受的成本损耗和道德风险，进而步履沉重、难以为继。[3]

2. 共享单车押金的金融问题

（1）共享单车押金的融资性。由于网络交易的虚拟性，共享单车的押金性与一般的押金的功能也稍有不同。共享单车的"一车多押"使其收取的押

---

[1] 王利明：《物权法论》，中国政法大学出版社 1998 年版，第 748 页。

[2] 赵树文、王海燕："共享单车押金问题及其法律对策研究"，载甘培忠主编：《共享经济的法律规制》，中国法制出版社 2018 年版，第 142 页。

[3] 徐宏："共享单车'押金池'现象的刑法学评价"，载《法学》2017 年第 12 期。

金突破了传统的押金担保属性，从而具有了融资的功能。[1]我国共享单车共有 20 多个品牌，押金有 99 元、199 元和 299 元等几个不同档次，每一辆共享单车会产生几何级押金数量。以北京市 ofo 为例，北京预计有共享单车 70 万辆，每辆单车押金以 8 人计，取折中押金 199 元计算，则押金总额达到 11.2亿。交押金后低付费或是免费骑行成为共享单车企业主要的经营模式。[2]共享单车的押金被认为是共享单车企业打着"单车租赁"的幌子从事的融资活动，并利用所得资金及其利息从事经营性活动，以至于共享单车企业的押金涉嫌非法吸收公众存款。[3]因此，区分共享单车企业押金的正当性与非法吸收公众存款具有重要的意义。中国政法大学知识产权研究中心特约研究员李俊慧称，共享单车企业要求用户用车前交纳押金并支付预付费，且用车结束后押金不自动退还的规则，属于不当占有资金且有募集资金之嫌。[4]

押金作为一种信用保障机制，是确保租赁合同关系履约的一种担保形式。共享单车本质上属于网络租赁的商业模式，而押金担保是租赁行业一直以来的商业习惯。共享单车本质上是网络租赁，适当合理地收取押金作为担保也是一种商业惯例。但互联网的虚拟交易改变了共享单车一对一的租赁模式，以至于共享单车可以通过"共享"实现"一车多押"，使传统押金的"一对一"变成了"一对多"的"一物多押"具有了集资的功能，产生了金融属性。共享单车"一车多押"的押金模式使得共享单车企业可以短期内汇集巨额资金，而共享单车平台通过收取押金极易形成资金池。单车企业盈利模式表面上是通过分时租赁来部分获利，但实际上是通过收取押金来回收资本进行融资。[5]虽然共享单车押金盈利模式使企业降低了对银行的依赖程度，使相关企业在获得发展所需资金的同时，还减轻了经营的成本负担，是一种新经济企业的融资创新。但从另一方面来说，这种融资模式涉嫌非法集资，如

---

〔1〕　邓大鸣、李子建："共享单车押金的性质及其监管问题探究"，载《西南交通大学学报（社会科学版）》2017 年第 4 期。

〔2〕　纪淑平、李振国："国外共享单车发展对我国的经验借鉴与启示"，载《对外经贸实务》2018年第 4 期。

〔3〕　朱冰："浅议非法集资行为的刑法规制标准"，载《法制与经济（下旬）》2013 年第 10 期。

〔4〕　刘蟒子："盈利模式模糊，共享单车会否死在押金上？"，载 http://www.sohu.con/a/127830300255697，访问日期：2017 年 3 月 3 日。

〔5〕　翟业虎、刘田鑫："共享单车租赁的法律问题"，载《扬州大学学报（人文社会科学版）》2017 年第 4 期。

果不进行恰当的引导和监管，任由共享单车平台企业通过押金来自由筹资，则又可能会损害国家的金融秩序。因此，共享单车运营模式也被舆论指责为"以租赁为名行融资之实"，打着"共享"之旗行"圈钱"之实，其目的就是聚集社会资金或者说非法吸收公众存款，其实质就是融资。因此，"押金"似乎成了共享单车模式的"原罪"。共享单车模式具有的某种金融属性或者说类金融色彩，容易引发资金安全和公共利益风险，可能导致以押金为名集资诈骗最终引发的兑付危机和卷款跑路。[1]因此，对共享单车押金的监管成了重中之重。

（2）共享单车押金金融属性的法律分析。有学者认为共享单车企业不是金融机构，但其押金的集资功能是毋庸置疑的。共享单车公司未经过政府监管部门的批准，就通过互联网向社会公众公开集资，其暗含的"持续服务""便捷服务"具有相当的"利诱性"，因此具有构成非法吸收公众存款罪和集资诈骗罪之嫌疑。[2]持有这种观点的人认为"共享单车构成了非法集资"。因此，共享单车平台企业其实就是没有牌照的揽储金融公司，随时可能会将客户的钱挪作他用。[3]因为共享单车预收押金的方式很容易形成巨大的资金池，而是否形成资金池是司法机关判断一行为是否构成非法集资罪时重要的考量因素。根据清晖智库的统计，共享单车的总押金量预计在 120 亿元左右。并且，随着共享单车市场容量的扩大，其收取的押金数额也将随之增加。在此情况下，押金的收取已然成为共享单车公司重要的盈利模式。共享单车仿佛就是一个杠杆，用一辆单车就可以撬动若干用户多达数倍于单车自身价格的押金，从而使自行车租赁押金演化为共享单车公司通过共享平台融资的手段或路径。正是因为有了金融的性质，共享单车押金才上升为不可小觑的社会金融问题，可能会因如此巨额的押金被不当利用而侵害广大用户的利益，并给国家金融秩序造成冲击。[4]《指导意见》虽然确认了押金的合法性，但实践中仍有对共享单车押金存在的使用不够透明、被私自挪用和无法退还这三种风险等各种问题。据新华网统计与梳理，截至 2017 年 12 月，公开的 6 家

---

〔1〕 徐宏："共享单车'押金池'现象的刑法学评价"，载《法学》2017 年第 12 期。

〔2〕 "退押金延迟到账 共享单车成了非法集资的噱头"，载 http://www.cngold.com.cn/20170311d1898n127932567.html，访问日期：2020 年 3 月 2 日。

〔3〕 王利明：《物权法论》，中国政法大学出版社 1998 年版，第 748 页。

〔4〕 邓大鸣、李子建："共享单车押金的性质及其监管问题探究"，载《西南交通大学学报（社会科学版）》2017 年第 4 期。

倒闭单车企业造成了超过 10 亿元人民币的押金损失，酷骑单车退款要去成都，小蓝单车拖延退款进度，用户无法有效维权。从另一方面也大幅降低了用户体验，并使得押金安全成为共享单车行业的焦点问题。实践中，因共享单车平台将押金记入"存款账户"，而不是"专用账户"，银行对存款账户没有监管义务，因此押金逃脱了第三方监管，安全问题无法得到正当的保障。此外，信用免押骑行在唤醒大量低频用户的同时，也带来了押金挤兑潮。[1]随着绝大多数共享单车的倒闭，数十亿押金难退甚至不能退已成一项备受关注的社会事件，其中的法律问题没有太多争议，但能不能退已成了罗生门事件。只是，是否应该有人为共享单车的押金问题承担相应的法律责任是值得探讨的法律问题。如果押金纯粹属于动产质押的民间担保，且专款专用能依约定退还也没有挪作他用应该就不会产生任何法律问题。但当押金不能退还、押金被挪作他用时，其法律性质就变得较复杂了。

《最高人民法院关于审理非法集资刑事案件具体应用法律若干问题的解释》（以下简称《解释》）第 1 条规定，违反国家金融管理法律规定，向社会公众（包括单位和个人）吸收资金的行为，同时具备下列四个条件的，除刑法另有规定的以外，应当认定为《刑法》第 176 条规定的"非法吸收公众存款或者变相吸收公众存款"：①未经有关部门依法批准或者借用合法经营的形式吸收资金；②通过媒体、推介会、传单、手机短信等途径向社会公开宣传；③承诺在一定期限内以货币、实物、股权等方式还本付息或者给付回报；④向社会公众即社会不特定对象吸收资金。该四大构罪条件被总结为非法性、公开性、利诱性和社会性要件。纯粹从利诱性要件即可否决共享单车模式成立非法吸收公众存款犯罪的可能性。在刑法学界，关于共享单车押金模式是否符合利诱性要件，争议较大。如李涛认为，关于共享单车押金池构成非法吸收公众存款罪"承诺回报"要件的认定，应当作新的观察。[2]《解释》称非法集资为犯罪行为，但是我国刑法典并未将"非法集资"规定为一具体罪名。根据《解释》的规定，非法集资犯罪行为包括非法吸收公众存款罪和集资诈骗罪等具体罪名。而在我国《刑法典》中非法吸收公众存款罪和集资诈骗罪却分别归属于破坏金融管理秩序罪和金融诈骗罪两类罪名之下。然而，

---

〔1〕 王家宝、余园园、敦帅："共享单车：现状、问题与对策"，载《管理现代化》2018 年第 5 期。

〔2〕 徐宏："共享单车'押金池'现象的刑法学评价"，载《法学》2017 年第 12 期。

集资诈骗罪的构成要件除了具有"非法集资的行为"之外，其犯罪构成还须符合"非法占有的目的"和"使用诈骗方法"这两项要素。从共享单车公司基本上能够按照约定退还用户押金的事实来看，共享单车公司收取用户押金的行为并不具有主观上"非法占有"的目的，并且在其受领押金时也没有"使用诈骗方法"，因此共享单车公司收取用户押金的行为与"集资诈骗罪"的犯罪构成要件有明显的差异。[1]但押金的收取、使用与退回情况一直遭受诟病，法律对其并无明确规定，经营者也多采取回避态度。[2]从目前《刑法》及《解释》的相关规定看，是否要对共享单车的押金责任人追究刑事责任还存在不少难度，尚需要对其进行法理上的探讨。

《指导意见》第 12 条就规定要加强用户资金安全监管，鼓励互联网租赁自行车运营企业采用免押金方式。《指导意见》在押金问题上鼓励互联网租赁自行车运营企业采用免押金方式提供租赁服务，并未明确禁止其采用押金运营模式。但同时，《指导意见》对押金管理作出了严格要求，即"企业对用户收取押金、预付资金的，应严格区分企业自有资金和用户押金、预付资金，在企业注册地开立用户押金、预付资金专用账户，实施专款专用，接受交通、金融等主管部门监管，防控用户资金风险。企业应建立完善的用户押金退还制度，加快实现'即租即押、即还即退'。互联网租赁自行车业务中涉及的支付结算服务，应通过银行、非银行支付机构提供，并与其签订协议。互联网租赁自行车运营企业实施收购、兼并、重组或者退出市场经营的，必须制定合理方案，确保用户合法权益和资金安全"。从《指导意见》的精神来看，这些规定当然是对共享单车"押金池"的风险监管，但更重要的意义在于对共享单车押金模式合法性的肯定或者说正名，也就是说，共享单车押金模式本身不能被认定为非法集资或者非法吸收公众存款犯罪。[3]但《管理办法》和《指导意见》对于"押金难退"或是"押金不能退"的法律问题也是莫衷一是。

《管理办法》和《指导意见》明确了押金的法律性质，为监管提供了法律依据，并加大了对假借共享单车押金之名进行恶意圈钱和非法集资行为的

〔1〕 邓大鸣、李子建："共享单车押金的性质及其监管问题探究"，载《西南交通大学学报（社会科学版）》2017 年第 4 期。

〔2〕 翟业虎、刘田鑫："共享单车租赁的法律问题"，载《扬州大学学报（人文社会科学版）》2017 年第 4 期。

〔3〕 徐宏："共享单车'押金池'现象的刑法学评价"，载《法学》2017 年第 12 期。

处罚力度，以防止其演变为恶意圈钱或非法集资。在我国圈钱行为之所以泛滥，就是因为其违法成本太低。根据我国《刑法》的有关规定，非法集资犯罪行为所包含的非法吸收公众存款罪，即便数额巨大，情节严重，其最高刑也只有 10 年，并处罚金也不过 50 万元。显然在此情况下，罪责刑并不相适应。非法集资犯罪行为得不到有效的制裁，就会激励更多潜在的犯罪分子群起而效之，扰乱国家的金融秩序。圈钱行为猖獗还在于其表现形态各异，花样翻新，且游走于合法与非法之间，司法机关难以认定。形形色色的圈钱或许只是相关金融犯罪之不同的外在表现，属于犯罪构成客观要件方面的内容，而难以用一具体罪名来简单地将其概括。因此，对于圈钱，只能从我国《刑法》规定的相关金融犯罪罪名出发，结合具体的圈钱行为来加以认定，也只有这样，才不至于使其逃脱法律的制裁。共享单车押金虽然不一定就是恶意圈钱，也不一定就是非法集资犯罪行为，但却具有滑向后两者的可能性，这之间并无不可逾越的鸿沟。在共享单车押金问题上，必须明确区分其为一般的质权担保，还是属于非法集资，从而真正有效地阻断共享单车押金滑入恶意圈钱和非法集资的罪恶深渊。[1]目前，关于共享单车押金的法律问题尚有不少可以探讨的空间，在维护消费者利益和鼓励企业创新的利益平衡方面，不管是立法和司法，都需要更"审慎"，而理论研究更需要有新的突破。

当前共享单车行业面临的普遍问题是由于我国相关法律并不完善，法律对押金及其孳息的归属没有明确的规定，押金监管不到位，以至于在实践中押金的管理退还等实务方面存在很多问题。《指导意见》虽认可共享单车中的押金制度，《管理办法》也规定了押金的管理细则，但因为押金的法律定性或法律责任机制不明确，以至于对共享单车押金及预付款的监管机制仍未确立，这也为平台企业滥用押金投资经营预留了后门。若共享单车企业投资经营失败、资金链断裂或进行金融诈骗等违法犯罪行为，押金难以退还必将损害广大用户的合法权益。[2]有学者认为，共享单车押金从法律上讲属于物权法所规定的"动产质权"。经用户同意后企业将客户押金用于投资理财的，投资收益的分配应与客户协商一致后决定。对于未经客户同意擅自将用户押金进行

---

〔1〕　邓大鸣、李子建："共享单车押金的性质及其监管问题探究"，载《西南交通大学学报（社会科学版）》2017 年第 4 期。

〔2〕　赵树文、王海燕："共享单车押金问题及其法律对策研究"，载甘培忠主编：《共享经济的法律规制》，中国法制出版社 2018 年版，第 141 页。

投资盈利或企业经营的，损失应当由企业承担。押金资金是共享单车企业盈利模式创新的核心资源，应支持共享单车运营企业采用押金方式提供租赁服务，并允许共享单车运营企业利用部分押金资金开展经营性活动，提高押金资源的配置效率，促进共享单车良性发展。[1]根据最高人民法院的司法解释，押金本质上是一种担保形式，虽然实践中关于押金"流质"的约定很普遍，一般在不损害国家、集体、社会及其他人利益的情况下，只要双方自愿约定的，其法律效力都会被认可，但其法律性质有待进一步探讨。因为共享单车通过互联网实现了"一物多押"，形成了资产池，使共享单车具有了融资功能，会扰乱金融秩序。因此，对抵押金的管理成了共享单车监管的重要课题。如何合理使用押金担保机制发挥其保障功能，加强押金的监管就具有重要的意义。

（二）共享单车的"公地悲剧"

1. 共享单车准公共产品的属性

由于共享单车属于公共交通的补充，其经营需要占用公共空间，具有准公共品特征。但因共享单车可以在不同人之间流传使用，且可能对共享单车的使用者单独收费，从而又使共享单车具有一定的排他性和竞争性，市场可以参与经营。因此，共享单车不是纯公共产品，可以被视为准公共品。[2]因为共享单车通过押金准入、扫码开锁、付费使用等方式实现了消费排他，但其竞争性因使用的范围和数量所造成的不同拥挤程度而有所差异，这就决定了共享单车的准公共物品的特殊物品属性。进一步分析，共享单车属于利益外溢的准公共物品。一方面，共享单车依托技术实现了消费排他，且所得物质收益归运营商所有，从而具有私人物品的特征；另一方面，其公共物品特征主要体现为共享单车显著的利益外溢性，不仅成为解决公众出行"最后一公里"难题的便捷工具，同时也是普及绿色出行理念、缓解交通拥堵状况、挖掘共享经济潜力、提升供给体系质量的有益探索，显示出较大的正外部性。因此，共享单车是具有利益外溢的准公共物品。[3]由于共享单车行业是新经

---

〔1〕 吴沐暄、程楠、李玲："从租金和押金看共享单车的公益性和经营性"，载《价格理论与实践》2017年第5期。

〔2〕 朱富强："共享经济的现代发展及其潜在问题：以共享单车为例的分析"，载《南方经济》2017年第7期。

〔3〕 冷向明、郭淑云："共享经济治理中的政府责任——以共享单车为例"，载《经济社会体制比较》2018年第5期。

济准公共产品发展延伸的新业态，不同于传统的城市公共自行车由政府直接供给和管控，共享单车是由私人部门向社会提供、经由信息网络服务平台的互联网租赁式公共自行车，因而应受政府与企业的双重管理。共享单车在为公民绿色出行、创造人性化慢行交通系统提供良好契机的同时，也面临着因政府和市场双失灵的供给过剩、使用不当所导致的资源浪费和扰乱公共交通秩序等社会治理问题。[1]只有认清共享单车的准公共产品属性及其存在的深层次问题，政府才可能制定相应的监管政策，而共享平台也才能清楚企业行为的商业边界，及其法律义务和社会责任的底线。

2. 共享单车准公共产品的"公地悲剧"

共享单车属于准公共物品，为了避免"公地悲剧"，公共产品不宜全面展开市场竞争，不能采用"法不禁止即自由"的负面清单管理模式，应采用正面清单管理模式，由政府对市场数量进行适当控制确保效率。在共享单车问世之前，很多地方政府就已经向市民提供了一定数量的公共自行车服务。但政府公共自行车的"有桩"管理的最大问题是，所有的公共自行车站点建设都只能容纳几十辆自行车并排停放在有桩驻停点，每一个取还车站点、指定办卡处都要求不小的占地面积，且需要电力、维修、养护等部门的协同参与，这种模式本身运营成本大、进入门槛高，站点选择和布点数量受到极大限制，效率低下。[2]而共享单车无桩停放模式为城市居民带来便利的同时，也造成乱停乱放、故障率较高、故意毁坏单车、非法篡改二维码、废旧单车无人管理、占用大量道路和场地等问题，各大城市多地都已出现"共享单车坟场"的现象。[3]政府的有桩管理是必需的，是对公共秩序的维护，因为有桩模式确保公共自行车的有序供给。但由于"有桩"设置不尽合理，没有充分利用城市闲置空间，只是集中停放不能更好地方便民众，很难发挥"最后一公里"的公共交通补充作用。由政府提供的"有桩"公共自行车值得肯定，其确保公共资源的有序运作以及对公共资源的合理使用，但其成本高效率低下且缺

---

〔1〕 郑家昊、李庚："准公共产品负外部性有效治理的政府责任及工具创新——以共享单车为例"，载《天津行政学院学报》2018 年第 2 期。

〔2〕 姜宁："从'共享单车'的监管看政府如何在分享经济中发挥作用"，载《河北学刊》2017 年第 4 期。

〔3〕 陈红喜等："绿色经济背景下共享单车治理困境与路径选择"，载《南京工业大学学报（社会科学版）》2019 年第 4 期。

乏灵活性不方便用车，以至于没有任何限制地乱停乱放的共享单车乘虚而入抢占了公共自行车市场。

在理论上，假定其他条件不变，社会总福利会随着共享单车投放量的增加而增加，但在投放量超过一定数量后，路面拥挤、其他功能被挤占等负面作用会使得社会整体的福利水平不升反降，直至单车将公共空间挤占殆尽，社会总福利为零。这个过程变化可以归纳为：特殊商业模式使得共享单车经营者必须追求投放量的规模效应。因为共享单车公司只有在单车投放密度达到一定程度、用户在主要活动区域能够很容易地找到可用单车时才能吸引足够多的用户去下载本公司的 APP、注册、交押金，并让用户形成持续的消费习惯。共享单车投放量过多的供过于求最终导致市场失灵，共享单车经营者在成本收益方面的考虑不足以使他们主动把单车投放量控制在社会最佳数量以内。由于共享单车占用公共空间的成本是由公共财政、小区业主等外部主体承担的，因此共享单车公司自己依据成本收益分析得出的最佳投放量会明显高于社会总福利最大化时的最佳投放量。共享单车公司即便明知车辆已饱和也会继续增加投放，直至它分担的那一部分成本已经与全部经营收益持平。[1]由于对公地的无偿使用，以及其对市场利润的渴求使得共享企业平台不计成本地投入大量单车，最终导致"公地悲剧"。

总之，公共单车作为准公共单品，市场机制对其的配置容易导致市场失灵，共享单车市场的无序发展也带来了"公地悲剧"的两大严重问题：①共享单车的准公共品性质滋生出强烈的负外部性。理论上，共享单车作为准公共产品，不应完全由市场竞争机制进行资源的配置。但由于我国共享单车定位的模糊，对共享单车市场准入缺乏管控，以至于共享单车的准公共产品的非排他性导致风险资金蜂拥而入，引发了共享单车泡沫的产生和破灭，这些都是市场创新机制的盲目性和逐利性竞争机制在公共领域的公地悲剧的反映，从而就需要政府的积极规划和引导。②共享单车的准公共品性质滋生出大量的搭便车行为。比如，"无桩"停放的便利性有助于用户短距离出行，可以到达没有公共交通服务的居民小区，也可以骑车去寻找那些躲在附近巷子胡同里的美食，进而拓展了用户短距离骑行的使用需求，但同时无桩停放侵占了

---

〔1〕 彭运朋："共享单车政府规制研究"，载甘培忠主编：《共享经济的法律规制》，中国法制出版社 2018 年版，第 184 页。

公共空间，扰乱了公共秩序。[1]

共享单车作为准公共产品，社区共享的私人参与模式可以满足部分市场需求弥补政府对该领域投入不足的缺陷，是理想的共享单车模式。但对于伪共享单车市场化经营对自行车的购置、维护需要投入大量的资金，准公共产品高成本低收入非竞争性很难通过市场竞争实现资源的优化配置，以至于绝大多数共享单车企业因入不敷出关门或倒闭。当然，共享单车作为准公共产品会侵占公共空间，需要政府合理配置公共资源防止占道经营，乱停乱放等问题，但政府监管缺位导致"无桩"共享单车打败了政府的"有桩"公共自行车，这种"无桩"模式也是对公共资源的肆意掠夺，是对公共秩序的破坏，容易引发"公地悲剧"。

（三）共享单车的沉没成本问题

共享单车在我国的迅猛发展，不仅源于其商业模式的创新和科学技术的进步，更源于资本对其的青睐（见表10-1）。根据电子商务研究中心发布的《2017年度中国共享经济发展报告》显示，截至2017年12月，共享经济领域的融资额约为1159.56亿元，约有190家共享经济类企业获得投资。其中，共享汽车（19家企业）获投金额最高为764.59亿元，位居第一；共享单车（23家企业）获投258.09亿元，位居第二；上述资料显示的获投融资总金额折合人民币高达927.97亿元，约占2017年获投总金额的80%，足见资本对伪共享租赁经济的青睐，正是有这些强大的资本做后盾，商业化更快的伪共享B2C布局才有可能逐渐替代整合经营困难的C2C资源模式。[2]其实，从2014年首家无桩式共享单车企业ofo创立至2017年，短短三年内，就有27家单车企业相继入局，用户量高达1.06亿人。另据公开资料显示，摩拜于2017年6月16日完成超6亿美元的E轮融资，总融资额约12.32亿美元，而ofo的E轮融资后总额高达13.5亿美元。[3]自2016年后，众多共享单车企业进入市场，2016年至2017年共享单车企业数量所示：2016年内至少有包括24家共享单车企业涌入市场，企业数量增长速度达到了1100%，2017年企业数

---

〔1〕　朱富强："共享经济的现代发展及其潜在问题：以共享单车为例的分析"，载《南方经济》2017年第7期。

〔2〕　黄电："共享经济与租赁经济的特征及差异性剖析"，载《财会月刊》2019年第21期。

〔3〕　杨在军、马倩瑶："共享单车用户机会主义行为的演化博弈分析"，载《管理工程学报》2020年第3期。

量达到了 77 家，增长速度为 201%。至 2017 年末，入局资本多达 30 家。[1]
到 2017 年 7 月，摩拜单车和 ofo 共享单车的用户量分别为 2625 万人和 2568 万
人，根据上述数据，摩拜单车累计可得 78 亿元押金，ofo 共享单车可得 25 亿
元押金。[2]摩拜初期设计生产一辆车的费用高达 6000 元，尽管后来单车成本
随着量的增加而逐步降低到 3000 元再到 1000 元以内，但这笔投入依然是巨
大的。[3]根据数据显示，参投共享单车项目的主体仍以风险投资机构为主，占
据 70%的比例；大型公司占据 19%的比例；个人投资者占据 11%的比例。特别
是在靠前的融资轮次，有较多的天使投资人参与。据公开资料显示，截至 2017
年 7 月，从 11 家共享单车企业披露的融资消息看，仅 6 家共享单车的融资额就
已超过 170 亿元人民币。其中，摩拜融资约 76.58 亿元人民币；ofo 融资约 91.35
亿元人民币（见表 10-2）；永安行融资将近 1.4 亿元人民币；小蓝融资将近 4 亿
元人民币；优拜融资将近 2.6 亿元人民币；哈罗融资将近 2 亿元人民币。[4]

表 10-1　2017 年共享单车较大的单笔投资

投资对象	时间 （年—月—日）	轮次	金额
滴滴出行	2017—04—28/ 2017—12—21	F 轮	55 亿美元/ 40 亿美元
北汽新能源	2017—07—21	B 轮	16.29 亿美元
ofo 小黄车	2017—03—01/ 2017—07—06	D 轮/E 轮	4.5 亿美元/ 7 亿美元
摩拜单车	2017—04—04/ 2017—06—16	D 轮/E 轮	2.15 亿美元/ 6 亿美元
哈罗单车	2017—12—04	D 轮	3.5 亿美元
途家网	2017—10—10	E 轮	3 亿美元

资料来源：IT 桔子《2017 共享经济获投金额 TOP10 事件》。

---

　　〔1〕 沈蕾、卜训娜：“共享单车可持续发展问题研究”，载《价格理论与实践》2019 年第 7 期。
　　〔2〕 赵树文、王海燕：“共享单车押金问题及其法律对策研究”，载甘培忠主编：《共享经济的
法律规制》，中国法制出版社 2018 年版，第 140 页。
　　〔3〕 朱富强：“共享经济的现代发展及其潜在问题：以共享单车为例的分析”，载《南方经济》
2017 年第 7 期。
　　〔4〕 段新生、林丹：“从共享单车融资状况看风险投资家的‘非理性’投资”，载《会计之友》
2017 年第 24 期。

表 10-2　摩拜和 ofo 的融资情况

平台	融资轮	时间（年-月-日）	融资额	投资方
ofo 约 15 家投资机构，共计 7.5 亿美元	天使轮	2015-03-17	数百万人民币	唯猎资本
	Pre-A 轮	2015-12-22	900 万人民币	东方弘道、唯猎资本
	A 轮	2016-02-01	1500 万人民币	金沙江创投、东方弘道
	A+轮	2016-08-02	1000 万人民币	真格基金、天使投资人
ofo 约 15 家投资机构，共计 7.5 亿美元	B 轮	2016-09-02	数千万美元	经纬中国、金沙江创投、唯猎资本
	B+轮	2016-09-26	数千万美元	滴滴出行
	C 轮	2016-10-10	1.3 亿美元	滴滴出行、Coatue Management、小米、顺为资本等共 10 个投资方
	D 轮	2017-03-01	4.5 亿美元	DST、滴滴出行、中信产业基金、经纬中国等共 7 个投资方
	D+轮	2017-04-22	近亿美元	蚂蚁金服
摩拜 约 19 家投资机构，共计约 6 亿美元	天使轮	2015-03-01	146 万人民币	李斌（天使投资人、蔚来汽车创造人）
	A 轮	2015-10-30	数百万美元	愉悦资本
	B 轮	2016-08-19	数千万美元	熊猫资本、创新工场、愉悦资本
	B+轮	2016-09-20	数千万美元	祥峰投资、创新工场、熊猫资本
	C 轮	2016-09-30	1 亿美元	高低资本、华平投资、红杉资本、启明创投、贝塔斯曼等共 9 个投资方
	C+轮	2016-10-13	5500 万美元	腾讯、王兴以个人身份投资
	D 轮	2017-01-04	2 亿美元	腾讯、华平投资、携程、华住、德太资本、红杉资本等共 14 个投资方
	D1	2017-01-23	亿元及以上美元	富士康
	D2 轮	2017-02-20	亿元及以上美元	淡马锡、高低资本

　　由于风险投资家投资决策时高估了共享单车成功的可能性，风险资本盲目追捧共享单车市场，让共享单车市场积累了过多的沉没成本。随着融资能力的差异以及风投资金的"西瓜偎大边效应"，[1]共享单车在恶性竞争过程

---

〔1〕"西瓜偎大边效应"一词源自我国台湾地区的闽南语俚语，意思是哪一个西瓜较大，就挑哪一个。引申为，哪里有好处、利益多，就靠向哪里。

中，往往又会出现供远大于需的状况，从而造成资源的极大浪费。[1]此外，町町单车、3Vbike 及悟空单车三家企业率先倒闭；随之到了 2017 年 9 月份，酷骑单车因盲目扩张以及与 P2P 金融公司理不清的关系，引发用户恐慌，遭遇押金挤兑而倒闭；2017 年 11 月份，小鸣单车和小蓝单车也相继停止运营，同时出现用户押金退还难的问题。而这些事件发生的直接原因就是企业资金问题，即融资能力不足。行业巨头 ofo 和摩拜，在 2017 年中相继完成 E 轮融资，且金额巨大，更加巩固了领先地位，同时也给其他品牌造成了更大的威胁。而 2017 年下半年行业整体融资较少，逐渐出现颓势。2017 年 10 月 24 日，出现的永安行与哈罗并购第一案，标志着共享单车行业继死亡潮后，进入并购潮。随后 2018 年初，滴滴出行收购复活小蓝单车并自行孵化青桔单车，进入共享单车行业，整个行业依然处于资本驱动的阶段。[2]2017 年，摩拜和 ofo 两家在 1 个月左右的时间里就完成了 5 轮融资，向市场投放了一批又一批的单车以吸引用户。随着投资的不断增加，其沉没成本也正在加大，盈利能力却越来越弱。

北京清华同衡规划设计研究院联合摩拜单车共同发布的《2017 共享单车与城市发展白皮书》表明：为了竞争更多的市场份额并通过增加注册用户满足市场需求，自行车共享公司决定与自行车厂合作提高制造生产能力。例如，摩拜 2017 年向天津 Aima 公司下订单，每年生产 500 万辆自行车。另一方面，ofo 与天津富士达自行车公司、飞鸽公司和上海凤凰公司合作生产共享单车。这些制造商的总生产能力可达到每年 3000 万辆，这意味着会因此产生沉没成本。[3]2017 年 9 月 9 日，第七届中国智慧城市博览会"分享经济"高层论坛在宁波召开。会上，国家信息中心分享经济研究中心发布了《共享单车行业就业研究报告》。其中指出，在 2017 年上半年，共享单车领域达成 22 起融资，融资额度达到 104.33 亿元。同时，共享单车累计投放量约 1600 万辆，但是其日订单只有 5000 万单，骑行频次仅为 3.125 次/日辆。[4]

---

〔1〕 朱富强："共享经济的现代发展及其潜在问题：以共享单车为例的分析"，载《南方经济》2017 年第 7 期。

〔2〕 王慧君、朱建明："共享单车盈利模式分析"，载《企业经济》2018 年第 5 期。

〔3〕 Ke Rong, Fei Xiao and Yong Wang, *Redundancy in the Sharing Economy*, Resources, Conservation & Recycling, 2019（151）：9.

〔4〕 "共享单车行业就业研究报告"，载 https://www.sohu.com/a/191220480_ 118392，访问日期：2019 年 12 月 23 日。

根据艾瑞咨询发布的大数据显示：共享单车用户单次骑行时长大部分在30 分钟以内，而里程则在 3 公里以内。这一系列数据说明共享单车的供给在资本的推动下已经被扭曲。为了迅速地提高市场占有率，共享单车企业在发展中认为最好的方法就是要让用户更快、更方便地找到自行车，企业需要向市场投放大量单车。如果仅仅靠企业自身资金是难以快速实现这一目标的，但在资本的推动下这一状况改变了。因此，共享单车企业通过融资获得了大量资金，为了争夺市场份额，甚至暂时不考虑成本，先购买海量的共享单车进行投放以占领市场。为了尽快获取更大的市场份额和规模效益，共享单车企业的供给量越来越大，形成了扭曲性供给循环：企业大量投放单车在抢占市场份额的同时，会增加竞争对手的竞争成本，逼迫竞争对手也大量往市场投放单车，否则其就会失去市场份额被迫出局，若占领了市场份额后，共享单车企业的估值会升高，吸引更多的资本投资，然后进一步投放单车，以至于市场上共享单车数量越来越多，有限的社会资源和共享单车企业对市场份额的激烈的争夺必然产生矛盾。因此，在资本的推动下，为了争夺市场份额，共享企业不计成本地往市场大量投放共享单车，共享单车的数量呈现爆发式的增长，市场供给被严重扭曲。[1]共享单车行业为了获取较多的市场份额，通过增加市场上的共享单车的投放量和降低价格来吸引消费者注册，但这种增量资本的投入必然会增加其沉没成本，削弱其盈利能力，使整个行业陷入价格战的恶性竞争中，从而导致经营上的困境甚至破产。以至于经过 2016 年至 2017 年的价格战和投放量之战后，绝大多数共享单车公司在烧完最后一笔融资之后弹尽粮绝，不得不关门大吉。

三、共享单车的经营机制不完善

（一）共享单车的外部效应

1. 共享单车侵占了公共空间

共享单车作为公共交通的一种补充，能解决城市"最后一公里"的交通问题，但共享单车"无桩"模式的"占道经营"会挤占本已紧张的城市公共空间。共享单车兴衰在短时间内的爆发，严重冲击了城市原本的运行方式，

---

〔1〕　王政赃、何得桂："共享单车发展面临的主要问题与治理路径研究——基于公共产品理论的视角分析"，载《价格理论与实践》2017 年第 8 期。

使得本就脆弱的道路生态雪上加霜。共享单车的设计者、支持者们并不认为道路本身是一个复合的、复杂的公共空间，他们认为"无桩"的"占道经营"是理所当然的，是他们生财之道的自由，甚至不惜侵占盲道。纵然摩拜手机客户端"用户指南"中关于车辆停放问题明确说明"当没有白线/停车架时，请停放在路边不阻碍交通的空旷区域或其他单车聚集区域"，但它对类似侵占盲道之类道路公共设施的行为几乎没有约束力。换言之，在共享单车的实际使用过程中，在使用者行为的正误两极之间，实际存在广泛的灰色地带，而盲道这样本就难以维护却十分必要的公共空间，就极易被这种灰色地带吞噬。显而易见，共享单车的疯狂扩张给城市造成了沉重的负荷。[1]

在共享单车领域，自行车挤占公共交通资源是一个严重的现象，"路权"问题已成为共享单车行业发展的瓶颈。共享单车"无桩占道"的经营模式隐含着共享经济一个深层次的问题，即"共享经济赚钱有理，创新无过"的粗暴逻辑。共享单车的乱停乱放是当前共享单车面临的最主要问题之一。一线城市共享单车密集度高，在街道边、绿化带、汽车停车位随处可见乱停放的自行车。据央广网报道，在昆明，共享单车乱停乱放擅自占用城市道路，给城市环境和秩序带来了新的问题，昆明城市执法局分别对摩拜、ofo、哈啰处以2万元罚款，并督促其履行管理义务。为维护城市正常运行，政府部门需要对乱停乱放车辆集中整治，单车被政府部门拖走，约谈运营商的报道经常发生。[2]无桩共享单车通过乱停乱放来侵占公共空间给民众出行带来了阻碍。路边的共享单车在尚未被下一个使用者骑走之前，它就是一个沉积在众人生活空间甚至扰乱日常生活秩序的沉积之"物"。无孔不入的共享单车可以随意进入城市的每一个角落，给其他居民带来诸多不便。在城市的很多居民区、商业区、高校的自行车棚内以及地铁公交站附近都停放了大量的"僵尸"共享单车，经过长年累月的风吹日晒雨淋，这些"僵尸"共享单车大多无法正常使用，即使可以再利用也多因其修理费过高致使共享平台放弃维修，这些"僵尸"共享单车严重挤占了公共空间。[3]

据《广州日报》报道，因过量投放、企业倒闭等问题，废弃闲置的共享

〔1〕袁长庚："空间的蚀锈：对共享单车乱象的人类学批评"，载《学习与探索》2018年第10期。
〔2〕王家宝、余园园、敦帅："共享单车：现状、问题与对策"，载《管理现代化》2018年第5期。
〔3〕姜宁："从'共享单车'的监管看政府如何在分享经济中发挥作用"，载《河北学刊》2017年第4期。

单车数量增加明显。广州市城管委主任科员谭钊雄透露，截至 2018 年 6 月，停在广州街面上的废弃共享单车有 30 多万辆，有数十万辆废弃共享单车挤占了公共道路资源。[1] 共享单车不但严重侵占了公共空间，还扰乱了社区的日常生活秩序。2017 年 8 月，北京朝阳区某物业公司诉摩拜单车一案开庭审理。在这一被称为"首例共享单车违停案"的庭上交锋过程中，摩拜作为被告方表现得极为强势，其不但拒付物业公司所要求的 100 元人民币补偿款，而且坚称对方"并非提起无因管理之诉的适格原告"。摩拜在庭审过程中的自我辩护认为，物业公司"收取了 50 万元服务报酬，与案外人签订了委托服务合同，约定的委托管理事项就包括'交通与车辆停放秩序的管理'"。案中共享单车作为一种具体的"物"，它同样有停滞、冗余、积压等种种物的状态，即便是在共享状态下，上述状态依然不会消失。比如，某人从地铁站出来之后打开一辆共享单车，骑行一段距离之后，停在某小区门口（或径直骑进小区），然后锁车付费。上述一连串行为，对共享单车使用者看来并无不妥，但那辆车却作为一个具体的"物"留在原地，直到被下一个使用者租赁出去。[2] 共享单车对公共空间的侵占是毋庸置疑的，但共享平台却认为这是它们的"权利"。

2. 共享单车扰乱了公共秩序

共享单车的无桩停放导致地铁口、公交站、公司、小区附近到处堆积着共享单车。[3] 如果说侵占盲道还可以被视为是单车使用者疏忽怠慢而造成的例外，那么在争抢人行道这一问题上，则表明了共享单车理念当中所固有的"越界"冲动。我国的道路虽有人行道、机动车道、非机动车道，但绝大多数城市的道路都没有专用自行车道。在共享单车出现以后，共享单车在没有专用车道可走的情况下，或是闯入机动车道，或是在人行道上横穿直闯地扰乱了公共交通秩序。原本就不宽阔的人行道，往往需要被进一步切分为停车道、单车道、人行道。共享单车力图解决因城市规划和交通方式滞后而造成的出行不便，共享单车的设计理念当中包含着对"便捷"的推崇，而这种推崇本身建构了一种出行方式的优劣排序，类似走路这样"不便捷"的出行自然地

---

〔1〕 "共享单车舆论环境研究报告"，载 http://www.100ec.cn/Public/Upload/file/20190418/155555 54852718198.pdf，访问日期：202 年 5 月 10 日。

〔2〕 袁长庚："空间的蚀锈：对共享单车乱象的人类学批评"，载《学习与探索》2018 年第 10 期。

〔3〕 郭鹏等："共享单车：互联网技术与公共服务中的协同治理"，载《公共管理学报》2017 年第 3 期。

被认定为需要作出让步。当下中国城市道路空间普遍过窄，机动车道对非机动车道的挤压，机动车、非机动车对人行空间的侵占，使得各种出行实践本就在艰难维持一种差强人意的均衡。在这一前提之下，共享单车作为一种新兴的出行方式，实际是对匮乏的公共资源的进一步掠夺。共享单车以无桩乱停乱放的便捷，借共享经济之名，以"互联网+"时代新经济特有的傲慢，以线上的无限挑战线下公共空间的底线。共享单车冲上人行道的乱象，与其说是使用者本身"素质"低下，不如说是共享单车经营模式对公共资源的豪横掠夺。[1]共享单车的无桩的机会主义行为不利于共享单车行业的可持续发展，因此，以最低的成本实现最有效的监管是遏制用户机会主义行为的关键。[2]共享单车的无桩管理模式是一种无序的市场行为，作为准公共产品的共享单车，如果缺乏必要的监管势必造成无序的竞争并侵蚀公共利益，扰乱公共秩序。

（二）共享单车的无序竞争问题

共享单车作为共享经济的一种新的商业模式，尚未建立公平自由的竞争秩序。随着共享单车的普及，越来越多的企业参与进来，面对"群雄争霸"的局面，引发了"价格战"的不公平竞争行业乱象。[3]共享单车作为准公共产品，因政府没有对其市场准入进行监管，导致其进入门槛低，押金的融资功能诱使投资者只追求市场的份额不考虑市场的真正需求，通过低价补贴或是红包等价格战来争抢市场份额。纵观共享单车在我国过山车式的兴衰起落，风险投资是助推器。我国的共享单车运营基本上完全市场化，而企业的现金流来自大量的押金而非租金。为了更多地占领市场份额获取押金，在同质化的市场竞争中，价格竞争成为最有效的竞争模式。由于共享单车市场同质化竞争比较严重，替代性高，市场准入门槛较低，大量品牌的出现使市场竞争不断加剧，导致一些共享单车企业用送优惠券、送红包、包月、免费骑行等"烧钱"补贴用户的方式来抢占市场占有率。一些共享单车企业还展开红包大战，骑行距离和时间达到一定标准可以领取随机红包，也是一种变相的"免费骑"。为了争市场份额，"免费骑"加剧了行业内部的无序竞争。企业不断

---

[1] 袁长庚："空间的蚀锈：对共享单车乱象的人类学批评"，载《学习与探索》2018 年第 10 期。

[2] 杨在军、马倩瑶："共享单车用户机会主义行为的演化博弈分析"，载《管理工程学报》2020 年第 3 期。

[3] 宋姝凝："共享单车的法律监管问题研究"，载《河南社会科学》2017 年第 7 期。

推出"免费周卡""免费月卡"等措施来吸引更多的骑行者加入。吸纳的骑行者越多对共享单车的企业越有利，企业的"资金流"就越大，因此，为了吸引用户，共享单车租金很低甚至免费，最高每小时 1 元人民币，最低每小时 0.1 元人民币，租金对企业利润显得无足轻重。例如，ofo 节假日、每天的首单免费；小蓝车 5 月份全月免费；摩拜单车开展 30 天免费骑活动等。[1]

除利用免费骑的方式来争夺消费者之外，摩拜和 ofo 还提供了不同价格的各种促销活动，其他公司也被迫效仿。比如，2017 年 3 月底，摩拜推出共享单车的"红包"活动，鼓励用户用退回的红包循环骑行非活动的自行车。ofo 在 20 天后推出了类似的促销。同年 7 月和 8 月，摩拜和 ofo 以令人难以置信的低价出售每月的会员卡。虽然价格战由摩拜和 ofo 开始，但随后又延伸到二线和三线自行车共享公司。据新闻报道，在北京，2017 年 2 月份共有 3 家共享单车公司的 20 万辆、45 万辆和 32 万辆共享单车被迫参加恶性竞争，4 月增加到 70 万辆，9 月增加到 235 万辆。根据研究表明，北京市民共享自行车的需求约 170 万辆至 201 万辆。同样，上海在 6 月和 10 月分别增至 106 万辆和 150 万辆，而上海市自行车协会估计上海共享自行车的需求在 50 万辆至 60 万辆，这些均表明共享自行车产生了冗余。[2]从 2017 年 3 月 3 日开始，ofo 开展"任性特惠充值最高返现 100%"活动，用户在 ofo 中充值 20 元将得到 25 元，充值 50 元得到 70 元，充值 100 元得到 200 元；摩拜单车也开展了类似的活动，用户充值 20 元将多得 10 元，充值 50 元多得 30 元，充值 100 元多得 110 元。随后，二者的充值返现大战又升级成了免费大战，进入 3 月份后，国内各大共享单车纷纷开展"免费骑行"活动。[3]

显然，免费使用是一种最易被大众接受的方式，也是企业占领市场最直接的有效手段。以圈押金为目的的各种"免费骑"现象，为共享单车行业的可持续发展埋下了隐患，以至于共享单车企业由于运营能力欠缺、迟迟不能盈利以及后续资金不到位等问题而出现倒闭潮。当然过度竞争不会长久，势必会在激烈的竞争后，部分车企被行业龙头兼并收购或是被迫退出市场，最

---

〔1〕　王慧君、朱建明："共享单车盈利模式分析"，载《企业经济》2018 年第 5 期。

〔2〕　Ke Rong, Fei Xiao and Yong Wang, *Redundancy in the Sharing Economy*, *Resources*, *Conservation & Recycling*, 2019（151）：9.

〔3〕　吴沐暄、程楠、李玲："从租金和押金看共享单车的公益性和经营性"，载《价格理论与实践》2017 年第 5 期。

终形成垄断。[1]价格战的结果就是主营业务收入单薄，难以维持企业的正常经营和发展，需要不断地依靠外来融资进行维持。[2]《2016 年中国互联网单车租赁市场专题研究报告》指出：共享单车企业所面临的重要问题就是控制成本，缩短成本回收期。但是，有的企业创业初期为了能够拓展客户范围，占领市场，提供了许多"免费的午餐"；有的企业不计成本进行"烧钱"扩展，只考虑固定运营成本的前提下客户增加会减少边际成本，却忽略了单车后期营运管理，导致成本回收期拉长。[3]"免费骑"不仅客观上会造成活动时点的供求失衡，还会在不同程度上对互联网租赁自行车产业的可持续发展产生不利影响。共享单车企业以"免费骑"的营销手段争夺市场，在严重挤压自身盈利空间的同时，也扰乱了市场秩序，破坏了价格形成机制。[4]

从 2016 年 4 月开始到 2017 年结束，经过价格战淘汰了绝大多数共享单车公司，形成了摩拜和 ofo 双寡头的垄断格局。[5]国外共享单车的经营模式与我国不同（见表 10-3），无押金主要靠租金来获利。比如美国每小时租金 1 美元或每次 0.5 美元；英国则半小时支付 50 便士；欧盟一些国家以半小时为单位支付 0.5 欧元。国外的共享单车基本上没有免费的，付费骑行保证了企业的经济利益，使企业能够正常运转。[6]我国的共享单车的经营必须回到正确的轨道，不能再继续以低价竞争获取市场份额，不能再依靠押金获得现金流，应该通过优质的服务来赢得市场，并通过租金来获利。因此，可以借鉴其他国家的经验，减少或是取消押金制度，建立合理的租金定价机制，防止垄断共享单车操纵市场。

---

〔1〕 李忠华、陈菡彬："共享单车'免费骑'现象怎么看"，载《人民论坛》2017 年第 34 期。

〔2〕 王慧君、朱建明："共享单车盈利模式分析"，载《企业经济》2018 年第 5 期。

〔3〕 聂永刚、张锟澎："共享经济下共享单车行业成本优化管理策略"，载《会计之友》2018 年第 23 期。

〔4〕 李忠华、陈菡彬："共享单车'免费骑'现象怎么看"，载《人民论坛》2017 年第 34 期。

〔5〕 Ke Rong, Fei Xiao and Yong Wang, *Redundancy in the Sharing Economy*, *Resources, Conservation & Recycling*, 2019（151）：8.

〔6〕 纪淑平、李振国："国外共享单车发展对我国的经验借鉴与启示"，载《对外经贸实务》2018 年第 4 期。

表 10-3 各国共享单车的经营模式的比较

	中国	日本	英国	荷兰	新加坡
主流模式	商业竞争	政府项目	政府项目	政府项目	政府
投放量	北京市超过70万辆	东京市不足1万辆	暂无数据	OV-fiets8500辆	1万辆
收费状况	押金+租金	租金	每日固定租金超时收取租金	每日固定租金	租金
停放	随停随放	固定停车点	固定停车点	固定停车点或合法停车点	固定停车点
违规罚款	无专门法规，但已有破坏共享单车者被处罚	高额罚款，丧失社会信用	暂无数据	高额罚款	违法行为，判刑，高额罚金

资料来源：根据全球锋报 2017 年整理。

（三）共享单车的日常维护管理不到位

根据 2019 年《共享单车舆论环境研究报告》的舆论反馈情况看，用户在使用共享单车过程中的恶意行为除了行车不文明，如乱穿马路、闯红灯、车篓载人之外，还包括故意损坏单车，如皮座被撬、车锁被剪、扔弃单车、损毁二维码、乱贴广告及私锁单车等。[1]在共享单车的经营过程中，共享平台一般都比较重视市场投入和市场占领，但轻视市场经营管理。受互联网租赁自行车企业的投放数量、组织管理和车辆调度的能力限制，在高峰期或车辆投放少的地区，很难顺利找到一辆互联网租赁自行车。于是一些使用者为了方便自己再次使用，产生了上私锁、藏匿、涂改二维码和编号、记住密码等能够实现自己多次使用的恶意占用行为。尤其是一些使用机械锁的单车，有些用户在用完车之后不手动上锁，导致"免费骑"盛行。虽然这种现象反映出部分公民的文明素质有待提高，[2]也说明共享单车的日常管理工作不到位，让不良用户可利用共享单车获取私人利益，从而影响他人利益，破坏共享单车的正常工作秩序。

---

〔1〕 "共享单车舆论环境研究报告"，载 http://www.100ec.cn/Public/Upload/file/20190418/1555554852718198.pdf，访问日期：2020 年 3 月 16 日。

〔2〕 李忠华、陈菡彬："共享单车'免费骑'现象怎么看"，载《人民论坛》2017 年第 34 期。

来自上海市消费者权益保护委员会统计的数据显示：2016 年上海市消费者权益保护委员会共处理共享单车相关投诉 184 件；截至 2017 年 3 月 6 日，相关投诉量已达到 463 件，超过 2016 年的全年投诉总量。而投诉的问题主要存在于找车、骑车、换车的过程中，以及押金返还、投诉处理和费用扣除等问题中。《道路交通安全法》第 36 条规定："根据道路条件和通行需要，道路划分为机动车道、非机动车道和人行道的，机动车、非机动车、行人实行分道通行。没有划分机动车道、非机动车道和人行道的，机动车在道路中间通行，非机动车和行人在道路两侧通行。"第 59 条规定："非机动车应当在规定地点停放。未设停放地点的，非机动车停放不得妨碍其他车辆和行人通行。"但由于缺乏合理有效的配套设施制度，以及企业本身的逐利性，共享单车对市政的负面影响也是客观存在的，比如最明显的乱停乱放、频频出现的共享单车"上树""下河""分尸"等场景，部分废旧单车无人管理到处废弃等现象，严重影响了城市环境以及交通秩序。[1]

另外，共享单车的日常运行管理需要不少开支，主要包括：单车折旧费用、维修费用、调度费用以及人力资源成本等。以摩拜单车与 ofo 单车为例，根据市场调查和对第三方数据的收集整理得出，关于摩拜单车与 ofo 单车的营运成本，摩拜单车是质量和用户体验都较好的一款车型，新车造价约 2000元，其采用了超强航空铝合金车体、实心轮胎、无链式传动装置以及具有太阳能模块和 GPS 模块的车锁，仅维修一次就要耗费 500 元左右。ofo 单车虽然单车成本低，但是其在设计、使用和管理上存在较多问题，使得单车损坏现象严重。摩拜单车的维修费达 64 亿元，ofo 单车维修费达 21 亿元。共享单车连续使用 3 年强制报废。一年平均至少减损 33.33%，还不包括由于管理不善导致的单车丢失和损坏现象。因此，单车淘汰速度较快，折旧率较高，造成单车每年的折旧费用较高，摩拜单车的折旧费每年达 30 亿元。摩拜单车和 ofo的单车投放量分别达到 450 万辆和 600 万辆，市场单车调动率约为 8%。经计算，摩拜和 ofo 的单车调度费用分别约为 4 亿元和 5 亿元，随着单车投放量的提高，单车的调度费用也会逐步上升。[2]

---

〔1〕 宋姝凝："共享单车的法律监管问题研究"，载《河南社会科学》2017 年第 7 期。

〔2〕 聂永刚、张锟澎："共享经济下共享单车行业成本优化管理策略"，载《会计之友》2018 年第 23 期。

共享单车的维修都需要花费大量的人力物力财力，由于共享单车企业与自行车生产企业以及维修店合作力度不足，导致共享单车企业在单车采购、仓储、物流、运输、维修维护等经济活动过程中发生的费用，大部分由共享单车企业自己独自负担，缺乏必要的费用分担机制，这无形中增加了共享单车企业的运维成本。目前共享单车企业车辆维护业务主要是由全国运维经理、片区运维主管和地方运维专员组成，其中运维专员细分为维修专员、运输专员和巡逻专员。随着共享单车的大批投放，单车运营与维护工作也成了主要问题。共享单车的运维业务目前主要外包给第三方公司，第三方公司招聘兼职人员对共享单车进行维护和调度。由于共享单车企业缺乏对第三方公司有效的监督和激励，外包的维修业务无法与需求相匹配。破损故障单车概率高，维修速度无法跟进，单车运维依赖兼职，仓库坏车堆积待修，并存在占道维修单车的现象。共享单车平台为节省维修成本，业务外包，维修不及时，街头车辆故障概率依然较高。[1]共享单车重投资轻管理的经营模式导致大量共享单车严重损毁，此类事件不仅给企业造成了巨大损失，也给消费者的使用带来了不便，并使得共享单车的营商环境进一步恶化。

（四）共享单车的安全保障问题

1. 共享单车设施的安全问题

共享单车作为准公共产品涉及公共利益，其投放应经国家有关部门许可，应保证产品不存在质量缺陷和安全隐患，运营过程中亦应做好维护保养检修工作，保障使用者的人身安全。2018 年 4 月，原国家质监局对天津、上海和无锡三个主要单车生产地的产品进行了检查，结果显示单车的不合格率达到12.5%，主要是反射器和脚蹬间隙两个项目不合格，容易导致单车在转弯情况下使骑行者摔倒，最终引发交通事故。共享单车如果检修力度不够，在质量安全上存在安全隐患，则会导致安全事故的发生。[2]共享单车的设计瑕疵主要是指车锁设计瑕疵。部分共享单车采用机械锁和固定密码，只要记住该密码，或者找到一些未打乱密码的单车，便可以打开车锁，即使打乱了密码，也有办法开锁。因为这些机械锁本身的密码都是不变的，反复使用过后，经

---

〔1〕 王家宝、余园园、敦帅："共享单车：现状、问题与对策"，载《管理现代化》2018 年第 5 期。

〔2〕 聂永刚、张锟澎："共享经济下共享单车行业成本优化管理策略"，载《会计之友》2018 年第 23 期。

常按的数字就会松动，只要仔细观察就能解锁。共享单车车锁设计上的瑕疵，为未成年人违法使用留下可乘之机，造成了未成年人用车的安全隐患。[1]另外，我国在共享单车的管理上还没有形成严格的法律法规，在线路的标识、专用车道的建设等方面比较欠缺，绝大多数城市没有自行车专用道，相关设施远远落后于发达国家。[2]特别是当共享单车被异化为投资的工具时，从节约成本的角度，共享平台企业对单车安全性能的要求就会降低，使共享单车的安全隐患更为普遍和严重。

2. 共享单车对未成年人的安全保障问题

共享单车的安全问题之一便是对未成年人的伤害问题。2017年9月份开庭的中国首起12岁以下儿童骑行共享单车死亡索赔案中，一位11岁男孩在使用共享单车的过程中与客车相撞，被卷入车底不幸身亡，家属为此将肇事者连同ofo起诉至上海市静安区人民法院，索赔760万元。2020年6月12日上午，上海市静安区人民法院对这起备受关注的"11岁男孩骑ofo单车身亡，家属提起巨额索赔"案进行了一审宣判。法院认为，ofo公司和男孩父母均对男孩死亡这一损害后果负有一定责任，其中ofo公司应承担10%的赔偿责任。综合考虑后，判决ofo公司赔偿原告人民币6.7万元，并驳回原告其余诉讼请求。[3]我国成都发生了第二起儿童骑行ofo共享单车受伤索赔案，成都市武侯区一名13岁儿童骑行一辆未上锁的ofo共享单车，因车速较快且该车左刹车把断裂，不慎摔倒致右股部动静脉断裂，失血严重，儿童家属索赔10万元。[4]2017年1月，深圳三名儿童因使用共享单车导致手臂严重骨折；2月，长沙5岁男童因使用共享单车手指被卡；3月，上海一名儿童因使用共享单车遭大货车碰撞身亡；4月，天津一名儿童因共享单车事故，单车车把插入脖子内。据统计，2017年以来，因骑共享单车发生的意外事故多达18起，超过六成的骑行者为未成年人，其中有6人不满12周岁。共享单车的未成年人伤害

---

[1] 梁鹏："共享单车与未成年人保护"，载《中国青年社会科学》2017年第5期。

[2] 纪淑平、李振国："国外共享单车发展对我国的经验借鉴与启示"，载《对外经贸实务》2018年第4期。

[3] "男孩骑车身亡父母向ofo公司索赔760万　静安法院一审判赔6.7万元"，载http://www.shzgh.org/node2/baoshan/node1309/u1ai1538478.html，访问日期：2020年6月11日。

[4] "国内第二起共享单车索赔案立案　儿童骑车受伤索赔10万"，载http://it.people.com.cn/n1/2017/0922/c1009-29552482.html，访问日期：2020年6月11日。

问题，俨然成为一个不容忽视的社会问题。[1]2018 年 2 月全国共享单车用户约 4 亿人，按发生率估算，全国每年约发生 612 万例共享单车道路交通伤害，其中 487 万人门诊治疗或因伤休息至少 1 天，住院治疗 97 万人，28 万人致残。按每例伤者门诊或住院治疗 1 次计，则全国每年共享单车道路交通伤害直接医疗费用为 90.4 亿元。[2]

　　共享单车平台对未成年人使用共享单车的安全保障主要存在以下问题：首先，对未成年人的安全设施不到位。共享单车企业对未成年人使用共享单车的警示不足，可能造成未成年人的违法使用。生产者、经营者对其用户负有的警示义务分为两种：一是关于产品内危险的警告，二是关于使用不当的危险警告。实践中，共享单车企业对未成年人使用的警示不足，共享单车企业对用户未尽警示义务。在注册时，尽管企业要求用户同意用户协议方可注册，但用户只需填写手机号码，企业便立即发来验证码，而用户填写验证码又被视为同意用户协议，这导致绝大多数用户根本没有阅读用户协议，也便无从了解协议中关于最低骑行年龄的限制。这一情况的出现，实为注册程序过于简单、难以起到警示作用所致。其次，共享单车企业对非用户的未成年人未尽警示义务。未成年人多数并不知晓自己不具有骑车资质，所以出现 12 岁以下的儿童骑车上街的情形，共享单车企业若对这一人群进行警示，至少可以减少违法使用的次数。造成未成年人骑行的安全原因主要有以下几个方面：第一，共享单车的安全性能不达标。包括自行车产品设计和品质不合格，特别是没有对未成年人设计安全预警。第二，道路设施的安全性能保障不到位。道路设施不完善导致机动车成了共享单车"小骑手们"的最大安全威胁。第三，日常安全管理工作不到位。共享单车企业的趋利性导致其对日常安全管理不到位，让共享单车被未成年人随便骑行引发安全事故。第四，共享单车交通秩序管理缺失。由于共享单车在我国处于无政府监管的状态，没有对共享单车道路交通秩序的安全监管，没有明确的行车安全规则，以至于共享单车成了未成年人的"自行车"，引发安全事故也就在所难免。

---

　　[1] 梁鹏："共享单车与未成年人保护"，载《中国青年社会科学》2017 年第 5 期。
　　[2] "国内第二起共享单车索赔案立案　儿童骑车受伤索赔 10 万"，载 http://it.people.com.cn/n1/2017/0922/c1009-29552482.html，访问日期：2020 年 6 月 11 日。

3. 共享单车用户的个人信息安全问题

共享单车需要通过互联网平台预定，一般需要通过扫码开锁。因为共享单车的二维码是公共开放的，没有设防，容易被不法分子利用套取用户的个人信息。河南省反虚假信息诈骗中心揭露了共享单车扫码陷阱：用假二维码链接高仿共享单车官方网站的钓鱼页面，以完善身份认证等名义诱骗用户主动填写个人身份信息和银行卡资料，从而实施诈骗甚至盗刷网银。还有骗子设计假租车 App 二维码粘贴在单车上，提示用户"更新"，用户扫码后看似安装了租车软件，其实手机已被植入木马。[1]2017 年，中国交通运输信息安全中心发布《交通运输行业网站安全风险态势报告》，显示普遍存在网站安全事件、安全漏洞风险以及基本运行隐患。如今，互联网应用的领域越来越多，共享单车平台的不断推出，也引发了舆论对共享单车企业在用户隐私保护方面是否不力的担忧。通过梳理网民的意见，笔者主要提出以下四点信息安全疑问：一是共享单车应用存在任意账号可登录的风险，黑客可利用软件漏洞秘密窃取他人网络账户内的合法财产并非法占有；二是共享单车上公开的二维码存在无人监管的情况，可能成为一些人非法敛财的渠道；三是在共享单车企业倒闭后，用户的银行账号、骑行地址等遗留数据处理问题不容忽视；四是少数单车平台将用户注册资料等用户信息提供给第三方，侵犯用户权益。针对以上网民集中反映的公众担忧，舆论主流观点认为，塑造网络时代的安全感，承担最重要责任的还是互联网产品或服务的提供者。《工人日报》在《我们的"网络隐私权"还有哪些威胁?》一文中指出，在一系列安全事件背后，用户应该增强对自身信息保护的维权意识，在这样的大环境下，互联网企业更应该在用户信息数据保护上与广大用户同向而行，在信息搜集、处理和使用及信息存储上符合法律和规范要求。此外，多数媒体也对国家有关部门尽快厘清权责归属、完善法律法规和强化监管力度表达了期待。[2]

4. 共享单车的风险安全防范问题

共享单车作为新经济业态的创新模式，不论技术和商业模式都是一种创新，必然存在着安全风险。所以，应该完善共享单车的风险识别体系，健全风险防

---

〔1〕 宋姝凝："共享单车的法律监管问题研究"，载《河南社会科学》2017 年第 7 期。

〔2〕 "共享单车舆论环境研究报告"，载 http://www.100ec.cn/Public/Upload/file/20190418/1555554852718198.pdf，访问日期：2020 年 6 月 10 日。

范体系。按风险的来源不同，将可能存在的风险分为内部风险和外部风险，并通过归类分析，掌握风险事项产生的原因和条件，以及风险事项具有的性质。

首先，外部风险。具体包括法律、经济、社会、技术等四个方面的外部因素。新兴的商业模式往往会对应一个监管的空白地带，法律存在着不可避免的滞后性，现行法律制度跟不上创新的步伐。在共享经济中，共享商业模式依赖着大数据，相对于传统结构而言最大的不同即平台的参与，而对于平台的监管却没有明确的法规条文。比如用户审核制度不完善，存在安全隐患。共享单车商业模式作为顺应互联网时代发展而产生的新型网络租赁商业模式，其发展需要信任的支撑，共享的程度越高，对于人们的道德要求程度就越高。但因共享单车管理不善，如今越来越多的道德风险问题被暴露出来，给企业带来了较高的沉没成本。国家对共享单车的政策风险也是存在的。目前，政府对共享单车的态度基本上是包容放任的态度，但如果政府政策收紧，比如有些城市已经暂停共享单车的投放，加强监管，共享单车的"无桩"模式受到限制，可能也会影响共享单车的使用，这种改变意味着可能会带来商业风险。

其次，内部风险。具体包括经营、战略和财务风险。从我国共享单车之前的经营策略来看，一些企业利用押金进行规模的扩张形成巨大的沉没成本，在盈利模式单一的恶性竞争下加大了企业的破产风险。随着政府监管的加强和市场运作的规范，依靠押金圈钱的模式也不可能重现。然而，目前的共享单车平台尚没有找到创新点盈利模式，以收取使用租赁费来获得利润的单一模式尚难使共享单车实现盈利以弥补其前期的投入，或许共享单车这种重资产型的伪共享的商业模式本身就是一个商业风险，共享单车必须回归其准公共产品的社会公共价值，通过提供优质便利的公共交通服务赢得市场，否则企图通过资本来操纵市场的图谋终究会导致市场失灵。

第三节　完善共享单车的治理新机制

一、完善共享单车的法律机制

（一）完善共享单车的相关立法

《共享单车舆论环境研究报告》认为，从媒体报道的内容上看，"北京、深圳等地都在积极探索，将通过立法规范共享单车押金、停放等管理难题"

"人大代表提出，应通过立法把共享单车这种新业态纳入政府管理范畴"等内容广受舆论关注。《法制晚报》在《到了该给"共享单车"立法的阶段了》一文中评论称，要深刻理解国家法律和政策的本意。对于共享单车，国家法律和政策的大方向是"鼓励"，地方政策应当在鼓励上做文章，不是用"限制"的思维来处理问题；地方政策应当在规范上做文章，不是用"禁止"的思维来处理问题。同时，要加快立法步伐。只有政策的"柔性"是不够的，要用法律的"刚性"来"以刚克刚"。有学者认为，共享单车由于其不同于网约车的运营模式，则要更多地考虑用户的责任、政府的责任等，因此对于共享单车的监管机制的设计要注意以下问题：首先，解决共享单车的立法监管问题。应形成从中央到地方的系统监管体制，从而改变目前要么无人监管、要么监管混乱的现状。其次，科学立法。在着手制定关于管理共享单车的规范性文件时，要注意共享单车行业的特殊性，避免无理立法、胡乱执法。再次，合理立法。对于一种市场自发形成的新兴的"共享经济"产物，政府的监管要合理适度，尤其是在价格等方面，要尽可能地减少干预。最后，综合立法。共享单车的监管立法要注意考虑综合因素，对其监管不仅要涉及共享单车企业本身，也要规范政府的行为，同时还要加强对用户的管理和保护。多方共享便利，共同管理，才可能达到维护社会秩序、便利民众生活以及促进经济发展的多重目的。[1]目前普遍都认为"共享单车"体现的是市场参与准公共产品的供给，政府最好不要干预。因此，以上关于立法的观点都希望政府不要干预或是减少干预，但又希望能"规范"共享单车经营的主张值得商榷。共享单车作为准公共产品的一种新业态，涉及公共安全和公共秩序等社会公共利益，政府的监管应做到"包容"与"审慎"相结合，不能放任不管，也不能一禁了之。为更好引导市场参与公共交通服务，规范共享单车的市场行为，提高共享单车的治理效果，完善相关的立法是必需的，具体应注意以下几方面：

首先，明确立法的目标。目前多数学者认为共享单车的立法应该是软法，政府不应对共享单车进行干预，但又总是把共享单车的运营中的主要责任归咎于政府和用户。政府应是共享单车的监管主体而不是责任主体，共享单车企业者和用户才应是责任主体，应该明确立法的目标和监管的对象。共享单

---

[1] 宋姝凝："共享单车的法律监管问题研究"，载《河南社会科学》2017年第7期。

车是准公共产品，不能完全适合负面清单管理模式，政府的价格干预和投放量的控制都应因地制宜适当介入。立法的目的在于规范共享平台企业的经营行为，授权政府对共享单车企业的市场准入和经营行为进行监管，确保公平、效率和安全，避免"公地悲剧"。如果不授权政府监管，或是政府没有执法权和监管权，这样的立法便缺乏现实意义。

其次，建立不同层级的立法体系。共享单车作为新业态，目前不可能从法律的层面进行全国性立法规范。由于不同的城市对共享单车的需求规模有差异，制定全国性统一的法律规范并不现实。但在国家层面可以由相关部门制定概括性规范文件。比如，共享单车的押金制度和市场准入等基本的法律问题应该由国家相关部门进行立法，明确共享单车的法律地位及其权利底线。但具体监管的立法，可以授权地方政府在不违反上位法的原则下进行立法。通过软法性的指导意见，对一些基本的共享单车法律制度进行概括性规定，但把具体监管的立法权授予地方政府。不同城市情况不同，应授权地方政府因地制宜制定相关的细则。大城市虽然消费市场大，但公共交通比较发达，公共空间资源紧张，因此，政府的规划和数量的控制是必需的，不能完全由市场自由配置资源。比如，北、上、广、深等大城市已通过地方立法把共享单车纳入到了城市综合交通体系规划中，有效限制单车投放规模的做法是值得肯定的，不能让市场以自由竞争为由诟病政府的干预。公共单车作为准公共产品，对其理性监管的模式是公共政策而不是竞争政策。对于中小城市，公共交通不发达，公共空间较大，政府可以适当放松对共享单车的市场监管，更多关注共享单车的地方福利和附加值，在政策上并不做过多的限制，更多强调地方软性规范，在做好基本的市场规划的同时，更多地鼓励通过市场竞争实现共享单车企业提供优质服务。实际上，2017年后，各地相继出台的指导意见和地方法规已经涉及对本地共享单车总量、车辆定位、押金专用账管理和破坏问责机制等多方面内容的立法规定。[1]

最后，完善立法权的配置。立法权配置的结果在一定程度上决定了立法的表现形态。从我国立法体系的层级上看，共享单车在立法体系中的地位不足以上升到部门法层级法典化的必要，共享单车业态的区域化差异也是新兴

---

〔1〕　许龙飞："共享式参与：社会公共性与城市空间治理——基于'空间尴尬症'的研究"，载《实习与实践》2018年第9期。

业态发展必然经历的过程，此阶段下高度统一的标准反而阻碍市场自治和行业创新，统一型立法模式并不适用于共享单车业态。立法权配置体制和立法表现形态中的立法模式选择，决定了当前的共享单车业态立法应当以地方立法为核心。人大立法模式和政府立法模式的选择，实质上是地方人大和地方政府的立法权之争，也是地方性法规和地方政府规章何以最具实效之争，鉴于共享单车对人口和交通发达程度的依赖性，甚至可以将其更精细化为直辖市、设区的市的人大立法与地方立法的选择。就目前的共享单车业态发展状况，应当选择以政府立法模式为主导。共享单车作为新兴业态其发展仍然具有很大的不确定性，当前面临的主要问题是行业监管上的困难及引发的城市交通治理问题，后续发展过程中可能产生的问题包括行业的公平竞争、用户权益保护、平台企业的社会责任和行业的可持续发展等。需要采取较为灵活的立法模式提供制度支持以适应行业发展速度，因此地方政府立法足以为共享单车业态的治理提供制度支持，但政府立法模式的选择并没有否认人大制定地方性法规规制共享单车业态具有的现实意义和可行性基础。当行业发展趋于稳定后不排除向小型城市、城镇渗透的可能，人大立法可以提供更稳定、适用更广的法律保障，只是当下直辖市、设区的市的政府立法更具效率。在立法的内容层面上，详述型立法模式和概括型模式相较其他类型化的立法模式选择具有更强的争议性，二者区别的根源在于立法理念不同。详述型立法注重行政权在法律实施中的绝对权威和清晰的公权力范围，概括型立法追求公法管制和私法自治的有机结合。就共享单车业态立法的实际情况而言，应当适用概括型立法模式。共享单车是共享经济在交通领域的业态创新，从创新与规制的互动实践上看，创新会因确定、及时与合理的规制而更具活力。立法是构建法律规制体系的基础，是防止业态发展失序失范的制度工具，但立法不是一蹴而就的，随着经济业态的发展需要不断做出及时的调整与磨合。共享单车乃至整个共享经济新业态的规制，地方立法只是起点，恰当的地方立法模式必须配合法律良好的执行和遵守才能实现其价值。顺应时代潮流，突破传统制度框架，构建科学合理的共享业态法律规制体系，依旧任重而道远。[1]

法制建设是共享单车治理的法治基础，共享单车是准公共产品，放任不管的

---

[1] 陈书全、王开元："共享单车地方立法研究——以立法模式选择为视角"，载《中国海洋大学学报（社会科学版）》2018年第3期。

无序竞争会导致市场失灵，最终破坏公共秩序，损害公共利益，不利于共享单车行业持续健康的发展。因此，应摒弃市场万能论的放任不管的市场原教旨理念，通过立法规范共享单车的市场行为，并授予政府适当的监管权。

（二）明确共享单车的法律地位

2019年3月27日，人民网舆情数据中心发布了交通领域专项研究报告——《共享单车舆论环境研究报告》（以下简称《报告》），《报告》通过对官方关于共享单车的表态进行梳理发现，官方对于共享单车的态度经历了由最初的认可、鼓励和支持到之后强调规范、治理和监管的过程。交通运输部公布的数据显示，目前全国每天共享单车的使用量仍然在1000万人次以上。随着共享单车市场迈步进入"2.0时代"，行业整体发展情况的快速变化也在不断催生新问题，考验着各地各级监管部门和企业的应对能力，《报告》称："未来，精细化的管理与完善的服务体验将成为行业发展的重中之重。企业和政府都应以精细化管理和科学施策为导向，结合自身实际情况和发展定位对共享单车治理进行探索。"《人民日报》于2019年刊发的《共享单车须精细运营（生活漫步）》一文指出："过去一年，共享单车行业加速去泡沫化，兼并收购者有之，关停并转者也有之，行业发展更趋理性、规范。推动共享单车企业精细运营，从监管层面来说，应坚持总量控制原则，健全与运营绩效相关联的容量管理机制，让管理规范的企业得到更多配额。"〔1〕《报告》认为，在押金方面，鼓励推行无门槛免押金骑行模式，用户无须交纳押金便可用车，杜绝资金风险；在废弃车回收与管理方面，摩拜单车将废弃车进行拆解并作为原料生产其他工业品，实现了废弃单车的再利用；在车辆质量方面，部分单车企业注重骑行体验提升，车容美观、骑行省力越来越成为单车企业产品质量比拼的重要指标。在社会秩序方面，企业应进一步利用大数据，进行精准投放与资产管理。同时，要与城市慢行交通规划相匹配，进一步打通与其他出行方式的连接，让用户有更轻松、简单的体验。在政策层面，不少城市采用暂停共享单车新增投放的方式以应对共享单车对城市空间的不合理占用。随着行业逐步迈入理性发展轨道，主管部门须强化共享单车动态管理，在各个企业间分配一定配额，通过企业的良性竞争实现优胜劣汰，保持市场的竞争与开放性，实现行业的长期良性发展。在商业模式方面，《报告》认

---

〔1〕 齐志明："共享单车须精细运营（生活漫步）"，载《人民日报》2019年2月27日。

为，企业必须要考虑的是经营模式的可持续性。共享单车作为普惠的出行工具，要在保证安全的情况下，利用企业的平台协同效应，聚焦生产、运营效率，实现自我造血，进而推动整个上下游产业链、全行业合作共赢。[1]

共享单车所蕴含的便利、实惠、健康和环保的理念，为城市不同阶层群体之间的互动创造了共同利益的聚焦点。[2]但不论赋予共享单车多么崇高的价值评价，共享单车企业也不能借创新、便民、共享、自由、民主之名监管套利，为了牟取私利肆意侵占社会公共空间，扰乱社会公共秩序，侵害消费者的利益。应该通过立法明确共享单车的法律地位及其商业边界，规范共享单车的市场行为。本质上，共享单车只是公共交通的一种补充，属于准公共产品，应该依法经营遵守公共秩序，不能把"无桩""占道经营"的缺陷当作优点，把"无序"的违规行为合法化。共享单车最终应该回归到准公共产品的定位上，其目标在于通过共享平台对闲置的公共资源进行精准配置，为民众出行提供更好的公共交通服务，而不是仅仅把共享单车作为融资或是牟取私利的工具。只有明确界定共享单车的法律地位和商业边界，才能制定出科学、理性的治理政策和商业策略。

（三）完善共享单车的监管机制

1. 明确行政监管目标

共享单车作为一种便捷、环保的绿色公共出行方式，这种新商业模式也暴露出不少法律和社会问题，因此需要政府适当的监管。政府监管最重要的是明确政府的监管目标，具体包括：

首先，明确监管的范围。人民网舆情数据中心发布的《报告》认为："当前共享单车行业舆论环境表现出更为复杂的形势，行业整体发展情况的快速变化也在不断催生新问题，考验着各地各级监管部门的应对能力。未来，如何解决好各地共享单车市场存在的共性问题，建立更加完备的管理制度和监督机制，将成为共享单车行业发展的关键所在。"[3]具体来讲，一是因地制宜地

---

〔1〕 "共享单车舆情考验监管部门应对能力 管理精细化成重中之重"，载 https://baijiahao. baidu. com/s？id=1631047413976620071&wfr=spider&for=pc，访问日期：2020 年 6 月 10 日。

〔2〕 许龙飞："共享式参与：社会公共性与城市空间治理——基于'空间尴尬症'的研究"，载《实习与实践》2018 年第 9 期。

〔3〕 "共享单车舆论环境研究报告"，载 http://www.100ec. cn/detail_ 6505061. html，访问日期：2020 年 6 月 4 日。

进行动态的精细化监管。在施策逻辑上，政府应避免政策上的"一刀切"，遵循动态而非机械的管理原则，以更加包容的态度帮助共享单车市场完善竞争与开放性。二是建立全国性监管平台。政府应当就目前共享单车普遍存在的问题进一步探索设立全国统一监管平台进行底线监管。三是完善监管机制。探索建立用户诚信体系，以经济、信用奖惩等方式引导用户行为。只有明确界定监管的范围，才能做到有的放矢，实现监管的目标。

其次，加强对共享单车的"无桩"停放的监管。就解决"最后一公里"的功能而言，以前的政府有桩自行车和现在的企业无桩共享单车均是在提供公共出行的有偿服务，都不是纯公共产品，是引入市场机制的准公共出行服务，这是两者的共同之处，不同之处在于二者市场化程度的高低以及经营的模式差异。共享单车比政府的公共自行车更便捷。更受消费者青睐的原因是其"无桩"模式满足了消费者的最大限度的需求，但从某种程度上来说，这种"无桩"停放模式实际上是对公共空间的肆意侵占，以及对公共秩序的破坏。共享单车发展至今，乱停乱放问题一直突出。多地在"相关规定的征求意见稿"中也同时提到规范共享单车停放的问题，各地的相关政策法规也相继出台。据中国交通新闻网2017年3月27日报道，北京市委正在加紧制定规范共享单车发展的指导意见，"关于共享单车的停放，无论在居住区或是其他社会公共区域，应遵循与普通自行车停放区域和要求相一致的原则。近期出现的企业投放车辆堆积占据道路影响通行以及承租人在普通自行车停车区以外随意停放的现象，已明显违反了交通与市容市貌的有关规定，要求企业应履行主体责任，加强管理，规范投放。承租人应在即有的各类普通自行车停车区有序停放"。共享单车平台对其所经营的产品加强管理无可厚非。市民作为共享单车的承租人和使用者，应遵守公共秩序不乱停乱放，也理所应当。[1]北京出台的管理办法要求优化设置自行车停放区；鼓励企业运用电子地图等手段，在手机App中标注可停放区和禁停区，引导用户将自行车还至可停放区域；及时清理违规停放车辆；完善用户信用评价制度，对多次经核实确认的违规违约用户列入企业黑名单，共同限制其使用。深圳出台的管理办法要求在非公共区域（住宅、商业办公等）自行设置自行车停放区，采取

---

〔1〕　姜宁："从'共享单车'的监管看政府如何在分享经济中发挥作用"，载《河北学刊》2017年第4期。

技术、管理等手段，保证车辆按区域和点位规范停放。南京出台的管理办法要求规范停放，爱护网约自行车和停放设施，不得将网约自行车停放在封闭的单位和住宅小区内部。共享单车的使用者不能把自己的"便利"建立在对公共空间的肆意侵占和对公共秩序破坏的基础上。因此，政府应该对共享单车的停放进行合理精细的规划，尽可能充分利用城市里每一个闲置可用的公共空间作为共享单车的停放处，而不是让其像公共自行车一样仅停放在一些大型的公共区域。为此，共享单车的"无桩"应该解读为共享平台可以通过互联网络技术精准地定位被划定的停放点，让用户可以通过共享平台系统精准定位找到停放点。

最后，规范共享单车平台和用户的市场行为。政府应当正确看待共享单车新业态，引导和规范共享平台企业规范经营，消费者合理合规地用车。对私占、毁坏共享单车等行为进行严厉查处，给予共享单车行业相应的制度和政策支持。一方面通过强化基础建设、制定出台有关政策等方式，促进共享单车的良性发展；另一方面也通过有效治理，使共享单车走向良性发展，真正为社会公众所接受。通过舆论引导和宣传，加强公民法律意识、道德意识、共享意识，提高公民素质，减少不文明现象的发生。有关部门应当尽快将共享单车保证金纳入监管范围，确保用户资金安全。在城市规划的层面，政府需要加强设施和道路建设，彻底改变以机动车为主导的规划思路，改善单车出行条件。硬件设施方面，进行路网改造等基础设施建设，包括对现有路网进行改造，新建自行车专用道、便捷过街设施、推进城市绿道建设等；软件方面，则主要包括出台有关政策或法规，明确自行车路权，制定自行车行驶规范和自行车交通违法行为处罚条例，一方面为自行车出行提供保障，另一方面将自行车出行规范化，以便将其正式纳入公共交通体系。在对公众行为的规范上，政府需要致力于建立诚信体系，强化舆论宣传，提高公民素质。同时，要保证共享单车的公共性，抑制市场力量引起的负外部性。例如，共享单车可以营利，但不能暴利，对资本的过度投入等问题应该保持高度警惕；企业不能一味追求扩大投放规模，而对运营维护缺少管理，把乱停乱放合理化，却把问题一味推给政府和社会。[1]共享单车必须回归到为人民提供公共

---

〔1〕 郭鹏等："共享单车：互联网技术与公共服务中的协同治理"，载《公共管理学报》2017年第3期。

交通服务的定位上，通过提供优质服务赢得市场，而不是把共享单车作为谋利或是融资的工具。

2. 完善共享单车的规则体系

针对共享单车运行的"市场失灵"困境，政府应主动承担起规范与引导的责任，完善公共规则体系，建立行业标准体系，同时规避"监管陷阱"，引导共享单车健康稳定的发展。首先，完善公共规则体系，以"惩罚"促进行为规范。没有或无"惩罚"的制度是无效的。针对个别用户随意破坏、私藏私用、恶意诈骗等行为，运营商难以依托现有技术实现监督范围的全面覆盖。因此，政府相关部门应在已有制度的基础上，加强问题导向，出台规范共享单车的细则，加大"惩罚"力度，将破坏单车的行为纳入行政处罚体系，严格依照相关法律法规惩治用户的违法行为。针对运营商违反"禁投令"、霸王条款、倒闭"跑路"不退押金等行为，也应依法采取约谈、罚款、限时整改、市场禁入等方式进行处置，营造公平竞争的市场环境。其次，统一行业标准。以"引导"促进持续发展。政府应引导行业实现"精准"运营。具体而言，引导共享单车行业内部建立统一管理平台，运营商之间协同合作，利用大数据对用户消费行为偏好进行分析，在市场准入、单车质量、押金支付、价格定位、投放规模、用户使用条例等方面设立行业执行标准，大力推广电子围栏技术，并通过线上大数据、线下网格化实现精准投放与调度，促进共享单车区域间供需平衡，降低单车闲置率，提升市场供给效率。[1]最后，完善市场的竞争规则。针对共享单车的治理，多数学者不主张"政府不干预"，共享单车的垄断就是市场自由竞争的结果，垄断会限制竞争，对市场的公平与效率有百害而无一益。因此，政府应加强对共享单车垄断和不正当竞争行为的惩罚，引导市场公平竞争。

3. 发挥政府的监管能动性

共享单车企业、政府相关部门应联合全社会力量，从产品服务规划、规章制度制定、规范骑行、文明停放等多方面着手优化共享单车的管理与使用，充分利用闲置公共资源，提高有限城市空间资源的承载量。在单车停放区域、周转仓库等方面提供便利，降低共享单车企业负担，保障共享单车企业可持

---

〔1〕 冷向明、郭淑云："共享经济治理中的政府责任——以共享单车为例"，载《经济社会体制比较》2018 年第 5 期。

续地为市民提供出行服务。[1]共享单车市场存在"资金池"以及资本狂热带来的泡沫隐忧等现实问题。共享单车消费者存在用户信息隐私、押金难退等安全风险。对共享单车经营乱象，地方政府应承担起监管责任，给予及时有效的监管。从适应发展的角度，政府部门应当主动制定并调整法规政策以适应社会发展过程中出现的新情况。从运营维护的角度，共享单车企业应该设立运维巡查，既监督恶意损坏行为，纠正乱停乱放，又能对出现故障的共享单车进行简单修理，确保其正常使用。政府应该为运营企业提供良好的营商环境，为居民创造良好的出行环境。[2]为此，建议对城市慢行系统和共享单车集中停放场地进行规划；根据道路条件和通行需要划设自行车专用道；依法加大对机动车占用自行车专用道的处罚力度。[3]

共享单车作为一种新租赁经济模式，属于重资产型的 B2C 模式，本质上不属于共享经济的范畴，应制定相应的监管措施将其发展纳入制度化轨道，确保其可持续发展。共享单车属于准公共产品，具有非排他性和非竞争性特点，过度市场化或商业化就会导致"公地悲剧"。共享单车发展过程中所暴露出来的市场失灵问题已经严重威胁到共享单车所带来的社会价值，政府加强对共享单车的规范和引导势在必行。共享单车行业的健康发展离不开政府的监管和引导，不能视政府监管为洪水猛兽，但应明确政府监管的目标，完善政府监管的规则体系，清晰界定政府监管与市场机制的边界，发挥政府监管的能动性。

二、规范共享单车的经营行为

（一）健全共享单车的商业模式

在共享单车发展初期，各共享单车运营商都希望能够尽可能地占据更大的市场份额，彼此之间存在着激烈的竞争。各运营商为了迎合消费者，不惜破坏市场规则，默许各种违规使用行为。从长远来看，这将严重侵蚀共享单

---

[1] 王林、戴学锋："共享单车行业押金问题与信用免押金分析"，载《中国流通经济》2019 年第 5 期。

[2] 陈红喜等："绿色经济背景下共享单车治理困境与路径选择"，载《南京工业大学学报（社会科学版）》2019 年第 4 期。

[3] 吴沐暄、程楠、李玲："从租金和押金看共享单车的公益性和经营性"，载《价格理论与实践》2017 年第 5 期。

车行业发展的基础。为了避免运营商之间的底线竞争，必须从形式上与实质上进行规范。具体而言，在形式上应坚持底线竞争原则，共享单车运营商的自律规则应与政府规则相适应，确保公平、效益和安全。政府应督促运营商严格执行其制定的自律性规范。最大化地发挥运营商的自律性对共享单车的良好运行至关重要。[1]企业应将提供优质产品、服务放在首要地位，依托物联网、大数据等高科技手段通过改进系统配套服务、借还便利程度、车辆维护、附加服务四个主要维度来提高用户满意度，从粗犷式投放运营向精细化转变。企业的约束机制可对用户行为起到重要的调节作用，加大惩罚措施力度可减缓用户行为向机会主义演进。因此，应加强信用体系建设，为信用激励约束机制的有效实施保驾护航。企业应在控制成本的基础上，着力构建科学的激励约束机制，通过制度设计实现用户道德底线的提升。[2]

在历经 2014 年至 2017 年的无序竞争之后，最终摩拜和 ofo 经过一系列激烈的促销活动的价格战淘汰了其他共享单车公司，取得了更大的市场份额，也引发了共享单车公司的倒闭潮，彻底改变了共享单车行业市场机构，形成了摩拜和 ofo 双寡头的垄断格局，也确立了代表自行车共享公司的两种主要运营模式。摩拜以创造智能的理念开始业务共享自行车，生产的自行车可以归类进入经典摩拜（Mobike Classical）和摩拜轻骑（Mobike Lit）两种车型。两者都带有 GPS 系统和智能锁，用户可以使用应用程序来定位自行车并通过扫描 QR 码将其解锁支付费用。因此，摩拜共享单车的定位是高端车型，比其他共享单车贵。而 ofo 的业务概念基于翻新的自行车而不是生产新的自行车，强调共享的现实意义。在决定进入城市市场后，ofo 开始生产低成本自行车以更快赢得市场份额。ofo 生产的自行车使用了链条系统，配备了机械锁，但没有 GPS 功能，用户无法通过这些应用找到 ofo 自行车。因此，ofo 需要在他们的车站放置一定数量的自行车以确保用户可以使用自行车。自行车的成本低，因为没有智能锁定系统或 GPS 功能，从而可以降低押金和使用费。[3]摩拜和

〔1〕 谭袁："共享单车'底线竞争'问题探究及防治"，载甘培忠主编：《共享经济的法律规制》，中国法制出版社 2018 年版，第 160 页。

〔2〕 杨在军、马倩瑶："共享单车用户机会主义行为的演化博弈分析"，载《管理工程学报》2020 年第 3 期。

〔3〕 Ke Rong, Fei Xiao and Yong Wang, *Redundancy in the Sharing Economy*, Resources, Conservation & Recycling, 2019（151）：8.

ofo 采取的是不同的经营策略和产品模式，摩拜希望通过提升服务品质获取溢价赢得市场，而 ofo 走的是低端低价模式企图以量取胜，但 ofo 和摩拜都没能走到最后，经历 2018 年至 2019 年的寒冬之后，2019 年摩拜 15 亿元被美团收购，2020 年 ofo 最终退出了市场，而主攻三、四线下沉城市，由阿里支付宝支持的哈罗单车却成了后起之秀，2020 年 8 月注册用户达 4 亿元，还有滴滴旗下的青桔，2020 年融资 10 亿元。在经历了前些年的无序竞争和残酷洗牌后，共享单车行业已从前些年的摩拜、ofo "双寡头" 时代，演进为如今的哈啰、美团单车、青桔单车 "三国杀" 格局的 3.0 时代，即企业与政府进入共建共享、共管共治、共同推动城市美好出行的时代。比如，目前哈啰正在部分城市进行试点，依托电子围栏、蓝牙道钉与物联单车的交互，引导用户规范文明用车，与城市服务、政府管理紧密联动，真正融入城市公共出行领域，助力提升城市综合出行效率。[1] 不论何种商业模式，都应该是以服务民众便捷出行与盈利为目标，而不应该只是为了抢占市场份额。目前的寡头垄断局面对市场的竞争的限制是显而易见的，应防止他们通过垄断操控市场，损害消费者的利益。

（二）规范共享单车的押金管理

1. 明确共享单车押金的法律地位

共享单车因用户交纳押金的 "一车多押" 形成大量的沉淀资金，依最高人民法院的司法解释，押金是一种担保形式，但大量的沉淀资金使共享单车具有了融资的功能，使押金兼具了担保性和金融性，导致押金问题成了我国共享单车的重要法律问题，其融资性可能涉嫌非法集资以至于其合法性和正当性更是备受质疑。2017 年发布的《指导意见》第 12 条明确指出，鼓励互联网租赁自行车运营企业采用免押金方式提供租赁服务。企业对用户收取押金、预付资金的，应严格区分企业自有资金和用户押金、预付资金，在企业注册地开立用户押金、预付资金专用账户，实施专款专用，接受交通、金融等主管部门监管，防控用户资金风险。企业应建立完善用户押金退还制度，加快实现 "即租即押、即还即退"。《指导意见》肯定了押金制度，并作了原则性规定。共享单车押金既涉及民事法律关系的问题，也牵扯到金融监管的

---

[1] "共享单车再获资本垂青未来盈利可期"，载 http://www.xinhuanet.com/tech/2020-04/30/c_1125926165.htm，访问日期：2020 年 8 月 10 日。

法律问题。从民事法律关系的角度来看，政府有责任通过监管来保护承租人的押金安全。从金融法律关系的立场来看，政府金融监管是要在押金非法集资模式上避免引发杠杆效应，从而危及国家金融秩序。[1]《指导意见》没有明确押金的法律性质，这也为押金的运作预留了空间，但也为监管困难埋下了伏笔。2019 年印发的《管理办法》也确认了收取押金的合理性，其前提是需要在协议中事先约定。《管理办法》对押金设置条件、性质和用途等作了规定。共享单车服务的平台收取押金的，须设立押金专用账户，接受第三方监管，保证专款专用，保证资金的安全，保障消费者押金的合理退还。同时，平台应当加强对用户网络支付信息的保护和平台的安全建设，降低用户的支付风险，保障支付安全。

2. 加强对共享押金的监管

对于共享单车押金而言，已不再是要不要监管的问题，而是应该采取什么样性质的监管理念和措施的问题。总之，对共享单车押金的监管应该建立在互利、公平安全的原则基础上，使共享单车的租赁双方都能够各取所需。目前在是否对共享单车押金进行监管的问题上基本上有两种观点：一种观点认为，共享单车押金只要在法律上没有被明确禁止，就不应对其进行干预，而应由市场对其自动进行调节；另一种观点则主张对共享单车押金采取严格的监管措施。首先，要采取"一用一押"的形式，在租赁物与押金之间建立起严格的对应关系，避免共享单车演变为融资平台。其次，要求开设押金专户由银行来对其进行监管，而且规定押金不得挪作他用。最后，实行押金"秒退"的制度，即每次租赁骑行结束后，押金必须毫无迟延地退还到用户的账户上。在共享单车押金监管问题上，这两种态度可以说是截然相反。前者过于宽松，容易导致"一放就乱"，而后者过于严厉，可能会"一管就死"。目前我国对共享单车押金的监管就过于宽松，导致押金机制被滥用。但如果实施过于严格的监管，实际上就等同于限制或是禁止押金。[2]总之，对押金的监管是必需的，过严过松都不利于发挥押金的功能，应采取适当的监管措施。

在共享单车押金的运营过程中，共享单车公司应及时公开押金数据及管

---

〔1〕 赵树文、王海燕："共享单车押金问题及其法律对策研究"，载甘培忠主编：《共享经济的法律规制》，中国法制出版社 2018 年版，第 139 页。

〔2〕 邓大鸣、李子建："共享单车押金的性质及其监管问题探究"，载《西南交通大学学报（社会科学版）》2017 年第 4 期。

理情况，明确押金收取标准、退还时间和方式，以满足共享单车用户的知情权，同时便于监管部门及时了解其财务状况，采取相应的监管措施，防止共享单车押金在金融活动中产生负外部效应，引发金融风险。北京出台的政策规定，共享单车企业须在本市开立资金专用账户，公示押金退还时限，及时退还用户资金；由中国人民银行营业管理部负责企业资金专用账户监管；共享单车企业退出运营前要向社会公示，退还用户押金。上海出台的政策规定，押金应委托有资质的金融机构监管，主动接受管理部门和社会各界的监督；预付金、押金，退回的时效不应超过 7 天。深圳要求企业设立押金专用账户，接受第三方监管，保证专款专用。[1]《管理办法》对押金的监管进行了较详细的规定，即必须建立专用账户，专款专用，确保押金作信用保障的担保功能。

（三）加强共享单车的日常维护管理工作

共享单车的日常维护对确保其正常的运行具有重要的意义。从质量与技术角度看，首先应该重点改善损坏频率较高的轮胎、链条以及密码锁等单车零部件的质量，降低车辆损坏率。提高密码锁的智能水平，结合区块链等研发高智能密码，督促用户文明用车。其次，应结合人流大数据等信息，合理利用早晚高峰，以及高校和人群密集区，对人流方向进行测控，及时做好单车的调度与定位工作，让共享单车价值达到最优。针对单车坏车率高、维修不及时，以及车辆拥堵、占据车道等现象，共享单车平台应该肩负起车辆维护的责任，业务外包不代表责任外包。在完善资本投入的前提下，可进一步加强与城市中车辆维修散户的合作。充分利用散户具备的地理与技术优势，合理利用社会闲置资源，签订高效的合作协议，扩大单车维修规模，减少坏车率，提高车辆使用率，使用户拥有更好的用车体验。从制定合理激励政策角度看，一方面，单车平台可对积累到一定次数的文明用户进行奖励，如提升信用积分等。另一方面，可以鼓励市民对发现的故障车辆或违规使用单车的行为进行上报，加强共享单车平台与用户的合作机制，实现双方互利共赢。[2]共享单车的日常管理本应该是共享单车平台工作的重点，共享单车平

---

[1] 郭鹏等："共享单车：互联网技术与公共服务中的协同治理"，载《公共管理学报》2017 年第 3 期。

[2] 王家宝、余园园、敦帅："共享单车：现状、问题与对策"，载《管理现代化》2018 年第 5 期。

台必须把精力从投资、投放的工作重点转移到对共享单车的维护日常使用的轨道上，使共享单车真正服务于人民的公共出行的需要。

（四）健全共享单车平台的自律监督机制

共享单车兴起于移动支付、GPS 定位等互联网技术的发展，为城市出行带来极大便利的同时也存在不少技术、管理问题，解决这些问题需要政府的管理，但更离不开企业自身的努力。共享单车平台企业是共享单车的经营者，对共享单车正常、合法、合规的运行具有不可推卸的责任。共享平台企业应该建立内部自律监管体系，制定平台运行的规则，加强内部的监督管理工作，建立信用监督评价体系。对于信誉差、不遵守规则的参与者可以采取暂时封号、永久封号的处罚措施，保证平台的规则执行力。[1]因此，为了促进企业发展，共享平台应完善自身治理模式，加强自我监管与约束，取得消费者和监管部门的信任。对于押金类款项具有针对性地设立专门存放账户，专款专用，谨防挪用。为避免资金的流向不明，共享平台应建立单独的押金管理体系，并与政府设立独立的第三方监管部门，从而防范资金被挪用的风险。明确资金流向，强化管理体系，有效降低企业财务风险。加强用户的信用评级管理，不断地融合新型技术，例如，人脸识别的安全技术、大数据精准分层的智能技术、个性化的服务技术等，要求企业加大资金投入、加速自身的更新换代，紧跟共享市场的步伐。共享单车应与其他社会征信机构合作，通过社会信用或是身份识别来骑车而免押金。比如，规定使用者的社会信用分高于特定分数即可免押金使用共享单车等。[2]

企业需要积极配合政府，落实各项举措，建立用户信用积分系统、设置信用制度来激励用户规范骑行并举报违规行为。新兴的共享单车平台应探寻利用技术手段解决用户乱停车等问题，利用定位系统，获取用户停车的具体位置，从而判断是否是规范停车点等；如果用户多次未按照规定停车，违规行为严重的实行列入"黑名单"等处罚；通过先进的定位技术，合理安排单车投放密度、规划停车区域，提高用户使用率；在用户信用信息共享、宣传引导等方面多做努力，促进市民规范停车。共享单车企业在提供单车出行服

---

〔1〕 徐颖：" 泛分享经济及其法律规制原则法治研究"，载《法治研究》2019 年第 4 期。

〔2〕 姜宁：" 从 '共享单车' 的监管看政府如何在分享经济中发挥作用"，载《河北学刊》2017 年第 4 期。

务的同时，也掌握着大量的用户出行数据。深圳市交通运输委运用互联网自行车企业平台数据，结合企业问卷调查，发布《深圳市互联网自行车发展评估分析报告》，指出可创建将企业提供的共享单车出行数据接入政府管理后台的政企合作新模式，政府可及时掌握共享单车发展情况，解决在发展过程中遇到的问题，如定期对各个辖区自行车交通出行环境开展评估，制定自行车交通出行指数，促进不断完善自行车交通设施，提升自行车出行环境。通过"数据共享、管理共商"的政企协作，引导、规范共享单车健康发展。[1]共享平台应充分利用大数据建立信用评级自律监督机制，完善共享单车的经营管理。

（五）健全共享单车的安全保障机制

1. 完善共享单车设施的安全保障

随着共享单车数量越来越多，共享单车交通事故也越来越多，车辆的制造需符合相关标准显得尤为重要。车辆本身的质量直接关系到骑行安全与否。对于共享单车的安全保障问题，应不断完善自行车的技术研发，提高产品的安全技术保障，并加强各种安全风险管控。首先，提高自行车产品的安全性能。对于共享单车的安全性能，最关键的技术之一就是自行车的刹车系统，这是确保使用者骑车安全的最重要保障。国家应该统一安全标准，企业应该结合共享单车使用群体和环境设计出最安全可靠的自行车安全保障刹车系统。其次，对自行车的安全锁进行智能设计。共享单车的锁可以通过智能设计为动态的二维码密码锁，除手机扫码外，其余途径均不能开锁。企业可以设计一个程序，在平台监测到单车未上锁，且处于未使用状态一定时间后，启动程序自动为单车上锁。例如，在未使用半小时后自动上锁，防止因上一用户漏锁产生的违法使用或是被盗，降低违法使用的情形。[2]最后，共享单车的外观设计也可以降低安全风险。车身颜色鲜亮，可以在提高行人和机动车车主对共享单车的注意力方面起重要作用，有效预防道路交通伤害。[3]共享单车企业可以针对上述问题履行警示义务：首先，明确共享单车使用者的最低年龄限制。可在注册程序中强制要求用户符合最低骑行年龄，结合刷脸和身

---

〔1〕 郭鹏等："共享单车：互联网技术与公共服务中的协同治理"，载《公共管理学报》2017年第3期。

〔2〕 梁鹏："共享单车与未成年人保护"，载《中国青年社会科学》2017年第5期。

〔3〕 周威："分享经济视域下社会信用体系建设路径研究——基于共享单车的发展实践"，载《征信》2018年第2期。

份证信息进行审核验证。其次，在共享单车车身显著位置标明"未满 12 周岁，禁止使用"的文字。有企业试图在车身的二维码上标明这些文字，这是一个不错的选择，也可以标注在车把等明显位置，亦能起到警示作用，促使未成年人放弃违法使用。[1]企业投放车辆应符合国家、行业规定，并安装卫星定位装置；定期检测，保障车辆技术状态良好；及时退出问题车辆。上海市的规定最为严格，要求投入运营的共享单车的完好率应不低于 95%；故障车辆应在 48 小时内拖离故障现场；按照不低于投入车辆总数 0.5%的比例配备维护人员；共享单车一般连续使用 3 年即强制报废。[2]

国外共享单车在骑行和停放及基础设施建设方面相对严格。以出现公共自行车较早的丹麦、德国、瑞士和荷兰等欧洲国家为例，这些国家在 20 世纪 50 年代就实现了公共自行车，到了 20 世纪 70 年代至 90 年代中期，荷兰、丹麦、德国等建设了大量的自行车专用道和路边自行车车道，在自行车专用设施的完善方面、自行车道交叉口处的颜色标识方面都做了很多工作，设立了专用的停放区域和公共自行车骑行者的权利保障的法规建设，比如自行车专用道以及狭窄道路上保证自行车较汽车拥有绝对优先权；几乎所有与骑行者发生的碰撞，法律都规定机动车驾驶员需要负责等。新加坡、马来西亚等国家也设有专用的自行车道路。我国在共享单车的管理上还没有形成严格的法律法规，在线路的标识、专用车道的建设等方面也与发达国家存在一些差距。[3]

2. 加强共享单车的骑行安全保障

共享单车道路交通伤害的危险因素主要包括骑行技术、道路设施不完善、车轮打滑和刹车失灵等。我国目前绝大多数的道路设计都没有自行车专用道，自行车与非机动车或是行人同道行车，对行人和骑行者都存在安全隐患，应完善骑行安全的保障机制。首先，完善共享单车的基础设施建设。共享单车多投放于城市交通枢纽，交通秩序一般都比较混乱。政府可增加自行车专用车道、规范共享单车的骑行及停放，企业可借助手机 App 进行线上骑行技能

〔1〕　梁鹏："共享单车与未成年人保护"，载《中国青年社会科学》2017 年第 5 期。

〔2〕　郭鹏等："共享单车：互联网技术与公共服务中的协同治理"，载《公共管理学报》2017 年第 3 期。

〔3〕　纪淑平、李振国："国外共享单车发展对我国的经验借鉴与启示"，载《对外经贸实务》2018 年第 4 期。

强化培训和安全教育。其次，完善共享单车的安全保障机制。有学者研究表明，65.31%的研究对象在骑行时感到不适，近三成研究对象经历过刹车失灵和车轮打滑。因此，有必要提示用户提高安全防池意识，如共享单车用户应佩戴头盔减少面部或头部伤害，在使用前应检查刹车、轮胎等。同时，共享单车运营企业应强化周期升级和维护单车计划。有研究显示，美国等国家立法规定，骑自行车时须佩戴头盔以降低头部损伤风险的85%。我国应对骑行自行车佩戴头盔在法律层面予以明确规定，共享单车运营企业可结合用户体验配备卫生、舒适的安全头盔。[1]

3. 提高共享单车的风险安全防范意识

针对共享单车存在的内外风险隐患，应在风险分析的基础上，针对企业所存在的风险因素，根据风险分析的测量和标准，运用相关理论方法，提出各种风险相对应的解决方案。共享单车是一种集网络技术、社群和制度于一身的创新型商业模式。同时共享单车是一种准公共产品，能解决消费者的"最后一公里"的公共交通需求。但共享单车不同于一般的商品，不具有完全的竞争弹性容易导致市场失灵，需要政府的干预，无序的市场竞争会导致公地悲剧。因此，应加强政府的规范和导引，共享企业也应该科学合理地定位企业的发展目标，避免恶性竞争破坏市场秩序。在趋同的恶性竞争中需要共享企业积极转换运营模式，与多方进行合作，通过提升资源利用效率，将分散的资源合理整合，优化资源配置，实现互赢的可持续发展；重构供需结构和产业组织，形成叠加效应、聚合效应和倍增效应，从而使服务型产能共享逐渐向生产性服务新模式转换，促进产能共享基础建设日益完善。在当下越来越多的企业加入共享经济的形势下，竞争逐渐加剧，如何在同质化的商海中寻找蓝海，才是企业得以生存的关键。首先在企业战略上，要探索还未开发的领域，积极寻找并制定差异化策略；其次在战术上，将产品与服务精致化，提升企业的层次感，并通过科学有效的运营管理，合理分配资金资源，促成资金链的循环。为争取良好的融资环境，在激烈的竞争中脱颖而出，共享企业必须量身制定出适应市场的科学发展战略，最大限度地利用资源，节

---

[1] 杨嘉璐等："共享单车道路交通伤害的流行特征及危险因素研究"，载《中华疾病控制杂志》2018年第10期。

省时间成本以及机会成本，提升企业的效率。[1]

三、建立共享单车多边合作协调的治理机制

（一）完善共享单车的营商环境

1.《指导意见》相关营商环境的解读

共享单车作为准公共产品，应明确其发展和监管目标，清晰界定政府与市场的边界，不论政府还是市场都不能越界。2019 年 3 月 27 日，人民网舆情数据中心发布的《报告》指出，当前共享单车行业舆论环境表现出更为复杂的形势，行业整体发展情况的快速变化也在不断催生新问题，考验着各地各级监管部门的应对能力。《指导意见》提出了发展共享单车的五项基本原则：①坚持服务为本。树立以人民为中心的发展思想，维护各方合法权益，为公众提供更安全、更便捷、更绿色的出行服务。②坚持改革创新。以"互联网+"行动为契机，发挥市场在资源配置中的决定性作用和更好地发挥政府作用，探索政府与企业合作新模式激发企业创新动力和活力，促进行业健康有序发展。③坚持规范有序。坚持问题导向，实施包容审慎监管，形成鼓励和规范互联网租赁自行车的发展环境，落实企业主体责任，依法规范企业经营，引导用户守诚信、讲文明，维护正常运行和停放秩序。④坚持属地管理。城市人民政府是互联网租赁自行车管理的责任主体，充分发挥自主权和创造性，因地制宜、因城施策，探索符合本地实际的发展模式。⑤坚持多方共治。充分调动各方面积极性，加强行业自律，引导公众积极参与，形成政府、企业、社会组织和公众共同治理的局面。同时强调，"统筹推进'五位一体'总体布局和协调推进'四个全面'战略布局，牢固树立和贯彻落实创新、协调、绿色、开放、共享的发展理念，深化供给侧结构性改革，有效推进'互联网+'行动计划，鼓励和规范互联网租赁自行车发展，提升互联网租赁自行车服务水平，优化交通出行结构，构建绿色、低碳的出行体系，更好地满足人民群众出行需要"。对共享单车采取包容审慎的态度，明确共享单车是分时租赁营运非机动车的伪共享，是城市绿色交通系统的组成部分，是方便公众短距离出行和公共交通接驳换乘的重要方式。各地要坚持优先发展公共交通，

---

[1]　赵栓文、简洁："共享商业模式风险管理探究——以共享单车为例"，载《会计之友》2019年第 16 期。

结合城市特点做好慢行交通规划，统筹发展互联网租赁自行车，建立完善多层次、多样化的城市出行服务系统。根据属地管辖原则，各城市要根据城市特点、公众出行需求和共享单车的发展定位，建立与城市空间承载能力、停放设施资源、公众出行需求等相适应的车辆投放机制，引导共享单车平台企业合理有序投放车辆，保障行业健康有序的发展和安全稳定的运行，建立"市场主导、政府引导、公众参与"的全新公共服务供给及其协同治理模式。

2. 完善共享单车的营商环境的建议

根据《指导意见》的相关指引，具体可以从以下几方面完善共享单车的营商环境：

第一，完善共享单车的规则体系。在遵守宪法、法律法规的基础上，因地制宜地建立以地方立法为主的多层次的立法体系，避免政策上的"一刀切"，遵循动态的管理原则，以更加包容审慎的态度构建共享单车市场体系和竞争机制。

第二，健全共享单车信用评级机制。针对用户行为的监管尚需完善，可探索建立用户诚信体系，以经济、信用奖惩等方式引导用户行为。[1]对共享单车新经济新业态的管理、维护和运营需要以大数据社会信用的诚信建设为基础，尤其要重视建立和完善共享经济领域的信用评价体系。正如国家发展改革委副主任连维良在2017年4月13日主持召开的专题会议上所说："信用体系不完善已成为制约共享单车进一步发展壮大的瓶颈，哪里有需要，信用建设就应该延伸到哪里。要通过加强共享单车公司与'信用中国'网站以及征信机构的信用信息共享、开展守信联合激励和失信联合惩戒、加强宣传引导等措施，构建以信用为核心的共享单车规范发展体系，保障新型业态的持续健康发展。"[2]

第三，建立公平、效率和安全的营商环境。政府要积极鼓励和规范共享单车的发展，坚持绿色发展、服务为本、改革创新、规范有序、属地管理、多方共治的基本原则，不断完善和改进现有的法规政策，保障共享单车资金

---

〔1〕 "共享单车舆论环境研究报告"，载 http://www.100ec.cn/Public/Upload/file/20190418/1555554852718198.pdf，访问日期：2020年6月11日。

〔2〕 宋姝凝："共享单车的法律监管问题研究"，载《河南社会科学》2017年第7期。

池的运行，降低企业运营成本，加大绿色出行法制宣传力度，整合市政、城管、交管、街道、居委会等部门，提高民众法制意识和环保意识。[1]出台"僵尸"自行车处理办法，确保闲置的公共空间能被合理有效地利用。

第四，营造良好的营商环境。《指导意见》对于用户文明停车的规范中提出了结合电子围栏技术、制定负面清单的方式来治理违停现象的措施。由于共享单车属于准公共产品，原则上应该适用正面清单管理模式，政府对共享单车的市场准入和经营都应承担相应的监管职责。负面清单管理模式遵守"法不禁止即自由"的原则，但由于我国有关共享单车方面的法制不完善，以至于共享单车经营无法可依。因共享单车没有门槛限制的市场进入以及"无桩占道经营"完全放任自由的商业模式，导致我国共享单车市场出现市场与政府的双失灵引发公地悲剧。为避免共享单车的双失灵再现，应坚持属地管理原则，明确城市人民政府是共享单车管理责任主体，充分发挥其自主权和创造性，因地制宜、因城施策，探索符合本地实际的发展模式。

（二）完善共享单车的市场准入和退出机制

1. 共享单车市场准入和退进机制的价值评析

共享单车是在互联网环境下的新业态，但共享单车本质上属于准公共产品，不应适用负面清单管理模式，而应该由政府加强规范和引导。各国对共享单车的技术参数都做出了相关要求。鉴于不同国家的地理、文化、国情、人口等差异因素影响，国外的共享单车要求相对高于我国。例如，日本、英国等国的交通法对于自行车有详细的具体规定，如自行车必须有夜灯，晚上必须亮灯；荷兰、新加坡等国则对自行车的骑行者规定要戴头盔以增加安全系数。由于我国的共享单车是"负面清单管理"的无桩模式，不用办卡，二维码扫一扫就能开锁，不用的时候任意停放，用车成本低。加之没有准入的门槛限制，导致了大批企业的蜂拥而入。[2]我国对共享单车的定位一直存在一个误区，即把无序当市场机制，认为共享单车是市场积极参与社会公共资源配置的商业模式，无须政府监管，由市场通过自由竞争就可以实现资源的配置。因此，对共享单车的技术含量要求较低，基本延续了多年前的自行车

---

〔1〕姜宁："从'共享单车'的监管看政府如何在分享经济中发挥作用"，载《河北学刊》2017年第4期。

〔2〕纪淑平、李振国："国外共享单车发展对我国的经验借鉴与启示"，载《对外经贸实务》2018年第4期。

样式和技术，没有任何市场准入的要求。

2. 完善共享单车的市场准入机制

共享单车解决了居民出行服务"最后一公里"的问题，已经成为城市居民出行的刚需工具。但共享单车作为一种公共交通工具，不宜全面展开竞争，应对共享单车的市场准入和市场投放数量进行管制。这就需要政府实行科学灵活的管制手段，对共享单车企业实行动态的准入政策，规范市场公平竞争秩序，维护行业可持续发展。如政府可以建立一套完整的共享单车数量配额体系，选取诸如服务标准、产品质量、消费者满意度等多个维度的指标，并对共享单车企业进行投放数量的配定。[1]为确保共享平台企业的履责能力和合理配置公共资源，主管部门应确立共享单车企业的市场准入标准，除了应要求企业具备相应的注册资金，还应该重点审核平台企业的经营管理能力。比如，押金的管理制度、共享单车的日常维护管理和停放规则、用户文明的规范和奖罚机制、企业必须为共享单车用户购买人身意外伤害保险、首次投放市场的共享单车数量规定、共享单车的合格检测报告等市场准入基本标准。另外，应建立共享单车市场退出机制，明确单车企业市场和用户的进退机制规范市场竞争，通过优胜劣汰发挥市场机制调节功能，促进行业良性发展。共享单车市场准入和退出机制的完善，有利于提高共享单车的服务水平，切实解决城市人群出行问题，构建城市慢行系统。[2]同时，需要注意标准的合理性，如果标准定得太高，平台公司不容易存活；标准定得太低，服务质量难保障。[3]

新经济领域总是弥漫着浓浓的市场原教旨主义的阴霾，以至于部分地方政府对共享单车的投放数量的限制措施一直被学界诟病，认为是对市场参与公共资源配置的粗暴干涉，但却往往忽略了准公共产品配置的基本原则和规律。共享单车作为准公共产品在于其赖以经营的道路和停放的空间都属于有限的公共资源，如果无限的数量投放会导致拥挤效应破坏公共秩序，以至于道路、可停车区域的数量和面积无法满足市场需求的话，改建道路和可停车区域以及更改城市规划不可能或是无法在短期内完成，而共享单车公司按照

---

〔1〕 沈蕾、卜训娜："共享单车可持续发展问题研究"，载《价格理论与实践》2019年第7期。

〔2〕 参见张伟："中小企业市场准入的法律问题研究"，中山大学2009年硕士学位论文。

〔3〕 郭鹏等："共享单车：互联网技术与公共服务中的协同治理"，载《公共管理学报》2017年第3期。

供求关系计算出来的最佳投放量同样会明显高于按照社会总福利计算出来的最佳投放量，从而引发拥挤效应的公地悲剧。[1]无论从数据统计还是实际观感来看，众多共享单车公司在各大城市的合计投放量，可能已经远远超出有限的公共资源的承载量，已经对公共交通路网，尤其是人行交通系统和公共空间造成了很大的影响，因此对共享单车投放总量的调控刻不容缓。比如一线城市的北上广深，目前各地控制共享单车投放总量的方式是在市场投放量达到上限后宣布禁止新增投放。上海已经出台了有关政策，将对共享单车一次性投放总量进行核定，其后在规定时间内不得随意增加，车辆有明显减少后，再协商第二次增加投放；同时要求企业之间的投放量需要达成共识。政府的当务之急是对投放量进行总量核定，在此基础上，对各区投放比例进行调控，缓解共享单车投放在中心城区"扎堆"的现象，实现各区合理分配，以免出现投放车辆太多，占据有限路边停车位，甚至"强占"人行道、机动车道的现象，避免造成交通堵塞，形成新的交通拥堵"黑点"。因此政府需要统一行业标准，严格市场准入。通过出台管理办法或地方技术规范等方式，规定共享单车行业技术标准，包括车辆结构、传动、制动系统、定位设备等；加强对共享单车企业的行业审批，要求企业依法办理商事登记并向市交通部门备案，严格把关企业资质。[2]同时，政府应为共享单车的停放点进行统一精细的定点规划，修正共享单车的无桩乱停乱放的经营模式，使共享单车既方便又有序地停放。

３. 完善共享单车的市场退出机制

共享单车是市场机制参与公共交通供给的资源配置模式，而市场机制意味着优胜劣汰的竞争，不论共享单车平台还是用户，都应建立相关的市场退市机制。对于共享平台，从用户投诉、运维水平等多个评价指标，定期对授予配额的企业进行考核。对不符合要求的共享单车实行减少投放数量甚至责令其退市等处罚。因此建立额度与积分制把投放额度从行为失范的经营者手中收回来，转授给经营规范的经营者使用，达到从根本上奖优罚劣的目的。就如同是在拍卖公共资源使用权的招投标，只不过这个招投标里"价高者得"

---

〔1〕　宋姝凝："共享单车的法律监管问题研究"，载《河南社会科学》2017 年第 7 期。

〔2〕　郭鹏等："共享单车：互联网技术与公共服务中的协同治理"，载《公共管理学报》2017 年第 3 期。

的"价"不是金钱，而是经营的规范程度。因为涉及公共资源分配，所以这个"招投标"制度是正当的。当然，额度与积分制涉及复杂的利益调整，应该以规范立法的方式推出，以此"为多元利益诉求提供表达的渠道，进而对错综复杂的利益关系以及法律制度进行整体的评价与衡量，合理分配发展机会，协调多重利益关系"。[1]对于用户，则通过对其用车文明进行综合评价考核，用户应当自觉遵守道路交通安全、城市管理等相关法律法规及服务协议约定，做到文明用车、安全骑行、规范停放，骑行前应当检查自行车技术状况，确保骑行安全。不得使用互联网租赁自行车载人，不得擅自加装儿童座椅等设备。加强对互联网租赁自行车使用规范和安全文明骑行的宣传教育，通过公益广告、主题教育、志愿者活动等多种方式，引导用户增强诚信和文明意识、遵守交通法规、遵守社会公德。加快互联网租赁自行车服务领域信用记录建设，建立企业和用户信用基础数据库。将企业和用户的不文明行为和违法违规行为记入信用记录。加强企业服务质量和用户信用评价。鼓励企业组成信用信息共享联盟，对用户建立守信激励和失信惩戒机制，每一次都守信的用车者可以获得信用加分，而失信者则要减分，对于信用评级差的失信用户可以暂停其特定时间的用车资格，如果屡教不改甚至可以将其列入禁止使用共享单车黑名单。因此，应完善共享单车的市场准入和退出标准，合理科学地核定共享单车的投放量，完善车辆投放量的控制、保证金退还、共享平台和用户的退出机制，保证共享单车市场的可持续发展。

（三）建立共享单车的公平竞争秩序

共享单车在经历了 2016 年至 2017 年的"价格战"的恶性竞争之后形成了 ofo 和摩拜的垄断格局，共享单车从之前的无序竞争进入了寡头竞争的年代。在当今和未来很长一段时期内，企业、行业之间的竞争不仅仅是产品的竞争，更重要的是模式的创新。共享单车行业应建立公平、效率和安全的竞争机制，确保健康、有效、持续地发展。[2]

首先，建立公平的竞争机制。共享单车企业平台应当依法规范经营，不得妨碍市场公平竞争，不得侵害用户的合法权益和公共利益。各地区、各有

---

〔1〕 张东："法治如何促进大众创新创业——基于专车服务微观样本的分析"，载《法学》2016年第 3 期。

〔2〕 赵栓文、简洁："共享商业模式风险管理探究——以共享单车为例"，载《会计之友》2019年第 16 期。

关部门要加强指导和监督管理，创新监管方式，建立和完善"双随机"的抽查制度，维护各方合法权益。充分发挥舆论监督和社会监督作用，加大对违法违规行为的曝光，营造良好发展环境。因此，应建立健全管理制度，完善相应的保障制度，对用户或者市民的意见和建议能够及时处理并反馈，既保障用户合法权益，又确保共享单车市场秩序的稳定。比如，建立健全相应的投诉渠道，由市场监督部门或者消费者保护协会对其竞争进行监督，[1]建立公平的竞争秩序。

其次，建立低价优质的综合实力竞争模式。价格竞争是市场竞争的主要形式，但不是唯一的形式，摒弃以占领市场份额为目的的低价恶性竞争模式，加强线上线下服务能力建设，充分利用互联网信息技术加强对所属车辆的经营管理，立足于低格优质的共享服务，通过科学管理、技术创新降低经营成本，创新经营服务方式，不断提升用户体验，提高服务水平，通过优质服务来吸引用户。

最后，禁止不正当和不公平竞争。不正当竞争主要是指用违反诚实信用原则的不正当手段来获取竞争利益，损害竞争对手和消费者利益，比如商业混淆行为、商业贿赂、虚假宣传、商业诋毁、不正当价格行为等。在共享单车的不正当竞争中，比较常见的就是低价不正当竞争行为，特别是没有正当理由的"免费骑"或是低于成本价的低价竞争行为都违反了《价格法》的相关规定。另外，在寡头垄断的时代，更应该警惕共享企业滥用其优势地位对市场进入形成障碍限制竞争，或是滥用市场支配地位或是联合操纵市场获取垄断利润导致不公平竞争，损害竞争对手和用户的利益。

（四）完善共享单车多边合作协调治理新机制

共享单车属于准公共产品，政府应介入共享单车治理，并承担应尽责任，以解决负外部性问题，矫正市场失灵。但政府介入是有限的，并不是什么都要管，也不是什么都能管好，政府需要与市场合作，提供最优城市环境。

1. 共享单车多方协同治理机制的内涵

共享单车是借用互联网共享平台进行网络租赁的典型的 B2C 电子商务模式，是为了解决城市"最后一公里"交通的一种准公共服务。这种需求驱动型的公共服务从根本上推动了"政府引导、市场主导、公众参与"的全新公

---

[1] 宋姝凝："共享单车的法律监管问题研究"，载《河南社会科学》2017 年第 7 期。

共服务供给及其协同治理模式。共享单车的商业模式涉及多方利益，共享单车行业健康有序的发展需要政府、企业和公众共同的努力，应构建政府、共享单车企业平台、用户以及行业协会的多方治理模式，各方主体在治理过程中承担不同的角色，但相互协调共治。共享平台开发利用新兴技术，提供共享单车出行服务；政府配套相应的道路交通资源，进行科学合理的规范、管理，引导共享单车的健康发展；公众使用共享单车，遵守使用规范，参与绿色出行，同时监督政府和企业行为；多方协同治理，构成共享单车发展的良性循环及协同治理新局面。[1]应充分发挥行业协会的作用。在治理问题上应建立共识机制，协同共治。通过运用区块链技术，公开企业和消费者的信用信息，强化共享单车企业与征信机构的信用信息传递，采取守信联合激励与失信联合惩戒等措施，通过互联网平台曝光企业和消费者的失信违法行为，并对其进行信用扣分和罚款，对于低于一定信用值的企业和消费者，建议取消其共享单车运营权和租赁权。构建以信用为核心的共享单车问题治理体系，可以保障新兴业态的持续健康发展。最后，优化资源配置。政府要重视共享单车在城市中的发展，把共享单车纳入城市交通体系，促使共享单车逐步取代城市有桩的公共自行车，把每年城市有桩自行车建设与维护的资金用在对共享单车的投资管理上。协同共享单车企业、消费者合理规划停放区域，设立电子围栏，划定城市道路上的自行车专用车道，划分"禁投、疏导、投放"三大区域，规范公共自行车出行路线，倡导绿色文明骑行，让共享单车成为城市中的一道靓丽风景线。[2]共享单车作为普惠的出行工具，要在保证安全的情况下，利用企业的平台协同效应，聚焦生产、运营效率，实现自我造血，进而推动整个上下游产业链、全行业合作共赢。[3]

2. 共享单车多方协同治理中的政府角色

（1）明确政府在共享单车治理中的目标。共享单车的出现，不但是在公共交通服务领域的创新，也对城市治理提出了全面的挑战。共享单车行业是共享经济的新业态，是"互联网+"的新模式，是公共交通供给侧结构性改革

〔1〕 沈蕾、卜训娜："共享单车可持续发展问题研究"，载《价格理论与实践》2019 年第 7 期。
〔2〕 陈红喜等："绿色经济背景下共享单车治理困境与路径选择"，载《南京工业大学学报（社会科学版）》2019 年第 4 期。
〔3〕 "共享单车舆情考验监管部门应对能力 管理精细化成重中之重"，载 https://baijiahao.baidu.com/s? id=1631047413976620071&wfr=spider&for=pc，访问日期：2020 年 6 月 11 日。

的新范式，这不仅表明私营企业也可以做公共服务产品，而且可以做得比政府好。但这并不意味着政府无须作为。政府需要明确共享单车主管部门，明确政府规范管理、企业规范运营和市民规范使用的原则，促使三方面形成合力。政府应积极面对新常态下的问题和挑战，在公共服务供给上从主导者转变为引导者，积极转变职能，利用行政和法律手段更好地促进新兴行业的健康发展，在中国城市的大转型中创新城市治理的新局面。因此，治理共享单车的关键在于政府如何处理与市场的关系，政府在面对各种新业态、新模式时应当持谨慎包容的态度，既不应该为市场设置准入障碍，阻碍市场的内生动力，束缚创新能力的提升，也不应该对新经济的发展模式不管不问，任由其发展破坏市场秩序。政府应该转变和调适传统的规制理念和思路，结合"互联网+"新业态的特点，处理好政府与市场的关系。在大数据时代背景下，政府可通过加强对共享单车平台的管理，形成"政府管平台，平台管市场"的管理模式，一方面通过数据平台搜索被盗窃和丢弃的单车，保障企业的利益；另一方面向共享平台提供违章停放车辆的车牌号，对使用者进行经济惩罚，提醒共享单车用户的规范使用。此外，政府也可以从经济的角度出发构建诚信运营体系，将个人的共享单车消费行为纳入到社会信用体系中去，确保共享单车市场的有序运营。从短期治理的角度来看，针对当前共享单车停放无序和杂乱无章的现象，政府和共享单车企业应当合作酝酿和制定相关管理条例和细则，多个角度权衡多元主体的利益关系，明确各方利益主体的诉求，保持畅通的沟通渠道，寻求高效率的治理路径，缓解城市公共出行的压力。[1]

（2）完善共享单车政府治理机制。2017年发布的《指导意见》规定了共享单车网"合作监管+自律监管"治理模式，鼓励有关社会组织、产业联盟制定团体标准和地方标准、企业标准，并加快制定基础通用类国家标准；运用认证认可、监督抽查等手段，建立标准实施分类监管机制，促进标准落地，确保产品的质量和安全。明确规范停车点和推广电子围栏等，提出共享单车平台要提升线上线下服务能力，并明确规定公安机关交通管理部门、城市管理部门、网信部门、电信主管部门、公安机关等政府部门应根据各自职责，

---

〔1〕 彭正波、王凡凡："互联网＋背景下政府公共治理问题研究——以共享单车为例"，载《价格理论与实践》2017年第9期。

加强互联网租赁自行车服务的网络安全监管，保障用户信息安全；发展改革、价格、人民银行、工商、质检等部门按照各自职责，对互联网租赁自行车经营行为实施相关监督检查，并对违法行为依法处理。但以上的相关规定并没有设立相应的共享单车主体的责任形式，导致责任机制不明确。虽赋予不同的政府部门相应的监管职权，但并没有明确职权的具体分工和处罚依据，存在授权不明，职权交叉等情形，不利于监管执法。因此，建议对相关的规定进一步细化，明确共享经济主体的违法责任和具体处罚措施，以便更有效地规范共享单车的经营管理，从共享到共管走出无序经营的现状，维护行业健康稳定的发展。

随着共享商业模式逐渐趋于成熟，为确保共享行业的健康发展，政府作为管理者应从法律制度方面积极地做出引导，制定行业进出准则，明确行业内部交易准则，防范恶性竞争的发生。首先，完善政策法规，明确个体相关权利和义务，建立一个开放、自由、规范的市场环境是规范发展的基础；其次，相对于监管的被动性手段，共享商业模式的可持续发展更多地需要人们道德素质的主动提升，因此应加大文明宣传力度，提高全民素质。对于多次发生的恶劣行为，充分落实相关法治措施，开展专项整治活动，建立起多部门联动的监管机制。[1]基于"互联网+"思维发展起来的共享单车市场，面临着市场失灵和政府失灵的双重尴尬。当"互联网+"严重地触及了旧市场利益格局的时候，如何面对公共治理的困境成为地方政府需要直面的问题。政府应当通过"顶层设计"来解决相关问题，以共治优化共享，创新城市的管理模式。探索新的管理路径来解决城市公共治理所遇到的瓶颈，无疑是政府解决共享单车治理困境的重要途径。针对单车投放数量未达到饱和状态的城市，政府在分析和估计城市容纳数量的基础上，为共享单车企业建立科学合理的投放规定和准入标准，避免因投放过度引起社会问题。针对单车投放数量已经接近饱和的城市，政府应当依据大众对于共享单车管理的反映和态度，尽快出台有关管理细则和指导意见，通过制定和实施行政法规，一方面规范自行车停车行为，划定自行车停车区域；另一方面规范共享单车企业的经营行为，促进行业的有序发展。政府在进行新城区规划时，科学规划道路公共

---

〔1〕 赵栓文、简洁："共享商业模式风险管理探究——以共享单车为例"，载《会计之友》2019年第16期。

资源空间，明确划分共享单车和机动车停放区域，也应当成为城市规划的重要组成部分，使"有桩"停放更精细合理，一方面可利用共享单车使用和停放的便捷，另一方面可兼顾文明停车和保证城市市容市貌的要求。

3. 共享平台在共享单车治理中的作用

共享单车在给大众带来出行方便、环保、健康的同时，也产生了城市交通拥堵等一系列问题。共享平台企业应通过技术升级、管理创新和资源奖惩来规范城市中理性的个体。共享平台企业作为提供共享单车租赁服务的一方，在整个过程中发挥着重要的作用。共享平台企业不仅需要提供互联网信息服务，也需要提供实体的单车租赁，因此对其资质应当严格把控。第一，改进企业技术和管理。通过不断提升 APP 的定位的精准性和新产品电子锁的改进，从技术层面提高大众的准入度，避免低龄化，优化整体使用共享单车的群体结构。在管理上对共享单车管理人员的辖区配置上，划分固定片区，安排专职维护人员进行管理。第二，完善市场奖惩制度。把停车规范和奖惩制度结合起来，进行失信惩罚和守信激励的联合机制。把共享单车的惩罚机制和社会信用体系相挂钩，通过与政府相关部门协商优化共享单车的合理配置。[1]

协同治理对共享平台提出了更高的要求，平台作为市场主体，不能只从利益导向出发，更要肩负起社会责任，主导公共服务的提供。遵守法律法规，加强企业内部管理；探索、创新具体运营机制，优化公共服务，促进良性市场竞争；与政府协作，参与政策制定过程，为公共服务提供创新思路。同时，公众作为协同治理的主体之一，在规范自身行为的同时，更要与政府、企业交换资源，互动交流，积极参与政府决策和执行的过程，监督市场行为，促进公共服务的规范性、合理性、需求导向性，推进协同治理的可行性和创新性。平台企业的共享单车的经营应遵守准公共产品的基本属性和社会性，不应该只追求经济效益，更应该明确共享单车经营的绿色、环保、便民、可持续发展的社会效益。[2]

根据《指导意见》的规定，共享单车平台企业应合理配备线下服务团队，加强车辆调度、停放和维护管理，确保车辆安全和方便使用。实行实名制注

[1]　许龙飞："共享式参与：社会公共性与城市空间治理——基于'空间尴尬症'的研究"，载《实习与实践》2018 年第 9 期。

[2]　赵菊、邱菊、侯春波："准公共产品：基于政府监管机制的共享单车投放管理研究"，载《中国管理科学》2019 年 12 月 31 日。

册、使用，与用户签订服务协议，明确双方权利义务，规范用户在骑行、停放等方面的要求。禁止向未满 12 岁的儿童提供服务。明示计费方式和标准，公开服务质量承诺，建立投诉处理机制，接受社会监督。创新保险机制，为用户购买人身意外伤害险和第三者责任险，保障用户和其他人员人身安全。加强信息报送与共享，及时将运营信息报送当地主管部门并实现相关部门信息共享。

4. 用户在共享单车治理中的作用

政府针对共享单车的管理出台了一系列规章制度，除了对共享单车平台、共享单车市场的管控外，尤为重要的就是对用户行为的引导管理。根据《指导意见》的规定，用户应当自觉遵守道路交通安全、城市管理等相关法律法规及服务协议的约定，做到文明用车、安全骑行、规范停放，骑行前应当检查自行车技术状况，确保骑行安全。不得使用互联网租赁自行车载人，不得擅自加装儿童座椅等设备。增强诚信和文明意识、遵守交通法规、遵守社会公德。在协同治理过程中，公众自觉遵守相应的法律法规，在自身规范使用单车的前提下积极引导其他用户行为，坚决制止乱停乱放、换锁、涂改二维码等破坏、私占共享单车的行为，促进共享单车使用诚信体系的建设。公众不仅是反映需求和接受供给的主体，更应该主动参与决策过程，反映诉求、提供建议，并关注和监督其能否把公共服务的需求落到实处。通过举报恶意用户、投诉违法企业、参与政务决策，来完善共享单车管理。首先是监督用户行为，通过 APP 系统、电话等方式，举报用户破坏、私占共享单车的违规行为；其次是参与企业运行，通过加入共享单车志愿者项目，维护车辆良好运行及管理；最后是参与政府决策，积极参与共享单车的政策制定过程，在各大城市征求相关共享单车管理意见时，积极提出建议，为解决共享单车管理问题提供多方位的思路探讨。[1]

用户不仅是共享单车的使用者，还应作为共享单车的管理者和监督者。首先，用户应有环保意识、协同意识、诚信意识、规则意识等自律意识。用户使用单车后应自觉将其停放在合理区域，做到不妨碍车辆、行人通行，不压盲道、绿化带和消防通道等。其次，用户应主动参与共享单车企业的运营

---

〔1〕 郭鹏等："共享单车：互联网技术与公共服务中的协同治理"，载《公共管理学报》2017 年第 3 期。

与管理，通过加入共享单车志愿者服务项目，参与企业对共享单车的日常管理，通过实践经验向企业反映问题及诉求，并提出规范发展建议。再次，用户应积极参与政府对共享单车的政策制定过程，提出合理化的想法与建议。最后，用户应自觉遵守法律法规，遵守社会公德，做到知法守法，并在自身规范使用单车的前提下监督和引导其他用户行为，坚决制止乱停乱放、上私锁、毁坏单车二维码、未成年骑车等行为，并通过线上 APP 进行检举，携手共创绿色文明的城市环境。[1]共享单车作为一种低碳环保的出行方式，在解决交通拥挤、"最后一公里"问题、增加人们生活乐趣以及提升城市活力等方面功不可没。[2]

5. 共享单车行业协会的作用

行业协会是协调同行业利益，规范市场行为，提供行业服务，反映会员需求，保护和增进全体成员合法权益的非营利性社会组织。作为自律性组织，行业协会在共享单车治理中，应起到行业自律、规范生产等作用，具有不可替代性。但在实践中，共享单车行业协会刚成立不久，且发挥的作用十分有限，行业自律更无从谈起。具体来说，在全国范围内，仅有 2017 年 5 月 7 日成立的中国自行车协会共享单车专业委员会，协会的宗旨在于：引导实体经济与虚拟经济相结合、传统产业与互联网产业相结合；引导企业深化供给侧结构性改革；建立和完善行业自律机制，维护成员的合法权益；协助政府部门加强行业管理，共同促进共享单车有序发展。该协会在制定相关行业规范方面也不够全面，主要强调共享单车车辆制造的行业标准，较少涉及押金管理、用户管理等问题，存在明显的功能缺失，行业自律难以有效发挥。该协会于同年 7 月牵头起草制定并发布了《共享自行车服务规范》三项团体标准，并于同年 10 月 1 日开始实施。但共享单车专业委员会属于中国自行车协会的分支机构，其成员构成以传统自行车制造及零配件企业为主，互联网运营平台企业参与较少。

总之，共享单车是由公众需求驱动、互联网和大数据激发的新型公共服务，对传统的由政府提供公共服务的模式提出了巨大的挑战。政府不应该，

---

〔1〕 陈红喜等："绿色经济背景下共享单车治理困境与路径选择"，载《南京工业大学学报（社会科学版）》2019 年第 4 期。

〔2〕 李忠华、陈菡彬："共享单车'免费骑'现象怎么看"，载《人民论坛》2017 年第 34 期。

也不可能是唯一的公共服务主体，供助互联网络技术和平台，市场可以参与准公共产品的配置。这种创新是对城市公共服务与治理的根本性改革，需要超越以政府为单一中心的传统管理模式，突破政府行为的局限，将政府作为公共产品的"提供者"和"生产者"的职能分离。政府可以仍然是公共产品和社会服务的提供者，但其生产职能需要逐步向市场和社会让渡，形成政府、市场和社会的多主体协同治理模式。协同治理的本质是通过在共同处理复杂社会公共事务过程中的相互关系协调，实现共同行动、耦合结构和资源共享，从根本上弥补政府、市场和社会单一主体治理的局限性，通过各方的合作，以最低的成本实现公共利益最大化。在协同治理过程中，政府的作用并不是无足轻重的，相反，其作用会越来越重要。政府作为嵌入社会的重要行为体，在集体行动的规则、目标的制定方面起着不可替代的作用。当然，这里的"全景式"治理能力并非是单一中心供给模式，而是政府基于对公共服务的管理和控制而形成的强制力。同时，政府基于自身的凝聚力与向心力，对社会组织、私人组织和公民在理念和行为上加以引导和促进。政府对合作关系的引导，将更多地运用政治、法律和文化的手段，进而达致平衡、协调、共识和共享。企业开发市场，利用互联网等先进技术提供共享单车出行服务；政府配套相应道路交通资源，进行科学合理的规范、管理，引导共享单车的健康发展；公民遵守使用规范，倡导绿色出行，同时监督政府和企业行为；多方协同治理，构成共享单车发展的良性循环。这样才能实现公共服务的高效、合理供给，实现社会利益最大化。这将是中国对解决"最后一公里"问题的巨大贡献。同时，这也是对公共服务提供的突破性创新，进一步推动了协同治理模式的发展与演进。[1]为了共享单车能够长期、高效地服务公众，应建立政府、共享平台、用户、民众、行业协会等多方应协同合作治理机制。充分发挥行业协会、产业联盟等各方作用，支持制定发布行业公约，贯彻实施相关标准，加强行业服务和自律管理，强化服务质量监管、第三方评价等。鼓励公众共同参与治理，形成企业主体、政府监管、多方参与的社会治理体系。加大消费者权益保护力度，防范向消费者转嫁经营风险的行为。

---

〔1〕 郭鹏等："共享单车：互联网技术与公共服务中的协同治理"，载《公共管理学报》2017年第3期。

参考文献

一、专著

（一）外国专著

1. 《马克思恩格斯全集》（第31卷），人民出版社1995年版。

2. ［古罗马］盖尤斯：《法学阶梯》，黄风译，中国政法大学出版社1996年版。

3. ［德］康德：《法的形而上学原理——权利的科学》，沈叔平译，林荣远校，商务印书馆，1991年版。

4. ［美］罗国杰：《罗国杰文集》（上卷），河北大学出版社2000年版。

5. ［美］雷切尔·博茨曼、路·罗杰斯：《共享经济时代：互联网思维下的协同消费商业模式》，唐朝文译，上海交通大学出版社2015年版。

6. ［加］汤姆·斯利：《共享经济没有告诉你的事》，涂颀译，江西人民出版社2017年版。

7. ［英］亚历克斯·斯特凡尼：《共享经济商业模式：重新定义商业的未来》，郝娟娟、杨源、张敏译，中国人民大学出版社2016年版。

8. ［美］唐·佩珀斯、玛莎·罗杰斯：《共享经济：互联网时代如何实现股东、员工与顾客的共赢》，钱峰译，浙江大学出版社2014年版。

9. ［美］罗宾·蔡斯：《共享经济：重构未来商业新模式》，王芮译，浙江人民出版社2015年版。

10. ［美］黛安娜·马尔卡希：《零工经济：推动社会变革的引擎》，陈桂芳译，中信出版社集团2017年版。

11. ［印］阿鲁·萨丹拉彻：《分享经济的爆发》，周恂译，文汇出版社2017年版。

12. ［美］史蒂文·希尔：《经济奇点：共享经济、创造性破坏与未来社会》，苏京春译，中信出版集团2017年版。

13. ［英］凯特·纳什、阿兰·斯科特主编：《布莱克维尔政治社会学指南》，李雪、吴玉鑫、赵蔚译，浙江人民出版社2007年版。

14. ［美］F. H. 劳森、B. 拉登：《财产法》（第2版），施天涛等译，中国大百科全书出版社1998年版。

15. ［美］乔治·弗雷德里克森：《公共行政的精神》，张成福等译，张成福校，中国人民大学出版社 2003 年版。

16. ［美］詹姆斯·N. 罗西瑙主编：《没有政府的治理》，张胜军等译，江西人民出版社 2001 年版。

17. ［美］克雷格·兰伯特：《无偿：共享经济时代如何重新定义工作?》，孟波、李琳译，广东人民出版社 2016 年版。

（二）国内专著

1. 刘国华、吴博：《共享经济 2.0：个人、商业与社会的颠覆性变革》，企业管理出版社 2015 年版。

2. 倪云华、虞仲轶：《共享经济大趋势》，机械工业出版社 2016 年版。

3. 杨珈瑛：《分享经济》，北京工业大学出版社 2017 年版。

4. 中国社会科学语言研究所词典编辑室编：《现代汉语词典》（修订版），商务出版社 1996 年版。

5. 甘培忠主编：《共享经济的法律规制》，中国法制出版社 2018 年版。

6. 张新红：《分享经济：重构中国经济新生态》，北京联合出版公司 2016 年版。

7. 蔡余杰、黄禄金：《共享经济：引爆新一轮颠覆性商业革命》，企业管理出版社 2015 年版。

8. 张玉明等：《共享经济学》，科学出版社 2017 年版。

9. 董晓松等：《共享经济及其商业模式》，社会科学文献出版社 2018 年版。

10. 张赵晋：《共享经济——互联网思维下商业模式的创新性研究》，东北师范大学出版社 2017 年版。

11. 浙江理工大学全球共享经济研究院：《共享经济：理论与实践》，经济管理出版社 2020 年版。

12. 董伟：《后危机时代：制度与结构的反思》，社会科学文献出版社 2011 年版。

13. 梅夏英：《物权法·所有权》，王利明审定，中国法制出版社 2005 年版。

14. 曹磊等：《Uber：开启"共享经济"时代》，机械工业出版社 2015 年版。

15. 庞博夫：《消费商：共享经济时代的财富拥有者》，北京大学出版社 2018 年版。

16. 马化腾等：《共享经济：改变全世界的新经济方案》，天下文化出版社 2017 年版。

二、期刊

（一）国外期刊

1. Mark Levine, "Share My Ride", *New York Times*, March, 2009 (5).

2. Russell Belk, "You are What You can Access: Sharing and Collaborativeconsumption Online",

Journal of Business Research, 2014 (67).

3. Sarah Netter et al. , "Sharing Economy Revisited: Towards a New Framework for Understanding Sharing Models", *Journal of Cleaner Production*, 2019 (221).

4. Bryant Cannon and Hanna Chung, "A Framework for Designing Co-Regulation Models Well-Adapted to Technology-Facilitated SharingEconomies", 31 Santa Clara High Tech. L. J., 2015 (23).

5. Sukumar Ganapatia and Christopher G. Reddick, "Prospects and Challenges of Sharng Economy for the Public Sector", *Government Information Quarterly*, 2018 (35).

6. Charles Leadbeater, "We Think: Mass Innovation Not Mass Production", *Profrle Books*, (2008).

7. C. E. Cherry and N. F. Pidgeon, "Is Sharing the Solution? Exploring Public Acceptability of the Sharing Economy", *Journal of Cleaner Production*, (2018).

8. Dominika Wruk et al. , "The Presentation of Self as Good and Right: How Value Propositions and Business Model Features are Linked in the Sharing Economy", *Journal of Business Ethics*, 2019 (159).

9. Waqar Nadeema et al. , "Consumers' Value Co-creation in Sharing Economy: The Role of Social Support, Consumers Ethical Perceptions and Relationship Quality", *Technological Forecasting & Social Change*, 2020 (151).

10. Sukumar Ganapatia and Christopher G. Reddick, "Prospects and Challenges of Sharing Economy for the Public Sector", *Government Information Quarterly*, 2018 (35).

11. Alvin E. Roth, "What Have We Learned From Market Design? ", *Innovation Policy and the Economy*, 2009.

12. Nils Boysen, Dirk Briskorn and Stefan Schwerdfeger, "Matching Supply and Demand in a Sharing Economy: Classification, Computational Complexity, and Application", *European Journal of Operational Research*, 2019 (278).

13. Jiyoung Hwang, "Managing the Innovation Legitimacy of the Sharing Economy", *International Journal of Quality Innovation*, 2019 (5).

14. Hans Verboven and Lise Vanherck, "The Sustainability Paradox of the Sharing Economy", *Uwf Umwelt Wirtschafts Forum*, 2016 (24).

15. Lars Böcker and Toon Meelenb, "Sharing for People, Planet or Profit? Analysing Motivations for Intended Sharing Economy Participation", *Environmental Innovation and Societal Transitions*, 2017 (23).

16. Victor Lebow, "Price Comerrition in 1955", *Journal of Retailing*, 1955.

17. Giles Slade, *Made to Break: Technology and Obsolescence in Amerrica*, Harvard University

Press，2006.

18. M. Ritter and H. Schanz，"The Sharing Economy：A Comprehensive Business Model Framework"，*Journal of Cleaner Production*，2019（213）.

19. Thomas Puschmann , *Rainer Alt*，Sharing Economy Business & Informati.

20. T. Jina et al. ，"Ridesourcing，the Sharing Economy，and the Future of Cities Scarlett"，*Cities Volume*，2018（76）.

21. Mikko Laamanen，Stefan Wahlen and Sylvia Lorek，"A Moral Householding Perspective on the Sharing Economy"，*Journal of Cleaner Production*，2018（202）.

22. Walter Fraanje and Gert Spaargaren，"What Future for Collaborative Consumption？A Practice Theoreticalaccount"，*Journal of Cleaner Production*，2019（208）.

23. Ke Rong，Fei Xiao and Yong Wang，"Redundancy in the Sharing Economy，Resources"，*Conservation & Recycling*，2019（151）.

（二）国内期刊

1. 王喜文："大众创业、万众创新与共享经济"，载《中国党政干部论坛》2015 年第 11 期。

2. 郑志来："共享经济的成因、内涵与商业模式研究"，载《现代经济探讨》2016 年第 3 期。

3. 杨帅："共享经济类型、要素与影响：文献研究的视角"，载《产业经济评论》2016 年第 2 期。

4. 蔡朝林："共享经济的兴起与政府监管创新"，载《南方经济》2017 年第 3 期。

5. 唐忠民、张明："共享经济的规制治理"，载《哈尔滨工业大学学报（社会科学版）》2018 年第 5 期。

6. 郑联盛："共享经济：本质、机制、模式与风险"，载《国际经济评论》2017 年第 6 期。

7. 刘根荣："共享经济：传统经济模式的颠覆者"，载《经济学家》2017 年第 5 期。

8. 卢现祥："共享经济：交易成本最小化、制度变革与制度供给"，载《社会科学战线》2016 年第 9 期。

9. 余航等："共享经济：理论建构与研究进展"，载《南开管理评论》2018 年第 6 期。

10. 齐永智、张梦霞："共享经济与零售企业：演进、影响与启示"，载《中国流通经济》2016 年第 7 期。

11. 徐芳兰、张丹平："互联网时代下共享经济价值创造路径及优化研究"，载《技术经济与管理研究》2018 年第 10 期。

12. 贺明华、刘小泉："共享经济下消费者信任的形成机理及影响机制"，载《中国流通经济》2020 年第 2 期。

13. 刘奕、夏杰长："共享经济理论与政策研究动态"，载《经济学动态》2016 年第 4 期。

14. 耿洁："共享经济商业模式研究综述"，载《环球市场》2018 年第 5 期。

15. 齐爱民、张哲：“共享经济发展中的法律问题研究”，载《求是学刊》2018 年第 2 期。

16. 姜奇平：“共享经济从理论到实践的发展”，载《互联网周刊》2015 年第 16 期。

17. 孙楚、曾剑秋：“共享经济时代商业模式创新的动因与路径——价值共创的视角”，载《江海学刊》2019 年第 2 期。

18. 李永强：“商业模式辨析及其理论基础”，载《经济体制改革》2004 年第 3 期。

19. 吴莉娟：“互联网不正当竞争案件中商业模式的保护”，载《竞争政策研究》2015 年第 2 期。

20. 颜婧宇：“Uber（优步）启蒙和引领全球共享经济发展的思考”，载《商场现代化》2015 年第 19 期。

21. 汤天波、吴晓隽：“共享经济：‘互联网+’下的颠覆性经济模式”，载《科学发展》2015 年第 12 期。

22. 张孝荣、俞点：“共享经济在我国发展的趋势研究”，载《新疆师范大学学报（哲学社会科学版）》2018 年第 2 期。

23. 王恒亮：“论社群主义及其现代启示”，载《兰州学刊》2008 年第 11 期。

24. 崔永和、黄晓燕：“集体主义的现代演进与马克思的原典回归”，载《河南师范大学学报（哲学社会科学版）》2007 年第 6 期。

25. 于莹：“共享经济用工关系的认定及其法律规制——以认识当前‘共享经济’的语域为起点”，载《华东政法大学学报》2018 年第 3 期。

26. 刘春荣：“技术变革视域下的国外劳动关系研究述评”，载《河南师范大学学报（哲学社会科学版）》2016 年第 4 期。

27. 李怀勇、张贵鹏：“基于共享经济的商业模式创新”，载《商业经济研究》2017 年第 1 期。

28. 程秀波：“消费主义及其伦理困境”，载《河南师范大学学报（哲学社会科学版）》2004 年第 5 期。

29. 高慧荣：“发展循环经济的创新作用机制探析”，载《商业时代 》2009 年第 19 期。

30. 李梦琴、谭建伟、吴雄：“共享经济模式下的共享型用工关系研究进展与启示”，载《中国人力资源开发》2018 年第 8 期。

31. 代明、袁沙沙：“国内外城市社区服务研究综述”，载《城市问题》2010 年第 11 期。

32. 屈丽丽：“信用和边界 共享经济绕不过的两道坎”，载《商学院》2015 年第 10 期。

33. 李牧南、黄槿：“我国当前共享经济发展障碍与相关政策启示”，载《科技管理研究》2020 年第 8 期。

34. 刘一涛：“涨价不应成为共享经济的‘救命稻草’”，载《人民论坛》2020 年第 15 期。

35. 李伟：“分享经济发展研究综述”，载《经济研究参考》2017 年第 71 期。

36. 唐清利：“‘专车’，类共享经济的规制路径”，载《中国法学》2015 年第 4 期。

37. 王磊："共享经济下网约车监管的法律问题研究"，载《求是学刊》2020 年第 2 期。

38. 任思成："共享经济下民宿消费者满意度影响因素的分析"，载《全国流通经济》2020 年第 8 期。

39. 姚瑶："中国共享民宿的制度规制路径探析"，载《行政管理改革》2018 年第 10 期。